EXCEL 2003
PERSONAL TRAINER

CustomGuide, Inc.

O'REILLY®

Beijing · Cambridge · Farnham · Köln · Paris · Sebastopol · Taipei · Tokyo

Die Informationen in diesem Buch wurden mit größter Sorgfalt erarbeitet. Dennoch können Fehler nicht vollständig ausgeschlossen werden. Verlag, Autoren und Übersetzer übernehmen keine juristische Verantwortung oder irgendeine Haftung für eventuell verbliebene Fehler und deren Folgen.

Alle Warennamen werden ohne Gewährleistung der freien Verwendbarkeit benutzt und sind möglicherweise eingetragene Warenzeichen. Der Verlag richtet sich im Wesentlichen nach den Schreibweisen der Hersteller. Das Werk einschließlich aller seiner Teile ist urheberrechtlich geschützt. Alle Rechte vorbehalten einschließlich der Vervielfältigung, Übersetzung, Mikroverfilmung sowie Einspeicherung und Verarbeitung in elektronischen Systemen.

Kommentare und Fragen können Sie gerne an uns richten:
O'Reilly Verlag
Balthasarstr. 81
50670 Köln
Tel.: 0221/9731600
Fax: 0221/9731608
E-Mail: kommentar@oreilly.de

Copyright der deutschen Ausgabe:
© 2005 by O'Reilly Verlag GmbH & Co. KG
1. Auflage 2005

Umschlagillustration © 2005 von Lou Brooks

Die Originalausgabe erschien 2004 unter dem Titel
Excel 2003 Personal Trainer bei O'Reilly Media, Inc.

Bibliografische Information Der Deutschen Bibliothek
Die Deutsche Bibliothek verzeichnet diese Publikation in der
Deutschen Nationalbibliografie; detaillierte bibliografische Daten
sind im Internet über http://dnb.ddb.de abrufbar.

Übersetzung, deutsche Bearbeitung und Lektorat: G&U Technische Dokumentation GmbH, Flensburg
Satz: G&U e.Publishing Services GmbH, Flensburg
Umschlaggestaltung: Emma Colby, Boston
Umschlagillustration: Lou Brooks
Belichtung, Druck und buchbinderische Verarbeitung: Media-Print, Paderborn

ISBN 3-89721-406-7

Dieses Buch ist auf 100% chlorfrei gebleichtem Papier gedruckt.

INHALTSVERZEICHNIS

Einleitung		IX
Kapitel 1	Die Grundlagen	1
LEKTION **1.1**	Excel starten	2
LEKTION **1.2**	Neue Funktionen in Excel 2003	5
LEKTION **1.3**	Die Benutzeroberfläche von Excel	7
LEKTION **1.4**	Menüs verwenden	9
LEKTION **1.5**	Symbolleisten verwenden und eine neue Arbeitsmappe erstellen	13
LEKTION **1.6**	Dialogfelder ausfüllen	16
LEKTION **1.7**	Tastaturkürzel und Kontextmenüs	19
LEKTION **1.8**	Eine Arbeitsmappe öffnen	22
LEKTION **1.9**	Eine Arbeitsmappe speichern	25
LEKTION **1.10**	Den Zellzeiger bewegen	27
LEKTION **1.11**	Sich innerhalb eines Arbeitsblatts bewegen	29
LEKTION **1.12**	Bezeichnungen in ein Arbeitsblatt eingeben	31
LEKTION **1.13**	Werte eingeben und einen Zellbereich auswählen	34
LEKTION **1.14**	Werte mit der Funktion AutoSumme addieren	36
LEKTION **1.15**	Formeln eingeben	38
LEKTION **1.16**	Die Funktion AutoAusfüllen	41
LEKTION **1.17**	Vorschau und Ausdruck	44
LEKTION **1.18**	Hilfefunktionen	46
LEKTION **1.19**	Den Office-Assistenten ändern und die Hilfe-Schaltfläche verwenden	49
LEKTION **1.20**	Eine Arbeitsmappe schließen und Excel beenden	51
Kapitel 1 im Überblick		53

Kapitel 2 — Ein Arbeitsblatt bearbeiten — 59

LEKTION 2.1	Kalenderdaten eingeben und die Funktion AutoVervollständigen nutzen	60
LEKTION 2.2	Zellinhalte bearbeiten, löschen und ersetzen	63
LEKTION 2.3	Zellen ausschneiden, kopieren und einfügen	66
LEKTION 2.4	Zellen mit der Maus verschieben und kopieren	69
LEKTION 2.5	Mehrere Elemente sammeln und einfügen	72
LEKTION 2.6	Absolute und relative Zellbezüge	74
LEKTION 2.7	Der Befehl Inhalte einfügen	77
LEKTION 2.8	Zellen, Zeilen und Spalten einfügen und löschen	80
LEKTION 2.9	Rückgängigmachen, Wiederherstellen und Wiederholen	83
LEKTION 2.10	Rechtschreibprüfung	86
LEKTION 2.11	Suchen und Ersetzen	88
LEKTION 2.12	Erweiterte Druckoptionen	90
LEKTION 2.13	Dateiverwaltung	92
LEKTION 2.14	Kommentare einfügen	95
LEKTION 2.15	Smarttags	97
LEKTION 2.16	Arbeitsmappen wiederherstellen	100
Kapitel 2 im Überblick		103

Kapitel 3 — Ein Arbeitsblatt formatieren — 109

LEKTION 3.1	Schriften formatieren mit der Formatsymbolleiste	110
LEKTION 3.2	Werte formatieren	113
LEKTION 3.3	Spaltenbreite und Zeilenhöhe einstellen	117
LEKTION 3.4	Ändern der Zellausrichtung	121
LEKTION 3.5	Rahmen hinzufügen	125
LEKTION 3.6	Farben und Muster hinzufügen	129
LEKTION 3.7	Die Funktion Format übertragen	132
LEKTION 3.8	Die Funktion AutoFormat	135
LEKTION 3.9	Ein benutzerdefiniertes Zahlenformat anlegen	137
LEKTION 3.10	Eine Formatvorlage erstellen, anwenden und ändern	140
LEKTION 3.11	Bedingte Formatierung von Zellen	143
LEKTION 3.12	Zellen verbinden, Text drehen und die optimale Breite einstellen	146
LEKTION 3.13	Formate suchen und ersetzen	148
Kapitel 3 im Überblick		151

Kapitel 4 — Diagramme erstellen und verwenden — 157

- **LEKTION 4.1** Ein Diagramm erstellen — **158**
- **LEKTION 4.2** Diagramme verschieben, vergrößern und verkleinern — **161**
- **LEKTION 4.3** Objekte in einem Diagramm formatieren und bearbeiten — **163**
- **LEKTION 4.4** Die Quelldaten eines Diagramms ändern — **167**
- **LEKTION 4.5** Den Diagrammtyp ändern und Tortendiagramme verwenden — **170**
- **LEKTION 4.6** Titelzeilen, Gitternetzlinien und eine Datentabelle hinzufügen — **174**
- **LEKTION 4.7** Die Datenreihe und die Diagrammachse formatieren — **177**
- **LEKTION 4.8** Diagramme beschriften — **180**
- **LEKTION 4.9** 3D-Diagramme — **182**
- **LEKTION 4.10** Ein benutzerdefiniertes Diagramm auswählen und speichern — **185**
- **LEKTION 4.11** Fülleffekte — **189**
- Kapitel 4 im Überblick — **193**

Kapitel 5 — Arbeitsmappen verwalten — 197

- **LEKTION 5.1** Zwischen den Blättern in einer Arbeitsmappe umschalten — **198**
- **LEKTION 5.2** Arbeitsblätter einfügen und löschen — **200**
- **LEKTION 5.3** Arbeitsblätter umbenennen und verschieben — **203**
- **LEKTION 5.4** Mit mehreren Arbeitsmappen und Fenstern arbeiten — **205**
- **LEKTION 5.5** Ein Fenster teilen und fixieren — **209**
- **LEKTION 5.6** Bezüge zu externen Daten — **212**
- **LEKTION 5.7** Kopf- und Fußzeilen sowie Seitenzahlen erstellen — **215**
- **LEKTION 5.8** Druckbereich und Seitenumbrüche festlegen — **218**
- **LEKTION 5.9** Seitenränder und Orientierung anpassen — **221**
- **LEKTION 5.10** Titelzeilen und Gitternetzlinien hinzufügen — **223**
- **LEKTION 5.11** Papiergröße und Druckmaßstab ändern — **225**
- **LEKTION 5.12** Ein Arbeitsblatt schützen — **227**
- **LEKTION 5.13** Spalten, Zeilen und Arbeitsblätter verbergen — **230**
- **LEKTION 5.14** Arbeitsblätter anzeigen lassen und Arbeitsmappen vergleichen — **232**
- **LEKTION 5.15** Eine benutzerdefinierte Ansicht speichern — **234**
- **LEKTION 5.16** Vorlagen verwenden — **236**
- **LEKTION 5.17** Arbeitsblätter zusammenfassen — **239**
- Kapitel 5 im Überblick — **242**

Inhaltsverzeichnis

Kapitel 6	**Weitere Funktionen und Formeln**	**249**
LEKTION **6.1**	Formeln mit mehreren Operatoren und Zellbereichen	**250**
LEKTION **6.2**	Das Dialogfeld Funktion einfügen	**253**
LEKTION **6.3**	Bereichsnamen erstellen und verwenden	**256**
LEKTION **6.4**	Nicht zusammenhängende Bereiche auswählen und die automatische Berechnung nutzen	**259**
LEKTION **6.5**	Die Funktion WENN für bedingte Formeln	**261**
LEKTION **6.6**	Die Funktion RMZ	**263**
LEKTION **6.7**	Formeln anzeigen und drucken	**267**
LEKTION **6.8**	Fehler in Formeln beheben	**269**
	Mathematische Funktionen	**272**
	Finanzfunktionen	**274**
	Uhrzeit- und Datumsfunktionen	**276**
	Statistische Funktionen	**278**
	Datenbankfunktionen	**279**
	Kapitel 6 im Überblick	**280**

Kapitel 7	**Listen**	**285**
LEKTION **7.1**	Listen erstellen	**286**
LEKTION **7.2**	Umgang mit Listen und der Ergebniszeile	**289**
LEKTION **7.3**	Datensätze hinzufügen mit Datenmasken und Einfügezeilen	**291**
LEKTION **7.4**	Datensätze suchen	**293**
LEKTION **7.5**	Datensätze löschen	**296**
LEKTION **7.6**	Listen sortieren	**298**
LEKTION **7.7**	Listen automatisch filtern	**301**
LEKTION **7.8**	Benutzerdefinierte AutoFilter erstellen	**304**
LEKTION **7.9**	Spezialfilter verwenden	**306**
LEKTION **7.10**	Gefilterte Datensätze kopieren	**309**
LEKTION **7.11**	Gültigkeitsprüfung für Daten	**311**
	Kapitel 7 im Überblick	**314**

Kapitel 8   Aufgaben mit Makros automatisieren — 319

- **LEKTION 8.1** Ein Makro aufzeichnen — **320**
- **LEKTION 8.2** Ein Makro ausführen und ein Tastaturkürzel zuweisen — **322**
- **LEKTION 8.3** Ein Makro zu einer Symbolleiste hinzufügen — **324**
- **LEKTION 8.4** Den Visual Basic-Code bearbeiten — **327**
- **LEKTION 8.5** Code zu einem bestehenden Makro hinzufügen — **329**
- **LEKTION 8.6** Variablen deklarieren und Kommentare hinzufügen — **332**
- **LEKTION 8.7** Nachfrage nach Benutzereingaben — **335**
- **LEKTION 8.8** Die Anweisung If...Then...Else — **338**
- Kapitel 8 im Überblick — **340**

Kapitel 9   Zusammenarbeit mit anderen Programmen — 343

- **LEKTION 9.1** Ein Excel-Arbeitsblatt in ein Word-Dokument einfügen — **344**
- **LEKTION 9.2** Ein eingefügtes Excel-Arbeitsblatt ändern — **347**
- **LEKTION 9.3** Ein Excel-Diagramm mit einem Word-Dokument verknüpfen — **350**
- **LEKTION 9.4** Eine Grafik in ein Arbeitsblatt einfügen — **352**
- **LEKTION 9.5** Dateien in unterschiedlichen Formaten öffnen und speichern — **355**
- Kapitel 9 im Überblick — **358**

Kapitel 10   Excel und das Internet — 361

- **LEKTION 10.1** Hyperlinks einfügen und verwenden — **362**
- **LEKTION 10.2** Hyperlinks ansteuern und die Websymbolleiste verwenden — **364**
- **LEKTION 10.3** Eine Arbeitsmappe als nicht-interaktive Webseite speichern — **367**
- **LEKTION 10.4** Eine Arbeitsmappe als interaktive Webseite speichern — **371**
- **LEKTION 10.5** Eine externe Datenquelle importieren — **374**
- **LEKTION 10.6** Eine Datenquelle aktualisieren und ihre Eigenschaften festlegen — **377**
- **LEKTION 10.7** Eine neue Webabfrage erstellen — **380**
- Kapitel 10 im Überblick — **383**

Kapitel 11	Datenanalyse und Pivot-Tabellen	**387**
LEKTION **11.1**	Eine Pivot-Tabelle erstellen	**388**
LEKTION **11.2**	Daten für die Analyse angeben	**392**
LEKTION **11.3**	Die Berechnungen in einer Pivot-Tabelle ändern	**394**
LEKTION **11.4**	Die anzuzeigenden Informationen auswählen	**396**
LEKTION **11.5**	Daten in einer Pivot-Tabelle gruppieren	**399**
LEKTION **11.6**	Eine Pivot-Tabelle aktualisieren	**401**
LEKTION **11.7**	Formatierung und Diagramme bei Pivot-Tabellen	**403**
LEKTION **11.8**	Teilergebnisse berechnen	**406**
LEKTION **11.9**	Datenbankfunktionen	**409**
LEKTION **11.10**	Suchfunktionen	**412**
LEKTION **11.11**	Ein Arbeitsblatt gruppieren und gliedern	**415**
Kapitel 11 im Überblick		**418**
Kapitel 12	Was-wäre-wenn-Analysen	**423**
LEKTION **12.1**	Ein Szenario festlegen	**424**
LEKTION **12.2**	Eine Zusammenfassung erstellen	**427**
LEKTION **12.3**	Datentabellen mit einem und zwei Eingabewerten	**429**
LEKTION **12.4**	Zielwertsuche	**432**
LEKTION **12.5**	Den Solver verwenden	**434**
Kapitel 12 im Überblick		**438**

Index **441**

EINLEITUNG

Die Buchreihe Personal Trainer

Die meisten Softwarehandbücher sind ebenso kompliziert zu verwenden wie die Programme, die sie beschreiben. Es wird vorausgesetzt, dass Sie alle 500 Seiten von Anfang bis Ende durchlesen und dass Sie einfach nur durch Lesen mit einem Programm vertraut werden können. Bei einigen Büchern werden auch Beispieldateien mitgeliefert, aber wenn Sie Ihre neu erworbenen Fähigkeiten selbst ausprobieren wollen, kann es sehr leicht passieren, dass Sie dabei versehentlich Programmeinstellungen verändern oder Dateien löschen und nicht mehr wissen, wie Sie den Schaden wieder beheben. Selbst wenn sich William Shakespeare und Bill Gates zusammenfinden würden, um gemeinsam ein Buch über Microsoft Excel zu schreiben, würde dabei nur eine weitere frustrierende Lektüre herauskommen, denn die meisten Personen lernen am besten durch Ausprobieren.

Zwar maßen wir uns nicht an, als Konkurrenten gegen Bill Gates anzutreten, aber wir glauben, dass wir mit unserer Reihe »Personal Trainer« eine Patentlösung gefunden haben. Wir haben eine Reihe von Trainingslektionen zu den verschiedenen Aufgaben erstellt, die Ihnen in der Praxis tatsächlich begegnen, von so einfachen Dingen wie der Größenänderung eines Objekts bis zu komplizierteren, z.B. der Verwendung von Multimedia-Elementen. Jede Trainingseinheit gliedert eine Aufgabe in einfache Schritte auf und zeigt Ihnen genau, was Sie tun müssen, um diese Aufgabe zu lösen.

Ebenfalls zum Konzept dieser Reihe gehört, dass Sie möglichst aktiv am Lernprozess teilnehmen. Anstatt also die Anleitungen im Buch einfach nur nachzuvollziehen, können Sie das Erlernte mit Hilfe des umfangreichen Übungsmaterials gleich selbst ausprobieren. Auf der beiliegenden CD-ROM haben wir viele Übungen für Sie zusammengestellt, die Sie parallel zum Lesen dieses Buchs lösen sollten. Als zusätzliches Trainingsmaterial finden Sie außerdem auf der CD-ROM so genannte *Hausaufgaben*, die Sie bei Bedarf nutzen können, um einzelne Abläufe noch einmal gesondert zu trainieren. Und wenn Sie sicher sein wollen, dass Sie die Inhalte der einzelnen Trainingseinheiten auch wirklich verstanden haben, können Sie sich mit Hilfe der Tests prüfen, die Sie jeweils am Ende der Kapitel finden.

Mit unseren leicht verständlichen Anleitungen können Sie Ihre Fähigkeiten in Rekordzeit erweitern. Sie lernen die geheimen Tricks der Profis in einer sicheren Umgebung kennen, mit Übungen sowie Hausaufgaben für die Unerschrockenen. In kürzester Zeit werden Sie in Excel 2003 fit sein!

Einleitung

Über dieses Buch

In diesem Buch geht es um Excel 2003. Wenn Sie eine andere Version des Programms verwenden, werden einige Funktionen anders aussehen oder gar nicht vorhanden sein.

Dies ist eine Anleitung zum Selbststudium, weshalb Sie in jeder Lektion eine Übung mit Schritt-für-Schritt-Anleitungen finden.

Damit Sie leichter lernen können, orientieren sich alle Lektionen an folgenden Grundregeln:

- Wir setzen niemals voraus, dass Sie wissen, wo sich ein bestimmtes Element befindet (oder worum es sich dabei handelt). Wenn Sie zum ersten Mal angewiesen werden, auf ein bestimmtes Element zu klicken, sehen Sie ein Bild davon in der Lektion.

- Wenn Sie eine Anweisung lesen wie »drücken Sie Strg + B«, so müssen Sie die erste Taste (in diesem Fall Strg) drücken und dann gedrückt halten, während Sie die zweite betätigen (B in diesem Beispiel). Nachdem Sie beide Tasten gedrückt haben, können Sie beide loslassen.

Am Ende jeder Lektion erscheint ein Kasten mit einer Schnellreferenz. Damit können Sie wiederholen, was Sie in der Lektion gelernt haben. Sie können sie aber auch zum Nachschlagen verwenden, wenn Sie schnell in Erfahrung bringen müssen, wie Sie eine Aufgabe lösen können, und sich nicht mehr Schritt für Schritt durch die Übungen arbeiten möchten.

Schreibweisen in diesem Buch

In diesem Buch verwenden wir die folgenden Schreibweisen:

Kursiv

In kursiver Schrift erscheinen wichtige Begriffe, wenn sie zum ersten Mal erwähnt werden, sowie Datei- und Ordnernamen.

`Nichtproportionale Schrift`

In dieser Schriftart ist alles dargestellt, was Sie über die Tastatur eingeben müssen.

Graue Schrift

Weist auf alles hin, was Sie anklicken, drücken oder verschieben müssen. In den Schritt-für-Schritt-Anleitungen sind außerdem wichtige Schlüsselwörter grau hervorgehoben.

HINWEIS: *Hinweise warnen Sie vor Fallgruben, in die Sie leicht geraten können, wenn Sie nicht aufpassen.*

TIPP: *Tipps bieten Ihnen zusätzliche nützliche Informationen zum Thema.*

Einleitung

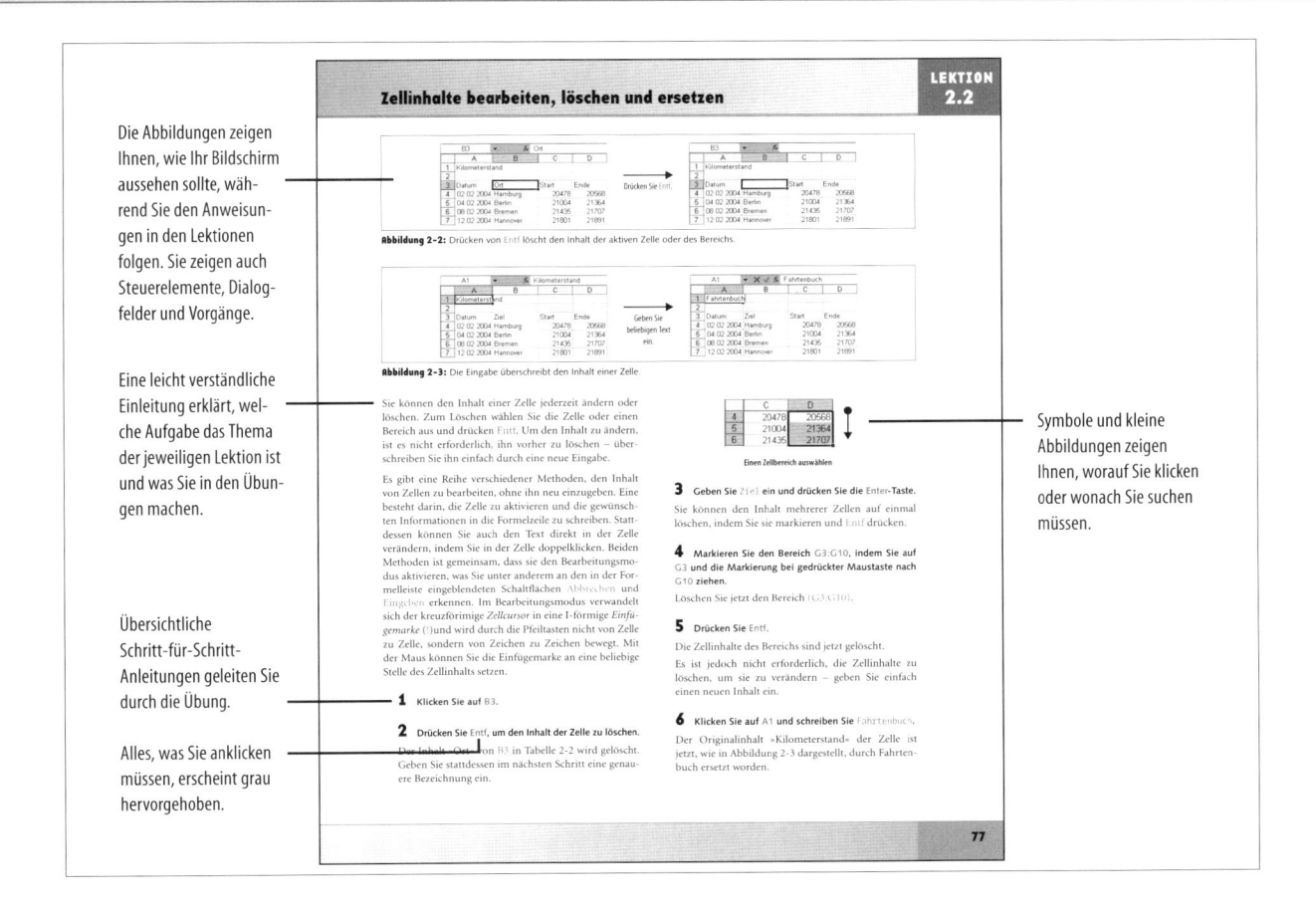

Die Abbildungen zeigen Ihnen, wie Ihr Bildschirm aussehen sollte, während Sie den Anweisungen in den Lektionen folgen. Sie zeigen auch Steuerelemente, Dialogfelder und Vorgänge.

Eine leicht verständliche Einleitung erklärt, welche Aufgabe das Thema der jeweiligen Lektion ist und was Sie in den Übungen machen.

Übersichtliche Schritt-für-Schritt-Anleitungen geleiten Sie durch die Übung.

Alles, was Sie anklicken müssen, erscheint grau hervorgehoben.

Symbole und kleine Abbildungen zeigen Ihnen, worauf Sie klicken oder wonach Sie suchen müssen.

Die CD-ROM

Erste Schritte: Das Übungsmaterial kopieren

Legen Sie die CD-ROM in des CD-Laufwerk Ihres Computers ein und kopieren Sie das gesamte Übungsmaterial in das Verzeichnis *Eigene Dateien* auf Ihrem Computer. Öffnen Sie dazu den Windows-Explorer, indem Sie mit der Maus auf die Windows-Schaltfläche Start klicken und dann den Mauszeiger auf Alle Programme schieben. Ziehen Sie die Maus dann auf Zubehör und schließlich auf Windows-Explorer. Suchen Sie nun das CD-ROM-Laufwerk im Dateienverzeichnis und klicken Sie darauf. Sie sehen nun eine Reihe von Dateiordnern, die die Übungsdateien zum *Excel 2003 Personal Trainer* enthalten. Markieren Sie nun einen Ordner mit der Maus und klicken Sie in der Menüleiste oben am Bildschirm auf die Schaltfläche Bearbeiten. Daraufhin öffnet sich ein Menü, das Ihnen unter anderem die Funktion Kopieren anbietet. Schieben Sie die Maus auf dieses Feld und klicken Sie darauf. Der Ordner ist nun in der Windows-Zwischenablage und Sie können ihn nun in den Ordner *Eigene Dateien* kopieren. Suchen Sie diesen Ordner im Dateiensystem und klicken Sie mit der Maus darauf. Gehen Sie mit der Maus erneut auf Bearbeiten und klicken Sie auf Einfügen. Schon haben Sie den ersten Übungsordner auf Ihre Festplatte kopiert. Wiederholen Sie diese Schritte mit den anderen Ordnern, die Sie auf der CD-ROM finden.

Falls Sie nicht sofort alle Übungsdateien auf Ihren Computer kopieren möchten, können Sie die Übungen auch aus Excel heraus öffnen, indem Sie auf die CD-ROM zugreifen. Um mit den Dateien zu arbeiten, müssen Sie sie allerdings auf Ihrer Festplatte speichern, da Sie die Änderungen, die Sie bei der Arbeit mit dem Übungsmaterial vornehmen, natürlich nicht auf der CD-ROM speichern können.

Die CD-ROM zum Buch lässt sich auch über den Browser anzeigen. Gehen Sie dazu im Windows-Explorer auf das CD-ROM-Laufwerk und klicken Sie auf die Datei *Index.html*. Ihr Browser (z.B. Internet Explorer, Netscape oder Opera) öffnet sich automatisch und Sie können sich nun durch das Material auf der CD-ROM bewegen.

KAPITEL 1
DIE GRUNDLAGEN

LERNZIELE:

Microsoft Excel starten

Befehle in Excel ausführen

Bezeichnungen und Werte in eine Arbeitsmappe eingeben

Sich innerhalb einer Arbeitsmappe bewegen

Eine Arbeitsmappe benennen und speichern

Druckvorschau und Ausdrucken einer Arbeitsmappe

Eine Arbeitsmappe schließen und Excel beenden

AUFGABE: EINE EINFACHE EINNAHMEN- UND AUSGABENBERECHNUNG ERSTELLEN

Voraussetzungen

- **Ein Computer, auf dem Excel 2003 unter Windows 2000 oder XP installiert ist**
- **Kenntnis der grundlegenden Computerfunktionen (z.B. der Benutzung von Maus und Tastatur)**

Willkommen zu Ihrer ersten Lektion über Microsoft Excel 2003. Excel ist ein sehr leistungsfähiges Softwareprogramm für die schnelle und exakte Durchführung unterschiedlichster numerischer Berechnungen. Das Eingeben von Daten in eine Tabelle oder ein *Arbeitsblatt* (die in Excel benutzte Bezeichnung) ist schnell und einfach. Wenn die Daten eingegeben sind, kann Excel sofort jede Art von Berechnung mit ihnen ausführen. Excel verleiht Ihren Daten ein klares und professionelles Aussehen. Die Anwendungsmöglichkeiten sind fast grenzenlos: Unternehmen erstellen mit Excel Finanzberichte und Bilanzen, Wissenschaftler verwenden es für statistische Analysen und Familien hilft Excel, ihre Kapitalanlagen zu verwalten. Microsoft Excel ist das mit Abstand meistbenutzte und nach Meinung der meisten Fachleute auch leistungsfähigste und benutzerfreundlichste Tabellenkalkulationsprogramm. Mit der Entscheidung, Excel zu lernen, haben Sie eine ausgezeichnete Wahl getroffen.

Dieses Kapitel stellt Ihnen die Grundlagen von Excel vor – alles, was Sie wissen müssen, um eine Arbeitsmappe zu erstellen, auszudrucken und zu speichern. Wenn Sie den Excel-Bildschirm schon einmal gesehen haben, sind Ihnen wahrscheinlich die zahlreichen geheimnisvoll aussehenden Schaltflächen, Menüs und Symbole darauf aufgefallen. Am Ende dieses Kapitels werden Sie die Benutzung und Funktion fast aller dieser Elemente verstehen.

LEKTION 1.1 Excel starten

Abbildung 1-1: Der Windows-Desktop

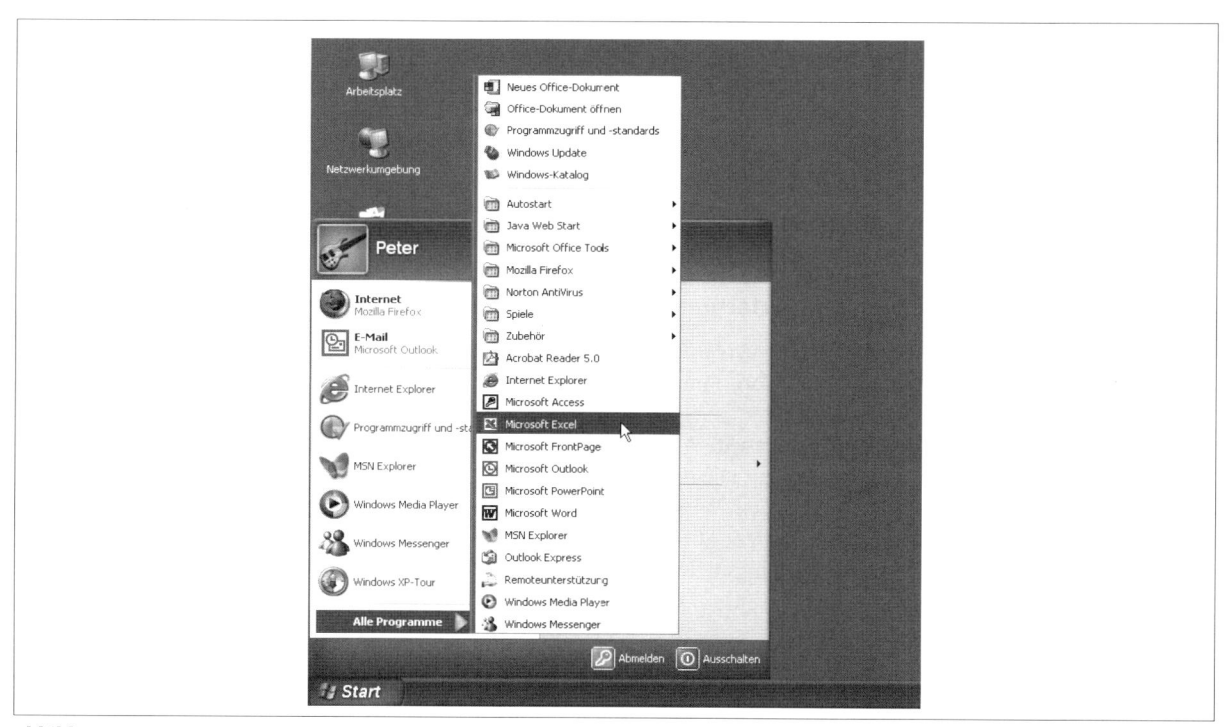

Abbildung 1-2: Die Programme im Windows-Startmenü

Kapitel 1
Die Grundlagen

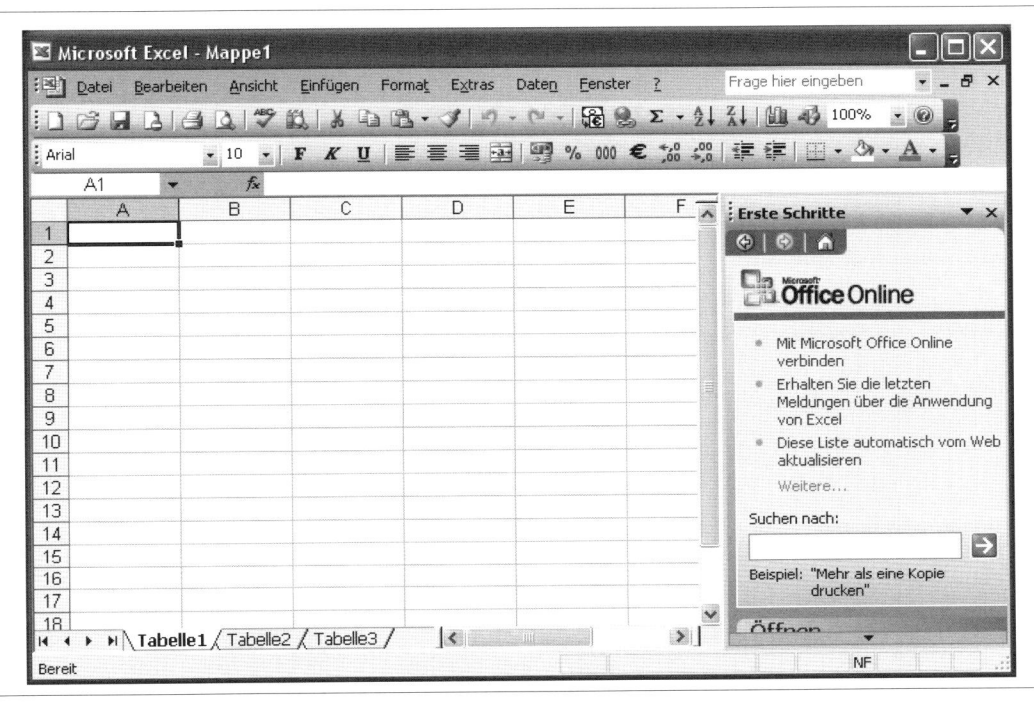

Abbildung 1-3: Die Benutzeroberfläche von Excel

Bevor Sie Excel starten können, müssen Sie Ihren Computer einschalten. Wenn der Startvorgang abgeschlossen ist, öffnen Sie Excel 2003 genauso wie jedes andere Windows-Programm, indem Sie auf Start klicken. Weil jeder Computer anders eingestellt ist (manche Benutzer verändern das Startmenü, um es den eigenen Wünschen anzupassen), kann sich die Startprozedur auf Ihrem Computer von der hier beschriebenen Variante in einigen Punkten unterscheiden.

Die Start-Schaltfläche

1 Vergewissern Sie sich, dass der Computer eingeschaltet und der Windows-Desktop angezeigt wird.

Der Bildschirm Ihres Computers sollte jetzt so ähnlich wie in Abbildung 1-1 aussehen.

2 Bewegen Sie den Zeiger mit der Maus auf die Schaltfläche Start in der linken unteren Ecke und klicken Sie darauf.

Es öffnet sich das Fenster mit dem Startmenü.

3 Schieben Sie den Zeiger mit der Maus auf Alle Programme.

Daraufhin öffnet sich rechts daneben ein Menüfenster ähnlich dem in Abbildung 1-2. Welche Programme und Menüs aufgelistet werden, hängt davon ab, welche Programme auf Ihrem Computer installiert sind, weshalb das Menü auf Ihrem Computer wahrscheinlich mehr oder weniger von dem in der Abbildung abweicht.

4 Wählen Sie Microsoft Office Excel 2003 aus dem Menü.

Je nachdem, wie viele Programme auf Ihrem Computer installiert und wie sie angeordnet sind, kann es etwas schwieriger sein, das Programm Excel zu finden. Wenn Sie darauf klicken, hören Sie eventuell ein summendes Geräusch von Ihrem Festplattenlaufwerk, während Excel geladen wird. Dann erscheint die in Abbildung 1-3 dargestellte Excel-Benutzeroberfläche.

Das war es auch schon. Excel ist jetzt zum Erstellen von Kalkulationstabellen bereit. In der nächsten Lektion lernen Sie, was all die merkwürdig aussehenden Symbole auf Ihrem Bildschirm zu bedeuten haben.

Lektion 1.1
Excel starten

SCHNELLREFERENZ

SO STARTEN SIE MICROSOFT EXCEL:

1. KLICKEN SIE AUF DIE WINDOWS-SCHALTFLÄCHE START.

2. WÄHLEN SIE ALLE PROGRAMME → MICROSOFT EXCEL 2003.

Neue Funktionen in Excel 2003

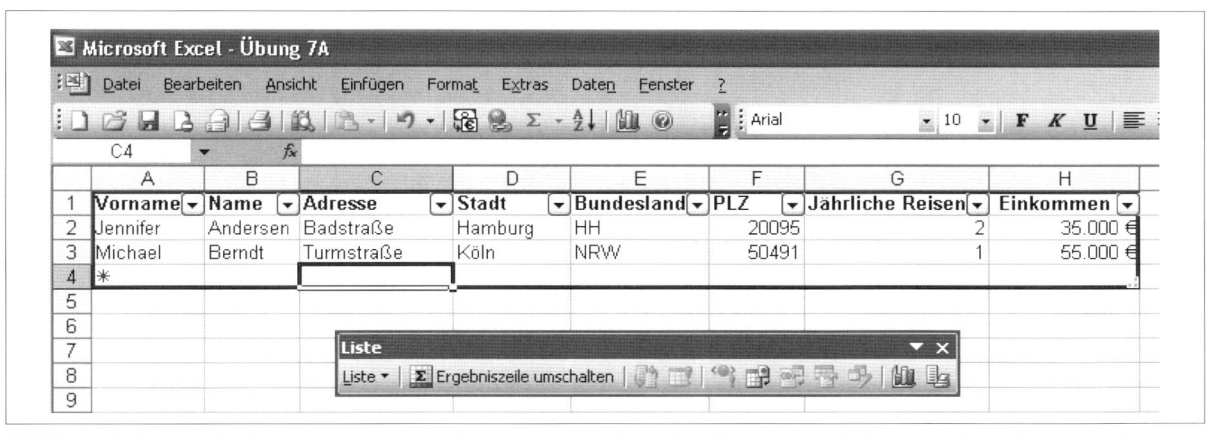

LEKTION 1.2

Abbildung 1-4: Mit Hilfe der verbesserten Listenfunktion können Sie außerhalb der Liste mit den zugehörigen Daten arbeiten.

Wenn Sie von Excel 2000 oder 2002 auf Excel 2003 umsteigen, haben Sie Glück – Excel 2003 funktioniert und sieht weitgehend so aus wie die älteren Versionen. In Tabelle 1-1 sind die neuen Merkmale aufgelistet.

Tabelle 1-1: Neue Funktionen in Excel 2003

Neue Funktion	Beschreibung
XML-Unterstützung	Excel 2003 bietet XML-Unterstützung nach Industriestandard, womit Ihnen ermöglicht wird, strukturierte Daten in eine Datei mit standardisiertem Aufbau einzugeben, so dass sie von anderen Anwendungen gelesen werden können.
Smart Documents	Smart Documents erleichtern Ihnen die Wiederverwendung bereits enthaltener Informationen und vereinfachen die Verteilung von Inhalten, die Sie in einer Arbeitsmappe erstellt haben. Sie können mit zahlreichen Datenbanken und anderen Microsoft Office-Programmen zusammenarbeiten.
Smarttag-Menü Personennamen	Mit diesem Menü können Sie schnell Kontaktinformationen auffinden und Planungsaufgaben durchführen. Diese Option ist immer verfügbar, sobald ein Personenname auftaucht.
Erweiterter Funktionsumfang von Listen	Dazu gehören folgende Funktionen: Die Erstellung einer Liste aus bestehenden Informationen oder aus einem leeren Bereich, die Bearbeitung von Listendaten ohne Veränderung der sonstigen Daten, eine neue Benutzerschnittstelle mit der zugehörigen Funktionalität, automatisch aktivierter AutoFilter, dunkelblaue Umrandung der zu einer Liste gehörigen Zellen, Einfügen von Zeilen, Einfügen von Ergebniszeilen, Griffe für Größenänderungen.
Verbesserte Statistikfunktionen	Microsoft hat viele der problematischen Funktionen von Excel 2002 überarbeitet. Weitere Verbesserungen der statistischen Funktionen führen zu schnelleren und genaueren Ergebnissen.
Dokumentarbeitsbereiche	Dokumentarbeitsbereiche sind Windows SharePoint-Sites, in denen mehrere Personen gleichzeitig an demselben Dokument arbeiten können.
Information Rights Management (IRM)	Mit IRM können Dokumente und E-Mails mit begrenzten Berechtigungen erstellt werden. Dadurch wird das Ausdrucken, Weiterleiten und Kopieren sensibler Dokumente durch unberechtigte Personen verhindert.

Lektion 1.2
Neue Funktionen in Excel 2003

Tabelle 1-1: Neue Funktionen in Excel 2003 (Fortsetzung)

Neue Funktion	Beschreibung
Befehl Nebeneinander vergleichen mit	Sie können viel Zeit und Arbeit sparen, indem Sie sich gleichzeitig durch zwei Arbeitsmappen nebeneinander bewegen. Diese Funktion enthebt Sie der Notwendigkeit, Arbeitsblätter zusammenzuführen, um Änderungen feststellen zu können.
Aufgabenbereich Recherchieren	Bei einer bestehenden Internetverbindung erhalten Sie Zugriff auf vielfältige Informationsquellen wie Lexika, Wörterbücher, Thesaurus, Übersetzungsdienste, Internetsuche, Firmenprofile und Wirtschaftsdaten.
Unterstützung für Tablet-PCs	Um das Arbeiten mit einem Tablet-PC oder einem anderen grafischen Eingabegerät zu vereinfachen, können Sie Ihren Aufgabenbereich horizontal anzeigen lassen und handschriftliche Einträge vornehmen.
Smarttags (neu in Excel 2002)	Kontextabhängige Smarttags sind Schaltflächen, die einen schnellen Informationszugriff ermöglichen, indem sie Sie auf wichtige Aktionen aufmerksam machen – zum Beispiel Formatierungsoptionen für eingefügte Daten, Korrektur von Formelfehlern usw.
Sprachwiedergabe (neu in Excel 2002)	Bei Aktivierung dieser Option wiederholt eine Computerstimme alle eingegebenen Daten zur sofortigen Überprüfung. Sie können sogar unter verschiedenen Stimmen auswählen.
Erweiterter Umfang der Funktion AutoSumme (neu in Excel 2002)	Der Funktionsumfang wurde durch eine Dropdown-Liste mit den gebräuchlichsten Funktionen erweitert. Sie können beispielsweise in der Liste auf Mittelwert klicken, um den Durchschnitt eines markierten Bereichs anzuzeigen oder den Funktionsassistenten aufrufen.
Funktionen im Funktionsassistenten suchen (neu in Excel 2002)	Geben Sie eine Anfrage ein wie beispielsweise »Wie kann ich die monatlichen Raten für eine Automiete ermitteln?«, und der Assistent schlägt Ihnen verschiedene Funktionen vor, mit denen Sie diese Aufgabe lösen können.
Formelüberprüfung (neu in Excel 2002)	Arbeitet wie die Grammatik- oder Rechtschreibprüfung. Excel überprüft bestimmte Regeln für die Formelerstellung. Damit können Sie Fehler schnell entdecken. Sie können die einzelnen Regeln ein- und ausschalten.
Zwischenablage zum Ausschneiden, Kopieren und Einfügen mehrerer Objekte	Die verbesserte Office-Zwischenablage erlaubt die Speicherung von bis zu 24 Informationen, die von allen Office-Programmen abgerufen werden können. Im Arbeitsbereich werden Ihnen die gespeicherten Informationen so angezeigt, dass Sie die einzelnen Einträge unterscheiden und in Dokumente einfügen können.

Die Benutzeroberfläche von Excel

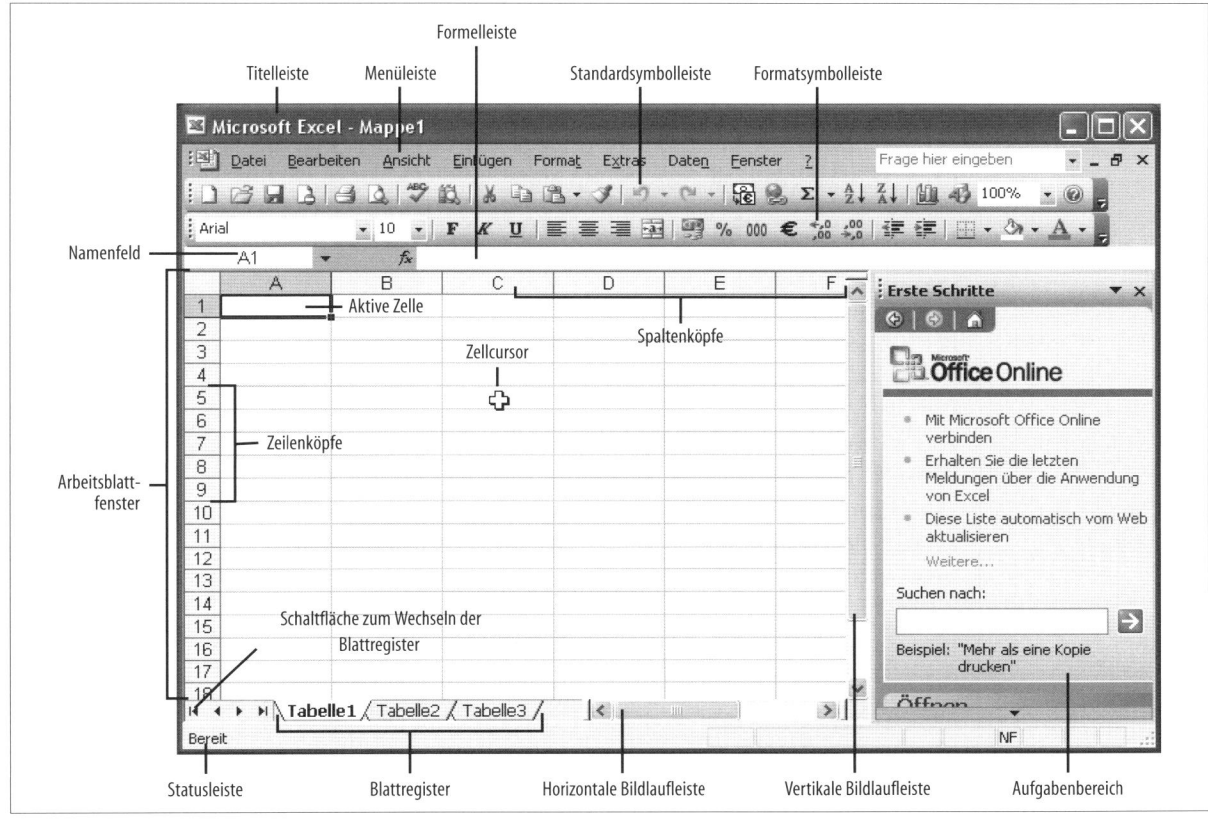

LEKTION 1.3

Abbildung 1-5: Die Elemente der Excel-Benutzeroberfläche

Wenn Sie den Excel-Bildschirm das erste Mal sehen, kommt er Ihnen vielleicht etwas verwirrend und überladen vor. Wozu mögen all diese Schaltflächen, Symbole, Menüs und Pfeile dienen? In dieser Lektion, in der Sie sich zunächst mit der Excel-Benutzeroberfläche vertraut machen, sind keine Schritt-für-Schritt-Anweisungen enthalten. Studieren Sie Abbildung 1-5 und sehen Sie in Tabelle 1-2 nach, was die einzelnen Elemente bedeuten. Gehen Sie dabei ganz entspannt vor, denn in dieser Lektion sollen Sie nur den Excel-Bildschirm kennen lernen – ohne den Zwang, sich etwas Bestimmtes merken zu müssen.

Tabelle 1-2: Die Benutzeroberfläche von Excel

Element	Beschreibung
Titelleiste	Zeigt das Programm (in diesem Fall Microsoft Excel) und den Namen der Arbeitsmappe an, die Sie gerade bearbeiten. Die Titelleiste ist allen Windows-Programmen gemeinsam.
Menüleiste	Zeigt alle Menüs an, in denen Sie Befehle auswählen können, die Excel ausführen soll. Wenn Sie auf ein Menü klicken, öffnet sich eine Liste mit Befehlen. Das Menü Format enthält beispielsweise verschiedene Formatierungsbefehle.

Lektion 1.3
Die Benutzeroberfläche von Excel

Tabelle 1-2: Die Benutzeroberfläche von Excel (Fortsetzung)

Element	Beschreibung
Standardsymbolleiste	Mit Hilfe der Schaltflächen in den Symbolleisten können Sie häufig gebrauchte Befehle direkt abrufen, anstatt sich umständlich durch mehrere Menüebenen hindurchzuklicken. Die Standardsymbolleiste enthält Schaltflächen für die gebräuchlichsten Excel-Befehle, z. B. zum Öffnen, Speichern und Drucken von Arbeitsmappen.
Formatsymbolleiste	Enthält Schaltflächen für die geläufigsten Formatierungen z. B. für Fett- oder Kursivschrift.
Aufgabenbereich	Hier werden Befehle aufgelistet, die mit Ihrer jeweiligen Tätigkeit in Excel in Verbindung stehen. Falls Sie mehr Platz für die Arbeitsfläche auf Ihrem Bildschirm haben möchten, können Sie den Aufgabenbereich ausblenden. Klicken Sie dazu einfach auf das Schließsymbol in der rechten oberen Ecke dieses Fensters.
Arbeitsblattfenster	Hier geben Sie Daten ein und arbeiten an Ihren Projekten. Sie können mehrere Arbeitsblattfenster gleichzeitig geöffnet haben.
Zellcursor und aktive Zelle	Die zu bearbeitende Zelle wird durch eine Umrandung markiert. In Abbildung 1-5 ist A1 die aktive Zelle. Wenn Sie eine andere Zelle bearbeiten wollen, platzieren Sie den Cursor mit der Maus auf dieser Zelle und klicken darauf oder verschieben die Zellmarkierung mit Hilfe der Pfeiltasten auf Ihrer Tastatur.
Formelleiste	Hier können Sie die Daten der aktiven Zelle ansehen, eingeben und bearbeiten. Es werden alle in der Zelle eventuell enthaltenen Formeln angezeigt.
Namenfeld	Hier wird die Position der aktiven Zelle angezeigt. In Abbildung 1-5 ist dies die Zelle A1.
Blattregister	Mehrere in einer Gruppe zusammengefasste Arbeitsblätter werden in Excel als *Arbeitsmappe* bezeichnet. Sie können schnell zwischen den einzelnen Blättern einer Mappe hin und her springen, indem Sie auf die Blattregister am unteren Rand klicken und jedem Arbeitsblatt einen eigenen aussagefähigen Namen zuweisen, z. B. *Budget* oder *Planung 1*. Standardmäßig besteht jede Excel-Arbeitsmappe aus drei einzelnen Arbeitsblättern.
Bildlaufleisten	Es gibt eine horizontale und eine vertikale Bildlaufleiste, mit deren Hilfe Sie sich über Ihr Arbeitsblatt bewegen können. Das Bildlauffeld zeigt Ihnen an, wo Sie sich in Ihrer Tabelle befinden. Wenn er in der vertikalen Bildlaufleiste ganz oben steht, befinden Sie sich am Anfang des Arbeitsblatts.
Statusleiste	Hier werden Mitteilungen und Rückmeldungen angezeigt.

Machen Sie sich keine Sorgen, wenn diese vielen Einzelheiten Sie etwas verwirrt haben sollten. Sie werden Ihnen bald verständlich werden, wenn Sie ein wenig damit gearbeitet haben, wozu Ihnen die nächste Lektion Gelegenheit geben soll.

Menüs verwenden

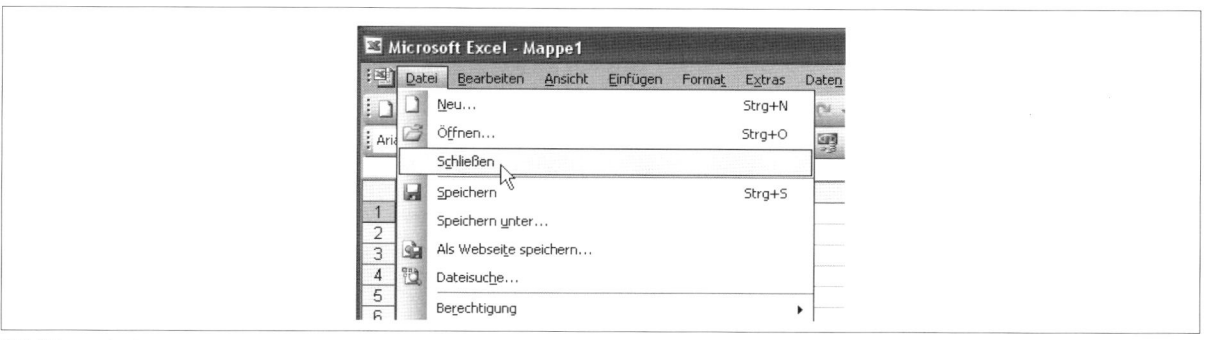

LEKTION 1.4

Abbildung 1-6: Das Menü Datei

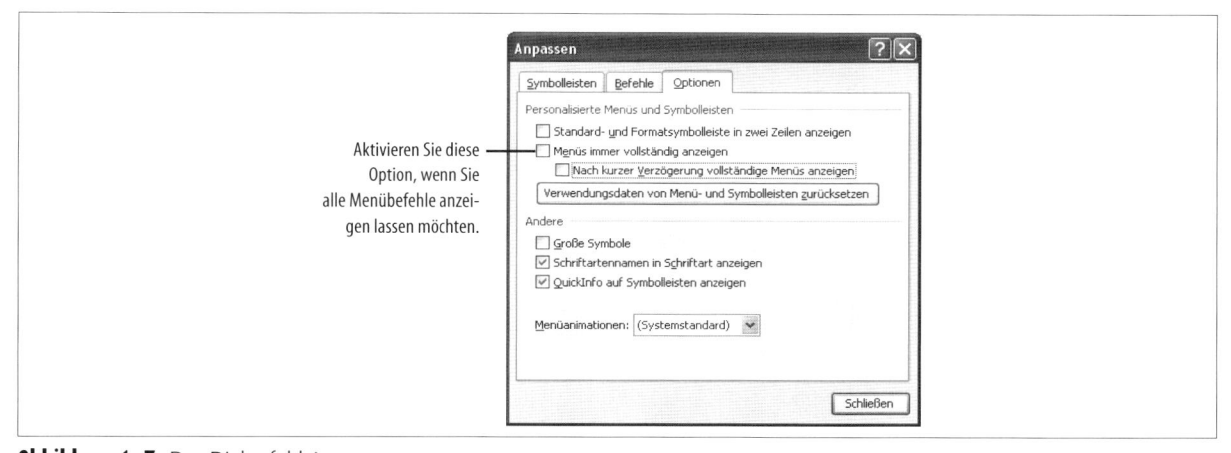

Aktivieren Sie diese Option, wenn Sie alle Menübefehle anzeigen lassen möchten.

Abbildung 1-7: Das Dialogfeld Anpassen

In dieser Lektion lernen Sie eine Methode zur Eingabe von Befehlen, nämlich die Benutzung von *Menüs*. Die Menüs befinden sich bei allen Windows-Programmen am oberen Fensterrand direkt unter der Titelleiste. In Abbildung 1-6 begegnen sie Ihnen in Form der Namen Datei, Bearbeiten, Ansicht, Einfügen, Extras und Daten. In den folgenden Schritten werden Sie sehen, wie Sie damit umgehen.

1 Klicken Sie auf Datei in der Menüleiste.

Unterhalb der Schaltfläche Datei öffnet sich das in Abbildung 1-6 dargestellte Menüfenster. Das Menü Datei enthält eine Liste von Befehlen für Dateien wie zum Beispiel Neu, mit dem Sie eine neue Datei anlegen, Öffnen, der eine gespeicherte Datei lädt oder öffnet, Speichern, mit dem die geöffnete Datei gespeichert wird, und Schließen, womit die geöffnete Datei geschlossen wird. Machen Sie nun den nächsten Schritt und versuchen Sie, einen Befehl aus dem Dateimenü auszuwählen.

2 Klicken Sie im Menü Datei auf Schließen.

Die Arbeitsmappe verschwindet und das Fenster erscheint leer – Sie haben soeben die aktuelle Arbeitsmappe geschlossen. Sie sehen, dass jeder Name in der Menüleiste einen unterstrichenen Buchstaben aufweist, zum Beispiel das D in Datei. Wenn Sie die Alt-Taste gedrückt halten und dabei die Taste des unterstrichenen Buchstabens drücken, hat das die gleiche Wirkung, als wenn Sie mit der Maus auf das Menü klicken: Das Menü Datei öffnet sich. Probieren Sie es im nächsten Schritt aus.

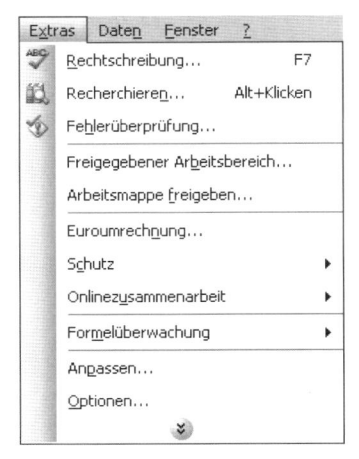

Lektion 1.4
Menüs verwenden

Das Menü Extras
Die seltener benutzten Befehle sind verborgen.

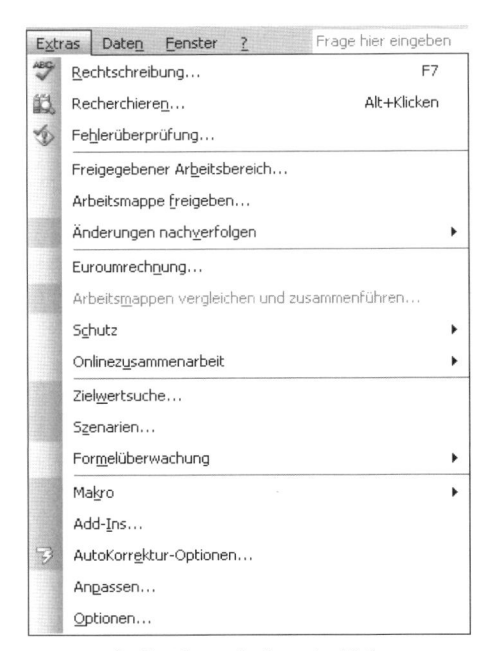

Das Menü Extras zeigt die weniger häufig benutzten Befehle an, wenn Sie auf die doppelten Abwärtspfeile am unteren Rand klicken.

3 Drücken Sie gleichzeitig die Tasten Alt und D.

Das Menü Datei erscheint. Bei einem geöffneten Menü können Sie die einzelnen Befehle mit der Maus oder durch Eingeben des unterstrichenen Buchstabens auswählen.

4 Drücken Sie die rechte Pfeiltaste (→).

Jetzt öffnet sich rechts daneben das Menü Bearbeiten. Wenn Sie ein Menü geöffnet haben und es sich anders überlegen, können Sie es ganz einfach wieder schließen, ohne dass etwas passiert, indem Sie irgendwo außerhalb des Menüs klicken oder die Taste Esc drücken.

5 Klicken Sie irgendwo außerhalb des Menüs, um es zu schließen, ohne einen der darin enthaltenen Befehle auszuführen.

Die Menüs in Excel 2003 weisen einen Unterschied zu anderen Windows-Programmen und älteren Excel-Versionen auf. Für die Anzeige der darin enthaltenen Befehle gibt es drei verschiedenen Varianten:

- Alle verfügbaren Befehle werden angezeigt wie in anderen Windows-Programmen und älteren Excel-Versionen.
- Die seltener benutzten Befehle werden nicht angezeigt.
- Die verborgenen Befehle können durch Anklicken der Doppelpfeile angezeigt werden. Sie werden auch ohne diese Maßnahme angezeigt, wenn Sie einige Sekunden warten.

6 Klicken Sie auf Extras in der Menüleiste.

Die gebräuchlichsten Menübefehle erscheinen zuerst im Menü Extras. Manche Benutzer fühlen sich durch zu viele Befehle verwirrt, weshalb in Office 2003 zuerst nur die wichtigsten angezeigt werden. Um die anderen ebenfalls zu öffnen, klicken Sie auf die Doppelpfeile am unteren Rand oder lassen einfach das Menü für einige Sekunden geöffnet.

Kapitel 1
Die Grundlagen

7 **Klicken Sie auf die** nach unten zeigenden Doppelpfeile ( ) am unteren Rand des Menüfensters.

Die nicht so häufig benutzten Befehle erscheinen in einer dunkleren Farbe im Menü.

Falls Sie an ältere Versionen von Excel gewöhnt sind und das Verbergen eines Teils der Befehle als störend empfinden, können Sie das leicht wie folgt ändern:

8 **Wählen Sie** Ansicht → Symbolleisten → Anpassen **aus dem Menü.**

Klicken Sie nun auf die Registerkarte Optionen und das Dialogfeld aus Abbildung 1-7 öffnet sich. Hier können Sie die Anzeige der Menüs einstellen. Das Dialogfeld enthält u.a. zwei wichtige Optionen:

- Menüs immer vollständig anzeigen: Setzen Sie ein Häkchen in dieses Kontrollkästchen (aktivieren Sie es), wenn Sie möchten, dass immer alle Menüs angezeigt werden.
- Nach kurzer Verzögerung vollständige Menüs anzeigen: Wenn diese Option aktiviert ist, werden die seltener benutzten Befehle nach einigen Sekunden angezeigt.

9 **Klicken Sie auf** Schließen.

Tabelle 1-3: Die Menüs von Microsoft Excel

Menü	Beschreibung
Datei	Befehle für die Arbeit mit Dateien wie Öffnen, Speichern, Schließen, Drucken und Erstellen neuer Dateien
Bearbeiten	Befehle zum Kopieren, Ausschneiden, Einfügen, Suchen und Ersetzen von Text
Ansicht	Befehle zur Veränderung der Darstellung von Arbeitsmappen auf dem Bildschirm
Einfügen	Befehle zum Einfügen von Objekten in eine Arbeitsmappe, z.B. von Grafiken oder Diagrammen
Format	Befehle zum Formatieren von Text, für die Zellenausrichtung und für Rahmen
Extras	Enthält Hilfswerkzeuge wie z.B. Rechtschreibprüfung und Makros. Sie können hier auch die Standardeinstellungen von Excel verändern.
Daten	Befehle zum Analysieren und Bearbeiten von Daten
Fenster	Sie können mehrere Arbeitsblätter gleichzeitig darstellen und anordnen (wenn Sie mehr als eine Datei geöffnet haben).
Hilfe	Hier finden Sie Hilfe zum Programm.

Lektion 1.4
Menüs verwenden

SCHNELLREFERENZ

SO ÖFFNEN SIE EIN MENÜ:

- KLICKEN SIE MIT DER MAUS AUF DEN MENÜNAMEN.

  ODER:

- DRÜCKEN SIE ALT UND DEN UNTERSTRICHENEN BUCHSTABEN DES MENÜS.

SO ZEIGEN SIE DIE VERBORGENEN BEFEHLE IN EINEM MENÜ AN:

- KLICKEN SIE AUF DIE DOPPELPFEILE ⇟ AM UNTEREN RAND DES MENÜFENSTERS.

  ODER:

- ÖFFNEN SIE DAS MENÜ UND WARTEN EINIGE SEKUNDEN.

SO ÄNDERN SIE DIE ANZEIGE DES MENÜS:

1. WÄHLEN SIE ANSICHT → SYMBOLLEISTEN → ANPASSEN.

2. AKTIVIEREN BZW. DEAKTIVIEREN SIE DIE KONTROLLKÄSTCHEN NEBEN DEN OPTIONEN MENÜS IMMER VOLLSTÄNDIG ANZEIGEN UND/ODER NACH KURZER VERZÖGERUNG VOLLSTÄNDIGE MENÜS ANZEIGEN. KLICKEN SIE ANSCHLIEßEND AUF SCHLIEßEN.

Symbolleisten verwenden und eine neue Arbeitsmappe erstellen

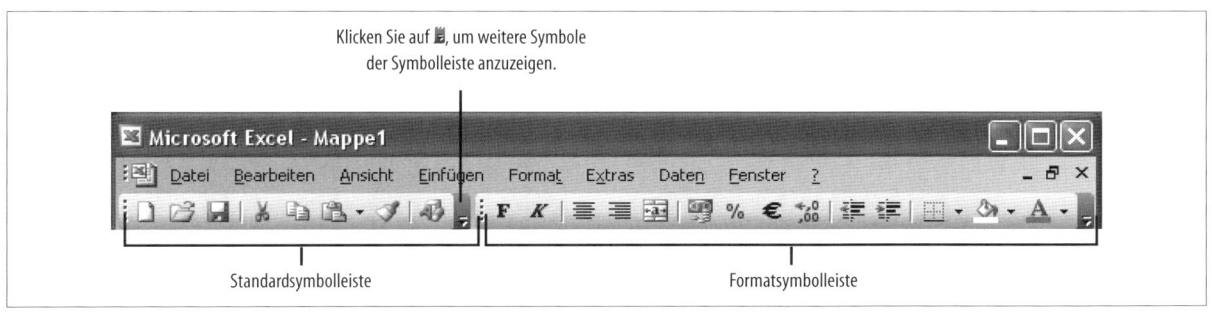

LEKTION 1.5

Abbildung 1-8: Die Symbolleisten Standard und Format in einer gemeinsamen Leiste

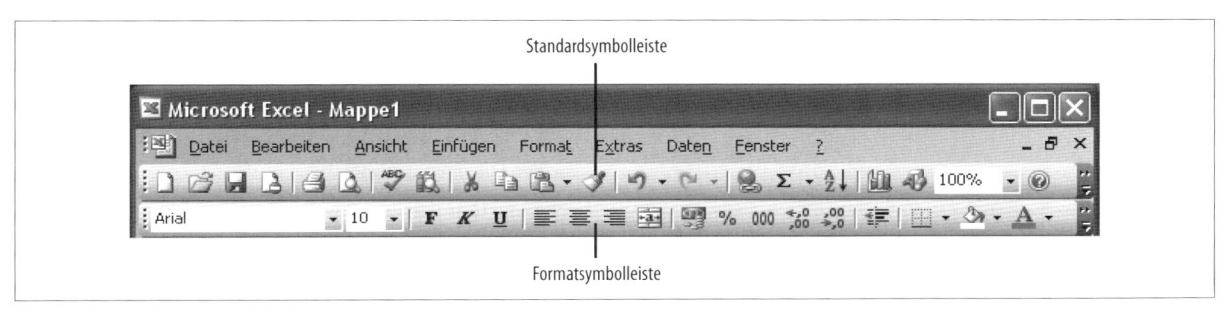

Abbildung 1-9: Die Symbolleisten Standard und Format in eigenen Leisten

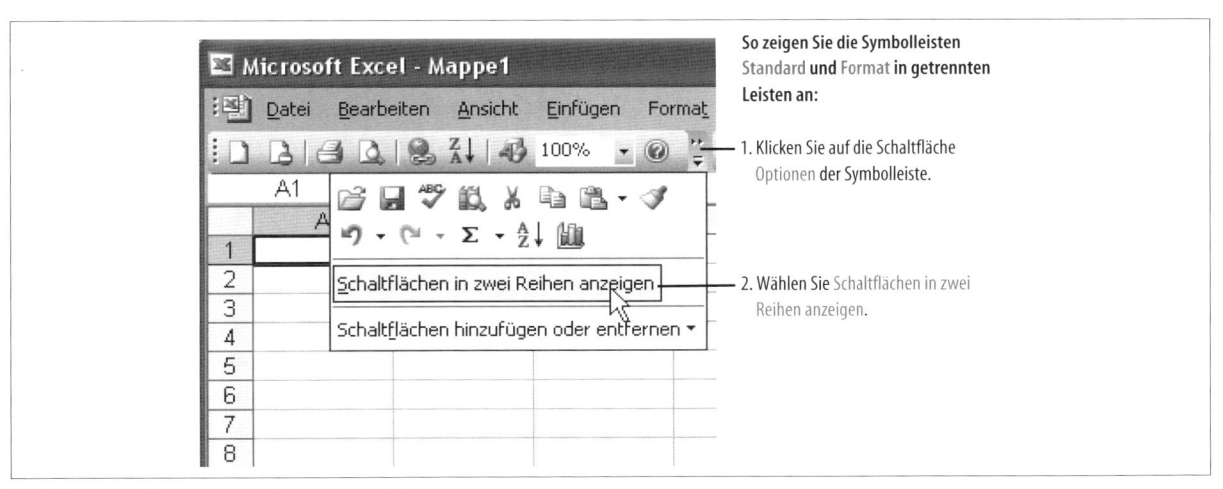

Abbildung 1-10: Optionen für Symbolleisten

So zeigen Sie die Symbolleisten Standard und Format in getrennten Leisten an:

1. Klicken Sie auf die Schaltfläche Optionen der Symbolleiste.
2. Wählen Sie Schaltflächen in zwei Reihen anzeigen.

In dieser Lektion beschäftigen wir uns mit einer anderen Methode zur Befehlseingabe, nämlich den Symbolleisten. Dabei handelt es sich um Abkürzungen für die am häufigsten verwendeten Befehle. Anstatt sich durch mehrere Menüebenen hindurchzuklicken, reicht ein einziger Klick auf eine Schaltfläche in der Symbolleiste aus. In der Standardeinstellung zeigt Excel zwei Symbolleisten an:

- **Standardsymbolleiste:** Diese Leiste ist entweder oberhalb oder links von der Formatsymbolleiste angeordnet und enthält die am häufigsten verwendeten Befehle wie zum Beispiel Speichern oder Drucken.
- **Formatsymbolleiste:** Entweder rechts oder unterhalb der Standardsymbolleiste angeordnet, enthält diese Symbol-

Lektion 1.5
Symbolleisten verwenden und eine neue Arbeitsmappe erstellen

leiste Befehle zum schnellen Formatieren von Schrift und Absätzen.

QuickInfo

1 Positionieren Sie den Mauszeiger über dem Symbol Neu auf der Standardsymbolleiste, aber klicken Sie jetzt noch nicht darauf.

Über dem Symbol erscheint nach einem kleinen Moment eine so genannte »QuickInfo«, die eine kurze Erklärung der zugehörigen Funktion enthält, in diesem Fall »Neu«. Wenn Sie die Bedeutung eines Symbols nicht kennen, platzieren Sie einfach den Mauszeiger darüber, woraufhin ein solcher Hinweis Sie über die Funktion informiert.

Die Schaltfläche Neu
Alternative Methode zum Erstellen einer neuen Arbeitsmappe:
• Wählen Sie Datei → Neu aus dem Menü.

2 Klicken Sie jetzt in der Standardsymbolleiste auf das Symbol Neu.

Es erscheint eine neue, leere Arbeitsmappe – Sie haben also nicht nur gelernt, mit den Symbolleisten von Excel umzugehen, sondern auch, eine neue Arbeitsmappe zu erstellen.

Auch in den Symbolleisten finden Sie »Erweiterungspfeile« wie in den Menüs. Wenn Sie darauf klicken, erscheint ein Dropdown-Menü mit den nicht sichtbaren Schaltflächen sowie verschiedenen Symbolleistenoptionen.

3 Klicken Sie auf das Symbol am rechten Ende der Standardsymbolleiste.

Daraufhin erscheint eine Liste der nicht sichtbaren Symbole wie in Abbildung 1-10. Excel merkt sich, welche Symbole Sie am häufigsten verwenden, und platziert diese weiter vorne auf der Symbolleiste.

4 Klicken Sie irgendwo außerhalb der Symbolleiste, um die Liste ohne Änderungen zu schließen.

Weil heute viele Computer größere Bildschirme besitzen, hat Microsoft die beiden Symbolleisten wie in Abbildung 1-8 nebeneinander angeordnet, um Bildschirmfläche einzusparen. Durch das Zusammenquetschen der beiden Symbolleisten gewinnen Sie zwar zusätzliche Arbeitsfläche auf dem Bildschirm, aber der Umgang damit ist etwas gewöhnungsbedürftig, besonders, wenn Sie eine ältere Version von Microsoft Office gewohnt sind. Wenn Sie lieber beide Symbolleisten vollständig übereinander anordnen möchten wie in Abbildung 1-9, können Sie das wie folgt einrichten:

5 Klicken Sie auf das Symbol auf der Standard- oder Formatsymbolleiste.

Es erscheint die in Abbildung 1-10 dargestellte Liste mit zusätzlichen Symbolen und Optionen. Um beide Leisten übereinander anzuzeigen, aktivieren Sie die Option Schaltflächen in zwei Reihen anzeigen.

6 Wählen Sie Schaltflächen in zwei Reihen anzeigen aus der Liste.

Excel zeigt die beiden Leisten jetzt untereinander an. Sie können dies mit der gleichen Prozedur wieder rückgängig machen:

7 Klicken Sie auf das Symbol auf der Standard- oder Formatsymbolleiste und wählen Sie Schaltflächen in einer Reihe anzeigen aus der Liste.

Jetzt werden wieder beide Symbolleisten in einer Zeile (mit verborgenen Schaltflächen) angezeigt.

Welche der beiden Anzeigeversionen ist die bessere? Das ist eine Frage der verfügbaren Bildschirmgröße und des persönlichen Geschmacks. Wenn Sie über einen großen 17-Zoll-Bildschirm verfügen, ist die gemeinsame Anzeige in einer Reihe vielleicht praktischer. Wenn Ihre Bildschirmfläche kleiner ist, könnte es Sie stören, ständig auf die Erweiterungspfeile klicken zu müssen, um die benötigten Schaltflächen anzuzeigen, weshalb sich in diesem Fall die Anzeige in zwei Zeilen anbietet.

SCHNELLREFERENZ

SO VERWENDEN SIE EINE SCHALTFLÄCHE IN EINER SYMBOLLEISTE:

- KLICKEN SIE AUF DAS GEWÜNSCHTE SYMBOL.

SO SEHEN SIE DIE KURZBESCHREIBUNG EINER SCHALTFLÄCHE AN:

- PLATZIEREN SIE DEN MAUSZEIGER ÜBER DEM SYMBOL UND WARTEN SIE EINEN KLEINEN MOMENT, SO WIRD EIN HINWEIS (QUICKINFO) MIT EINER KURZBESCHREIBUNG ANGEZEIGT.

SO LEGEN SIE EINE NEUE ARBEITSMAPPE AN:

- KLICKEN SIE AUF DAS SYMBOL NEU IN DER STANDARDSYMBOLLEISTE.

    ODER:

- WÄHLEN SIE DATEI → NEU AUS DEM MENÜ.

SO ZEIGEN SIE STANDARD- UND FORMATSYMBOLLEISTE IN ZWEI GETRENNTEN ZEILEN AN:

- KLICKEN SIE AUF DAS SYMBOL IN EINER DER BEIDEN SYMBOLLEISTEN UND WÄHLEN SIE SCHALTFLÄCHEN IN ZWEI REIHEN ANZEIGEN AUS DER LISTE.

LEKTION 1.6 — Dialogfelder ausfüllen

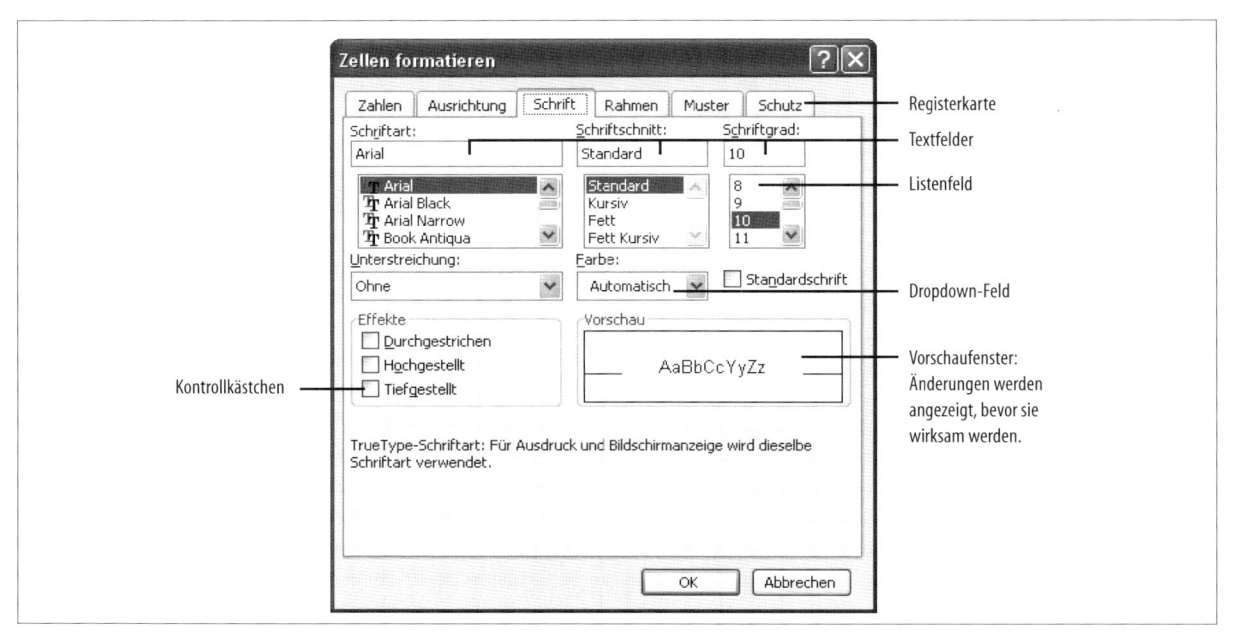

Abbildung 1-11: Das Dialogfeld Zellen formatieren.

Abbildung 1-12: Die Benutzung der Bildlaufleisten

Manche Befehle sind komplizierter als andere. Eine Datei zu speichern ist nicht schwierig – wählen Sie einfach Datei → Speichern aus dem Menü oder klicken Sie auf das Symbol Speichern in der Standardsymbolleiste. Andere Befehle sind etwas komplizierter anzuwenden. Nehmen wir beispielsweise an, Sie möchten den oberen Rand der Arbeitsmappe auf 2 cm erweitern. Wann immer Sie etwas relativ Kompliziertes ausführen wollen, müssen Sie ein *Dialogfeld* ausfüllen. Das ist nicht besonders schwierig – wenn Sie schon über Erfahrungen mit Windows verfügen, haben Sie zweifellos schon eine Vielzahl solcher Fenster bearbeitet. Dialogfelder enthalten in der Regel bestimmte Eingabemöglichkeiten wie die folgenden:

- Textfelder
- Listenfelder
- Kontrollkästchen
- Dropdown-Listen

Prägen Sie sich diese Bezeichnungen bitte gut ein, denn sie werden in fast jedem Kapitel dieses Buches verwendet. Diese Lektion enthält eine Einführung über Dialogfelder und die darin enthaltenen Elemente, damit Sie deren Funktion verstehen und lernen, damit zu arbeiten.

1 Klicken Sie in der Menüleiste auf Format.

Beachten Sie, dass hinter einigen Befehlen im geöffneten Menü Pünktchen (...) stehen. Sie deuten darauf hin, dass sich hinter dem Menü ein Dialogfeld befindet.

2 Wählen sie Zellen im Menü Format.

Das Dialogfeld Zellen formatieren öffnet sich. Es ist eins der umfangreichsten in Microsoft Excel und enthält zahlreiche Einstellungsmöglichkeiten.

Werfen Sie zunächst einen Blick auf die Registerkartenreiter am oberen Fensterrand. Einige Dialogfelder bieten so viele Optionen, dass nicht alle gleichzeitig abgebildet werden können. Deshalb unterteilt Windows sie in mehrere Teile, die *Registerkarten* genannt werden, weil sie an eine Karteikartenregistratur erinnern. Durch Anklicken der Karteireiter können Sie jede Registerkarte in den Vordergrund holen.

3 Klicken Sie auf die Registerkarte Ausrichtung.

Die Registerkarte Ausrichtung wird im Vordergrund angezeigt.

4 Klicken Sie auf die Registerkarte Schrift.

Nun befindet sich wie in Abbildung 1-11 die Registerkarte Schrift im Vordergrund. Zu Ihrer Erinnerung sei nochmals erwähnt, dass Sie in dieser Lektion die Dialogfelder kennen lernen sollen und noch nicht, wie Sie Schrift formatieren (das werden wir später behandeln). Als Nächstes wenden wir uns den *Textfeldern* zu.

Sehen Sie sich das Textfeld Schriftart in der linken oberen Ecke des Dialogfelds an. Textfelder gehören zu den gebräuchlichsten Elementen von Dialogfeldern und stellen nichts anders dar als die leeren Felder eines Formulars, wie Sie schon viele ausgefüllt haben. Um ein Textfeld zu bearbeiten, klicken Sie darauf oder drücken so oft die Tab-Taste, bis die Einfügemarke im betreffenden Feld erscheint, und tippen einfach ein, was in dem Feld erscheinen soll.

5 Vergewissern Sie sich, dass das Textfeld Schriftart ausgewählt ist, und geben Sie Arial ein.

Sie haben soeben ein Textfeld ausgefüllt – nicht mehr und nicht weniger. Als Nächstes wenden wir uns dem *Listenfeld* zu. Das befindet sich unter dem Textfeld. Ein Listenfeld dient dazu, mehrere Optionen in einem kleinen Feld aufzulisten. Manchmal sind es so viele, dass nicht alle angezeigt werden könnnen, so dass Sie diesem Fall ein *Bildlauffeld* wie in Abbildung 1-12 benutzen müssen, um sich in der Liste auf und ab zu bewegen.

6 Ziehen Sie das Bildlauffeld der Schriftartenliste bei gedrückter Maustaste herunter, bis Times New Roman erscheint, und klicken Sie darauf, um diese Schriftart auszuwählen.

Unsere nächste Station ist die *Dropdown-Liste*, die ähnlich funktioniert wie ein Listenfeld. Der einzige Unterschied besteht darin, dass Sie zum Öffnen den nach unten weisenden Pfeil anklicken müssen.

7 Klicken Sie auf den Pfeil zum Öffnen der Dropdown-Liste Unterstreichung.

Dadurch öffnet sich eine Liste mit verschiedenen Möglichkeiten zum Unter- und Durchstreichen.

8 Wählen Sie Einfach aus der Dropdown-Liste.

Manchmal müssen Sie mehr als eine Option aus einem Dialogfeld auswählen, wenn Sie zum Beispiel eine Schrift mit Schatten *und* Kapitälchen formatieren wollen. Für solche Mehrfachauswahlen bietet sich der Einsatz von Kontrollkästchen an.

9 Klicken Sie im Bereich Effekte auf Durchgestrichen und Hochgestellt.

Zum Abschluss wollen wir uns die Schaltflächen ansehen. Sie finden sich in jedem Dialogfeld und dienen zum Ausführen oder Rückgängigmachen der Befehle. Die folgenden zwei sind in fast jedem Dialogfeld vorhanden:

- OK: Bewirkt die Ausführung und Speicherung aller Änderungen, die Sie vorgenommen haben, und schließt das Fenster. Die Funktion ist normalerweise die gleiche wie beim Drücken der Enter-Taste auf der Tastatur.
- Abbrechen: Diese Schaltfläche schließt das Fenster, ohne Änderungen anzuwenden oder zu speichern. Die Funktion entspricht dem Drücken der Esc-Taste.

10 Klicken Sie auf die Schaltfläche Abbrechen, um das Fenster zu schließen, ohne dass die Änderungen wirksam werden.

Lektion 1.6
Dialogfelder ausfüllen

SCHNELLREFERENZ

SO BEARBEITEN SIE EIN TEXTFELD:

- Tragen Sie die gewünschte Information einfach in das Feld ein.

SO BENUTZEN SIE EIN LISTENFELD:

- Benutzen Sie das Bildlauffeld, um sich durch die Liste zu bewegen, und klicken Sie auf die gewünschte Option.

SO BENUTZEN SIE EIN DROPDOWN-FELD:

- Klicken Sie auf den Pfeil, um die Liste der Optionen zu öffnen, und wählen Sie eine davon aus, indem Sie darauf klicken.

SO AKTIVIEREN ODER DEAKTIVIEREN SIE EIN KONTROLLKÄSTCHEN:

- Klicken Sie auf das Kontrollkästchen.

SO SEHEN SIE EINE REGISTERKARTE IN EINEM DIALOGFELD AN:

- Klicken Sie auf den zugehörigen Registerkartenreiter.

SO SPEICHERN SIE DIE ÄNDERUNGEN UND SCHLIEßEN EIN DIALOGFELD:

- Klicken Sie auf O oder drücken Sie Enter.

SO SCHLIEßEN SIE EIN DIALOGFELD, OHNE DIE ÄNDERUNGEN ZU SPEICHERN:

- Klicken Sie auf Abbrechen oder drücken Sie Esc.

Tastaturkürzel und Kontextmenüs

LEKTION 1.7

Abbildung 1-13: Um ein Tastaturkürzel anzuwenden, halten Sie die Strg-Taste gedrückt und betätigen zusätzlich eine andere Taste.

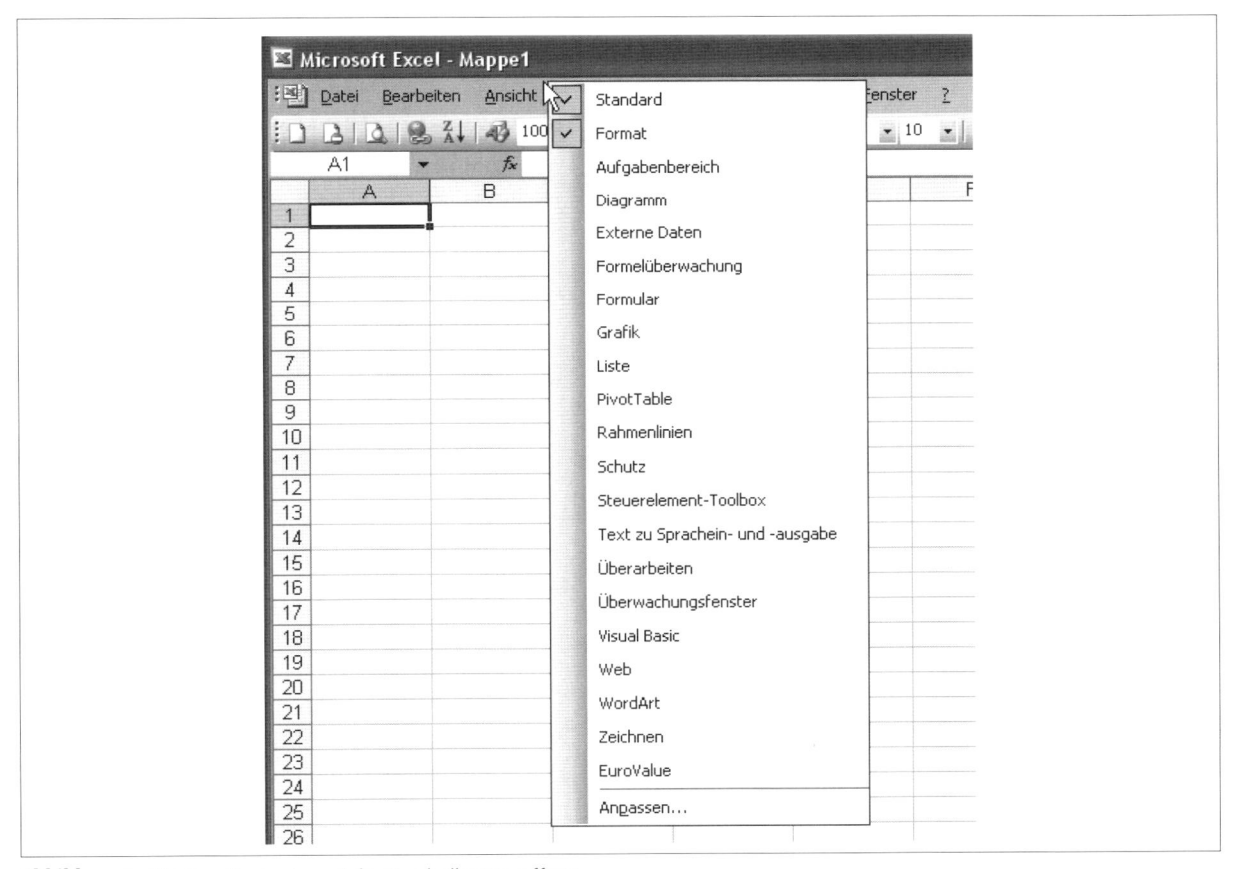

Abbildung 1-14: Das Kontextmenü für Symbolleisten öffnen

Wahrscheinlich ist Ihnen bereits aufgefallen, dass Excel für die Ausführung einer Aktion meistens mehrere Methoden zur Verfügung stellt. Sie können zum Beispiel eine Datei speichern, indem Sie Datei → Speichern aus dem Menü wählen oder die entsprechende Schaltfläche in der Symbolleiste anklicken. In dieser Lektion lernen Sie zwei weitere Methoden zur Befehlseingabe kennen, nämlich den Aufruf von Kontextmenüs mit der rechten Maustaste und Tastaturkürzel.

Die linke Maustaste ist die Haupttaste zum Klicken und Doppelklicken, mit der Sie über 95% aller Klicks in Excel ausführen. Wozu dient die rechte Taste? Immer wenn Sie

Lektion 1.7
Tastaturkürzel und Kontextmenüs

mit dieser Taste auf etwas klicken, öffnet sich ein Kontextmenü, in dem alle Operationen aufgeführt sind, die Sie an diesem Objekt ausführen können. Wann immer Sie unsicher sind, was Sie mit einem Objekt machen können, führen Sie einen Rechtsklick darauf aus und sehen im Kontextmenü nach, welche Befehle Sie darauf anwenden können.

Die über die rechte Maustaste zugänglichen Kontextmenüs bieten Ihnen eine äußerst praktische Möglichkeit zur Befehlseingabe, weil sie es Ihnen ersparen, sich durch viele selten benutzte Menüebenen hindurchzuarbeiten, um den gewünschten Befehl zu finden.

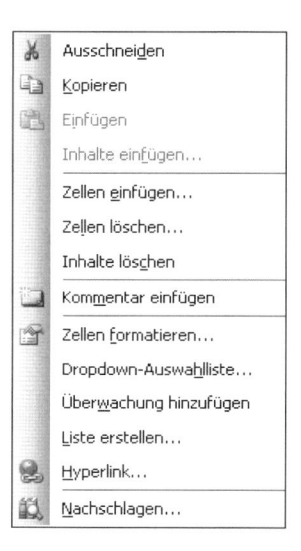

Kontextmenü
Klicken Sie mit der rechten Maustaste auf ein Objekt, um ein Kontextmenü zu öffnen, in dem alle verfügbaren Befehle aufgelistet sind.

1 Klicken Sie mit der rechten Maustaste irgendwo auf die Arbeitsblattoberfläche.

An der Stelle, die Sie angeklickt haben, öffnet sich ein Kontextmenü. Einer der aufgelisteten Befehle lautet Zellen formatieren. Dabei handelt es sich um denselben Befehl, den Sie auch aus dem Menü über Format → Zellen aufrufen können. Die Benutzung der rechten Maustaste ist schneller und leichter zu lernen als die Excel-Menüs. Wenn Sie ein Kontextmenü geöffnet haben und es sich dann anders überlegen, können Sie es wie folgt schließen, ohne dass eine Aktion erfolgt:

2 Klicken Sie mit der linken Maustaste außerhalb des Kontextmenüs, um es zu schließen.

Merken Sie sich, dass die in einem Kontext aufgelisteten Optionen davon abhängen, wo Sie das Menü geöffnet haben.

3 Klicken Sie mit der rechten Maustaste auf die Standard- oder Formatsymbolleiste.

Daraufhin erscheint das in Abbildung 1-14 dargestellte Kontextmenü mit einer Liste sämtlicher Symbolleisten.

4 Platzieren Sie den Mauszeiger irgendwo auf der Arbeitsmappe außerhalb des Menüs und klicken Sie mit der linken Taste, um das Kontextmenü zu schließen.

Jetzt kommen wir zu den Tastaturkürzeln. Sie stellen zweifellos die schnellste Methode zur Befehlseingabe dar, sind aber etwas schwieriger zu merken. Bei sehr häufig verwendeten Befehlen können Sie viel Zeit damit sparen. Um ein Tastaturkürzel einzugeben, halten Sie die Strg-Taste gedrückt, betätigen gleichzeitig die entsprechende Kürzeltaste und lassen beide wieder los.

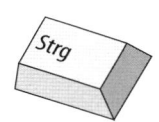

5 Drücken Sie gleichzeitig Strg + Umschalt + K. Umschalt ist die Taste, mit der Sie beim Tippen von kleinen Buchstaben auf Großbuchstaben umschalten.

Dies ist das Tastaturkürzel für Kursivschrift. Beachten Sie, dass das zugehörige Symbol auf der Formatsymbolleiste jetzt hervorgehoben erscheint.

6 Schreiben Sie das Wort Kursiv.

Der Text wird in Kursivschrift angezeigt.

> **HINWEIS** *Die Tastaturkürzel in Excel können auch verändert oder auf andere Befehle umprogrammiert werden. Dies wird aber erst in einem späteren Kapitel behandelt.*

Tabelle 1-4 zeigt eine Liste der Tastaturkürzel, die in Excel häufig zum Einsatz kommen.

Kapitel 1
Die Grundlagen

Tabelle 1-4: Häufig verwendete Tastaturkürzel

Tastaturkürzel	Beschreibung
Strg + Umschalt + F	Ein- und Ausschalten von Fettdruck
Strg + Umschalt + K	Ein- und Ausschalten von Kursivschrift
Strg + Umschalt + U	Ein- und Ausschalten von Unterstreichung
Strg + O	Öffnet eine Arbeitsmappe
Strg + S	Speichert die aktuelle Arbeitsmappe
Strg + P	Druckt die Arbeitsmappe auf dem Standarddrucker aus
Strg + C	Kopiert den markierten Text bzw. das ausgewählte Objekt in die Windows-Zwischenablage
Strg + X	Schneidet den markierten Text bzw. das ausgewählte Objekt aus und kopiert es in die Windows-Zwischenablage
Strg + V	Fügt einen in der Zwischenablage gespeicherten Text oder ein Objekt an der ausgewählten Stelle ein
Strg + Pos 1	Bewegt die Zellmarkierung an den Anfang der Atbeitsmappe
Strg + Ende	Bewegt die Zellmarkierung ans Ende der Arbeitsmappe

SCHNELLREFERENZ

SO ÖFFNEN SIE EIN KONTEXTMENÜ:

- KLICKEN SIE MIT DER RECHTEN MAUSTASTE AUF EIN OBJEKT.

SO WENDEN SIE TASTATURKÜRZEL AN:

- DRÜCKEN SIE DIE ENTSPRECHENDE TASTE ZUSAMMEN MIT DER STRG-TASTE.

LEKTION 1.8 — Eine Arbeitsmappe öffnen

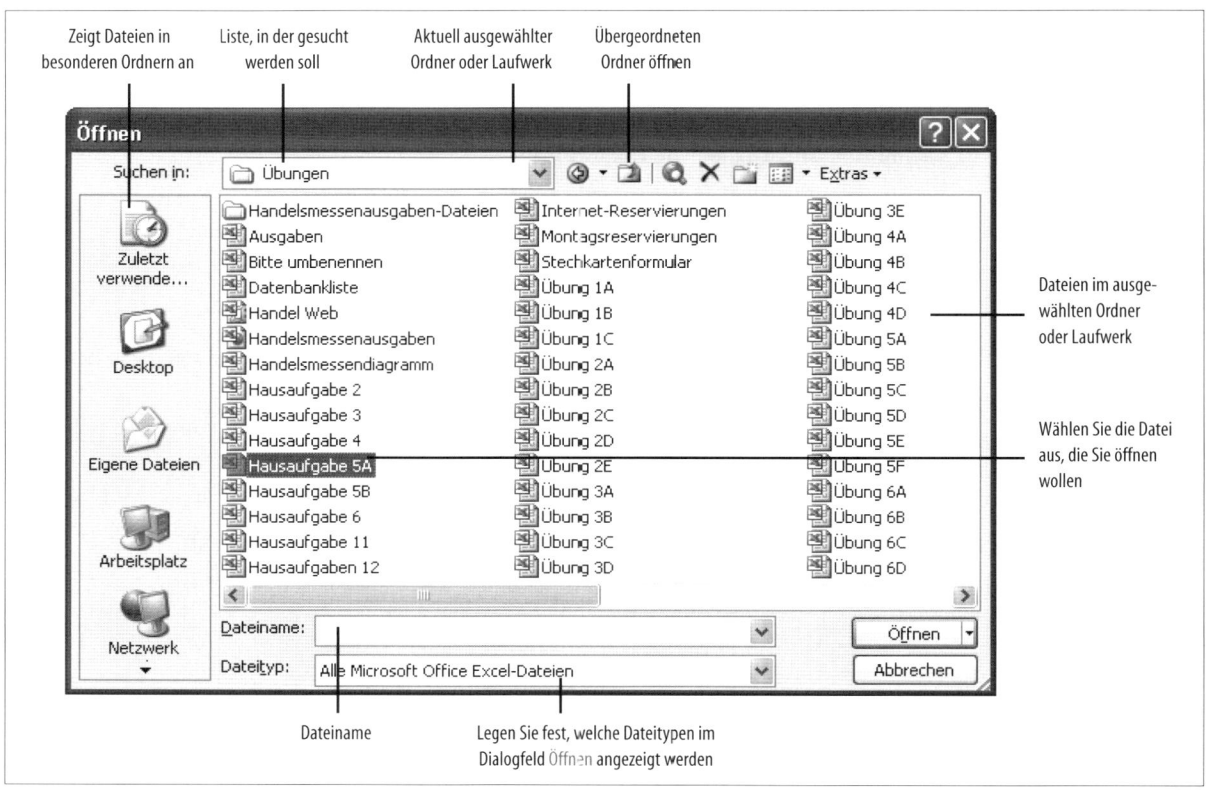

Abbildung 1-15: Das Dialogfeld Öffnen

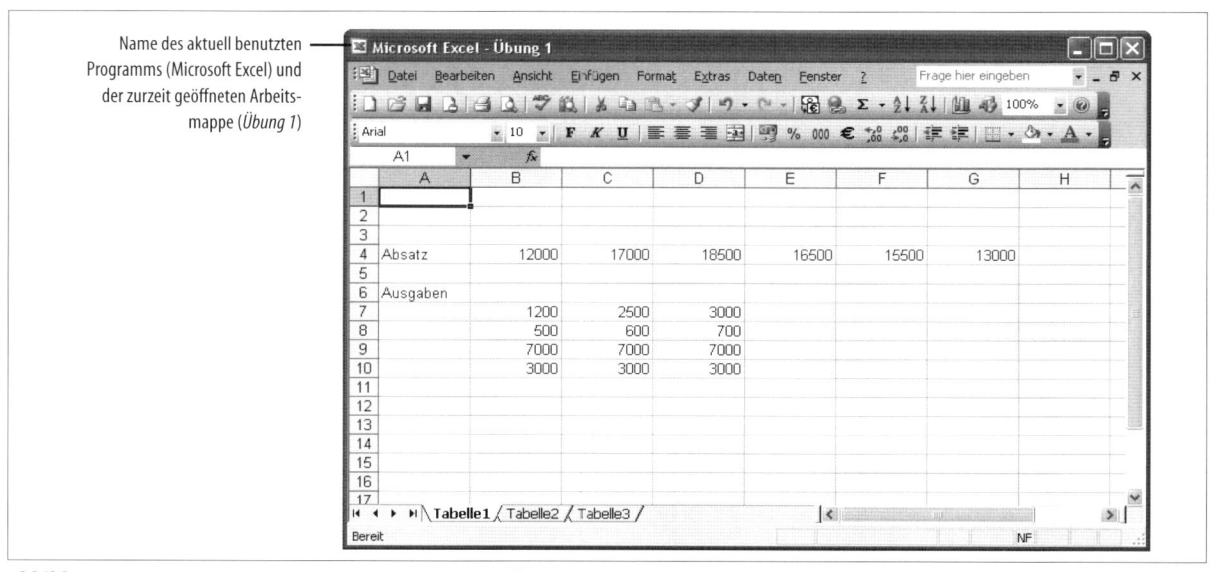

Beschriftungen:
- Zeigt Dateien in besonderen Ordnern an
- Liste, in der gesucht werden soll
- Aktuell ausgewählter Ordner oder Laufwerk
- Übergeordneten Ordner öffnen
- Dateien im ausgewählten Ordner oder Laufwerk
- Wählen Sie die Datei aus, die Sie öffnen wollen
- Dateiname
- Legen Sie fest, welche Dateitypen im Dialogfeld Öffnen angezeigt werden

Abbildung 1-16: Die in Excel geöffnete Arbeitsmappe *Übung 1*

Beschriftung:
- Name des aktuell benutzten Programms (Microsoft Excel) und der zurzeit geöffneten Arbeitsmappe (*Übung 1*)

	A	B	C	D	E	F	G
4	Absatz	12000	17000	18500	16500	15500	13000
6	Ausgaben						
7		1200	2500	3000			
8		500	600	700			
9		7000	7000	7000			
10		3000	3000	3000			

Kapitel 1
Die Grundlagen

Die Schaltfläche Öffnen
Andere Methoden zum Öffnen einer Datei:
- Wählen Sie Datei → Öffnen im Menü
- Drücken Sie Strg + O

Wenn Sie mit Excel arbeiten, müssen Sie manchmal tatsächlich eine Arbeitsmappe von Grund auf neu erstellen (was Sie bei der Besprechung der Symbolleisten in der vorhergehenden Lektion gelernt haben), aber viel häufiger kommt es vor, dass Sie eine bereits bestehende Arbeitsmappe bearbeiten, die Sie oder jemand anderes zuvor gespeichert haben. In dieser Lektion erfahren Sie, wie Sie eine gespeicherte Arbeitsmappe öffnen

1 Klicken Sie auf die Schaltfläche Öffnen auf der Standardsymbolleiste.

Das Dialogfeld Öffnen erscheint.

2 Suchen Sie den Übungsordner in Ihrem Dateienverzeichnis oder auf der Buch-CD und öffnen Sie ihn.

Ihr Computer speichert Informationen in Dateien und Ordnern ähnlich wie in einem Aktenschrank. Um eine Datei zu öffnen, müssen Sie zuerst den Ordner finden, in dem sie sich befindet. Normalerweise werden neue Dateien im Ordner *Eigene Dateien* gespeichert, aber vielleicht möchten Sie sie in einem anderen ablegen.

Die Dialogfelder zum Öffnen und Speichern von Dateien weisen eigene Symbolleisten auf, mit denen Sie auf einfache Weise die Laufwerke und Verzeichnisse Ihres Computers durchsuchen können. Zwei dieser Steuerungselemente sind besonders hilfreich:

Dropdown-Liste Suchen in

- **Dropdown-Liste** Suchen in: Klicken Sie in das Feld oder auf den Abwärtspfeil, um die Laufwerke und den aktuellen Ordner im Verzeichnis Ihres Computers anzuzeigen und wählen dann das Laufwerk und/oder den Ordner aus, dessen Inhalt Sie anzeigen möchten.

- **Schaltfläche** Aufwärts **für die nächsthöhere Ordnerebene:** Klicken Sie hierauf, um zur Ebene der übergeordneten Ordner zu gelangen.

3 Klicken Sie auf das Dokument Übung 1A im Dialogfeld Öffnen und dann auf Öffnen.

Excel öffnet die Arbeitsmappe in einem Fenster wie in Abbildung 1-16.

In Tabelle 1-5 sind die besonderen Ordner beschrieben, die in den Dialogfeldern Öffnen und Speichern unter angezeigt werden.

Tabelle 1-5: Die besonderen Ordner in den Dialogfeldern Öffnen und Speichern unter

Ordnersymbol	Ordnername	Beschreibung
	Zuletzt verwendet	Zeigt eine Liste der zuletzt von Ihnen geöffneten Dateien an.
	Eigene Dateien	Zeigt alle Dateien im Ordner Eigene Dateien an – dies ist der Ort, an dem Microsoft Office-Programme neu erstellte Dateien standardmäßig speichern.
	Desktop	Zeigt alle auf Ihrem Desktop gespeicherten Dateien an.

Lektion 1.8
Eine Arbeitsmappe öffnen

Tabelle 1-5: Die besonderen Ordner in den Dialogfeldern Öffnen und Speichern unter (Fortsetzung)

Ordnersymbol	Ordnername	Beschreibung
	Arbeitsplatz	Zeigt alle Laufwerke auf Ihrem Computer an.
	Netzwerkumgebung	Damit können Sie die Computer Ihrer Arbeitsgruppe und im Netzwerk durchsuchen.

SCHNELLREFERENZ

SO ÖFFNEN SIE EINE ARBEITSMAPPE:

- KLICKEN SIE AUF DAS SYMBOL ÖFFNEN IN DER STANDARDSYMBOLLEISTE.

  ODER:

- WÄHLEN SIE DATEI → ÖFFNEN IM MENÜ.

  ODER:

- DRÜCKEN SIE STRG + O.

Eine Arbeitsmappe speichern

LEKTION 1.9

Geben Sie hier an, wo Sie die Arbeitsmappe speichern wollen (auf welchem Laufwerk und in welchem Ordner).

Geben Sie einen Dateinamen ein.

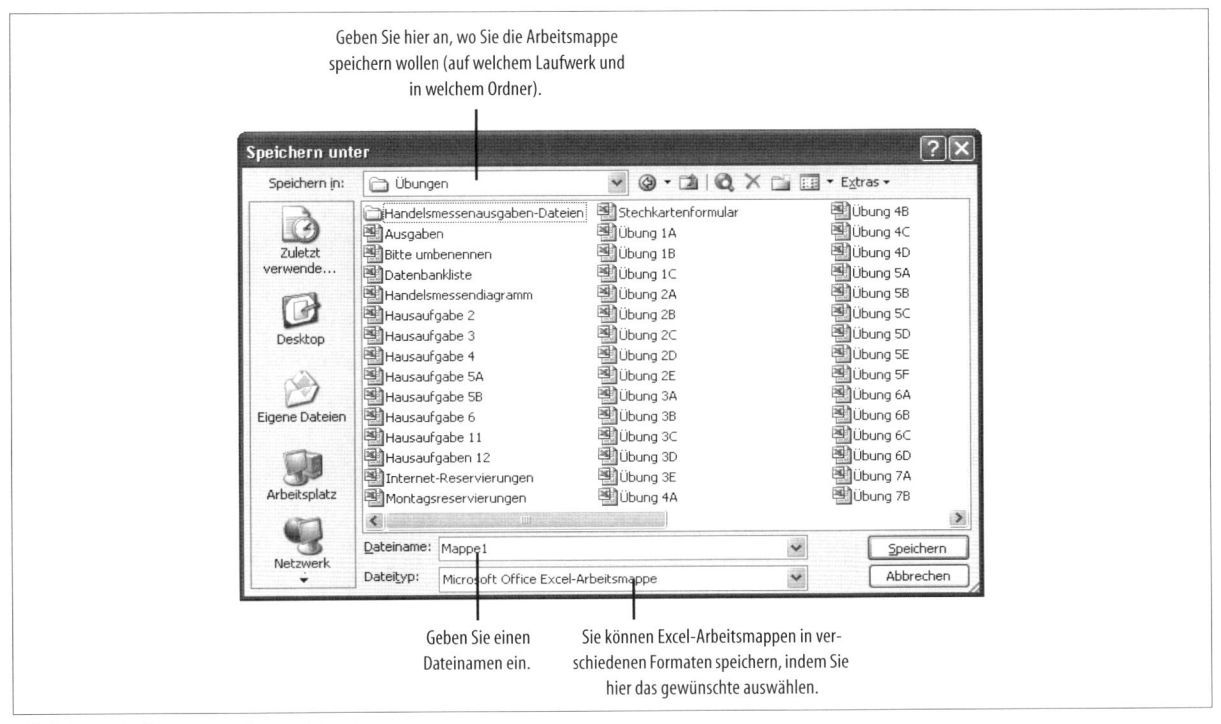

Sie können Excel-Arbeitsmappen in verschiedenen Formaten speichern, indem Sie hier das gewünschte auswählen.

Abbildung 1-17: Das Dialogfeld Speichern unter

Wenn Sie eine Arbeitsmappe erstellt haben, müssen Sie sie speichern, um sie später wieder aufrufen und bearbeiten zu können. Durch das Speichern wird sie in einem Ordner auf einem Laufwerk (normalerweise dem Festplattenlaufwerk) Ihres Computers gespeichert – vergleichbar mit dem Einheften eines Dokuments in einen Ordner und der Aufbewahrung in einem Aktenschrank, aus dem Sie es bei nächster Gelegenheit wieder herausholen können. Wenn Sie eine Arbeitsmappe das erste Mal gespeichert haben, empfiehlt es sich, den Speichervorgang von Zeit zu Zeit zu wiederholen während Sie daran arbeiten. Anderenfalls würden bei einem eventuellen Ausfall der Stromversorgung oder einem Computerabsturz alle seit der letzten Speicherung vorgenommenen Änderungen verloren gehen. In dieser Lektion lernen Sie, wie Sie eine Arbeitsmappe unter einem anderen Namen abspeichern, ohne die bisherige Version zu verändern. Häufig ist es einfacher und kann viel Arbeit sparen, wenn Sie eine bestehende Arbeitsmappe verändern, anstatt eine neue anzufertigen.

Nehmen wir an, dass Sie die Informationen aus der Arbeitsmappe *Übung 1A* dazu nutzen möchten, eine neue Arbeitsmappe zu erstellen. Weil Sie das Original nicht verändern wollen, speichern Sie die Datei unter dem neuen Namen Einnahmen und Ausgaben.

1 Wählen Sie Datei → Speichern unter aus dem Menü.

Das Dialogfeld Speichern unter aus Abbildung 1-17 öffnet sich. Darin können Sie die Arbeitsmappe unter einem anderen Namen speichern. Falls Sie jedoch nur die vorgenommenen Änderungen sichern wollen, ohne sie in einer neuen Datei zu speichern, klicken Sie auf die Schaltfläche Speichern, wählen Sie Datei → Speichern aus dem Menü oder drücken Strg + S.

Als Erstes müssen Sie Excel mitteilen, wo die Arbeitsmappe gespeichert ist.

Lektion 1.9
Eine Arbeitsmappe speichern

2 Falls Sie die letzte Lektion ausgelassen haben, öffnen Sie die Datei *Übung 1A* in Ihrem Übungsordner im Dateienverzeichnis oder auf der CD zum Buch.

Als Nächstes müssen Sie einen neuen Namen bestimmen, unter dem Sie das Dokument abspeichern wollen.

3 Geben Sie den Dateinamen *Einnahmen und Ausgaben* im Dateinamenfeld ein und klicken Sie auf *Speichern*.

Die bisherige Arbeitsmappe *Übung 1A* ist jetzt unter dem neuen Namen *Einnahmen und Ausgaben* gespeichert. Nun können Sie darin arbeiten, ohne das Dokument *Übung 1A* zu verändern.

Wenn Sie Daten in Ihre Arbeitsmappe eintragen, können Sie die Änderungen ganz einfach in derselben Datei speichern. Probieren Sie es doch selbst einmal aus!

4 Geben Sie *Einnahmen* in die erste Zelle ein und drücken Sie die *Enter*-Taste.

Speichern Sie jetzt die Änderung.

Die Schaltfläche Speichern
Andere Möglichkeiten zum Speichern:
• Wählen Sie Datei → Speichern aus dem Menü.
• Drücken Sie Strg + S.

5 Klicken Sie auf die Schaltfläche *Speichern* in der Standardsymbolleiste.

Herzlichen Glückwunsch: Sie haben soeben Ihre erste Excel-Arbeitsmappe gespeichert.

SCHNELLREFERENZ

SO SPEICHERN SIE EINE ARBEITSMAPPE:

- KLICKEN SIE AUF DIE SCHALTFLÄCHE SPEICHERN IN DER STANDARDSYMBOLLEISTE.
  ODER:
- WÄHLEN SIE DATEI → SPEICHERN AUS DEM MENÜ.
  ODER:
- DRÜCKEN SIE STRG + S.

SO SPEICHERN SIE EINE ARBEITSMAPPE IN EINER NEUEN DATEI UNTER EINEM ANDEREN NAMEN:

1. WÄHLEN SIE DATEI → SPEICHERN UNTER AUS DEM MENÜ.
2. GEBEN SIE EINEN NEUEN NAMEN EIN UND KLICKEN SIE AUF SPEICHERN.

Den Zellzeiger bewegen

LEKTION 1.10

	A	B	C
1	A1	B1	C1
2	A2	B2	C2
3	A3	B3	C4

Abbildung 1-18: Die Zellen werden mit Buchstaben und Zahlen nach den zugehörigen Spalten- und Zeilenköpfen benannt, also A1, A2, B1, B2 usw.

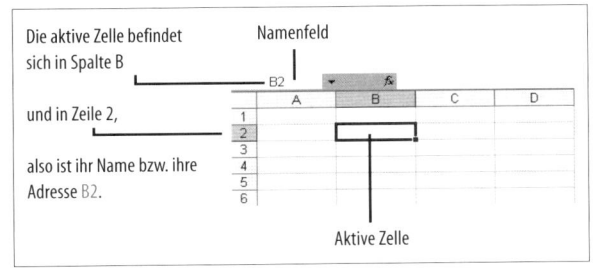

Abbildung 1-19: Der Name der aktiven Zelle im abgebildeten Beispiel lautet B2.

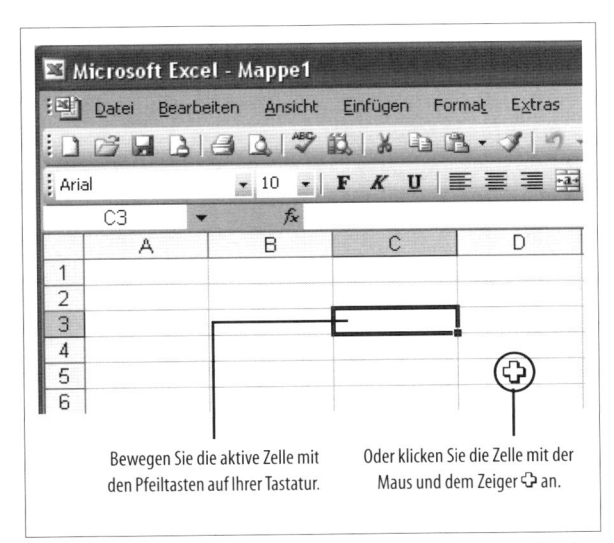

Abbildung 1-20: Bewegen Sie die Zellmarkierung mit Hilfe der Maus oder der Pfeiltasten auf der Tastatur.

Bevor Sie mit der Eingabe von Daten in eine Arbeitsmappe beginnen können, müssen Sie wissen, wie Sie sich auf dem Arbeitsblatt bewegen. Das sollen Sie in dieser Lektion lernen. Um Daten in eine Zelle eingeben zu können, müssen Sie sie zuerst *aktivieren*. Das können Sie auf zwei Arten bewerkstelligen:

- **Mit der Maus:** Klicken Sie mit dem kreuzförmigen Zellcursor ✪ auf eine beliebige Zelle.
- **Mit der Tastatur:** Bewegen Sie die Zellmarkierung mit den Pfeiltasten.

Ungeübte finden es manchmal verwirrend, sich in einer Arbeitsmappe zurechtzufinden. Dabei sind in Excel die mit Buchstaben bzw. Zahlen gekennzeichneten Spalten- und Zeilenköpfe am oberen und linken Rand hilfreich (siehe Abbildung 1-18). Jeder Zelle wird dadurch eine eindeutige Adresse zugeordnet, die aus dem Buchstaben und der Zahl der zugehörigen Spalte und Zeile gebildet wird, also A1, A2, B1, B2 usw. Die Adresse der aktuellen Zelle wird immer im *Namenfeld* angezeigt.

Namenfeld

1 Klicken Sie mit dem Zeiger ✪ auf die Zelle C3 (in Spalte C und Zeile 3), um sie zu aktivieren.

Wenn Sie auf C3 klicken, ist dies die aktive Zelle, so dass ihre Adresse (C3) im Namenfeld erscheint.

2 Aktivieren Sie die Zelle E9, indem Sie darauf klicken.

Da Sie jetzt den Umgang mit der Maus gelernt haben, versuchen Sie es mit der Tastatur.

3 Aktivieren Sie D5, indem Sie ← einmal und ↑ viermal drücken.

Achten Sie auf das Namenfeld, während Sie die Pfeiltaste gedrückt halten. Wie Sie sehen, zeigt es immer die gerade aktive Zelle an.

4 Drücken Sie einmal die Enter-Taste.

Durch Drücken der Enter-Taste wird die Markierung auf die Zelle darunter bewegt, was Zeit spart, wenn Sie viele Daten einzugeben haben.

5 Drücken Sie zweimal die Tab-Taste.

Das Drücken der Tab-Taste hat die gleiche Wirkung wie die rechte Pfeiltaste →.

6 Halten Sie die Umschalt-Taste gedrückt und drücken Sie gleichzeitig Tab.

Lektion 1.10
Den Zellzeiger bewegen

Das gleichzeitige Drücken von Umsch und Tab bewegt die Zellmarkierung nach links, ebenso wie die linke Pfeiltaste ←. Das ist zwar etwas gewöhnungsbedürftig, aber auch in vielen anderen Windows-Programmen üblich.

Sie haben wahrscheinlich schon erkannt, dass das Arbeitsblatt wesentlich größer ist als der Teil, den Sie auf dem Bildschirm sehen können. Es ist in der Tat erheblich größer, denn es umfasst 256 Spalten und 65.536 Zeilen! Um die Teile anzusehen, die sich außerhalb des Bildschirms befinden, benutzen Sie die Bildlaufleisten am unteren und rechten Bildschirmrand.

7 Klicken Sie auf den nach rechts weisenden Bildlaufpfeil der horizontalen Bildlaufleiste und halten Sie die Maustaste gedrückt, bis die Spalten X, Y und Z auf dem Bildschirm erscheinen.

Falls Sie das Bild versehentlich zu weit gescrollt haben, können Sie sich mit Hilfe des Pfeils am linken Ende der Leiste zurückbewegen.

Wenn Sie bei der Spalte AA angekommen sind, werden Sie feststellen, dass die Zellmarkierung nicht mehr auf dem Bildschirm zu sehen ist. Wissen Sie noch, wie Sie beispielsweise die Zelle Z4 zur aktiven Zelle machen können?

8 Aktivieren Sie Z4, indem Sie darauf klicken.

Der Bildlauf in vertikaler Richtung ist genauso einfach wie in der horizontalen. Probieren Sie es aus.

9 Klicken Sie mehrmals auf den Abwärtspfeil auf der vertikalen Bildlaufleiste.

Um an Stellen außerhalb des Bildschirms zu gelangen, müssen Sie nicht unbedingt die Bildlaufleisten benutzen, sondern können dazu auch die Tastatur verwenden.

10 Drücken Sie die Taste ← und halten Sie sie so lange fest, bis Sie die Zelle A4 erreicht haben.

Herzlichen Glückwunsch! In dieser kurzen Lektion haben Sie gelernt, sich in einem Arbeitsblatt zurechtzufinden. Blättern Sie weiter, um sich noch eingehender mit Excel vertraut zu machen.

SCHNELLREFERENZ

SO BEWEGEN SIE DIE ZELLMARKIERUNG:

- KLICKEN SIE MIT DEM KREUZFÖRMIGEN ZELLCURSOR ✥ AUF IRGENDEINE ZELLE, UM SIE ZU AKTIVIEREN.
- BENUTZEN SIE DIE PFEILTASTEN, UM DEN RAHMEN DER AKTIVEN ZELLE ZU VERSCHIEBEN UND SICH IM ARBEITSBLATT ZU BEWEGEN.
- DURCH DRÜCKEN DER ENTER-TASTE WIRD DIE ZELLMARKIERUNG UM EINE ZEILE NACH UNTEN BEWEGT.
- DURCH DRÜCKEN VON TAB WIRD DIE AKTIVE ZELLE UM EINEN SCHRITT NACH RECHTS BEWEGT.
- DURCH DRÜCKEN VON UMSCH + TAB WIRD DIE AKTIVE ZELLE UM EINEN SCHRITT NACH LINKS BEWEGT.

SO FÜHREN SIE EINEN BILDLAUF DURCH:

- KLICKEN SIE AUF DIE PFEILE AM LINKEN UND RECHTEN ENDE DER HORIZONTALEN BILDLAUFLEISTE, UM DAS ARBEITSBLATT NACH LINKS ODER RECHTS ZU BEWEGEN.
- KLICKEN SIE AUF DIE PFEILE AM OBEREN UND UNTEREN ENDE DER VERTIKALEN BILDLAUFLEISTE, UM DAS ARBEITSBLATT NACH OBEN ODER UNTEN ZU BEWEGEN.

Sich innerhalb eines Arbeitsblatts bewegen

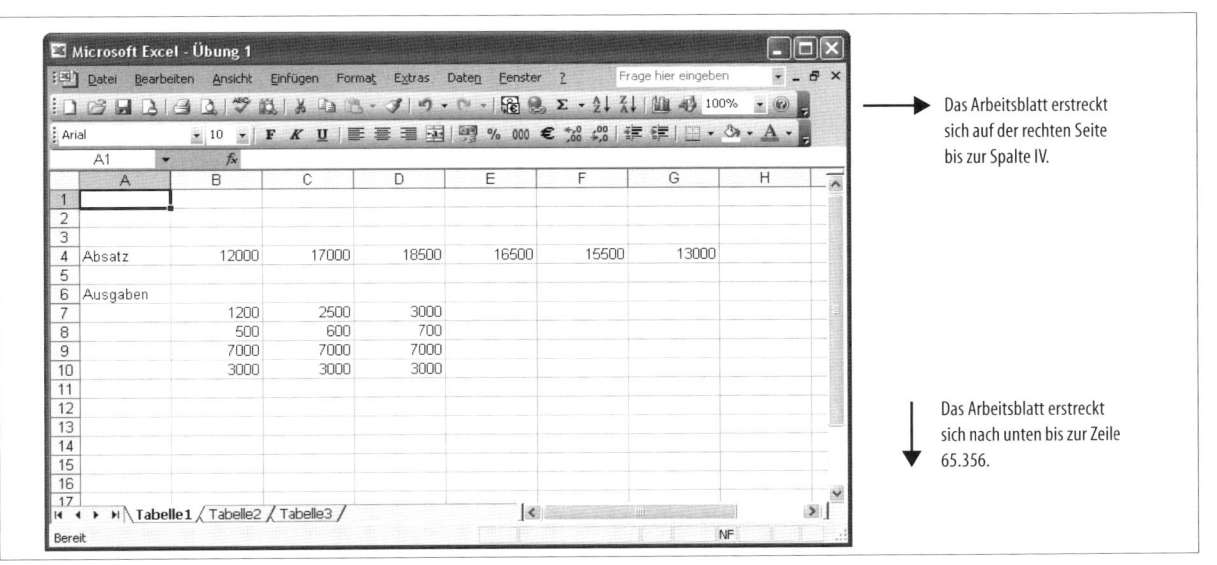

LEKTION 1.11

Abbildung 1-21: Arbeitsblätter sind um ein Vielfaches größer als der Ausschnitt, den Sie auf dem Bildschirm sehen können.

(Anmerkungen in der Abbildung: Das Arbeitsblatt erstreckt sich auf der rechten Seite bis zur Spalte IV. — Das Arbeitsblatt erstreckt sich nach unten bis zur Zeile 65.356.)

In der vorigen Lektion haben Sie gelernt, wie Sie sich in einem Excel-Arbeitsblatt bewegen. In großen Excel-Arbeitsblättern kann dies mit Hilfe der einfachen Befehle, die Sie bisher gelernt haben, ziemlich umständlich sein. In dieser Lektion beschäftigen wir uns mit den etwas komfortableren Methoden.

1 Klicken Sie auf die Zelle C15.

Sie können schnell zur ersten Zelle mit Inhalt gelangen, indem Sie die Tasten Strg und ↑ gleichzeitig drücken.

2 Drücken Sie Strg und ↑.

Die Zellmarkierung springt zur ersten Zelle in dieser Spalte, die Informationen enthält, in diesem Fall C10.

Probieren Sie auch die Taste Pos 1 aus, die die Einfügemarke in die Spalte A bewegt.

3 Drücken Sie die Taste Pos 1.

Prima! Sie sind in Spalte A der aktuellen Zeile gelandet.

Tabelle 1-6 erklärt alle erweiterten Tastenbefehle, die Sie verwenden können, um sich schnell durch ein Arbeitsblatt zu bewegen.

> **HINWEIS:** Denken Sie bei den Tastaturbefehlen in der folgenden Tabelle daran, dass das Pluszeichen (+) zwischen zwei Tasten bedeutet, dass Sie beide gleichzeitig drücken müssen. Ein Komma (,) zwischen zwei Tasten bedeutet, dass Sie erst die eine drücken und wieder loslassen und dann die zweite ebenfalls drücken und wieder loslassen müssen.

Tabelle 1-6: Tastaturkürzel für die Bewegung in einem Arbeitsblatt

Tastenkürzel	Bewegung
→ oder Tab	Eine Zelle nach rechts
← oder Umschalt + Tab	Eine Zelle nach links
↑	Eine Zeile aufwärts
↓	Eine Zeile abwärts

Lektion 1.11
Sich innerhalb eines Arbeitsblatts bewegen

Tabelle 1-6: Tastaturkürzel für die Bewegung in einem Arbeitsblatt (Fortsetzung)

Tastenkürzel	Bewegung
Pos 1	Sprung in Spalte A der aktuellen Zeile
Strg + Pos 1	Sprung zur ersten Zelle des Arbeitsblatts (A1)
Strg + Ende	Sprung zur letzten Zelle des Arbeitsblatts mit Dateninhalt
Bild ↑	Um eine Bildschirmseite nach oben
Bild ↓	Um eine Bildschirmseite nach unten
F5	Öffnet das Dialogfeld Gehe zu, in dem Sie eine Zelladresse eingeben können
Ende, → oder Strg + →	Sprung nach rechts bis zur ersten Zelle mit Inhalt, die rechts oder links von einer leeren Zelle steht
Ende, ← oder Strg + ←	Sprung nach links bis zur ersten Zelle mit Inhalt, die rechts oder links von einer leeren Zelle steht
Ende, ↑ oder Strg + ↑	Sprung nach oben bis zur ersten Zelle mit Inhalt, die über oder unter einer leeren Zelle steht
Ende, ↓ oder Strg + ↓	Sprung nach unten bis zur ersten Zelle mit Inhalt, die über oder unter einer leeren Zelle steht

SCHNELLREFERENZ

SO VERWENDEN SIE TASTATURKÜRZEL, UM SICH IN EINEM ARBEITSBLATT ZU BEWEGEN:

- VERWENDEN SIE DIE TASTATURBEFEHLE AUS TABELLE 1-6, UM SICH IN EINEM ARBEITSBLATT UMHERZUBEWEGEN.

LEKTION 1.12

Bezeichnungen in ein Arbeitsblatt eingeben

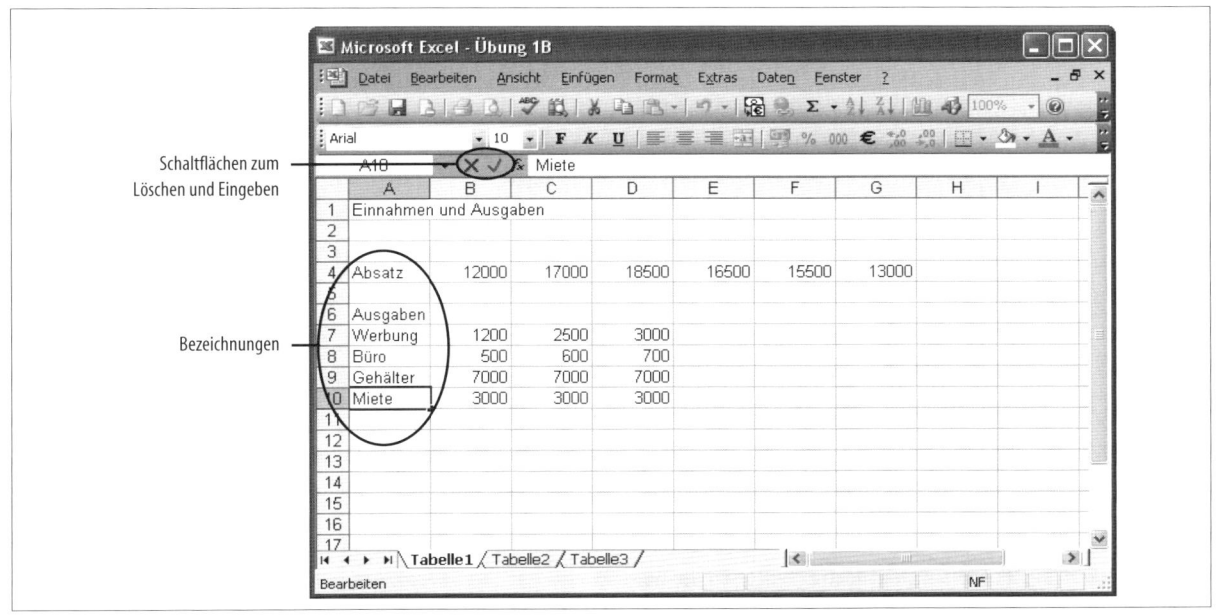

Abbildung 1-22: Text in ein Arbeitsblatt eingeben

Nachdem Sie gelernt haben, wie Sie sich in Excel bewegen, können Sie damit beginnen, Daten einzugeben. Es gibt zwei grundlegende Datentypen, die in einer Zelle enthalten sein können:

- **Bezeichnungen:** Dabei handelt es sich um jede Art von Informationen, die nicht für Berechnungen benutzt werden.
- **Werte:** Dazu gehören alle numerischen Daten wie Zahlen, Prozentwerte, Brüche, Währungen, Kalenderdaten oder Zeitangaben, die in Formeln und Berechnungen verwendet werden können.

In dieser Lektion beschäftigen wir uns nur mit Bezeichnungen. Sie werden als Überschriften verwendet und machen Arbeitsblätter übersichtlicher und leichter verständlich. Normalerweise bestehen sie aus Text, können aber auch Zahlen enthalten, die nicht in Berechnungen verwendet werden, etwa laufende Nummern oder Kalenderdaten. Excel sieht Informationen, die mit einem Buchstaben beginnen, als Bezeichnungen an und ordnet sie linksbündig in der Zelle an.

1 Öffnen Sie die Arbeitsmappe Übung 1B und speichern Sie sie als Einnahmen und Ausgaben. Falls Sie Lektion 1.9 bearbeitet haben, können Sie auch die gleichnamige, bereits von Ihnen erstellte Datei öffnen

2 Machen Sie A1 zur aktiven Zelle, indem Sie darauf klicken.

Hier würden Sie normalerweise den Titel Ihres Arbeitsblatts eintragen. Machen Sie sich nichts daraus, wenn die Zelle nicht leer sein sollte – mit Ihrer Eingabe überschreiben Sie einfach den bisherigen Text.

Die Formelleiste

3 Geben Sie Einnahmen und Ausgaben ein.

Wenn Sie sich beim Eingeben der Daten vertippen, können Sie den Fehler einfach durch die Rückschritt-Taste löschen (jeweils ein Zeichen).

Lektion 1.12
Bezeichnungen in ein Arbeitsblatt eingeben

Beachten Sie, dass der Text während der Eingabe sowohl in der aktiven Zelle als auch in der Formelleiste erscheint. Gleichzeitig sehen Sie wie in Abbildung 1-22 in der Formelleiste drei neue Symbole: Die Schaltflächen Abbrechen (das rote X), Eingeben (das grüne Häkchen) und Funktion einfügen (das Gleichheitszeichen). Sie können auf das Häkchen klicken, um sie zu bestätigen, oder auf das X, um die Eingabe zu widerrufen und zum vorherigen Zustand der Zelle zurückzukehren.

Die Schaltfläche Eingeben
Andere Methoden, die Eingabe zu bestätigen:
- Drücken Sie die Enter-Taste.
- Drücken Sie die Tab-Taste.
- Drücken Sie eine beliebige Pfeiltaste.

4 Klicken Sie auf die Schaltfläche Eingeben in der Formelleiste (siehe Abbildung 1-22).

Dadurch wird die Eingabe bestätigt. Dafür gibt es aber noch andere Methoden, die wir uns in den nächsten Schritten ansehen werden. Ihnen fällt sicherlich auf, dass der Text zu lang für die Zelle ist und sich deshalb in die benachbarte rechte Zelle hinein erstreckt. Wenn der Platz einer Zelle nicht ausreicht, benutzt Excel benachbarte Zellen dafür mit, solange sie leer sind. Falls sie nicht leer sind, zeigt es nur den Teil an, der in die Zelle passt – der Rest ist natürlich noch vorhanden, wird aber mangels Platz nicht angezeigt.

Jetzt werden wir einige weitere Bezeichnungen eingeben, um die Tabelle verständlicher zu machen.

5 Aktivieren Sie Zelle A7.

Die Reihe der Zahlen rechts neben der aktiven Zelle stellen die monatlichen Ausgaben von *North Shore Travel* dar. Tragen Sie jetzt die zugehörigen Bezeichnungen für die Ausgabenarten ein.

6 Geben Sie Werbung ein und drücken Sie die Enter-Taste.

Excel bestätigt die Eingabe, indem es die nächste Zelle aktiviert, nämlich A8. Wie Sie bereits wissen, können Sie die Eingabe auch durch Drücken von Tab oder einer beliebigen Pfeiltaste bzw. durch Klicken auf Eingeben in der Formelleiste bestätigen. Fahren Sie mit der Eingabe der anderen Bezeichnungen fort.

7 Geben Sie Büro ein und drücken Sie die Enter-Taste.

Die Einfügemarke bewegt sich zur nächsten Zelle A9. In dieser Zeile werden die monatlichen Gehälter eingegeben.

8 Geben Sie Lohnkosten ein, aber drücken Sie diesmal nicht die Enter-Taste.

Sie entscheiden sich, anstelle der Bezeichnung »Lohnkosten« lieber »Gehälter« zu verwenden, also machen Sie die Eingabe rückgängig.

Die Schaltfläche Abbrechen
Alternative Methode, um die Eingabe zurückzunehmen:
- Drücken Sie Esc.

9 Klicken Sie auf die Schaltfläche Abbrechen in der Formelleiste.

Die Bezeichnung »Lohnkosten« verschwindet nicht sofort, sondern erst, wenn Sie erneut mit der Eingabe beginnen. Fahren Sie mit der Eingabe der richtigen Bezeichnungen in dieser und den restlichen Zellen fort.

10 Geben Sie die Bezeichnungen Gehälter, Miete und Summe ein und drücken Sie jedes Mal die Enter-Taste.

HINWEIS: Excel wertet normalerweise Informationen, die mit einem Buchstaben beginnen, als Bezeichnung und solche mit einer Zahl als Zahlenwert. Falls Sie eine Zahl als Bezeichnung verwenden wollen, geben Sie davor einen Apostroph (') ein, damit Excel die Bezeichnung als solche erkennt.

Es ist wieder Zeit für einen Glückwunsch! Sie haben die Ausgabenbezeichnungen für das Arbeitsblatt vollständig eingegeben. Fahren Sie mit der nächsten Lektion und der Eingabe von Werten fort.

Kapitel 1
Die Grundlagen

SCHNELLREFERENZ

SO BESTÄTIGEN SIE DIE EINGABE IN EINE ZELLE:

- KLICKEN SIE AUF EINGEBEN IN DER FORMELLEISTE.

  ODER:

- DRÜCKEN SIE ENTWEDER DIE TAB- ODER DIE ENTER-TASTE.

  ODER:

- DRÜCKEN SIE EINE DER PFEILTASTEN AUF DER TASTATUR.

SO MACHEN SIE EINE EINGABE RÜCKGÄNGIG:

- KLICKEN SIE AUF ABBRECHEN IN DER FORMEL-LEISTE.

  ODER:

- DRÜCKEN SIE DIE ESC-TASTE.

SO GEBEN SIE EINE BEZEICHNUNG EIN:

1. AKTIVIEREN SIE DIE ZELLE, DIE DIE BEZEICHNUNG ENTHALTEN SOLL.
2. GEBEN SIE DIE BEZEICHNUNG EIN. EXCEL ERKENNT, DASS ES SICH UM EINE BEZEICHNUNG HANDELT, WENN SIE MIT EINEM BUCHSTABEN BEGINNT. FALLS SIE MIT EINER ZIFFER BEGINNT, STELLEN SIE EINEN APOSTROPH (') VORAN.
3. BESTÄTIGEN SIE DIE EINGABE.

LEKTION 1.13
Werte eingeben und einen Zellbereich auswählen

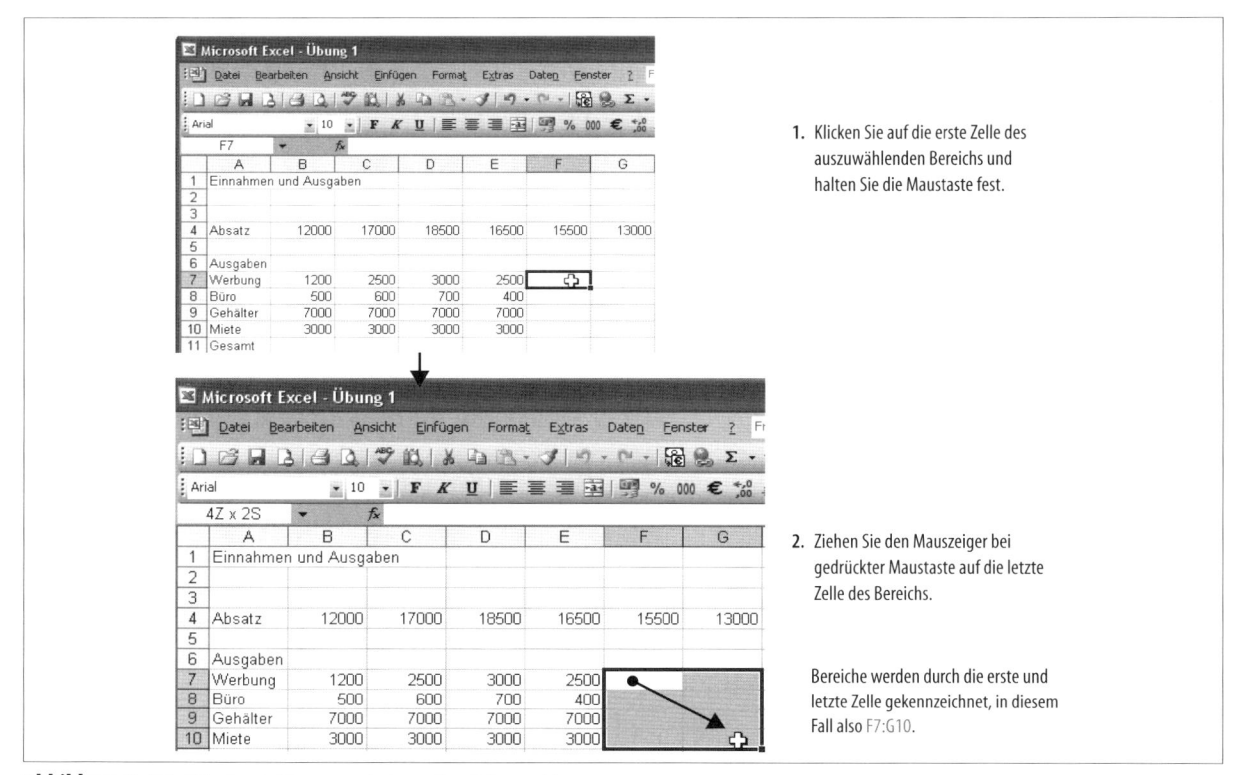

Abbildung 1-23: Werte einfügen und einen Bereich markieren

1. Klicken Sie auf die erste Zelle des auszuwählenden Bereichs und halten Sie die Maustaste fest.

2. Ziehen Sie den Mauszeiger bei gedrückter Maustaste auf die letzte Zelle des Bereichs.

Bereiche werden durch die erste und letzte Zelle gekennzeichnet, in diesem Fall also F7:G10.

In der vorigen Lektion haben Sie gelernt, Bezeichnungen einzugeben. Jetzt werden wir uns mit einem anderen grundlegenden Informationstyp beschäftigen, nämlich den *Werten*. Werte bestehen aus Zahlen, Kalenderdaten und anderen numerischen Informationen, mit denen sich Berechnungen ausführen lassen. Ein Wert kann aus jeder Art numerischer Daten bestehen: Zahlen, Prozentsätze, Brüche, Währungen, Kalenderdaten und Zeitangaben. Excel bearbeitet diese Informationen als Werte und ordnet sie rechtsbündig in der Zelle an. Sie können auch numerische Interpunktionszeichen eingeben wie zum Beispiel ein Dezimalkomma (,), ein Minuszeichen (-) für negative Werte, das Dollar- oder Eurozeichen ($, €) für Währungsangaben, das Prozentzeichen (%) für Prozentsätze und einen Punkt (.) als Tausendertrennzeichen.

Die Eingabe von Werten erfolgt genauso wie die von Bezeichnungen: Sie tippen einfach den Wert ein und bestätigen die Eingabe, indem Sie auf Eingeben klicken oder wie gehabt die Enter-, Tab- oder eine Pfeiltaste drücken. Dazu ein wichtiger Hinweis: Um Werte einzugeben, können Sie auch den Zahlenblock auf der rechten Seite Ihrer Tastatur benutzen, was meistens schneller geht, wenn Sie darin geübt sind.

1 Klicken Sie auf E7, um diese Zelle zu aktivieren, schreiben Sie 2500 und drücken Sie die Enter-Taste, um den Vorgang abzuschließen und den Rahmen der aktiven Zelle auf E8 zu verschieben.

2 Geben Sie nacheinander 400, 7000 und 3000 ein und drücken Sie nach jedem Wert die Enter-Taste.

Bis jetzt haben Sie nur mit einzelnen Zellen gearbeitet. Um Excel effizient nutzen zu können, sollten Sie jedoch wissen, wie Sie mehrere Zellen gleichzeitig markieren und bearbeiten.

3 Drücken Sie über der Zelle F7 die linke Maustaste, halten Sie sie gedrückt, ziehen Sie die Markierung über G10 und lassen Sie die Maustaste los.

Sie haben soeben einen *Bereich* ausgewählt. Ein Bereich besteht aus mindestens zwei Zellen und wird durch seine erste und letzte Zelle bestimmt, zum Beispiel F7:G10. Um einen Bereich zu wählen, platzieren Sie den Zellcursor über der ersten Zelle, klicken und halten die

Maustaste gedrückt und ziehen den Cursor zur letzten Zelle, wo Sie die Taste loslassen (siehe Abbildung 1-23).

Wenn Sie Daten in einen Block oder Bereich von Zellen eingeben müssen, ist es häufig vorteilhaft, vorher den gewünschten Bereich auszuwählen. Dadurch bewegt sich die Zellmarkierung beim Eingeben mit Hilfe der Enter-Taste oder der Schaltfläche Eingeben der Rahmen der aktiven Zelle nur in diesem Bereich, was die Dateneingabe vereinfacht.

4 Geben Sie 1500, 400 und 7000 ein und drücken Sie jeweils die Enter-Taste, dann geben Sie 3000 ein, ohne die Enter-Taste zu drücken.

Sie wissen bereits, dass die Enter-Taste normalerweise die Zellmarkierung um einen Schritt nach unten verschiebt. Im Augenblick arbeiten Sie aber in einem Zellbereich. Fahren Sie mit dem nächsten Schritt fort und beobachten Sie, welche Zelle als nächstes aktiviert wird.

5 Drücken Sie die Enter-Taste.

Anstatt sich weiter nach unten zur Zelle F11 zu bewegen, springt die Markierung auf die nächste Zelle des Bereichs, nämlich G7. Durch die Auswahl eines Bereichs grenzen Sie die Bewegung der Zellmarkierung bei der Eingabe ein, wodurch Sie sich ganz auf die Dateneingabe konzentrieren können, ohne sich darum zu kümmern zu müssen, wo sich die Markierung befindet. Fahren Sie mit der Eingabe der restlichen Zahlen fort.

6 Geben Sie die folgenden Zahlen ein, wobei Sie jedes Mal die Enter-Taste drücken, nicht jedoch nach der letzten Zahl (3000).

1200
500
7000
3000

Sie befinden sich jetzt in G10, der letzten Zelle des Bereichs. Was geschieht jetzt, wenn Sie die Enter-Taste drücken? Finden Sie es im nächsten Schritt selbst heraus.

7 Drücken Sie die Enter-Taste.

Die Markierung springt auf F7, die erste Zelle des Bereichs, zurück. Wenn Sie einen Bereich fertig bearbeitet haben, können Sie ihn durch Klicken außerhalb seiner Grenzen deaktivieren.

8 Klicken Sie auf irgendeine Zelle außerhalb der Auswahl, um sie aufzuheben.

SCHNELLREFERENZ

SO WÄHLEN SIE EINEN BEREICH AUS:

- ZIEHEN SIE DEN ZELLCURSOR MIT GEDRÜCKTER MAUSTASTE VON DER ERSTEN ZUR LETZTEN ZELLE DES BEREICHS.

  ODER:

- POSITIONIEREN SIE DEN ZELLCURSOR AUF DER ERSTEN ZELLE UND DRÜCKEN SIE DIE UMSCHALT-TASTE, WÄHREND SIE IHN ZUR LETZTEN ZELLE BEWEGEN.

SO DEAKTIVIEREN SIE EINEN BEREICH:

- KLICKEN SIE AUF IRGENDEINE ZELLE AUSSERHALB DES BEREICHS.

LEKTION 1.14

Werte mit der Funktion AutoSumme addieren

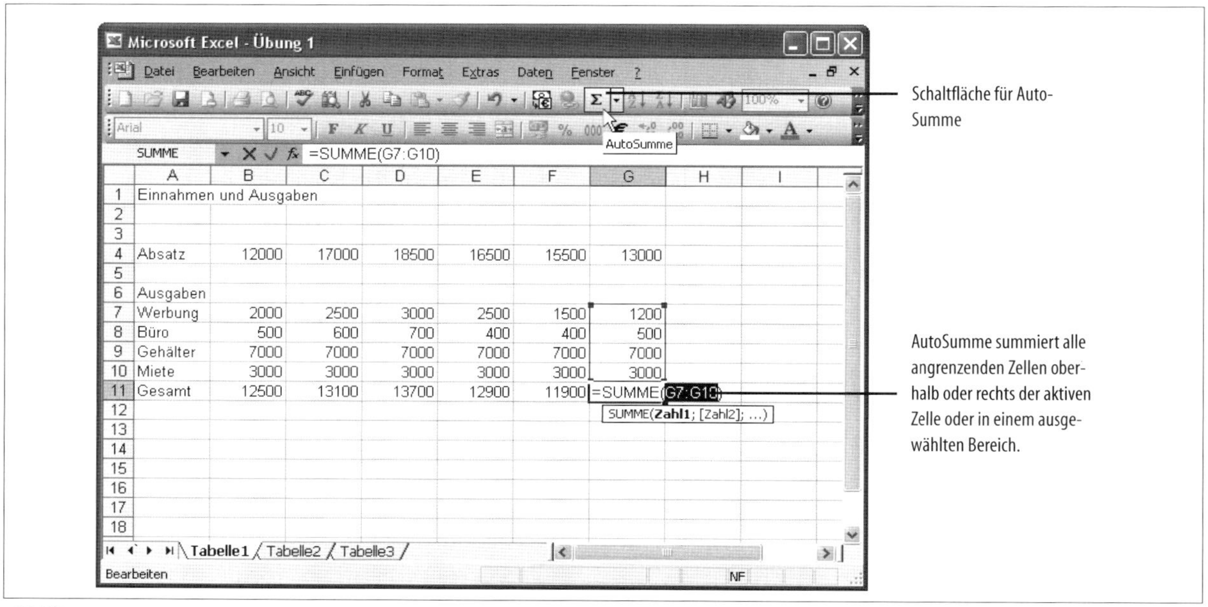

Abbildung 1-24: Benutzen Sie die Funktion *AutoSumme*, um die Inhalte von Spalten oder Zeilen zu addieren.

In dieser Lektion lernen Sie das kennen, was die Stärke von Tabellenkalkulationsprogrammen ausmacht: *Formeln*. Eine Formel führt Berechnungen wie zum Beispiel Additionen, Subtraktionen und Multiplikationen aus. Formeln gehören wie die numerischen Ausdrücke, mit denen Sie in der vorigen Lektion gearbeitet haben, zu den Werten. Im Gegensatz zu ihnen enthalten Formeln aber Anweisungen für numerische Berechnungen wie zum Beispiel das Addieren, Subtrahieren, Multiplizieren oder die Ermittlung eines Durchschnittswertes. Eine Zelle mit der Formel =5+3 wird das Ergebnis dieser Summe, nämlich die Zahl 8 anzeigen.

> **TIPP** Alle Formeln in Excel beginnen mit dem Gleichheitszeichen (=).

Am Beginn jeder Formel steht das Gleichheitszeichen (=). Damit teilen Sie Excel mit, dass Sie eine Berechnung durchführen möchten. Nach dem Gleichheitszeichen müssen Sie zwei weitere Arten von Informationen eingeben: die *Werte*, mit denen Sie rechnen wollen, und die *arithmetischen Operatoren* oder *Funktionsnamen*, mit denen sie verknüpft werden sollen. Formeln können konstante Werte wie die Zahlen 5 oder 8 enthalten, häufiger handelt es sich jedoch um Verweise auf Werte in Zellen. Die Formel =A5+A6 addiert beispielsweise die in den Zellen A5 und A6 enthaltenen Werte. Einige der arithmetischen Operatoren in Excel kennen Sie bereits, nämlich die mathematischen Symbole für Addition (+) und Subtraktion (-). In Formeln für komplexere Rechenoperationen werden *Funktionen* verwendet. Die Funktion *Summe* zum Beispiel addiert alle Werte in einem Zellbereich, während die Funktion *RMZ* die Zinsen für ein Darlehen auf der Grundlage von Zinssatz, Darlehensdauer und -summe berechnet. In dieser Lektion lernen Sie den Umgang mit *Summe*, der bekanntesten Excel-Funktion die die Werte in einem Zellenblock berechnet.

Formeln kommen Ihnen am Anfang vielleicht schrecklich verwirrend vor, aber es ist nicht viel schwieriger, mit ihnen zu arbeiten als mit einem Taschenrechner.

1 Klicken Sie auf B11, um die Zelle zu aktivieren.

Hier wollen wir die Formel für die Summierung der Spalte B eingeben. Die einfachste Methode zur Summenbildung in einem Zellbereich ist die Schaltfläche *AutoSumme*. Sie fügt die Summenfunktion ein (die alle Werte in einem Bereich addiert), wobei Excel automatisch einen Bereich auswählt, den es für den von Ihnen gewünschten hält.

Kapitel 1
Die Grundlagen

Die Schaltfläche AutoSumme

2 Klicken Sie auf die Schaltfläche AutoSumme auf der Standardsymbolleiste.

In Zelle B11 erscheint jetzt =SUMME(B7:B11). Beachten Sie, dass die Zellen innerhalb des Formelbereichs von einer gestrichelten Linie umgeben sind, die an eine Reihe marschierender Ameisen erinnert. Die Funktion *AutoSumme* findet meistens selbst heraus, welche Zellen Sie addieren wollen, aber es kommt auch vor, dass Sie über einen anderen Bereich summieren möchten. In diesem Fall hat *AutoSumme* aber die gewünschten Zellen markiert.

> HINWEIS: *Excel ist normalerweise so intelligent, dass es automatisch die zu addierenden Zellen erkennt. Falls Sie aber eine andere Auswahl treffen möchten, können Sie den vorgeschlagenen Bereich – wie in der vorigen Lektion gelernt – durch Ziehen mit der Maus ändern.*

Die Schaltfläche Eingeben

3 Klicken Sie auf Eingeben in der Formelleiste.

Excel berechnet augenblicklich die Summe der Werte des Zellbereichs B7:B10 und zeigt das Ergebnis (11700) an. In der Formelleiste sehen Sie jedoch nicht das Ergebnis, sondern die zugrunde liegende Formel =SUMME(B7:B10).

4 Klicken Sie auf B7, geben Sie 2000 ein und drücken Sie die Enter-Taste.

Sie haben soeben zwei sehr wichtige Entdeckungen gemacht. Die erste besteht darin, dass die Eingabe von Daten in eine Zelle jedwede darin enthaltene Information überschreibt. Die zweite ist für diese Lektion noch bedeutsamer: In Zelle B11, in die Sie soeben die Summenformel eingegeben haben, steht jetzt das Ergebnis 12500 – Excel hat das Ergebnis automatisch neu berechnet. Fahren Sie mit der Summenberechnung für Spalte C fort.

5 Klicken Sie auf C11 und auf AutoSumme und drücken Sie die Enter-Taste.

Excel zeigt die Summe der Ausgaben in Spalte C. Fügen Sie die Summenformeln in die restlichen Spalten ein.

6 Wiederholen Sie Schritt 5 und geben Sie die Summenformeln für die restlichen Spalten (D bis G) ein.

Wenn Sie damit fertig sind, vergleichen Sie Ihr Arbeitsblatt mit Abbildung 1-24.

SCHNELLREFERENZ

SO ERMITTELN SIE DIE SUMME EINES ZELLBEREICHS MIT HILFE DER FUNKTION AUTOSUMME:

1. KLICKEN SIE AUF DIE ZELLE, IN DER DAS ERGEBNIS ERSCHEINEN SOLL.

2. KLICKEN SIE AUF DIE SCHALTFLÄCHE AUTOSUMME Σ· IN DER STANDARDSYMBOLLEISTE.

3. PRÜFEN SIE, OB DER AUTOMATISCH AUSGEWÄHLTE SUMMIERUNGSBEREICH RICHTIG IST. FALLS NICHT, WÄHLEN SIE DEN GEWÜNSCHTEN BEREICH.

4. BESTÄTIGEN SIE DIE FORMEL DURCH DRÜCKEN DER ENTER-TASTE.

LEKTION 1.15 Formeln eingeben

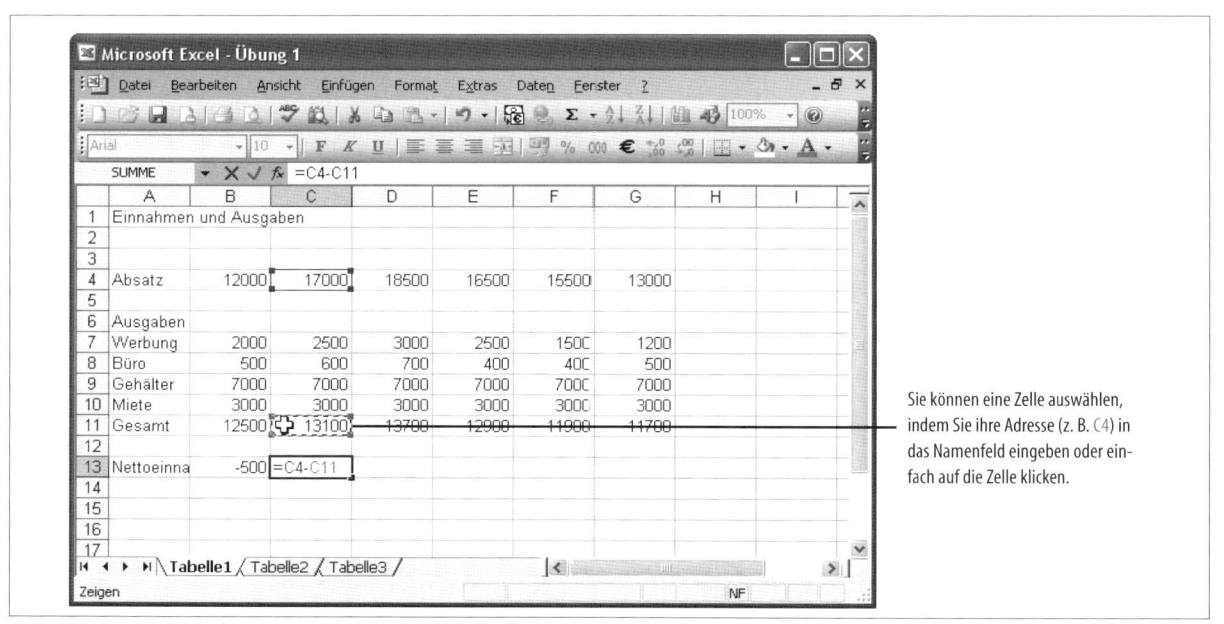

Abbildung 1-25: Die Formel zur Berechnung der Nettoeinnahmen eingeben

Sie können eine Zelle auswählen, indem Sie ihre Adresse (z. B. C4) in das Namenfeld eingeben oder einfach auf die Zelle klicken.

In der vorhergehenden Lektion haben Sie gelernt, was eine Formel ist und wie Sie die Schaltfläche AutoSumme zur Addition der Werte eines Zellbereichs verwenden. In diesem Abschnitt beschäftigen wir uns noch eingehender mit Formeln, wobei Sie lernen, eine Formel selbst zu erstellen.

Bevor Sie damit beginnen, lassen Sie uns kurz wiederholen: Eine *Formel* ist ein Wert, der Berechnungen wie Addieren, Subtrahieren und Multiplizieren ausführt. Formeln beginnen mit einem Gleichheitszeichen, an dem Excel erkennt, dass Sie eine Berechnung durchführen möchten. Nach dem Gleichheitszeichen müssen Sie zwei verschiedene Arten von Informationen eingeben: die zu berechnenden Werte und die zu verwendenden arithmetischen Operatoren oder Funktionsnamen. Formeln können Zahlenwerte wie 4 oder 5, häufiger jedoch die Werte von Zellen enthalten. Die Formel =A3+A4 addiert zum Beispiel die Werte in den Zellen A3 und A4. In Tabelle 1-7 sind Formeln aufgelistet, die verschiedene Operatoren, Bezüge und Werte enthalten.

1 Öffnen Sie die Arbeitsmappe Übung 1C und speichern sie unter Einnahmen und Ausgaben. Falls Sie Lektion 1.12 bearbeitet haben, können Sie auch die gleichnamige, bereits von Ihnen erstellte Datei öffnen.

2 Klicken Sie auf A13, geben Sie Nettoeinnahmen ein und drücken Sie Tab.

Diese Zeile enthält die Nettoeinnahmen, die sich aus der Differenz zwischen den Verkaufserlösen und der Summe der Ausgaben ergibt.

3 Geben Sie in B13 ein Gleichheitszeichen (=) ein.

Das Gleichheitszeichen am Beginn eines Eintrags teilt Excel mit, dass kein Wert und keine Bezeichnung, sondern eine Formel folgt.

4 Geben Sie B4-B11 ein.

Damit wird der Wert in B11 (12500) von dem Wert in B4 (12000) abgezogen.

5 Drücken Sie die Enter-Taste.

Excel zeigt das Ergebnis (-500) in Zelle B13 an. Beachten Sie, dass in der Formelzeile trotzdem noch immer die Formel angezeigt wird. Anstatt die Zelladressen wie in Schritt 3 umständlich einzutippen, können Sie auch in einer Formel die Zellbezüge durch Klicken bzw. durch Ziehen mit der Maus (Bereiche) auswählen.

Kapitel 1
Die Grundlagen

6 Klicken Sie auf C13.

Hier wollen Sie die Formel für den Nettoerlös in Spalte C einfügen.

7 Geben Sie = ein.

Excel wartet nun auf die Eingabe der Formel in diese Zelle. Anstatt die Adresse einzutippen, klicken Sie diesmal einfach mit der Maus auf die gewünschte Zelle.

8 Klicken Sie auf C4.

Eine gestrichelte Linie (die an marschierenden Ameisen erinnert) erscheint als Umrandung von Zelle C4. Sie sehen jetzt, dass Excel den Bezug auf C4 in die Formel in C13 eingetragen hat. Als Nächstes muss ein arithmetischer Operator eingesetzt werden.

9 Geben Sie ein Minuszeichen (-) ein.

Jetzt müssen Sie noch den Bezug auf die Gesamtausgaben in C11 herstellen.

10 Klicken Sie auf C11.

Excel fügt den Bezug auf C11 in die Formel ein.

11 Drücken Sie die Enter-Taste, um die Formel fertig zu stellen.

Das Ergebnis der Berechnung (3900) erscheint in Zelle C13.

Sie können mit Hilfe von Tabelle 1-7, die nicht nur Formelbeispiele, sondern auch die gebräuchlichsten Operatoren und Funktionen enthält, selbst Formeln zusammenstellen.

Tabelle 1-7: Beispiele für Operatoren, Bezüge und Formeln

Operator oder Funktion	Beispiel	Beschreibung
=		Alle Formeln beginnen mit dem Gleichheitszeichen.
+	=4+3	Addiert zwei Werte.
-	=A1-B1	Subtrahiert einen Wert von einem anderen.
*	=B1*2	Multipliziert zwei Werte miteinander.
/	=A1/C2	Dividiert einen Wert durch einen anderen.
Summe	=SUMME(A1-A3)	Summiert alle Werte eines Bereichs.
Mittelwert	=MITTELWERT(A2,B1,C3)	Bildet den Mittelwert aller Zellen eines Bereichs.
Anzahl	=ANZAHL(A2:C3)	Zählt die Zellen mit Inhalten in einem Bereich.

Lektion 1.15
Formeln eingeben

SCHNELLREFERENZ

SO GEBEN SIE EINE FORMEL EIN:

1. KLICKEN SIE AUF DIE ZELLE, IN DER DIE FORMEL ERSTELLT WERDEN SOLL.
2. BEGINNEN SIE IMMER MIT EINEM GLEICHHEITSZEICHEN.
3. GEBEN SIE DIE FORMEL EIN.
4. DRÜCKEN SIE DIE ENTER-TASTE.

SO GEBEN SIE EINEN ZELLBEZUG IN EINE FORMEL EIN:

- GEBEN SIE DIE ZELLADRESSE EIN, Z. B. A3.
  ODER:
- KLICKEN SIE AUF DIE ZELLE, ZU DER EIN BEZUG HERGESTELLT WERDEN SOLL.

LEKTION 1.16
Die Funktion AutoAusfüllen

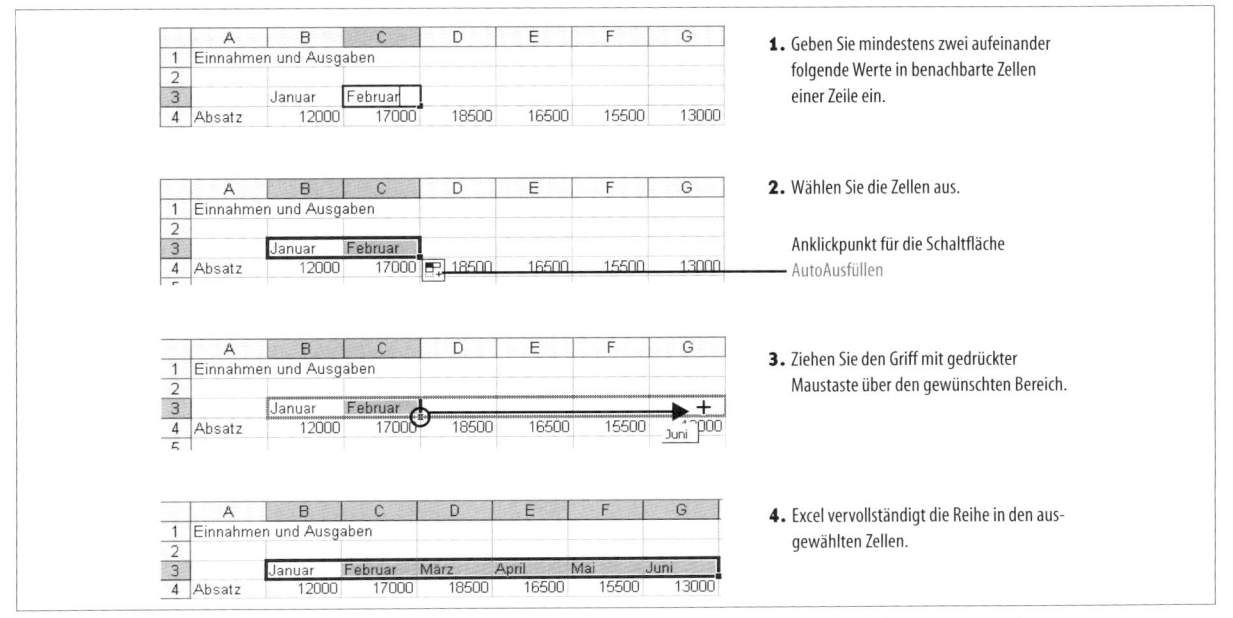

Abbildung 1-26: Benutzen Sie die Funktion *AutoAusfüllen*, um eine Reihe aufeinander folgender Daten anzulegen.

1. Geben Sie mindestens zwei aufeinander folgende Werte in benachbarte Zellen einer Zeile ein.

2. Wählen Sie die Zellen aus.

   Anklickpunkt für die Schaltfläche AutoAusfüllen

3. Ziehen Sie den Griff mit gedrückter Maustaste über den gewünschten Bereich.

4. Excel vervollständigt die Reihe in den ausgewählten Zellen.

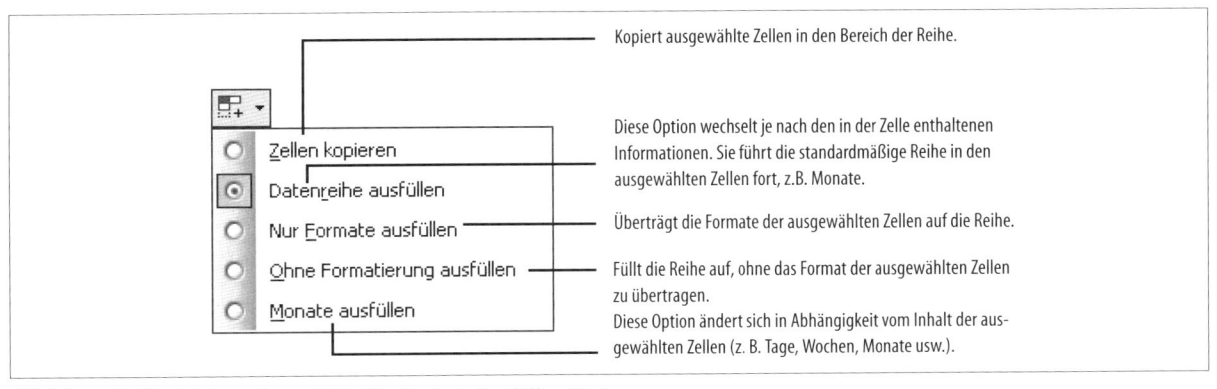

Abbildung 1-27: Die Dropdown-Liste für die *AutoAusfüllen*-Optionen

- Kopiert ausgewählte Zellen in den Bereich der Reihe.
- Diese Option wechselt je nach den in der Zelle enthaltenen Informationen. Sie führt die standardmäßige Reihe in den ausgewählten Zellen fort, z.B. Monate.
- Überträgt die Formate der ausgewählten Zellen auf die Reihe.
- Füllt die Reihe auf, ohne das Format der ausgewählten Zellen zu übertragen.
- Diese Option ändert sich in Abhängigkeit vom Inhalt der ausgewählten Zellen (z. B. Tage, Wochen, Monate usw.).

Mit *AutoAusfüllen* können Sie bei der Dateneingabe viel Zeit sparen. Die Funktion fügt automatisch eine Folge von Werten in einen ausgewählten Bereich ein. Stellen Sie sich beispielsweise vor, Sie möchten alle 12 Monatsnamen in eine Tabelle eingeben. Mit AutoAusfüllen müssen Sie nur die ersten beiden Monate eingeben, und der Rest wird von Excel erledigt. Excel kann nicht Ihre Gedanken lesen (von *dieser* Funktion ist Microsoft noch einige Versionen entfernt), weshalb Sie die ersten Werte der Folge selbst eingeben müssen, damit Excel die Werte und die Schrittgröße erkennen kann. Der große Nutzen von AutoAusfüllen wird erst bei der Anwendung deutlich, also lassen Sie uns mit der Praxis beginnen.

Die Schaltfläche Eingeben

1 Klicken Sie auf B3, geben Sie Januar ein und klicken Sie auf Eingeben in der Formelleiste.

Benutzen Sie die Funktion *AutoAusfüllen* wie folgt:

Lektion 1.16
Die Funktion AutoAusfüllen

2 Während sich die Einfügemarke immer noch in Zelle B3 befindet, positionieren Sie den Zellcursor über dem »Griff« (das kleine Kästchen an der rechten unteren Ecke der Zelle), woraufsich die Form des Cursors in ein + ändert.

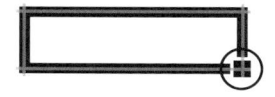

Der Griff für die Funktion AutoAusfüllen

3 Ziehen Sie den Cursor jetzt mit gedrückter Maustaste nach rechts, bis der ausgewählte Bereich die Zelle G3 einschließt, und lassen Sie los.

Im gleichen Augenblick fügt Excel die Monate Februar bis Juni wie in Abbildung 1-26 in die Zellen C3 bis G3 ein.

Falls Sie eine Datenfolge mit einer größeren Schrittweite als 1 eingeben wollen (zum Beispiel jeden zweiten Tag oder Monat), müssen Sie mindestens den ersten und zweiten Wert eingeben, damit Excel Ihre Absicht erkennen kann.

4 Klicken Sie auf C3, geben Sie März ein und drücken Sie die Enter-Taste.

5 Markieren Sie den Zellbereich B3:C3.

Durch die Auswahl von B3:C3 erkennt Excel, wie die Datenreihe ergänzt werden soll, so dass Sie sie mit *AutoAusfüllen* vervollständigen können.

Beachten Sie, dass das kleine Optionsfenster von *AutoAusfüllen* erscheint, sobald Sie die zwei Zellen ausgewählt haben. Damit wird eine Liste der verschiedenen Optionen von *AutoAusfüllen* zugänglich.

6 Klicken Sie auf die in Abbildung 1-27 dargestellte Schaltfläche für die AutoAusfüllen-Optionen. Wählen Sie Nur Formate ausfüllen aus dem Menü.

Mit dieser Option können Sie das Format der ersten zwei Zellen Januar und März auf die gesamte Reihe übertragen.

7 Während der Bereich B3:C3 noch aktiviert ist, ziehen Sie den AutoAusfüllen-Griff nach rechts, bis G3 gewählt ist und lassen Sie die Maustaste los.

Jetzt sehen Sie, dass Excel dem von Ihnen ausgewählten Beispiel gefolgt ist und in Reihe mit jedem zweiten Monat fertig gestellt hat.

AutoAusfüllen bietet Ihnen noch einen wichtigen Vorteil: Sie können damit schnell und einfach Daten (Bezeichnungen, Werte und Formeln) in andere Zellen kopieren. Benutzen Sie *AutoAusfüllen*, um die Formel für Nettoeinnahmen, die Sie in der vorigen Lektion in C13 erstellt haben, in die restlichen Zellen der Tabelle zu kopieren.

8 Aktivieren Sie C13 durch Anklicken.

Zelle C13 enthält die Formel, die Sie kopieren möchten.

9 Ziehen Sie den Griff nach rechts bis G13 und lassen Sie die Maustaste los.

Im gleichen Moment kopiert Excel die Formel aus C13 in die Zellen D13, E13, F13 und G13.

Tabelle 1-8 enthält Beispiele für die Funktion *AutoAusfüllen*.

Tabelle 1-8: Beispiele für *AutoAusfüllen*

Eintrag in der ersten Zelle	Einträge von AutoAusfüllen in den nächsten drei Zellen
Januar	Februar, März, April
Jan	Feb, Mrz, Apr
15.1.2005	16.1.2005, 17.1.2005, 18.1.2005
5:00	6:00, 7:00, 8:00
1. Quartal	2. Quartal, 3. Quartal, 4. Quartal

Kapitel 1
Die Grundlagen

SCHNELLREFERENZ

SO ERSTELLEN SIE MIT HILFE VON AUTOAUSFÜLLEN EINE REIHE AUFEINANDER FOLGENDER WERTE:

1. GEBEN SIE MINDESTENS DIE ERSTEN BEIDEN WERTE IN BENACHBARTE ZELLEN EIN.
2. WÄHLEN SIE DIESE BEIDEN ZELLEN.
3. ZIEHEN SIE DEN »GRIFF« VON AUTOAUSFÜLLEN ÜBER DIE ZELLEN, IN DENEN DIE FOLGEWERTE ERSTELLT WERDEN SOLLEN.

HINWEIS: BENUTZEN SIE DIE SCHALTFLÄCHE AUTOAUSFÜLLEN, UM DAS FORMAT DER URSPRÜNGLICHEN ZELLEN AUF DIE REIHE ZU ÜBERTRAGEN.

LEKTION 1.17 Vorschau und Ausdruck

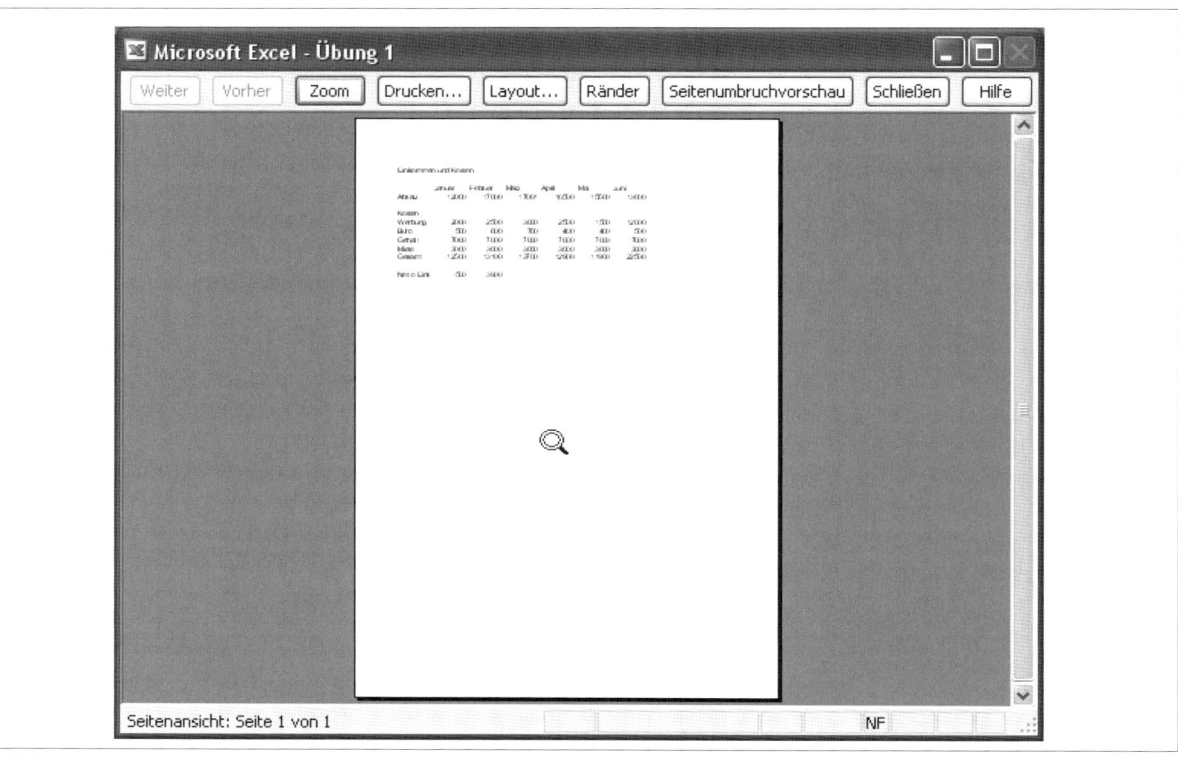

Abbildung 1-28: Das Druckvorschaufenster (Seitenansicht)

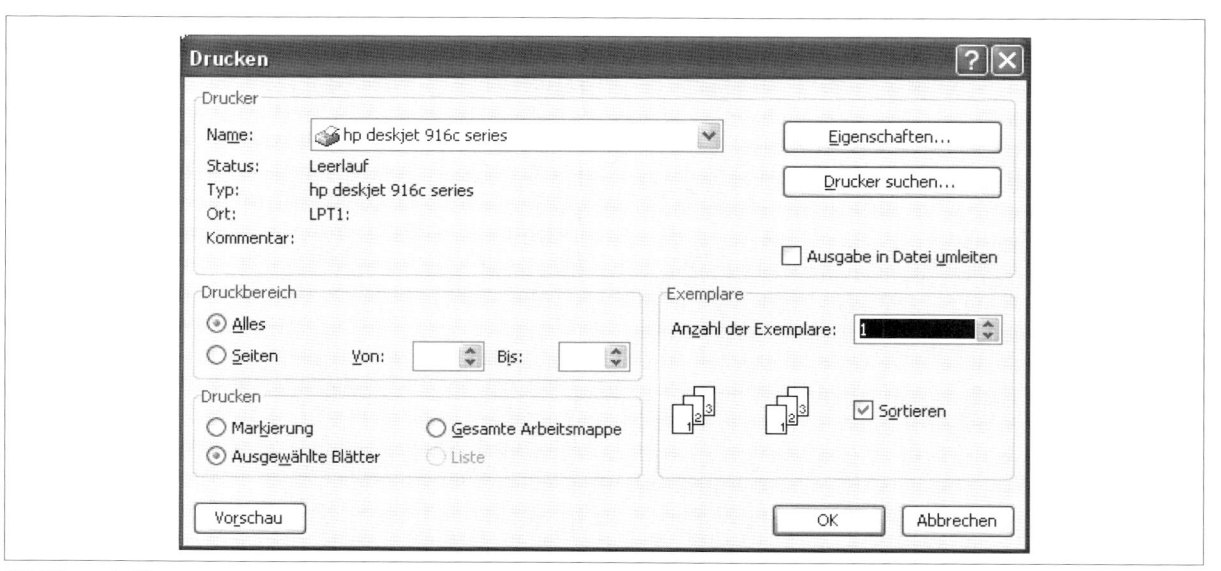

Abbildung 1-29: Das Dialogfeld Drucken

Wenn Sie ein Arbeitsblatt erstellt haben, können Sie eine Kopie davon ausdrucken, sofern Ihr Computer an einen Drucker angeschlossen ist. Meistens ist es ratsam, sich vorher auf dem Bildschirm anzusehen, wie der Ausdruck aussehen wird, um eventuell noch notwendige Änderungen vorzunehmen. Dazu dient die Vorschaufunktion von Excel.

Die Schaltfläche Seitenansicht **für die Druckervorschau**
Eine andere Möglichkeit, die Vorschau aufzurufen:
- Wählen Sie Datei → Seitenansicht aus dem Menü.

1 Klicken Sie auf die Schaltfläche Seitenansicht auf der Standardmenüleiste.

Eine Vorschau des Ausdrucks wird wie in Abbildung 1-28 auf dem Bildschirm angezeigt. Sie können die Ansicht vergrößern, indem Sie mit 🔍 auf eine Stelle klicken, die Sie genauer ansehen möchten.

2 Bewegen Sie den Lupenzeiger 🔍 über eine Stelle des Arbeitsblatts, die Daten enthält, und klicken Sie darauf.

Excel vergrößert den angeklickten Bereich. Wenn Sie den vergrößerten Teil angesehen haben, können Sie wieder zur Ansicht des gesamten Blattes zurückkehren.

3 Klicken Sie mit dem Lupenzeiger 🔍 auf irgendeine Stelle des Arbeitsblatts.

Excel kehrt zur vorigen Ansicht zurück. Da die Seite so in Ordnung ist, können Sie sie aus dem Vorschaufenster heraus ausdrucken.

4 Klicken Sie auf das Symbol Drucker, während Sie sich noch im Seitenansichtsfenster befinden.

Das in Abbildung 1-29 dargestellte Dialogfeld öffnet sich. Darin können Sie Druckoptionen einstellen, zum Beispiel, welche Seiten und wie viele Kopien ausgedruckt werden sollen. Darum brauchen Sie sich im Moment aber noch nicht zu kümmern.

5 Klicken Sie auf OK.

Excel druckt das Arbeitsblatt jetzt auf dem Standarddrucker Ihres Computers aus.

HINWEIS *Wenn Sie sich nicht im Seitenansichtfenster befinden, können Sie ebenfalls einen Ausdruck starten, indem Sie entweder auf die Schaltfläche* Drucker *in der Standardsymbolleiste klicken,* Datei → Drucken *aus dem Menü wählen oder* Strg + P *drücken. (Letzteres ist die unter Windows übliche Methode, um etwas auszudrucken.)*

SCHNELLREFERENZ

SO SEHEN SIE EINE VORSCHAU DES AUSDRUCKS AUF DEM BILDSCHIRM AN:

- KLICKEN SIE AUF DIE SCHALTFLÄCHE SEITENANSICHT IN DER STANDARDSYMBOLLEISTE.

  ODER:

- WÄHLEN SIE DATEI → SEITENANSICHT AUS DEM MENÜ.

SO DRUCKEN SIE EIN ARBEITSBLATT AUS:

- KLICKEN SIE AUF DIE DRUCKERSCHALTFLÄCHE IN DER STANDARDSYMBOLLEISTE.

  ODER:

- WÄHLEN SIE DATEI → DRUCKEN AUS DEM MENÜ.

  ODER:

- DRÜCKEN SIE STRG + P.

LEKTION 1.18 Hilfefunktionen

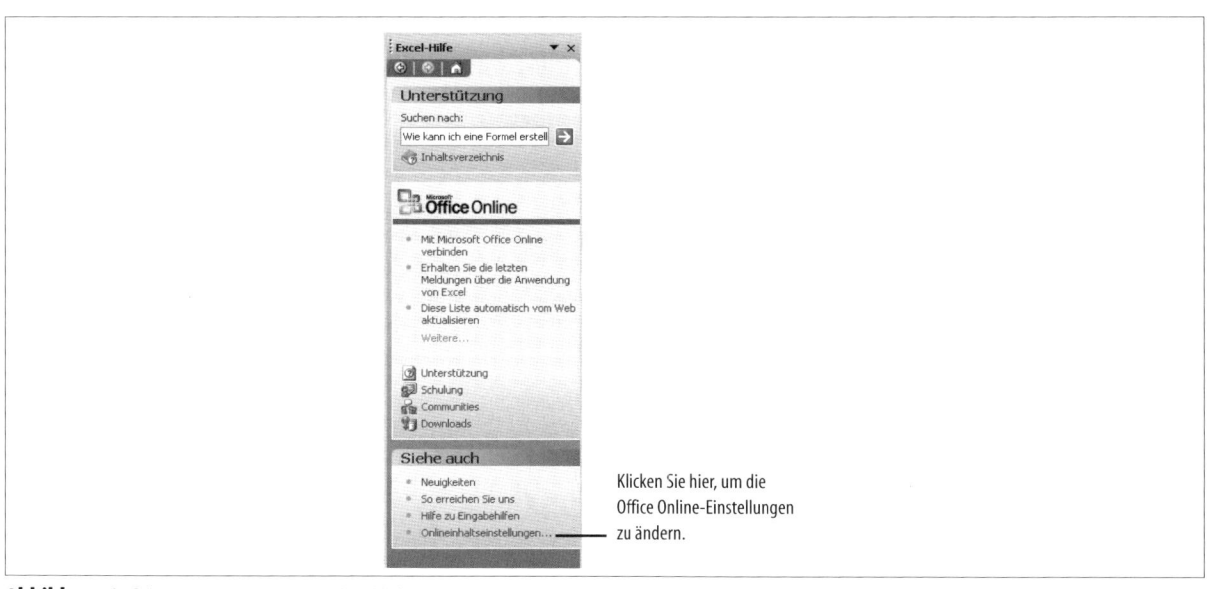

Abbildung 1-30: Eine Frage im Excel-Hilfefenster eingeben

Abbildung 1-31: Suchergebnisse für Microsoft Office Online

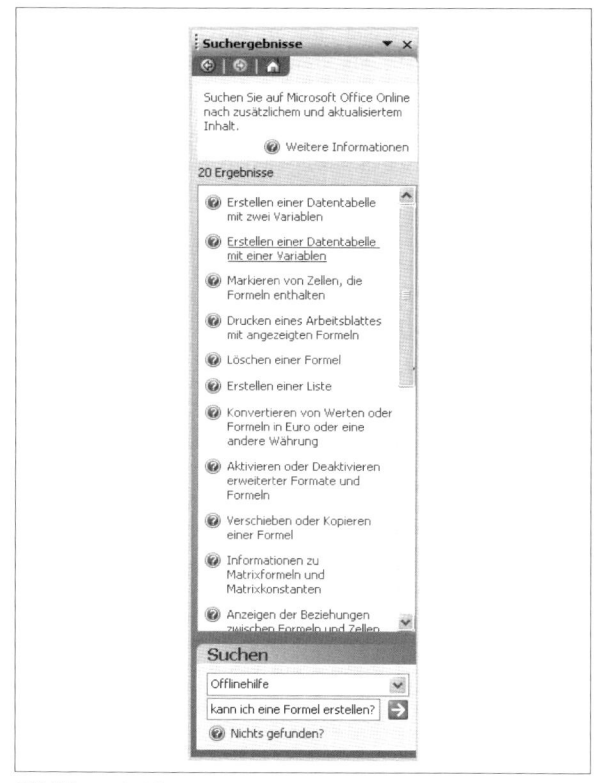

Abbildung 1-32: Suchergebnisse in der Offline-Hilfe

Kapitel 1
Die Grundlagen

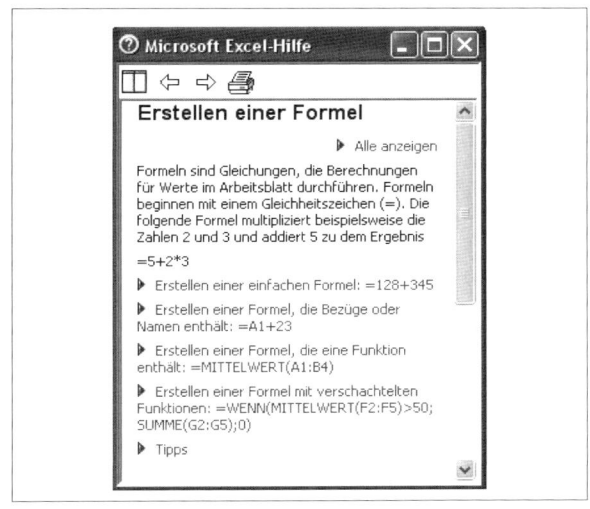

Abbildung 1-33: Mögliche Themen zur Beantwortung Ihrer Frage

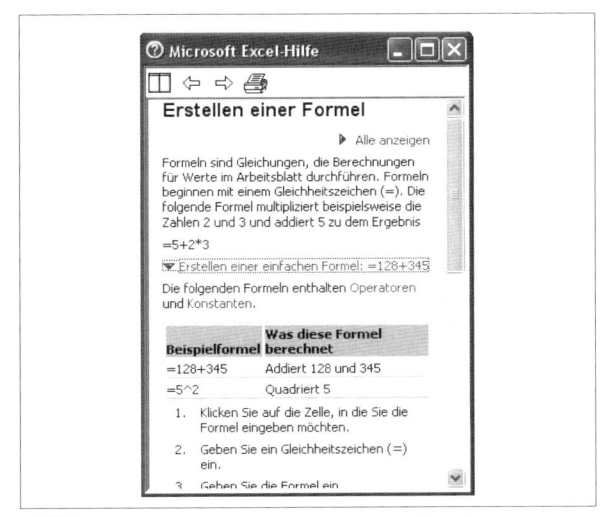

Abbildung 1-34: Hilfetext für das ausgewählte Thema

> **TIPP** Mit der Funktionstaste F1 wird in allen Windows-Programmen die Hilfe aufgerufen.

Wenn Sie an einer Stelle in einem Windows-Programm nicht weiterwissen, bleiben Sie ganz ruhig und sehen Sie in den Hilfethemen nach. Darin finden Sie Antworten auf Ihre Fragen, nützliche Tipps und Hilfe für alle Excel-Funktionen. Viele Excel-Benutzer denken zu ihrem eigenen Nachteil nicht daran, die Hilfe in Anspruch zu nehmen, obwohl die Hilfethemen mehr Wissen über Excel enthalten als die meisten Lehrbücher.

Diese Hilfethemen werden eingeblendet, wenn Sie F1 drücken. Danach müssen Sie nur Ihre Fragen in gewöhnlichem Deutsch formulieren und eingeben. Diese Lektion zeigt Ihnen, wie das funktioniert.

1 Drücken Sie F1.

Es erscheint das in Abbildung 1-30 dargestellte Hilfefenster.

2 Geben Sie wie in Abbildung 1-30 die Frage Wie kann ich eine Formel eingeben? in das Suchfenster ein.

Sie können Excel normal formulierte Fragen stellen, ganz so, als würden Sie eine Person etwas fragen. Das Programm versteht bestimmte Schlüsselwörter und Formulierungen in Ihrer Frage wie zum Beispiel »erstelle« und »Formel«.

> **HINWEIS** Microsoft hat die Hilfe in Office 2003 völlig neu gestaltet. Anstatt in den Dateien Ihres Computers zu suchen, benutzt Office Online direkt die Online-Hilfe der Microsoft-Datenbank. Dahinter steckt die Absicht, immer die aktuellsten Antworten auf Suchanfragen bereitzustellen, aber in dem Bemühen, die bestmögliche Information für besonders komplizierte Fragen anzubieten, hat Microsoft dabei die grundlegendsten und wichtigsten vergessen, zum Beispiel, wie man eine Formel eingibt.

3 Klicken Sie auf die Schaltfläche Suche starten ➔.

Office Online gibt Antworten auf Fragen wie beispielsweise »Schrittweises Auswerten einer verschachtelten Formel«, es kann Ihnen aber nicht dabei helfen, eine einfache Formel in Ihrem Arbeitsblatt zu erstellen. Dazu müssen wir in der guten alten Offline-Hilfe nachsehen.

> **HINWEIS** Zum Glück können Sie die Online-Hilfe abschalten. Klicken Sie dazu im Bereich Siehe auch auf Online-Inhaltseinstellungen und deaktivieren Sie die Option Bei bestehender Verbindung Online-Inhalte automatisch suchen.

Lektion 1.18
Hilfefunktionen

4 Klicken Sie im unteren Teil des Aufgabenbereichs unter Suchen auf den Pfeil der Suchliste. Wählen Sie Offline-Hilfe aus der Liste und klicken Sie auf die Schaltfläche Suche starten (→).

Die Suchergebnisse der Offline-Hilfe werden angezeigt und enthalten eine Überschrift, die uns weiterhilft.

5 Klicken Sie auf das Thema Erstellen einer Formel (siehe Abbildung 1-31)

Ein anderes Fenster mit noch mehr Untertiteln erscheint (siehe Abbildung 1-33).

6 Klicken Sie auf die Überschrift Erstellen einer einfachen Formel =128+345.

Wie in Abbildung 1-34 zu sehen ist, bietet Ihnen Excel eine Anleitung zum Erstellen einer einfachen Formel an.

Beachten Sie, dass die Excel-Hilfe eine Symbolleiste mit einigen Symbolen aufweist, die an einen Webbrowser erinnern. Damit können Sie die Hilfe ähnlich wie das Internet durchsuchen.

7 Klicken Sie auf die Schaltfläche zum Schließen der Hilfe.

Das Hilfefenster wird geschlossen.

In Tabelle 1-9 finden Sie Beispiele für verschiedene Hilfe-Symbole.

Tabelle 1-9: Hilfe-Schaltflächen

Schaltfläche	Beschreibung
▯	Ordnet das Excel- und Hilfefenster auf dem Bildschirm so an, dass Sie beide gleichzeitig sehen können.
⇦	Zurück zum vorherige Thema.
⇨	Führt weiter zum nächsten Thema.
🖨	Druckt das aktuelle Hilfethema aus.

SCHNELLREFERENZ

SO RUFEN SIE DIE HILFE AUF:

1. DRÜCKEN SIE F1.
2. GEBEN SIE IHRE FRAGE IN DAS TEXTFELD SUCHEN NACH... EIN UND KLICKEN SIE ENTWEDER AUF SUCHE STARTEN ODER DRÜCKEN SIE DIE ENTER-TASTE.
3. KLICKEN SIE AUF DAS HILFETHEMA, DAS AM BESTEN ZU IHRER FRAGE PASST, UND WIEDERHOLEN SIE GGF. DIESEN SCHRITT.

SO SCHALTEN SIE MICROSOFT OFFICE ONLINE AUS:

1. KLICKEN SIE AUF ONLINE-INHALTSEINSTELLUNGEN IM HILFEFENSTER.
2. DEAKTIVIEREN SIE DIE OPTION BEI BESTEHENDER VERBINDUNG ONLINE-INHALTE AUTOMATISCH DURCHSUCHEN UND KLICKEN SIE OK.

Den Office-Assistenten ändern und die Hilfe-Schaltfläche verwenden

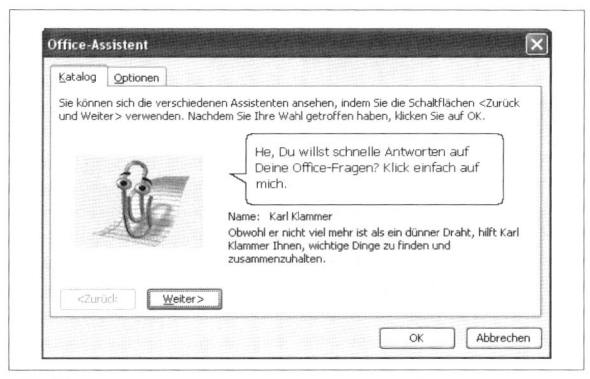

LEKTION 1.19

Abbildung 1-35: Sie können selbst einen Office-Assistenten auswählen.

Klicken Sie auf die Hilfe-Schaltfläche, um Hinweise zu den Steuerelementen des Dialogfelds zu erhalten.

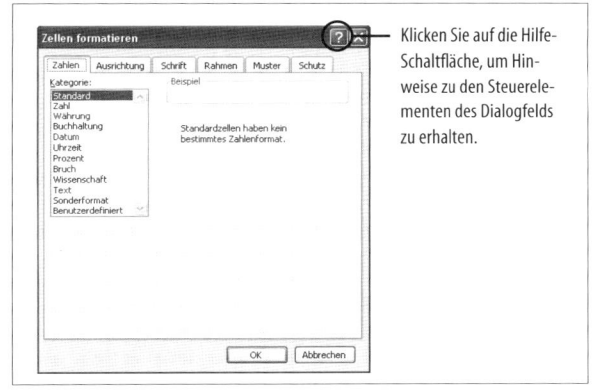

Abbildung 1-36: Klicken Sie auf die Schaltfläche mit dem Fragezeichen, um eine kurze Beschreibung aller Einstellungsmöglichkeiten im Dialogfeld zu erhalten.

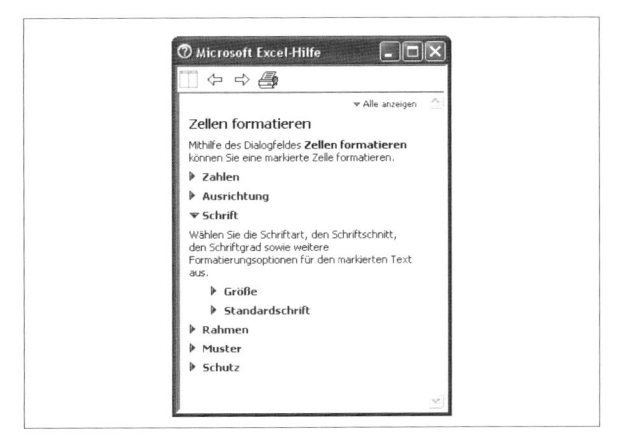

Abbildung 1-37: Klicken Sie auf einen Link, um mehr Informationen über die Einstellungsmöglichkeiten zu erhalten.

Der Office-Assistent ist eine animierte Comicfigur (in der Standardeinstellung eine Büroklammer), die auf Ihre Fragen antwortet und Tipps und Hilfe für alle Excel-Funktionen anbietet. Viele Benutzer blenden den Assistenten aus, obwohl er sehr hilfreich sein kann. Wenn Sie dem Assistenten ein anderes Aussehen verleihen möchten, können Sie unter acht verschiedenen Figuren wählen, die Sie bei der Arbeit mit Excel begleiten. Falls Sie sich jedoch durch die ständige Aktivität des Assistenten gestört fühlen, können Sie ihn natürlich abschalten.

Das zweite Thema dieser Lektion beschäftigt sich mit der Hilfe-Schaltfläche. Während Sie mit Excel Erfahrungen sammeln, werden Sie zweifellos manchmal in einem Dialogfeld auf Einstellungen stoßen, die Sie nicht sofort verstehen. Für diesen Fall steht Ihnen in vielen Fenstern unter der Schaltfläche mit dem Fragezeichen ❓ eine Direkthilfe zur Verfügung. In dieser Lektion werden Sie den Umgang damit lernen, aber lassen Sie uns zunächst den Assistenten »zähmen«.

1 Wählen Sie Hilfe → Office-Assistenten anzeigen aus dem Menü.

Es erscheint der Office-Assistent.

2 Klicken Sie mit der rechten Maustaste auf den Assistenten und wählen Sie Assistent auswählen aus dem Kontextmenü.

Das Dialogfeld für den Office-Assistenten aus Abbildung 1-35 erscheint.

3 Klicken Sie auf die Schaltflächen Zurück oder Weiter, um die verfügbaren Assistenten anzusehen.

Welchen Assistenten Sie auswählen, bleibt Ihnen überlassen. Die Funktion der verschiedenen Figuren ist gleich, sie unterscheiden sich lediglich durch das Aussehen und die Animation.

4 Klicken Sie auf OK, wenn Sie den gewünschten Assistenten gefunden haben.

Falls Sie (wie viele andere Benutzer auch) den Assistenten mit der Zeit als störend empfinden, schalten Sie ihn einfach wie folgt ab:

49

Lektion 1.19
Den Office-Assistenten ändern und die Hilfe-Schaltfläche verwenden

5 Klicken Sie mit der rechten Maustaste auf den Assistenten.

Ein Kontextmenü öffnet sich.

6 Wählen Sie Ausblenden aus dem Kontextmenü.

Sie können den Assistenten jederzeit wieder »aufwecken«, wenn Sie seine Hilfe benötigen sollten.

Lassen Sie uns nun ausprobieren, welche Dienste uns die Hilfe-Schaltfläche bei der Enträtselung verwirrender Einstellungen in Dialogfeldern leisten kann.

7 Wählen Sie Format → Zellen aus dem Menü.

Das Dialogfeld Zellen formatieren aus Abbildung 1-36 öffnet sich. Sie finden die Schaltfläche mit dem Fragezeichen in der Titelleiste, direkt neben der zum Schließen des Fensters.

8 Klicken Sie auf die Hilfe-Schaltfläche (?).

Ein Hilfefenster wie in Abbildung 1-37 öffnet sich.

9 Klicken Sie auf Schrift.

Es erscheint eine kurze Beschreibung der Registerkarte Schrift.

10 Klicken Sie auf Schließen, um das Hilfefenster zu verlassen, und auf Abbrechen, um das Formatfenster zu schließen.

SCHNELLREFERENZ

SO WÄHLEN SIE EINEN ANDEREN OFFICE-ASSISTENTEN AUS:

1. WENN SIE HILFE BENÖTIGEN, WÄHLEN SIE HILFE → OFFICE-ASSISTENTEN ANZEIGEN AUS DEM MENÜ.
2. RECHTSKLICKEN SIE AUF DEN ASSISTENTEN UND WÄHLEN SIE ASSISTENT AUSWÄHLEN AUS DEM KONTEXTMENÜ.
3. KLICKEN SIE AUF ZURÜCK ODER WEITER UND SCHLIEßLICH AUF OK, WENN SIE DEN GEWÜNSCHTEN ASSISTENTEN GEFUNDEN HABEN.

SO BLENDEN SIE DEN OFFICE-ASSISTENTEN AUS:

- RECHTSKLICKEN SIE AUF DEN OFFICE-ASSISTENTEN UND WÄHLEN SIE AUSBLENDEN AUS DEM KONTEXTMENÜ.

SO NUTZEN SIE DIE DIREKTHILFE IN EINEM DIALOGFELD:

1. KLICKEN SIE AUF DIE SCHALTFLÄCHE MIT DEM FRAGEZEICHEN ? RECHTS OBEN NEBEN DEM SCHLIEßEN-SYMBOL.
2. LESEN SIE DIE BESCHREIBUNG IN DEM SICH DARAUFHIN ÖFFNENDEN HILFEFENSTER.

Eine Arbeitsmappe schließen und Excel beenden

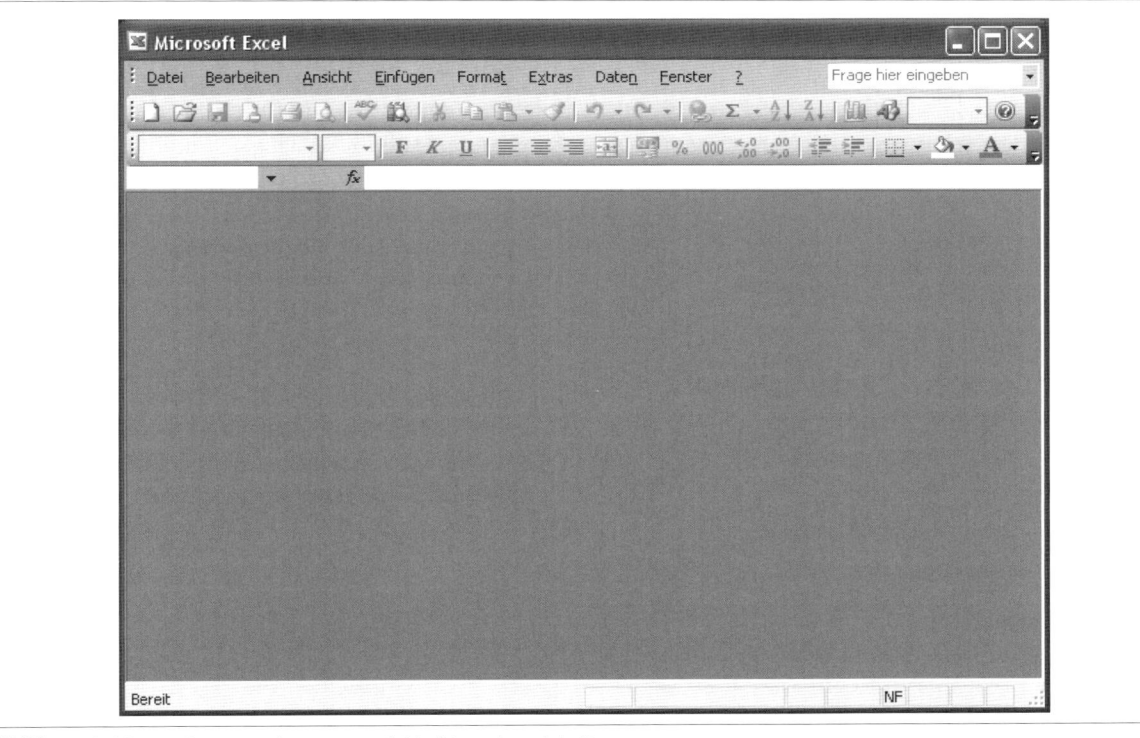

LEKTION 1.20

Abbildung 1-38: Der leere Excel-Programmbildschirm ohne Arbeitsmappen

Schließen von Excel

Schließen der aktuellen Arbeitsmappe

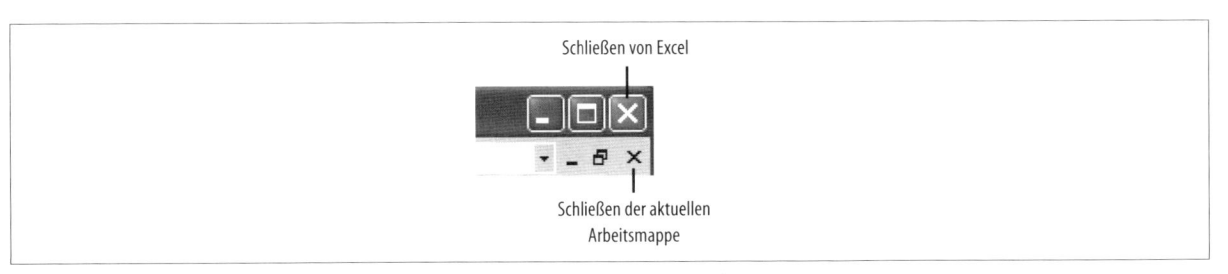

Abbildung 1-39: Die Schaltflächen zum Schließen des Programms und der Arbeitsmappe

Weil die in dieser Lektion behandelten Aufgaben sehr einfach sind – Schließen einer Arbeitsmappe und Beenden von Excel – ist es die kürzeste in diesem Buch. Bevor Sie eine Arbeitsmappe schließen oder Excel beenden, müssen Sie unbedingt die vorgenommenen Änderungen speichern.

1 Speichern Sie die aktuelle Arbeitsmappe durch Klicken auf Speichern in der Standardsymbolleiste.

Ihr CD-ROM-Laufwerk gibt jetzt sonderbare Geräusche von sich, während die Änderungen an der Arbeitsmappe gespeichert werden. Nachdem die Arbeitsmappe gespeichert ist, können Sie sie schließen.

Die Schaltfläche Speichern
Andere Möglichkeiten, eine Arbeitsmappe zu speichern:
• Wählen Sie Datei → Speichern aus dem Menü.
• Drücken Sie Strg + S.

Die Schaltfläche zum Schließen einer Arbeitsmappe
Alternative Methode:
• Wählen Sie Datei → Schließen aus dem Menü.

Lektion 1.20
Eine Arbeitsmappe schließen und Excel beenden

2 Klicken Sie auf die Schaltfläche zum Schließen der Arbeitsmappe. **(Klicken Sie nicht versehentlich auf die Schaltfläche zum Beenden von Excel!)**

Oben rechts auf dem Bildschirm sehen Sie zwei Schaltflächen mit dem Schließen-Symbol – klicken Sie nur auf die untere. Die aktuelle Arbeitsmappe wird geschlossen, Excel selbst aber nicht – das erfolgt durch Klicken auf die Schaltfläche in der äußersten oberen Ecke des Bildschirms. Sie schließen eine Arbeitsmappe, ohne Excel zu beenden, wenn Sie zum Beispiel eine andere öffnen und bearbeiten möchten. Im Moment haben Sie aber sowohl diese Lektion als auch das Kapitel beendet, weshalb Sie Excel verlassen können.

3 Klicken Sie auf die Schaltfläche zum Beenden von Excel.

Jetzt klicken Sie auf die Schaltfläche ganz oben rechts auf dem Bildschirm, um Excel zu beenden. Der Programmbildschirm schließt sich und Sie kehren zum Windows-Desktop zurück.

Das war's. Damit haben Sie das erste Kapitel durchgearbeitet und sind auf dem besten Wege, Excel zu beherrschen. Sie haben bereits sehr wichtige Aktionen gelernt: Wie Sie Excel starten, Werte, Bezeichnungen und Formeln eingeben, eine Arbeitsmappe erstellen die Vorschau ansehen und ausdrucken; Sie haben Zellbereiche ausgewählt und damit gearbeitet sowie die AutoAusfüllen-Funktion angewendet. Jede dieser Operationen werden Sie bei Ihrer Arbeit mit Excel viele Male ausführen.

Die Schaltfläche zum Beenden des Programms
Alternative Methode:
• Wählen Sie Datei → Beenden aus dem Menü.

SCHNELLREFERENZ

SO SCHLIEßEN SIE EINE ARBEITSMAPPE

- KLICKEN SIE IM ARBEITSMAPPENFENSTER AUF DIE SCHLIEßEN-SCHALTFLÄCHE.

  ODER:

- WÄHLEN SIE DATEI → SCHLIEßEN AUS DEM MENÜ.

SO VERLASSEN SIE MICROSOFT EXCEL:

- KLICKEN SIE IM HAUPTMENÜ AUF DATEI → BEENDEN.

  ODER:

- KLICKEN SIE AUF DIE SCHLIEßEN-SCHALTFLÄCHE VON EXCEL.

Kapitel 1 im Überblick

Die Lektionen in Kürze

Excel starten

Klicken Sie auf die Windows-Schaltfläche Start und wählen Sie Alle Programme → Microsoft Office → Microsoft Excel 2003.

Die Benutzeroberfläche von Excel

Sie sollten die Bedeutung aller wesentlichen Elemente des Excel-Programmfensters kennen.

Menüs verwenden

So öffnen Sie ein Menü: Klicken Sie mit der Maus auf den Menünamen oder drücken Sie Alt und den unterstrichenen Buchstaben des Menüs.

Die neuen personalisierten Menüs von Excel 2003 verbergen die weniger häufig genutzten Befehle. Um sie anzuzeigen, klicken Sie auf die Doppelpfeile ⌄ am unteren Rand des Menüfensters oder öffnen das Menü und warten einige Sekunden.

So ändern Sie die Anzeige des Menüs: Wählen Sie Ansicht → Symbolleisten → Anpassen und deaktivieren Sie die Kontrollkästchen neben den Optionen Menüs immer vollständig anzeigen und/oder Nach kurzer Verzögerung vollständige Menüs anzeigen.

Symbolleisten verwenden und eine neue Arbeitsmappe erstellen

So verwenden Sie die Symbolleisten von Excel: Klicken Sie auf das gewünschte Symbol. Platzieren Sie den Mauszeiger über dem Symbol und warten Sie einen kleinen Moment, so wird ein Hinweis (QuickInfo) mit einer Kurzbeschreibung angezeigt.

So zeigen Sie Standard- und Formatsymbolleiste in zwei getrennten Zeilen an: Klicken Sie auf das Symbol ⌄ in einer der beiden Symbolleisten und wählen Sie Schaltflächen in zwei Reihen anzeigen aus der Liste.

So legen Sie eine neue Arbeitsmappe an: Klicken Sie auf das Symbol Neu in der Standardsymbolleiste oder wählen Sie Datei → Neu aus dem Menü.

Dialogfelder ausfüllen

Sie sollten in der Lage sein, Text-, Listen- und Drop-down-Listen sowie Kontrollkästchen und Registerkarten zu erkennen und zu verwenden.

Tastaturkürzel und Kontextmenüs

Tastaturkürzel: Drücken Sie die entsprechende Taste zusammen mit der Strg-Taste.

Kontextmenüs: Wenn Sie nicht wissen, was Sie mit einem bestimmten Objekt tun können, oder einfach nur neugierig sind, klicken Sie es mit der rechten Maustaste an, um ein Kontextmenü mit den für dieses Objekt verfügbaren Befehlen einzusehen.

Eine Arbeitsmappe öffnen

So öffnen Sie eine Arbeitsmappe: Klicken Sie auf das Öffnen-Symbol in der Standardsymbolleiste oder wählen Sie Datei → Öffnen im Menü oder drücken Sie Strg + O.

Eine Arbeitsmappe speichern

So speichern Sie eine Arbeitsmappe: Klicken Sie auf die Schaltfläche Speichern in der Standardsymbolleiste oder wählen Sie Datei → Speichern aus dem Menü oder drücken Sie Strg + S.

So speichern Sie eine Arbeitsmappe in einer neuen Datei unter einem anderen Namen: Wählen Sie Datei → Speichern unter aus dem Menü, geben Sie einen neuen Namen ein und klicken Sie auf Speichern.

Den Zellzeiger bewegen

Verwenden der Maus: Wählen Sie die zu bearbeitende Zelle aus und klicken Sie mit dem Mauszeiger darauf.

Verwenden der Tastatur: Benutzen Sie die Pfeiltasten, um die Zellmarkierung in die gewünschte Richtung zu verschieben.

Durch Drücken der Enter-Taste wird die Zellmarkierung um eine Zeile nach unten bewegt, durch Tab um einen Schritt nach rechts und durch Umschalt + Tab einen Schritt nach links bewegt.

Kapitel 1
Kapitel 1 im Überblick

Verwenden Sie die horizontalen und vertikalen Bildlaufleisten und die zugehörigen Schaltflächen, um die Bereiche des Arbeitsblatts einzusehen, die außerhalb der Bildschirmfläche liegen.

Sich innerhalb des Arbeitsblatts bewegen

Mit Bild ↑ blättern Sie eine Bildschirmseite nach oben, mit Bild ↓ eine Seite nach unten.

Mit Strg + Pos 1 gelangen Sie zur ersten Zelle (A1) des Arbeitsblatts.

Mit Strg + Ende gelangen Sie zur letzten Zelle des Arbeitsblatts, die Daten enthält.

F5 öffnet das Dialogfeld Gehe zu, in dem Sie die gewünschte Zelladresse eingeben können.

Bezeichnungen in ein Arbeitsblatt eingeben

Bezeichnungen werden für Überschriften und (gewöhnlich) für Text verwendet. Excel betrachtet Eingaben, die mit einem Buchstaben beginnen, als Bezeichnungen und richtet sie linksbündig aus.

So geben Sie eine Bezeichnung ein: Aktivieren Sie die Zelle, die die Bezeichnung enthalten soll, und geben Sie den Text ein. Excel erkennt, dass es sich um eine Bezeichnung handelt, wenn sie mit einem Buchstaben beginnt. Falls sie mit einer Ziffer beginnt, stellen Sie einen Apostroph (') voran. Bestätigen Sie anschließend die Eingabe.

Werte eingeben und einen Zellbereich auswählen

Werte sind numerische Informationen in einem Arbeitsblatt und werden gewöhnlich in Berechnungen verwendet. Excel behandelt Zahlen, Datums- und Zeitangaben als Werte und richtet sie automatisch rechtsbündig aus.

So wählen Sie einen Zellbereich aus: (Maus) Ziehen Sie den Zellcursor mit gedrückter Maustaste von der ersten zur letzten Zelle des Bereichs. (Tastatur) Positionieren Sie den Zellcursor auf der ersten Zelle und drücken Sie die Umschalt-Taste, während sie ihn zur letzten Zelle bewegen.

So deaktivieren Sie einen Bereich: Klicken Sie auf irgendeine Zelle außerhalb des Bereichs.

Werte mit der Funktion AutoSumme addieren

Klicken Sie auf die Zelle, in der das Ergebnis erscheinen soll, und dann auf die Schaltfläche AutoSumme in der Standardsymbolleiste. Prüfen Sie, ob der automatisch ausgewählte Summierungsbereich richtig ist. Falls nicht, wählen Sie den gewünschten Bereich. Bestätigen Sie die Formel durch Drücken der Enter-Taste.

Eine Formel eingeben

Jede Formel beginnt mit einem Gleichheitszeichen.

So geben Sie eine Formel ein: Klicken Sie auf die Zelle, in der die Formel erstellt werden soll, drücken Sie = und geben Sie die Formel mit allen Werten, Zellbezügen, Operatoren und Funktionen ein. Drücken Sie die Enter-Taste, wenn die Formel vollständig ist.

So geben Sie einen Zellbezug in eine Formel ein: Geben Sie die Zelladresse ein, z. B. B5, oder klicken Sie auf die Zelle, zu der ein Bezug hergestellt werden soll.

Die Funktion AutoAusfüllen

Geben Sie mindestens die ersten beiden Werte in benachbarte Zellen ein und markieren Sie diese beiden Zellen. Ziehen Sie den »Griff« von AutoAusfüllen über die Zellen, in denen die Folgewerte erstellt werden sollen.

Vorschau und Ausdruck

So betrachten Sie ein Arbeitsblatt in der Vorschau: Klicken Sie auf die Schaltfläche Seitenansicht in der Standardsymbolleiste oder wählen Sie Datei → Seitenansicht aus dem Menü.

So drucken Sie ein Arbeitsblatt aus: Klicken Sie auf die Druckerschaltfläche in der Standardsymbolleiste oder wählen Sie Datei → Drucken aus dem Menü oder drücken Sie Strg + P.

Hilfe-Funktionen

So nutzen Sie die Hilfe-Funktion: Drücken Sie F1, geben Sie Ihre Frage in das Textfeld Suchen nach ein und klicken Sie entweder auf Suche starten oder drücken Sie die Enter-Taste. Klicken Sie auf das Thema, das am besten zu Ihrer Frage passt, und wiederholen Sie ggf. diesen Schritt.

So schalten Sie Office Online aus: Klicken Sie auf Online-Inhaltseinstellungen im Hilfefenster, deaktivieren Sie die Option Bei bestehender Verbindung Online-Inhalte automatisch durchsuchen und klicken sie OK.

Kapitel 1
Die Grundlagen

Den Office-Assistenten ändern und die Hilfe-Schaltfläche verwenden

So ändern Sie den Office-Assistenten: Wählen Sie ggf. Hilfe → Office-Assistenten anzeigen aus dem Menü. Rechtsklicken Sie auf den Assistenten und wählen Sie Assistent auswählen aus dem Kontextmenü. Klicken Sie auf Zurück oder Weiter, bis Sie den gewünschten Assistenten gefunden haben, und bestätigen sie mit OK.

So blenden Sie den Office-Assistenten aus: Rechtsklicken Sie auf den Assistenten und wählen Sie Ausblenden aus dem Kontextmenü.

So nutzen Sie die Direkthilfe: Klicken Sie auf die Schaltfläche mit dem Fragezeichen ❓ rechts oben neben dem Schließen-Symbol. Lesen Sie die Beschreibung in dem sich daraufhin öffnenden Fenster.

Eine Arbeitsmappe schließen und Excel beenden

So schließen Sie eine Arbeitsmappe: Klicken Sie im Arbeitsmappenfenster auf die Schließen-Schaltfläche oder wählen Sie Datei → Schließen aus dem Menü.

So beenden Sie Microsoft Excel: Klicken Sie auf das Schließen-Symbol von Excel oder klicken Sie im Hauptmenü auf Datei → Beenden.

Test

1. Rechtsklicken auf ein Element in Excel:
   A. Löscht das Objekt.
   B. Öffnet ein Kontextmenü, das einige häufig genutzte Befehle für das ausgewählte Element auflistet.
   C. Wählt das Objekt aus.
   D. Hat keine Funktion – die rechte Taste ist für Linkshänder bestimmt.

2. Welche der folgenden Aktionen dient nicht zur Bestätigung einer Eingabe?
   A. Klicken auf Eingeben in der Standardsymbolleiste.
   B. Drücken einer der Pfeiltasten auf der Tastatur.
   C. Drücken der Enter-Taste.
   D. Drücken der Leertaste.

3. Welche der folgenden Formeln ist nicht korrekt?
   A. =B7+14
   B. =B7*B1
   C. 10+50
   D. =10+50

4. Welcher der folgenden Ausdrücke wird von Excel nicht als Wert erkannt?
   A. 10. Mai 2001
   B. Seriennummer 50671
   C. 57%
   D. 350

5. Mit welchem Zeichen beginnt eine Formel?
   A. =
   B. @
   C. +
   D. (

6. Sie können Zellbezüge in einer Formel folgendermaßen auswählen (Mehrfachnennung möglich):
   A. Sie geben die Zelladresse ein, zum Beispiel B10.
   B. Sie klicken auf die Zellen, zu denen ein Bezug hergestellt werden soll.
   C. Sie wählen Bearbeiten → Bezug aus dem Menü und geben den Zellbezug ein.
   D. Sie klicken auf die Schaltfläche Eingeben auf der Standardsymbolleiste und dann auf die Zelle.

7. Zellbereiche bestehen aus mindestens zwei Zellen und werden durch die erste und letzte Zelle des Bereichs (z.B. F7:G10) gekennzeichnet. Ist diese Aussage richtig oder falsch?

8. Sie speichern eine Arbeitsmappe durch (Mehrfachnennung möglich):
   A. Drücken von Strg + F5.
   B. Wählen von Datei → Speichern aus dem Menü.
   C. Klicken auf die Schaltfläche Speichern auf der Standardsymbolleiste.
   D. Klicken auf Speichern unter der Start-Schaltfläche von Windows.

9. Sie geben 300 Bestellungen in Zelle A1 und 250 Bestellungen in A2 ein. Dann markieren Sie beide Zellen und ziehen den AutoAusfüllen-Griff bis auf Zelle A3 herunter. Welcher Wert wird darin angezeigt, wenn Sie die Maustaste loslassen?

   A. 150 Bestellungen

   B. 150

   C. 200 Bestellungen

   D. 200

10. Welches Symbol können Sie einer Zahl voranstellen, damit Excel sie als Bezeichnung erkennt?

    A. =

    B. ' (Apostroph)

    C. " (Anführungszeichen)

    D. _ (Unterstrich)

11. Mit welcher Tastenkombination springen Sie am schnellsten in die Zelle A1, ohne die Maus oder die Pfeiltasten zu benutzen?

    A. Pos 1

    B. Umschalt + Pos 1

    C. Strg + Pos 1

    D. Alt + Pos 1

12. Auf welche Schaltfläche klicken Sie, um eine Reihe von Zahlen zu addieren?

    A. Schaltfläche AutoSumme

    B. Schaltfläche Formel

    C. Schaltfläche Summe

    D. Schaltfläche Schnellsumme

13. Wie wählen Sie eine ganze Spalte aus?

    A. Sie wählen Bearbeiten → Wählen → Spalte aus dem Menü.

    B. Sie klicken auf den Spaltenkopf.

    C. Sie halten Strg gedrückt und klicken Sie auf eine Zelle der Spalte.

    D. Sie halten Umschalt gedrückt und klicken auf eine Zelle der Spalte.

14. Sie möchten die Rechtschreibung in einer Arbeitsmappe prüfen. Dazu öffnen Sie das Menü Extras, können den entsprechenden Befehl aber nicht finden. Was ist die Ursache?

    A. Der Befehl befindet sich natürlich im Menü Bearbeiten.

    B. Man muss sich das komplette Menü anzeigen lassen, indem man auf die Abwärtspfeile am unteren Rand klickt.

    C. Diese Funktion gibt es gar nicht.

    D. Man muss sich alle Optionen des Menüs anzeigen lassen, indem man F2 drückt.

15. Mit welcher Taste können Sie in allen Windows-Programmen die Hilfe aufrufen?

    A. F12

    B. Esc

    C. Num

    D. F1

Hausaufgaben

1. Suchen Sie die Zelle AA75 in einem Arbeitsblatt.
2. Erstellen Sie auf der Grundlage des Gelernten ein Arbeitsblatt wie das hier abgebildete. (Wenn Sie möchten, können Sie Ihre eigenen Zahlen verwenden.)

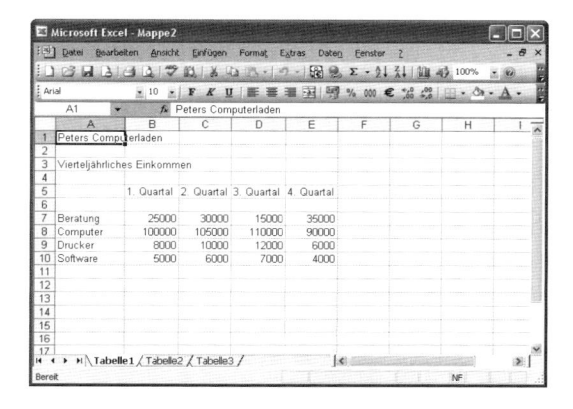

3. Erstellen Sie eine Summenzeile in Zeile 10. Benutzen Sie dazu die Funktion AutoSumme, um die Summen der Quartale zu berechnen.
4. Rufen Sie die Seitenansicht auf, drucken Sie Ihre Tabelle aus und speichern Sie sie anschließend unter *Hausaufgabe 1* in Ihrem Übungsordner.
5. Schwören Sie, dass Sie von jetzt an jedes Mal, wenn Sie mehr als acht Zahlen addieren müssen, anstelle Ihres Taschenrechners Excel benutzen werden.

Lösungen zum Test

1. B. Ein Rechtsklick auf ein Objekt öffnet ein zugehöriges Kontextmenü.
2. D. Es gibt mehrere Methoden, eine Eingabe zu bestätigen, aber die Leertaste ist dazu nicht geeignet.
3. C. In 10+50 fehlt das Gleichheitszeichen; richtig ist =10+50.
4. B. Seriennummer 50671 enthält eine Zahl, aber weil das erste Zeichen ein Buchstabe ist, wertet Excel den Eintrag als Bezeichnung.
5. A. Alle Formeln beginnen ausnahmslos mit dem Gleichheitszeichen (=).
6. A und B. Sie können Bezüge herstellen, indem Sie die Adressen von Zellen eingeben oder die Zellen bzw. Bereiche mit der Maus auswählen.
7. Richtig. Bereiche werden durch ihre erste und letzte Zelle bestimmt, zum Beispiel A1:B10.
8. B und C.
9. C. 200 Bestellungen
10. B. Stellen Sie der Zahl einen Apostroph (') voran, um sie zu einer Bezeichnung zu machen.
11. C. Drücken Sie Strg + Pos 1, um mit der Zellmarkierung auf A1 zu springen.
12. A. Klicken Sie auf AutoSumme.
13. B. Klicken Sie auf den Buchstaben im Kopf der Spalte, die Sie auswählen wollen.
14. B. Um alle Optionen im Menü Extras anzuzeigen, müssen Sie auf die Abwärtspfeile an dessen unterem Rand des Menüs klicken.
15. D. Die Taste F1 ruft in allen Windows-Programmen die Hilfe auf.

KAPITEL 2
EIN ARBEITSBLATT BEARBEITEN

LERNZIELE

Datenwerte eingeben und verarbeiten

Zellinhalte bearbeiten, löschen und ersetzen

Zellen ausschneiden, kopieren, einfügen und verschieben

Mit absoluten und relativen Bezügen arbeiten

Zellen, Spalten und Zeilen einfügen und löschen

Rückgängigmachen und Wiederherstellen

Rechtschreibprüfung anwenden

Erweiterte Druckoptionen nutzen

Grundlegende Dateiverwaltung

Kommentare einfügen

AUFGABE: EINE KILOMETERGELDABRECHNUNG ERSTELLEN

Voraussetzungen

- **Sie können mit Menüs, Symbolleisten, Dialogfeldern und Tastaturkürzeln umgehen.**
- **Sie wissen, wie man Zellcursor und Einfügemarke bewegt.**

Da Sie jetzt die Grundlagen von Excel beherrschen, können Sie sich in diesem Kapitel zu einem geübten Excel-Anwender weiterentwickeln. Es behandelt den Umgang mit Datenwerten: Ausschneiden, Kopieren und Einfügen von Informationen in Ihre Arbeitsmappe; Hinzufügen und Löschen von Spalten und Zeilen, Rückgängigmachen von Fehlern und Korrektur der Rechtschreibung.

LEKTION 2.1
Kalenderdaten eingeben und die Funktion AutoVervollständigen nutzen

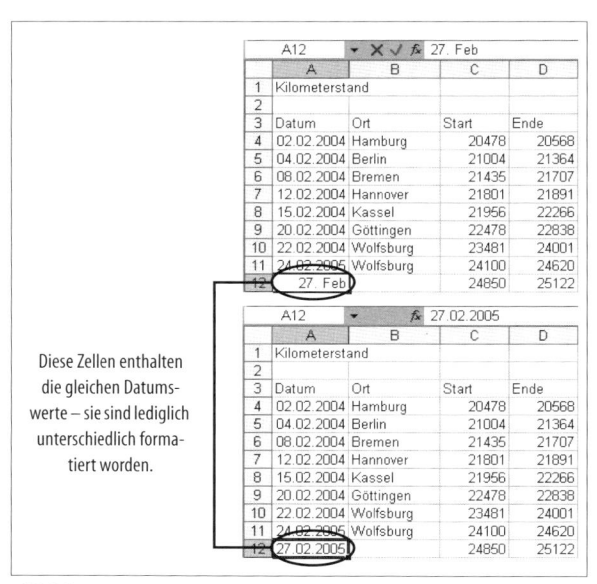

Diese Zellen enthalten die gleichen Datumswerte – sie sind lediglich unterschiedlich formatiert worden.

Abbildung 2-1: Daten können in einer Vielzahl verschiedener Formate eingegeben werden.

Normalerweise behandelt Excel Daten in Ihren Arbeitsmappen als Werte und nicht als Bezeichnungen. Der Grund dafür liegt auf der Hand – mit Werten können Sie Berechnungen ausführen. Sie können zum Beispiel zwei Kalenderdaten voneinander abziehen, um festzustellen, wie viele Tage dazwischen liegen. Kalenderdaten können Sie in unterschiedlichen Formaten eingeben, wie Tabelle 2-1 zeigt.

1 Starten Sie Microsoft Excel.

Die Schaltfläche Öffnen
Andere Methoden zum Öffnen einer Arbeitsmappe:
• Wählen Sie Datei → Öffnen aus dem Menü.
• Drücken Sie Strg + O.

2 Klicken Sie auf die Schaltfläche Öffnen in der Standardsymbolleiste.

Das Dialogfeld Öffnen erscheint.

3 Öffnen Sie Ihren Übungsordner in Ihrem Dateienverzeichnis oder auf der beiliegenden CD.

Das Dialogfeld listet die Excel-Dateien in Ihrem Übungsordner bzw. auf Ihrer CD auf.

4 Klicken Sie auf die Arbeitsmappe Übung 2A im Dateilistenfeld, um sie zu markieren, und klicken Sie auf Öffnen.

Die Arbeitsmappe erscheint auf Ihrem Bildschirm. Da Sie die Originaldatei nicht verändern wollen, speichern Sie sie als neue Arbeitsmappe unter dem Namen *Kilometergeldabrechnung*.

5 Wählen Sie Datei → Speichern aus dem Hauptmenü. Geben Sie Kilometergeldabrechnung als Dateinamen ein und klicken Sie auf Speichern.

Excel speichert die Arbeitsmappe unter dem neuen Namen und schließt die Originaldatei *Übung 2A*. Jetzt können Sie daran arbeiten, ohne das Original zu verändern.

6 Aktivieren Sie A11 durch Anklicken.

7 Geben Sie 24.2. ein und drücken Sie die Enter-Taste.

Sie sehen, dass Excel die Datumseingabe automatisch durch die aktuelle Jahreszahl ergänzt. Es nimmt generell an, dass Kalenderdaten für das laufende Jahr gelten, sofern Sie nichts anderes vorgeben.

> **HINWEIS:** Um das gefürchtete Jahr-2000-Problem, das der Computerwelt viele Schwierigkeiten bereitet hat, brauchen Sie sich bei Excel 2003 keine Sorgen zu machen. Sie müssen lediglich wissen, wie Excel mit zweistelligen Jahreszahlen umgeht.
>
> Wenn Sie die Jahreszahl zweistellig eingeben, geht Excel davon aus, dass alle Daten zwischen dem 1.1.30 und dem 31.12.99 ins zwanzigste und alle zwischen dem 1.1.00 und 31.12.29 ins einundzwanzigste Jahrhundert gehören. Wenn Sie also das Datum 3.10.54 eingeben, nimmt Excel an, dass Sie den 3. Oktober 1954 meinen, während es aus 3.10.15 den 3. Oktober 2015 macht.

Sie müssen Ihre Kalenderdaten nicht unbedingt im Format 05.10.98 eingeben. Excel versteht viele verschiedene Formate. Probieren Sie es aus.

Kapitel 2
Ein Arbeitsblatt bearbeiten

8 Geben Sie `27 febr` ein und drücken Sie die Enter-Taste.

Wie Sie sehen, hat Excel Ihre Eingabe in das Standardformat 27. Feb konvertiert. Sie können das Format, in dem die Daten dargestellt werden sollen, selbst festlegen, was aber erst in einer späteren Lektion behandelt wird.

Die Funktion *AutoVervollständigen* von Excel hilft Ihnen bei häufig wiederkehrenden Eingaben Zeit zu sparen.

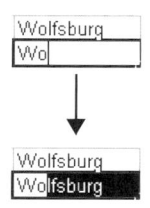

Wenn Sie die ersten Zeichen einer Bezeichnung eingeben, vervollständigt Excel die Bezeichnung, wenn Sie bereits einmal in der Spalte vorkommt. Drücken Sie die Enter-Taste, wenn Sie den Vorschlag von Excel akzeptieren, oder ignorieren Sie ihn, indem Sie einfach weitertippen.

9 Klicken Sie auf `B11` und geben Sie `Wo` ein.

Sobald Sie `Wo` eingegeben haben, erkennt Excel, dass Sie »Wolfsburg« schreiben wollen, weil das schon einmal in der Spalte enthalten ist. Sie können den Vorschlag von Excel durch Drücken der Enter-Taste bestätigen. Falls Sie aber zum Beispiel »Wolfenbüttel« schreiben wollen, ignorieren Sie den Vorschlag und tippen einfach weiter.

Wählen Sie aus der Liste.

10 Drücken Sie die Enter-Taste.

Sie können die Excel-Auswahlliste auch sehr vorteilhaft bei der Eingabe verwenden. Sie führt schon vorhandene Bezeichnungen auf und hilft Ihnen Zeit zu sparen sowie die Konsistenz Ihrer Informationen zu bewahren. Sie können sie wie folgt verwenden:

11 Rechtsklicken Sie auf `B12` und wählen Sie Auswahlliste aus dem Kontextmenü.

Es erscheint eine Liste mit den schon vorhandenen Bezeichnungen in der Spalte – klicken Sie einfach auf die gewünschte, und sie wird in die aktive Zelle übernommen.

12 Wählen Sie `Bremen` aus der Auswahlliste.

Tabelle 2-1: Beispiele für gültige Kalenderdaten und Zeitangaben

Datumseingaben	Zeiteingaben
17. Oktober 1995	17:45
17.10.95	5:45
17. Okt 95	17:45:20
Okt 95	05:45:20

Lektion 2.1
Kalenderdaten eingeben und die Funktion AutoVervollständigen nutzen

SCHNELLREFERENZ

SO GEBEN SIE KALENDERDATEN EIN:

- Excel bearbeitet Kalenderdaten und Zeitangaben als Werte. Wenn Sie ein Datum im Format 4.4.99 eingeben, können Sie es zum Beispiel in 4.April 1999 umformatieren.

SO VERWENDEN SIE DIE FUNKTION AUTOVERVOLLSTÄNDIGEN:

- Beginnen Sie mit der Eingabe einer Bezeichnung. Falls diese bereits in der Spalte enthalten ist, erkennt Excel das schon nach den ersten Buchstaben und vervollständigt sie. Sie können den Vorschlag durch Drücken der ENTER-Taste annehmen oder ihn ignorieren und mit der Eingabe fortfahren.

SO FÜGEN SIE BEZEICHNUNGEN AUS DER AUSWAHLLISTE EIN:

- Rechtsklicken Sie auf die Zelle, in die Sie eine Bezeichnung eingeben wollen, und wählen Sie AUSWAHLLISTE aus dem Kontextmenü. Klicken Sie dort auf die gewünschte Bezeichnung.

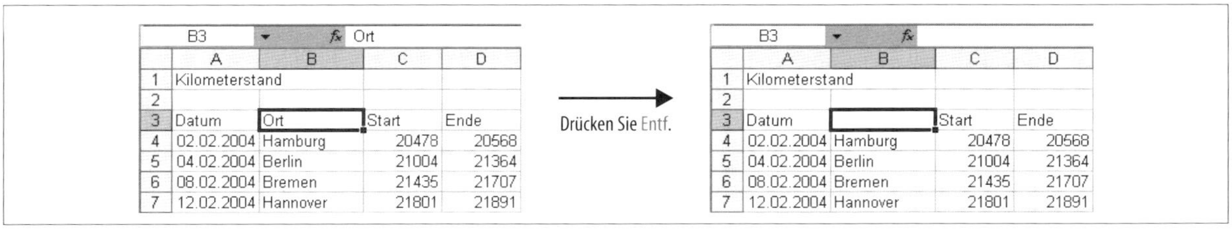

Zellinhalte bearbeiten, löschen und ersetzen

LEKTION 2.2

Abbildung 2-2: Drücken von Entf löscht den Inhalt der aktiven Zelle oder des Bereichs.

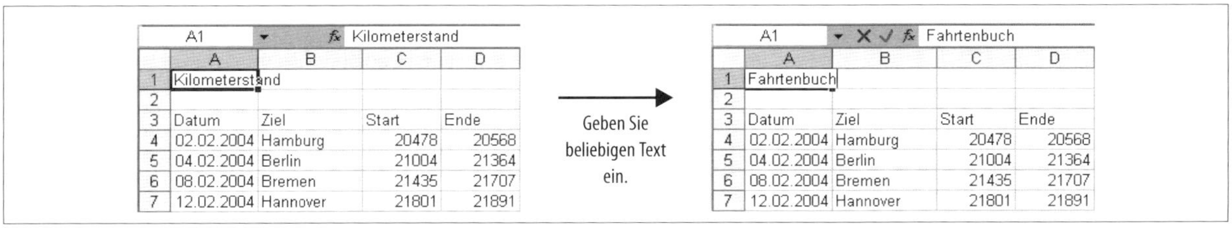

Abbildung 2-3: Die Eingabe überschreibt den Inhalt einer Zelle.

Sie können den Inhalt einer Zelle jederzeit ändern oder löschen. Zum Löschen wählen Sie die Zelle oder einen Bereich aus und drücken Entf. Um den Inhalt zu ändern, ist es nicht erforderlich, ihn vorher zu löschen – überschreiben Sie ihn einfach durch eine neue Eingabe.

Es gibt eine Reihe verschiedener Methoden, den Inhalt von Zellen zu bearbeiten, ohne ihn neu einzugeben. Eine besteht darin, die Zelle zu aktivieren und die gewünschten Informationen in die Formelzeile zu schreiben. Stattdessen können Sie auch den Text direkt in der Zelle verändern, indem Sie in der Zelle doppelklicken. Beiden Methoden ist gemeinsam, dass sie den *Bearbeitungsmodus* aktivieren, was Sie unter anderem an den in der Formelleiste eingeblendeten Schaltflächen Abbrechen und Eingeben erkennen. Im Bearbeitungsmodus verwandelt sich der kreuzförmige *Zellcursor* in eine I-förmige *Einfügemarke* (I) und wird durch die Pfeiltasten nicht von Zelle zu Zelle, sondern von Zeichen zu Zeichen bewegt. Mit der Maus können Sie die Einfügemarke an eine beliebige Stelle des Zellinhalts setzen.

1 Klicken Sie auf B3.

2 Drücken Sie Entf, um den Inhalt der Zelle zu löschen.

Der Inhalt »Ort« von B3 in Tabelle 2-2 wird gelöscht. Geben Sie stattdessen im nächsten Schritt eine genauere Bezeichnung ein.

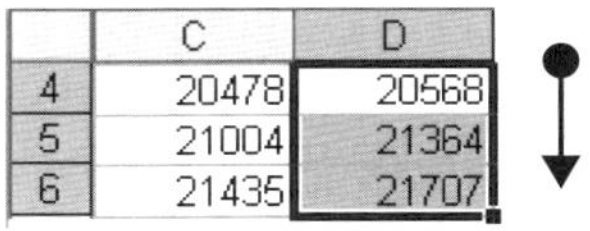

Einen Zellbereich auswählen

3 Geben Sie Ziel ein und drücken Sie die Enter-Taste.

Sie können den Inhalt mehrerer Zellen auf einmal löschen, indem Sie sie markieren und Entf drücken.

4 Markieren Sie den Bereich G3:G10, indem Sie auf G3 und die Markierung bei gedrückter Maustaste nach G10 ziehen.

Löschen Sie jetzt den Bereich (G3:G10).

5 Drücken Sie Entf.

Die Zellinhalte des Bereichs sind jetzt gelöscht.

Es ist jedoch nicht erforderlich, die Zellinhalte zu löschen, um sie zu verändern – geben Sie einfach einen neuen Inhalt ein.

6 Klicken Sie auf A1, schreiben Sie Fahrtenbuch und drücken Sie die Enter-Taste.

Der Originalinhalt »Kilometerstand« der Zelle ist jetzt, wie in Abbildung 2-3 dargestellt, durch »Fahrtenbuch« ersetzt worden.

Lektion 2.2
Zellinhalte bearbeiten, löschen und ersetzen

7 Aktivieren Sie C3.

Die Bezeichnung in dieser Zelle soll von Start in Beginn bei geändert werden. Dafür stehen verschiedene Methoden zur Verfügung. Eine davon besteht darin, die Zelle zu aktivieren und in die Formelleiste zu klicken.

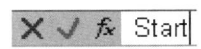

Den Zellinhalt in der Formelleiste bearbeiten

8 Klicken Sie auf eine beliebige Stelle der Formelleiste.

Beachten Sie, dass die Anzeige in der Statusleiste unten links im Excel-Fenster dabei von Bereit auf Bearbeiten wechselt, um anzuzeigen, dass Excel sich jetzt im Bearbeitungsmodus befindet. Die blinkende senkrechte Linie (I), die in der Formelleiste erscheint, ist die so genannte Einfügemarke. Im Bearbeitungsmodus können Sie Ihre Eingaben an beliebigen Stellen der Formelleiste vornehmen, wenn Sie die Pfeiltasten drücken oder die Einfügemarke an die gewünschte Stelle verschieben und dann klicken.

9 Drücken Sie die Rückschritt-Taste.

10 Drücken Sie die Rückschritt-Taste, bis das Wort Start gelöscht ist, und geben Sie stattdessen Beginn bei ein.

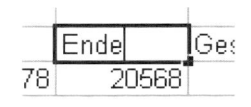

Den Zellinhalt bearbeiten

11 Doppelklicken Sie auf D3.

12 Tippen Sie bei ein, so dass Ende in Ende bei verändert wird.

13 Klicken Sie in E2, geben Sie Kosten pro km ein, drücken Sie Tab oder →, um nach F2 zu gelangen, geben Sie 0,32 ein und drücken Sie die Enter-Taste.

14 Klicken Sie auf F4 und danach in die Formelzeile oder doppelklicken Sie auf F4, um den Bearbeitungsmodus einzuschalten.

Wie Sie sehen, enthält diese Zelle eine Formel. Sie wollen sie so verändern, dass der darin enthaltene konstante Faktor 0,30 durch den jeweils aktuell in Zelle F2 enthaltenen Wert ersetzt wird.

15 Entfernen Sie 0,3 in der Formel von F4.

Nachdem Sie den Faktor gelöscht haben, stellen Sie einen Bezug zu F2 her.

16 Klicken Sie auf F2.

Excel fügt den Bezug auf F2 automatisch in die Formel ein. Sie sollte jetzt wie folgt lauten: =E4*F2.

17 Drücken Sie die Enter-Taste, um die Eingabe zu bestätigen.

Als Ergebnis sollte jetzt der Wert 28,8 angezeigt werden.

Die Schaltfläche Speichern

18 Klicken Sie auf Speichern in der Standardsymbolleiste.

Kapitel 2
Ein Arbeitsblatt bearbeiten

SCHNELLREFERENZ

SO LÖSCHEN SIE DEN INHALT EINER ZELLE:

1. MARKIEREN SIE DIE ZELLE.
2. DRÜCKEN SIE ENTF.

SO BEARBEITEN SIE ZELLINHALTE:

1. MARKIEREN SIE DIE ZELLE.
2. KLICKEN SIE IN DIE FORMELLEISTE.
3. BEARBEITEN SIE DEN INHALT MIT HILFE DER PFEIL-, RÜCKSCHRITT- UND LÖSCHTASTEN.
4. DRÜCKEN SIE DIE ENTER-TASTE.

SO BEARBEITEN SIE DEN INHALT DIREKT IN DER ZELLE:

1. DOPPELKLICKEN SIE AUF DIE ZELLE.
2. ÄNDERN SIE DEN INHALT DIREKT DARIN.
3. DRÜCKEN SIE DIE ENTER-TASTE

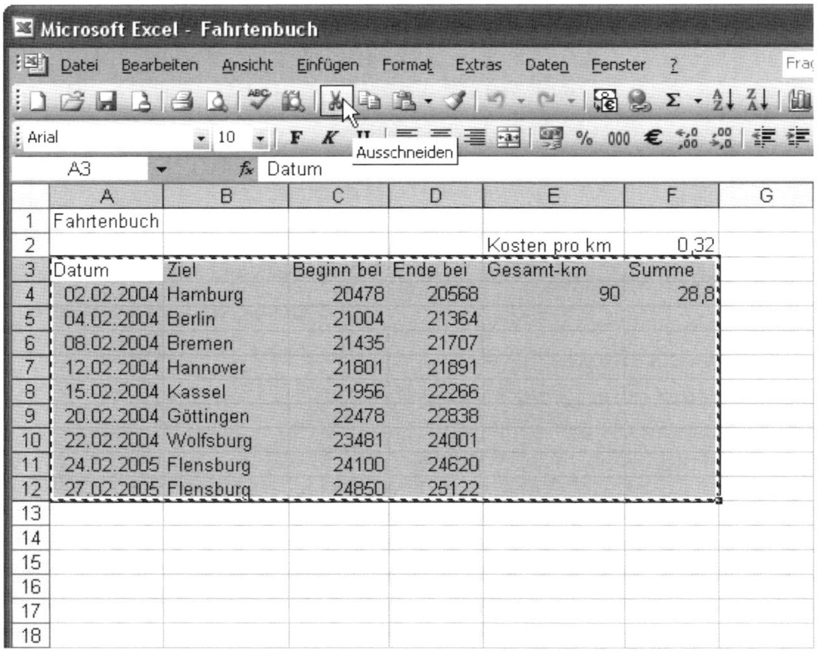

LEKTION 2.3
Zellen ausschneiden, kopieren und einfügen

Abbildung 2-4: Einen Bereich markieren und ausschneiden

Abbildung 2-5: Die ausgewählten Zellen an einer anderen Stelle in der Arbeitsmappe einfügen

Kapitel 2
Ein Arbeitsblatt bearbeiten

Sie wissen bereits, wie Sie Zellen und Bereiche mit der Maus oder der Tastatur auswählen. Wenn Sie eine Zelle oder einen Bereich markiert haben, können Sie ihn ausschneiden und an anderer Stelle wieder einfügen. Das Kopieren verläuft genauso, mit dem Unterschied, dass das Original dabei nicht gelöscht wird. Immer wenn Sie etwas kopieren oder ausschneiden, wird es in der so genannten *Zwischenablage* gespeichert. Darauf können alle Windows-Programme zugreifen, so dass Sie sogar Informationen von einem in ein anderes Programm übertragen können.

Ausschneiden und Kopieren gehören zu den Aufgaben, die Sie häufig in Excel (und anderen Anwendungen) ausführen werden. In dieser Lektion können Sie damit praktische Erfahrungen sammeln.

Wenn Sie soeben die vorige Lektion durchgearbeitet haben, können Sie den ersten Schritt der folgenden Übung überspringen, anderenfalls öffnen Sie bitte die Datei *Übung 2B*.

1 Falls nicht bereits geschehen, öffnen Sie Übung 2B in Ihrem Übungsordner oder auf Ihrer CD und speichern sie unter Fahrtenbuch.

Zunächst müssen Sie die zu kopierende Zelle oder den Zellbereich markieren.

2 Klicken Sie auf B5.

Sie wollen diese Zelle in der Zwischenablage speichern, um sie an anderer Stelle einfügen zu können. Dafür gibt es mehrere Methoden, die wir uns alle der Reihe nach ansehen wollen. Probieren Sie aus, welche Ihnen am besten gefällt, und benutzen Sie sie nach Belieben.

Die Schaltfläche Kopieren
Andere Methoden zum Kopieren:
• Wählen Sie Bearbeiten → Kopieren aus dem Hauptmenü.
• Drücken Sie Strg + C.

3 Klicken Sie auf die Schaltfläche Kopieren auf der Standardsymbolleiste.

Die bekannten »marschierenden Ameisen« umranden die ausgewählte Zelle und der Hinweis »Markieren Sie den Zielbereich, und drücken Sie die Eingabetaste« erscheint in der Statusleiste. Sie müssen jetzt die Zelle markieren, in die Sie den zwischengespeicherten Inhalt von B5 einfügen wollen.

4 Markieren Sie B11.

Hier wollen Sie den Inhalt von B5 einfügen. Dafür stehen mehrere Methoden zur Verfügung.

5 Klicken Sie auf die Schaltfläche Einfügen auf der Standardsymbolleiste.

Der Inhalt wird nun von B5 nach B11 kopiert und überschreibt den bisherigen Inhalt dieser Zelle. Wenn Sie den Befehl Einfügen verwenden, bleibt der Inhalt in der Zwischenablage erhalten, so dass Sie ihn auch in andere Zellen einfügen können. Probieren Sie es doch selbst einmal!

6 Markieren Sie B12 und wiederholen Sie Schritt 5, um die kopierte Zelle einzufügen.

Der kopierte Inhalt ist jetzt auch in B12 eingefügt worden.

Nachdem Sie das Kopieren jetzt beherrschen, wollen wir das *Ausschneiden* üben. Sie können durch entsprechendes Markieren mehrere Zellen gleichzeitig ausschneiden (oder kopieren).

> **HINWEIS** *Zum Entfernen der Linie aus »marschierenden Ameisen« um B5 drücken Sie die Enter-Taste.*

7 Markieren Sie den Bereich A3:F12.

Mittlerweile wissen Sie, wie Sie einen Zellbereich auswählen.

Die Schaltfläche Ausschneiden
Andere Methoden zum Ausschneiden:
• Wählen Sie Bearbeiten → Ausschneiden aus dem Menü.
• Drücken Sie Strg + X.

8 Klicken Sie auf die Schaltfläche Ausschneiden auf der Standardsymbolleiste.

Die »marschierenden Ameisen« rahmen die Auswahl ein und der Hinweis »Markieren Sie den Zielbereich, und drücken Sie die Eingabe-Taste« erscheint in der Statuszeile. Zum Einfügen reicht es aus, die erste Zelle des Einfügebereichs zu markieren.

Lektion 2.3
Zellen ausschneiden, kopieren und einfügen

Die Schaltfläche Ausschneiden
Andere Methoden zum Ausschneiden:
• Wählen Sie Bearbeiten → Ausschneiden aus dem Menü.
• Drücken Sie Strg + X.

9 Wählen Sie A13.

Hier soll der ausgewählte Zellbereich eingefügt werden.

10 Klicken Sie auf Einfügen auf der Standardsymbolleiste, um den ausgeschnittenen Bereich einzufügen.

Excel schneidet die Auswahl aus ihrer ursprünglichen Position aus und fügt sie in den Bereich ein, der mit der aktiven Zelle beginnt.

11 Sichern Sie das Dokument durch einen Klick auf Speichern in der Standardsymbolleiste.

Sie können mit Hilfe der Funktionen Ausschneiden, Kopieren und Einfügen auch Informationen von einem Windows-Programm in ein anderes zu übertragen, um zum Beispiel Inhalte von Excel in Word zu kopieren. Die beschriebenen Funktionen können durch Anklicken der Schaltflächen sowie über Menübefehle und Tastenkürzel ausgeführt werden und funktionieren in den meisten Windows-Anwendungen.

SCHNELLREFERENZ

SO SCHNEIDEN SIE ZELLEN AUS UND FÜGEN SIE AN ANDERER STELLE EIN:

1. WÄHLEN SIE DIE ZELLE ODER DEN BEREICH AUS, DEN SIE AUSSCHNEIDEN MÖCHTEN.
2. KLICKEN SIE AUF DIE SCHALTFLÄCHE AUSSCHNEIDEN AUF DER STANDARDSYMBOLLEISTE.
   ODER:
   WÄHLEN SIE BEARBEITEN → AUSSCHNEIDEN AUS DEM MENÜ.
   ODER:
   DRÜCKEN SIE STRG + X.
3. MARKIEREN SIE DIE ZELLE, IN DER SIE DIE AUSGESCHNITTENEN DATEN EINFÜGEN WOLLEN (ODER DIE ERSTE ZELLE DES BEREICHS).
4. DRÜCKEN SIE DIE ENTER-TASTE.

SO KOPIEREN SIE ZELLEN UND FÜGEN SIE AN ANDERER STELLE WIEDER EIN:

1. WÄHLEN SIE DIE ZELLE ODER DEN BEREICH AUS, DEN SIE AUSSCHNEIDEN WOLLEN.
2. KLICKEN SIE AUF DIE SCHALTFLÄCHE KOPIEREN AUF DER STANDARDSYMBOLLEISTE.
   ODER:
   WÄHLEN SIE BEARBEITEN → KOPIEREN AUS DEM MENÜ.
   ODER:
   DRÜCKEN SIE STRG + C.
3. MARKIEREN SIE DIE ZELLE, IN DER SIE DIE AUSGESCHNITTENEN DATEN EINFÜGEN WOLLEN (ODER DIE ERSTE ZELLE DES BEREICHS).
4. KLICKEN SIE IN DER STANDARDSYMBOLLEISTE AUF EINFÜGEN.
   ODER:
   WÄHLEN SIE BEARBEITEN → EINFÜGEN AUS DEM MENÜ
   ODER:
   DRÜCKEN SIE STRG + V.

Zellen mit der Maus verschieben und kopieren

LEKTION 2.4

Abbildung 2-6: Verschieben Sie einen Zellbereich mit der Maus an eine andere Stelle.

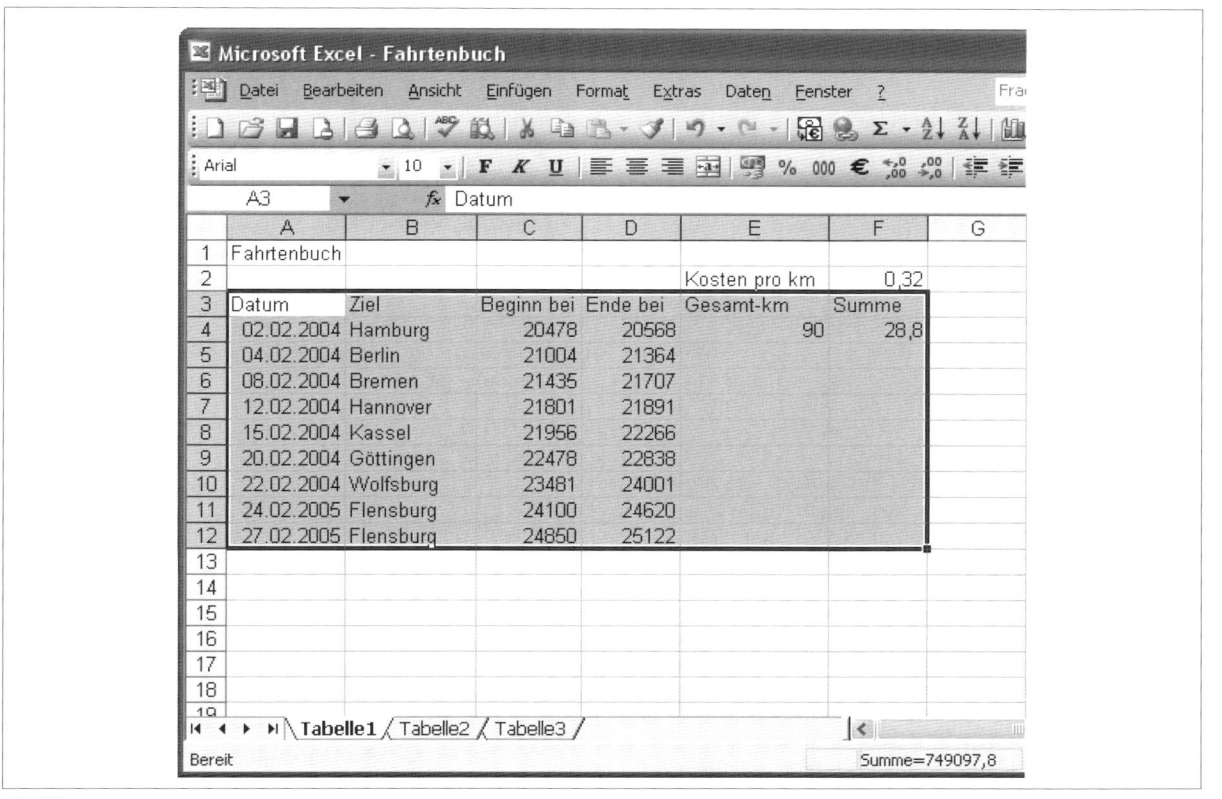

Abbildung 2-7: So sieht das Arbeitsblatt nach dem Verschieben des Bereichs aus.

Lektion 2.4
Zellen mit der Maus verschieben und kopieren

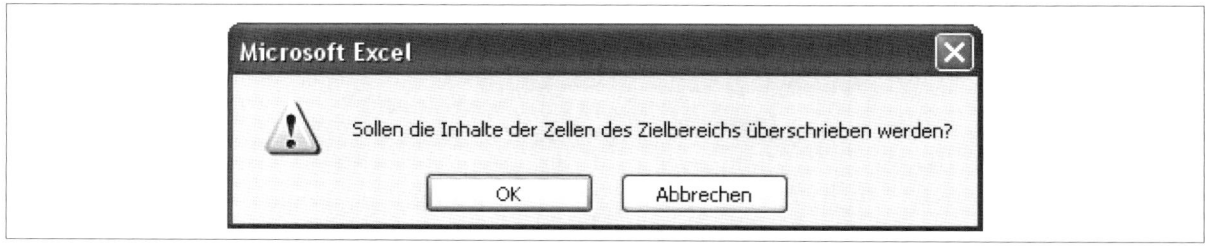

Abbildung 2-8: Warnung vor dem Überschreiben von Zellinhalten beim Einfügen

In der vorigen Lektion haben Sie gelernt, wie Sie Zellen ausschneiden, kopieren und einfügen. In dieser Lektion erfahren Sie, wie Sie die gleiche Aufgabe sehr komfortabel mit Hilfe der so genannten *Drag-&-Drop*-Methode ausführen können, ohne irgendwelche Menüs, Symbolleisten oder Tastenkombinationen zu benutzen.

Wir wollen jetzt den Zellbereich, den Sie in der vorigen Lektion ausgeschnitten und an anderer Stelle wieder eingefügt haben, mit dieser Methode wieder an seine alte Stelle zurückbringen.

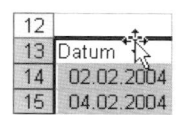

Klicken Sie auf den Rand eines Zellbereichs.

1 Markieren Sie den Bereich A13:F22.

Wahrscheinlich müssen Sie das Arbeitsblatt nach unten verschieben, um diesen Bereich sichtbar zu machen. Nachdem Sie ihn markiert haben, können Sie ihn durch Drag & Drop verschieben.

2 Positionieren Sie den Zellcursor genau über dem Rand der Auswahl, bis er sich einen Pfeil verwandelt, dann klicken Sie und halten die Maustaste gedrückt, während Sie die erste Zelle des Bereichs nach A3 ziehen, wo Sie die Maustaste wieder loslassen.

Während Sie mit der Maus ziehen, bewegt sich ein Rahmen mit dem Mauszeiger (siehe Abbildung 2-6). Gleichzeitig wird ein kleines Fenster mit der aktuellen Position der Auswahl eingeblendet. Fügen Sie die Auswahl wie in Abbildung 2-7 ein, so dass ihre erste Zelle auf A3 platziert wird.

> **HINWEIS** *Das Ziehen mit der Maus ist für Ungeübte manchmal schwierig und erfordert etwas Übung, bis das exakte Positionieren gelingt. Falls Sie die Auswahl nicht an der richtigen Stelle eingefügt haben, klicken Sie auf die Schaltfläche Rückgängig ( ) auf der Standardsymbolleiste und versuchen es nochmals.*

Sie können Zellen und Zellbereiche mit Drag & Drop auch kopieren. Gehen Sie dazu genauso vor wie beim Verschieben, halten Sie dabei aber die Strg-Taste gedrückt.

3 Markieren Sie E2:F2.

Dies ist der Bereich, den Sie durch Drag & Drop an eine andere Stelle kopieren möchten.

4 Halten Sie Strg gedrückt, während Sie Schritt 2 wiederholen und die Auswahl nach E1 verschieben. Lassen Sie die Maustaste los, wenn die richtige Position erreicht ist.

Die Auswahl ist jetzt an die neue Position kopiert worden.

5 Markieren Sie E1:F1.

Falls die Zelle oder der Bereich, in den Sie etwas kopieren wollen, nicht leer ist, fragt Excel mit dem Dialogfeld aus Abbildung 2-8 vorsichtshalber noch einmal nach, ob Sie die Zellen wirklich überschreiben möchten.

6 Ziehen Sie die Auswahl nach A1, ohne sie zu kopieren.

Weil diese Zelle bereits etwas enthält, fragt Excel nach, ob Sie diesen Inhalt überschreiben wollen.

7 Klicken Sie auf Abbrechen.

Excel macht den Kopiervorgang rückgängig. Es ist Ihnen vielleicht aufgefallen, dass die Bezeichnungen »Kosten pro km« und der Wert 0,3 in dem Arbeitsblatt doppelt enthalten sind. Sie benötigen sie aber nur einmal, deshalb löschen Sie jeweils einen der Einträge.

8 Wählen Sie E1:F1 und drücken Sie Entf, um die Zellinhalte zu löschen.

Jetzt können Sie die in der Arbeitsmappe vorgenommenen Änderungen speichern.

9 Sichern Sie Ihre Arbeit, indem Sie auf die Schaltfläche Speichern auf der Standardsymbolleiste klicken.

Nachdem Sie die beiden letzten Lektionen durchgearbeitet haben, können Sie sich zu den Experten für das Verschieben und Kopieren von Zellen zählen, und dies sogar nicht nur für Excel, denn das Ausschneiden, Kopieren, Einfügen und Verschieben erfolgt in den meisten Windows-Programmen nach der gleichen Methode.

SCHNELLREFERENZ

SO VERSCHIEBEN SIE ZELLEN DURCH DRAG & DROP:

1. MARKIEREN SIE DIE ZELLE ODER DEN BEREICH, DEN SIE VERSCHIEBEN MÖCHTEN.
2. POSITIONIEREN SIE DEN ZELLCURSOR AUF DEM RAND DER ZELLE ODER DES BEREICHS, HALTEN SIE DIE MAUSTASTE GEDRÜCKT UND VERSCHIEBEN DIE AUSWAHL, BIS SICH IHRE ERSTE ZELLE IN DER GEWÜNSCHTEN POSITION BEFINDET.
3. LASSEN SIE HIER DIE MAUSTASTE LOS.

SO KOPIEREN SIE ZELLEN DURCH DRAG & DROP

- GEHEN SIE GENAUSO VOR WIE BEIM VERSCHIEBEN, HALTEN SIE DABEI ABER DIE STRG-TASTE GEDRÜCKT.

LEKTION 2.5 — Mehrere Elemente sammeln und einfügen

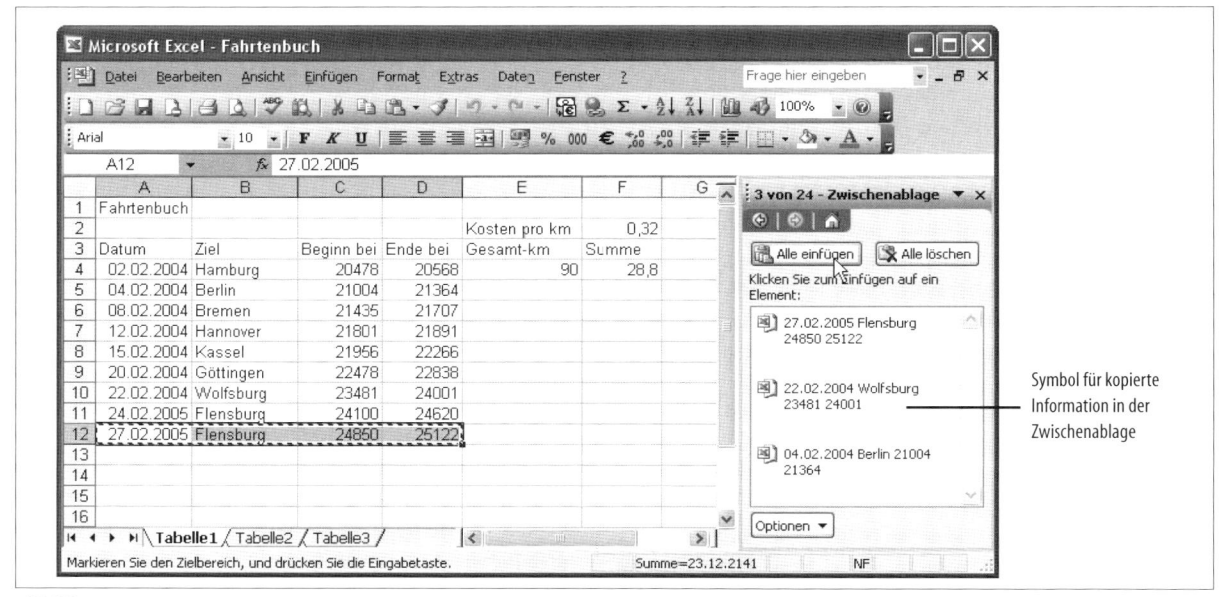

Abbildung 2-9: Das Fenster der Zwischenablage zeigt die ausgeschnittenen oder kopierten Objekte an.

Wenn Sie häufig ausschneiden, kopieren und einfügen, werden Sie die neue Office-Zwischenablage von Excel zu schätzen wissen, die nicht nur ein, sondern bis zu 24 Objekte enthalten kann.

Damit lassen sich verschiedene Elemente sammeln und einfügen. Beispielsweise können Sie einen Eintrag aus einer Excel-Arbeitsmappe kopieren, dann zu Microsoft Word wechseln, um einen Text zu kopieren, aus PowerPoint eine Aufzählungsliste ausschneiden und schließlich einen Datensatz aus Access kopieren. Danach können Sie zu Excel zurückkehren und alle diese Daten in ein Arbeitsblatt einfügen.

1 Wählen Sie Bearbeiten → Office-Zwischenablage aus dem Menü.

Der Aufgabenbereich Zwischenablage öffnet sich auf der rechten Seite des Arbeitsblattes.

Alles, was Sie bisher ausgeschnitten oder kopiert haben (bis zu 24 Objekte), wird in diesem Fenster angezeigt.

Die Schaltfläche Kopieren
Andere Methoden zum Kopieren:
• Wählen Sie Bearbeiten → Kopieren aus dem Menü.
• Drücken Sie Strg + C.

2 Markieren Sie den Bereich A6:D6 und klicken Sie auf Kopieren in der Standardsymbolleiste.

Damit haben Sie den Inhalt dieses Bereichs in die Zwischenablage kopiert.

3 Markieren Sie den Bereich A10:D10 und klicken Sie wieder auf Kopieren.

Excel fügt wie in Abbildung 2-9 den kopierten Bereich in die Zwischenanlage ein. Im Arbeitsbereich Zwischenablage sehen Sie mehrere Symbole, hinter denen sich die von Ihnen kopierten Inhalte verbergen. Wenn sich weitere Symbole darin befinden, liegt das daran, dass Sie bereits vorher Daten aus irgendeinem Windows-Programm ausgeschnitten und kopiert haben.

Lassen Sie uns nun noch ein weiteres Element zur Zwischenablage hinzufügen.

4 Markieren Sie den Bereich A10:D10 und klicken Sie abermals auf Kopieren.

Ein neues Symbol erscheint in der Zwischenablage. Wie Sie aus Tabelle 2-2 ersehen können, lässt die Art des Symbols erkennen, aus welchem Programm die Daten stammen.

Um ein Objekt aus der Zwischenablage einzufügen, klicken Sie darauf. Sie können auch alle Objekte gleichzeitig einfügen, indem Sie auf Alle einfügen klicken.

Kapitel 2
Ein Arbeitsblatt bearbeiten

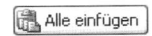

Die Schaltfläche Alle einfügen

5 Klicken Sie auf A13 und danach auf Alle kopieren im Zwischenablagefenster.

Excel fügt den gesamten Inhalt der Zwischenablage ein. Wissen Sie noch, wie Sie Zellinhalte löschen?

6 Markieren Sie den Bereich der eingefügten Zellen (das sollte A13:D15 sein) und drücken Sie Entf.

Tabelle 2-2: Die Symbole in der Zwischenablage

Symbol	Beschreibung des Inhalts
	Ausgeschnittener oder kopierter Inhalt einer Access-Datenbank
	Ausgeschnittener oder kopierter Inhalt einer Excel-Arbeitsmappe
	Ausgeschnittener oder kopierter Inhalt einer Power Point-Präsentation
	Ausgeschnittener oder kopierter Inhalt eines Microsoft Word-Dokuments
	Ausgeschnittener oder kopierter Inhalt einer Webseite in Microsoft Internet Explorer
	Ausgeschnittenes oder kopiertes Grafikobjekt
	Ausgeschnittener oder kopierter Inhalt eines nicht zu Microsoft Office gehörenden Programms

SCHNELLREFERENZ

SO ZEIGEN SIE DIE OFFICE-ZWISCHEN-ABLAGE AN:

- WÄHLEN SIE BEARBEITEN → OFFICE-ZWISCHEN-ABLAGE AUS DEM MENÜ.

SO FÜGEN SIE ETWAS IN DIE ZWISCHEN-ABLAGE EIN:

- KOPIEREN SIE DIE DATEN ODER SCHNEIDEN SIE SIE WIE ÜBLICH AUS.

SO ZEIGEN SIE DEN INHALT EINES OBJEKTS IN DER ZWISCHENABLAGE AN:

- ZEIGEN SIE AUF DAS OBJEKT.

SO FÜGEN SIE ETWAS AUS DER ZWISCHEN-ABLAGE EIN:

- ÖFFNEN SIE DEN AUFGABENBEREICH ZWISCHEN-ABLAGE UND KLICKEN SIE AUF DAS EINZUFÜGENDE OBJEKT. KLICKEN SIE AUF ALLE EINFÜGEN, WENN SIE SÄMTLICHE IN DER ZWISCHENABLAGE ENTHAL-TENEN ELEMENTE EINFÜGEN MÖCHTEN.

LEKTION 2.6 — Absolute und relative Zellbezüge

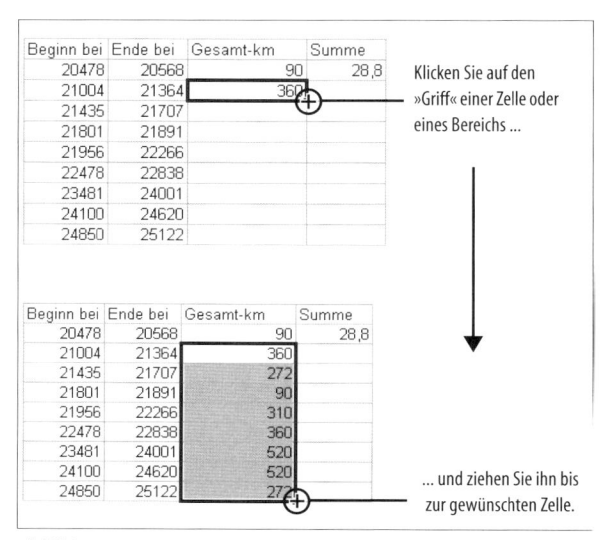

Abbildung 2-10: Die Funktion *AutoAusfüllen* kopiert eine Formel in andere Zellen.

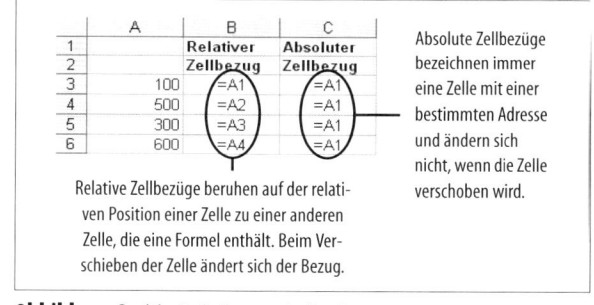

Abbildung 2-11: Relative und absolute Bezüge

In Excel müssen Sie zwischen *relativen* und *absoluter* Bezügen unterscheiden. Sie wissen bereits, dass ein Zellbezug dazu dient, Excel mitzuteilen, in welchen Zellen es Werte auslesen und in Formeln einsetzen soll. Relative und absolute Bezüge unterscheiden sich wie folgt:

- **Relativ**: Relative Bezüge teilen Excel mit, wo sich die Bezugsquelle ausgehend von der Zelle befindet, die die Formel enthält. Das lässt sich mit einer Wegbeschreibung vergleichen, bei der Sie einer Person erklären, in welche Richtung und wie weit sie von ihrem augenblicklichen Standort aus gehen soll. Wenn eine Formel mit relativen Bezügen verschoben wird, stellt sie neue Bezüge zu den Zellen her, die in der gleichen relativen Position zu ihr stehen wie die ursprünglichen. Relative Bezüge stellen den Normalfall dar.

- **Absolut**: Bei absoluten Bezügen bleibt die Bezugszelle immer unverändert, auch wenn die Zelle mit der Formel verschoben wird.

Wenn Sie soeben die Lektionen 2.3, 2.4 und 2.5 durchgearbeitet haben, können Sie Schritt 1 der folgenden Übung weglassen, andernfalls öffnen Sie jetzt bitte die Datei *Übung 2B*.

1 Falls noch nicht geschehen, öffnen Sie die Arbeitsmappe Übung 2B auf Ihrer Übungs-CD oder im Übungsordner und speichern sie als Fahrtenbuch.

Zuerst müssen wir eine einfache Formel erstellen.

2 Klicken Sie auf E5, geben Sie die Formel =D5-C5 ein und drücken Sie die Enter-Taste.

Sie haben damit eine Formel erstellt, die die Fahrtstrecke aus der Differenz zwischen dem Kilometerstand bei Beginn und Ende der Fahrt errechnet. Anstatt diese Formel in alle Zeilen einzeln einzugeben, können Sie sie mit jeder der gelernten Methoden kopieren und einfügen. Am schnellsten und einfachsten geht das jedoch mit Hilfe der Funktion *AutoAusfüllen*.

3 Klicken Sie auf E5 und positionieren den Zellcursor über dem Ausfüllgriff von E5, wodurch sich seine Form in ein + verwandelt. Ziehen Sie den Griff bei gedrückter Maustaste bis E12 und lassen Sie los. Das Ergebnis sehen Sie in Abbildung 2-10.

Geschafft! *AutoAusfüllen* hat die von Ihnen eingegebene Formel in alle markierten Zellen kopiert und Ihnen damit viel Zeit erspart, die Sie für das manuelle Eingeben der Formel in alle Zellen benötigt hätten. Jetzt wollen wir uns mit den *relativen Bezügen* beschäftigen.

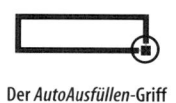

Der *AutoAusfüllen*-Griff

Kapitel 2
Ein Arbeitsblatt bearbeiten

4 Aktivieren Sie E6.

In der Formelleiste können Sie sehen, dass sich die Formel in dieser Zelle etwas von der in E5 unterscheidet. Aus der ursprünglichen Formel =D5-C5 ist jetzt =D6-C6 geworden. Excel hat die Formel kopiert und dabei die Bezüge so verändert, dass die relativen Bezüge gleich geblieben sind. Dies ist ein Beispiel für *relative Zelladressen* – sie beruhen auf den Positionen der Bezugszellen relativ zu der Zelle, die die Formel enthält.

> **TIPP** *Drücken Sie F4, wenn Sie beim Erstellen einer Formel auf eine Zelle klicken, um einen absoluten Bezug zu ihr herzustellen.*

A1
Relativer Bezug

$A$1
Absoluter Bezug

Drücken Sie F4, wenn Sie beim Erstellen einer Formel auf eine Zelle klicken,
um einen absoluten Bezug zu ihr herzustellen.

In den meisten Fällen verwenden Sie relative Bezüge, weshalb dieser Zellbezug in Excel auch voreingestellt ist. Manchmal ist es aber erforderlich, einen festen Bezug zu einer Zelle herzustellen. In diesem Fall müssen Sie einen *absoluten Zellbezug* definieren, der sich immer auf dieselbe Zelle richtet, unabhängig davon, wohin Sie die Zelle mit der Formel verschieben (siehe Abbildung 2-11). Erstellen Sie eine neue Formel, um die Verwendung eines absoluten Zellbezugs zu üben.

5 Markieren Sie F5, geben Sie = ein, klicken Sie auf E5 (die Kilometersumme), geben Sie * ein (das Multiplikationszeichen), klicken Sie auf F2 (die Kosten pro km) und drücken Sie die Enter-Taste, um die Formel fertig zu stellen.

Sehr gut! Sie haben eine Formel erstellt, mit der die gefahrenen Kilometer mit den Kosten (0,32) multipliziert werden. Kopieren Sie diese Formel jetzt mit Hilfe von AutoAusfüllen auf die anderen Zellen.

6 Platzieren Sie den Zellzeiger über dem Ausfüllgriff von F5, wobei sich seine Form in ein Kreuz (+) ändert, ziehen Sie ihn bei gedrückter Maustaste bis auf F12 und lassen Sie dort wieder los.

Excel hat zwar die Formel kopiert, aber irgendetwas stimmt nicht. Lassen Sie uns nachsehen, woran das liegt.

7 Klicken Sie auf F6.

Sehen Sie sich die Formel in der Formelleiste an. Die von Excel kopierte Formel =E6*F3 ist falsch. In Zelle F3 befindet sich nur eine Bezeichnung, mit der Excel nichts multiplizieren kann, weshalb als Ergebnis der Fehler #WERT! ausgegeben wird. Sie müssen also einen *absoluten Bezug* eingeben, damit sich die Formel *immer* auf F2 bezieht, egal ob sie verschoben oder kopiert wird.

8 Klicken Sie auf F5 und danach auf eine Stelle in der Formelleiste, um in den Bearbeitungsmodus zu wechseln.

9 Positionieren Sie die Einfügemarke auf F2 in der Formel und drücken Sie F4.

Jetzt werden Dollarzeichen eingefügt und damit ein absoluter Bezug zu F2 hergestellt ($F$2). Sie können auch mit manueller Eingabe einen absoluten Bezug erstellen, indem Sie allem, was nicht verändert werden soll, ein $-Zeichen voranstellen. Aus A1 wird dadurch beispielsweise $A$1. Alternativ können Sie durch gleichzeitiges Drücken von F4 und Klicken auf die Bezugszelle einen absoluten Bezug festlegen.

10 Drücken Sie die Enter-Taste und wiederholen Sie Schritt 6, um die Formel in die anderen Zellen zu kopieren.

Diesmal ist die Formel richtig kopiert worden. Der erste Bezug in der Formel ist relativ und ändert sich abhängig von der Position der Formel. Der zweite Bezug ($F$2) ist absolut und zeigt unabhängig vom Ort der Formel immer auf F2.

Lektion 2.6
Absolute und relative Zellbezüge

SCHNELLREFERENZ

SO ERSTELLEN SIE EINEN RELATIVEN BEZUG IN EINER FORMEL:

- KLICKEN SIE AUF DIE ZELLE, ZU DER SIE EINEN BEZUG HERSTELLEN WOLLEN.

  ODER:

- GEBEN SIE DIE ZELLADRESSE MIT DER TASTATUR EIN.

SO ERSTELLEN SIE EINEN ABSOLUTEN BEZUG IN EINER FORMEL:

- HALTEN SIE DIE FUNKTIONSTASTE F4 GEDRÜCKT, WÄHREND SIE AUF DIE BEZUGSZELLE KLICKEN.

  ODER:

- GEBEN SIE DIE ZELLADRESSE MIT DER TASTATUR EIN, WOBEI SIE JEDEM ADRESSELEMENT EIN $-ZEICHEN VORANSTELLEN (Z. B. $B$4).

Der Befehl Inhalte einfügen

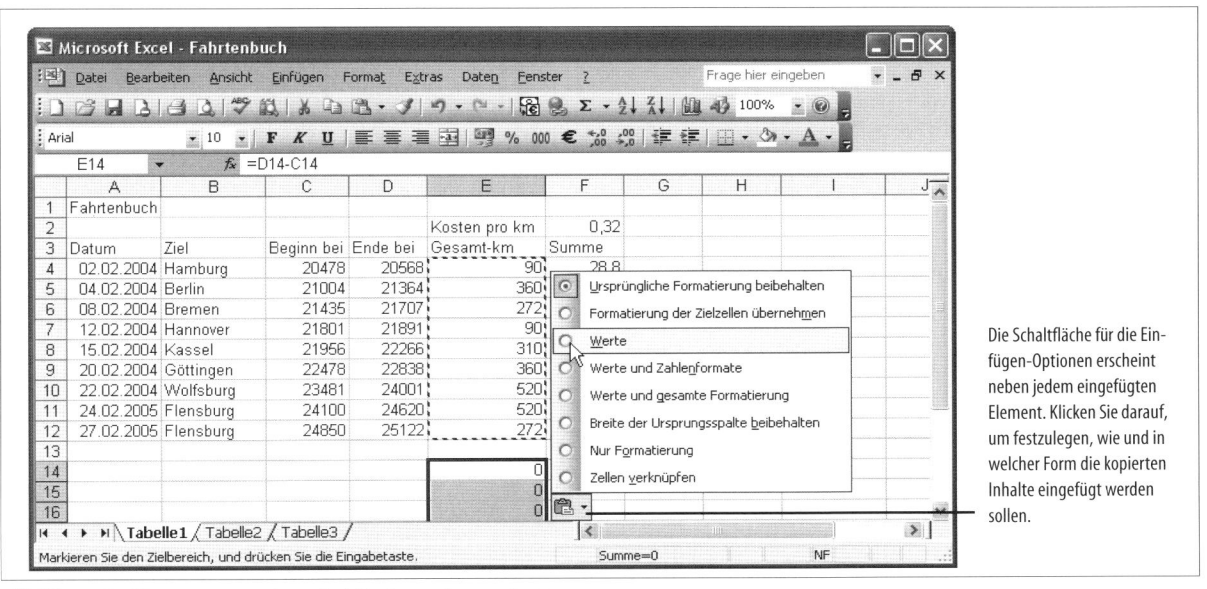

LEKTION 2.7

Abbildung 2-12: Das Menü der Schaltfläche Einfügen-Optionen

Die Schaltfläche für die Einfügen-Optionen erscheint neben jedem eingefügten Element. Klicken Sie darauf, um festzulegen, wie und in welcher Form die kopierten Inhalte eingefügt werden sollen.

Abbildung 2-13: Das Dialogfeld Inhalte einfügen

Mit der Funktion *Inhalte einfügen* können Sie genau festlegen, was Sie kopieren wollen. Sie können zum Beispiel das Ergebnis einer Formel ohne die Formel selbst oder die Werte eines Bereichs ohne die zugehörigen Formatierungen kopieren.

Wenn Sie soeben die vorige Lektion bearbeitet haben, überspringen Sie den ersten Schritt der folgenden Übung, andernfalls öffnen Sie die Datei *Übung 2C*.

1 Falls noch nicht erfolgt, öffnen Sie die Arbeitsmappe Übung 2C auf Ihrer Übungs-CD oder in Ihrem Übungsordner und speichern Sie sie unter Kilometerabrechnung.

Zunächst müssen wir etwas kopieren.

Lektion 2.7
Der Befehl Inhalte einfügen

Die Schaltfläche Kopieren
Andere Methoden zum Kopieren:
- Wählen Sie Bearbeiten → Kopieren aus dem Menü.
- Drücken Sie Strg + C.

2 Markieren Sie den Bereich E4:E12 und klicken Sie auf Kopieren in der Standardsymbolleiste (oder drücken Sie Strg + C).

Der Bereich ist jetzt in der Zwischenablage gespeichert.

3 Klicken Sie auf E14 und auf Einfügen in der Standardsymbolleiste (oder drücken Sie Strg + V).

Excel fügt die Inhalte der kopierten Zellen ein. Wie Sie sehen, sind die Ergebnisse aller kopierten Formeln aber gleich 0. Statt der Formeln wollten Sie eigentlich die Werte der Zellen kopieren. Das können Sie mit Hilfe der Einfügen-Optionen tun. Beachten Sie die Schaltfläche Einfügen-Optionen neben dem eingefügten Element. Darüber können Sie bestimmen, in welcher Form die kopierten Inhalte eingefügt werden sollen.

4 Positionieren Sie den Zellcursor über der Schaltfläche Einfügen-Optionen.

Klicken Sie auf den Dropdown-Pfeil der Schaltfläche, woraufhin eine Liste mit den verschiedenen Einfügen-Optionen erscheint.

5 Klicken Sie auf den Pfeil der Schaltfläche und wählen Sie Werte aus der Liste (siehe Abbildung 2-12).

Excel fügt die Ergebnisse der Formeln aus dem markierten Bereich und nicht die Formeln selbst ein. Die Schaltfläche Einfügen-Optionen enthält die gebräuchlichsten Einfügebefehle, aber nicht alle. Um eine vollständige Liste mit allen Optionen zu erhalten (von denen Sie die meisten wahrscheinlich niemals benutzen werden), müssen Sie Bearbeiten → Inhalte einfügen wählen.

6 Aktivieren Sie G4, geben Sie 1,25 ein und drücken Sie die Enter-Taste.

7 Klicken Sie nochmals auf G4 und dann auf die Schaltfläche Kopieren in der Standardsymbolleiste, markieren Sie den Bereich E4:E12 und wählen Sie Bearbeiten → Inhalte einfügen aus dem Menü.

Das Dialogfeld Inhalte einfügen aus Abbildung 2-13 öffnet sich. Dieses Mal wählen Sie einen Befehl, der die Werte der kopierten Zelle mit denen des ausgewählten Bereichs multipliziert.

8 Wählen Sie die Option Multiplizieren und klicken Sie auf OK.

Tabelle 2-3: Die Einfügen-Optionen

Option	Beschreibung
Alles	Kopiert den gesamten Zellinhalt und alle Formatierungen (entspricht dem normalen Kopierbefehl).
Formeln	Kopiert nur die in der Formelzeile angezeigte Formel.
Werte	Kopiert nur die in der Zelle angezeigten Werte (sehr nützliche Funktion!).
Formate	Kopiert nur die Zellformatierungen (gleiche Funktion wie die Schaltfläche Format übertragen in der Standardsymbolleiste).
Kommentare	Kopiert nur die zugehörigen Kommentare.
Gültigkeit	Kopiert Datenüberprüfungsregeln der kopierten Zellen in den Einfügebereich.
Alles außer Rahmen	Kopiert alle Inhalte und Formatierungen mit Ausnahme von Rahmenformaten.

Kapitel 2
Ein Arbeitsblatt bearbeiten

Tabelle 2-3: Die Einfügen-Optionen

Option	Beschreibung
Vorgang	Gibt die mathematische Funktion vor (sofern vorhanden), die Sie auf die kopierten Daten anwenden wollen. Sie können zum Beispiel die eingefügten Daten mit 5 multiplizieren.
Leerzellen überspringen	Vermeidet das Einfügen leerer Zellen in den Einfügebereich.
Transponieren	Fügt den Inhalt von Spalten in Zeilen ein und umgekehrt.
Link	Stellt eine Verknüpfung zwischen den eingefügten und den Herkunftsdaten her.

SCHNELLREFERENZ

SO VERWENDEN SIE DIE EINFÜGEN-OPTIONEN:

1. KOPIEREN SIE EINE ZELLE ODER EINEN ZELLBEREICH MIT HILFE EINER DER BEKANNTEN METHODEN (BZW. SCHNEIDEN SIE SIE AUS).
2. KLICKEN SIE AUF DIE SCHALTFLÄCHE EINFÜGEN IN DER STANDARDSYMBOLLEISTE.
3. POSITIONIEREN SIE DEN ZELLCURSOR ÜBER DER SCHALTFLÄCHE EINFÜGEN-OPTIONEN, KLICKEN SIE AUF DEN DROPDOWN-PFEIL UND WÄHLEN SIE DIE GEWÜNSCHTE OPTION.

ODER:

WÄHLEN SIE BEARBEITEN → INHALTE EINFÜGEN AUS DEM MENÜ.

LEKTION 2.8 Zellen, Zeilen und Spalten einfügen und löschen

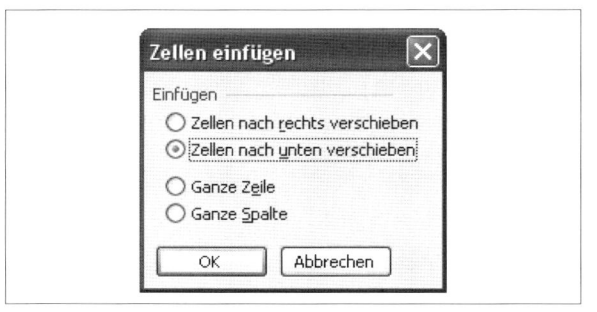

Abbildung 2-14: Das Dialogfeld Zellen einfügen

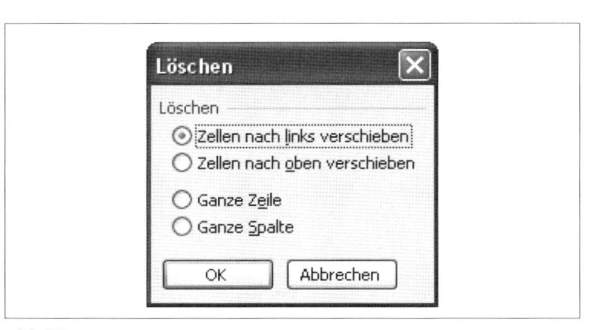

Abbildung 2-15: Das Dialogfeld Löschen

Abbildung 2-16: Einen Bereich zum Einfügen auswählen

Abbildung 2-17: Der eingefügte Zellbereich

Es kommt häufig vor, dass Sie in einer Arbeitsmappe neue Zellen, Spalten oder Zeilen einfügen oder entfernen möchten. Zum Einfügen müssen Sie die schon bestehenden Zellen nach rechts oder nach unten verschieben, um für die neuen Platz zu schaffen. Umgekehrt müssen beim Löschen von Zellen (beachten Sie den Unterschied zum Löschen von Zellinhalten!) andere Zellen in die entstehende Lücke verschieben.

In dieser Lektion können Sie das Einfügen und Löschen von Zellen, Zeilen und Spalten üben. Wenn Sie soeben das vorige Kapitel bearbeitet haben, können Sie Schritt 1 der folgenden Übung überspringen, anderenfalls öffnen Sie jetzt bitte die Datei *Übung 2C*.

1 Falls noch nicht geschehen, öffnen Sie die Arbeitsmappe Übung 2C in Ihrem Übungsordner oder auf Ihrer CD und speichern sie unter Kilometerabrechnung.

Zuerst müssen Sie festlegen, wo die neuen Zellen eingefügt werden sollen.

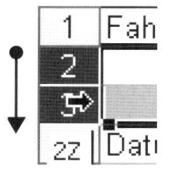

Klicken Sie auf den Zeilenkopf der ersten Zeile, die Sie auswählen möchten, und ziehen Sie den Zellcursor bei gedrückter Maustaste bis zum letzten Zeilenkopf der Auswahl.

2 Markieren Sie den Bereich A2:F2.

Hier möchten Sie die neuen Zellen einfügen.

3 Wählen Sie Einfügen → Zellen aus dem Menü.

Es öffnet sich das Dialogfeld Zellen einfügen aus Abbildung 2-14. Sie können wählen, ob Sie die bestehenden Zellen nach rechts oder nach unten verschieben oder eine ganze Zeile oder Zelle einfügen wollen. Die Standardvorgabe lautet Zellen nach unten verschieben. Dies ist in diesem Fall die gewünschte Option.

4 Klicken Sie OK.

Excel fügt sechs neue Zellen ein und schiebt die vorhandenen um eine Zeile nach unten.

Sie können mit verschiedenen Methoden auch ganze Zeilen und Spalten einfügen:

- **Menü:** Markieren Sie die Zeilen oder Spalten, über oder neben denen Sie neue Zeilen oder Spalten einfügen möchten, und wählen Sie Einfügen → Zeilen oder Einfügen → Spalten aus dem Menü.
- **Kontextmenü:** Rechtsklicken Sie auf die entsprechenden Zeilen- oder Spaltenköpfe und wählen Sie Zellen einfügen aus dem Kontextmenü.

5 Markieren Sie die Zeilen 2 und 3, indem Sie auf den Kopf von Zeile 2 klicken und dann den Zellcursor bei gedrückter Maustaste bis auf den Kopf von Zeile 3 ziehen.

Die zweite und die dritte Zeile sind jetzt ausgewählt.

6 Rechtsklicken Sie auf die markierten Zeilen oder wählen Sie Einfügen → Zellen aus dem Menü.

Excel fügt zwei neue Zeilen ein. Das Einfügen von Spalten erfolgt auf die gleiche Weise.

7 Markieren Sie den Bereich F3:F15 und wählen Sie Einfügen → Zellen aus dem Menü.

Das Dialogfeld Zellen einfügen öffnet sich. Diesmal möchten Sie die bestehenden Zellen nach rechts verschieben. Anhand der Auswahl hat Excel bereits erkannt, welche Option die richtige ist, und sie bereits ausgewählt.

8 Klicken Sie auf OK.

Excel fügt die neuen Zellen ein und schiebt die bestehenden um eine Position nach rechts.

Das Löschen von Zellen, Bereichen, Spalten und Zeilen erfolgt auf genauso einfache und logische Weise wie das Einfügen.

9 Wiederholen Sie die in Schritt 5 gelernte Prozedur, um die zweite, dritte und vierte Zeile zu markieren.

10 Wählen Sie Bearbeiten → Löschen aus dem Menü.

Die ausgewählten Zeilen werden jetzt gelöscht. Sie können Zellen auch mit Hilfe des Kontextmenüs löschen:

11 Rechtsklicken Sie auf den Kopf der Spalte F und wählen Sie Löschen aus dem Kontextmenü.

Excel löscht die gesamte Spalte F.

Fertig! Sie wissen jetzt, wie Sie Zellen, Zeilen und Spalten aus einem Arbeitsblatt entfernen.

Lektion 2.8
Zellen, Zeilen und Spalten einfügen und löschen

SCHNELLREFERENZ

SO FÜGEN SIE EINE NEUE SPALTE ODER ZEILE EIN:

1. KLICKEN SIE AUF DEN SPALTEN- ODER ZEILENKOPF, ÜBER ODER NEBEN DEM SIE EINE SPALTE ODER ZEILE EINFÜGEN MÖCHTEN.

2. RECHTSKLICKEN SIE AUF DIE MARKIERTE SPALTE ODER ZEILE, UND WÄHLEN SIE ZELLEN EINFÜGEN AUS DEM KONTEXTMENÜ ODER EINFÜGEN → SPALTEN BZW. ZEILEN AUS DEM HAUPTMENÜ.

   ODER:

   WÄHLEN SIE EINFÜGEN → SPALTEN ODER EINFÜGEN → ZEILEN AUS DEM MENÜ.

SO LÖSCHEN SIE EINE ZEILE ODER SPALTE:

1. WÄHLEN SIE DEN KOPF DER GEWÜNSCHTEN ZEILE ODER SPALTE AUS.

2. RECHTSKLICKEN SIE AUF DIE ZEILEN- ODER SPALTENKÖPFE UND WÄHLEN SIE LÖSCHEN AUS DEM KONTEXTMENÜ.

   ODER:

   WÄHLEN SIE IM MENÜ BEARBEITEN → LÖSCHEN.

SO LÖSCHEN SIE EINEN ZELLBEREICH:

1. MARKIEREN SIE DEN GEWÜNSCHTEN BEREICH.

2. RECHTSKLICKEN SIE AUF DIE AUSWAHL UND WÄHLEN SIE LÖSCHEN AUS DEM KONTEXTMENÜ.

   ODER:

1. WÄHLEN SIE BEARBEITEN → ZELLEN LÖSCHEN AUS DEM MENÜ.

2. BESTIMMEN SIE, WOHIN DIE ANGRENZENDEN ZELLEN VERSCHOBEN WERDEN SOLLEN.

Rückgängigmachen, Wiederherstellen und Wiederholen

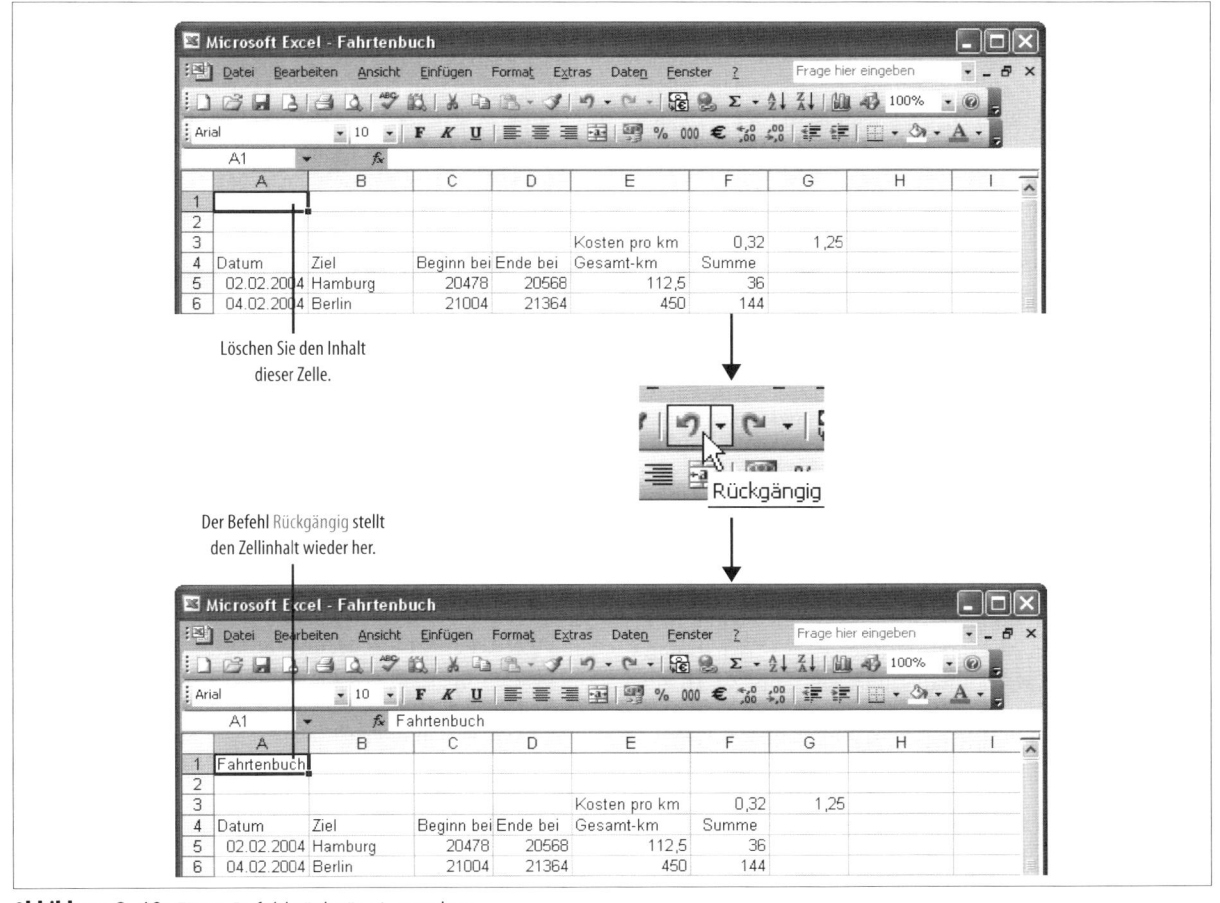

LEKTION 2.9

Abbildung 2-18: Einen Befehl rückgängig machen

Vielleicht geben Sie es nicht gerne zu, aber Sie werden bei der Arbeit mit Excel Fehler machen. Sie können versehentlich eine Spalte löschen oder etwas einfügen, das nicht eingefügt werden sollte. Zum Glück stellt Excel die Funktion *Rückgängig* zur Verfügung, die genau das tut, was ihr Name sagt – sie macht Ihre Fehler oder Aktionen rückgängig, als seien sie nie vorgekommen. Excel kann bis zu 16 der zuletzt erfolgten Fehler bzw. Aktionen ungeschehen machen. Diese Lektion zeigt Ihnen, wie Sie einzelne Fehler und Fehlerketten rückgängig machen und danach auch wiederherstellen können, falls Sie es sich anders überlegen.

1 Klicken Sie auf A1 und drücken Sie Entf, um den Titel des Arbeitsblattes zu löschen.

Der Titel »Fahrtenbuch« ist wie in Abbildung 2-18 verschwunden. Ups! Das wollten Sie doch gar nicht! Sie können Ihren »Fehler« wie folgt rückgängig machen:

Die Schaltfläche Rückgängig
Andere Methoden zum Rückgängigmachen:
• Wählen Sie Bearbeiten → Rückgängig aus dem Menü.
• Drücken Sie Strg + Z.

Lektion 2.9
Rückgängigmachen, Wiederherstellen und Wiederholen

2 Klicken Sie auf die Schaltfläche Rückgängig.

Gut! Der Titel ist wiederhergestellt. Oder wollten Sie ihn eventuell wirklich löschen? Kein Problem, denn alle Aktionen können widerrufen werden, folglich können Sie selbst das Rückgängiggemachte wieder zurücknehmen.

Die Schaltfläche Wiederherstellen
Eine andere Methode zum Wiederherstellen:
• Wählen Sie Bearbeiten → Wiederherstellen aus dem Menü.

3 Klicken Sie auf die Schaltfläche Wiederherstellen.

Der Titel des Arbeitsblatts verschwindet wieder aus A1.

Es kann vorkommen, dass Ihnen nicht nur einer, sondern mehrere Fehler unterlaufen und einige Minuten vergehen, bevor Ihnen das auffällt. Zum Glück haben die Entwickler von Excel auch dafür eine Lösung vorgesehen, denn die Funktion Rückgängig besitzt mehrere Ebenen, was Ihnen ermöglicht, bis zu 16 der zuletzt ausgeführten Aktionen rückgängig zu machen. In den nächsten Schritten lernen Sie, wie Sie dazu bei vorgehen.

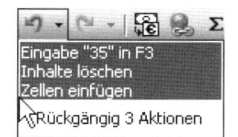

Mehrere Aktionen rückgängig machen

4 Aktivieren Sie F2, geben Sie 0,35 ein und drücken Sie die Enter-Taste.

Das war Ihr zweiter Fehler (den ersten haben Sie beim Löschen des Titels in Zelle A1 gemacht).

5 Markieren Sie die vierte und fünfte Zeile des Arbeitsblatts, indem Sie auf den Kopf der Zeile 4 klicken, dann den Zellcursor bei gedrückter Maustaste bis auf den Zeilenkopf 5 ziehen und dort loslassen.

Jetzt können Sie diese beiden Zeilen löschen.

6 Rechtsklicken Sie auf die markierten Zeilen und wählen Sie Löschen aus dem Kontextmenü.

Die vierte und fünfte Zeile sind aus dem Arbeitsblatt entfernt worden, und das war Ihr dritter Fehler. Jetzt haben Sie genügend Fehler gemacht, um die Wirkungsweise des Befehls zum mehrfachen Rückgängigmachen zu studieren. So machen Sie alle Fehler ungeschehen:

7 Klicken Sie auf den Abwärtspfeil rechts neben der Schaltfläche Rückgängig.

Eine Liste Ihrer zuletzt ausgeführten Aktionen erscheint neben der Schaltfläche. Beachten Sie, dass sie mehr Aktionen enthält als die beschriebenen drei »Fehler«. Wenn Sie wollten, könnten Sie bis zu 16 Aktionen rückgängig machen, aber uns genügen diesmal die letzten drei.

8 Wählen Sie das Wort Zellen löschen aus der Dropdown-Liste in der obigen Abbildung.

Die letzten drei Änderungen, die Sie in dem Arbeitsblatt vorgenommen haben – das Löschen von zwei Zeilen, die Eingabe von 0,35 in F2 und das Löschen des Titels – sind jetzt rückgängig gemacht worden

Das Gegenstück zum Rückgängigmachen stellt der Befehl Wiederholen dar, mit dem Sie die letzte Aktion erneut durchführen können, falls dies möglich ist, und zwar folgendermaßen:

9 Markieren Sie A3:A12, rechtsklicken Sie auf die Auswahl, wählen Sie Löschen aus dem Kontextmenü, vergewissern Sie sich, dass die Option Zellen nach links verschieben gewählt ist, und klicken Sie auf OK.

Sie haben soeben die Datumsspalte gelöscht. Jetzt können Sie diesen Befehl wiederholen.

10 Markieren Sie den Bereich D3:D12 und drücken Sie Strg + Y.

Excel wiederholt den letzten Befehl und löscht den Bereich der Kilometersummen.

11 Klicken Sie zweimal auf die Schaltfläche Rückgängig in der Standardsymbolleiste, um Ihre Löschungen rückgängig zu machen, und speichern Sie Ihre Arbeit.

Kapitel 2
Ein Arbeitsblatt bearbeiten

SCHNELLREFERENZ

SO MACHEN SIE EINE AKTION RÜCKGÄNGIG:

- KLICKEN SIE AUF DIE SCHALTFLÄCHE RÜCKGÄNGIG IN DER STANDARDSYMBOLLEISTE.

  ODER:

- WÄHLEN SIE BEARBEITEN → RÜCKGÄNGIG AUS DEM MENÜ.

  ODER:

- DRÜCKEN SIE STRG + Z.

SO FÜHREN SIE EINE AKTION ERNEUT AUS:

- KLICKEN SIE AUF DIE SCHALTFLÄCHE WIEDERHOLEN IN DER STANDARDSYMBOLLEISTE.

  ODER:

- WÄHLEN SIE BEARBEITEN → WIEDERHOLEN AUS DEM MENÜ.

  ODER:

- DRÜCKEN SIE STRG + Y.

SO WIEDERHOLEN SIE IHREN LETZTEN BEFEHL:

- DRÜCKEN SIE STRG + Y.

  ODER:

- WÄHLEN SIE BEARBEITEN → WIEDERHOLEN AUS DEM MENÜ.

LEKTION 2.10 — Rechtschreibprüfung

Abbildung 2-19: Das Dialogfeld Rechtschreibung

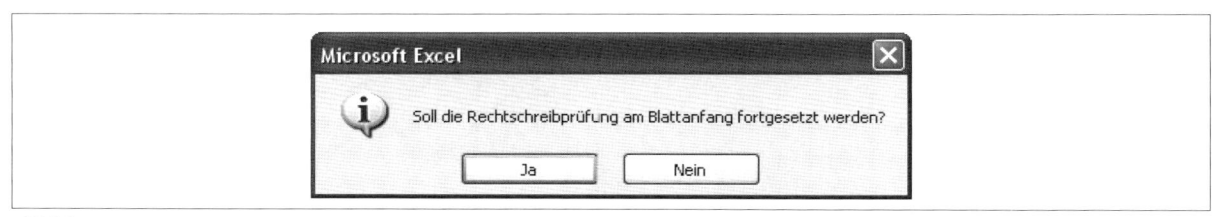

Abbildung 2-20: Wenn die Rechtschreibprüfung das Ende des Arbeitsblatts erreicht hat, fragt Excel, ob sie am Anfang des Dokuments fortgesetzt werden soll.

Abbildung 2-21: Das Dialogfeld zum Beenden der Rechtschreibprüfung

Früher war die Rechtschreibprüfung nur für Word-Dokumente verfügbar – die Zeiten sind vorbei. Sie können jetzt auch Excel-Arbeitsmappen nach Rechtschreibfehlern durchsuchen. Die Rechtschreibprüfung von Excel wird auch von anderen Microsoft Office-Programmen verwendet. Alle Wörter, die Sie dem Wörterbuch hinzufügen, stehen auch in allen diesen Programmen zur Verfügung. Excel-Arbeitsmappen unterscheiden sich von Word-Dokumenten unter anderem dadurch, dass sie viele Abkürzungen enthalten, die die Rechtschreibprüfung nicht kennt. In diesem Fall klicken Sie auf Ignorieren, um die Abkürzung zu überspringen, oder auf Hinzufügen, um sie in das Wörterbuch zu übernehmen.

1 Drücken Sie Strg + Pos 1, um sich zu Zelle A1 zu begeben.

Excel beginnt mit der Überprüfung der Wörter in einem Arbeitsblatt bei der aktiven Zelle und hält bei jedem Wort an, das in seinem Wörterbuch nicht vorkommt.

Kapitel 2
Ein Arbeitsblatt bearbeiten

Die Schaltfläche Rechtschreibung
Alternative Methode zum Starten der Rechtschreibprüfung:
• Wählen Sie Extras → Rechtschreibung aus dem Menü.
• Drücken Sie F7

2 Klicken Sie auf die Schaltfläche Rechtschreibung in der Standardsymbolleiste.

Das Dialogfeld Rechtschreibung aus Abbildung 2-19 erscheint mit dem falsch geschriebenen Wort »Sume« als erstem fehlerhaften Wort in dem Arbeitsblatt. Excel bietet mehrere mögliche Vorschläge für die richtige Version an.

3 Klicken Sie auf Summe in der Vorschlagsliste und auf Ändern.

Excel fährt mit der Rechtschreibprüfung fort und findet als Nächstes das Wort »Kleinmachnow«, das nicht in der Wortliste enthalten ist, aber weil es sich dabei um den richtig geschriebenen Namen einer Stadt handelt, können Sie die Fehlermeldung ignorieren.

Die Rechtschreibprüfung beginnt mit der aktiven Zelle. Wenn sie das Ende des Arbeitsblatts erreicht hat, öffnet sie das Dialogfeld aus Abbildung 2-20 mit der Frage, ob sie am Anfang des Dokuments fortfahren soll.

4 Klicken Sie auf Nie ändern, damit das Wort »Kleinmachnow« in Zukunft ignoriert wird.

Wenn alle Wörter überprüft sind, wird dies durch das Dialogfeld aus Abbildung 2-21 angezeigt.

Die Schaltfläche Speichern

5 Klicken Sie auf die Schaltfläche Speichern in der Standardsymbolleiste, um alle Änderungen zu speichern.

Mit der Rechtschreibprüfung verfügen Sie über ein großartiges Hilfsmittel bei der Erstellung korrekter Arbeitsmappen. Sie sollten jedoch daran denken, dass Excel nicht alle Fehler finden kann. Wenn Sie zum Beispiel anstelle von »Bericht« versehentlich das Wort »Gericht« eingeben, kann Excel den Fehler nicht bemerken, weil das Wort richtig geschrieben ist.

SCHNELLREFERENZ

SO AKTIVIEREN SIE DIE RECHTSCHREIBPRÜFUNG IN EINEM ARBEITSBLATT:

- KLICKEN SIE AUF DIE SCHALTFLÄCHE RECHTSCHREIBUNG IN DER STANDARDSYMBOLLEISTE.

  ODER:

- WÄHLEN SIE EXTRAS → RECHTSCHREIBUNG AUS DEM MENÜ.

  ODER:

- DRÜCKEN SIE F7.

Suchen und Ersetzen

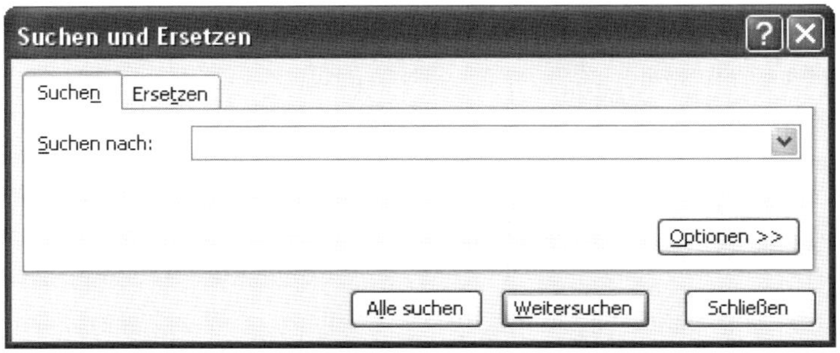

Abbildung 2-22: Das Dialogfeld Suchen und Ersetzen

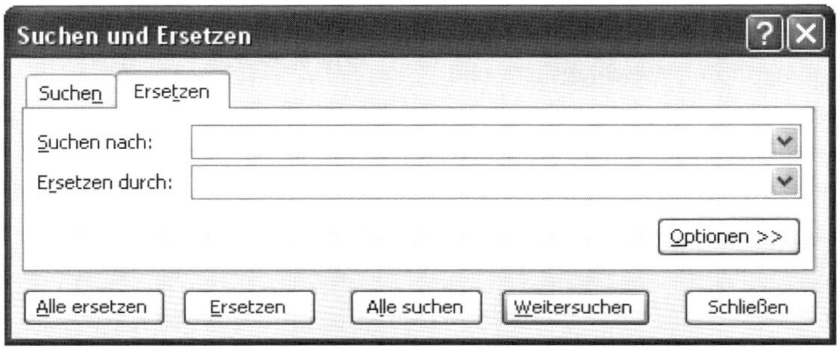

Abbildung 2-23: Die Registerkarte Ersetzen

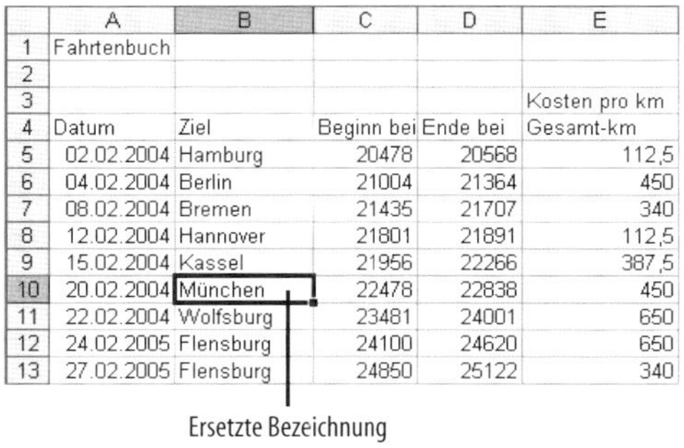

	A	B	C	D	E
1	Fahrtenbuch				
2					
3					Kosten pro km
4	Datum	Ziel	Beginn bei	Ende bei	Gesamt-km
5	02.02.2004	Hamburg	20478	20568	112,5
6	04.02.2004	Berlin	21004	21364	450
7	08.02.2004	Bremen	21435	21707	340
8	12.02.2004	Hannover	21801	21891	112,5
9	15.02.2004	Kassel	21956	22266	387,5
10	20.02.2004	München	22478	22838	450
11	22.02.2004	Wolfsburg	23481	24001	650
12	24.02.2005	Flensburg	24100	24620	650
13	27.02.2005	Flensburg	24850	25122	340

Abbildung 2-24: Ersetzte Bezeichnungen

Stellen Sie sich vor, dass Sie an einem sehr großen Arbeitsblatt sitzen, mit dem das Verhalten verschiedener Eichhörnchenarten bei der Nahrungsaufnahme erfasst wird. Sie sind beinahe damit fertig, als Ihnen auffällt, dass sie eine der beobachteten Arten, nämlich die Flughörnchen, nicht mit ihrem wissenschaftlichen Namen »Sciuridae Glaucomys« sondern mit »Sciuridae Sciurus« bezeichnet haben, wobei es sich aber um das gemeine Grauhörnchen handelt. Herrje! Sie werden Stunden damit zubringen, alle Einträge von »Sciuridae Sciurus« zu finden und durch »Sciuridae Glaucomys« zu ersetzen.

In dieser Lektion lernen Sie, bestimmte Wörter, Sätze oder Werte in Ihren Arbeitsmappen zu suchen und automatisch durch andere ersetzen zu lassen.

1 **Falls noch nicht geschehen, öffnen Sie die Arbeitsmappe Übung 2D und speichern Sie sie als** Fahrtenbuch.

2 Drücken Sie Strg + Pos 1, um die erste Zelle des Arbeitsblatts zu aktivieren.

3 Wählen Sie Bearbeiten → Suchen aus dem Menü.

Das Dialogfeld aus Abbildung 2-22 erscheint.

4 Geben Sie im Feld Suchen nach Berlin ein.

Sie wollen alle Einträge von »Berlin« suchen.

5 Klicken Sie auf Weitersuchen.

Excel springt zum ersten Eintrag, der »Berlin« enthält.

6 Klicken Sie auf Weitersuchen.

Excel springt zum nächsten Eintrag, der »Berlin« enthält.

7 Klicken Sie auf Schließen.

Das Dialogfeld wird geschlossen. Sie können Angaben in einer Arbeitsmappe auch suchen und ersetzen

8 Wählen Sie Bearbeiten → Ersetzen aus dem Menü.

Das Dialogfenster Suchen und Ersetzen aus Abbildung 2-23 öffnet sich.

9 Geben Sie im Feld Suchen nach Wolfsburg ein.

Sie wollen alle Einträge von »Wolfsburg« durch »München« ersetzen.

10 Klicken Sie in das Eingabefeld Ersetzen oder drücken Sie Tab, um es zu aktivieren, und geben Sie München ein.

11 Klicken Sie auf Alle ersetzen.

Excel findet alle Einträge von »Wolfsburg« und ersetzt sie durch »München«.

> HINWEIS: *Überlegen Sie sich gut, ob Sie wirklich alle ersetzen wollen, bevor Sie auf die Schaltfläche Alle ersetzen klicken! Falls nicht, können Sie alle Schritt für Schritt suchen und gegebenenfalls ersetzen, indem Sie so oft auf Weitersuchen klicken, bis Sie alle Einträge gefunden und ggf. ersetzt haben.*

12 Klicken Sie auf OK, um die Änderungen zu speichern, und schließen Sie das Fenster.

Das Dialogfeld schließt sich, und Sie kehren zu Ihrem Arbeitsblatt zurück. Beachten Sie, dass alle Einträge von »Wolfsburg« durch »München« ersetzt worden sind (siehe Abbildung 2-24).

SCHNELLREFERENZ

SO SUCHEN SIE TEXT IN EINEM ARBEITSBLATT:

1. WÄHLEN SIE BEARBEITEN → SUCHEN AUS DEM MENÜ.

   ODER:

   DRÜCKEN SIE STRG + F.

2. GEBEN SIE DEN ZU SUCHENDEN TEXT IN DAS FELD SUCHEN NACH EIN.

3. KLICKEN SIE AUF WEITERSUCHEN.

4. WIEDERHOLEN SIE DIESEN SCHRITT SO OFT, BIS SIE DEN GESUCHTEN TEXT GEFUNDEN HABEN.

SO SUCHEN UND ERSETZEN SIE TEXT:

1. WÄHLEN SIE BEARBEITEN → ERSETZEN AUS DEM MENÜ.

   ODER:

   DRÜCKEN SIE STRG + H.

2. GEBEN SIE DEN ZU SUCHENDEN TEXT IN DAS FELD SUCHEN NACH EIN.

3. GEBEN SIE DEN NEUEN TEXT IN DAS FELD ERSETZEN DURCH EIN.

4. KLICKEN SIE AUF WEITERSUCHEN.

5. KLICKEN SIE AUF ERSETZEN.

6. WIEDERHOLEN SIE DIE BEIDEN LETZTEN SCHRITTE SO OFT, BIS ALLE GESUCHTEN WÖRTER GEFUNDEN UND ERSETZT WURDEN.

   ODER:

   KLICKEN SIE ANSTELLE VON SCHRITT 4 AUF ALLE ERSETZEN, UM ALLE SUCHWÖRTER AUF EINMAL ZU ERSETZEN.

LEKTION 2.12 — Erweiterte Druckoptionen

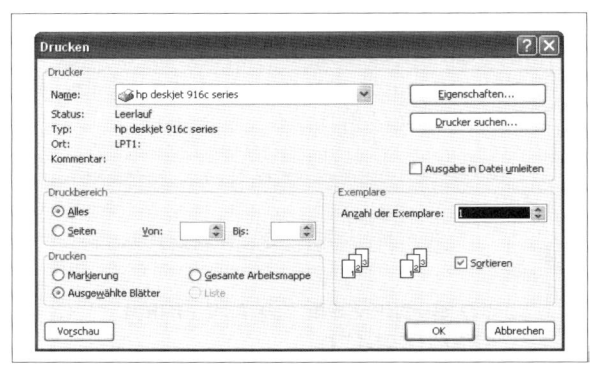

Abbildung 2-25: Das Dialogfeld Drucken

1 Wählen Sie Datei → Drucken aus dem Menü.

Das Dialogfeld aus Abbildung 2-25, in dem Sie verschiedene Einstellungen für den Ausdruck vornehmen können, öffnet sich. Sie sehen die häufig benutzten Optionen, mit denen Sie vorgeben können, welche Seiten Sie wie oft und mit welchem Drucker (falls mehrere an Ihren Computer angeschlossen sind) ausdrucken möchten. In Tabelle 2-4 finden Sie eine Beschreibung der verfügbaren Optionen.

2 Geben Sie 2 in das Feld Anzahl ein.

3 Klicken Sie auf OK.

Das Dialogfeld Drucken wird geschlossen und Excel druckt zwei Exemplare Ihrer Arbeitsmappe (sofern ein Drucker an Ihren Computer angeschlossen ist).

Tabelle 2-4 beschreibt einige weitere Druckoptionen, zum Beispiel, wie Sie eine oder mehre Seiten einer Arbeitsmappe zum Drucken auswählen.

Das Ausdrucken haben Sie schon gelernt, aber in dieser Lektion werden Sie zum Druckexperten. Sie lernen, wie Sie mehrere Seiten ausdrucken, ein Dokument an einen anderen Drucker senden und gezielt bestimmte Seiten eines Dokuments ausdrucken.

Tabelle 2-4: Die Optionen des Dialogfelds Drucken

Druckoption	Beschreibung
Name	Hier können Sie den Drucker auswählen, falls mehrere an Ihren Computer angeschlossen sind. Der aktuelle Drucker wird im Namensfeld angezeigt.
Eigenschaften	Öffnet ein Dialogfeld für die Einstellungen des gewählten Druckers, zum Beispiel Papierformat, Schwarzweiß- oder Farbdruck usw.
Ausgabe in Datei umleiten	Druckt die Arbeitsmappe in eine Datei anstatt auf einen Drucker.
Druckbereich	Hier können Sie festlegen, welche Seiten gedruckt werden sollen. Folgende Optionen sind verfügbar: Alles: Druckt die gesamte Arbeitsmappe. Seiten: Druckt nur die hier angegebenen Seiten.
Anzahl der Exemplare	Bestimmt die Zahl der ausgedruckten Kopien.
Drucken	Damit können Sie auswählen, was gedruckt werden soll: die markierten Zellen, die gesamte Arbeitsmappe oder die ausgewählten Blätter.

Kapitel 2
Ein Arbeitsblatt bearbeiten

SCHNELLREFERENZ

SO VERWENDEN SIE DIE ERWEITERTEN DRUCKOPTIONEN:

1. WÄHLEN SIE DATEI → DRUCKEN AUS DEM MENÜ.

2. NUTZEN SIE DIE IN TABELLE 2-4 BESCHRIEBENEN OPTIONEN FÜR DIE OPTIMIERUNG IHRER AUSDRUCKE.

LEKTION 2.13 — Dateiverwaltung

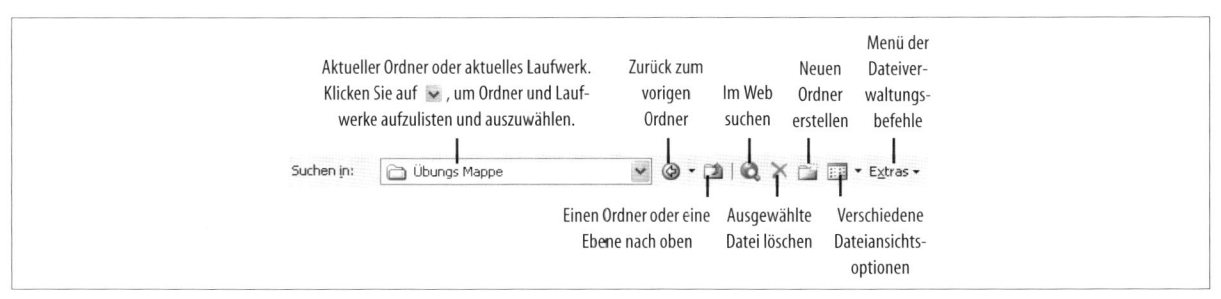

Abbildung 2-26: Die Symbolleiste der Dialogfelder Öffnen und Speichern unter

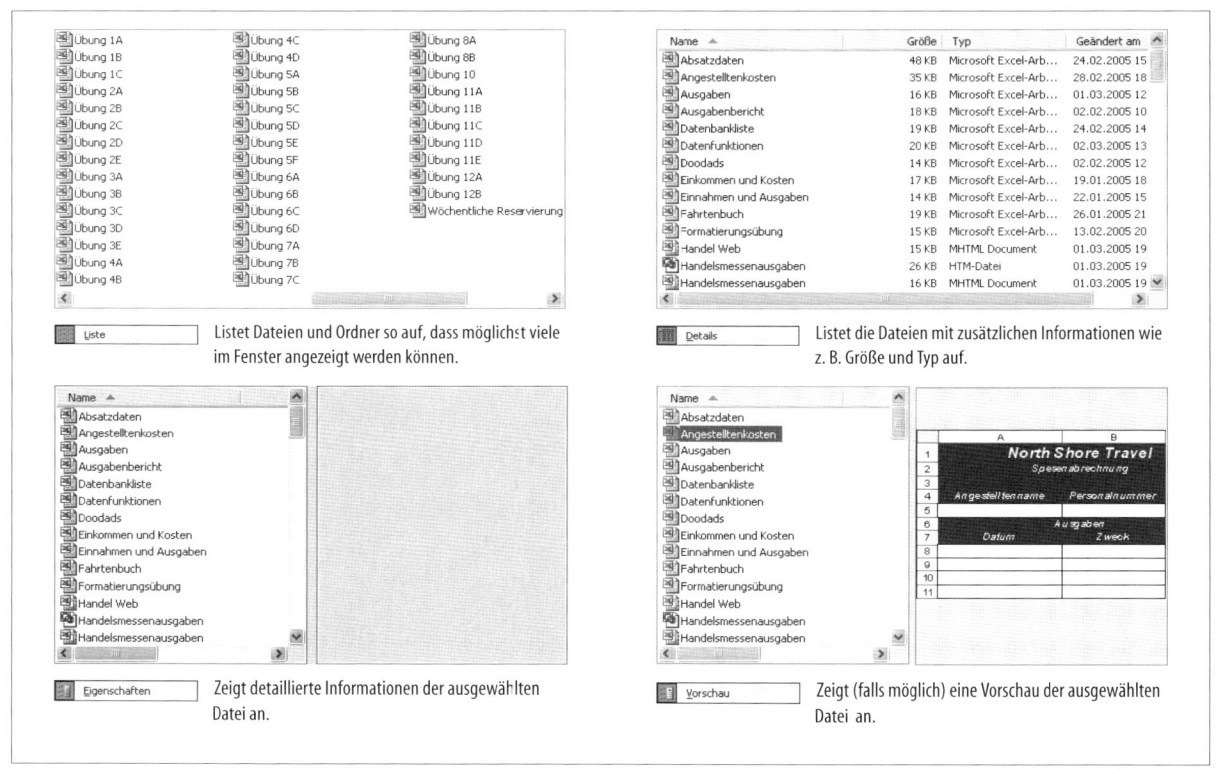

Beschriftungen in der Symbolleiste:
- Aktueller Ordner oder aktuelles Laufwerk. Klicken Sie auf ▼, um Ordner und Laufwerke aufzulisten und auszuwählen.
- Zurück zum vorigen Ordner
- Im Web suchen
- Neuen Ordner erstellen
- Menü der Dateiverwaltungsbefehle
- Einen Ordner oder eine Ebene nach oben
- Ausgewählte Datei löschen
- Verschiedene Dateiansichtsoptionen

Ansicht	Beschreibung
Liste	Listet Dateien und Ordner so auf, dass möglichst viele im Fenster angezeigt werden können.
Details	Listet die Dateien mit zusätzlichen Informationen wie z. B. Größe und Typ auf.
Eigenschaften	Zeigt detaillierte Informationen der ausgewählten Datei an.
Vorschau	Zeigt (falls möglich) eine Vorschau der ausgewählten Datei an.

Abbildung 2-27: Mit Hilfe der Schaltfläche Ansichten können Sie festlegen, wie die Dateien in den Dialogfeldern Öffnen und Speichern unter angezeigt werden.

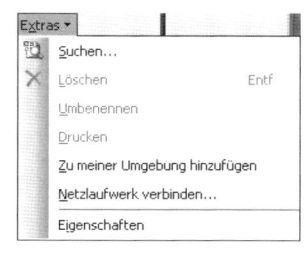

Das Menü Extras:
- Suchen...
- Löschen   Entf
- Umbenennen
- Drucken
- Zu meiner Umgebung hinzufügen
- Netzlaufwerk verbinden...
- Eigenschaften

Zur Dateiverwaltung gehören Verschieben, Kopieren, Löschen und Umbenennen von Dateien. Obwohl es in der Regel einfacher ist, Dateien mit Hilfe von Windows Explorer oder Eigene Dateien zu verwalten, können Sie überraschend viele Dateiverwaltungsfunktionen direkt aus Excel 2003 ausführen – besonders durch die neuen Dialogfelder zum Öffnen und Speichern. In Abbildung 2-26 sind die Möglichkeiten erklärt, die Ihnen die Symbolleisten in diesen Dialogfenstern eröffnen.

Kapitel 2
Ein Arbeitsblatt bearbeiten

Die Schaltfläche Öffnen

1 Klicken Sie auf die Schaltfläche Öffnen in der Standardsymbolleiste.

Das sich daraufhin öffnende Dialogfeld dient eigentlich zum Öffnen von Dateien, aber Sie können es praktischerweise auch für einige Dateiverwaltungsaufgaben nutzen. Es gibt zwei Methoden, um die entsprechenden Funktionen aufzurufen, wobei Sie viele der Befehle nur über jeweils eine dieser Möglichkeiten erreichen:

Das Kontextmenü für Dateien

- Wählen Sie eine Datei und dann den gewünschten Befehl aus der Symbolleiste des Dialogfelds.
- Rechtsklicken Sie auf eine Datei und wählen Sie den gewünschten Befehl aus dem Kontextmenü.

2 Rechtsklicken Sie auf die Datei Bitte umbenennen.

Daraufhin öffnet sich ein Kontextmenü mit den Verwaltungsbefehlen für die Datei. Eine Beschreibung der Befehle finden Sie in Tabelle 2-5.

3 Wählen Sie Umbenennen aus dem Kontextmenü, geben Sie Haushaltsplan ein und drücken Sie die Enter-Taste.

Sie haben damit den Namen der Datei *Bitte umbennen* in *Haushaltsplan* geändert. Anstatt das Kontextmenü aufzurufen, hätten Sie auch die Datei anklicken und anschließend Umbenennen aus der Dropdown-Liste der Schaltfläche Extras wählen können.

4 Klicken Sie auf die Datei Haushaltsplan und drücken Sie Entf.

Sie werden gefragt, ob Sie die Datei wirklich löschen wollen.

5 Klicken Sie auf Ja.

Die Datei *Haushaltsplan* wird gelöscht. Wenn Sie mit vielen Dateien arbeiten, haben Sie sicher nicht immer alle Dateinamen im Gedächtnis. Um eine bestimmte Datei zu finden, können Sie die Dateien in einer Liste anzeigen, ohne sie zu öffnen.

Die Dropdown-Liste der Schaltfläche Ansichten

6 Klicken Sie auf den Dropdown-Pfeil der Schaltfläche Ansichten und wählen Sie Vorschau.

Durch den Wechsel von der Listen- zur Vorschauansicht können Sie einen Teil des Inhalts Ihrer Dateien ansehen. Dazu klicken Sie in der linken Fensterhälfte auf die Datei, woraufhin im rechten Teil ein Ausschnitt daraus angezeigt wird. Probieren Sie es aus, ohne eine Datei zu öffnen.

> HINWEIS
> *Um die Vorschau einer Datei wie beschrieben ansehen zu können, müssen Sie diese Funktion beim Speichern aktiviert haben. Dazu wählen Sie vor dem Speichern einer Datei Datei → Eigenschaften, klicken auf Zusammenfassung und aktivieren das Kontrollkästchen neben Vorschaugrafik speichern, falls es noch kein Häkchen enthält.*

7 Klicken Sie auf die Datei Übung 1A.

Die Datei wird jetzt mit einer Vorschaugrafik im rechten Teil des Dialogfelds angezeigt. Wechseln Sie in die Listenansicht, um möglichst viele Dateien anzuzeigen.

Lektion 2.13
Dateiverwaltung

8 Öffnen Sie nochmals die Ansichtenliste durch einen Klick auf den Dropdown-Pfeil, wählen Sie Liste, um möglichst viele Dateien wie in Abbildung 2-27 anzuzeigen, und schließen Sie das Fenster, indem Sie auf Abbrechen klicken.

Tabelle 2-5: Die Befehle des Kontextmenüs

Befehl	Beschreibung
Öffnen	Öffnet die ausgewählte Datei.
Drucken	Sendet die Inhalte der ausgewählten Datei an den Standarddrucker
Senden an	Je nachdem, wie Ihr Computer konfiguriert ist, können Sie die ausgewählte Datei an einen Drucker, einen E-Mail-Empfänger, ein Faxgerät oder ein Laufwerk senden.
Ausschneiden	Entfernt die ausgewählte Datei aus ihrem aktuellen Ordner oder verschiebt sie in Verbindung mit dem Befehl Einfügen.
Kopieren	Kopiert die ausgewählte Datei und fügt die Kopie mit Hilfe des Befehls Einfügen an anderer Stelle ein.
Einfügen	Fügt ausgeschnittene oder kopierte Dateien ein.
Verknüpfung erstellen	Erstellt eine Verknüpfung zur ausgewählten Datei – eine praktische Methode, um eine Datei von einem anderen Ort aus öffnen zu können.
Löschen	Löscht die ausgewählte Datei.
Umbenennen	Mit diesem Befehl können Sie einer Datei einen anderen Namen geben.
Eigenschaften	Zeigt die Eigenschaften der ausgewählten Datei an, z. B. das Datum der Erstellung, der letzten Änderung oder die Dateigröße.

SCHNELLREFERENZ

SO VERWALTEN SIE IHRE DATEIEN IM DIALOGFELD ÖFFNEN

1. ÖFFNEN SIE DAS DIALOGFELD ÖFFNEN ODER SPEICHERN UNTER ÜBER DAS MENÜ DATEI.
2. RECHTSKLICKEN SIE AUF DIE GEWÜNSCHTE DATEI UND VERWENDEN SIE DIE BEFEHLE NACH DEN IN TABELLE 2-5 ENTHALTENEN BESCHREIBUNGEN.

ODER:

MARKIEREN SIE EINE DATEI UND WÄHLEN SIE EINEN BEFEHL AUS DEM MENÜ EXTRAS.

SO ÄNDERN SIE DIE ANZEIGEFORM DER DATEIEN:

- KLICKEN SIE AUF DEN DROPDOWN-PFEIL DER SCHALTFLÄCHE ANSICHTEN UND WÄHLEN SIE DIE GEWÜNSCHTE VERSION AUS.

Kommentare einfügen

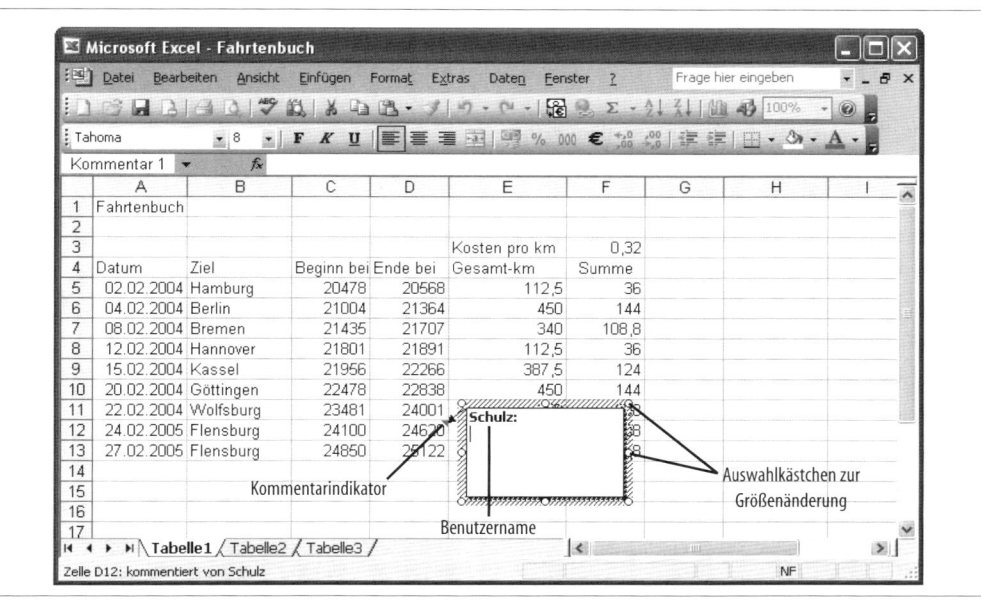

LEKTION 2.14

Abbildung 2-28: Einen Zellkommentar einfügen

Manchmal empfiehlt es sich, Bemerkungen zu Ihrer Arbeitsmappe einzufügen, um komplizierte Formeln oder unsichere Werte zu erklären oder einem anderen Benutzer einen Hinweis zu geben. Die Zellkommentare von Excel helfen Ihnen bei der Dokumentation Ihrer Arbeitsblätter und machen sie verständlicher. Stellen Sie sich die Kommentare wie Haftnotizen auf einem Papierdokument vor. In Excel werden sie sichtbar, sobald Sie mit dem Zellcursor auf eine mit einem Kommentar versehene Zelle zeigen.

1 Öffnen Sie die Arbeitsmappe Übung 2E (falls sie nicht bereits geöffnet ist) und speichern Sie sie unter Kilometerabrechnung.

2 Rechtsklicken Sie auf B12.

Ein Kontextmenü öffnet sich.

3 Wählen Sie Kommentar einfügen aus dem Kontextmenü.

Ein Kommentarfeld wie in Abbildung 2-28 öffnet sich neben der Zelle. Darin ist bereits ein Benutzername eingetragen, den Sie einrichten können, indem Sie Extras → Optionen wählen und die Registerkarte Allgemein öffnen. Der Benutzername im Kommentar teilt anderen Benutzern mit, wer die Anmerkung verfasst hat. Sie können den Kommentartext ganz normal mit der Tastatur eingeben.

4 Geben Sie Dieses Datum kann falsch sein ein.

Wenn der Kommentartext vollständig eingegeben ist, können Sie das Fenster schließen.

Der Kommentarindikator

5 Klicken Sie außerhalb des Kommentarfelds, um es zu schließen.

Das Kommentarfenster wird geschlossen, und es erscheint ein kleines rotes Dreieck rechts oben in der Zelle, das auf den Kommentar hinweist. Einen Kommentar einzusehen, ist sehr einfach:

6 Zeigen Sie mit dem Zellcursor auf B12.

Der Kommentar wird immer angezeigt, sobald sich der Zellcursor über der Zelle befindet. Bearbeiten können Sie einen Kommentar wie folgt:

Lektion 2.14
Kommentare einfügen

7 Rechtsklicken Sie auf B12.

Daraufhin öffnet sich ein Kontextmenü.

8 Wählen Sie Kommentar bearbeiten aus dem Kontextmenü.

Am Ende des Kommentartextes erscheint eine Einfügemarke, die anzeigt, dass Sie hier neuen Text eingeben können. Tun Sie das im nächsten Schritt:

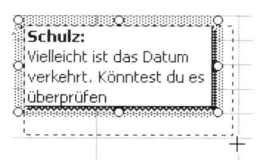

Verändern Sie die Größe eines Kommentarfelds, indem Sie die Auswahlkästchen an seiner Umrandung bei gedrückter Maustaste verschieben, bis die gewünschte Größe erreicht ist.

9 Drücken Sie die Leertaste und geben Sie ein: Bitte überprüfen Sie den Wert anhand der Belege.

Sie können Größe und Position eines Kommentarfelds verändern, wenn es sich im Bearbeitungsmodus befindet. Achten Sie auf die kleinen Quadrate an den Ecken und Seiten in Abbildung 2-28. Diese Auswahlkästchen können Sie bei gedrückter Maustaste in die gewünschte Position ziehen.

10 Zeigen Sie mit dem Zellcursor auf das rechte untere Auswahlkästchen, bis er seine Form in einen Doppelpfeil ändert, dann klicken Sie, halten Sie die linke Maustaste gedrückt und ziehen sie etwa einen Zentimeter diagonal nach links oben und lassen sie los.

Sie haben die Größe des Kommentarfelds verändert, wobei der Text sich automatisch anpasst. Sie können den Kommentar auch an einer anderen Stelle des Arbeitsblatts anzeigen.

11 Positionieren Sie den Zellzeiger über dem Rand des Kommentarfelds, bis er sich in ein ändert, klicken Sie und ziehen Sie den Kommentar bei gedrückter Maustaste gute zwei Zentimeter nach unten.

Nachdem Sie den Kommentar verschoben haben, können Sie ihn jetzt wieder entfernen.

12 Rechtsklicken Sie auf B12 und wählen Sie Kommentar löschen aus dem Kontextmenü.

SCHNELLREFERENZ

SO FÜGEN SIE EINEN KOMMENTAR EIN:

1. RECHTSKLICKEN SIE AUF DIE ZELLE, IN DER SIE EINEN KOMMENTAR EINFÜGEN WOLLEN.
2. WÄHLEN SIE KOMMENTAR EINFÜGEN AUS DEM KONTEXTMENÜ.
3. GEBEN SIE DEN KOMMENTAR EIN.
4. KLICKEN SIE AUßERHALB DES KOMMENTARFELDS, UM ES ZU SCHLIEßEN.

SO BEARBEITEN SIE EINEN KOMMENTAR:

1. RECHTSKLICKEN SIE AUF DIE ZELLE, DEREN KOMMENTAR SIE BEARBEITEN WOLLEN.
2. WÄHLEN SIE KOMMENTAR BEARBEITEN AUS DEM KONTEXTMENÜ.
3. BEARBEITEN SIE DEN KOMMENTAR.
4. KLICKEN SIE AUßERHALB DES KOMMENTARFELDS, UM ES ZU SCHLIEßEN.

SO LÖSCHEN SIE EINEN KOMMENTAR:

1. RECHTSKLICKEN SIE AUF DIE ZELLE, DEREN KOMMENTAR SIE LÖSCHEN WOLLEN.
2. WÄHLEN SIE LÖSCHEN AUS DEM KONTEXTMENÜ.

Smarttags

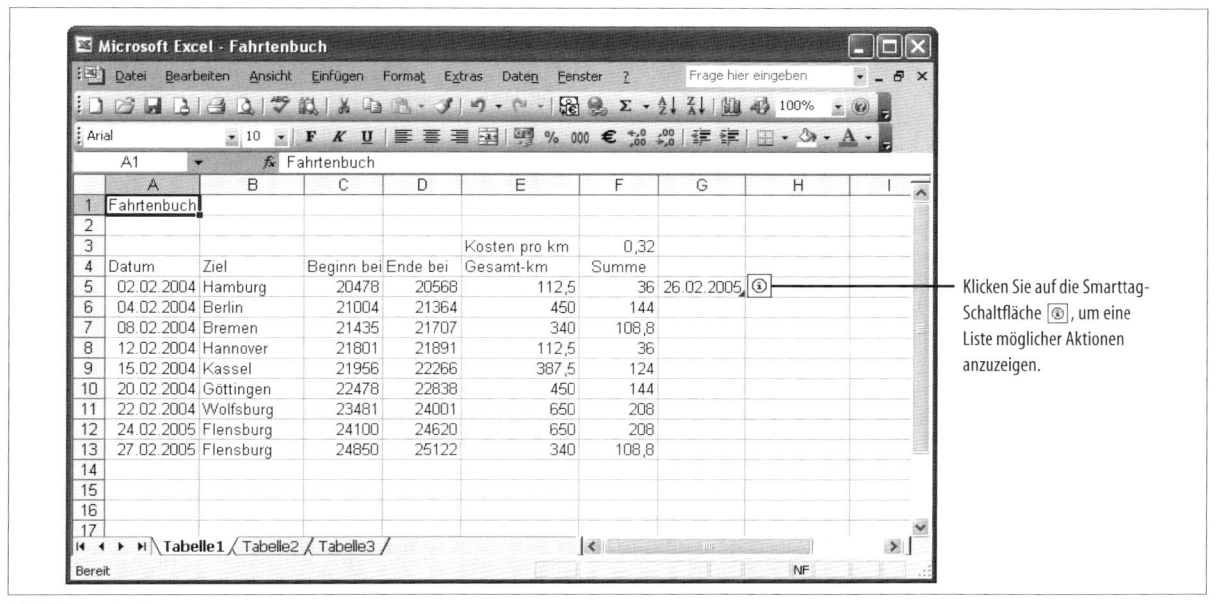

LEKTION 2.15

Abbildung 2-29: Smarttags

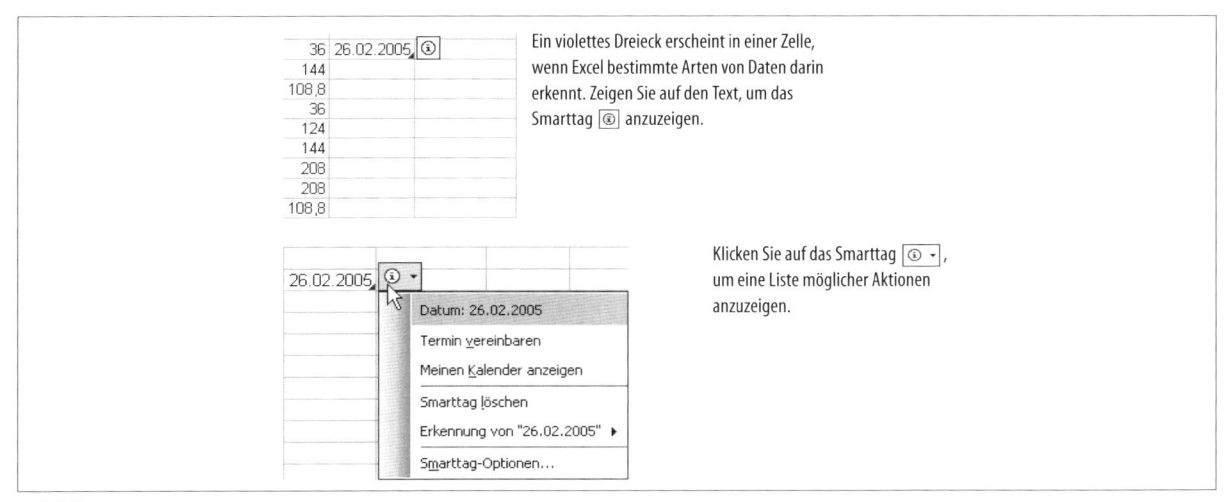

Abbildung 2-30: Die Smarttag-Dropdown-Liste

> **TIPP:** Sie können die Smarttag-Optionen ändern, indem Sie *Extras → AutoKorrektur-Optionen* wählen und die Registerkarte *Smarttags* öffnen.

Smarttags wurden in Microsoft Office XP neu eingeführt und machen das Arbeiten mit Excel sehr viel einfacher. Sie ähneln den Kontextmenüs – Sie klicken darauf und wählen eine der angebotenen Aktionen aus. Smarttags werden angezeigt, wenn Excel bestimmte Daten findet, zum Beispiel den Namen einer Person in Ihrem Adress-

Lektion 2.15
Smarttags

buch. Die Anzeige erfolgt durch ein kleines violettes Dreieck ◢ und eine Smarttag-Schaltfläche ⓘ. Wenn Sie darauf klicken, öffnet sich eine Liste mit möglichen Aktionen. Durch Klicken auf diese Schaltflächen können Sie bestimmen, wie Excel Daten einfügt oder korrigiert.

In dieser Lektion lernen Sie, wie Smarttags aussehen und wie Sie sie benutzen. Zunächst müssen wir uns vergewissern, dass alle Smarttags-Optionen aktiv sind. Die folgende Übung zeigt Ihnen, wie Sie Smarttags anzeigen lassen können.

1 Wählen Sie Extras → Autokorrektur-Optionen aus dem Menü und klicken Sie auf die Registerkarte Smarttags.

Die Registerkarte Smarttags des Dialogfelds Autokorrektur-Optionen erscheint im Vordergrund.

2 Vergewissern Sie sich, dass das Kontrollkästchen Daten mit Smarttags beschriften aktiviert ist.

3 Klicken Sie auf OK.

Das Dialogfeld AutoKorrektur schließt sich. Lassen Sie uns nun sehen, wie die Smarttags arbeiten.

4 Klicken Sie auf eine leere Zelle, geben Sie ein Datum ein und drücken Sie die Enter-Taste.

Sobald Sie die Enter-Taste gedrückt haben, erkennt Excel das Datum und markiert es mit einem Smarttag, einem violetten Dreieck ◢ in der unteren rechten Ecke der Zelle.

5 Bewegen Sie den Zellcursor über die Zelle mit dem Datum.

Es erscheint eine Smarttag-Schaltfläche ⓘ neben der Zelle. Klicken Sie darauf, um nachzusehen, welche Aktionen Sie mit dem Datum ausführen können.

6 Klicken Sie auf den Dropdown-Pfeil des Smarttags ⓘ▾ und wählen Sie Meinen Kalender anzeigen aus der Liste (siehe Abbildung 2-30).

Daraufhin öffnet sich Microsoft Outlook und zeigt das Datum in Ihrem persönlichen Kalender an, so dass Sie darin Termine überprüfen können.

7 Schließen Sie Outlook.

Tabelle 2-6: Smarttags und Schaltflächen

Smarttag-Symbol	Smarttag-Name	Beschreibung
ⓘ	Smarttag-Aktionen	Wenn Excel besondere Arten von Daten erkennt, zum Beispiel einen Kurszettel, wird die Zelle mit einem Smarttag-Indikator ⓘ gekennzeichnet oder mit einer violetten, gestrichelten Linie unterstrichen. Um festzustellen, welche Aktionen Sie mit dem Smarttag ausführen können, positionieren Sie den Zellcursor über der Zelle, bis die Smarttag-Schaltfläche ⓘ▾ erscheint. Klicken Sie darauf, um die Liste der Aktionen einzusehen.
📋	Einfügen-Optionen	Diese Schaltfläche erscheint, wenn Sie etwas eingefügt haben. Klicken Sie darauf, um festzulegen, wie die Elemente in Ihre Arbeitsmappe eingefügt werden sollen. Die verfügbaren Optionen hängen davon ab, was Sie eingefügt haben und aus welchem Programm es stammt.
◈	Formelfehler	Dieses Symbol erscheint, wenn Excel einen Fehler in einer Formel festgestellt hat, zum Beispiel eine Division durch null.

Kapitel 2
Ein Arbeitsblatt bearbeiten

SCHNELLREFERENZ

SO FUNKTIONIEREN SMARTTAGS:

- Wenn Sie Daten in ein Dokument eingeben, können Smarttag-Schaltflächen ⓘ eingeblendet werden. Klicken Sie darauf, um die darin aufgelisteten Aktionen auf die Daten anzuwenden.

SO BENUTZEN SIE SMARTTAGS:

- Klicken Sie auf den Dropdown-Pfeil der SMARTTAG-Schaltfläche und wählen Sie eine der aufgelisteten Aktionen oder Optionen aus.

SO KÖNNEN SIE SMARTTAG-OPTIONEN EINSEHEN UND VERÄNDERN:

- Wählen Sie EXTRAS → AUTOKORREKTUR-OPTIONEN aus dem Menü und klicken Sie auf die Registerkarte SMARTTAGS.

LEKTION 2.16 Arbeitsmappen wiederherstellen

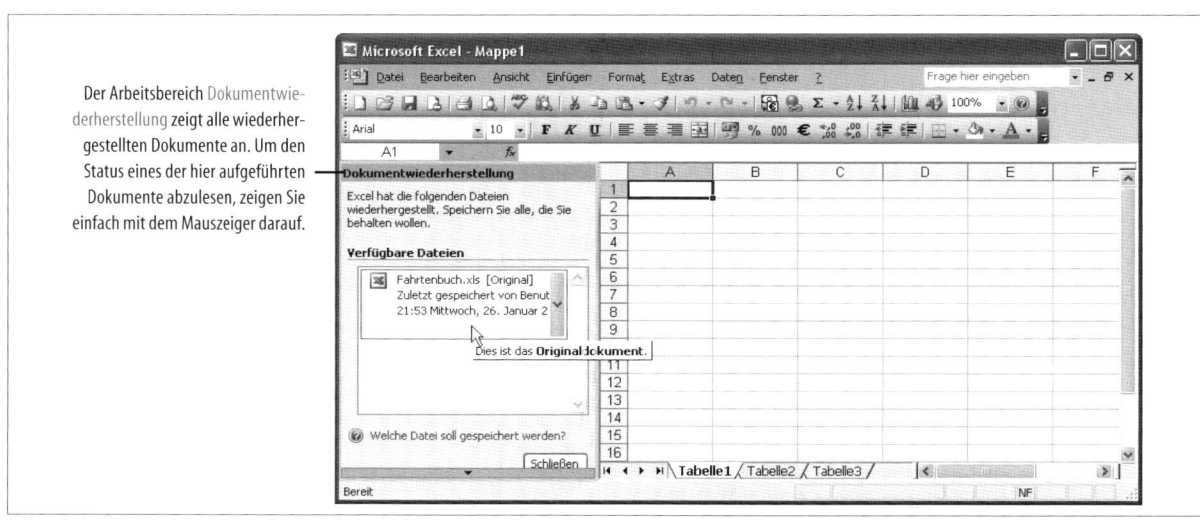

Abbildung 2-31: Das Wiederherstellungsfenster

Der Arbeitsbereich Dokumentwiederherstellung zeigt alle wiederhergestellten Dokumente an. Um den Status eines der hier aufgeführten Dokumente abzulesen, zeigen Sie einfach mit dem Mauszeiger darauf.

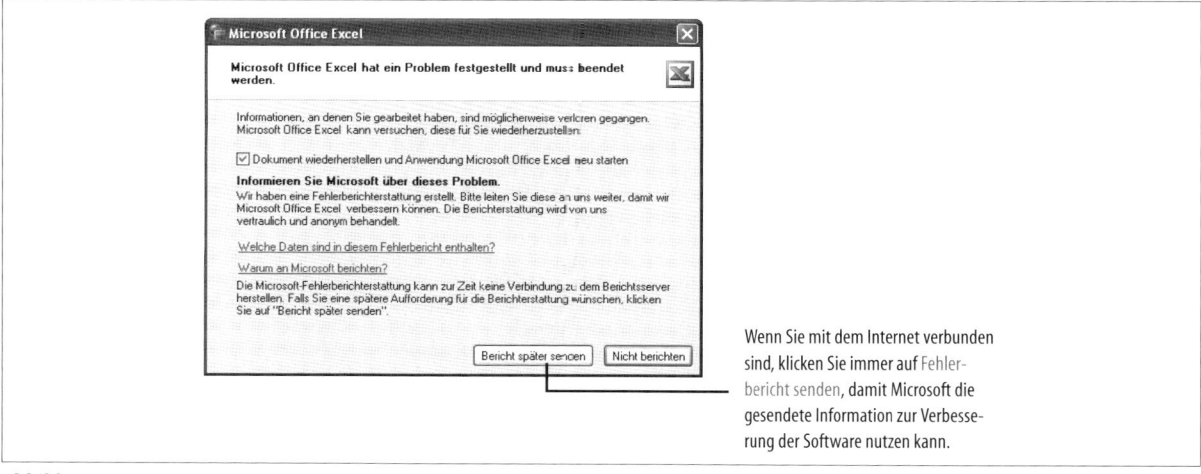

Wenn Sie mit dem Internet verbunden sind, klicken Sie immer auf Fehlerbericht senden, damit Microsoft die gesendete Information zur Verbesserung der Software nutzen kann.

Abbildung 2-32: Schreck lass nach! Ihr Vorschlag für die Jahresplanung ist futsch!

Falls Sie bis jetzt Glück gehabt haben sollten – früher oder später werden Sie die bittere Erfahrung machen, dass Computer nicht immer das tun, was sie sollen. Nichts ist frustrierender als wenn ein Programm ohne ersichtlichen Grund nicht mehr auf Ihre Befehle reagiert – besonders dann, wenn Ihnen dadurch Ihre mit viel Mühe erstellte Arbeitsmappe verloren geht.

Glücklicherweise ist Microsoft nach mehr als 10 Jahren und ungefähr 9 Softwareversionen auf die Idee gekommen, dass Excel-Benutzer gerne ihre Dokumente wiederherstellen möchten, wenn das Programm abgestürzt ist

oder nicht mehr reagiert. Falls es Ihnen passiert, dass Excel 2003 ein Problem fest- und die Arbeit einstellt – zertrümmern Sie nicht vor Wut Ihren Bildschirm, sondern starten Sie Excel neu und versuchen Sie, Ihre verlorene Arbeitsmappe wiederherzustellen. Excel wird in diesem Fall ein Dialogfenster ähnlich dem in Abbildung 2-32 anzeigen und sich automatisch selbst neu starten.

In dieser Lektion lernen Sie, wie Sie die neuen Wiederherstellungsmethoden im Falle eines katastrophalen Fehlers (den der Himmel verhüten möge) anwenden können.

1 Falls erforderlich, starten Sie Ihren Computer bzw. Excel neu.

Vielleicht ist ein Neustart ja gar nicht erforderlich – Excel öffnet das Dialogfeld in Abbildung 2-32 und startet sich selbst, wenn es ein Problem feststellt.

Wenn Sie Excel neu starten, erscheint hoffentlich der Arbeitsbereich Dokumentwiederherstellung aus Abbildung 2-31. Falls nicht, haben Sie Pech – Excel hat keine Ihrer Arbeitsmappen wiederhergestellt. Hoffentlich haben Sie eine Datensicherung gemacht!

Manchmal zeigt Excel mehrere Varianten einer Arbeitsmappe an, zum Beispiel die zuletzt manuell und die von der Funktion *AutoWiederherstellen* automatisch gespeicherte Version. Sie können den Status jeder wiederhergestellten Arbeitsmappe ansehen, indem Sie ein bis zwei Sekunden lang mit dem Mauszeiger darauf zeigen. In Tabelle 2-7 werden die möglichen Statusanzeigen erklärt.

2 Um die Details über eine wiederhergestellte Arbeitsmappe anzusehen, zeigen Sie einfach mit dem Mauszeiger im Arbeitsbereich Dokumentwiederherstellung darauf und warten einige Sekunden.

Sie finden hoffentlich eine Version Ihrer Arbeitsmappe, original oder wiederhergestellt, bei der nicht allzu viel von Ihrer Arbeit verloren gegangen ist.

Eine wiederhergestellte Arbeitsmappe wählen und speichern Sie wie folgt:

3 Klicken Sie im Arbeitsbereich auf die gewünschte wiederhergestellte Arbeitsmappe.

Die Arbeitsmappe öffnet sich im normalen Excel-Fenster.

4 Wählen Sie Datei → Speichern unter aus dem Menü und speichern Sie sie.

Sie können auch weiterhin Ihre Arbeit durch die Funktion *AutoWiederherstellen* sichern, die in regelmäßigen Abständen eine Version der Arbeitsmappe speichert, an der Sie gerade arbeiten. Damit das bei einem Ausfall der Stromversorgung oder einem anderen Problem funktioniert, müssen Sie die Option AutoWiederherstellen vorher aktiviert haben. Sie können sie auf ein kürzeres Zeitintervall als die standardmäßigen 10 Minuten einstellen, damit weniger Informationen verloren gehen können. Das Wiederherstellungsintervall wird wie folgt eingestellt:

5 Wählen Sie Extras → Optionen aus dem Menü und klicken Sie auf die Registerkarte Speichern.

Die Registerkarte wird angezeigt.

6 Vergewissern Sie sich, dass das Kontrollkästchen neben AutoWiederherstellen-Info speichern alle: aktiviert ist, geben Sie das gewünschte Intervall in Minuten in das betreffende Feld ein und klicken Sie auf OK.

Trotz der Sicherheit durch die Funktion *AutoWiederherstellen* besteht die beste Methode, sich gegen Datenverlust zu schützen darin, Ihre Arbeit so oft wie möglich zu speichern.

Tabelle 2-7: Die Statusindikatoren im Arbeitsbereich Dokumentwiederherstellung

Statusindikator	Beschreibung
Original	Die zuletzt manuell gespeicherte Originaldatei
Wiederhergestellt	Durch einen Wiederherstellungsprozess oder durch AutoWiederherstellen wiederhergestellte Datei
Repariert	Excel hat beim Wiederherstellen Probleme festgestellt und versucht, die Datei zu reparieren. Stellen Sie sicher, dass dabei keine Fehler eingebaut worden sind.

Lektion 2.16
Arbeitsmappen wiederherstellen

SCHNELLREFERENZ

SO STELLEN SIE EIN DOKUMENT WIEDER HER:

1. STARTEN SIE EXCEL NEU, FALLS ES NICHT VON SELBST NEU STARTET.
2. SUCHEN SIE DIE VERSION IHRER ARBEITSMAPPE MIT DEM GERINGSTEN DATENVERLUST UND KLICKEN SIE DARAUF.
3. SPEICHERN SIE SIE ÜBER DATEI → SPEICHERN IM MENÜ.

SO ÄNDERN SIE DIE EINSTELLUNGEN FÜR AUTOWIEDERHERSTELLEN

1. WÄHLEN SIE EXTRAS → OPTIONEN AUS DEM MENÜ UND ÖFFNEN SIE DIE REGISTERKARTE SPEICHERN.
2. VERGEWISSERN SIE SICH, DASS DAS KONTROLLKÄSTCHEN NEBEN AUTOWIEDERHERSTELLEN-INFO SPEICHERN ALLE: AKTIVIERT IST, GEBEN SIE DAS GEWÜNSCHTE ZEITINTERVALL IN MINUTEN EIN UND KLICKEN SIE AUF OK.

Kapitel 2 im Überblick

Die Lektionen in Kürze

Kalenderdaten eingeben und die Funktion AutoVervollständigen nutzen

Excel bearbeitet Kalenderdaten und Zeitangaben als Werte.

Sie können ein Datum in praktisch jeder Art von Format eingeben: 1/1/05, 1-1-05, 1. Januar 2005 usw.

So verwenden Sie die Funktion *AutoVervollständigen*: Beginnen Sie mit der Eingabe einer Bezeichnung. Falls diese bereits in der Spalte enthalten ist, erkennt Excel das schon nach den ersten Buchstaben und vervollständigt sie. Sie können den Vorschlag durch Drücken der Enter-Taste annehmen oder ihn ignorieren und mit der Eingabe fortfahren.

So fügen Sie Bezeichnungen aus der Auswahlliste ein: Rechtsklicken Sie auf die Zelle, in die Sie eine Bezeichnung eingeben wollen, und wählen Sie Auswahlliste aus dem Kontextmenü. Klicken Sie dort auf die gewünschte Bezeichnung.

Zellinhalte bearbeiten, löschen und ersetzen

So löschen Sie Zellinhalte: Markieren Sie die Zelle und drücken Sie Entf.

Neue Eingaben in eine Zelle ersetzen den vorherigen Inhalt.

So bearbeiten Sie Zellinhalte: Markieren Sie die Zelle, klicken Sie in die Formelleiste und bearbeiten Sie den Inhalt und drücken Sie die Enter-Taste.

So bearbeiten Sie den Inhalt direkt in der Zelle: Doppelklicken Sie auf die Zelle, ändern Sie den Inhalt direkt darin und drücken Sie die Enter-Taste.

Zellen ausschneiden, kopieren und einfügen

So schneiden Sie Zellen aus: Wählen Sie die Zelle oder den Bereich aus, den Sie ausschneiden möchten, und verwenden Sie eine der vier Methoden zum Ausschneiden:

- Klicken Sie auf die Schaltfläche Ausschneiden auf der Standardsymbolleiste.
- Wählen Sie Bearbeiten → Ausschneiden aus dem Menü.
- Drücken Sie Strg + X.
- Rechtsklicken Sie und wählen Sie Ausschneiden aus dem Kontextmenü.

So kopieren Sie Zellen: Wählen Sie die Zelle oder den Bereich aus, den Sie ausschneiden wollen, und verwenden Sie eine der vier Methoden zum Kopieren:

- Klicken Sie auf die Schaltfläche Kopieren auf der Standardsymbolleiste.
- Wählen Sie Bearbeiten → Kopieren aus dem Menü.
- Drücken Sie Strg + C.
- Rechtsklicken Sie und wählen Sie Kopieren aus dem Kontextmenü.

So fügen Sie kopierte Objekte ein: Wählen Sie die Zelle oder den Bereich aus, in den Sie die kopierten Zellen einfügen wollen, und verwenden Sie eine der vier Methoden zum Einfügen:

- Klicken Sie auf die Schaltfläche Einfügen auf der Standardsymbolleiste.
- Wählen Sie Bearbeiten → Einfügen aus dem Menü.
- Drücken Sie Strg + V.
- Rechtsklicken Sie und wählen Sie Einfügen aus dem Kontextmenü.

Zellen mit der Maus verschieben und kopieren

So verschieben Sie Zellen mit Drag & Drop: Markieren Sie die Zelle oder den Bereich, den Sie verschieben möchten, und ziehen Sie die Auswahl an ihrem äußeren Rand, bis sich ihre obere linke Zelle in der gewünschten Position befindet. Hier lassen Sie die Maustaste wieder los.

So kopieren Sie Zellen durch Drag & Drop: Gehen Sie genauso vor wie beim Verschieben, halten Sie dabei aber die Strg-Taste gedrückt.

Mehrere Elemente sammeln und einfügen

So zeigen Sie die Office-Zwischenablage an: Wählen Sie Bearbeiten → Office-Zwischenablage aus dem Menü.

So fügen Sie etwas in die Zwischenablage ein: Kopieren Sie die Daten oder schneiden Sie sie wie üblich aus.

So zeigen Sie den Inhalt eines Objekts in der Zwischenablage an: Zeigen Sie auf das Objekt.

So fügen Sie etwas aus der Zwischenablage ein: Öffnen Sie den Aufgabenbereich Zwischenablage, und klicken Sie auf das einzufügende Objekt. Klicken Sie auf Alle einfügen, wenn Sie sämtliche in der Zwischenablage enthaltenen Elemente einfügen möchten.

Absolute und relative Zellbezüge

Relative Zellbezüge beruhen auf der Position der Zellen zueinander. Der Zellbezug ändert sich, wenn eine Zelle an einen Ort verschoben wird.

Absoluten Zellbezügen geht ein $-Zeichen voraus. Sie führen stets zu derselben Zelladresse und ändern sich nicht, wnen die Zelle verschoben wird.

Halten Sie die Funktionstaste F4 gedrückt, während Sie auf die Bezugszelle klicken, um einen absoluten Bezug herzustellen.

Der Befehl Inhalte einfügen

So verwenden Sie den Befehl Inhalte einfügen: Kopieren Sie eine Zelle oder einen Zellbereich mit Hilfe einer der bekannten Methoden (bzw. schneiden Sie sie aus). Klicken Sie auf die Schaltfläche Einfügen in der Standardsymbolleiste. Dann positionieren Sie den Zellcursor über der Schaltfläche Einfügen-Optionen, klicken Sie auf den Dropdown-Pfeil und wählen Sie die gewünschte Option.

Zellen, Zeilen und Spalten einfügen und löschen

So fügen Sie eine Zeile oder Spalte ein: Klicken Sie auf den Spalten- oder Zeilenkopf, über oder neben dem Sie eine Spalte oder Zeile einfügen möchten. Danach rechtsklicken Sie auf die markierte Spalte oder Zeile und wählen Zellen einfügen aus dem Kontextmenü oder Einfügen → Spalten bzw. Zeilen aus dem Hauptmenü.

So löschen Sie eine Spalte oder Zeile: Markieren Sie die Köpfe der Zeilen oder Spalten, die Sie löschen möchten. Danach können Sie entweder rechtsklicken und Löschen aus dem Kontextmenü wählen oder aus dem Hauptmenü Bearbeiten → Löschen wählen.

So löschen Sie einen Zellbereich: Markieren Sie den zu löschenden Zellbereich und rechtsklicken Sie entweder, um Löschen aus dem Kontextmenü zu wählen, oder klicken Sie im Menü auf Bearbeiten → Löschen und wählen Sie, wie die angrenzenden Zellen verschoben werden sollen.

Rückgängigmachen, Wiederherstellen und Wiederholen

Rückgängigmachen: Klicken Sie auf die Schaltfläche Rückgängig in der Standardsymbolleiste, oder wählen sie Bearbeiten → Rückgängig aus dem Menü bzw. drücken Sie gleichzeitig Strg + Z.

Wiederherstellen: Klicken Sie auf die Schaltfläche Wiederherstellen in der Standardsymbolleiste. Sie können auch Bearbeiten → Wiederherstellen aus dem Menü wählen oder Strg + Y drücken.

Mehrfaches Rückgängigmachen/Wiederherstellen: Klicken Sie auf die Pfeile der Schaltflächen Rückgängig oder Wiederherstellen auf der Standardsymbolleiste, um mehrere Befehle zugleich rückgängig zu machen bzw. wiederherzustellen.

Wiederholen: Drücken Sie entweder Strg + Y oder wählen Sie Bearbeiten → Wiederholen aus dem Menü.

Rechtschreibprüfung

So aktivieren Sie die Rechtschreibprüfung: Klicken Sie auf die Schaltfläche Rechtschreibung in der Standardsymbolleiste oder wählen Sie Extras → Rechtschreibung aus dem Menü wählen.

Suchen und Ersetzen

So finden Sie Text: Wählen Sie Bearbeiten → Suchen aus dem Menü, oder drücken Sie Strg + F. Geben Sie den zu suchenden Text in das Feld Suchen nach ein, und klicken Sie auf Weitersuchen. Wiederholen Sie diesen Schritt so oft, bis Sie den gesuchten Text gefunden haben.

So ersetzen Sie Text: Wählen Sie Bearbeiten → Ersetzen aus dem Menü, oder drücken Sie Strg + H. Geben Sie den zu suchenden Text in das Feld Suchen nach und den neuen in das Feld Ersetzen durch ein. Klicken Sie so oft auf Weitersuchen und Ersetzen, bis Sie alle gesuchten Wörter gefunden und ersetzt haben, oder klicken Sie auf Alle ersetzen, um alle Suchwörter auf einmal zu ersetzen.

Erweiterte Druckoptionen

Wählen Sie Datei → Drucken aus dem Menü, um das Dialogfeld Drucken zu öffnen. Hier können Sie die Anzahl der Kopien angeben und festlegen, welche Seiten gedruckt werden sollen.

Kapitel 2
Ein Arbeitsblatt bearbeiten

Dateiverwaltung

Die meisten Verwaltungsarbeiten wie das Löschen, Umbenennen und Kopieren von Dateien, können Sie in den Dialogfeldern Öffnen und Speichern unter vornehmen. Rechtsklicken Sie auf eine Datei und wählen Sie den gewünschten Befehl aus dem Kontextmenü oder markieren Sie die Datei und suchen Sie einen Befehl aus dem Menü Extras aus.

So ändern Sie die Anzeigeform der Dateien: Klicken Sie auf den Dropdown-Pfeil der Schaltfläche Ansichten und wählen Sie die gewünschte Version aus.

Kommentare einfügen

So fügen Sie einen Kommentar ein: Rechtsklicken Sie auf die Zelle, in der Sie einen Kommentar einfügen wollen. Wählen Sie Kommentar einfügen aus dem Kontextmenü und geben Sie den Kommentar ein. Klicken Sie außerhalb des Kommentarfelds, um es zu schließen.

So bearbeiten Sie einen Kommentar: Rechtsklicken Sie auf die Zelle, deren Kommentar Sie bearbeiten wollen, und wählen Sie Kommentar bearbeiten aus dem Kontextmenü. Bearbeiten Sie den Kommentar, und wenn Sie damit fertig sind, klicken Sie außerhalb des Kommentarfelds, um es zu schließen.

So löschen Sie einen Kommentar: Rechtsklicken Sie auf die Zelle, deren Kommentar Sie löschen wollen, und wählen Sie Löschen aus dem Kontextmenü.

Smarttags

Wenn Sie Daten in ein Dokument eingeben, können Smarttag-Schaltflächen ⓢ eingeblendet werden. Klicken Sie darauf, um die darin aufgelisteten Aktionen auf die Daten anzuwenden.

So benutzen Sie Smarttags: Klicken Sie auf den Dropdown-Pfeil der Smarttag-Schaltfläche und wählen Sie eine der aufgelisteten Aktionen oder Optionen aus.

So können Sie Smarttag-Optionen einsehen und verändern: Wählen Sie Extras → AutoKorrektur-Optionen aus dem Menü und klicken Sie auf die Registerkarte Smarttags.

Arbeitsmappen wiederherstellen

So stellen Sie ein Dokument wieder her: Starten Sie Excel neu, falls es nicht von selbst neu startet. Suchen Sie die Version Ihrer Arbeitsmappe mit dem geringsten Datenverlust, klicken Sie darauf, und speichern Sie sie über Datei → Speichern unter im Menü.

So ändern Sie die Einstellungen für AutoWiederherstellen: Wählen Sie Extras → Optionen aus dem Menü, und öffnen Sie die Registerkarte Speichern. Vergewissern Sie sich, dass das Kontrollkästchen neben AutoWiederherstellen-Info speichern alle: aktiviert ist, geben Sie das gewünschte Zeitintervall in Minuten ein und klicken Sie auf OK.

Test

1. Sie gehen an einem Montag zur Bank und haben leider die Belege für die Einnahmen verlegt, die Sie am Ende jedes Arbeitstags einzahlen sollen. Wie können sie, wenn Sie am nächsten Freitag das Arbeitsblatt mit den täglichen Einnahmen fertig stellen, als Erklärung für Ihren Chef dem Wert für Montag eine Notiz hinzufügen?

   A. Wen kümmert das schon. Das würde nur Ihrem Ansehen schaden.

   B. Sie drucken das Arbeitsblatt aus und bringen eine Haftnotiz neben dem Montagswert an.

   C. Sie klicken auf die Zelle mit dem Montagswert und fügen über Einfügen → Kommentar einen entsprechenden Kommentar ein.

   D. Sie fügen keinen Kommentar, sondern einen geschätzten Wert ein. Lassen Sie Ihren Chef das Problem lösen, wenn er den Bankauszug bekommt.

2. Welches ist die schnellste Methode, um den Inhalt von Zellen zu ersetzen?

   A. Sie löschen den alten Inhalt und geben den neuen ein.

   B. Sie geben den neuen Inhalt ein, wobei Sie den alten überschreiben.

Kapitel 2
Kapitel 2 im Überblick

C. Sie klicken in die Formelleiste zum Bearbeiten des Zellinhalts, löschen mit der Rückschritt-Taste den alten Inhalt und geben den neuen ein.

D. Sie doppelklicken auf die Zelle, um sie zu bearbeiten, löschen mit der Rückschritt-Taste den alten Inhalt und geben den neuen ein.

3. Welche der folgenden Aktionen schneidet keine Zellinhalte aus?

    A. Klicken auf die Schaltfläche Ausschneiden in der Standardsymbolleiste.

    B. Drücken von Strg + C.

    C. Drücken von Strg + X.

    D. Wählen von Bearbeiten → Ausschneiden aus dem Menü.

4. Relative Bezüge weisen immer auf eine bestimmte Zelle. Sie ändern sich nicht, wenn die Formel an eine andere Stelle verschoben wird. Ist das richtig oder falsch?

5. Mit dem Befehl Inhalte einfügen können Sie Folgendes kopieren und einfügen (Mehrfachnennung möglich):

    A. Das Ergebnis einer Formel ohne die Formel selbst

    B. Formatierungsoptionen

    C. Zellkommentare

    D. Multiplikation der Auswahl mit einem kopierten Wert

6. Welche der folgenden Aussagen ist falsch?

    A. Sie können die Rechtschreibung Ihrer Arbeitsmappen durch Anklicken der Schaltfläche Rechtschreibung in der Standardsymbolleiste überprüfen.

    B. Um eine Information in einem Arbeitsblatt zu suchen, wählen Sie Bearbeiten → Suchen aus dem Menü.

    C. Die Funktion Rückgängig kann nur die zuletzt ausgeführte Aktion rückgängig machen.

    D. Wenn Sie einen Zellbereich, eine Zeile oder Spalte löschen, müssen Sie andere Zellen verschieben, die den frei gewordenen Platz einnehmen.

7. Sie können eine Zelle wie folgt bearbeiten (Mehrfachnennung möglich):

    A. Sie doppelklicken auf die Zelle und bearbeiten sie direkt.

    B. Sie wählen Bearbeiten → Arbeitsmappe bearbeiten → Arbeitsblatt bearbeiten → Zelle bearbeiten aus dem Menü.

    C. Das geht nicht – Sie müssen alles neu eingeben.

    D. Sie klicken in die Formelleiste.

8. Bei der Rechtschreibprüfung wird Ihr Name stets als fehlerhaft markiert. Wie können Sie das ändern?

    A. Sie wählen Extras → Rechtschreibung aus dem Menü und klicken auf Zum Wörterbuch hinzufügen, wenn Ihr Name erscheint.

    B. Sie rechtsklicken auf Ihren Namen und wählen Hinzufügen aus dem Kontextmenü.

    C. Sie wählen Extras → Rechtschreibung und Grammatik aus dem Menü und klicken auf Zum Wörterbuch hinzufügen.

    D. Das können Sie nicht ändern.

9. Wie können Sie drei Kopien Ihrer Arbeitsmappe ausdrucken?

    A. Sie wählen Datei → Drucken aus dem Menü und geben 3 in das Textfeld Anzahl der Exemplare ein.

    B. Sie drücken Strg + P + 3.

    C. Sie wählen Datei → Eigenschaften aus dem Menü und geben in das Textfeld Anzahl der Exemplare eine 3 ein.

    D. Sie drucken das Dokument über die Schaltfläche Drucken in der Standardsymbolleiste aus und gehen zum nächsten Copyshop, um zwei weitere Kopien anfertigen zu lassen.

10. Sie stellen fest, dass Ihnen in einer Arbeitsmappe ein kleiner Fehler unterlaufen ist. Wie können Sie alle Vorkommen des Wortes »Gewinn« durch »Verlust« ersetzen?

    A. Sie wählen Bearbeiten → Ersetzen aus dem Menü und geben bei Suchen nach Gewinn und bei Ersetzen durch Verlust ein.

    B. Es gibt keine einfache Lösung. Sie gehen Schritt für Schritt Ihre Arbeitsmappe durch und ersetzen die Wörter einzeln durch Überschreiben.

    C. Sie klicken auf die Schaltfläche Suchen und Ersetzen in der Standardsymbolleiste und folgen den Anweisungen des Assistenten für Suchen und Ersetzen.

D. Sie wählen Extras → Ersetzen aus dem Menü, geben bei Suchen nach Gewinn und bei Ersetzen durch Verlust ein und klicken auf Alle ersetzen.

11. Welcher der folgenden Ausdrücke ist ein absoluter Bezug?

    A. A1

    B. #A#1

    C. !A!1

    D. $A$1

12. Sie können die Schaltfläche Kopieren in der Standardsymbolleiste zum Kopieren von Werten, nicht jedoch von Formeln benutzen. Ist das richtig oder falsch?

13. Wie fügen Sie eine Zeile ein (Mehrfachnennung möglich)?

    A. Sie rechtsklicken auf den Kopf der Zeile, über der Sie die neue Zeile einfügen wollen, und wählen Einfügen aus dem Kontextmenü.

    B. Sie markieren die Zeile, über der Sie die neue einfügen wollen, und wählen Bearbeiten → Zeile einfügen aus dem Menü.

    C. Sie markieren den Kopf der Zeile, über der Sie die neue Zeile einfügen wollen und klicken auf die Schaltfläche Zeile Einfügen in der Standardsymbolleiste.

    D. Sie klicken auf den Kopf der Zeile, über der Sie eine neue Zeile einfügen wollen, und wählen Einfügen → Zeilen aus dem Menü.

14. Wie löschen Sie eine Spalte (Mehrfachnennung möglich)?

    A. Sie rechtsklicken auf den Kopf der Spalte, die Sie löschen wollen, und wählen Löschen aus dem Kontextmenü.

    B. Sie klicken auf den Kopf der Spalte, die Sie löschen wollen, und wählen Bearbeiten → Löschen aus dem Menü.

    C. Sie klicken auf den Kopf der Spalte, die Sie löschen wollen, und danach auf die Schaltfläche Spalten löschen in der Standardsymbolleiste.

    D. Sie klicken auf den Kopf der Spalte, die Sie löschen wollen, und wählen Einfügen → Löschen aus dem Menü.

Hausaufgaben

1. Öffnen Sie die Arbeitsmappe *Hausaufgaben 2* und speichern Sie sie unter *Übungsaufgaben 2*.

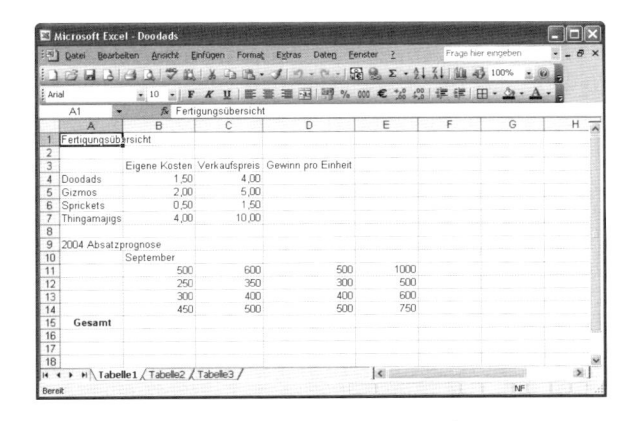

2. Ändern Sie den Arbeitsblatttitel in Zelle A1 in Produktionsliste 2004.

3. Erstellen Sie eine Formel, die in Zelle D4 den Gewinn pro Einheit berechnet. (Kleiner Tipp: Sie müssen C4 von B4 abziehen.)

4. Kopieren Sie die Formel in D4 in die restlichen Zellen der Spalte Gewinn pro Einheit (D5:D7).

5. Kopieren Sie die Bezeichnungen im Bereich A4:A7 auf den Bereich A11:A14.

6. Benutzen Sie AutoAusfüllen, um die fehlenden Monate in Zeile 10 zu vervollständigen.

7. Führen Sie eine Rechtschreibprüfung durch.

Kapitel 2
Kapitel 2 im Überblick

Zusatzaufgabe: Erstellen Sie in B15 eine Formel, in der die Septemberspalte summiert und mit dem Wert in D4 multipliziert wird, wobei nur der Bezug auf die Spalte D als *absoluter Bezug* eingegeben wird. Kopieren Sie die Formel in die übrigen Zellen der unteren Tabelle (Absatzprognose).

War die Aufgabe zu schwer? Hier ist die Lösung: =SUMME(B11:B14)*$D4

Lösungen zum Test

1. C. Durch Auswählen von Einfügen → Kommentar wird der Zelle eine Notiz »angeheftet«.
2. B. Die Eingabe ersetzt den bisherigen Text in der Zelle. Die anderen drei Methoden führen zum gleichen Ergebnis – nur nicht so schnell.
3. B. Strg + C kopiert die Inhalte, anstatt sie auszuschneiden.
4. Falsch. Relative Bezüge sind von der Position der Formel abhängig und ändern sich, wenn die Zelle mit der Formel verschoben wird.
5. Alle Antworten sind richtig. Sie können Inhalte einfügen in allen genannten Fällen benutzen.
6. C. Mit Rückgängig können Sie bis zu 16 der zuletzt ausgeführten Aktionen widerrufen.
7. A. und D. Sie können den Inhalt einer Zelle bearbeiten, indem Sie in die Formelleiste klicken oder auf die Zelle doppelklicken.
8. A. Sie fügen Ihren Namen dem Wörterbuch hinzu, indem Sie Extras → Rechtschreibung wählen und auf Zum Wörterbuch hinzufügen klicken, wenn Ihr Name erscheint.
9. A. Sie müssen das Dialogfenster Drucken öffnen und die Zahl der gewünschten Kopien eingeben.
10. A. Sie wählen Bearbeiten → Ersetzen aus dem Menü, geben bei Suchen nach Gewinn und bei Ersetzen durch Verlust ein und klicken auf Alle ersetzen.
11. D. Absolute Bezüge erkennen Sie an dem vorangestellten $-Zeichen.
12. Falsch. Mit Hilfe der Schaltfläche Kopieren können Sie sowohl Werte als auch Formeln kopieren.
13. A. und D. Mit beiden Methoden fügen Sie eine neue Zeile ein.
14. A. und B. Mit beiden Methoden löschen Sie eine Spalte.

KAPITEL 3
EIN ARBEITSBLATT FORMATIEREN

LERNZIELE

Schriften mit der Formatsymbolleiste formatieren
Werte formatieren
Spaltenbreite und Zeilenhöhe einstellen
Die Zellausrichtung ändern
Farben und Muster hinzufügen
Die Funktion Format übertragen
Ein benutzerdefiniertes Zahlenformat anlegen
Eine Formatvorlage erstellen, anwenden und ändern
Bedingte Formatierung von Zellen
Zellen verbinden, Text drehen und die optimale Breite einstellen

AUFGABE: EINEN AUSGABENBERICHT FORMATIEREN

Voraussetzungen

- Sie können mit Menüs, Symbolleisten, Dialogfeldern und Tastaturkürzeln umgehen.
- Sie wissen, wie man Zellbereiche markiert.

Wahrscheinlich haben Sie auch einige Kollegen, die bei Besprechungen durch ihre mit farbigen Schriften, Rahmen und Mustern perfekt gestalteten Darstellungen beeindrucken. In dieser Lektion lernen Sie, wie Sie Ihre Arbeitsblätter attraktiver formatieren und übersichtlicher gestalten. Dazu gehört, das Aussehen, Größe und Farbe von Schriften festzulegen, den Zellinhalt auszurichten und Zeilenhöhe und Spaltenbreite anzupassen. Außerdem lernen Sie in diesem Kapitel, Ihre Arbeitsblätter sinnvoll zu gliedern und ihnen durch Rahmen und Muster ein professionelles Aussehen zu verleihen.

LEKTION 3.1 — Schriften formatieren mit der Formatsymbolleiste

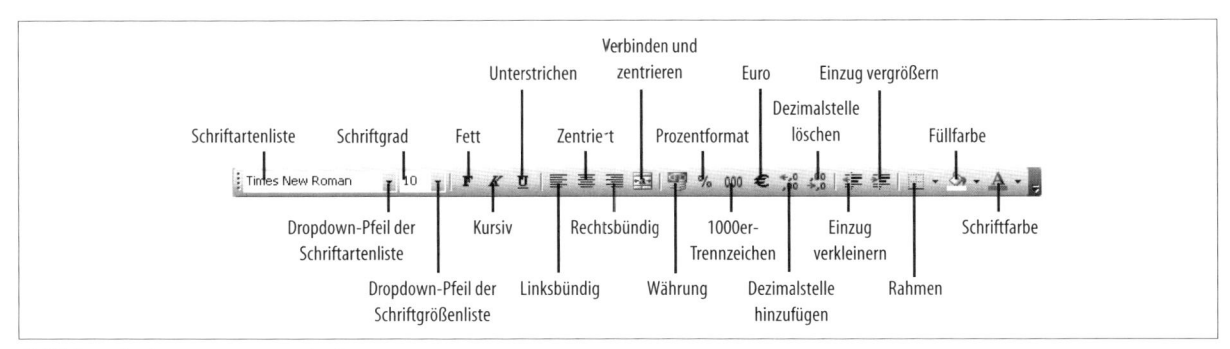

Abbildung 3-1: Die Formatsymbolleiste

Abbildung 3-2: Schriftgrößen ändern

1. Markieren Sie die zu formatierenden Zellen.
2. Klicken Sie auf den Dropdown-Pfeil der Liste Schriftgrad (▼) und wählen Sie die Schriftgröße aus.

Klicken Sie hier, um sich in der Liste nach unten zu bewegen.

Die Schriftgröße in den ausgewählten Zellen wurde geändert.

Sie können Text in einer Arbeitsmappe hervorheben, indem Sie ihn in Fett- oder Kursivschrift bzw. einer besonderen Schriftart gestalten. Das geht am einfachsten über die Schaltflächen in der Formatsymbolleiste (siehe Abbildung 3-1), mit denen sich die meisten Formatierungsbefehle ausführen lassen.

1 Starten Sie Excel, öffnen Sie die Arbeitsmappe Übung 3A **und speichern Sie sie unter** Ausgabenbericht.

Excel speichert die Arbeitsmappe unter diesem Namen. Als Erstes wollen Sie den Titel des Arbeitsblatts *Ausgabenbericht* hervorheben.

2 Aktivieren Sie A1.

Wenn Sie eine Zelle oder einen Bereich markiert haben, können Sie ihn formatieren.

Das Listenfeld Schriftart

3 Klicken Sie auf den Dropdown-Pfeil der Liste Schriftart (▼) in der Formatsymbolleiste, gehen Sie in der Liste nach unten und wählen Sie Times New Roman aus.

Der Titel erscheint jetzt in dieser Schriftart. *Arial* und *Times New Roman* gehören zu den gebräuchlichsten Schriftarten in Windows, die in Tabelle 3-1 aufgelistet sind.

Das Listenfeld Schriftgrad

4 Klicken Sie auf den Dropdown-Pfeil der Liste Schriftgrad (A1 ist noch aktiviert) und wählen Sie wie in Abbildung 3-2 die Schriftgröße 16 aus.

Der Titel erscheint jetzt in vergrößerter Schrift (16 anstelle von 12 Punkt). Jetzt hebt er sich deutlich vom Rest des Arbeitsblatts ab, finden Sie nicht auch? Schriftgrößen werden in der Einheit *Punkt* angegeben, das ist der 72. Teil eines Zolls. Je größer die Zahl der Einheit, desto größer ist die Schrift.

5 Markieren Sie A4:G4 und Klicken Sie auf die Schaltfläche Fett in der Formatsymbolleiste.

Die Zellen im markierten Bereich – es handelt sich dabei um die Spaltenüberschriften – erscheinen jetzt in Fettschrift.

F

Die Schaltfläche Fett
Andere Methoden für die Zuweisung von Fettschrift:
· Wählen Sie Format → Zellen aus dem Menü, öffnen Sie im Dialogfeld Zellen formatieren die Registerkarte Schrift und klicken Sie in der Liste Schriftschnitt auf Fett.
· Drücken Sie Strg + Umschalt + F.

6 Klicken Sie auf die Schaltfläche Kursiv in der Formatsymbolleiste.

Der Text wird jetzt fett und kursiv dargestellt. Beachten Sie, dass die zugehörigen Schaltflächen durch Schattierung und Umrandung hervorgehoben werden, so lange entsprechend formatierte Zellen aktiv sind.

Sie können auch die Farbe einer Schrift bestimmen:

7 Markieren Sie A1.

8 Klicken Sie auf den Dropdown-Pfeil der Schaltfläche Schriftfarbe (·) in der Formatsymbolleiste und wählen Sie die Farbe Dunkelrot aus der Farbpalette.

Die Schriftfarbe in der Zelle wechselt von Schwarz zu Dunkelrot.

Bis jetzt haben Sie immer alle Zeichen in einer Zelle gleichzeitig formatiert. Falls Sie aber nur einen Teil des Zellinhalts formatieren möchten, gehen Sie folgendermaßen vor:

9 Markieren Sie G2.

Hier wollen Sie nur Eingereicht von: durch Fettschrift hervorheben und den Rest (den Namen des Autors) unverändert lassen.

10 Platzieren Sie die Einfügemarke I ganz am Anfang der Formelleiste, direkt vor dem Wort Eingereicht.

Die Einfügemarke – der blinkende senkrechte Strich (I) – befindet sich jetzt am Anfang der Formelzeile.

11 Ziehen Sie die Einfügemarke bei gedrückter Maustaste über die Wörter Eingereicht von: und lassen Sie die Maustaste los.

Alternativ können Sie einen Text auch markieren, indem Sie Umschalt gedrückt halten und die Einfügemarke mit Hilfe der Pfeiltasten vom Anfang bis zum Ende der gewünschten Markierung über den Text bewegen und dann loslassen. Jetzt können Sie den markierten Text formatieren.

12 Klicken Sie auf Fett in der Formatsymbolleiste.

Nur der markierte Text Eingereicht von erscheint in Fettschrift, der Rest bleibt unverändert.

13 Speichern Sie Ihre Arbeit, indem Sie in der Standardsymbolleiste auf Speichern klicken.

Tabelle 3-1: Beispiele für übliche Schriftarten und -größen

Bekannte Schriftarten	Übliche Schriftgrößen
Arial	Arial 8 Punkt
Comic Sans MS	Arial 10 Punkt
Courier New	Arial 12 Punkt
Times New Roman	Arial 14 Punkt

Lektion 3.1
Schriften formatieren mit der Formatsymbolleiste

SCHNELLREFERENZ

SO FORMATIEREN SIE IN FETTSCHRIFT:

- KLICKEN SIE AUF DIE SCHALTFLÄCHE FETT ODER DRÜCKEN SIE STRG + UMSCHALT + F.

SO FORMATIEREN SIE IN KURSIVSCHRIFT:

- KLICKEN SIE AUF DIE SCHALTFLÄCHE KURSIV ODER DRÜCKEN SIE STRG + UMSCHALT + K.

SO FORMATIEREN SIE SCHRIFT MIT UNTERSTREICHUNG:

- KLICKEN SIE AUF DIE SCHALTFLÄCHE UNTERSTRICHEN ODER DRÜCKEN SIE STRG + U.

SO ÄNDERN SIE DIE SCHRIFTGRÖSSE:

- WÄHLEN SIE DIE GEWÜNSCHTE GRÖSSE AUS DER LISTE SCHRIFTGRAD 10 IN DER FORMATSYMBOLLEISTE.

SO WÄHLEN SIE DIE SCHRIFTART AUS:

- WÄHLEN SIE DIE GEWÜNSCHTE SCHRIFTART AUS DER LISTE SCHRIFTART Times New Roman IN DER FORMATSYMBOLLEISTE.

Werte formatieren

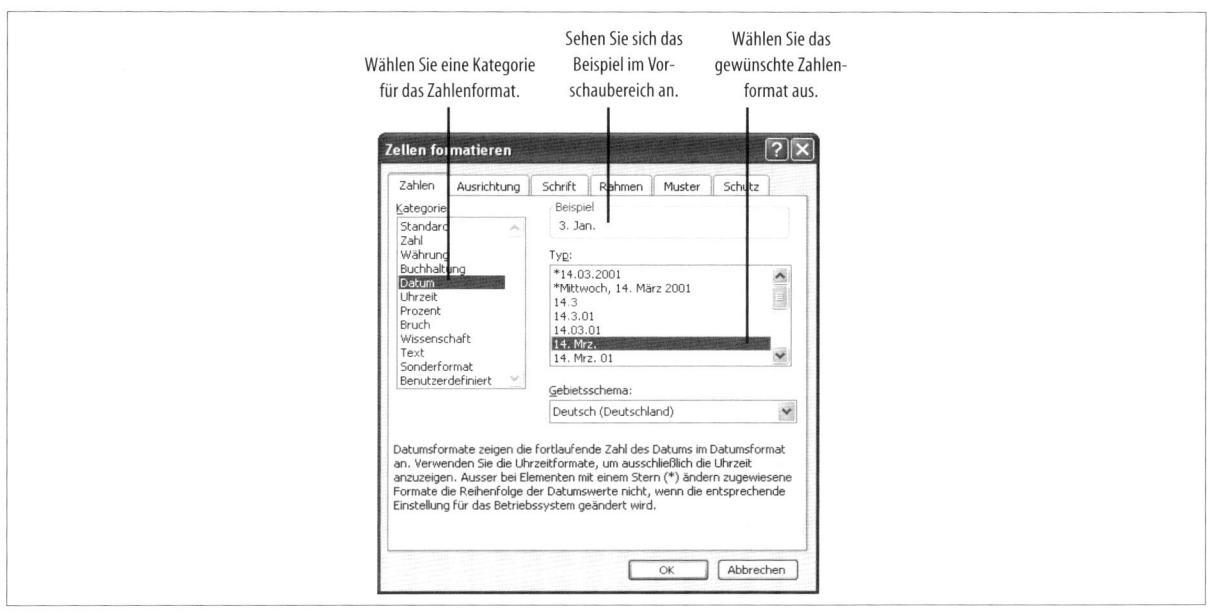

LEKTION 3.2

Abbildung 3-3: Die Registerkarte Zahlen im Dialogfeld Zellen formatieren

Wählen Sie eine Kategorie für das Zahlenformat.

Sehen Sie sich das Beispiel im Vorschaubereich an.

Wählen Sie das gewünschte Zahlenformat aus.

	A	B	C	D	E	F	G
1	Ausgabenbericht						
2	15.01.2005						Eingereicht v
3							
4	Datum	Typ	Bezahlung	Kosten pro E	Menge	Steuer	Gesamt
5	03.01.2005	Kilometergeld		0,32	46	0	14,72
6	03.01.2005	Parken	Bar	7	1	0	7
7	03.01.2005	Handyanruf	Kreditkarte	0,15	23	0,065	4,95475
8	05.01.2005	Kilometergeld		0,32	35	0	11,2
9	05.01.2005	Flugticket	VISA	1299	1	0,01	1312
10	07.01.2005	Unterkunft	Scheck	69	1	0,09	75,3
11	07.01.2005	Essen	Kreditkarte	8,5	1	0,07	9,165
12	07.01.2005	Taxi	Bar	22	1	0	22
13	08.01.2005	Verschieden	VISA	14,99	1	0,07	16,1093
14	08.01.2005	Porto	Bar	2,75	1	0	2,75
15	10.01.2005	Kilometergeld		0,32	64	0	20,48
16	11.01.2005	Sonstiges	VISA	15	1	0,065	16,04
17	12.01.2005	Handyanruf		0,15	10	0	1,5

Abbildung 3-4: Die vorformatierten Werte im Arbeitsblatt

Lektion 3.2
Werte formatieren

	A	B	C	D	E	F	G
1	Ausgabenbericht						
2	15.01.2005						Eingereicht
3							
4	Datum	Typ	Bezahlung	Kosten pro E	Menge	Steuer	Gesamt
5	3. Jan.	Kilometergeld		0,32 €	46	0,0%	14,72
6	3. Jan.	Parken	Bar	7,00 €	1	0,0%	7,00
7	3. Jan.	Handyanruf	Kreditkarte	0,15 €	23	6,5%	4,95
8	5. Jan.	Kilometergeld		0,32 €	35	0,0%	11,20
9	5. Jan.	Flugticket	VISA	1.299,00 €	1	1,0%	1312,00
10	7. Jan.	Unterkunft	Scheck	69,00 €	1	9,0%	75,30
11	7. Jan.	Essen	Kreditkarte	8,50 €	1	7,0%	9,17
12	7. Jan.	Taxi	Bar	22,00 €	1	0,0%	22,00
13	8. Jan.	Verschiedene	VISA	14,99 €	1	7,0%	16,11
14	8. Jan.	Porto	Bar	2,75 €	1	0,0%	2,75
15	10. Jan.	Kilometergeld		0,32 €	64	0,0%	20,48
16	11. Jan.	Sonstiges	VISA	15,00 €	1	6,5%	16,04
17	12. Jan.	Handyanruf		0,15 €	10	0,0%	1,50

Abbildung 3-5: Das Arbeitsblatt nach der Formatierung

In dieser Lektion lernen Sie, Zahlen mit unterschiedlichen Formaten zu belegen, ohne den Inhalt zu verändern. Excel ist so intelligent, dass es manche Werte automatisch formatieren kann. Wenn Sie zum Beispiel einen Wert mit einem vorangestellten Euro-Zeichen eingeben, zum Beispiel € 548,67, weist Excel ihm automatisch das Währungsformat zu.

Die Formatsymbolleiste weist standardmäßig sechs Zahlenwertschaltflächen auf: Währung, Euro, Prozent, 1000er-Trennzeichen, Dezimalstelle hinzufügen und Dezimalstelle löschen. Damit können Sie häufig verwendete Zahlenformate schnell zuweisen (siehe Tabelle 3-2). Wenn sich das gewünschte Format nicht darunter befindet, öffnen Sie das Dialogfeld Zellen formatieren über Format → Zellen und darin die Registerkarte Zahlen. Das ist etwas umständlicher als das Anklicken einer Schaltfläche, bietet Ihnen aber mehr und genauere Auswahlmöglichkeiten. In dieser Lektion verwenden wir beide Methoden.

Die Schaltfläche Währung

1 Markieren Sie D5:D17 und klicken Sie in der Formatsymbolleiste auf die Schaltfläche Währung.

Zu den Werten im markierten Bereich werden jetzt ein Euro-Zeichen und zwei Dezimalstellen hinzugefügt.

Die Schaltfläche 1000er-Trennzeichen

2 Markieren Sie G5:G17 und klicken Sie in der Formatsymbolleiste auf die Schaltfläche 1000er-Trennzeichen.

Excel fügt im gewählten Bereich zwei Dezimalstellen und ggf. einen Punkt als Tausendertrennzeichen ein.

Die Schaltfläche Prozent

3 Markieren Sie F5:F17 und klicken Sie in der Formatsymbolleiste auf die Schaltfläche Prozent.

Jetzt sind die Werte im markierten Bereich im Prozentformat dargestellt. Wie Sie sehen, stellt Excel aber nur abgerundete ganze Prozentzahlen dar, was Ihnen in diesem Fall aber nicht genügt. Sie möchten den Steuersatz etwas genauer mit einer Stelle nach dem Komma angeben (vorausschauend für die nächste Mehrwertsteuererhöhung).

Die Schaltfläche Dezimalstelle hinzufügen

4 Klicken Sie, während der Bereich Steuer immer noch markiert ist, auf die Schaltfläche Dezimalstelle hinzufügen in der Formatsymbolleiste.

Excel zeigt jetzt die Prozentwerte mit einer Stelle hinter dem Komma an.

Als Nächstes möchten Sie das Format in der Datumsspalte verändern. Die Formatsymbolleiste enthält keine Schaltfläche für diesen Zweck, weshalb Sie die Formatierung im Dialogfeld Zellen formatieren vornehmen müssen.

Die Formatsymbolleiste ermöglicht eine schnelle Formatierung, allerdings nur mit den gebräuchlichsten Optionen. Alle anderen finden Sie im Dialogfeld Zellen formatieren. Sie können es über Format → Zellen oder einen Rechtsklick und das Kontextmenü aufrufen.

5 Markieren Sie A5:A17, wählen Sie Format → Zellen aus dem Menü und öffnen Sie die Registerkarte Zahlen.

Das Dialogfeld Zellen formatieren öffnet sich, wobei wie in Abbildung 3-3 die Registerkarte Zahlen noch geöffnet und die Kategorie Datum markiert ist. Hier können Sie Zellen mit vielfältigen Zahlenformaten wie Prozentsätzen, Währungsangaben und Kalenderdaten versehen, die in zahlreichen Kategorien angeordnet sind.

6 Wählen Sie die Kategorie Datum und im Feld Typ das Format 14. Mrz und klicken Sie auf OK.

Das Dialogfeld schließt sich, und die markierten Zellen sind mit dem ausgewählten Datumsformat versehen. Probieren Sie noch andere Formate aus.

7 Während der Datumsbereich noch markiert ist, wählen Sie Format → Zellen aus dem Menü.

Das Dialogfeld Zellen formatieren öffnet sich erneut.

8 Wählen Sie im Feld Typ die Option 14. Mrz. 01 und klicken Sie auf OK.

Jetzt enthalten die Daten auch das Jahr. Vergleichen Sie die Abbildungen 3-4 und 3-5, die Ihr Arbeitsblatt vor und nach den Formatierungen zeigen.

9 Speichern Sie Ihre Arbeit.

Tabelle 3-2: Die Zahlenformatschaltflächen in der Formatsymbolleiste

Schaltfläche	Bezeichnung	Beispiel	Formatierung
	Währung	€ 1.000,00	Fügt das Eurozeichen, zwei Dezimalstellen und einen Punkt als Tausendertrennzeichen hinzu.
	Prozent	100%	Zeigt den Wert in ganzen Prozentzahlen an.
	1000er-Trennzeichen	1.000	Unterteilt Tausender durch einen Punkt und fügt zwei Dezimalstellen hinzu.
	Dezimalstelle hinzufügen	1000,00	Fügt eine Dezimalstelle hinter dem Komma ein.
	Dezimalstelle löschen	1000,0	Zeigt eine Dezimalstelle weniger an.

Lektion 3.2
Werte formatieren

SCHNELLREFERENZ

SO WENDEN SIE DIE ZAHLENFORMATIERUNG AN:

- MARKIEREN SIE EINE ZELLE ODER EINEN BEREICH UND KLICKEN SIE AUF DIE GEWÜNSCHTE SCHALTFLÄCHE IN DER FORMATSYMBOLLEISTE.

ODER:

- MARKIEREN SIE EINE ZELLE ODER EINEN BEREICH, WÄHLEN SIE FORMAT → ZELLEN AUS DEM MENÜ UND SUCHEN SIE DAS GEWÜNSCHTE ZAHLENFORMAT AUS.

ODER:

- MARKIEREN SIE EINE ZELLE ODER EINEN BEREICH, RECHTSKLICKEN SIE DARAUF, WÄHLEN SIE ZELLEN FORMATIEREN AUS DEM KONTEXTMENÜ, KLICKEN SIE AUF DIE REGISTERKARTE ZAHLEN UND WÄHLEN SIE DAS GEWÜNSCHTE ZAHLENFORMAT AUS.

Spaltenbreite und Zeilenhöhe einstellen

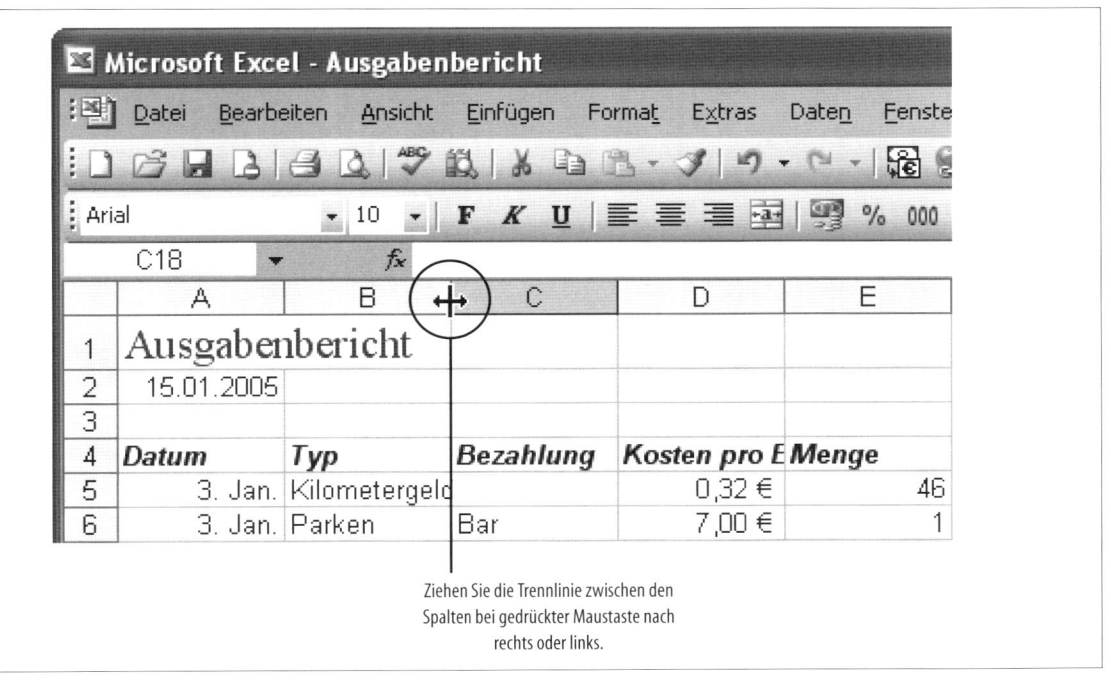

LEKTION 3.3

Abbildung 3-6: Die Spaltenbreite einstellen

Ziehen Sie die Trennlinie zwischen den Spalten bei gedrückter Maustaste nach rechts oder links.

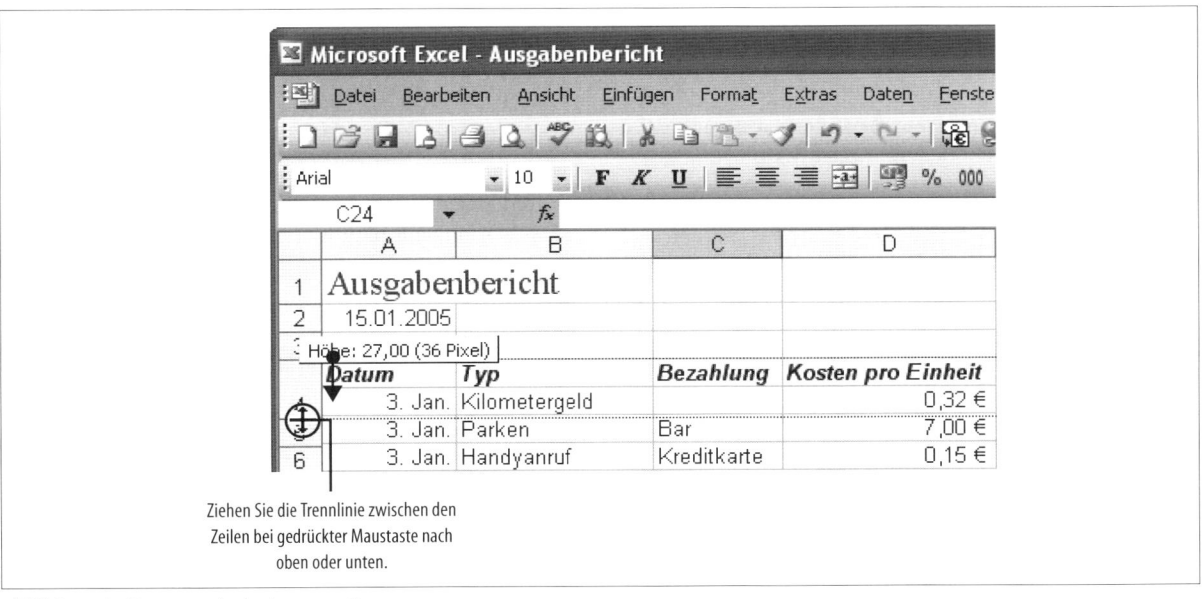

Abbildung 3-7: Die Zeilenhöhe einstellen

Ziehen Sie die Trennlinie zwischen den Zeilen bei gedrückter Maustaste nach oben oder unten.

Lektion 3.3
Spaltenbreite und Zeilenhöhe einstellen

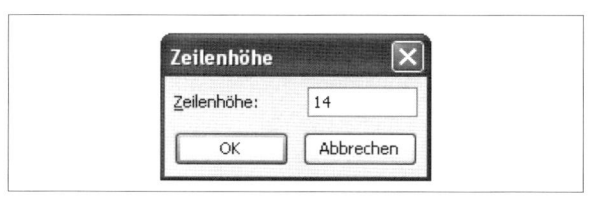

Abbildung 3-8: Das Dialogfeld Zeilenhöhe

Abbildung 3-9: Das Dialogfeld Spaltenbreite

Wenn Sie mit einem neuen Arbeitsblatt beginnen, weisen alle Spalten und Zeilen die gleichen Maße auf. Beim Eingeben von Daten werden Sie bald feststellen, dass der Platz in manchen Zellen nicht ausreicht, um den Inhalt vollständig darzustellen. In dieser Lektion lernen Sie, die Zeilenhöhe und Spaltenbreite nach Bedarf anzupassen.

1 Platzieren Sie den Zellcursor genau über der Trennlinie zwischen den Spaltenköpfen B und C, woraufhin er sich in ein ✥ verwandelt.

Wenn der Zeiger sich über der Spaltengrenze befindet und sich seine Form in ein ✥ ändert, können Sie die Spaltenbreite durch Ziehen mit der Maus verändern.

2 Ziehen Sie den Cursor bei gedrückter Maustaste so weit nach rechts, bis Spalte B breit genug ist, um alle Beschriftungen wie in Abbildung 3-6 vollständig anzuzeigen.

Beachten Sie, dass während des Ziehens der Spaltenbegrenzung ein kleines Kästchen erscheint, in dem die augenblickliche Spaltenbreite angezeigt wird.

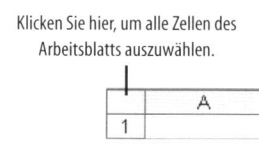

Klicken Sie hier, um alle Zellen des Arbeitsblatts auszuwählen.

Die Schaltfläche Alles auswählen

3 Platzieren Sie den Zellcursor genau über der Trennlinie zwischen den Spaltenköpfen D und E, bis er sich in ein ✥ verwandelt, und doppelklicken Sie mit der linken Maustaste.

Excel justiert die Breite der gewählten Spalte automatisch so, dass der längste Eintrag vollständig hineinpasst. Diese praktische Funktion heißt *AutoFit*. Sie können sie ebenfalls über Format → Spalte bzw. Zeile → Optimale Breite festlegen bzw. Optimale Höhe aus dem Menü aufrufen.

Die Zeilenhöhe lässt sich auf die gleiche Weise verändern wie die Spaltenbreite:

4 Platzieren Sie den Zellcursor genau über der Trennlinie zwischen den Zeilen 4 und 5, bis er sich in ein ✥ verwandelt.

Wenn der Zeiger sich über der Zeilengrenze befindet, und sich seine Form in ein ✥ ändert, können Sie die Zeilenhöhe durch Ziehen mit der Maus verändern.

5 Ziehen Sie den Cursor mit gedrückter Maustaste wie in Abbildung 3-7 nach unten, bis sich die Höhe von Zeile 4 verdoppelt hat.

Achten Sie beim Ziehen der Zeilenbegrenzung auf das kleine Kästchen, in dem die augenblickliche Zeilenhöhe angezeigt wird.

In den meisten Fällen ist das Ziehen mit der Maus die schnellste Methode zur Veränderung von Zeilenhöhe und Spaltenbreite. Manchmal ist aber die Verwendung des Dialogfelds praktischer, zum Beispiel um die Breite bzw. Höhe mehrerer Spalten oder Zeilen gleichzeitig einzustellen.

6 Klicken Sie auf die Schaltfläche Alles auswählen (das Rechteck in der linken oberen Ecke des Arbeitsblatts, wo sich die Zeilen- und Spaltenköpfe überschneiden), um das gesamte Arbeitsblatt zu markieren.

Excel markiert alle Zellen des Arbeitsblatts.

Kapitel 3
Ein Arbeitsblatt formatieren

7 Wählen Sie Format → Zeile → Höhe aus dem Menü.

Das Dialogfeld Zeilenhöhe aus Abbildung 3-8 erscheint, in dem Sie die Höhe exakt eingeben können. Die Standardhöhe beträgt 12,75.

8 Geben Sie 14 in das Textfeld Zeilenhöhe ein und klicken Sie auf OK.

Die Höhe aller Zeilen des Arbeitsblatts ändert sich in 14. Beachten Sie dabei, dass auch diese Zeilenhöhe noch nicht für den Titel ist ausreicht, weshalb Sie die Höhe der Zeile 1 vergrößern müssen. Das geht am schnellsten mit der Funktion *AutoFit*.

9 Heben Sie die Markierung des gesamten Arbeitsblatts durch Klick auf eine beliebige Stelle auf.

Die Zellen sind jetzt nicht mehr markiert.

10 Doppelklicken Sie auf die Trennlinie zwischen den Zeilenköpfen 1 und 2.

Excel passt die Höhe der Zeile 1 automatisch an, so dass der Titel jetzt hineinpasst. Noch können Sie die Dialogfelder Zeilenhöhe und Spaltenbreite über einen Rechtsklick und das Kontextmenü aufrufen.

11 Rechtsklicken Sie auf den Spaltenkopf A.

Daraufhin öffnet sich ein Kontextmenü mit den gebräuchlichsten Befehlen für Spalten. Wenn Sie stattdessen auf einen Zeilenkopf rechtsklicken, erscheinen die Zeilenbefehle im Kontextmenü.

12 Wählen Sie Spaltenbreite aus dem Kontextmenü.

Das Dialogfeld aus Abbildung 3-9 erscheint, in das Sie eine genaue Spaltenbreite eingeben können. Die Standardbreite beträgt 8,43.

13 Geben Sie 10 in das Textfeld Spaltenbreite ein und klicken Sie auf OK.

Die Breite der Spalte A ändert sich auf den Wert 10.

14 Speichern Sie Ihre Arbeit.

Sehr schön. In einer kurzen Lektion haben Sie gelernt, wie Sie mit Hilfe verschiedener Methoden Zeilenhöhen und Spaltenbreiten einstellen können.

Lektion 3.3
Spaltenbreite und Zeilenhöhe einstellen

SCHNELLREFERENZ

SO STELLEN SIE DIE SPALTENBREITE EIN:

- ZIEHEN SIE DIE SPALTENKOPFBEGRENZUNG NACH RECHTS ODER LINKS.

    ODER:

- RECHTSKLICKEN SIE AUF DEN SPALTENKOPF, WÄHLEN SIE SPALTENBREITE AUS DEM KONTEXTMENÜ UND GEBEN SIE DEN GEWÜNSCHTEN WERT EIN.

    ODER:

- MARKIEREN SIE DIE SPALTE, WÄHLEN SIE FORMAT → SPALTE → BREITE AUS DEM MENÜ UND GEBEN SIE DEN GEWÜNSCHTEN WERT EIN.

SO STELLEN SIE DIE ZEILENHÖHE EIN:

- ZIEHEN SIE DIE ZEILENKOPFBEGRENZUNG NACH OBEN ODER UNTEN.

    ODER:

- RECHTSKLICKEN SIE AUF DEN ZEILENKOPF, WÄHLEN SIE ZEILENHÖHE AUS DEM KONTEXTMENÜ UND TRAGEN SIE DEN GEWÜNSCHTEN WERT EIN.

    ODER:

- MARKIEREN SIE DIE SPALTE, WÄHLEN SIE FORMAT → ZEILE → HÖHE AUS DEM MENÜ UND GEBEN SIE DEN GEWÜNSCHTEN WERT EIN.

SO PASSEN SIE DIE ZEILENHÖHE ODER SPALTENBREITE AUTOMATISCH AN:

- DOPPELKLICKEN SIE AUF DIE OBERE BEGRENZUNG EINES ZEILEN- ODER DIE RECHTE EINES SPALTENKOPFS.

    ODER:

- MARKIEREN SIE EINE ZEILE ODER SPALTE UND WÄHLEN SIE FORMAT → ZEILE (ODER SPALTE) → OPTIMALE HÖHE (ODER OPTIMALE BREITE FESTLEGEN) AUS DEM MENÜ.

Ändern der Zellausrichtung

LEKTION 3.4

	A	B
1	Linksbündig	
2	Zentriert	
3	Rechtsbündig	
4	Verbunden und zentriert	
5	Eingezogen	
6	Zeilenumbruch aktiviert	

Abbildung 3-10: Beispiele für verschiedene Arten der Textausrichtung von Zellen

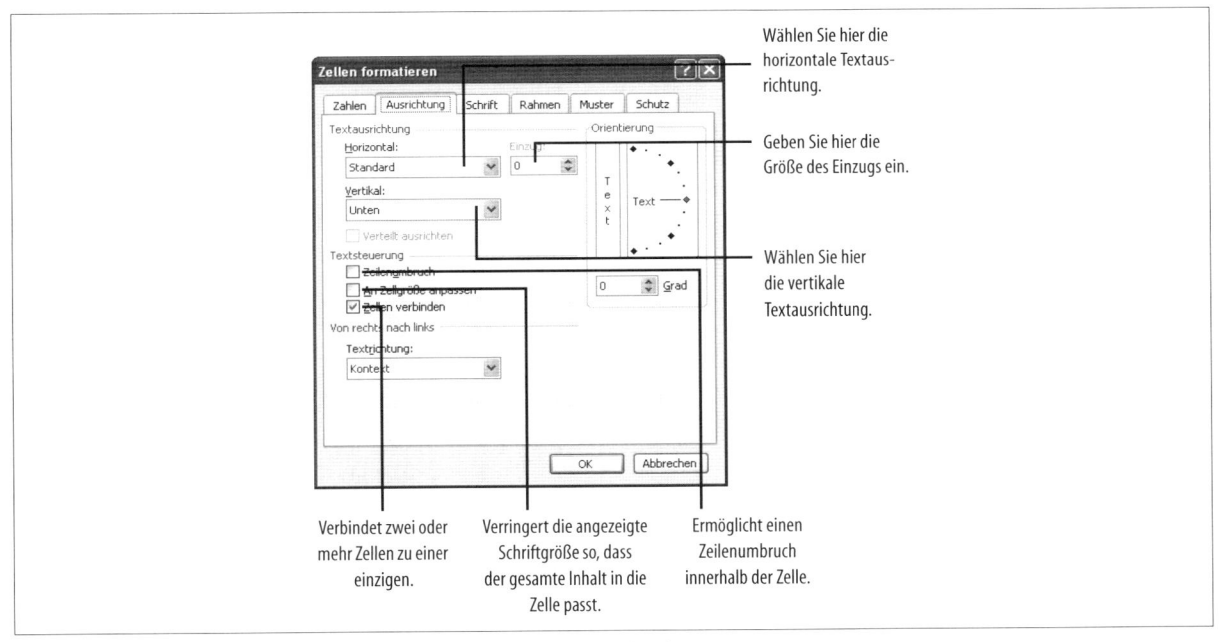

- Wählen Sie hier die horizontale Textausrichtung.
- Geben Sie hier die Größe des Einzugs ein.
- Wählen Sie hier die vertikale Textausrichtung.
- Verbindet zwei oder mehr Zellen zu einer einzigen.
- Verringert die angezeigte Schriftgröße so, dass der gesamte Inhalt in die Zelle passt.
- Ermöglicht einen Zeilenumbruch innerhalb der Zelle.

Abbildung 3-11: Die Registerkarte Ausrichtung des Dialogfelds Zellen formatieren

Lektion 3.4
Ändern der Zellausrichtung

	A	B	C	D	E	F	G
1				Ausgabenbericht			
2	15.01.2005					Eingereicht von:	Klaus Müller
3							
4	Datum	Typ	Bezahlung	Kosten pro Einheit	Menge	Steuer	Gesamt
5	3. Jan.	Kilometergeld		0,32 €	46	0,0%	14,72
6	3. Jan.	Parken	Bar	7,00 €	1	0,0%	7,00
7	3. Jan.	Handyanruf	Kreditkarte	0,15 €	23	6,5%	4,95
8	5. Jan.	Kilometergeld		0,32 €	35	0,0%	11,20
9	5. Jan.	Flugticket	VISA	1.299,00 €	1	1,0%	1312,00
10	7. Jan.	Unterkunft	Scheck	69,00 €	1	9,0%	75,30
11	7. Jan.	Essen	Kreditkarte	8,50 €	1	7,0%	9,17
12	7. Jan.	Taxi	Bar	22,00 €	1	0,0%	22,00
13	8. Jan.	Verschiedenes	VISA	14,99 €	1	7,0%	16,11
14	8. Jan.	Porto	Bar	2,75 €	1	0,0%	2,75
15	10. Jan.	Kilometergeld		0,32 €	64	0,0%	20,48
16	11. Jan.	Sonstiges	VISA	15,00 €	1	6,5%	16,04
17	12. Jan.	Handyanruf		0,15 €	10	0,0%	1,50
18							
19			Anmerkung:	Ich habe mehrere der Quittungen für			
20				meine Reise nach Berlin verlegt. Sind			
21				sie absolut notwendig?			

— Verbundene und zentrierte Zelle

— Verbundene Zelle

Abbildung 3-12: Das Arbeitsblatt mit neu formatierter Ausrichtung

Standardmäßig wird der Text in einer Zelle am unteren Rand angeordnet, Zahlen werden rechts- und Bezeichnungen (Text) linksbündig eingesetzt. Diese Lektion zeigt Ihnen, wie Sie diese Ausrichtung mit Hilfe der Formatsymbolleiste und des Dialogfelds Zellen formatieren verändern können. Das Dialogfeld ist in Abbildung 3-11 dargestellt, und Abbildung 3-10 zeigt einige Ausrichtungsformate.

1 Falls noch nicht erfolgt, öffnen Sie die Arbeitsmappe Übung 3B und speichern Sie sie unter Ausgabenbericht.

Die Schaltfläche Zentriert

2 Markieren Sie A4:G4 und klicken Sie auf die Schaltfläche Zentriert in der Formatsymbolleiste.

Excel richtet den Inhalt der ausgewählten Zellen zentriert aus. Beachten Sie, dass die Schaltfläche Zentriert jetzt umrandet erscheint.

3 Markieren Sie A5:A17 und klicken Sie auf die Schaltfläche Zentriert in der Formatsymbolleiste.

Die Daten in Spalte A sind jetzt zentriert.

Die Schaltfläche Rechtsbündig

4 Markieren Sie G2 und klicken Sie auf die Schaltfläche Rechtsbündig in der Formatsymbolleiste.

Excel ordnet den Text rechtsbündig an, wobei er sich bis in die linken Nachbarzellen erstreckt, solange sie leer sind.

Die Schaltfläche Verbinden und zentrieren

5 Markieren Sie A1:G1 und klicken Sie auf die Schaltfläche Verbinden und Zentrieren in der Formatsymbolleiste.

Excel verbindet die ausgewählten sieben Zellen zu einer einzigen, die sich über sieben Spalten erstreckt, und zentriert den Text in dieser Zelle. Eine verbundene Zelle besteht aus einer oder mehreren Zellen und erhält die Adresse der Zelle in der linken oberen Ecke der ursprünglichen Auswahl.

6 Markieren Sie E19:G21.

Sie möchten alle ausgewählten Zellen zu einer einzigen verbinden.

Kapitel 3
Ein Arbeitsblatt formatieren

7 Wählen Sie Format → Zellen aus dem Menü und klicken Sie auf die Registerkarte Ausrichtung.

In Abbildung 3-11 sind die Optionen der Registerkarte Ausrichtung erklärt.

8 Aktivieren Sie das Kontrollkästchen Zellen verbinden und klicken Sie auf OK.

Das Dialogfeld schließt sich, und alle ausgewählten Zellen sind zu einer verbunden. Nanu! Die neu gebildete Zelle ist so groß, dass der gesamte Text gut hinein passen würde – warum wird nur eine einzige Zeile angezeigt? Damit mehrere Zeilen in einer Zelle möglich sind, müssen Sie erst die Option Zeilenumbruch auf der Registerkarte Ausrichtung des Dialogfelds Zellen formatieren aktivieren.

9 Während die verbundenen Zellen noch markiert sind, wählen Sie Format → Zellen aus dem Menü.

Das Dialogfeld Zellen formatieren erscheint erneut mit der Registerkarte Ausrichtung im Vordergrund.

10 Aktivieren Sie das Kontrollkästchen Zeilenumbruch und klicken Sie auf OK.

Der Text wird jetzt mehrzeilig dargestellt und passt deshalb vollständig in die verbundene Zelle. Häufig fördert es die Übersicht in einem Arbeitsblatt und wirkt aufgeräumter, wenn die Inhalte bestimmter Zellen eingerückt dargestellt werden.

Die Schaltfläche Einzug vergrößern

11 Markieren Sie B5:B17 und klicken auf die Schaltfläche Einzug vergrößern in der Formatsymbolleiste.

Die Bezeichnungen in den ausgewählten Zellen rücken um einen Schritt nach rechts.

Die Schaltfläche Einzug verkleinern

12 Während die Zellen noch markiert sind, klicken Sie auf die Schaltfläche Einzug verkleinern in der Formatsymbolleiste. Speichern Sie anschließend Ihre Arbeit.

In Tabelle 3-3 sind die Schaltflächen der Formatsymbolleiste für die Ausrichtung erklärt.

Tabelle 3-3: Die Schaltflächen für die Ausrichtung in der Formatsymbolleiste

Schaltfläche	Name	Beispiel	Formatierung
	Linksbündig	Links	Richtet den Inhalt am linken Rand aus.
	Zentriert	Zentriert	Zentriert den Inhalt in der Zelle.
	Verbinden und zentrieren	Zentriert	Verbindet die markierten Zellen und zentriert den Inhalt
	Rechtsbündig	Rechts	Richtet den Inhalt am rechten Rand aus.
	Einzug vergrößern	Eingerückt	Text wird um einen Schritt nach rechts eingerückt.
	Einzug verkleinern	Eingerückt	Die Texteinrückung wird um einen Schritt nach links verringert.

Lektion 3.4
Ändern der Zellausrichtung

SCHNELLREFERENZ

SO ÄNDERN SIE DIE AUSRICHTUNG IN DER ZELLE:

1. Markieren Sie die Zelle oder den Bereich, den Sie formatieren möchten.
2. Klicken Sie auf die entsprechenden Schaltflächen in der Formatsymbolleiste.

   ODER:

1. Markieren Sie die Zelle oder den Bereich, den Sie formatieren möchten.
2. Entweder rechtsklicken Sie auf die Auswahl und wählen ZELLEN FORMATIEREN aus dem Kontextmenü, oder Sie wählen FORMAT → ZELLEN aus dem Menü.
3. Öffnen Sie die Registerkarte AUSRICHTUNG und wählen Sie die gewünschte Option.

Rahmen hinzufügen

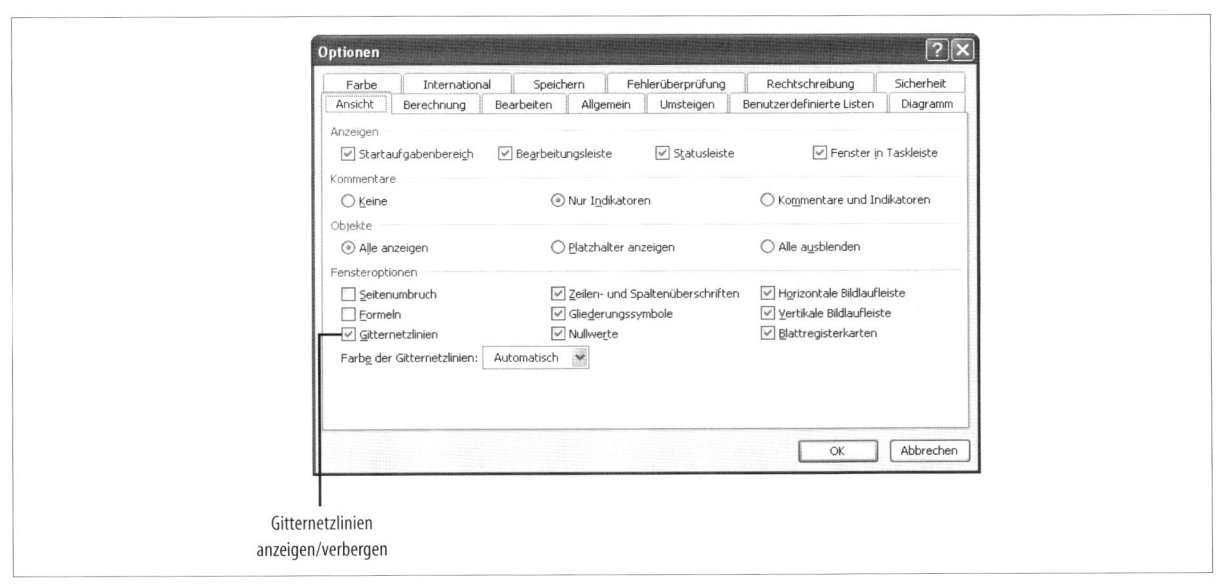

LEKTION 3.5

Abbildung 3-13: Die Registerkarte Ansicht im Dialogfeld Optionen

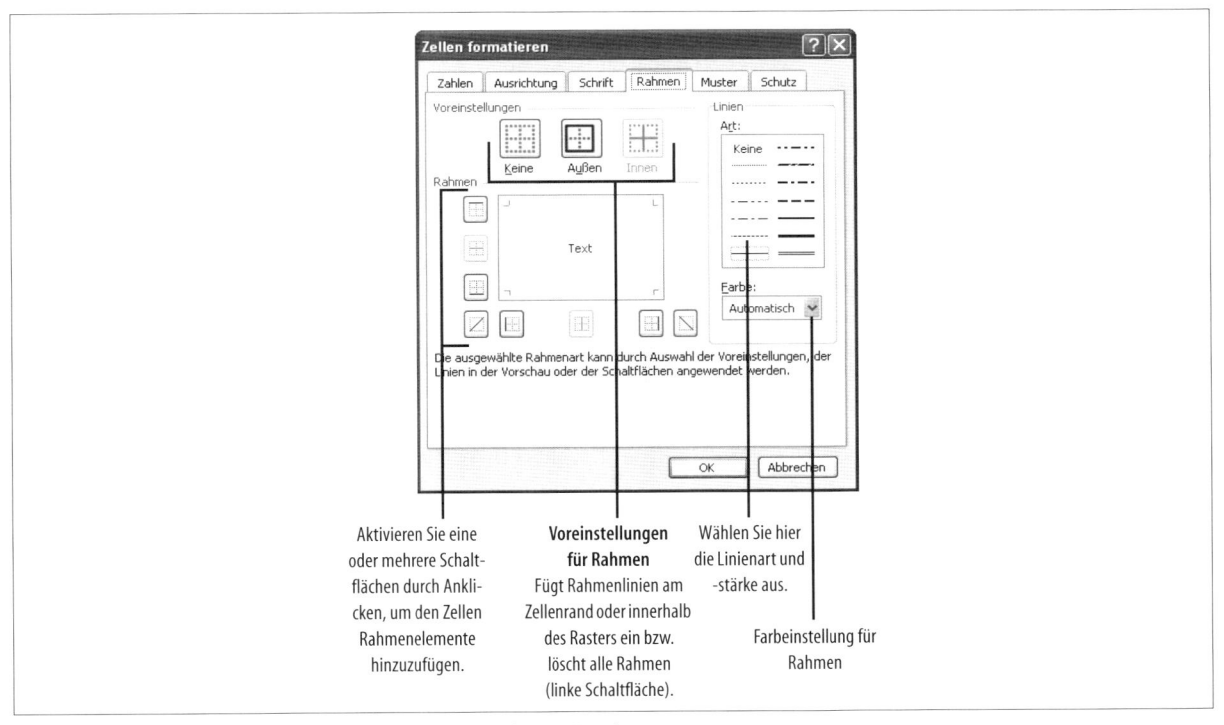

Gitternetzlinien anzeigen/verbergen

Aktivieren Sie eine oder mehrere Schaltflächen durch Anklicken, um den Zellen Rahmenelemente hinzuzufügen.

Voreinstellungen für Rahmen
Fügt Rahmenlinien am Zellenrand oder innerhalb des Rasters ein bzw. löscht alle Rahmen (linke Schaltfläche).

Wählen Sie hier die Linienart und -stärke aus.

Farbeinstellung für Rahmen

Abbildung 3-14: Die Registerkarte Rahmen im Dialogfeld Zellen formatieren

Lektion 3.5
Rahmen hinzufügen

	A	B	C	D	E	F	G
1				Ausgabenbericht			
2	15.01.2005					**Eingereicht von**: Klaus Müller	
3							
4	Datum	Typ	Bezahlung	Kosten pro Einheit	Menge	Steuer	Gesamt
5	3. Jan.	Kilometergeld		0,32 €	46	0,0%	14,72
6	3. Jan.	Parken	Bar	7,00 €	1	0,0%	7,00
7	3. Jan.	Handyanruf	Kreditkarte	0,15 €	23	6,5%	4,95
8	5. Jan.	Kilometergeld		0,32 €	35	0,0%	11,20
9	5. Jan.	Flugticket	VISA	1.299,00 €	1	1,0%	1312,00
10	7. Jan.	Unterkunft	Scheck	69,00 €	1	9,0%	75,30
11	7. Jan.	Essen	Kreditkarte	8,50 €	1	7,0%	9,17
12	7. Jan.	Taxi	Bar	22,00 €	1	0,0%	22,00
13	8. Jan.	Verschiedenes	VISA	14,99 €	1	7,0%	16,11
14	8. Jan.	Porto	Bar	2,75 €	1	0,0%	2,75
15	10. Jan.	Kilometergeld		0,32 €	64	0,0%	20,48
16	11. Jan.	Sonstiges	VISA	15,00 €	1	6,5%	16,04
17	12. Jan.	Handyanruf		0,15 €	10	0,0%	1,50
18							
19			Anmerkung:	Ich habe mehrere der Quittungen für			
20				meine Reise nach Berlin verlegt. Sind			
21				sie absolut notwendig?			

Abbildung 3-15: Das Arbeitsblatt Ausgabenbericht mit Rahmen

Rahmen verbessern das Aussehen von Arbeitsblättern. Umrandungen von zusammengehörigen Zellbereichen machen sie übersichtlicher und leichter verständlich. Ebenso wie bei anderen Formatierungen können Sie einige Befehle entweder direkt in der Formatsymbolleiste oder – mit wesentlich mehr Auswahlmöglichkeiten – im Dialogfeld Zellen formatieren aufrufen. Wie in den vorhergehenden Lektionen werden wir beide Methoden üben.

Obwohl es nicht unbedingt erforderlich ist, können Sie die Gitternetzlinien ausblenden, um die Rahmen deutlicher sichtbar zu machen.

Das Dropdown-Feld der Schaltfläche Rahmen

1 Wählen Sie Extras → Optionen aus dem Menü und klicken Sie auf die Registerkarte Ansicht.

Sie sehen jetzt das Dialogfeld Optionen mit der Registerkarte Ansicht im Vordergrund wie in Abbildung 3-13. Hier können Sie aus einer Vielzahl von Optionen auswählen, wie das Arbeitsblatt angezeigt werden soll. In diesem Fall wollen Sie nur die Gitternetzlinien entfernen, damit die Rahmen deutlicher sichtbar sind.

2 Deaktivieren Sie die Option Gitternetzlinien und klicken Sie auf OK.

Das Dialogfeld wird geschlossen, und die Gitternetzlinien im Arbeitsblatt sind verschwunden, aber keine Sorge – das ändert die Funktion von Excel in keiner Weise. Die Gitternetzlinien stellen nur eine optische Hilfe dar.

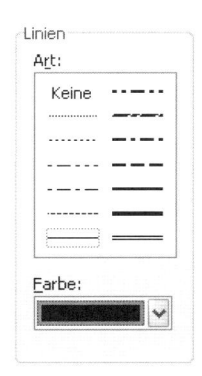

Eine dicke Rahmenlinie auswählen

3 Markieren Sie A4:G4, klicken Sie auf den Dropdown-Pfeil der Schaltfläche Rahmen in der Formatsymbolleiste und wählen Sie Rahmenlinie unten (das Symbol in der ersten Zeile der zweiten Spalte).

Eine dünne Linie erscheint an der Unterkante der Zellen. Sie haben die Auswahl zwischen verschiedenen Linienarten. Wir wollen in den nächsten Schritten einige davon ausprobieren.

4 Markieren Sie G17, klicken Sie auf den Dropdown-Pfeil der Schaltfläche Rahmen in der Formatsymbolleiste und wählen Sie die doppelte Rahmenlinie unten (in der zweiten Zeile der ersten Spalte).

Jetzt weist der untere Rand der Zelle eine Doppellinie auf. Die Verwendung des Dropdown-Felds unter der Schaltfläche Rahmen ist normalerweise die schnellste Methode, um Rahmen einzufügen. Sie können aber auch die Registerkarte Rahmen im Dialogfeld Zellen formatieren verwenden.

5 Markieren Sie A5:G17, wählen Sie Format → Zellen formatieren aus dem Menü und klicken Sie auf die Registerkarte Rahmen.

Das Dialogfeld Zellen formatieren öffnet sich wie in Abbildung 3-14 mit der Registerkarte Rahmen im Vordergrund. Darauf finden Sie wesentlich mehr Auswahlmöglichkeiten als im Dropdown-Feld der Schaltfläche Rahmen.

6 Markieren Sie die dickste Linienart (in der Leiste Art die zweite von unten auf der rechten Seite). Öffnen Sie die Dropdown-Liste Farbe, wählen Sie eine dunkelblaue Farbe aus, und klicken Sie auf die Schaltfläche Außen, um den markierten Zellenbereich damit zu umrahmen.

Dadurch wird der ausgewählte Bereich mit einer dicken blauen Linie eingerahmt.

7 Klicken Sie auf OK.

Das Dialogfeld schließt sich, woraufhin Ihr Arbeitsblatt die eingefügten Rahmen aufweist. Lassen Sie uns nun das Einfügen von Rahmenlinien innerhalb einer Zellauswahl üben.

8 Öffnen Sie nochmals über Format → Zellen die Registerkarte Rahmen im Dialogfenster Zellen formatieren, während der Zellbereich nach wie vor markiert ist.

Das Dialogfenster Zellen formatieren erscheint.

9 Markieren Sie die dünnste durchgezogene Linie (die unterste Option in der linken Spalte der Liste Art). Öffnen Sie die Dropdown-Liste Farbe, wählen Sie Automatisch aus und klicken Sie dann auf die Schaltfläche Innen, um das Gitternetz innerhalb der Zellauswahl in diesem Linienformat anzuzeigen.

Beachten Sie die Anzeige im Vorschaufenster des Dialogfelds.

10 Klicken Sie auf OK.

Das Dialogfeld verschwindet, und Sie sehen die eingefügten Zellbegrenzungen innerhalb des ausgewählten Bereichs wie in Abbildung 3-15.

11 Jetzt markieren Sie E19:G21 (die verbundene Zelle mit dem Hinweistext), klicken auf den Dropdown-Pfeil der Schaltfläche Rahmen, wählen die dicke Umrandung (in der rechten unteren Ecke des Auswahlfelds) und klicken auf OK.

Excel umrahmt die Auswahl mit einer dicken blauen Linie. Diese möchten Sie aber wieder entfernen, was genauso einfach ist wie das Einfügen.

Lektion 3.5
Rahmen hinzufügen

12 Während der Zellbereich noch markiert ist, klicken Sie auf den Dropdown-Pfeil der Schaltfläche Rahmen und aktivieren die Option kein Rahmen (in der linken oberen Ecke des Auswahlfelds).

Der dicke blaue Rahmen ist wieder verschwunden. Bevor wir die Lektion abschließen, wollen wir die Gitternetzlinien wieder einschalten.

13 Wählen Sie Extras → Optionen aus dem Menü, klicken Sie auf die Registerkarte Ansicht, aktivieren Sie das Kontrollkästchen Gitternetzlinien und klicken Sie auf OK.

SCHNELLREFERENZ

SO FÜGEN SIE EINEN RAHMEN EIN:

1. MARKIEREN SIE DIE ZELLE ODER DEN BEREICH, DEN SIE MIT RAHMEN VERSEHEN WOLLEN.
2. KLICKEN SIE AUF DEN DROPDOWN-PFEIL DER SCHALTFLÄCHE RAHMEN IN DER FORMATSYMBOLLEISTE UND WÄHLEN SIE EINE RAHMENART AUS.

ODER:

- RECHTSKLICKEN SIE AUF DIE AUSWAHL, WÄHLEN SIE ZELLEN FORMATIEREN AUS DEM KONTEXTMENÜ UND DANACH EINE RAHMENART AUS DEM DIALOGFELD.

ODER:

- WÄHLEN SIE FORMAT → ZELLEN AUS DEM MENÜ, KLICKEN SIE DIE REGISTERKARTE RAHMEN IM DIALOGFENSTER ZELLEN FORMATIEREN IN DEN VORDERGRUND UND WÄHLEN SIE EINE RAHMENART AUS.

Farben und Muster hinzufügen

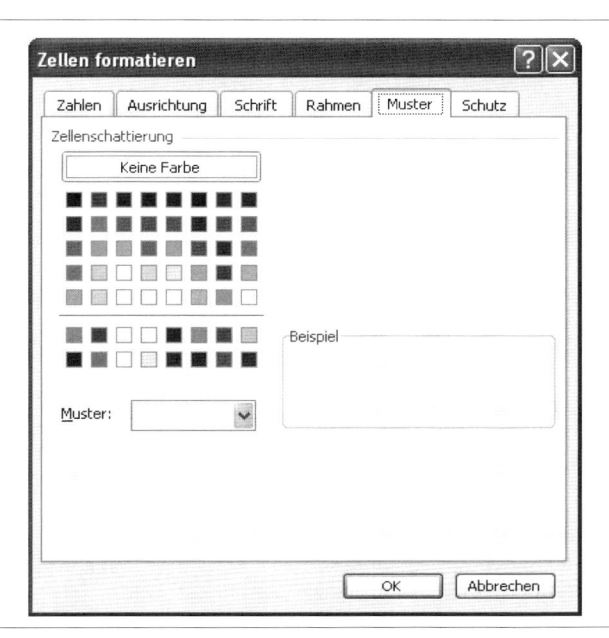

LEKTION 3.6

Abbildung 3-16: Die Registerkarte Muster des Dialogfelds Zellen formatieren

	A	B	C	D	E	F	G
1				Ausgabenbericht			
2	15.01.2005					Eingereicht von:	Klaus Müller
3							
4	**Datum**	**Typ**	**Bezahlung**	**Kosten pro Einheit**	**Menge**	**Steuer**	**Gesamt**
5	3. Jan.	Kilometergeld		0,32 €	46	0,0%	14,72
6	3. Jan.	Parken	Bar	7,00 €	1	0,0%	7,00
7	3. Jan.	Handyanruf	Kreditkarte	0,15 €	23	6,5%	4,95
8	5. Jan.	Kilometergeld		0,32 €	35	0,0%	11,20
9	5. Jan.	Flugticket	VISA	1.299,00 €	1	1,0%	1.312,00
10	7. Jan.	Unterkunft	Scheck	69,00 €	1	9,0%	75,30
11	7. Jan.	Essen	Kreditkarte	8,50 €	1	7,0%	9,17
12	7. Jan.	Taxi	Bar	22,00 €	1	0,0%	22,00
13	8. Jan.	Verschiedenes	VISA	14,99 €	1	7,0%	16,11
14	8. Jan.	Porto	Bar	2,75 €	1	0,0%	2,75
15	10. Jan.	Kilometergeld		0,32 €	64	0,0%	20,48
16	11. Jan.	Sonstiges	VISA	15,00 €	1	6,5%	16,04
17	12. Jan.	Handyanruf		0,15 €	10	0,0%	1,50
18							
19				Anmerkung:	Ich habe mehrere der Quittungen für meine		
20					Reise nach Berlin verlegt. Sind sie absolut		
21					notwendig?		
22							

Abbildung 3-17: Der Ausgabenbericht mit den eingefügten Mustern

Lektion 3.6
Farben und Muster hinzufügen

Eine Füllfarbe auswählen

In der vorherigen Lektion haben Sie gelernt, wie Sie Ihrem Arbeitsblatt Rahmen hinzufügen. Jetzt werden wir uns damit beschäftigen, die Hintergrundfarben und -muster in den Zellen zu verändern. Das ist überhaupt nicht schwierig, also fangen wir an:

1 Markieren Sie E19 (die verbundene Zelle mit dem Hinweistext), klicken Sie auf den Dropdown-Pfeil der Schaltfläche Füllfarbe in der Formatsymbolleiste und wählen Sie Gelb aus der Farbpalette.

Der Hintergrund der Zelle ist jetzt gelb eingefärbt. Die Hintergrundfarbe können Sie wie alle anderen Formatierungsoptionen auch im Dialogfeld Zellen formatieren auswählen.

2 Markieren Sie A5:G17, wählen Sie Format → Zellen aus dem Menü und klicken Sie die Registerkarte Muster in den Vordergrund.

Das Dialogfeld Zellen formatieren erscheint mit der Registerkarte Muster im Vordergrund wie in Abbildung 3-6. Hier können Sie dem Zellenhintergrund Farben und Muster hinzufügen.

3 Wählen Sie die hellblaue Farbe und klicken Sie auf OK.

Das Dialogfeld schließt sich, und die ausgewählten Zellen sind hellblau eingefärbt. Muster lassen sich auf die gleiche Weise wie Farben hinzufügen.

4 Markieren Sie A1 und wählen Sie Format → Zellen aus dem Menü.

Es öffnet sich erneut das Dialogfenster mit der Registerkarte Muster im Vordergrund.

5 Öffnen Sie die Dropdown-Liste Muster, wählen Sie das Muster mit der dünnen senkrechten Schraffur und klicken Sie auf OK.

Das Dialogfenster schließt sich wieder, und die Titelzelle ist wie in Abbildung 3-17 mit einer senkrechten Schraffur versehen.

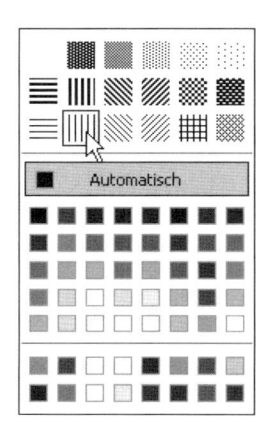

Ein Muster auswählen

⁞ HINWEIS ⁞ *Wenn Sie beabsichtigen, ein Arbeitsblatt auszudrucken, seien Sie vorsichtig mit Farben und Mustern, besonders, wenn Sie keinen Farbdrucker benutzen. Manche Farben, die auf dem Bildschirm attraktiv wirken, sehen im Ausdruck unschön aus, im Extremfall können Sie den Zellinhalt gar nicht mehr lesen. Mit Rücksicht auf das Druckbild ist es ratsam, nur helle und zarte Farben, zum Beispiel gelb, hellblau oder hellgrau zu verwenden.*

6 Speichern Sie Ihre Arbeit.

Kapitel 3
Ein Arbeitsblatt formatieren

SCHNELLREFERENZ

SO VERSEHEN SIE ZELLENHINTERGRÜNDE MIT FARBEN UND MUSTERN:

1. MARKIEREN SIE DIE ZELLE ODER DEN BEREICH, DEN SIE FORMATIEREN WOLLEN.

2. KLICKEN SIE AUF DEN DROPDOWN-PFEIL DER SCHALTFLÄCHE FÜLLFARBE UND WÄHLEN SIE EINE FARBE AUS.

   ODER:

1. KLICKEN SIE ENTWEDER MIT DER RECHTEN MAUSTASTE AUF DIE AUSWAHL UND WÄHLEN SIE ZELLEN FORMATIEREN AUS DEM KONTEXTMENÜ, ODER WÄHLEN SIE FORMAT → ZELLEN AUS DEM MENÜ.

2. KLICKEN SIE AUF DEN DROPDOWN-PFEIL MUSTER, UND WÄHLEN SIE EINE FARBE ODER EIN MUSTER AUS.

LEKTION 3.7
Die Funktion Format übertragen

1. Markieren Sie den Zellbereich, dessen Format Sie übertragen wollen, und klicken oder doppelklicken Sie auf die Schaltfläche Format übertragen.

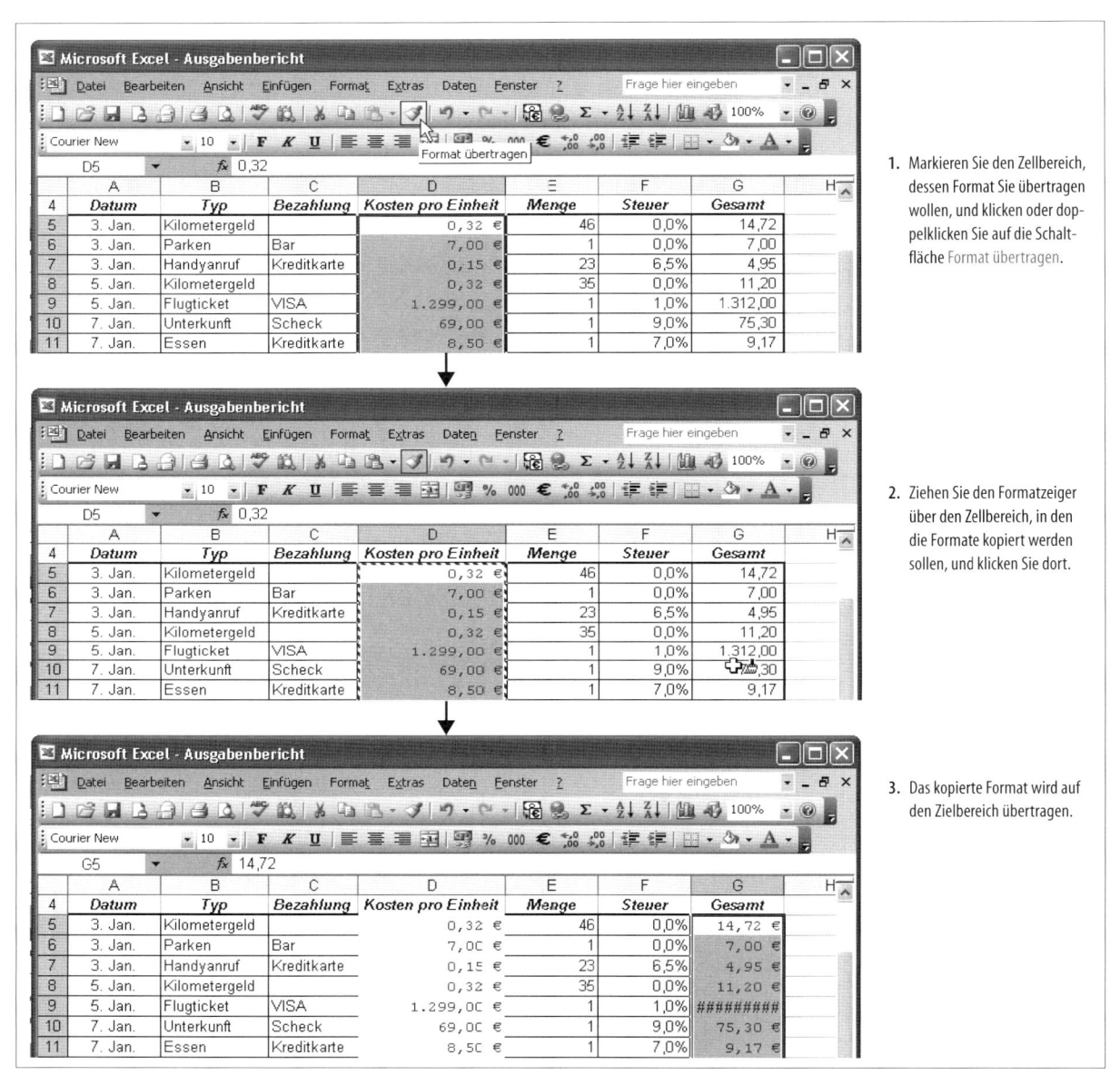

2. Ziehen Sie den Formatzeiger über den Zellbereich, in den die Formate kopiert werden sollen, und klicken Sie dort.

3. Das kopierte Format wird auf den Zielbereich übertragen.

Abbildung 3-18: Verwenden Sie die Schaltfläche Format übertragen, um Formate in andere Zellen zu kopieren.

Wenn Sie immer wieder dasselbe Format anwenden, ist die Schaltfläche Format übertragen ein sehr praktisches Werkzeug für Sie. Damit können Sie alle Formatierungsattribute einer Zelle oder eines Bereichs an andere Stellen kopieren. Auch wenn Ihnen das etwas schwierig erscheint, werden Sie am Ende der Lektion feststellen, dass es ganz einfach ist.

1 Falls noch nicht geschehen, öffnen Sie die Arbeitsmappe Übung 3C und speichern Sie sie unter Ausgabenbericht.

2 Markieren Sie D5:D17 und wählen Sie Format → Zellen aus dem Menü.

Das Dialogfeld Zellen formatieren öffnet sich. Sie möchten verschiedene Formatoptionen für den Bereich auswählen. Beginnen Sie mit dem Zahlenformat.

3 Öffnen Sie die Registerkarte Zahlen, wählen Sie Währung in der Kategorienliste und dann die vierte Option im Bereich Negative Zahlen (1.234,10 €).

Als Nächstes wählen Sie eine Schriftart aus.

4 Klicken Sie auf die Registerkarte Schrift, wählen Sie Courier New aus der Liste Schriftart und ein dunkles Rot aus der Liste Farbe.

Jetzt bleibt noch die Formatierung des Rahmens und des Zellenhintergrunds übrig.

5 Holen Sie die Registerkarte Rahmen in den Vordergrund, klicken Sie auf die Schaltfläche Keine, wechseln Sie auf die Registerkarte Muster, wählen Sie die Farbe Gelb und schließen Sie das Dialogfeld durch einen Klick auf OK.

Der Bereich weist jetzt alle ausgewählten Formatierungsoptionen auf. Sie mussten dazu ziemlich viel klicken, nicht wahr? Stellen Sie sich vor, Sie möchten jetzt den Bereich G5:G17 (die Summenspalte) mit genau den gleichen Formatierungen versehen. Anstatt die gesamte Prozedur zu wiederholen, können Sie mit Hilfe der Funktion Format übertragen die gesamte Formatierung in einem Schritt auf die Summenspalte kopieren. Zunächst müssen Sie dazu den Bereich markieren, der die zu kopierenden Formatierungsoptionen enthält.

Die Schaltfläche Format übertragen

6 Während die Auswahl D5:D17 noch aktiv ist, klicken Sie auf die Schaltfläche Format übertragen in der Standardsymbolleiste.

Beachten Sie, dass der Zellcursor seine Form in ändert. Jetzt können die Formate übertragen.

7 Markieren Sie mit dem Formatzeiger ( ) den Bereich G5:G17.

Das Ziehen des Formatzeigers mit der Maus muss sehr präzise erfolgen und ist für Ungeübte zuerst manchmal etwas schwierig. Wenn Sie den Einfügebereich richtig markiert haben, sind im gleichen Moment alle Formatierungen auf einmal übertragen (siehe Abbildung 3-18), wodurch Sie eine Menge Arbeit gespart haben. Jetzt ist aber der Inhalt von Zelle G8 mit einer Reihe von #### gefüllt. Der Grund ist, dass die Spalte wegen der breiteren Schrift nicht mehr ausreicht, um den ganzen Inhalt anzuzeigen. Deshalb müssen Sie die Spaltenbreite vergrößern.

8 Stellen Sie die Breite der Spalte G so ein, dass Sie den gesamten Inhalt von Zelle G9 sehen können.

Wissen Sie noch, wie das geht? Platzieren Sie den Zellcursor über die rechte Begrenzung des Spaltenkopfs bis er seine Form verändert, drücken Sie die Maustaste und stellen Sie die Breite ein, bis alle Inhalte der Spalte vollständig angezeigt werden.

9 Speichern Sie Ihre Arbeit.

Lektion 3.7
Die Funktion Format übertragen

SCHNELLREFERENZ

SO KOPIEREN SIE FORMATE MIT FORMAT ÜBERTRAGEN:

1. Markieren Sie den Zellbereich, dessen Formatierungsoptionen Sie kopieren möchten.
2. Klicken Sie auf die Schaltfläche FORMAT ÜBERTRAGEN in der Standardsymbolleiste.
3. Markieren Sie den Bereich, den Sie mit den gleichen Formaten versehen wollen.

SO KOPIEREN SIE AUSGEWÄHLTE FORMATE AN MEHRERE STELLEN:

1. Markieren Sie den Zellbereich, dessen Formatierungsoptionen Sie kopieren möchten.
2. Doppelklicken Sie auf die Schaltfläche FORMAT ÜBERTRAGEN in der Standardsymbolleiste.
3. Markieren Sie den Bereich, den Sie mit den gleichen Formaten versehen wollen. Diesen Schritt können Sie jetzt so oft wie erforderlich wiederholen und die Formate an andere Stellen kopieren, ohne dass der Formatzeiger seine Form ändert.
4. Wenn Sie damit fertig sind, klicken Sie auf die Schaltfläche FORMAT ÜBERTRAGEN, um die Funktion zu deaktivieren

Die Funktion AutoFormat

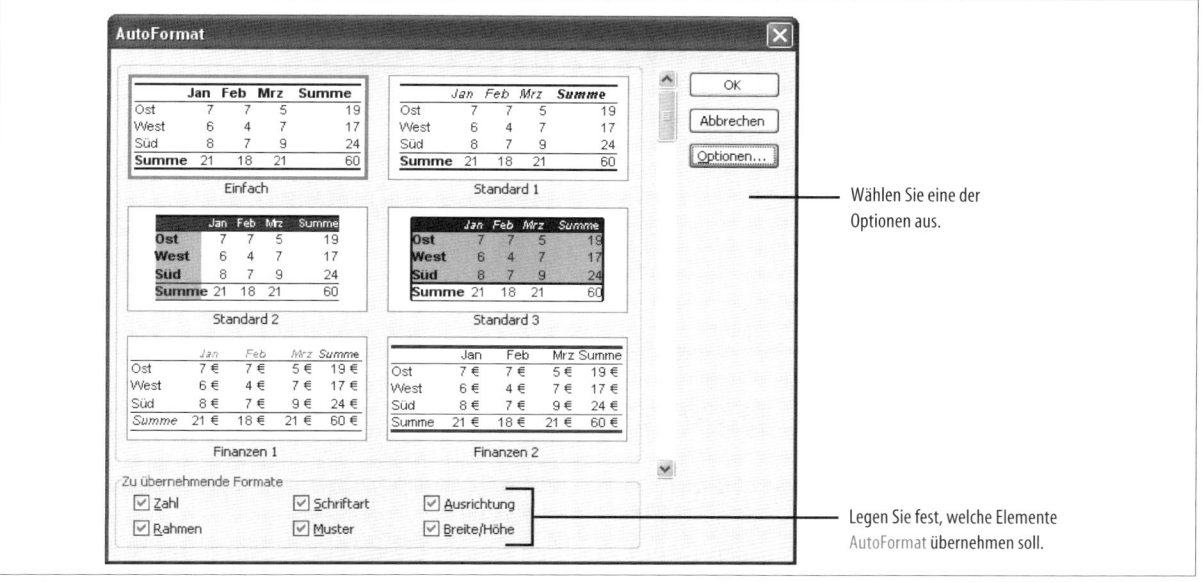

LEKTION 3.8

Abbildung 3-19: Das Dialogfeld AutoFormat

	A	B	C	D	E	F	G
4	**Datum**	**Typ**	**Bezahlung**	**Kosten pro Einheit**	**Menge**	**Steuer**	**Gesamt**
5	3. Jan.	Kilometergeld		0,32 €	46	0,0%	14,72 €
6	3. Jan.	Parken	Bar	7,00 €	1	0,0%	7,00 €
7	3. Jan.	Handyanruf	Kreditkarte	0,15 €	23	6,5%	4,95 €
8	5. Jan.	Kilometergeld		0,32 €	35	0,0%	11,20 €
9	5. Jan.	Flugticket	VISA	1.299,00 €	1	1,0%	1.312,00 €
10	7. Jan.	Unterkunft	Scheck	69,00 €	1	9,0%	75,30 €
11	7. Jan.	Essen	Kreditkarte	8,50 €	1	7,0%	9,17 €
12	7. Jan.	Taxi	Bar	22,00 €	1	0,0%	22,00 €
13	8. Jan.	Verschiedenes	VISA	14,99 €	1	7,0%	16,11 €
14	8. Jan.	Porto	Bar	2,75 €	1	0,0%	2,75 €
15	10. Jan.	Kilometergeld		0,32 €	64	0,0%	20,48 €
16	11. Jan.	Sonstiges	VISA	15,00 €	1	6,5%	16,04 €
17	12. Jan.	Handyanruf		0,15 €	10	0,0%	1,50 €

Abbildung 3-20: Ein mit der Option Farbig 2 formatiertes Arbeitsblatt

In dieser Lektion lernen Sie, ein Arbeitsblatt mit Hilfe der Funktion *AutoFormat* automatisch in einem Schritt zu formatieren. Sie enthält insgesamt 16 verschiedene Formatierungsvorschläge mit Schriftgrößen und -arten sowie Mustern und Rahmen, die Sie auf einen Bereich oder das ganze Arbeitsblatt anwenden können. *AutoFormat* verleiht Ihren Arbeitsblättern ein professionelles Aussehen und erspart Ihnen viel Zeit und Mühe bei der Formatierung.

1 Platzieren Sie den Zellcursor innerhalb der Tabelle im Zellbereich A4:G17.

Excel erkennt automatisch die Tabellengrenzen. Sie können aber auch einen anderen Zellbereich durch Markieren vorgeben.

2 Wählen Sie Format → AutoFormat aus dem Menü.

Das Dialogfenster AutoFormat aus Abbildung 3-19 öffnet sich. Darin sind 16 Formatvorschläge jeweils in einem kleinen Vorschaufenster abgebildet.

135

Lektion 3.8
Die Funktion AutoFormat

3 Klicken Sie auf Optionen.

Das Dialogfenster erweitert sich um sechs Kontrollkästchen. Damit können Sie bestimmen, welche der Formatierungselemente zur Anwendung kommen sollen, indem Sie die nicht gewünschten durch Entfernen des Häkchens deaktivieren.

4 Wählen Sie die Option Farbig 2 und klicken Sie auf OK.

Das Dialogfeld schließt sich, und die Auswahl ist entsprechend dem Formatvorschlag Farbig 2 formatiert (siehe Abbildung 3-20).

5 Speichern Sie Ihre Arbeit.

SCHNELLREFERENZ

SO FORMATIEREN SIE EINE TABELLE MIT HILFE VON AUTOFORMAT:

1. PLATZIEREN SIE DEN ZELLCURSOR INNERHALB DER TABELLE, DIE SIE FORMATIEREN MÖCHTEN, ODER MARKIEREN SIE EINEN BELIEBIGEN BEREICH.

2. WÄHLEN SIE FORMAT → AUTOFORMAT AUS DEM MENÜ.

3. WÄHLEN SIE EINS DER VORGEGEBENEN FORMATE AUS UND KLICKEN SIE AUF OK.

Ein benutzerdefiniertes Zahlenformat anlegen

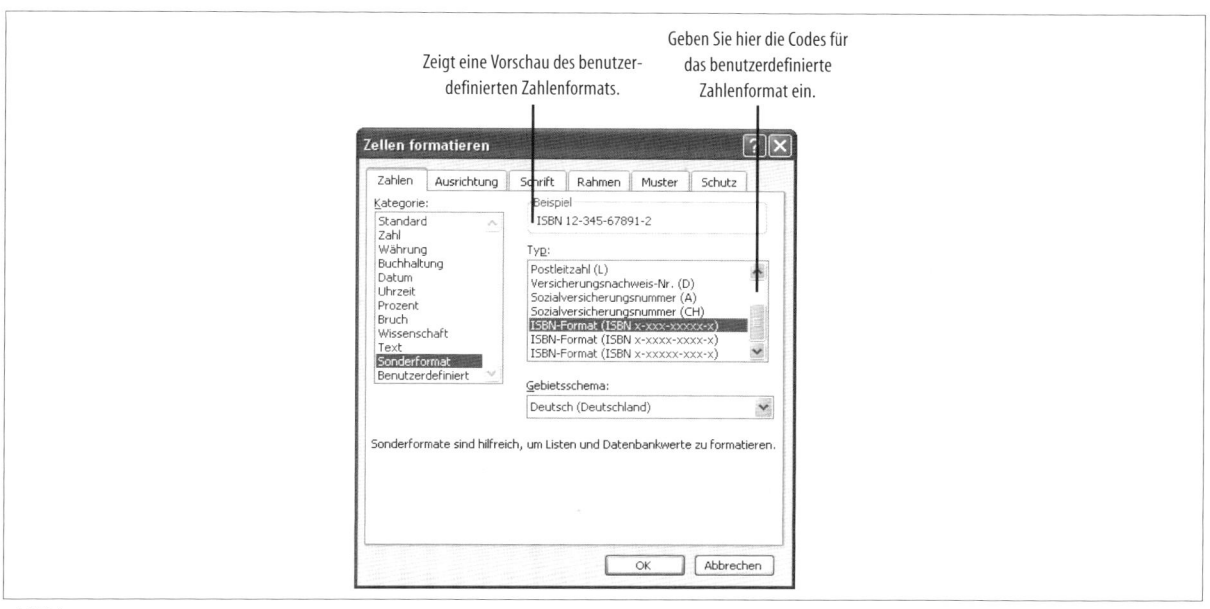

LEKTION 3.9

Abbildung 3-21: Ein benutzerdefiniertes Zahlenformats im Dialogfeld Zellen formatieren angeben

Abbildung 3-22: Zellen mit einem benutzerdefinierten Zahlenformat

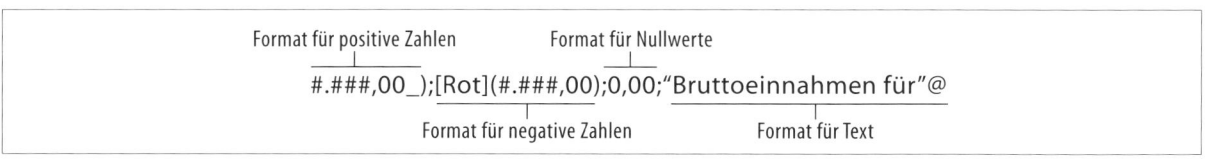

```
                Format für positive Zahlen        Format für Nullwerte
                #.###,00_);[Rot](#.###,00);0,00;"Bruttoeinnahmen für"@
                         Format für negative Zahlen       Format für Text
```

Abbildung 3-23: Beispiel für die Anwendung von Formatcodes zur Erstellung eines benutzerdefinierten Zahlenformats

In einer der vorhergehenden Lektionen haben Sie die Formatierung von Werten bzw. Zahlen gelernt. Excel bietet dafür eine Vielzahl von Optionen an, die für fast alle Fälle eine passende Lösung anbieten. Wahrscheinlich werden Sie deshalb selten oder nie in die Verlegenheit kommen, ein eigenes Zahlenformat erstellen zu müssen. In dieser Lektion lernen Sie, was Sie tun müssen, falls dies doch einmal erforderlich ist.

1 Markieren Sie A19, geben Sie 12345678912 ein und drücken Sie die Enter-Taste.

Diese Zelle enthält eine *ISBN-Nummer* (Internationale Standard-Buchnummer), der Sie das entsprechende Format zuordnen möchten.

Lektion 3.9
Ein benutzerdefiniertes Zahlenformat anlegen

2 Markieren Sie nochmals A19, wählen Sie Format → Zellen aus dem Menü und öffnen Sie die Registerkarte Zahlen (siehe Abbildung 3-21).

Das Dialogfeld Zellen formatieren ist jetzt mit der Registerkarte Zahlen im Vordergrund geöffnet.

3 Wählen Sie in der Liste Kategorie die Option Sonderformat und in der Liste Typ die erste Version von ISBN-Format aus.

Durch diese Formatierung wird die Zahl mit der vorangestellten Abkürzung ISBN durch Bindestriche in Gruppen aufgeteilt. Im Kasten Beispiel wird gleichzeitig eine Vorschau angezeigt.

4 Klicken Sie auf OK.

Das Dialogfenster schließt sich, und das ISBN-Format ist in die Zelle eingefügt. Hoppla! Jetzt müssen Sie die Spalte verbreitern, damit die neu formatierte Nummer hineinpasst.

5 Doppelklicken Sie auf die rechte Begrenzung des Spaltenkopfs A.

Excel passt die Spaltenbreite automatisch an, so dass Sie jetzt die ganze ISBN-Nummer sehen.

Wenn keine der Zahlenformatoptionen Ihren Anforderungen genügt, können Sie wie folgt eine eigene erstellen:

6 Geben Sie 521876 in Zelle A20 ein und drücken Sie die Enter-Taste.

Bei der eingegebenen Zahl handelt es sich um eine Personalnummer, die wie in Abbildung 3-22 im Format 52-1876 angezeigt werden soll. Excel hat ohnehin schon versucht, die Zahl automatisch zu formatieren, also muss das Format geändert werden.

7 Wählen Sie Format → Zellen aus dem Menü und öffnen Sie die Registerkarte Zahlen.

Das Dialogfeld öffnet sich mit der Registerkarte Zahlen im Vordergrund.

8 Wählen Sie aus der Liste Kategorie die Option Benutzerdefiniert aus.

Hier können Sie eigene Zahlenformate definieren. Das geschieht mit Hilfe von Formatcodes, mit denen Sie festlegen, wie Zahlen, Daten, Zeitangaben oder Text angezeigt werden sollen (siehe Abbildung 3-23). In Tabelle 3-4 sind einige Beispiele aufgelistet.

9 Klicken Sie in das Textfeld unter Typ, ersetzen Sie den Inhalt durch ##-#### und klicken Sie auf OK.

Das Dialogfenster schließt sich, und der Inhalt von Zelle A20 wird in Ihrem neu erstellten Zahlenformat dargestellt.

> HINWEIS: Das Feld Beispiel auf der Registerkarte Zahlen ist beim Erstellen eigener Formate sehr wichtig. Beobachten Sie es, während Sie Ihr Format bearbeiten, um die Wirkung Ihrer Eingaben zu kontrollieren.

Sie können eigene Zahlenformate durch Eingeben von Codezeichen erstellen, die bestimmen, wie Zahlen, Daten, Zeitangaben oder Text angezeigt werden sollen. In Tabelle 3-4 sind verschiedene Beispiele aufgelistet, aus denen Sie ersehen können, wie das im Einzelnen funktioniert.

Tabelle 3-4: Formatierungscodes für Zahlen und Daten

Zahlen		Datums- und Zeitangaben	
Gewünschte Anzeige	Codierung	Gewünschte Anzeige	Codierung
1234,59 als 1234,6	####,#	1/1/05 als 1.1.05	T.M.JJ
12499 als 12,499	#,###	01.01.2005 als 10.01.05	TT.MM.JJ
12499 als 12.499,00	#.###,##	1.1.05 als 1. Januar 2005	T.MMMM JJJJ

Tabelle 3-4: Formatierungscodes für Zahlen und Daten (Fortsetzung)

Zahlen		Datums- und Zeitangaben	
Gewünschte Anzeige	**Codierung**	**Gewünschte Anzeige**	**Codierung**
1498 als € 1.489,00	€ #.###,##	10.1.05 als Montag, 10. Jan. 2005	TTTT, TT.MMM.JJJJ
0,5 als 50%	0%	04:30 als 04:30 Uhr	hh.mm"Uhr"
0,055 als 5,5%	0,0%		
Wert verbergen	;;		

SCHNELLREFERENZ

SO ERSTELLEN SIE EIN EIGENES ZAHLEN-FORMAT:

1. MARKIEREN SIE DIE ZU FORMATIERENDE ZELLE BZW. DEN BEREICH.

2. WÄHLEN SIE FORMAT → ZELLEN AUS DEM MENÜ UND ÖFFNEN SIE DIE REGISTERKARTE ZAHLEN.

3. WÄHLEN SIE DIE KATEGORIE BENUTZERDEFINIERT UND GEBEN SIE DIE GEWÜNSCHTEN FORMATCODES AUS TABELLE 3-4 EIN.

LEKTION 3.10
Eine Formatvorlage erstellen, anwenden und ändern

	A	B	C	D	E	F	G
4	**Datum**	**Typ**	**Bezahlung**	**Kosten pro Einheit**	**Menge**	**Steuer**	**Gesamt**
5	3. Jan.	Kilometergeld		0,32 €	46	0,0%	14,72 €
6	3. Jan.	Parken	Bar	7,00 €	1	0,0%	7,00 €
7	3. Jan.	Handyanruf	Kreditkarte	0,15 €	23	6,5%	4,95 €
8	5. Jan.	Kilometergeld		0,32 €	35	0,0%	11,20 €
9	5. Jan.	Flugticket	VISA	1.299,00 €	1	1,0%	1.312,00 €
10	7. Jan.	Unterkunft	Scheck	69,00 €	1	9,0%	75,30 €
11	7. Jan.	Essen	Kreditkarte	8,50 €	1	7,0%	9,17 €
12	7. Jan.	Taxi	Bar	22,00 €	1	0,0%	22,00 €
13	8. Jan.	Verschiedenes	VISA	14,99 €	1	7,0%	16,11 €
14	8. Jan.	Porto	Bar	2,75 €	1	0,0%	2,75 €
15	10. Jan.	Kilometergeld		0,32 €	64	0,0%	20,48 €
16	11. Jan.	Sonstiges	VISA	15,00 €	1	6,5%	16,04 €
17	12. Jan.	Handyanruf		0,15 €	10	0,0%	1,50 €

Abbildung 3-24: Der Ausgabenbericht, wie er nach dem Wählen der Formatvorlage Geld angezeigt wird

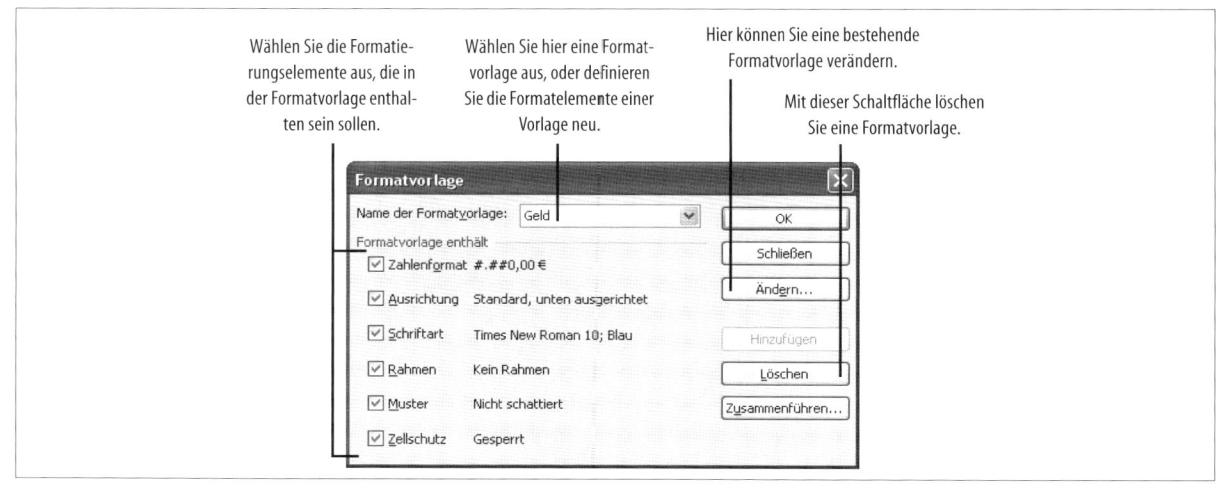

Abbildung 3-25: Das Dialogfenster Formatvorlage

Wenn Sie immer wieder die gleichen Formatierungsoptionen verwenden, können Sie durch die Erstellung einer *Formatvorlage* viel Zeit sparen. Diese besteht aus einer Zusammenstellung von Formaten, zum Beispiel Schriftarten, Farben, Mustern und Ausrichtungen, die Sie als eine zusammengehörige Einheit definieren, speichern und alle auf einmal anwenden können.

Eine Formatvorlage enthält mehrere oder alle der folgenden Formatelemente:

- Zahlenformat
- Schriftart, -größe und -farbe
- Rahmen
- Ausrichtung
- Muster
- Schutz (schreibgeschützt oder verborgen)

In dieser Lektion lernen Sie, eine Formatvorlage zu erstellen, zu bearbeiten und anzuwenden. Am einfachsten geht das mit Hilfe eines Musterbeispiels: Sie formatieren eine Zelle oder einen Bereich und erstellen auf dieser Grundlage Ihre Formatvorlage.

1 Falls noch nicht geschehen, öffnen Sie die Arbeitsmappe Übung 3D und speichern sie unter Ausgabenbericht.

2 Markieren Sie D5:D17 und wählen Sie Format → Zellen aus dem Menü.

Legen Sie im jetzt geöffneten Dialogfenster Zellen formatieren die Formatierungen für die Zellauswahl fest.

3 Klicken Sie auf die Registerkarte Zahlen, wählen Sie Währung aus der Liste Kategorie und die erste Option (-1.124,10 €) aus der Liste Negative Zahlen.

Als Nächstes bestimmen Sie die Schriftart.

4 Wechseln Sie auf die Registerkarte Schrift, wählen Sie Times New Roman aus der Liste Schriftart sowie Standard aus der Liste Schriftschnitt und abschließend eine blaue Schriftfarbe.

Zuletzt entscheiden Sie, ob Sie ein Hintergrundmuster hinzufügen möchten.

5 Wechseln Sie zur Registerkarte Muster, klicken auf Keine Farbe und dann auf OK.

Das Dialogfenster wird geschlossen, und der Bereich ist wie gewünscht formatiert.

Anstatt die Formatierungsprozedur der Schritte 2 bis 4 mehrfach zu wiederholen, erstellen Sie auf der Grundlage dieser Formatierung eine Formatvorlage.

6 Sehen Sie nach, ob der Bereich D5:D17 noch aktiv ist, und wählen Sie Format → Formatvorlage aus dem Menü.

Das Dialogfenster Formatvorlage aus Abbildung 3-25 öffnet sich, in dem Sie eine Formatvorlage erstellen, ändern und anwenden können. Sie wollen die soeben festgelegten Formatierungen unter dem Namen *Geld* in einer Formatvorlage zusammenfassen.

7 Geben Sie Geld in das Textfeld Name der Formatvorlage ein und klicken Sie auf OK.

Jetzt verfügen Sie über eine eigene Formatvorlage namens *Geld*. Versuchen Sie, diese auf einen neuen Bereich in Ihrem Arbeitsblatt anzuwenden.

8 Markieren Sie G5:G17 und klicken Sie im Menü Format → Formatvorlage. Wählen Sie dann Geld aus der Dropdown-Liste und klicken Sie auf OK.

Das Dialogfenster schließt sich, und der Bereich G5:G17 ist mit den Formatelementen der Formatvorlage Geld wie in Abbildung 3-24 formatiert. Erkennen Sie nun, wie schnell und einfach die Formatierung mit dieser Methode ist?

Nachdem Sie jetzt die Erstellung und Anwendung kennen gelernt haben, können wir uns noch einer besonders nützlichen Funktion zuwenden: dem Ändern von Formatvorlagen. Diese Änderungen führen Sie ganz genauso durch wie das Formatieren einer Zelle oder eines Bereichs. Bedenken Sie aber, dass bei der Änderung einer Formatvorlage *das Format jeder mit dieser Vorlage formatierten Zelle aktualisiert wird*. Führen Sie die Änderung folgendermaßen durch:

9 Wählen Sie Format → Formatvorlage aus dem Menü, danach Geld aus der Dropdown-Liste, und klicken Sie auf Ändern.

Das Dialogfenster Zellen formatieren wird geöffnet.

10 Öffnen Sie die Registerkarte Schrift, wählen Sie Arial und klicken Sie zweimal auf OK, um beide Dialogfenster zu schließen.

Das Dialogfenster schließt sich wieder, und alle Zellen, auf die die Formatvorlage Geld angewendet worden ist, weisen die neue Schriftart auf.

Wenn Sie die Formatvorlage nicht mehr benötigen, können Sie sie auch wieder löschen.

11 Wählen Sie Format → Formatvorlage aus dem Menü, dann Geld aus der Dropdown-Liste, und klicken Sie auf Löschen.

Überlegen Sie, wie viel Zeit Sie durch die Änderung der Formatvorlage eingespart haben. Ohne die Vorlage hätten Sie alle Zellen manuell umformatieren müssen, wobei immer das Risiko besteht, einige dabei zu vergessen.

Lektion 3.10
Eine Formatvorlage erstellen, anwenden und ändern

SCHNELLREFERENZ

SO ERSTELLEN SIE EINE FORMATVORLAGE ANHAND EINER BEISPIELFORMATIERUNG:

1. Markieren Sie eine Zelle oder einen Bereich und formatieren Sie ihn als Muster für die Vorlage.
2. Vergewissern Sie sich, dass der formatierte Bereich markiert ist, und wählen Sie FORMAT → FORMATVORLAGE aus dem Menü.
3. Geben Sie einen Namen für die Vorlage ein.
4. Falls gewünscht, deaktivieren Sie nicht benötigte Formatierungselemente durch Entfernen der Häkchen in den Kontrollkästchen.
5. Klicken Sie auf OK.

SO WENDEN SIE EINE FORMATVORLAGE AN:

1. Markieren Sie eine Zelle oder einen Bereich, den Sie formatieren möchten.
2. Wählen Sie FORMAT → FORMATVORLAGE aus dem Menü, dann die Formatvorlage aus der Dropdown-Liste, und klicken Sie abschließend auf OK.

SO ÄNDERN SIE EINE FORMATVORLAGE:

1. Wählen Sie FORMAT → FORMATVORLAGE aus dem Menü, dann die gewünschte Formatvorlage aus der Dropdown-Liste, und klicken Sie auf ÄNDERN.
2. Ändern Sie die Formatierung nach Belieben und klicken Sie auf OK, wenn Sie damit fertig sind.

Bedingte Formatierung von Zellen

LEKTION 3.11

Operatorenliste
Geben Sie die Bedingungen in diese Textfelder ein.

Textfeld für Werte

Hinzufügen eines weiteren bedingten Formats

Löschen des bedingten Formats

Hier bestimmen Sie, wie die Zelle formatiert werden soll, wenn die Bedingung erfüllt ist.

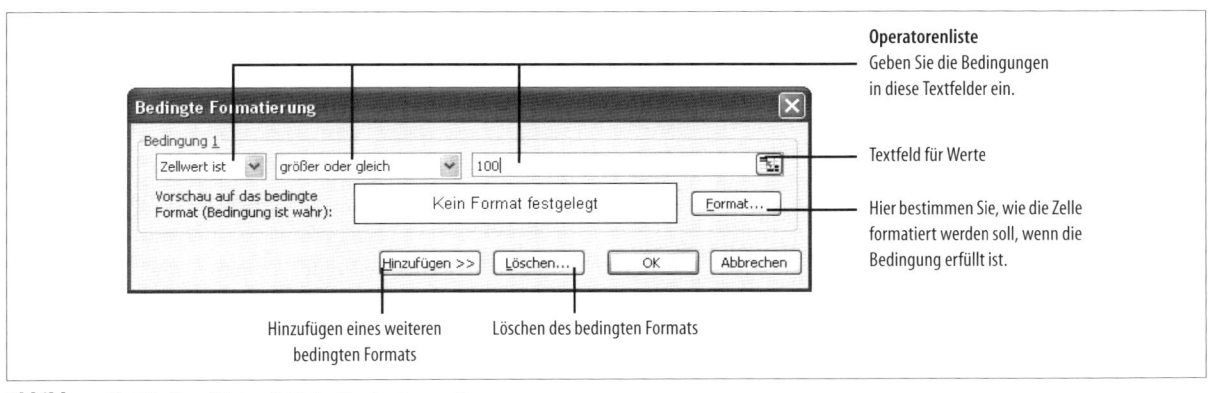

Abbildung 3-26: Das Dialogfeld Bedingte Formatierung

Abbildung 3-27: Das Dialogfeld Zellen formatieren

Wenn eine Bedingung erfüllt ist (in diesem Fall ist ein Wert größer als 1000), wird ein vorgegebenes Format verwendet.

Wenn eine andere Bedingung erfüllt ist (in diesem Fall ist ein Wert größer als 5), wird ein anderes vorgegebenes Format verwendet.

Abbildung 3-28: Die Zellen der Summenspalte mit bedingter Formatierung. Beachten Sie die Zahlen in blauer und roter Schrift.

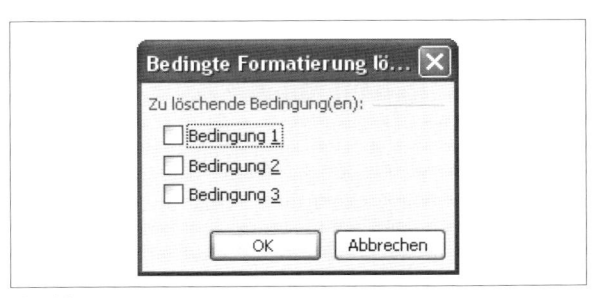

Abbildung 3-29: Das Dialogfeld Bedingte Formatierung löschen

143

Lektion 3.11
Bedingte Formatierung von Zellen

Sie wissen bereits, wie Sie die meisten Zellattribute formatieren: Farbe, Schrift und Schriftfarbe sowie Rahmen, um nur einige davon zu nennen. In dieser Lektion lernen Sie, *bedingte Formatierungen* zu erstellen. Dabei wird ein vorgegebenes Format nur dann angewendet, wenn eine bestimmte Bedingung erfüllt ist. Sie können zum Beispiel die wöchentlichen Umsätze bei Überschreitung von 50.000 € in fetter roter und bei Unterschreitung von 20.000 € in fetter blauer Schrift anzeigen. Wenn sich der Wert der Zelle ändert und keine der beiden Bedingungen erfüllt ist, wird sie ohne besondere Formatierung angezeigt.

1 Markieren Sie G5:G17.

Sie möchten der Summenspalte eine bedingte Formatierung hinzufügen, mit der Werte hervorgehoben werden, sofern Sie eine bestimmte Voraussetzung erfüllen.

2 Wählen Sie Format → Bedingte Formatierung aus dem Menü.

Es öffnet sich das Dialogfeld Bedingte Formatierung aus Abbildung 3-26, in dem Sie der Auswahl bedingte Formatierungen hinzufügen können.

Sie möchten Werte in der Summenspalte in kursiver, grüner Fettschrift anzeigen, wenn sie größer als 100 sind.

3 Klicken Sie unter Bedingung 1 auf den rechten Dropdown-Pfeil und wählen Sie Größer oder gleich.

Als Nächstes müssen Sie eingeben, welcher Wert erreicht oder überschritten werden muss, damit die Bedingung zutrifft und die Formatierung zugewiesen wird.

4 Klicken Sie in das Wertefeld (das rechte Textfeld) und geben Sie 100 ein.

Bestimmen Sie jetzt die Formatierung, die den Zellen zugewiesen wird, wenn die Bedingung (größer oder gleich 100) zutrifft.

5 Klicken Sie auf Format.

Das Dialogfeld Zellen formatieren aus Abbildung 3-27 erscheint.

6 Klicken Sie in der Liste Schriftschnitt auf Fett Kursiv, wählen Sie unter Farbe einen Grünton und klicken Sie auf OK.

Sie haben eine bedingte Formatierung fertig gestellt und kehren zum Dialogfeld Bedingte Formatierung zurück. Damit sind Ihre Möglichkeiten aber noch nicht erschöpft – Sie können bis zu drei Bedingungen definieren.

Die zweite bedingte Formatierung erstellen Sie wie folgt:

7 Klicken Sie auf Hinzufügen.

Das Dialogfeld erweitert sich um eine zweite Bedingung.

8 Klicken Sie im Operatorlistenfeld der Bedingung 1 auf Kleiner als und geben Sie 5 in das Wertefeld ein.

Geben Sie jetzt ein, wie die Zellen formatiert werden sollen, wenn der Wert kleiner als 5 ist. Achten Sie darauf, dass Sie die Formatierungen der beiden Bedingungen nicht verwechseln.

9 Klicken Sie auf Format, wählen Sie aus der Liste Schriftschnitt den Punkt Fett und unter Farbe einen Blauton aus und klicken Sie auf OK.

Sie kehren zum Dialogfeld Bedingte Formatierung zurück. Da für beide bedingten Formatierungen fertig gestellt haben, können Sie es schließen.

10 Klicken Sie auf OK.

Mit dem Schließen des Dialogfelds haben Sie die Erstellung der beiden bedingten Formatierungen abgeschlossen, und das Ergebnis sieht wie in Abbildung 3-28 aus.

Natürlich können Sie bedingte Formatierungen auch wieder löschen, wenn Sie sie nicht mehr benötigen.

11 Wählen Sie, während G5:G17 immer noch markiert ist, Format → Bedingte Formatierung aus dem Menü und klicken Sie auf Löschen.

Das Dialogfenster Bedingte Formatierung löschen aus Abbildung 3-29 öffnet sich.

12 Aktivieren Sie die Kontrollkästchen Bedingung 1 und Bedingung 2 und klicken Sie zweimal auf OK.

Damit haben Sie die Formatierung für beide Bedingungen wieder gelöscht.

SCHNELLREFERENZ

SO ERSTELLEN SIE EINE BEDINGTE FORMATIERUNG FÜR EINE ZELLE ODER EINEN BEREICH:

1. MARKIEREN SIE DIE ZELLE ODER DEN BEREICH, FÜR DEN SIE EINE BEDINGTE FORMATIERUNG ERSTELLEN WOLLEN.
2. WÄHLEN SIE FORMAT → BEDINGTE FORMATIERUNG AUS DEM MENÜ.
3. GEBEN SIE DIE BEDINGUNG EIN (Z.B. WERT GRÖSSER ALS 0).
4. KLICKEN SIE AUF FORMAT UND WÄHLEN SIE DIE FORMATIERUNGSOPTIONEN AUS, DIE BEI ERFÜLLUNG DER BEDINGUNG ANGEWENDET WERDEN SOLLEN.
5. FALLS SIE WEITERE BEDINGUNGEN FÜR DIE MARKIERTEN ZELLEN ERSTELLEN MÖCHTEN, KLICKEN SIE AUF HINZUFÜGEN UND WIEDERHOLEN DIE SCHRITTE 3 UND 4.

LEKTION 3.12
Zellen verbinden, Text drehen und die optimale Breite einstellen

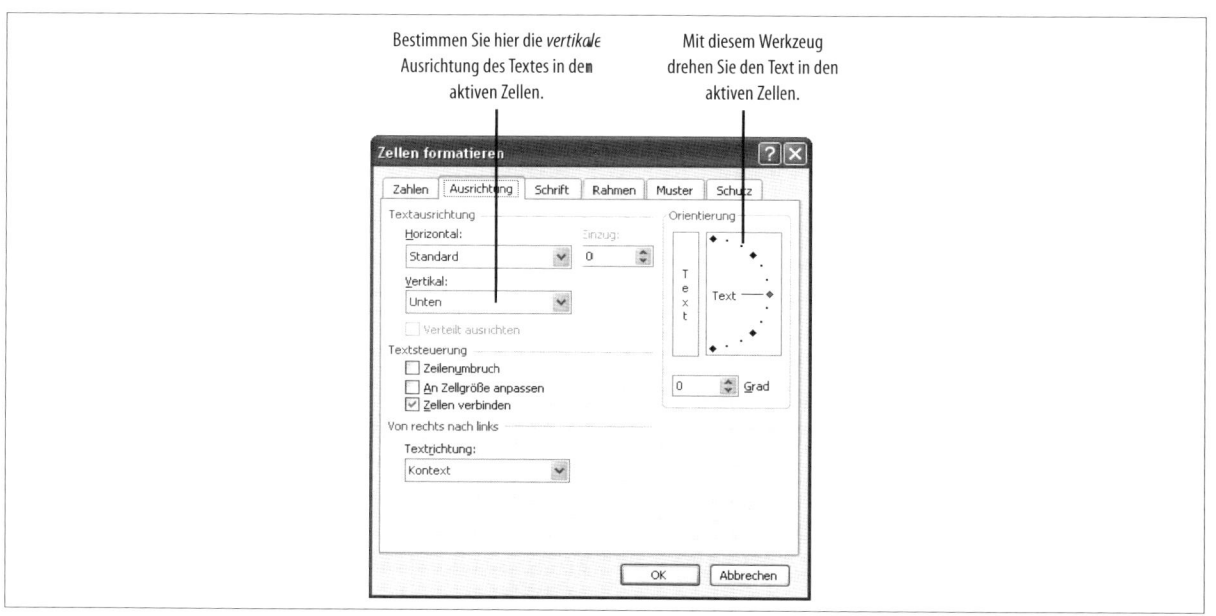

Abbildung 3-30: Die Registerkarte Ausrichtung des Dialogfelds Zellen formatieren

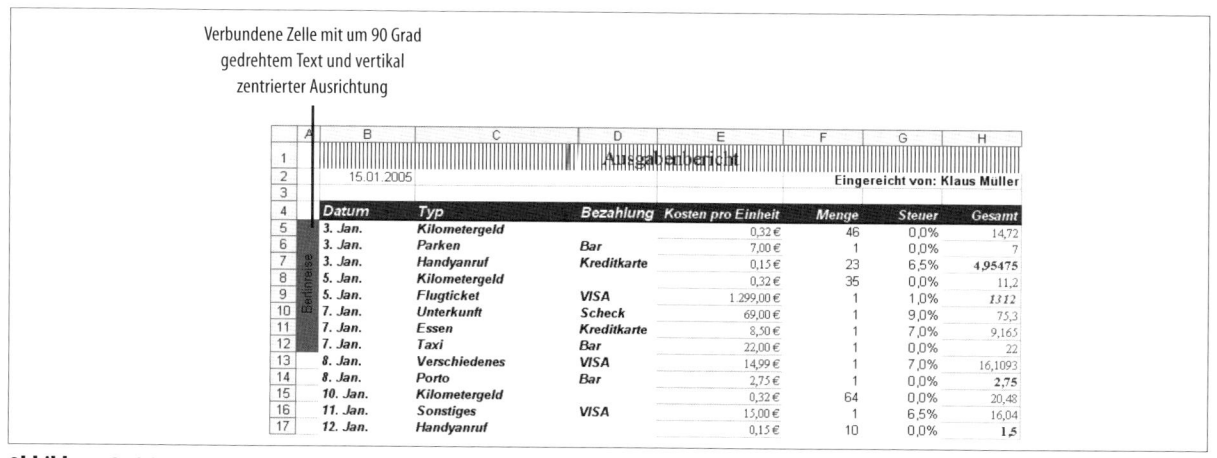

Abbildung 3-31: Der Ausgabenbericht mit einer verbundenen Zelle, deren Text um 90 Grad dreht und vertikal zentriert ist

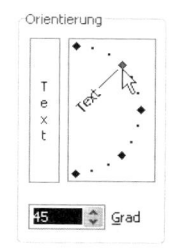

Das Werkzeug zum Drehen von Text

Nehmen Sie schon mal Anlauf: Wir haben in dieser Lektion einige Hürden zu überspringen! Sie werden lernen, mehrere Zellen zu einer größeren zusammenzufassen, den Text in einer Zelle zu drehen und die Spaltenbreite automatisch an den Text anzupassen.

1 Markieren Sie den Bereich A4:A17, wählen Sie Einfügen → Zellen aus dem Menü und klicken Sie auf OK.

Excel fügt einen Zellbereich ein, wobei es die anderen Zellen nach rechts verschiebt.

2 Markieren Sie A5:A12.

Wir wollen die eingefügten Zellen zu einer einzigen verbinden.

3 Wählen Sie Format → Zellen aus dem Menü und holen Sie die Registerkarte Ausrichtung in den Vordergrund.

Das Dialogfeld Zellen formatieren erscheint wie in Abbildung 3-30 mit der Registerkarte Ausrichtung im Vordergrund. Der Bereich Textsteuerung stellt drei Optionen bereit:

- Zeilenumbruch: Zeigt den Text in mehreren Zeilen an. Die Anzahl der Zeilen hängt von der Breite der Zelle und der Textlänge ab.
- An Zellgröße anpassen: Verkleinert die Schriftgröße so, dass der gesamte Text in die Zelle passt.
- Zellen verbinden: Vereinigt zwei oder mehr Zellen zu einer einzigen. Die Adresse der verbundenen Zelle ist die der linken oberen Ecke.

Verbinden Sie die markierten Zellen zu einer einzigen.

4 Aktivieren Sie das Kontrollkästchen Zellen verbinden und klicken Sie auf OK.

Das Dialogfeld verschwindet, und die ausgewählten Zellen sind zu einer einzigen, größeren zusammengefügt.

5 Die verbundene Zelle A5 ist immer noch markiert; geben Sie Berlinreise ein und klicken Sie auf die Schaltfläche Eingeben in der Formelleiste.

Sie wissen bereits, wie Sie die horizontale Ausrichtung einstellen können. Jetzt können Sie das *vertikale* Ausrichten üben.

6 Wählen Sie Format → Zellen aus dem Menü, ziehen Sie den roten Punkt im Kasten Orientierung auf 45 Grad nach oben und klicken Sie auf OK.

Das Dialogfeld schließt sich, und der Text in A5 erscheint um 45 Grad gedreht.

7 Während A5 immer noch aktiv ist, wählen Sie Format → Zellen aus dem Menü, ziehen den roten Punkt auf 90 Grad, öffnen die Dropdown-Liste Vertikal und wählen Zentrieren.

Damit wird der Text in die Senkrechte gedreht und vertikal in der Mitte der Zelle angeordnet. Färben Sie den Hintergrund der Zelle ein, um sie deutlich hervorzuheben.

8 Wechseln Sie zur Registerkarte Muster, wählen Sie eine hellblaue Farbe und klicken Sie auf OK.

Das Dialogfenster schließt sich, und A5 erscheint in hellblauer Farbe mit vertikal zentrierter Schrift. Verkleinern Sie zum Abschluss der Lektion die Spaltenbreite.

9 Platzieren Sie den Zellcursor genau auf der rechten Begrenzung des Spaltenkopfs A, bis er seine Form in ↔ ändert, und ziehen Sie die Spalte etwa so breit wie in Abbildung 3-31.

10 Speichern Sie Ihre Arbeit und beenden Sie Microsoft Excel.

SCHNELLREFERENZ

SO VERBINDEN SIE ZELLEN:

1. MARKIEREN SIE DIE ZELLEN, DIE SIE VERBINDEN MÖCHTEN.
2. WÄHLEN SIE FORMAT → ZELLEN AUS DEM MENÜ, KLICKEN SIE AUF DIE REGISTERKARTE AUSRICHTUNG, WÄHLEN SIE ZELLEN VERBINDEN UND KLICKEN SIE AUF OK.

SO DREHEN SIE TEXT:

1. MARKIEREN SIE DIE ZELLE ODER DEN BEREICH, IN DEM SIE DEN TEXT DREHEN MÖCHTEN.
2. WÄHLEN SIE FORMAT → ZELLEN AUS DEM MENÜ UND KLICKEN SIE AUF AUSRICHTUNG.
3. GEBEN SIE DEN DREHWINKEL IN GRAD EIN, ODER VERSCHIEBEN SIE DEN ROTEN PUNKT DES TEXTZEIGERS AUF DEN GEWÜNSCHTEN WINKEL.

LEKTION 3.13 Formate suchen und ersetzen

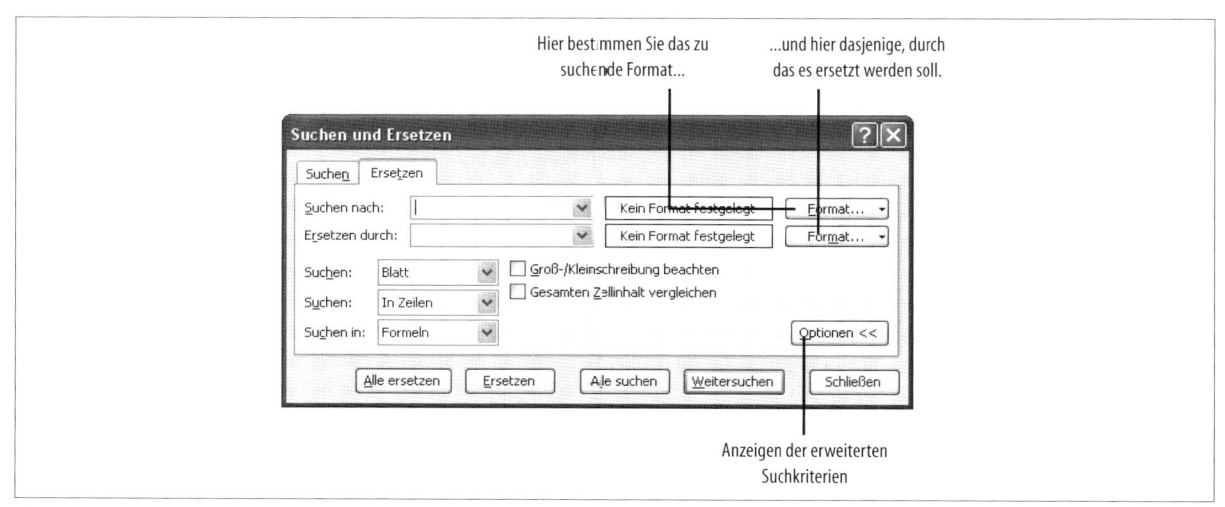

Abbildung 3-32: Das Dialogfeld Suchen und Ersetzen

Excel sucht alle Zellen mit weißer Schrift ... *... und ändert die Schriftfarbe in Schwarz.*

Abbildung 3-33: Excel kann nicht nur Text, sondern auch Formate suchen und ersetzen.

Als Sie Ihre Statistik der jährlichen Schneefälle ausdruckten, mussten Sie feststellen, dass Ihre Idee, weiße Schrift auf einem weißen Hintergrund zu verwenden, nicht besonders günstig war. Jetzt müssen Sie Ihre ganze Schneestatistik durchsehen und die Schriftfarbe aller Zellen mit weißer Schrift auf weißem Hintergrund ändern. Viel Vergnügen!

Aber Sie werden sehen, dass diese Aufgabe mit Excel 2003 ganz einfach zu lösen ist, weil die Funktion Suchen und Ersetzen erheblich erweitert wurde, wie Sie aus Tabelle 3-5 ersehen können. Jetzt können Sie nicht nur Inhalte, sondern auch Formate suchen und ersetzen – damit ist Ihr Problem mit der weißen Schrift leicht zu beheben.

In dieser Lektion lernen Sie, wie Sie Formate in Ihrer Arbeitsmappe suchen und ersetzen können.

1 Öffnen Sie die Arbeitsmappe Übung 3E und speichern sie Sie unter Formatsuche.

Jetzt haben Sie Ihre Schneefallstatistik vor sich und müssen die weiße Schriftformatierung durch eine besser sichtbare ersetzen. Das wäre normalerweise äußerst schwierig, weil Sie den weißen Text auf dem weißen Hintergrund ja gar nicht sehen können. Mit der Funktion Suchen und Ersetzen können Sie das Problem auf einfache Weise lösen.

Kapitel 3
Ein Arbeitsblatt formatieren

2 Wählen Sie Bearbeiten → Ersetzen aus dem Menü.

Das Dialogfeld Suchen und Ersetzen öffnet sich. Sie müssen es erweitern, weil Sie weitere Optionen zum Suchen und Ersetzen benötigen.

3 Klicken Sie auf Optionen.

Jetzt sehen Sie die zusätzlichen Optionen wie in Abbildung 3-32. In der rechten oberen Ecke erkennen Sie zwei Schaltflächen mit der Aufschrift Format. Die obere dient zum Eingeben des gesuchten und die untere zum Eingeben des gewünschten Formats.

4 Klicken Sie auf die obere Schaltfläche Format.

Das Dialogfeld Format suchen öffnet sich, in dem Sie das gesuchte Format bestimmen können.

5 Öffnen Sie die Registerkarte Schrift.

Sie suchen alle Formate in weißer Schrift.

6 Klicken Sie auf den Dropdown-Pfeil der Liste Farbe und wählen Sie Weiß in der rechten unteren Ecke.

Das ist das einzige Format, nach dem Sie suchen, weshalb Sie das Dialogfeld wieder schließen können.

7 Klicken Sie auf OK.

Jetzt ist das Dialogfeld Suchen und Ersetzen wieder im Vordergrund, und Sie können das Format eingeben, durch das die weiße Schriftfarbe ersetzt werden soll.

8 Klicken Sie auf die untere Schaltfläche Format.

Das Dialogfeld Format ersetzen öffnet sich.

9 Die Registerkarte Schrift befindet sich noch im Vordergrund; öffnen Sie die Liste Farben durch einen Klick auf den Dropdown-Pfeil und wählen Sie Automatisch.

Fahren Sie mit dem nächsten Schritt fort, indem Sie das Dialogfeld schließen.

10 Klicken Sie auf OK.

Nachdem Sie jetzt das zu ersetzende und das neue Format bestimmt haben, können Sie mit dem Ersetzen beginnen. Wie beim Suchen und Ersetzen von Text können Sie alle Zellen, in denen das gesuchte Format enthalten ist, Schritt für Schritt umformatieren oder alle Vorkommen des Formats auf einmal ersetzen.

11 Klicken Sie auf Alle ersetzen.

Excel hat die weiße Schrift durch schwarze ersetzt, die, wie Abbildung 3-33 beweist, jetzt wieder gut lesbar ist.

12 Klicken Sie erst auf OK und dann auf Schließen. Beenden Sie Excel, ohne die Änderung zu speichern.

Herzlichen Glückwunsch! Sie haben ein ziemlich umfangreiches und schwieriges Kapitel durchgearbeitet. Wenn Sie das nächste Mal ein Arbeitsblatt erstellen, können Sie das Gelernte anwenden und Ihre Kollegen (und vielleicht auch Ihren Chef?) damit beeindrucken.

Tabelle 3-5: Die Optionen für das Suchen und Ersetzen von Formaten

Option	Beschreibung
Alle ersetzen	Ersetzt alle Vorkommen des Formats im Arbeitsblatt. Wenn Sie alle Zellen vor dem Ersetzen noch einmal kontrollieren wollen, klicken Sie auf Ersetzen, andernfalls auf Alle ersetzen.
Ersetzen	Ersetzt das Format in der aktiven Zelle und springt zur nächsten, die das gesuchte Format enthält. Wenn Sie sicher sind, dass Sie alle ersetzen wollen, klicken Sie auf Alle ersetzen.
Alle suchen	Sucht alle Vorkommen des Formats und zeigt sie in einer Liste an. Wenn Sie alle nacheinander suchen wollen, klicken Sie auf Weitersuchen.
Weitersuchen	Sucht die nächste Zelle, die das gesuchte Format enthält. Wenn Sie rückwärts suchen wollen, halten Sie die Umsch-Taste gedrückt, während Sie auf Weitersuchen klicken.

Lektion 3.13
Formate suchen und ersetzen

SCHNELLREFERENZ

SO SUCHEN UND ERSETZEN SIE ZELLENFORMATE:

1. WÄHLEN SIE BEARBEITEN → ERSETZEN AUS DEM MENÜ.
2. KLICKEN SIE AUF OPTIONEN.
3. KLICKEN SIE AUF DIE OBERE SCHALTFLÄCHE MIT DER AUFSCHRIFT FORMAT, GEBEN SIE DAS ZU ERSETZENDE FORMAT EIN UND KLICKEN SIE AUF OK.
4. KLICKEN SIE AUF DIE UNTERE SCHALTFLÄCHE MIT DER AUFSCHRIFT FORMAT, GEBEN SIE DAS FORMAT EIN, DURCH DAS DAS BISHERIGE ERSETZT WERDEN SOLL, UND KLICKEN SIE AUF OK.
5. KLICKEN SIE AUF WEITERSUCHEN, UM ALLE VORKOMMEN DES GESUCHTEN FORMATS ZU FINDEN, UND AUF ERSETZEN, WENN SIE ES DURCH DAS NEUE ERSETZEN WOLLEN.

ODER:

KLICKEN SIE AUF ALLE ERSETZEN, WENN SIE SICHER SIND, DASS SIE FÜR ALLE DAS NEUE FORMAT ANWENDEN WOLLEN.

Kapitel 3 im Überblick

Die Lektionen in Kürze

Schriften mit der Formatsymbolleiste formatieren

Um den Schriftschnitt eines Textes zu ändern, klicken Sie auf die Schaltflächen Fett, Kursiv oder Unterstrichen in der Formatsymbolleiste.

Um die Schriftart zu ändern, wählen Sie die gewünschte aus der Liste Schriftart in der Formatsymbolleiste aus.

Um die Schriftgröße zu ändern, wählen Sie sie aus der Liste Schriftgrad in der Formatsymbolleiste aus.

Werte formatieren

So weisen Sie über die Formatsymbolleiste ein Zahlenformat zu: Markieren Sie eine Zelle oder einen Bereich und klicken Sie auf die gewünschte Formatierungsschaltfläche in der Formatsymbolleiste.

Dazu stehen die Schaltflächen Währung, Prozentformat, 1000er-Trennzeichen, Dezimalstelle hinzufügen und Dezimalstelle löschen zur Verfügung.

So weisen Sie mit dem Dialogfeld Zellen formatieren **ein Zahlenformat zu:** Markieren Sie eine Zelle oder einen Bereich, rechtsklicken Sie darauf und wählen Sie Zellen formatieren aus dem Kontextmenü. Klicken Sie auf die Registerkarte Zahlen und nehmen Sie die gewünschten Einstellungen vor.

Spaltenbreite und Zeilenhöhe einstellen

So stellen Sie die Spaltenbreite ein: Dazu gibt es drei Methoden:

- Ziehen Sie die Spaltenkopfbegrenzung bei gedrückter Maustaste nach rechts oder links.
- Rechtsklicken Sie auf den Spaltenkopf, wählen Sie Spaltenbreite aus dem Kontextmenü und geben Sie den gewünschten Wert ein.
- Markieren Sie die Spalte, wählen Sie Format → Spalte → Breite aus dem Menü und geben Sie den gewünschten Wert ein.

So stellen Sie die Zeilenhöhe ein: Dazu gibt es drei Methoden:

- Ziehen Sie die Zeilenkopfbegrenzung bei gedrückter Maustaste nach oben oder unten.
- Rechtsklicken Sie auf den Zeilenkopf, wählen Sie Zeilenhöhe aus dem Kontextmenü und geben Sie den gewünschten Wert ein.
- Markieren Sie die Spalte, wählen Sie Format → Zeile → Höhe aus dem Menü und geben Sie den gewünschten Wert ein.

So passen Sie die Zeilenhöhe oder Spaltenbreite automatisch an: Doppelklicken Sie auf die obere Begrenzung eines Zeilen- oder die rechte eines Spaltenkopfs oder markieren Sie eine Zeile oder Spalte und wählen Sie Format → Zeile (oder Spalte) → Optimale Höhe (bzw. Optimale Breite festlegen) aus dem Menü.

Die Zellausrichtung ändern

Mit der Formatsymbolleiste: Markieren Sie die Zelle oder den Bereich, den Sie formatieren möchten, und klicken Sie auf die entsprechenden Schaltflächen in der Formatsymbolleiste.

Mit dem Dialogfeld Zellen formatieren: Rechtsklicken Sie auf die Markierung der Zelle oder des Bereichs und wählen Sie Zellen formatieren aus dem Kontextmenü oder klicken Sie auf Format → Zellen im Menü. Öffnen Sie die Registerkarte Ausrichtung und aktivieren Sie die gewünschte Option.

Rahmen hinzufügen

Mit der Formatsymbolleiste: Markieren Sie die Zelle oder den Bereich, den Sie mit Rahmen versehen wollen. Klicken Sie auf den Dropdown-Pfeil der Schaltfläche Rahmen in der Formatsymbolleiste und wählen Sie eine Rahmenart aus.

Mit dem Dialogfeld Zellen formatieren: Rechtsklicken Sie auf den markierten Bereich und wählen Sie Zellen formatieren oder klicken Sie auf Format → Zellen im Menü. Öffnen Sie die Registerkarte Rahmen im Dialogfenster Zellen formatieren und wählen Sie eine Rahmenart aus.

Farben und Muster hinzufügen

Mit der Formatsymbolleiste: Markieren Sie die Zelle oder den Bereich, den Sie formatieren wollen, klicken Sie auf den Dropdown-Pfeil der Schaltfläche Füllfarbe und wählen Sie eine Farbe aus.

Kapitel 3
Kapitel 3 im Überblick

Mit dem Dialogfeld Zellen formatieren: Rechtsklicken Sie auf den markierten Bereich und wählen Sie Zellen formatieren oder klicken Sie auf Format → Zellen im Menü. Öffnen Sie die Registerkarte Muster und wählen Sie eine Farbe oder ein Muster aus.

Die Funktion Format übertragen

Mit Format übertragen können Sie das Format einer Zelle oder eines Bereichs kopieren und auf andere Zellen übertragen.

So verwenden Sie die Funktion Format übertragen: Markieren Sie den Zellbereich, dessen Formatierungsoptionen Sie kopieren möchten, und klicken Sie auf die Schaltfläche Format übertragen in der Standardsymbolleiste. Markieren Sie dann mit dem Formatzeiger den Bereich, den Sie mit den gleichen Formaten versehen wollen.

Doppelklicken Sie auf die Schaltfläche Format übertragen in der Standardsymbolleiste, um ein Format auf mehrere Stellen zu übertragen. Wenn Sie damit fertig sind, klicken Sie auf die Schaltfläche Format übertragen, um die Funktion zu deaktivieren.

Die Funktion AutoFormat

AutoFormat formatiert Ihre Arbeitsblätter automatisch nach einem der 16 vordefinierten Schemata.

Wählen Sie Format → AutoFormat aus dem Menü und klicken Sie auf eins der vorgegebenen Formate und danach auf OK.

Ein benutzerdefiniertes Zahlenformat anlegen

So erstellen Sie ein benutzerdefiniertes Zahlenformat: Markieren Sie die zu formatierende Zelle bzw. den Bereich, wählen Sie Format → Zellen aus dem Menü und öffnen Sie die Registerkarte Zahlen. Dann wählen Sie die Kategorie Benutzerdefiniert und geben im Feld Typ die gewünschten Formatcodes ein.

Eine Formatvorlage erstellen, anwenden und ändern

Eine Formatvorlage ist eine Sammlung von Formaten (Zahlen, Schriftart, Rahmen, Ausrichtung, Muster und Schutz), die Sie zusammen definieren und speichern können, um all diese Formatierungselemente auf einmal anzuwenden.

So erstellen Sie eine Formatvorlage anhand einer Beispielformatierung: Markieren Sie eine Zelle oder einen Bereich und formatieren Sie ihn als Muster für die Vorlage. Markieren Sie den Bereich, wählen Sie Format → Formatvorlage aus dem Menü und geben Sie einen Namen für die Vorlage ein.

So wenden Sie eine Formatvorlage an: Markieren Sie eine Zelle oder einen Bereich, den Sie formatieren möchten, wählen Sie Format → Formatvorlage aus dem Menü, danach die Formatvorlage aus der Dropdown-Liste, und klicken Sie auf OK.

So ändern Sie eine Formatvorlage: Wählen Sie Format → Formatvorlage aus dem Menü, dann die gewünschte Formatvorlage aus der Dropdown-Liste, und klicken Sie auf Ändern. Ändern Sie die Formatierung nach Belieben und klicken Sie auf OK, wenn Sie damit fertig sind. Jede mit dieser Formatvorlage formatierte Zelle wird daraufhin aktualisiert.

Bedingte Formatierung von Zellen

Eine bedingte Formatierung ist ein Format, z.B. eine Zellschattierung oder Schriftfarbe, die Excel automatisch einsetzt, wenn die Zellen einer bestimmten Bedingung genügen.

So erstellen Sie eine bedingte Formatierung für eine Zelle oder einen Bereich: Markieren Sie die Zelle oder den Bereich, für den Sie eine bedingte Formatierung erstellen wollen. Wählen Sie Format → Bedingte Formatierung aus dem Menü und geben Sie die Bedingung (z.B. Wert größer 10) ein. Klicken Sie auf Format und wählen Sie die Formatierungsoptionen aus, die bei erfüllter Bedingung angewendet werden sollen. Falls Sie weitere Bedingungen für die markierten Zellen erstellen möchten, klicken Sie auf Hinzufügen, anderenfalls auf OK.

Zellen verbinden, Text drehen und die optimale Breite einstellen

So verbinden Sie Zellen: Markieren Sie die Zellen, die Sie verbinden möchten. Wählen Sie Format → Zellen aus dem Menü, klicken Sie auf die Registerkarte Ausrichtung, wählen Sie Zellen verbinden und klicken Sie auf OK.

So drehen Sie Text: Markieren Sie die Zelle oder den Bereich, in dem Sie den Text drehen möchten. Wählen Sie Format → Zellen aus dem Menü und klicken Sie auf

Ausrichtung. Geben Sie den Drehwinkel in Grad ein oder verschieben Sie den roten Punkt des Textzeigers im gewünschten Winkel.

Formate suchen und ersetzen

So suchen und ersetzen Sie Zellformate: Wählen Sie Bearbeiten → Ersetzen aus dem Menü und klicken auf Optionen. Klicken Sie auf die obere Schaltfläche mit der Aufschrift Format, geben Sie die das zu ersetzende Format ein und klicken Sie auf OK. Jetzt klicken Sie auf die untere Schaltfläche mit der Aufschrift Format, geben das Format ein, durch das das bisherige ersetzt werden soll, und klicken auf OK. Klicken Sie auf Weitersuchen, um alle Vorkommen des gesuchten Formats zu finden, und auf Ersetzen, wenn Sie es in das neue ändern wollen, oder auf Alle ersetzen, wenn Sie sicher sind, dass Sie für alle das neue Format anwenden möchten.

Test

1. Mit welcher der folgenden Aktionen ändern Sie die Schriftgröße?

    A. Sie markieren die betreffenden Zellen und wählen eine Schriftgröße aus der Liste in der Formatsymbolleiste.

    B. Sie markieren die Zellen und rechtsklicken auf die Auswahl, wählen Zellen formatieren aus dem Kontextmenü, öffnen die Registerkarte Schrift, wählen die Schriftgröße aus und klicken auf OK.

    C. Sie markieren die Zellen, wählen Format → Zellen aus dem Menü, klicken auf die Registerkarte Schrift, wählen die Schriftgröße aus und klicken auf OK.

    D. Alle drei Lösungen sind richtig.

2. Welche Methode ist nicht dazu geeignet, einem Zellbereich Fettschrift zuzuweisen?

    A. Sie wählen Format → Zellen aus dem Menü, klicken auf die Registerkarte Schrift und wählen Fett aus der Schriftschnittliste.

    B. Sie wählen Strg + Umschalt + F.

    C. Sie klicken mit der rechten Maustaste auf den Text und wählen Fett aus dem Kontextmenü.

    D. Sie klicken auf die Schaltfläche Fett in der Formatsymbolleiste.

3. Um die Formatierung einer Zelle auf eine andere zu kopieren, verwenden Sie folgende Funktionen:

    A. Bearbeiten → Format kopieren und Bearbeiten → Format einfügen

    B. Die Schaltfläche Format übertragen in der Standardsymbolleiste

    C. Das ist in Excel nicht möglich; Sie müssen die Zellen manuell formatieren.

    D. Das Dialogfeld Kopieren und Format übertragen im Menü Format → Kopieren und Anwenden

4. Die Zahlen in Ihrem Arbeitsblatt haben zum Beispiel die Form 1000. Wie können Sie das in 1.000,00 € ändern?

    A. Sie klicken auf die Schaltfläche Währung in der Formatsymbolleiste.

    B. Sie wählen Format → Währung aus dem Menü.

    C. Sie geben alles einschließlich €-Zeichen, Tausenderpunkt und Dezimalkomma manuell neu ein.

    D. Keine der drei Lösungen ist richtig.

5. Ein Datum ist ein Wert, weshalb Sie sein Darstellungsformat ändern können. Das Datum 17.1.05 kann also zum Beispiel in 17. Jan. 2005 umformatiert werden. Ist das richtig oder falsch?

6. Welches der folgenden Verfahren ist nicht dazu geeignet, die Spaltenbreite zu ändern?

    A. Ziehen der rechten Begrenzung des Spaltenkopfs nach links oder rechts

    B. Doppelklicken auf die rechte Begrenzung des Spaltenkopfs

    C. Markieren des Spaltenkopfs und Klicken auf die Schaltfläche Spaltenbreite in der Formatsymbolleiste

    D. Recktsklicken auf den Spaltenkopf, Auswählen von Spaltenbreite aus dem Kontextmenü und Eingeben der gewünschten Spaltenbreite

Kapitel 3
Kapitel 3 im Überblick

7. Welche der folgenden Aussagen ist falsch?
   A. Durch Klicken auf die Schaltfläche Zentriert wird der Text horizontal zentriert angeordnet.
   B. Die Schaltfläche Verbinden und Zentrieren verbindet mehrere Zellen zu einer einzigen und zentriert den Text darin.
   C. Sie können die Zellausrichtung verändern, indem Sie Format → Zellen aus dem Menü wählen und auf die Registerkarte Ausrichtung klicken.
   D. Der Text in einer Zelle kann nur einzeilig dargestellt und nicht umbrochen werden.

8. Wie können Sie einen Rahmen am oberen und unteren Zellenrand hinzufügen (Mehrfachnennung möglich)?
   A. Sie wählen Format → Zellen aus dem Menü, öffnen die Registerkarte Rahmen, klicken im Vorschaubereich auf den oberen und unteren Rand und dann auf OK.
   B. Sie geben einige Unterstriche (_) in die darüber und darunter liegenden Zellen ein.
   C. Sie klicken auf den Dropdown-Pfeil der Schaltfläche Rahmen in der Formatsymbolleiste und wählen die entsprechende Option aus.
   D. Sie klicken auf die Schaltfläche Unterstrichen in der Formatsymbolleiste.

9. Mit AutoFormat können Sie für Ihr Arbeitsblatt eins von 16 Formaten auswählen. Ist diese Aussage richtig oder falsch?

10. Wie können Sie eine bestimmte Zelle gelb einfärben?
    A. Sie klicken auf die Schaltfläche Hervorheben in der Standardsymbolleiste.
    B. Sie klicken auf den Dropdown-Pfeil der Schaltfläche Füllfarbe und wählen Gelb aus.
    C. Sie wählen Format → Farbe → Gelb aus dem Menü.
    D. Sie klicken auf den Dropdown-Pfeil der Schaltfläche Rahmen und klicken auf Gelb.

11. Wie können Sie vier Zellen zu einer einzigen verbinden?
    A. Sie markieren sie und klicken auf die Schaltfläche Zellen verbinden in der Formatsymbolleiste.
    B. Sie markieren sie und wählen Extras → Verbindungsassistent aus dem Menü.
    C. Sie markieren sie und klicken auf die Schaltfläche Verbinden und zentrieren in der Formatsymbolleiste.
    D. Sie markieren sie und wählen Bearbeiten → Zellen verbinden aus dem Menü.

12. Sie möchten mehreren nicht benachbarten Zellen mit dem Formatzeiger ein bestimmtes Format zuweisen. Wie machen Sie das?
    A. Sie klicken auf die Schaltfläche Format übertragen in der Standardsymbolleiste.
    B. Sie doppelklicken auf die Schaltfläche Format übertragen in der Standardsymbolleiste.
    C. Das ist nicht direkt möglich.
    D. Sie öffnen das Dialogfeld Kopieren und Formate zuweisen über Format → Formate kopieren aus dem Menü.

13. Wie drehen Sie den Text einer Zelle?
    A. Sie wählen Format → Zellen aus dem Menü und öffnen die Registerkarte Ausrichtung.
    B. Sie klicken auf den Dropdown-Pfeil der Schaltfläche Ausrichtung und wählen den gewünschten Drehwinkel aus.
    C. Sie wählen Format → Textausrichtung aus dem Menü.
    D. Sie rechtsklicken auf die Zelle und wählen Textausrichtung aus dem Kontextmenü.

14. Sie möchten, dass die Datumsangaben in einem Arbeitsblatt in der Form 15. Januar 2005 und nicht 15.01.05 angezeigt werden. Welche Methode ist dazu geeignet?
    A. Sie markieren die Zellen und klicken auf die Schaltfläche Langes Datum in der Formatsymbolleiste.
    B. Sie geben alle Daten manuell neu ein, weil es dafür keine besondere Funktion gibt.
    C. Sie markieren die Zellen, wählen Format → Zellen aus dem Menü, öffnen die Registerkarte Zahlen, klicken in der Liste Kategorie auf Datum und wählen das gewünschte Datumsformat.
    D. Sie bitten Ihren Systemadministrator darum, das Microsoft-Patch für lange Datumsformate auf Ihrem Rechner zu installieren.

Hausaufgaben

1. Öffnen Sie die Arbeitsmappe Hausaufgaben 3 und speichern Sie sie unter Formatierungsübungen.

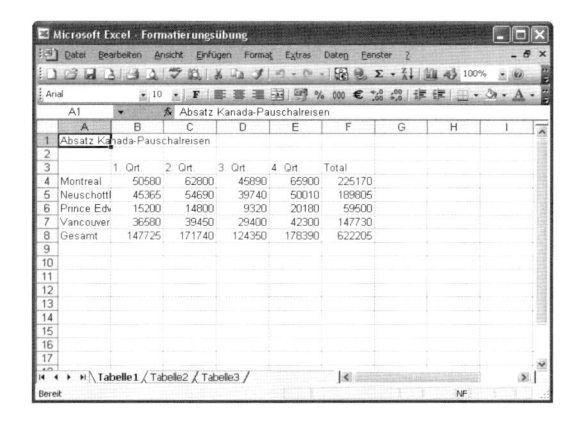

2. Passen Sie die Breite der Spalte A an die Textlänge an, so dass alle Zellinhalte vollständig sichtbar sind.

3. Ändern Sie die Schriftart des Arbeitsblatttitels in Times New Roman.

4. Formatieren Sie den Titel in dunkelblauer Fettschrift der Größe 14 Punkt.

5. Formatieren Sie die Werte in der Summenzeile im Währungsformat.

6. Richten Sie die Spaltenüberschriften zentriert aus und weisen Sie ihnen Fettschrift zu.

7. Fügen Sie den Zellen B7:F7 am unteren Rand eine Rahmenlinie hinzu.

8. Verbinden Sie die Zellen A1:F1 zu einer einzigen Zelle, die die ganze Breite der Tabelle überspannt.

Lösungen zum Test

1. D. Alle genannten Verfahren sind dazu geeignet, die Schriftgröße zu verändern.

2. C. Es gibt keine Option Fett im Kontextmenü.

3. B. Der Formatzeiger kopiert die Formatierung eines Bereichs und fügt sie an anderer Stelle wieder ein.

4. A. Die Schaltfläche Währung in der Formatsymbolleiste weist das Währungsformat zu.

5. Richtig. Datumsangaben können in unterschiedlicher Form dargestellt werden, das Datum selbst bleibt dabei unverändert.

6. C. In der Standardsymbolleiste gibt es keine Schaltfläche Spaltenbreite.

7. D. Zellen können mehrere Textzeilen enthalten. Wählen Sie Format → Zellen, öffnen Sie die Registerkarte Ausrichtung und aktivieren Sie Zeilenumbruch.

8. A. und C. Sie können einer Auswahl einen Rahmen hinzufügen, indem Sie entweder die Schaltfläche Rahmen in der Formatsymbolleiste oder die Registerkarte Rahmen über Format → Zellen aus dem Menü verwenden.

9. Richtig. Mit AutoFormat können Sie Ihrem Arbeitsblatt eine von 16 verschiedenen Formatvorlagen zuweisen.

10. B. Sie können Zellen gelb einfärben, indem Sie auf den Dropdown-Pfeil der Schaltfläche Füllfarbe in der Formatsymbolleiste klicken und die Farbe Gelb auswählen.

11. C. Sie können mit Hilfe der Schaltfläche Verbinden und zentrieren mehrere Zellen miteinander verbinden.

12. B. Sie können auf die Schaltfläche Format übertragen doppelklicken, um das Format der Auswahl auf mehrere nicht benachbarte Zellen oder Bereiche zu kopieren. Wenn Sie damit fertig sind, klicken Sie erneut auf die Schaltfläche, um sie zu deaktivieren.

13. A. Sie können Text drehen, indem Sie Format → Zellen wählen und die Registerkarte Ausrichtung öffnen.

14. C. Datumswerte formatieren Sie, indem Sie Format → Zellen aus dem Menü wählen, auf der Registerkarte Zahlen die Kategorie Datum und darin das gewünschte Format auswählen.

KAPITEL 4
DIAGRAMME ERSTELLEN UND VERWENDEN

LERNZIELE

Ein Diagramm erstellen

Diagramme verschieben, vergrößern und verkleinern

Objekte in einem Diagramm formatieren und bearbeiten

Die Quelldaten eines Diagramms änden

Den Diagrammtyp ändern und Tortendiagramme verwenden

Titelzeilen, Gitternetzlinien und eine Datentabelle hinzufügen

3D-Diagramme erstellen

Ein benutzerdefiniertes Diagramm auswählen und speichern

Fülleffekte hinzufügen

AUFGABE: EIN DIAGRAMM MIT DATEN AUS EINER UMFRAGE ERSTELLEN

Voraussetzungen

- **Sie können mit Menüs, Symbolleisten, Dialogfeldern und Kontextmenüs umgehen.**
- **Sie wissen, wie man Zellbereiche markiert.**

Was wir unter einem Diagramm verstehen, ist Ihnen bekannt – in Diagrammen werden Daten, Zusammenhänge oder Trends grafisch dargestellt. »Ein Bild sagt mehr als tausend Worte.« Dieses bekannte Sprichwort gilt auch für Diagramme, die häufig auf den ersten Blick einen Zusammenhang deutlich machen, der aus langen, unübersichtlichen Zahlenreihen nur schwer erkennbar wäre.

In diesem Kapitel lernen Sie fast alles über Diagramme: wie Sie ihnen ein attraktives Aussehen verleihen, sie bearbeiten und formatieren und welche der verschiedenen Diagrammtypen jeweils am besten geeignet sind. Diagramme in Excel zu erstellen und zu gestalten ist einfacher, als Sie vielleicht denken, und macht viel Spaß. Die manchmal verblüffenden Diagramme, die Sie erstellen werden, wenn Sie den Stoff dieser Lektion beherrschen, werden Ihre Kollegen und sogar Sie selbst beeindrucken.

LEKTION 4.1 — Ein Diagramm erstellen

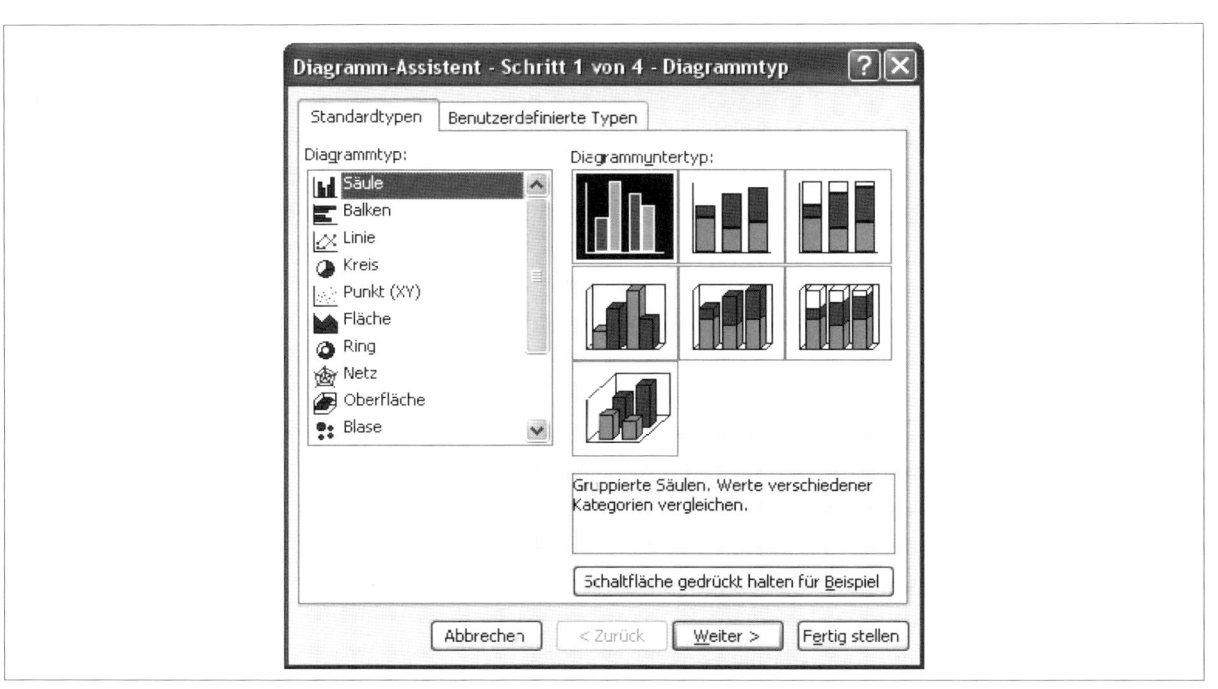

Abbildung 4-1: Im ersten Schritt des Diagramm-Assistenten wird der Diagrammtyp ausgewählt.

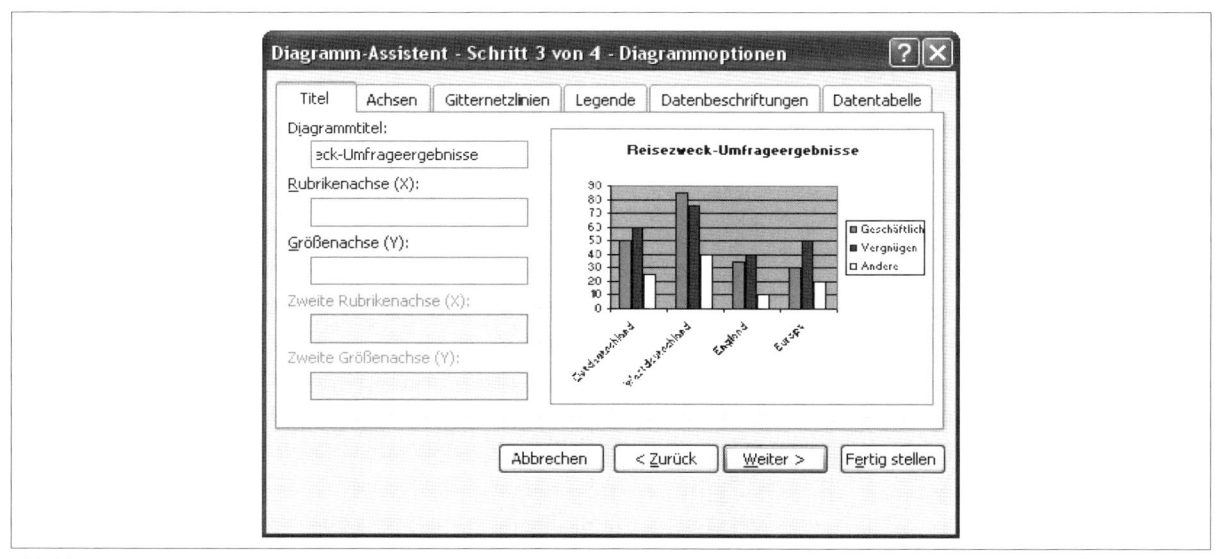

Abbildung 4-2: Schritt 3 des Diagramm-Assistenten mit den Diagrammoptionen

Kapitel 4
Diagramme erstellen und verwenden

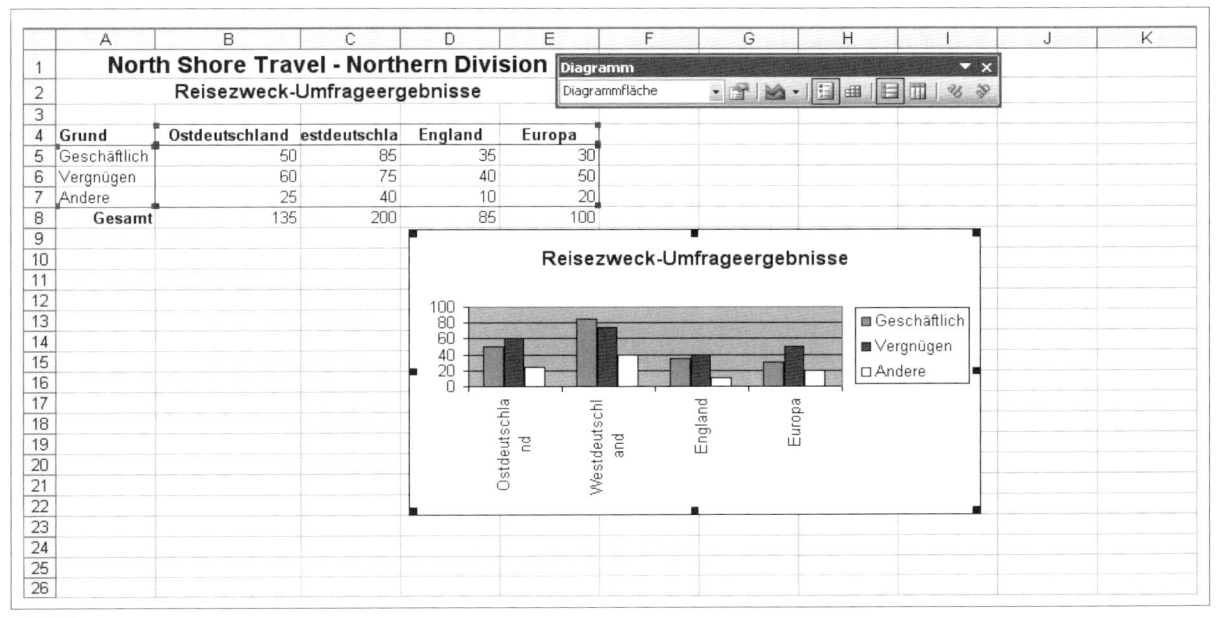

Abbildung 4-3: Das neue Diagramm

Die meisten Daten in einem Arbeitsblatt lassen sich in einem Diagramm darstellen – in dieser Lektion beschäftigen wir uns ausschließlich mit diesem Thema. Sie enthält praktische Übungen zum Erstellen von Diagrammen aus Daten, die bereits in einem Arbeitsblatt enthalten sind. Die einfachste und gebräuchlichste Methode zur Diagrammerstellung bedient sich des *Diagramm-Assistenten*, der Sie durch die einzelnen Schritte führt.

1 Starten Sie Excel, öffnen Sie die Arbeitsmappe Übung 4A **und speichern Sie sie unter** Umfrageergebnis.

Wenn Sie ein Diagramm erstellen, müssen Sie als Erstes die Zellen markieren, die die darzustellenden Werte und Bezeichnungen enthalten.

Die Schaltfläche Diagramm-Assistent
Alternative Methode für die Diagrammerstellung:
• Wählen Sie Einfügen → Diagramm aus dem Menü.

2 Markieren Sie A4:E7 und klicken Sie auf die Schaltfläche Diagramm-Assistent **in der Standardsymbolleiste.**

Der Assistent öffnet das Dialogfenster Diagrammtyp (siehe Abbildung 4-1).

In diesem ersten Schritt wählen Sie einen Diagrammtyp aus der Liste aus. Sie können sich eine Vorschau ansehen, indem Sie auf Schaltfläche gedrückt halten für Beispiel klicken und die Maustaste gedrückt halten. Weil Sie ein Säulendiagramm erstellen möchten und diese Option bereits standardmäßig aktiviert ist, können Sie mit dem nächsten Schritt fortfahren.

3 Klicken Sie auf Weiter, **um die vorgegebene Option zu akzeptieren und zum nächsten Schritt überzugehen.**

Im zweiten Schritt können Sie den darzustellenden Datenbereich festlegen. Sie müssen auch vorgeben, ob die Daten in Spalten- oder Zeilenform einzulesen sind. In diesem Fall wählen Sie die Option Zeilen, so dass Ihr Diagramm aus den Reisezielen gebildet wird. Der Zellbereich A4:E7 wird in der Zeile Datenbereich angezeigt, weil Sie ihn vor dem Start des Assistenten markiert haben. Die anderen Optionen entsprechen Ihren Wünschen, weshalb Sie mit dem nächsten Schritt fortfahren können.

4 Klicken Sie auf Weiter, **um den nächsten Schritt des Assistenten aufzurufen.**

Lektion 4.1
Ein Diagramm erstellen

Jetzt zeigt Ihnen der Assistent eine Vorschau Ihres Diagramms wie in Abbildung 4-2. In diesem Schritt können Sie dem Diagramm Titel, Achsenbeschriftungen, eine Legende, Datenbeschriftungen, Gitternetzlinien und eine Datentabelle hinzufügen.

5 Klicken Sie in das Textfeld Diagrammtitel und geben Sie Reisezweck-Umfrageergebnisse ein.

Der Titel wird jetzt in das Diagramm eingefügt.

6 Klicken Sie auf Weiter, um zum vierten Schritt zu gelangen.

Im vierten und letzten Schritt wählen Sie eine von zwei Möglichkeiten:

- Als neues Blatt: Das Diagramm wird als neues Arbeitsblatt in die Arbeitsmappe eingefügt. Sie können diesem Blatt einen Namen geben oder den Vorschlag von Excel akzeptieren.

- Als Objekt in: Das Diagramm wird in das Arbeitsblatt eingebettet, aus dem die Daten stammen.

Sie möchten das Diagramm in Ihr Arbeitsblatt einfügen. Da diese Option bereits aktiviert ist, können Sie den Assistenten beenden.

7 Klicken Sie auf Fertig stellen und beenden Sie damit den Assistenten.

Das Diagramm ist jetzt wie in Abbildung 4-3 in Ihr Arbeitsblatt eingefügt. Es nimmt eventuell einen großen Teil davon in Anspruch, aber darum brauchen Sie sich noch nicht zu kümmern. Sie werden später lernen, die Größe und Platzierung zu ändern.

8 Speichern Sie Ihre Arbeit.

Herzlichen Glückwunsch! Sie haben soeben Ihr erstes Diagramm in Excel erstellt. Lernen Sie in der nächsten Lektion, wie Sie ein Diagramm verschieben und seine Größe ändern.

SCHNELLREFERENZ

SO ERSTELLEN SIE EIN DIAGRAMM MIT DEM DIAGRAMM-ASSISTENTEN:

1. MARKIEREN SIE DIE ZELLEN MIT DEN DATEN, AUS DENEN SIE DAS DIAGRAMM ERSTELLEN MÖCHTEN, UND KLICKEN SIE AUF DIE SCHALTFLÄCHE DIAGRAMM-ASSISTENT IN DER STANDARDSYMBOLLEISTE.

   ODER:

   MARKIEREN SIE DIE ZELLEN UND WÄHLEN SIE EINFÜGEN → DIAGRAMM AUS DEM MENÜ.

2. WÄHLEN SIE EINEN DIAGRAMMTYP AUS UND KLICKEN SIE AUF OK.

3. PRÜFEN SIE, OB DER AUSGEWÄHLTE BEREICH RICHTIG IST, ÄNDERN SIE IHN GEGEBENENFALLS UND KLICKEN SIE AUF WEITER.

4. WÄHLEN SIE AUF DEN REGISTERKARTEN DIE GEWÜNSCHTEN OPTIONEN AUS UND KLICKEN SIE AUF WEITER.

5. ENTSCHEIDEN SIE, OB SIE DAS DIAGRAMM ALS NEUES BLATT ODER AUF DEM BESTEHENDEN ARBEITSBLATT ERSTELLEN WOLLEN, AKTIVIEREN SIE DIE ENTSPRECHENDE OPTION UND KLICKEN SIE AUF FERTIG STELLEN.

Diagramme verschieben, vergrößern und verkleinern

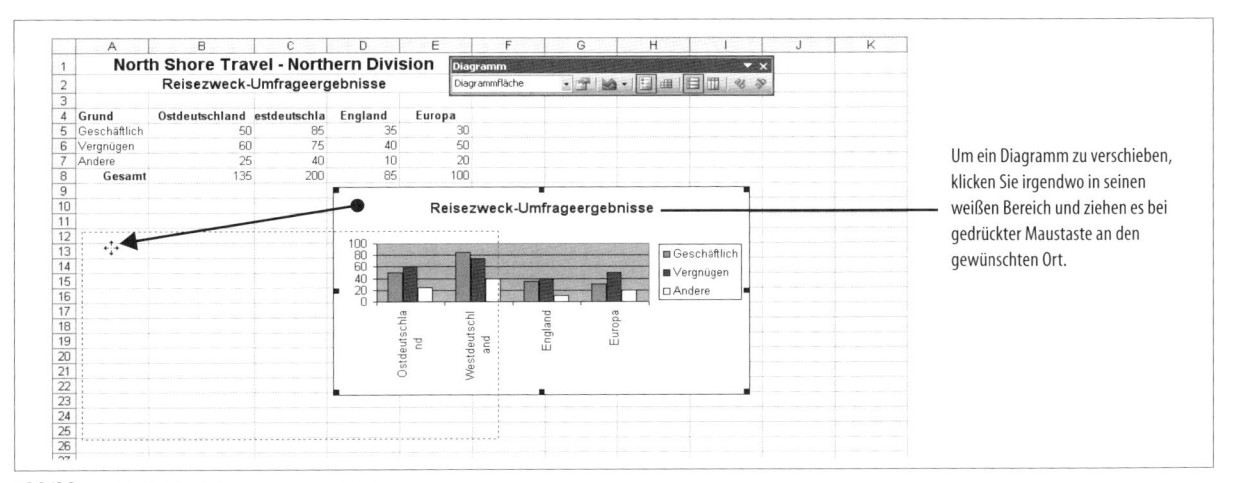

LEKTION 4.2

Abbildung 4-4: Ein Diagramm verschieben

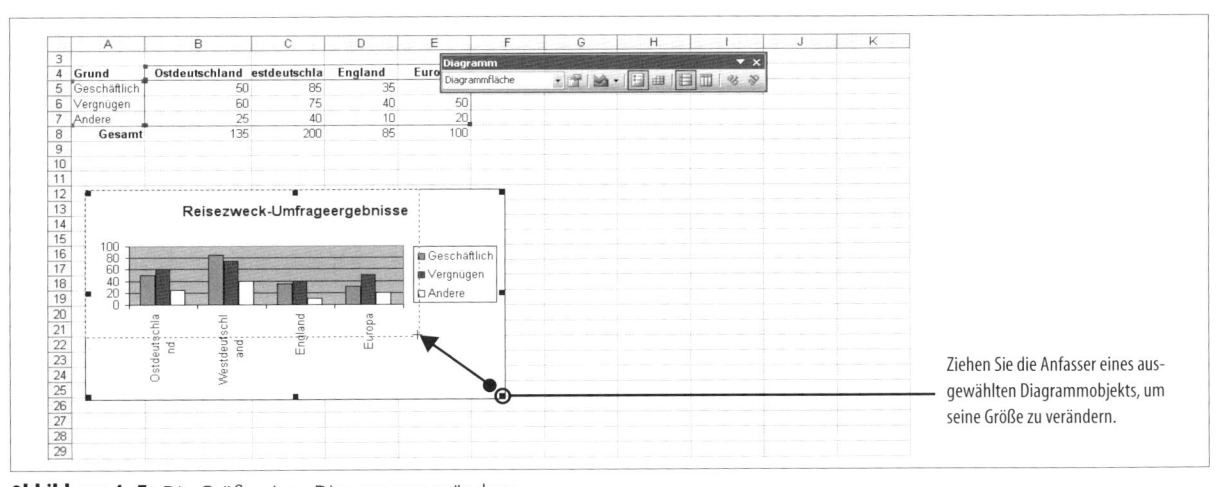

Um ein Diagramm zu verschieben, klicken Sie irgendwo in seinen weißen Bereich und ziehen es bei gedrückter Maustaste an den gewünschten Ort.

Abbildung 4-5: Die Größe eines Diagramms verändern

Ziehen Sie die Anfasser eines ausgewählten Diagrammobjekts, um seine Größe zu verändern.

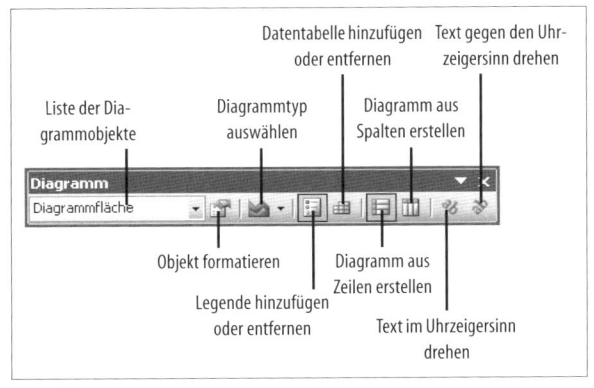

Abbildung 4-6: Die Symbolleiste Diagramm

- Liste der Diagrammobjekte
- Objekt formatieren
- Diagrammtyp auswählen
- Legende hinzufügen oder entfernen
- Datentabelle hinzufügen oder entfernen
- Diagramm aus Spalten erstellen
- Diagramm aus Zeilen erstellen
- Text gegen den Uhrzeigersinn drehen
- Text im Uhrzeigersinn drehen

In den meisten Fällen entspricht die Größe des Diagramms nach dem Fertigstellen des Assistenten noch nicht Ihren Wünschen. In dieser Lektion lernen Sie, seine Größe zu verändern und es an einen anderen Ort zu verschieben.

1 Markieren Sie das Diagramm.

Dazu müssen Sie lediglich irgendwo auf die Diagrammfläche klicken. Dadurch erscheinen acht kleine Kästchen (Ziehpunkte, Griffe oder Anfasser) an den Rändern und Ecken, mit denen Sie die Größe nach Belieben verändern können.

Lektion 4.2
Diagramme verschieben, vergrößern und verkleinern

2 Klicken Sie auf einen weißen Bereich in der Nähe des Diagrammrands, ziehen Sie es bei gedrückter Maustaste nach links unten, so dass es sich unter der Summenzeile befindet, und lassen Sie dort die Maustaste los.

Solange Sie die Maustaste gedrückt halten, weist der Cursor die Form eines + auf (siehe Abbildung 4-4), und beim Verschieben zeigt eine gestrichelte Umrandung die augenblickliche Position des Diagramms an.

Wie in Abbildung 4-5 zu sehen ist, ändern Sie die Größe eines Diagramms, indem Sie einen der *Anfasser* mit der Maus in eine neue Position ziehen.

3 Platzieren Sie den Cursor über der rechten unteren Ecke, bis er seine Form in ein ↖ ändert, und ziehen Sie den Anfasser so weit nach links oben, bis das Diagramm um etwa ein Viertel kleiner geworden ist.

Sie hätten es natürlich auch vergrößern können, wenn Sie den Anfasser nach rechts unten statt nach links oben gezogen hätten. Auch Objekte innerhalb eines Diagramms können Sie auf die gleiche Weise verschieben oder in der Größe ändern.

4 Klicken Sie auf die Legende, um sie zu markieren.

Jetzt erscheinen die Anfasser zur Größenänderung am Rand der Legende. Wenn Sie ein Objekt markiert haben, können sie es verschieben oder seine Abmessungen ändern.

5 Ziehen Sie die Legende in die rechte untere Ecke des Diagramms, so dass sie sich etwa auf der Höhe der Reisezielangaben befindet.

Das Diagramm wird an seinen neuen Platz verschoben.

6 Klicken Sie außerhalb des Diagramms, die Auswahl aufzuheben.

7 Speichern Sie Ihre Arbeit.

Die soeben erlernten Verfahren zum Verschieben und Ändern der Größe sind wichtig, weil Sie damit fast jede Art von Objekt bearbeiten können. Das gilt auch für andere Programme, zum Beispiel Microsoft Word oder PowerPoint.

SCHNELLREFERENZ

SO VERÄNDERN SIE DIE GRÖSSE EINES DIAGRAMMS:

- KLICKEN SIE AUF DAS DIAGRAMM, UM ES ZU AKTIVIEREN, UND ZIEHEN SIE EINEN DER ANFASSER, BIS ES DIE GEWÜNSCHTE GRÖSSE ERREICHT HAT.

SO VERSCHIEBEN SIE EIN DIAGRAMM:

- KLICKEN SIE AUF DEN WEISSEN BEREICH IN DER NÄHE DES DIAGRAMMRANDS UND ZIEHEN SIE DAS DIAGRAMM BEI GEDRÜCKTER MAUSTASTE IN DIE GEWÜNSCHTEN POSITION.

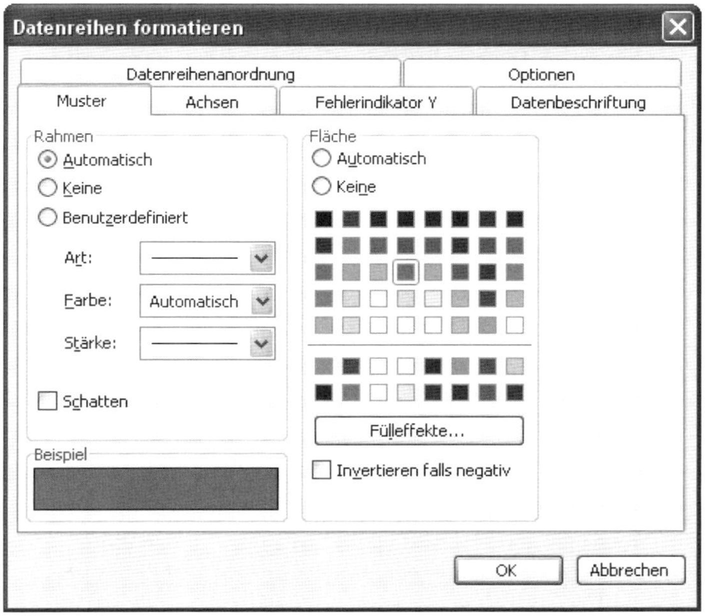

Objekte in einem Diagramm formatieren und bearbeiten

LEKTION 4.3

Abbildung 4-7: Die Registerkarte Muster im Dialogfeld Datenreihe formatieren

Abbildung 4-8: Die Registerkarte Platzierung im Dialogfeld Legende formatieren

Lektion 4.3
Objekte in einem Diagramm formatieren und bearbeiten

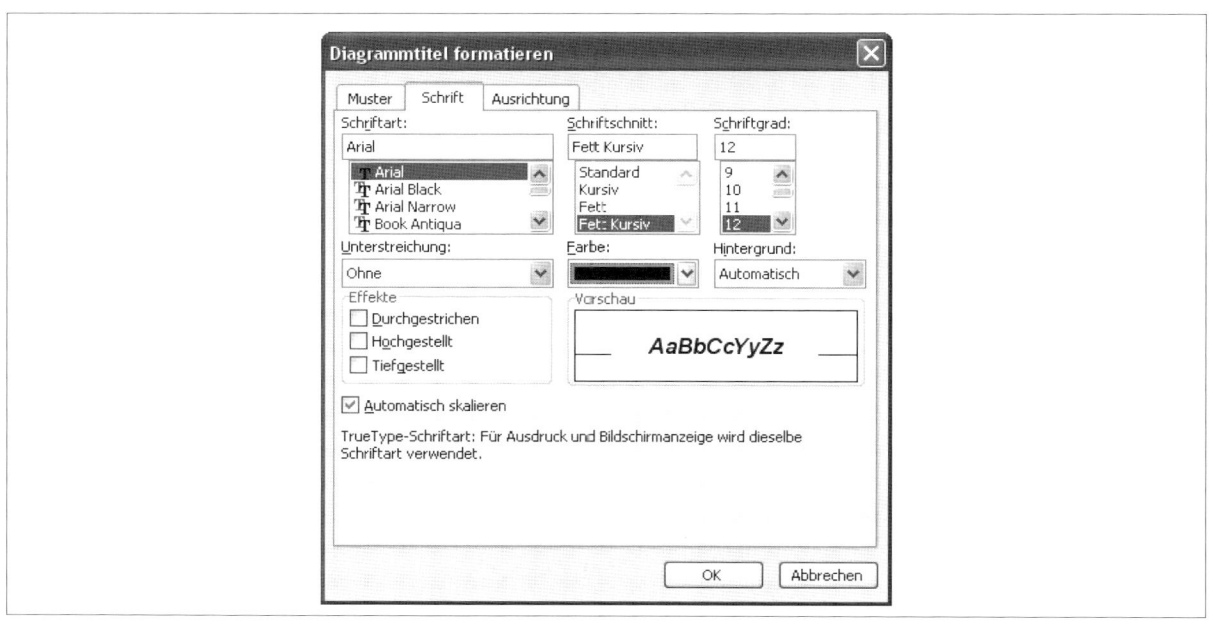

Abbildung 4-9: Die Registerkarte Schrift im Dialogfeld Diagrammtitel formatieren

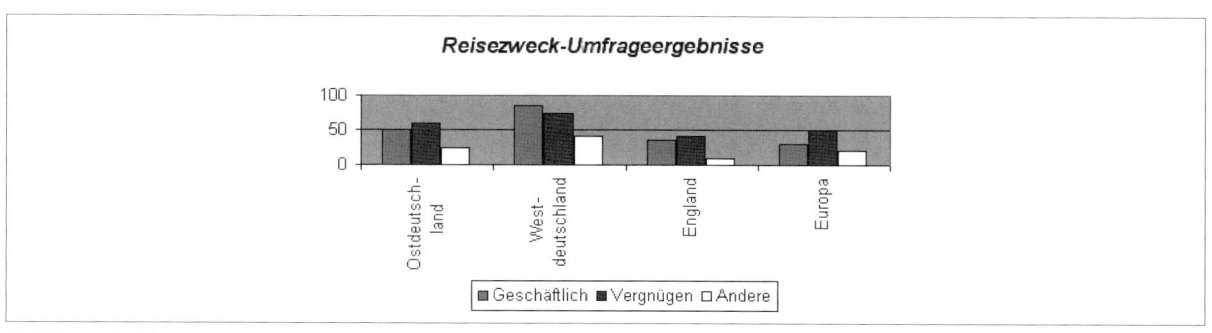

Abbildung 4-10: Das neu formatierte Diagramm

Sie können jedes Objekt in einem Diagramm einzeln auswählen, um es zu formatieren oder zu bearbeiten, und zum Beispiel Größe, Farbe oder Schriftart verändern. Auch die Hintergrundfarbe des Diagramms lässt sich Ihren Wünschen anpassen. Nach dieser Lektion werden Sie alle dazu erforderlichen Techniken beherrschen. Zu den Elementen, die Sie formatieren und bearbeiten können, gehören folgende:

- Diagrammtitel
- Datenreihen
- Gitternetzlinien
- Legende
- Diagrammhintergrund
- Diagrammfläche
- Datentabellen
- Diagrammachsen

Zum Markieren eines Diagrammelements stehen Ihnen zwei Methoden zur Verfügung. Die naheliegendste, das Anklicken mit der Maus, kann mitunter Schwierigkeiten bereiten, weil es nicht immer ganz offensichtlich ist, wohin Sie klicken müssen. Wo müssen Sie beispielsweise klicken, um die Diagrammfläche zu markieren? In solchen Fällen bietet sich die zweite Methode an, bei der Sie ein Element aus der Liste der Diagrammobjekte auswählen.

> **Die Schaltfläche** Objekt formatieren
> Andere Methoden zum Formatieren eines Objekts:
> • Rechtsklicken Sie auf das Objekt und wählen Sie Objekt formatieren aus dem Kontextmenü.
> • Klicken Sie auf das Objekt und wählen Sie Format → Markiertes Objekt aus dem Menü.
> Anstelle von »Objekt« erscheint im Menü der Name des jeweiligen Objekts.

1 Klicken Sie auf das Diagramm, um es zu markieren.

Als erstes Objekt möchten Sie die Datenreihe Vergnügen formatieren. Dazu müssen Sie sie zunächst auswählen, wozu Sie die Liste Diagrammobjekte verwenden.

2 Öffnen Sie die Dropdown-Liste Diagrammobjekte in der Diagrammsymbolleiste und wählen Sie Reihe »Vergnügen« aus.

> HINWEIS: Falls die Diagrammsymbolleiste nicht automatisch auf Ihrem Bildschirm erschienen ist, können Sie sie über Ansicht → Symbolleisten → Diagramm aufrufen.

Jetzt sehen Sie kleine Auswahlquadrate auf den Diagrammsäulen der Datenreihe Vergnügen, die anzeigen, dass sie jetzt formatiert und bearbeitet werden können.

3 Klicken Sie auf die Schaltfläche Datenreihen formatieren in der Diagrammsymbolleiste und dann auf die Registerkarte Muster, falls sie sich nicht im Vordergrund befindet.

Das Dialogfeld Datenreihen formatieren aus Abbildung 4-7 öffnet sich und bietet Ihnen vielfältige Formatierungsoptionen für die gewählte Datenreihe an. Wir werden sie uns in einer der folgenden Lektionen noch näher ansehen, diesmal ändern Sie nur die Farbe der Datensäulen.

4 Wählen Sie einen Grünton aus der Farbpalette und klicken Sie auf OK.

Nach dem Schließen des Dialogfensters nehmen die Säulen die gewählte Farbe an. Versuchen Sie als Nächstes, die Legende an eine günstigere Position zu verschieben.

5 Doppelklicken Sie auf die Legende und öffnen Sie im daraufhin erscheinenden Dialogfenster Legende formatieren die Registerkarte Platzierung.

Das Dialogfenster Legende formatieren erscheint (siehe Abbildung 4-8).

6 Wählen Sie die Option Unten und klicken Sie auf OK.

Das Dialogfeld schließt sich wieder, und die Legende springt an die gewählte Position am unteren Rand des Diagramms.

Als letztes Objekt in dieser Lektion nehmen wir uns den Diagrammtitel vor.

7 Doppelklicken Sie auf den Diagrammtitel und öffnen Sie im Dialogfenster Diagrammtitel formatieren die Registerkarte Schrift.

Ändern Sie jetzt im geöffneten Dialogfenster Diagrammtitel formatieren aus Abbildung 4-9 die Schriftart.

8 Wählen Sie zuerst Fett kursiv aus der Liste Schriftschnitt, anschließend einen blauen Farbton aus der Palette und klicken Sie dann auf OK.

Das Dialogfenster schließt sich, und der Titel erscheint in blauer, kursiver Fettschrift.

9 Vergleichen Sie das Diagramm mit dem in Abbildung 4-10 und speichern Sie Ihre Arbeit.

Es gibt so viele Arten von Objekten mit so vielfältigen Formatierungsoptionen, dass wir Tage benötigen würden, um alle Möglichkeiten durchzuspielen. Diese Lektion beschränkt sich auf die Grundlagen, die aber für das Auswählen und Formatieren aller möglichen Objekte gültig sind.

Lektion 4.3
Objekte in einem Diagramm formatieren und bearbeiten

SCHNELLREFERENZ

SO WÄHLEN SIE EIN DIAGRAMMOBJEKT AUS:

- KLICKEN SIE AUF DAS OBJEKT.

  ODER:

- ÖFFNEN SIE DIE LISTE DIAGRAMMOBJEKTE IN DER DIAGRAMMSYMBOLLEISTE UND WÄHLEN SIE DARAUS EIN OBJEKT.

SO FORMATIEREN SIE EIN DIAGRAMMOBJEKT:

1. DOPPELKLICKEN SIE AUF DAS OBJEKT.

   ODER:

   MARKIEREN SIE DAS OBJEKT UND KLICKEN SIE AUF DIE SCHALTFLÄCHE OBJEKT FORMATIEREN IN DER DIAGRAMMSYMBOLLEISTE.

   ODER:

   RECHTSKLICKEN SIE AUF DAS OBJEKT UND WÄHLEN SIE OBJEKT FORMATIEREN AUS DEM KONTEXTMENÜ.

   MARKIEREN SIE DAS OBJEKT UND WÄHLEN SIE FORMAT → MARKIERTES OBJEKT AUS DEM MENÜ.

2. ÖFFNEN SIE DIE REGISTERKARTE MIT DEN GEWÜNSCHTEN OPTIONEN, UM DEM OBJEKT DAS GEWÜNSCHTE FORMAT ZUZUWEISEN.

Die Quelldaten eines Diagramms ändern

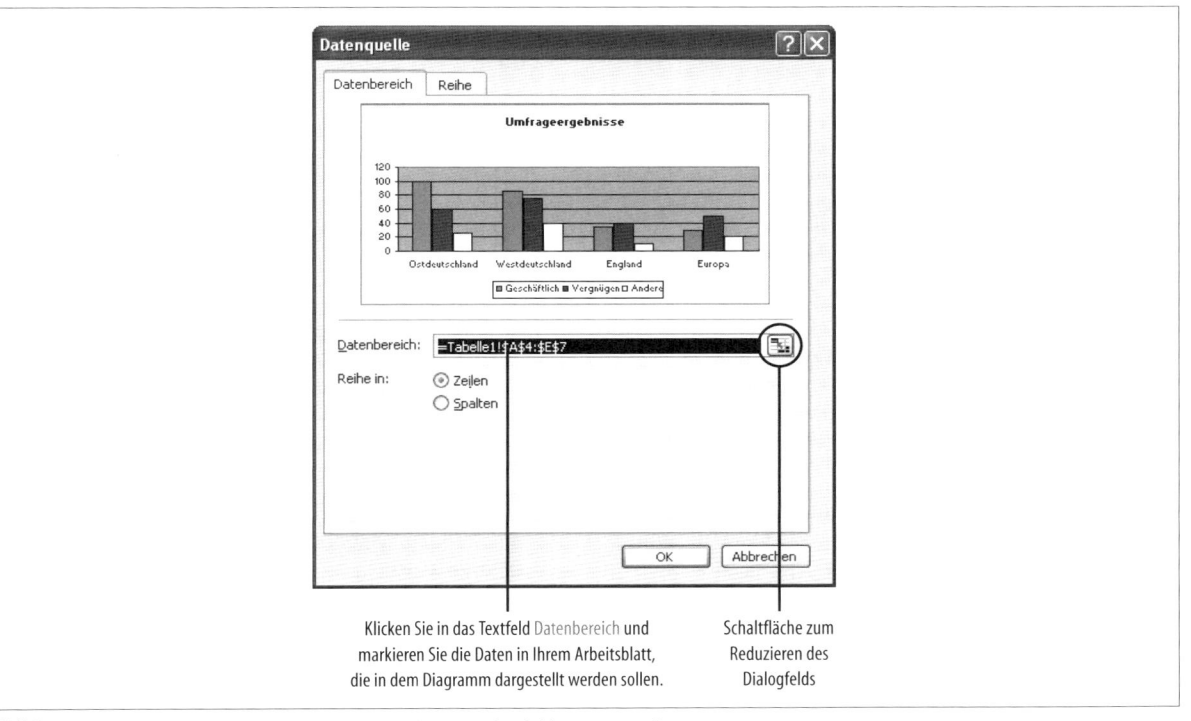

LEKTION 4.4

Abbildung 4-11: Die Registerkarte Datenbereich im Dialogfeld Datenquelle

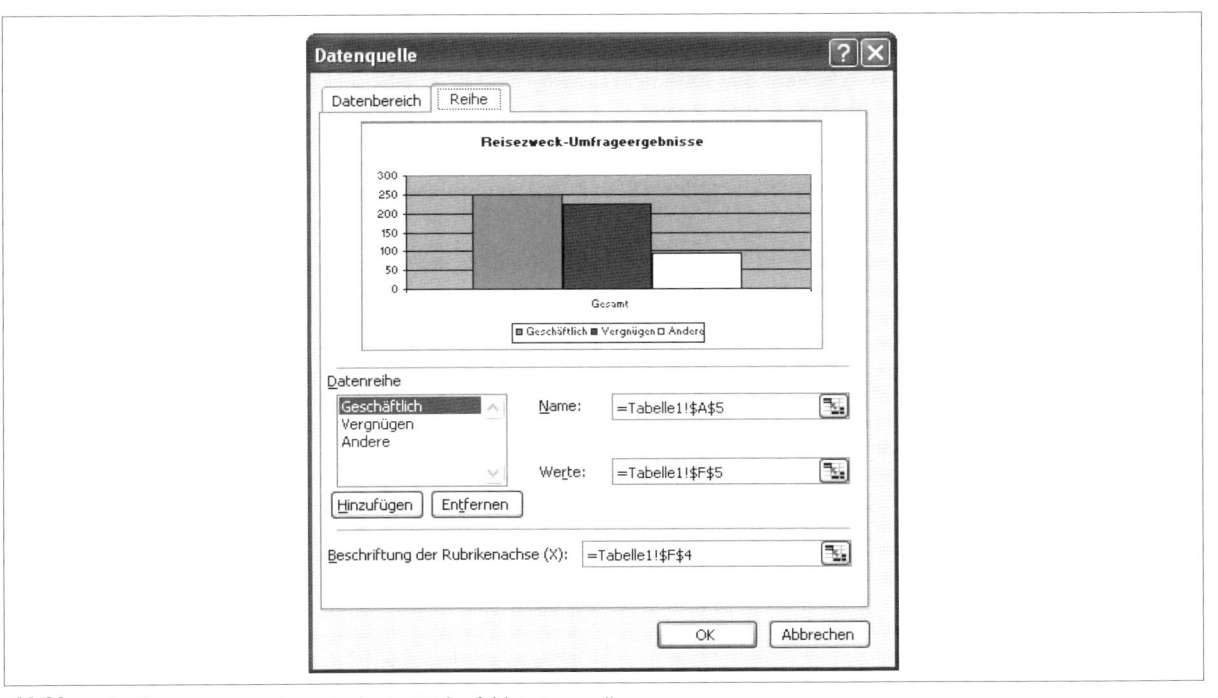

Klicken Sie in das Textfeld Datenbereich und markieren Sie die Daten in Ihrem Arbeitsblatt, die in dem Diagramm dargestellt werden sollen.

Schaltfläche zum Reduzieren des Dialogfelds

Abbildung 4-12: Die Registerkarte Reihe im Dialogfeld Datenquelle

167

Lektion 4.4
Die Quelldaten eines Diagramms ändern

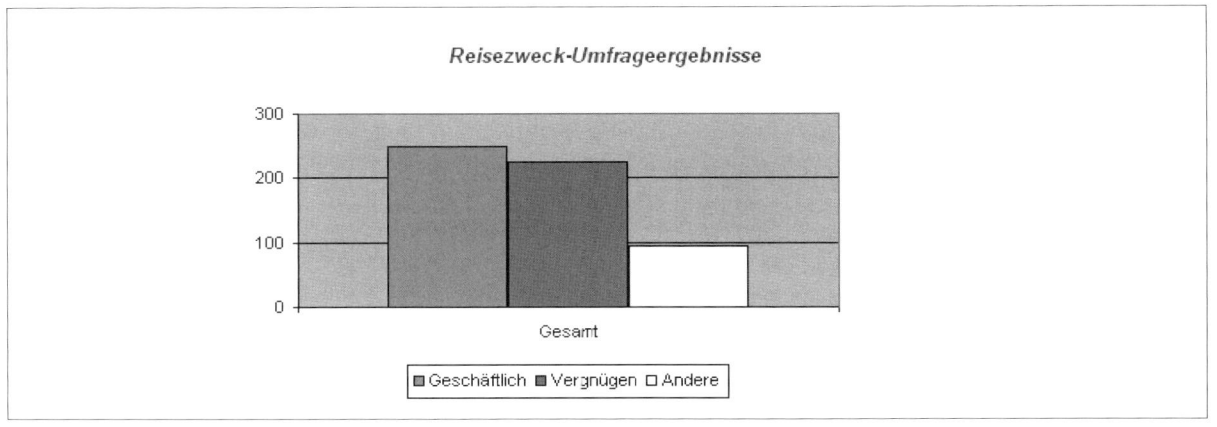

Abbildung 4-13: Das aktualisierte Diagramm

Nachdem Sie ein Diagramm erstellt haben, mag es vorkommen, dass Sie die Werte, die es darstellt, durch andere ersetzen möchten. Das kann zum Beispiel der Fall sein, wenn Sie Ihrem Arbeitsblatt eine neue Zeile oder Spalte hinzugefügt haben, oder wenn Sie die Werte einiger Zellen nicht in dem Diagramm berücksichtigen möchten. In dieser Lektion lernen Sie, die *Quelldaten* eines Diagramms zu ändern. Darunter versteht man die Werte, aus denen das Diagramm erstellt wurde.

1 Falls noch nicht geschehen, öffnen Sie bitte die Arbeitsmappe Übung 4B und speichern Sie sie unter Umfrageergebnisse.

2 Klicken Sie auf B5, geben Sie 100 ein und drücken Sie die Enter-Taste.

Beachten Sie, dass das Diagramm sofort mit dem neuen Wert aktualisiert wird. Sie entscheiden sich, eine weitere Spalte mit der Summe der Reisen aus allen Gründen für alle Ziele hinzuzufügen. Zunächst müssen Sie eine Spaltenüberschrift erstellen.

3 Klicken Sie nacheinander auf F4 sowie auf die Schaltflächen Fett und Zentriert in der Formatsymbolleiste. Geben Sie Gesamt ein und drücken Sie die Enter-Taste.

Als Nächstes summieren Sie die Werte für die Reisegründe zu allen Reisezielen.

Σ

Die Schaltfläche AutoSumme

4 Markieren Sie F5, klicken Sie auf AutoSumme in der Standardsymbolleiste (wobei Excel automatisch die richtige Auswahl B5:E5 trifft) und auf die Schaltfläche Eingeben in der Formelleiste.

Excel summiert alle Werte in der Spalte Geschäftlich. Kopieren Sie mit *AutoAusfüllen* die Summenformel in die übrigen Zellen der Spalte.

5 Kopieren Sie die Formel in F5 in den Bereich F6:F8.

Sie können die Formel mit Hilfe von *AutoAusfüllen* (der schnellsten und einfachsten Methode) oder durch Kopieren und Einfügen in die anderen Zellen kopieren. Als Nächstes verändern Sie das Diagramm so, dass es nur die Werte aus der soeben neu erstellten Summenspalte darstellt.

6 Klicken Sie auf das Diagramm, um es zu markieren.

Die Auswahlanfasser an den Ecken und Seiten des Diagramms und die Symbolleiste Diagramm erscheinen. Jetzt ändern Sie die Quelldaten.

7 Wählen Sie Diagramm → Datenquelle aus dem Menü und klicken Sie auf die Registerkarte Datenbereich.

Das Dialogfeld Datenquelle aus Abbildung 4-11 öffnet sich. Darin können Sie die Quelldaten des Diagramms verändern. Das Textfeld Datenbereich enthält den Zellbereich der aktuellen Quelldaten, nämlich =Tabelle1!$A$4:$E$7. Sie möchten aber stattdessen die Werte der Spalten *Grund* (A4:A7) und *Gesamt* (E4:E7) als Quelldaten verwenden.

Kapitel 4
Diagramme erstellen und verwenden

TIPP *Um nicht-benachbarte Zellen auszuwählen, halten Sie beim Markieren die Strg-Taste gedrückt.*

8 Markieren Sie A4:A7.

Falls das Dialogfeld im Weg ist, können Sie es minimieren, indem Sie auf die Schaltfläche Dialog reduzieren am rechten Rand des Textfelds Datenbereich klicken.

Jetzt haben Sie die Spalte A (Grund) ausgewählt. Sie möchten aber gleichzeitig auch die Summenspalte F markieren. Wie das geht, erfahren Sie im nächsten Schritt.

9 Markieren Sie bei gedrückter Strg-Taste F4:F7 und drücken Sie die Enter-Taste.

Durch Drücken und Festhalten der Strg-Taste können Sie beliebig viele nicht benachbarte Zellen markieren.

Die neu ausgewählten Zellen werden jetzt als Datenquelle verwendet. Wir haben noch eine Aufgabe zu erledigen, solange das Dialogfeld geöffnet ist.

10 Falls das Dialogfeld noch minimiert ist, klicken Sie wieder auf die Schaltfläche Dialog reduzieren. Klicken Sie im jetzt wieder geöffneten Dialogfeld auf die Registerkarte Reihe.

Die Registerkarte Reihe befindet sich jetzt wie in Abbildung 4-12 im Vordergrund. Sie brauchen hier nichts zu verändern, denn wir wollen sie uns nur schon einmal ansehen, weil dies der Ort ist, an dem Sie Quelldaten hinzufügen, ändern oder löschen können.

11 Klicken Sie auf OK.

Vergleichen Sie Ihr Diagramm mit dem in Abbildung 4-13.

SCHNELLREFERENZ

SO ÄNDERN SIE DIE QUELLDATEN EINES DIAGRAMMS:

1. KLICKEN SIE AUF DAS DIAGRAMM, WÄHLEN SIE DIAGRAMM → DATENQUELLE AUS DEM MENÜ UND ÖFFNEN SIE DIE REGISTERKARTE DATENBEREICH.
2. KLICKEN SIE IN DAS TEXTFELD DATENBEREICH UND MARKIEREN SIE IM ARBEITSBLATT DEN ZELLBEREICH, AUS DEM DAS DIAGRAMM AUFGEBAUT WERDEN SOLL. (FALLS DAS DIALOGFELD IM WEG IST, KLICKEN SIE AUF DIE SCHALTFLÄCHE DIALOG REDUZIEREN.)
3. KLICKEN SIE AUF OK.

SO MARKIEREN SIE NICHT-BENACHBARTE ZELLEN:

- MARKIEREN SIE DEN ERSTEN ZELLBEREICH, DRÜCKEN SIE DANN DIE STRG-TASTE UND HALTEN SIE SIE GEDRÜCKT, WÄHREND SIE DIE RESTLICHEN BEREICHE MARKIEREN.

LEKTION 4.5 — Den Diagrammtyp ändern und Tortendiagramme verwenden

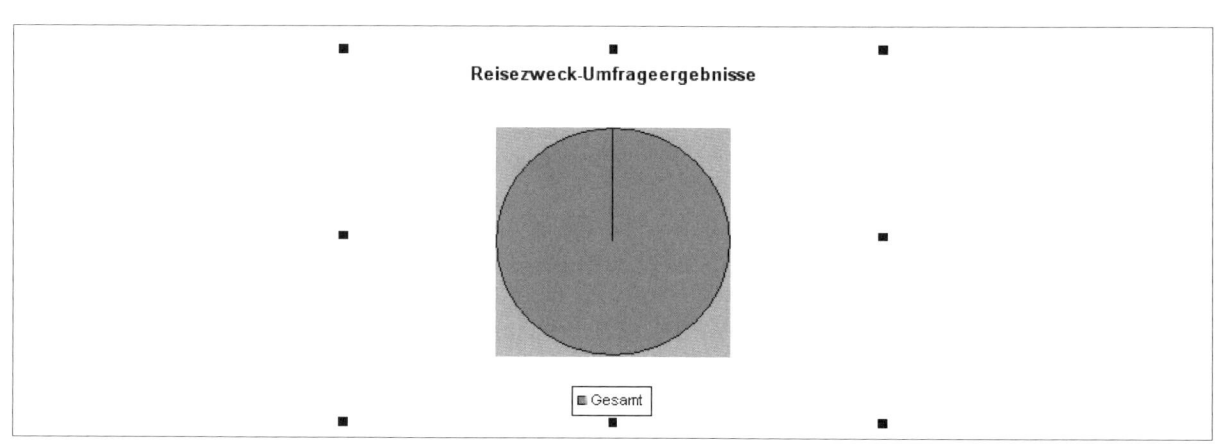

Abbildung 4-14: Ein fälschlich aus Zeilen erstelltes Tortendiagramm

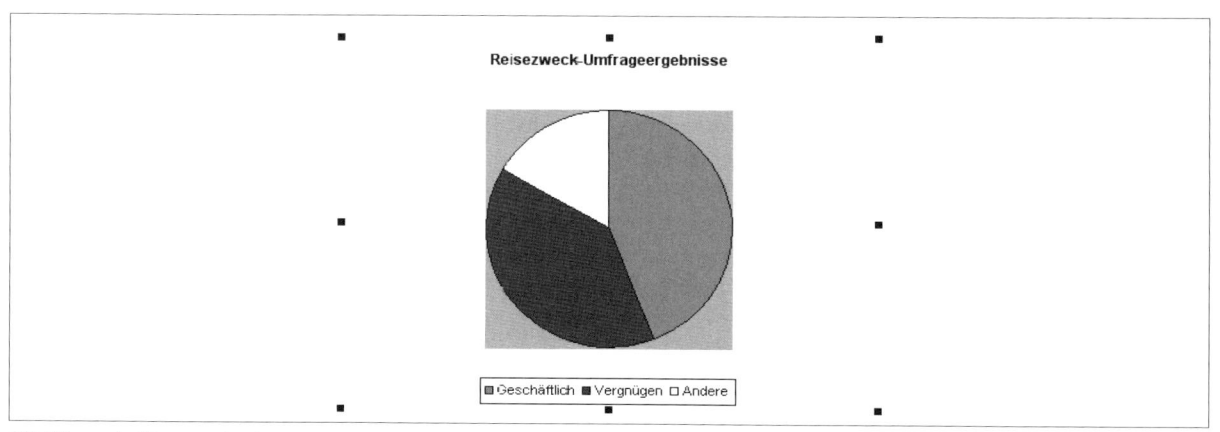

Abbildung 4-15: Das gleiche Diagramm, aus Spalten erstellt

Kapitel 4
Diagramme erstellen und verwenden

Reisezweck-Umfrageergebnisse

☐ Geschäftlich ■ Vergnügen ☐ Andere

1. Klicken Sie auf die Diagrammfläche, um in den Bearbeitungsmodus zu wechseln.

Reisezweck-Umfrageergebnisse

Reihe "Gesamt" Datenpunkt "Geschäftlich"
Wert: 250 (44%)

☐ Geschäftlich ■ Vergnügen ☐ Andere

2. Klicken Sie auf ein »Tortenstück«, um es zu markieren.

Reisezweck-Umfrageergebnisse

☐ Geschäftlich ■ Vergnügen ☐ Andere

3. Ziehen Sie das Stück bei gedrückter Maustaste heraus.

Reisezweck-Umfrageergebnisse

☐ Geschäftlich ■ Vergnügen ☐ Andere

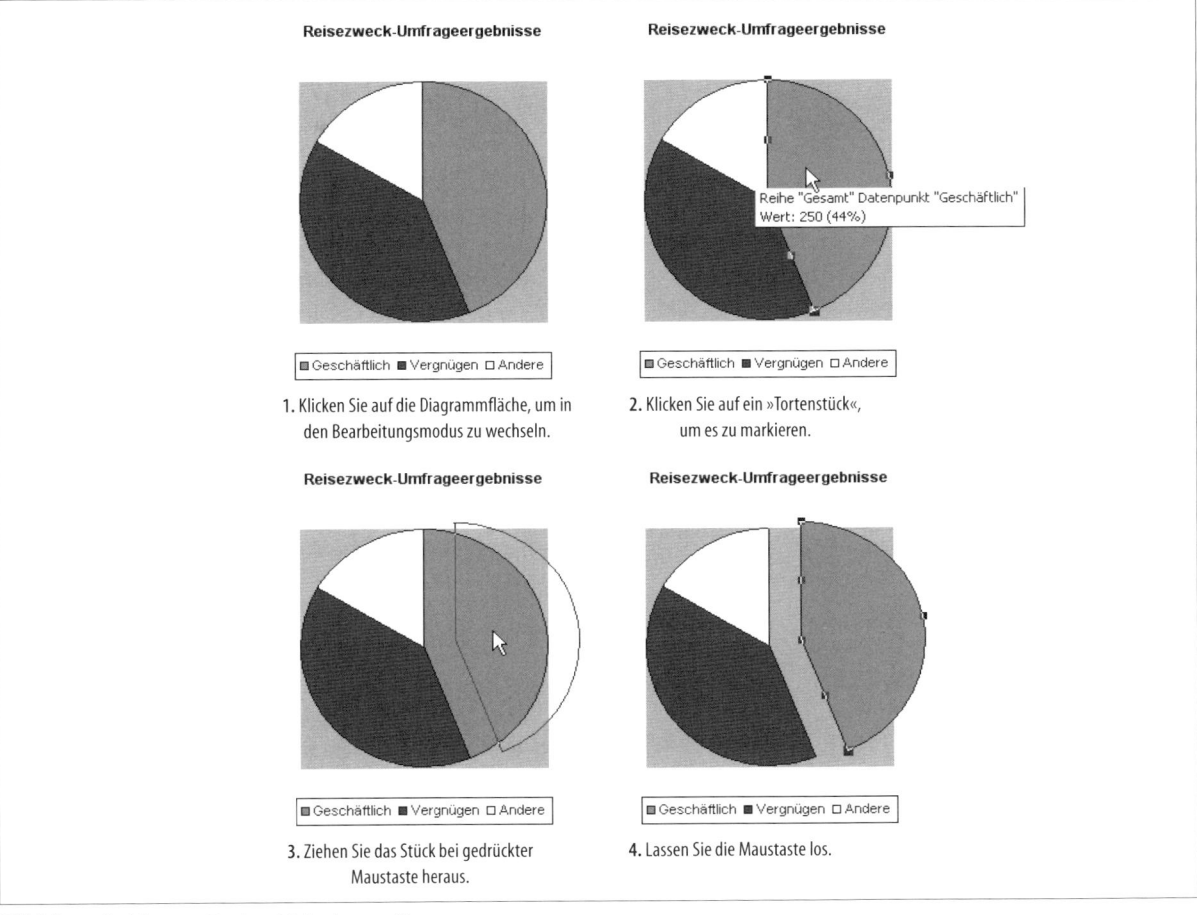

4. Lassen Sie die Maustaste los.

Abbildung 4-16: Ein »Tortenstück« herauslösen

Die Schaltfläche Diagrammtyp

So wie verschiedene Köder für bestimmte Fischarten besser geeignet sind als andere, bieten sich auch für verschiedene Informationsarten unterschiedliche Diagrammtypen an. Bis jetzt haben Sie nur mit Säulendiagrammen gearbeitet, die sich sehr gut zum Vergleich verschiedener Werte eignen, aber weniger zur Darstellung von Trends oder Zusammenhängen. In dieser Lektion werden wir uns mit verschiedenen Diagrammtypen und ihren typischen Anwendungen beschäftigen. Sie werden auch einen wirkungsvollen »Trick« beim Arbeiten mit Kreisdiagrammen lernen, nämlich das Herauslösen eines bestimmten Segments wie ein Stück aus einer Torte.

Ein Kreisdiagramm auswählen

1 Klicken Sie auf das Diagramm.

Lektion 4.5
Den Diagrammtyp ändern und Tortendiagramme verwenden

2 Klicken Sie auf den Pfeil der Liste Diagrammtyp in der Diagrammsymbolleiste und wählen Sie Kreisdiagramm.

Die Darstellung ändert sich in ein so genanntes Kreisdiagramm (»Tortendiagramm«, siehe Abbildung 4-14). Aber warum besteht es nur aus einem einzigen »Tortenstück«? Das kommt daher, weil Excel die Daten nach Zeilen (Reiseziel) und nicht nach Spalten (Grund) darstellt.

> HINWEIS: Wenn Sie den Diagrammtyp ändern, kann es vorkommen, dass sich die gewählten Formatierungsoptionen für den neuen Typ nicht eignen. Ein ungünstig formatiertes Diagramm wirkt verwirrend und manchmal sogar unverständlich. Zur Abhilfe klicken Sie im Menü auf Diagramm → Diagrammtyp, wählen den Diagrammtyp und eine der möglichen Varianten und klicken auf Standardformatierung.

Die Schaltfläche Nach Spalte

3 Klicken Sie auf die Schaltfläche Nach Spalte auf der Diagrammsymbolleiste.

Excel ändert die Datenreihe von Zeilen in Spalten und zeigt das Diagramm jetzt wie in Abbildung 4-15 korrekt an. Sie möchten nun das Segment Geschäftlich hervorheben.

4 Wechseln Sie durch einen Klick auf die Diagrammfläche in den Bearbeitungsmodus.

Mit *Diagrammfläche* ist immer das aktuelle Diagramm selbst gemeint, in diesem Fall die kreisförmige »Tortenfläche«, die durch das Anklicken mit Anfassern an ihrer Umrandung versehen wird.

5 Klicken Sie auf das Segment Geschäftlich des Tortendiagramms, um es zu markieren. Ziehen Sie es wie in Abbildung 4-16 ungefähr einen Zentimeter nach außen.

> HINWEIS: Klicken Sie das gewünschte Tortenstück an, bevor Sie es aus dem Diagramm herausziehen. Wenn Sie diesen Vorgang durchzuführen versuchen, ohne zuerst ein Segment anzuklicken und zu markieren, verschieben Sie alle Teile des Diagramms.

Weil Excel so viele unterschiedliche Typen und Varianten von Diagrammen bereitstellt, sollten Sie ein Gefühl dafür entwickeln, welche Diagrammtypen sich für welche Zwecke am besten eignen. Tabelle 4-1 vermittelt einen Überblick der gebräuchlichsten Diagrammtypen und ihren typischen Anwendungen.

Tabelle 4-1: Die gebräuchlichsten Diagrammtypen

Diagrammtyp	Bezeichnung	Beschreibung
	Säulendiagramm	Geeignet für die vergleichende Darstellung von Werten. Jeder Wert wird durch eine Säule dargestellt. Bei mehreren Reihen erhält jede eine eigene Farbe.
	Balkendiagramm	Der einzige Unterschied zum Säulendiagramm besteht in der waagerechten Anordnung der Balken.
	Liniendiagramm	Damit lassen sich am besten Verläufe oder Trends darstellen. Jeder Wert bildet einen Punkt. Die Punkte einer Reihe werden durch Linien dargestellt, die sich bei mehreren Reihen durch Farbe und Form unterscheiden können.

Tabelle 4-1: Die gebräuchlichsten Diagrammtypen

Diagrammtyp	Bezeichnung	Beschreibung
	Flächendiagramm	Flächen- unterscheiden sich von Liniendiagrammen lediglich durch die Einfärbung der Flächen unterhalb der Linien.
	Kreisdiagramm (»Tortendiagramm«)	Damit können Sie besonders gut die relativen Größenverhältnisse der Teile eines Ganzen verdeutlichen. Die Segmente der Einzelwerte werden unterschiedlich gefärbt dargestellt.
	Punktdiagramm	In einem Punktdiagramm werden Wertepaare zweidimensional dargestellt, woraus sich Häufungen (»Cluster«) und Verteilungen erkennen lassen. Bei mehreren Reihen werden unterschiedliche Farben verwendet.
	Kombination aus Säulen- und Liniendiagramm	Sie können auch verschiedene Typen in einem Diagramm kombinieren, indem Sie z.B. in einem Säulendiagramm eine Datenreihe als Linie darstellen.

SCHNELLREFERENZ

SO ÄNDERN SIE DEN DIAGRAMMTYP:

- KLICKEN SIE AUF DAS DIAGRAMM UND WÄHLEN SIE DIAGRAMM → DIAGRAMMTYP AUS DEM MENÜ.

  ODER:

- KLICKEN SIE AUF DEN DROPDOWN-PFEIL DER SCHALTFLÄCHE DIAGRAMMTYP AUF DER DIAGRAMMSYMBOLLEISTE.

SO ERSTELLEN SIE EIN DIAGRAMM AUS ZEILEN ODER SPALTEN:

- MARKIEREN SIE DAS DIAGRAMM UND KLICKEN SIE AUF EINE DER BEIDEN SCHALTFLÄCHEN NACH ZEILE ODER NACH SPALTE.

SO HEBEN SIE EIN SEGMENT EINES KREISDIAGRAMMS HERVOR:

1. KLICKEN SIE AUF DAS DIAGRAMM.
2. KLICKEN SIE AUF DAS SEGMENT, DAS SIE HERVORHEBEN MÖCHTEN.
3. ZIEHEN SIE ES EIN KLEINES STÜCK AUS DER MITTE HERAUS.

LEKTION 4.6
Titelzeilen, Gitternetzlinien und eine Datentabelle hinzufügen

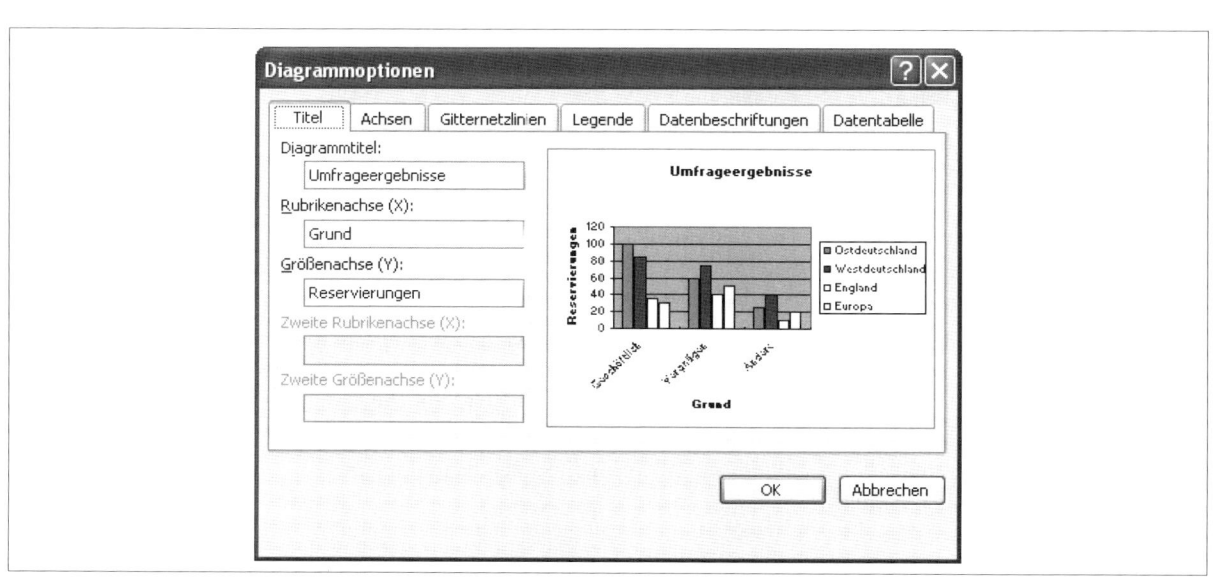

Abbildung 4-17: Die Registerkarte Titel des Dialogfelds Diagrammoptionen

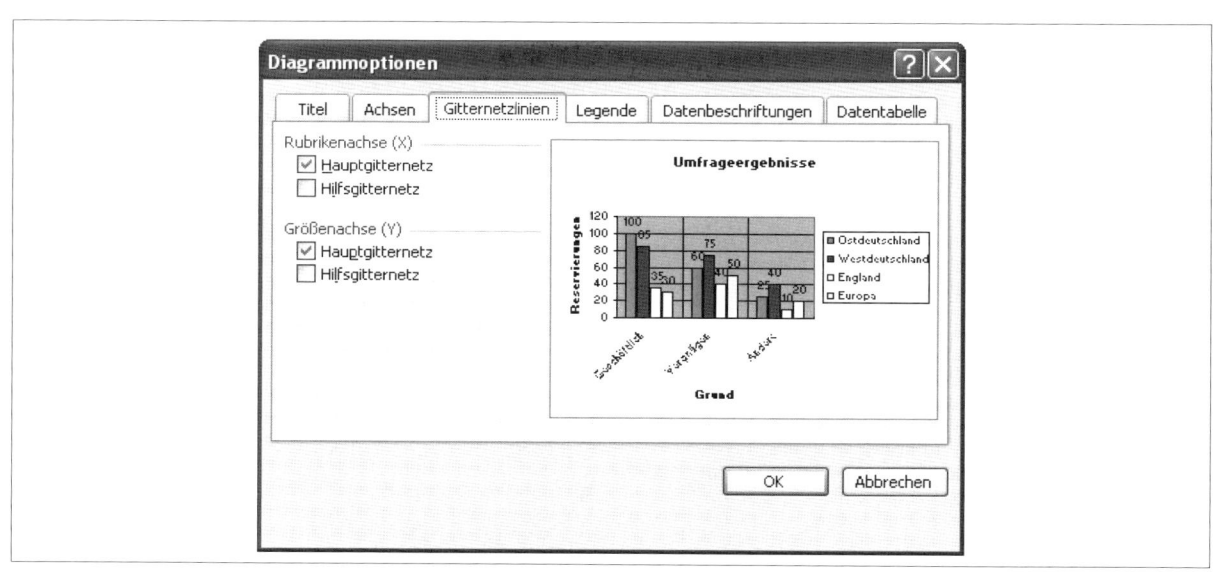

Abbildung 4-18: Die Registerkarte Gitternetzlinien des Dialogfelds Diagrammoptionen

Kapitel 4
Diagramme erstellen und verwenden

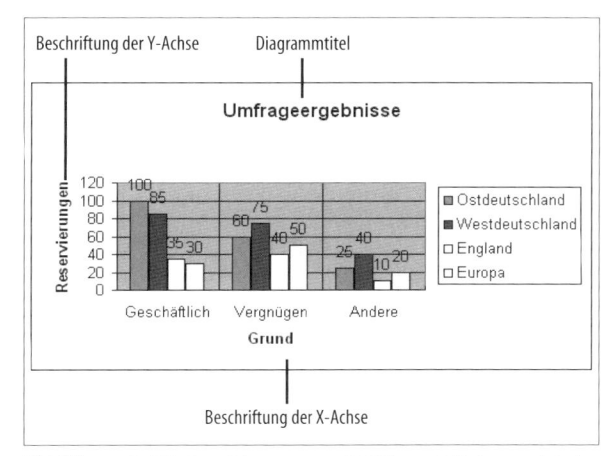

Abbildung 4-19: Das Diagramm mit Gitternetzlinien und Achsenbeschriftungen

> **TIPP:** Wenn Sie beim Ändern des Diagrammtyps das Kontrollkästchen *Standardformatierung* aktivieren, werden alle von Ihnen eingefügten Formatierungen gelöscht und das Diagramm in der Standardformatierung dargestellt.

Um Übersicht und Verständlichkeit eines Diagramms zu verbessern, stehen Ihnen vielfältige Möglichkeiten zur Verfügung. Sie können zum Beispiel die Achsen mit Beschriftungen versehen sowie Gittenetzlinien und eine Legende hinzufügen. Damit wollen wir uns in dieser Lektion befassen, damit Sie Ihre Diagramme damit anreichern und übersichtlicher gestalten können.

1 Markieren Sie das Diagramm und wählen Sie Diagramm → Diagrammtyp aus dem Menü. Wählen Sie als Typ ein Säulendiagramm und aktivieren Sie Standardformatierung. Klicken Sie danach auf OK.

Das Diagramm ändert sich vom Kreis- in den Säulentyp. Durch die Aktivierung des Kontrollkästchens Standardformatierung werden alle vorher von Ihnen gewählten Formatierungen gelöscht und das Diagramm in der Standardform dargestellt. Als Nächstes wollen Sie die Datenquelle für das Diagramm ändern.

2 Wählen Sie Diagramm → Datenquelle aus dem Menü, markieren Sie den Bereich A4:E7 (klicken Sie auf Dialog reduzieren, falls das Dialogfeld im Weg ist) und drücken Sie die Enter-Taste.

Das Säulendiagramm ist auf die neue Datenquelle aktualisiert worden.

3 Wählen Sie Diagramm → Diagrammoptionen aus dem Menü und holen Sie die Registerkarte Titel in den Vordergrund.

Sie sehen jetzt die in Abbildung 4-17 dargestellte Registerkarte Titel. Der Titel wurde beim Wiederherstellen der Standardansicht des Diagramms gelöscht, weshalb Sie ihn erneut eingeben müssen.

4 Klicken Sie in das Textfeld Diagrammtitel und geben Sie Umfrageergebnisse ein.

Versehen Sie als Nächstes die Achsen mit Beschriftungen.

5 Klicken Sie in das Textfeld Rubrikenachse (X) und schreiben Sie Grund, dann klicken Sie in das Textfeld Größenachse (Y) und geben Sie Reservierungen ein.

Jetzt fügen Sie den angezeigten Werten Datenbeschriftungen hinzu.

6 Öffnen Sie die Registerkarte Datenbeschriftungen und aktivieren Sie im Bereich Beschriftung enthält die Option Wert.

Im Vorschaufenster lässt sich das Aussehen des Diagramms mit den Beschriftungen schon beurteilen.

7 Aktivieren Sie auf der Registerkarte Datentabelle die Optionen Datentabelle anzeigen und Legendensymbole anzeigen.

Eine Datentabelle zeigt die Werte an, aus denen das Diagramm gebildet wurde. Weil Sie es nicht in einem eigenen Arbeitsblatt erstellt, sondern in das vorhandene eingebettet haben, ist eine zusätzliche Datentabelle im Diagramm eigentlich nicht erforderlich. Hier fügen wir sie nur ein, damit Sie diesen Vorgang üben können.

8 Klicken Sie auf OK.

Das Dialogfeld schließt sich, und das Diagramm ändert sein Aussehen wie vorgegeben. Die Datentabelle können Sie wieder löschen, weil sie überflüssig ist.

Lektion 4.6
Titelzeilen, Gitternetzlinien und eine Datentabelle hinzufügen

Die Schaltfläche Datentabelle

9 Klicken Sie auf die Schaltfläche Datentabelle auf der Diagrammsymbolleiste.

Jetzt ist die Datentabelle wieder verschwunden. Probieren Sie als Nächstes aus, ob das Diagramm durch Einfügen von Gitternetzlinien übersichtlicher wird.

10 Wählen Sie Diagramm → Diagrammoptionen aus dem Menü, klicken Sie auf die Registerkarte Gitternetzlinien und vergewissern Sie sich, dass die beiden Kontrollkästchen Hauptgitternetz für beide Achsen wie in Abbildung 4-18 aktiviert sind.

11 Klicken Sie auf OK.

Das Dialogfeld schließt sich, und das Diagramm wird mit den von Ihnen vorgenommenen Änderungen wie in Abbildung 4-19 angezeigt.

SCHNELLREFERENZ

SO FÜGEN SIE GITTERNETZLINIEN HINZU UND ENTFERNEN SIE WIEDER:

1. KLICKEN SIE AUF DAS DIAGRAMM, WÄHLEN SIE DIAGRAMM → DIAGRAMMOPTIONEN AUS DEM MENÜ UND ÖFFNEN SIE DIE REGISTERKARTE GITTERNETZLINIEN.

2. AKTIVIEREN ODER DEAKTIVIEREN SIE DIE KONTROLLKÄSTCHEN WUNSCHGEMÄß.

SO FÜGEN SIE TITEL HINZU UND BEARBEITEN SIE:

1. KLICKEN SIE AUF DAS DIAGRAMM, WÄHLEN SIE DIAGRAMM → DIAGRAMMOPTIONEN AUS DEM MENÜ UND KLICKEN SIE AUF DIE REGISTERKARTE TITEL.

2. GEBEN SIE DIE TITEL IN DIE ENTSPRECHENDEN TEXTFELDER EIN ODER ÄNDERN SIE VORHANDENE TITEL AUF DIE ÜBLICHE WEISE.

SO FÜGEN SIE EINE DATENTABELLE HINZU UND ENTFERNEN SIE WIEDER:

1. KLICKEN SIE AUF DIE SCHALTFLÄCHE DATENTABELLE AUF DER DIAGRAMMSYMBOLLEISTE.

ODER:

KLICKEN SIE AUF DAS DIAGRAMM, WÄHLEN SIE DIAGRAMM → DIAGRAMMOPTIONEN AUS DEM MENÜ UND ÖFFNEN SIE DIE REGISTERKARTE DATENTABELLE.

2. AKTIVIEREN ODER DEAKTIVIEREN SIE DAS KONTROLLKÄSTCHEN DATENTABELLE ANZEIGEN.

3. WÄHLEN SIE, OB DIE LEGENDENSYMBOLE IN DER DATENTABELLE ANGEZEIGT WERDEN SOLLEN ODER NICHT.

SO FÜGEN SIE DATENBESCHRIFTUNGEN HINZU UND ENTFERNEN SIE WIEDER:

1. KLICKEN SIE AUF DAS DIAGRAMM, WÄHLEN SIE DIAGRAMM → DIAGRAMMOPTIONEN AUS DEM MENÜ UND ÖFFNEN SIE DIE REGISTERKARTE DATENBESCHRIFTUNGEN.

2. WÄHLEN SIE IM BEREICH BESCHRIFTUNG ENTHÄLT DIE GEWÜNSCHTE OPTION AUS.

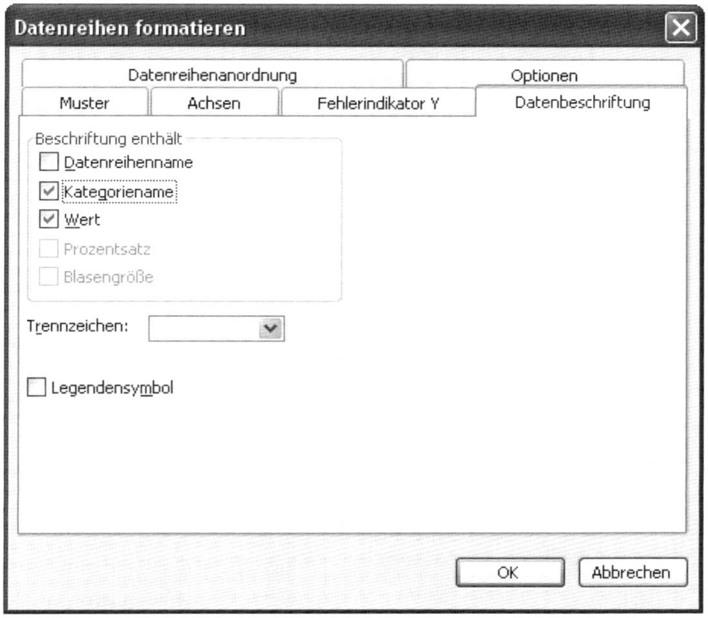

Die Datenreihe und die Diagrammachse formatieren

LEKTION 4.7

Abbildung 4-20: Die Registerkarte Datenbeschriftung im Dialogfeld Datenreihen formatieren

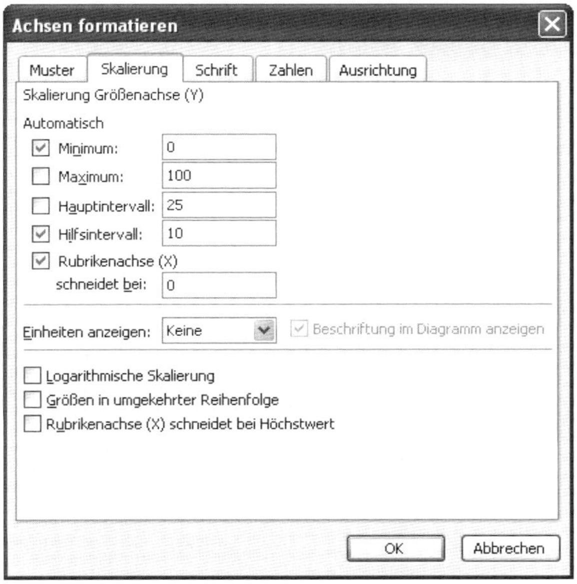

Abbildung 4-21: Die Registerkarte Skalierung im Dialogfeld Achsen formatieren

Lektion 4.7
Die Datenreihe und die Diagrammachse formatieren

Sie wissen bereits, wie Sie Objekte in einem Diagramm markieren und formatieren – in dieser Lektion werden Sie es an Elementen üben, bei denen das etwas schwieriger ist, nämlich bei Datenreihen und Achsen.

Zunächst müssen wir den Begriff *Datenreihe* genau erklären. Dahinter verbirgt sich eine Wertegruppe, die aus einer Zeile oder Spalte des Arbeitsblatts gebildet wird. Jede Datenreihe weist ein einheitliches Aussehen auf. Die meisten Diagrammtypen können mehrere Datenreihen enthalten wie zum Beispiel unser Umfragediagramm mit den Datenreihen Geschäftlich, Vergnügen und Andere. Eine Ausnahme bilden die Kreisdiagramme, die nur eine Datenreihe darstellen können.

Was verstehen wir unter einer *Diagrammachse*? Das ist die Linie an einer Diagrammseite, die mit einer Skala für Mess- oder Vergleichswerte versehen ist. In den meisten Fällen wird die senkrechte Achse (Größenachse Y) für Werte und die waagerechte für Kategorien (Rubrikenachse X) verwendet.

Nachdem Ihnen diese Begriffe jetzt klar sind, können Sie damit beginnen, sie zu formatieren.

1 Falls noch nicht geschehen, öffnen Sie die Arbeitsmappe Übung 4C und speichern Sie sie unter Umfrageergebnisse.

2 Markieren Sie das Diagramm, klicken Sie auf den Dropdown-Pfeil der Liste Diagrammobjekte und wählen Sie die Datenreihe Ostdeutschland.

Zur Erinnerung: Wenn die Diagrammsymbolleiste nicht automatisch erscheint, können Sie sie über Ansicht → Symbolleisten → Diagramm aus dem Menü aufrufen.

Die Säulen der Spalte Ostdeutschland sind jetzt durch kleine Quadrate markiert. Sie können jedes Objekt eines Diagramms formatieren, wenn Sie es vorher markiert haben.

Die Schaltfläche Objekt formatieren (weil eine Datenreihe markiert ist, heißt sie jetzt Datenreihen formatieren)

3 Klicken Sie auf die Schaltfläche Datenreihen formatieren auf der Diagrammsymbolleiste und öffnen Sie die Registerkarte Muster.

Das Dialogfeld Datenreihen formatieren öffnet sich mit der Registerkarte Muster im Vordergrund. Hier können Sie Farben, Muster, Rahmen und andere Eigenschaften der ausgewählten Datenreihen festlegen.

4 Wählen Sie eine dunkelblaue Farbe.

Jetzt sind die markierten Säulen dunkelblau. Sie können auch die Farbe, Art und Stärke der Umrandung auswählen – oder komplett entfernen.

5 Holen Sie die Registerkarte Datenbeschriftung in den Vordergrund, aktivieren Sie die Option Kategoriename und klicken Sie auf OK (siehe Abbildung 4-20).

Jetzt ist jede Säule mit dem zugehörigen Kategorienamen beschriftet und das Dialogfenster wird geschlossen.

Anschließend formatieren Sie die Diagrammachsen.

6 Klicken Sie auf den Dropdown-Pfeil der Liste Diagrammobjekte in der Diagrammsymbolleiste und klicken Sie auf Größenachse.

Formatieren Sie jetzt die Y-Achse.

7 Klicken Sie auf die Schaltfläche Achse formatieren und öffnen Sie die Registerkarte Skalierung.

Wenn Sie ein Diagramm erstellen, legt Excel automatisch die Skalierung fest. In 90% aller Fälle besteht keine Notwendigkeit, das zu ändern. Um sich für die restlichen 10% zu wappnen, sollten Sie trotzdem wissen, wie es gemacht wird.

8 Geben Sie in das Textfeld Hauptintervall den Wert 25 und in das Textfeld Maximum den Wert 100 ein. Dadurch werden die Häkchen aus den Kontrollkästchen entfernt, wie in Abbildung 4-21 zu sehen ist.

Jetzt haben Sie die Skalierung der Achse Ihren Wünschen angepasst.

Kapitel 4
Diagramme erstellen und verwenden

9 Klicken Sie auf OK.

Das Dialogfeld schließt sich, und die Y-Achse weist eine neue Einteilung auf.

Wir haben nicht alle Registerkarten des Dialogfelds ausprobiert, aber Sie finden die Optionen der übrigen in Tabelle 4-2.

Tabelle 4-2: Die Registerkarten des Dialogfelds Datenreihen formatieren

Registerkarte	Beschreibung
Muster	Ändern der Farben, Umrandungen und Fülleffekte
Achsen	Wählen der Primär- oder Sekundärachse für die Datenreihe – wird vor allem bei kombinierten Diagrammtypen verwendet
Fehlerindikator Y	Hinzufügen von grafischen Balken als Maß für die Fehlergröße (Grad der Unsicherheit)
Datenbeschriftung	Hinzufügen von Beschriftungen
Datenreihenanordnung	Ändern der Reihenfolge von ausgewählten Datenreihen
Optionen	Einstellen der Breite der Datenreihen und der eventuellen Überlappung

SCHNELLREFERENZ

SO FÜGEN SIE DATENREIHEN BESCHRIFTUNGEN HINZU:

1. DOPPELKLICKEN SIE AUF DIE DATENREIHE.

   ODER:

   RECHTSKLICKEN SIE AUF DIE DATENREIHE UND WÄHLEN SIE DATENREIHEN FORMATIEREN AUS DEM KONTEXTMENÜ.

   ODER:

   MARKIEREN SIE DIE DATENREIHE UND WÄHLEN SIE FORMAT → MARKIERTE DATENREIHEN AUS DEM MENÜ.

2. KLICKEN SIE AUF DIE REGISTERKARTE DATENBESCHRIFTUNG UND WÄHLEN SIE DIE GEWÜNSCHTE OPTION.

SO ÄNDERN SIE DIE SKALIERUNG EINER DIAGRAMMACHSE:

1. DOPPELKLICKEN SIE AUF DIE ACHSE.

   ODER:

   RECHTSKLICKEN SIE AUF DIE ACHSE UND WÄHLEN SIE ACHSEN FORMATIEREN AUS DEM KONTEXTMENÜ.

   ODER:

   MARKIEREN SIE DIE ACHSE UND WÄHLEN SIE FORMAT → MARKIERTE ACHSE AUS DEM MENÜ.

2. KLICKEN SIE AUF DIE REGISTERKARTE SKALIERUNG UND GEBEN SIE DIE GEWÜNSCHTEN WERTE EIN.

LEKTION 4.8 Diagramme beschriften

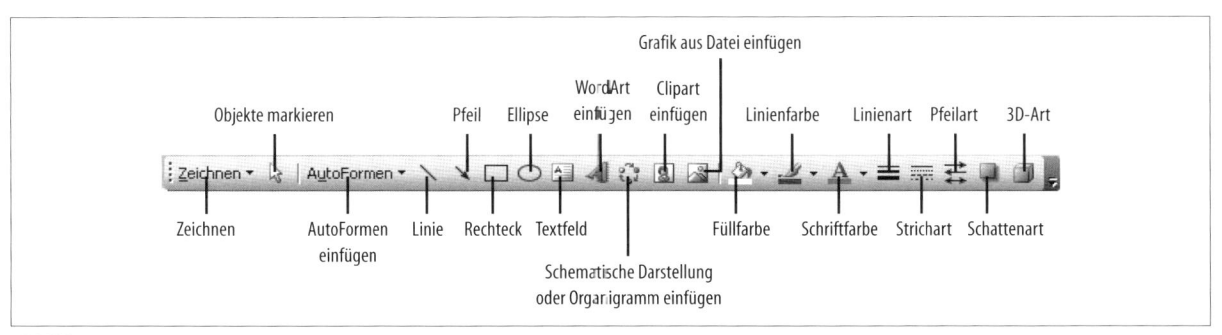

Abbildung 4-22: Die Symbolleiste Zeichnen

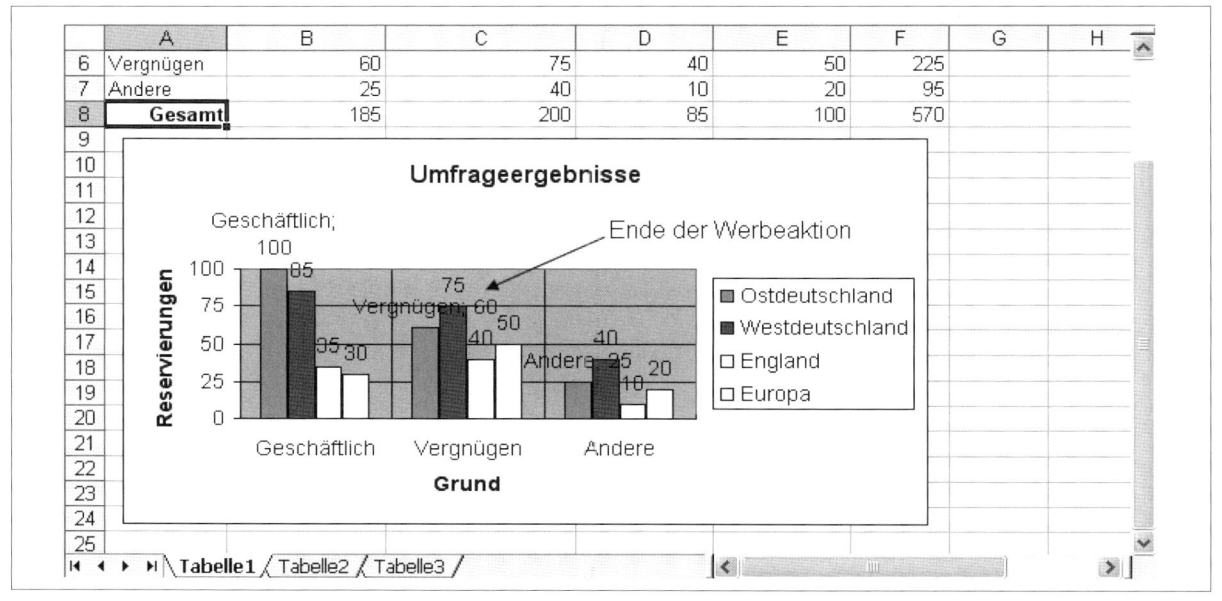

Abbildung 4-23: Das Diagramm mit einem hinzugefügten Pfeil und einer Beschriftung

Die Schaltfläche Zeichnen
Andere Methoden zum Öffnen der Symbolleiste Zeichnen:
• Wählen Sie Ansicht → Symbolleisten → Zeichnen
• Rechtsklicken Sie auf eine Symbolleiste und wählen Sie Zeichnen aus dem Kontextmenü.

Eine der wichtigsten Neuerungen in Excel ist die stark erweiterte Symbolleiste Zeichnen. Sie können damit Ihre Diagramme sehr einfach mit Linien, Pfeilen, Textfeldern und einer großen Zahl von Formen anreichern. Dazu müssen Sie die Symbolleiste Zeichnen einblenden, die viele Werkzeuge zum Hinzufügen von Formen, Linien und Pfeilen sowie Formatierungsoptionen für grafische Objekte mit Farben, Schatten und 3D-Effekten enthält.

Wir verwenden die Symbolleiste Zeichnen in dieser Lektion zum Beschriften von Diagrammen, Sie können alle Funktionen aber auch in einem Arbeitsblatt anwenden.

1 Klicken Sie auf die Schaltfläche Zeichnen in der Standardsymbolleiste.

Die Symbolleiste Zeichnen aus Abbildung 4-22 wird eingeblendet. Sie ermöglicht es Ihnen, Text, Linien und Grafikelementen in Diagramme und Arbeitsblätter einzufügen.

Die Schaltfläche Textfeld

Kapitel 4
Diagramme erstellen und verwenden

2 Klicken Sie auf die Schaltfläche Textfeld in der Symbolleiste Zeichnen.

Der Zeiger ändert sich in ein ↓, um anzudeuten, dass Sie jetzt an dieser Stelle eine Beschriftung oder Anmerkung in das Diagramm oder das Arbeitsblatt eingeben können.

3 Klicken Sie mit dem ↓ rechts und etwas unterhalb des Diagrammtitels und geben Sie wie in Abbildung 4-23 Ende der Werbeaktion ein.

Fügen Sie der neuen Anmerkung im nächsten Schritt einen Pfeil hinzu.

Die Schaltfläche Pfeil

4 Klicken Sie auf die Schaltfläche Pfeil auf der Symbolleiste Zeichnen.

Jetzt ändert sich der Zeiger in ein Fadenkreuz +.

5 Klicken Sie mit dem Fadenkreuzzeiger + links neben den Text Ende der Werbeaktion und ziehen sie ihn bei gedrückter Maustaste zur mittleren Säule Vergnügen, wo Sie die Taste loslassen.

Vergleichen Sie Ihr Diagramm mit Abbildung 4-23. Die Symbolleiste Zeichnen wird jetzt nicht mehr benötigt, weshalb Sie sie wie folgt verschwinden lassen:

6 Klicken Sie auf die Schaltfläche Zeichnen in der Standardsymbolleiste.

Die Symbolleiste wird geschlossen.

7 Speichern Sie Ihre Arbeit.

Wir haben zwar nur einige der Schaltflächen ausprobiert, aber wie Sie sich denken können, funktionieren die anderen auf ähnliche Weise. Vergessen Sie nicht, dass Sie mit Hilfe der Symbolleiste Zeichnen Linien, Pfeile, Formen und Textfelder nicht nur in Diagramme, sondern auch in Arbeitsblätter einfügen können.

SCHNELLREFERENZ

SO BLENDEN SIE DIE SYMBOLLEISTE ZEICHNEN EIN:

- KLICKEN SIE AUF DIE SCHALTFLÄCHE ZEICHNEN IN DER STANDARDSYMBOLLEISTE.

    ODER:

- WÄHLEN SIE ANSICHT → SYMBOLLEISTEN → ZEICHNEN AUS DEM MENÜ.

SO ZEICHNEN SIE EIN OBJEKT:

1. KLICKEN SIE AUF DIE SCHALTFLÄCHE FÜR DAS GEWÜNSCHTE OBJEKT (ZUM BEISPIEL EINE LINIE ODER EIN KREIS).

2. ZIEHEN SIE DEN FADENKREUZZEIGER, UM DAS OBJEKT ZU ZEICHNEN.

SO ÄNDERN SIE DIE GRÖßE EINES OBJEKTS:

1. MARKIEREN SIE DAS OBJEKT.

2. ÄNDERN SIE DIE GRÖßE DURCH ZIEHEN DER ANFASSER.

LEKTION 4.9 3D-Diagramme

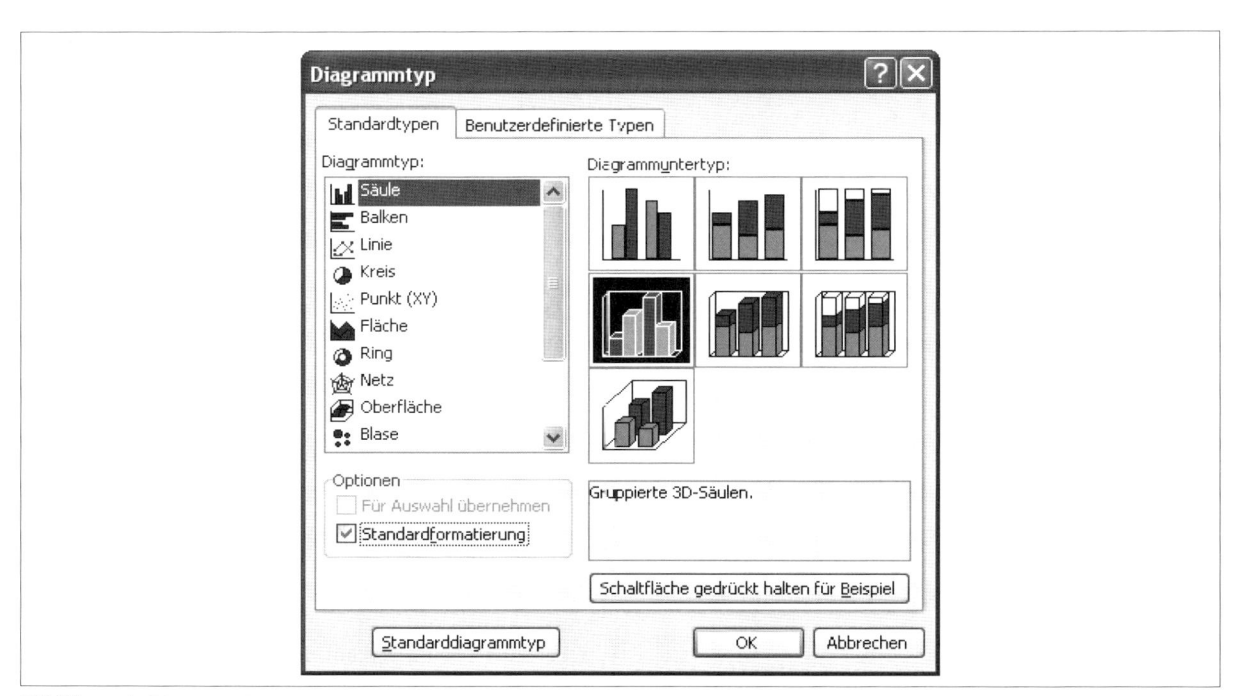

Abbildung 4-24: Auswählen eines 3D-Säulendiagramms im Dialogfeld Diagrammtyp

Kapitel 4
Diagramme erstellen und verwenden

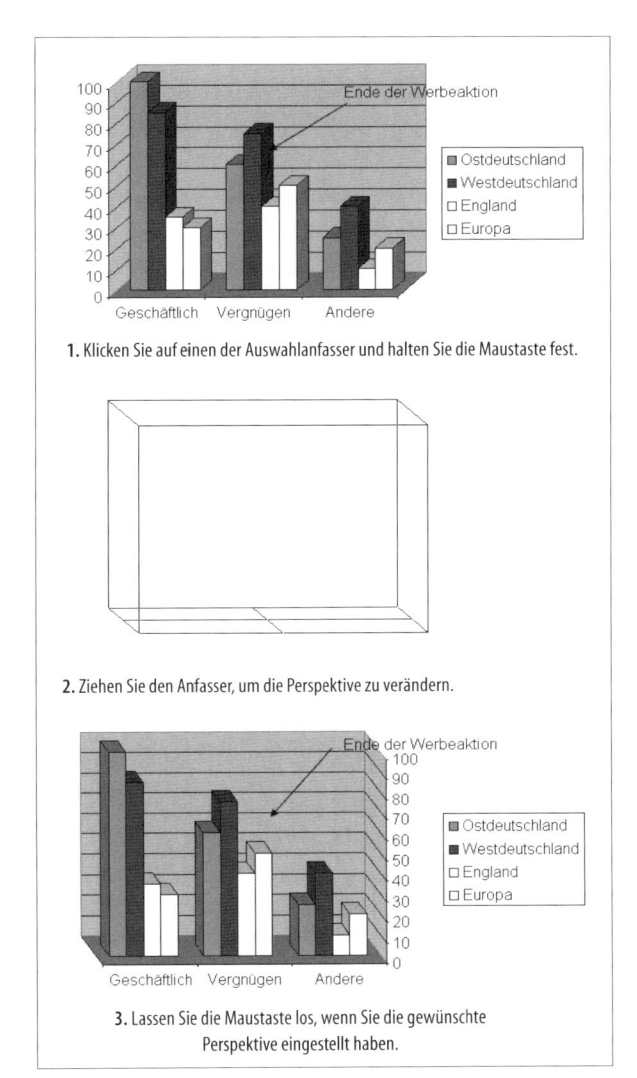

Abbildung 4-25: Die Perspektive eines 3D-Diagramms ändern

1. Klicken Sie auf einen der Auswahlanfasser und halten Sie die Maustaste fest.

2. Ziehen Sie den Anfasser, um die Perspektive zu verändern.

3. Lassen Sie die Maustaste los, wenn Sie die gewünschte Perspektive eingestellt haben.

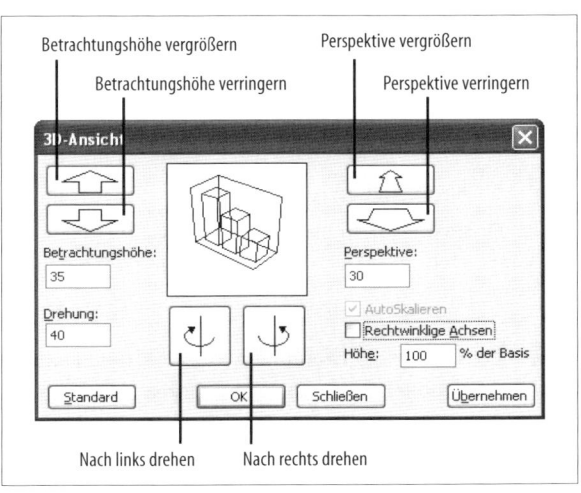

Abbildung 4-26: Das Dialogfeld 3D-Ansicht

Dreidimensionale Diagramme sehen besonders attraktiv aus, geben allerdings die Verhältnisse nicht immer korrekt wieder, was wegen der perspektivisch verzerrten Darstellung in der Natur der Sache liegt. Diese Lektion erklärt Ihnen, wie Sie die Betrachtungswinkel eines 3D-Diagramms durch Drehen und Kippen so verändern können, dass alle Werte sichtbar sind. Dazu stehen zwei Methoden zur Verfügung:

- **Das Dialogfeld** 3D-Ansicht: Sie finden es im Menü unter Diagramm → 3D-Ansicht und können darin die horizontalen und vertikalen Betrachtungswinkel sehr genau einstellen.

- **Ziehen mit der Maus:** Das geht am schnellsten, erfordert aber etwas Geschicklichkeit im Umgang mit der Maus.

In dieser Lektion behandeln wir beide Methoden.

1 Markieren Sie das Diagramm und wählen Sie Diagramm → Diagrammtyp aus dem Menü.

Das Dialogfeld aus Abbildung 4-24 öffnet sich.

2 Wählen Sie im Bereich Diagrammuntertyp die Variante Gruppierte 3D-Säulen wie in Abbildung 4-24 und aktivieren Sie das Kontrollkästchen Standardformatierung.

Lektion 4.9
3D-Diagramme

Durch Aktivieren des Kontrollkästchens Standardformatierung werden alle eventuell vorhandenen Formatierungen gelöscht und die Standardansicht wiederhergestellt.

3 Klicken Sie auf OK.

Die Perspektive des Diagramms, das jetzt in Form von gruppierten 3D-Säulen vorliegt, können Sie wie folgt verändern:

4 Öffnen Sie die Dropdown-Liste Diagrammobjekte in der Symbolleiste Zeichnen und klicken Sie auf Ecken.

An den Ecken erscheinen jetzt kleine Quadrate als Anfasser, mit denen Sie das Diagramm durch Ziehen bei gedrückter Maustaste beliebig verdrehen und verzerren können.

5 Zeigen Sie mit dem Cursor auf den Anfasser an der rechten unteren Ecke des Diagramms und ziehen ihn bei gedrückter Maustaste etwa zwei Zentimeter nach rechts unten wie in Abbildung 4-25 und lassen Sie die Maustaste los.

Vergleichen Sie Ihr Diagramm mit der Darstellung in Abbildung 4-25. Eine weitere Methode zum Verändern der Perspektive bietet das Dialogfeld 3D-Ansicht.

6 Wählen Sie Diagramm → 3D-Ansicht aus dem Menü.

Das Dialogfeld 3D-Ansicht aus Abbildung 4-26 öffnet sich. Darin können Sie die verschiedenen Ansichtswinkel sehr präzise einstellen. Es empfiehlt sich dabei, von der Standardansicht auszugehen.

7 Klicken Sie auf Standard.

Das Diagramm wird in der Standardansicht abgebildet.

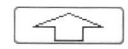

Die Schaltfläche zum Vergrößern der Betrachtungshöhe

8 Klicken Sie viermal auf die Schaltfläche Betrachtungshöhe vergrößern, woraufhin sich der Wert im zugehörigen Textfeld auf 35 einstellt.

Jetzt haben Sie den Eindruck, schräg von oben auf das Diagramm zu blicken, was sich bereits in der Vorschau des Dialogfelds gut erkennen lässt.

Die Schaltfläche zum Drehen im Uhrzeigersinn

9 Klicken Sie zweimal auf den Pfeil zum Drehen im Uhrzeigersinn, so dass im Textfeld Drehung der Wert 40 erscheint, und klicken Sie auf Übernehmen.

Das Diagramm wird jetzt nach unten gekippt und im Uhrzeigersinn gedreht dargestellt.

10 Klicken Sie auf Schließen und speichern Sie Ihre Arbeit.

SCHNELLREFERENZ

SO VERÄNDERN SIE DIE PERSPEKTIVE EINES 3D-DIAGRAMMS:

1. MARKIEREN SIE DAS DIAGRAMM UND WÄHLEN SIE DIAGRAMM → 3D-ANSICHT AUS DEM MENÜ.

2. STELLEN SIE DIE DREHWINKEL UND DIE PERSPEKTIVE NACH WUNSCH EIN UND KLICKEN SIE AUF OK.

ODER:

1. MARKIEREN SIE DAS DIAGRAMM.

2. ZIEHEN SIE DIE ANFASSER BEI GEDRÜCKTER MAUSTASTE IN DIE GEWÜNSCHTE POSITION.

Ein benutzerdefiniertes Diagramm auswählen und speichern

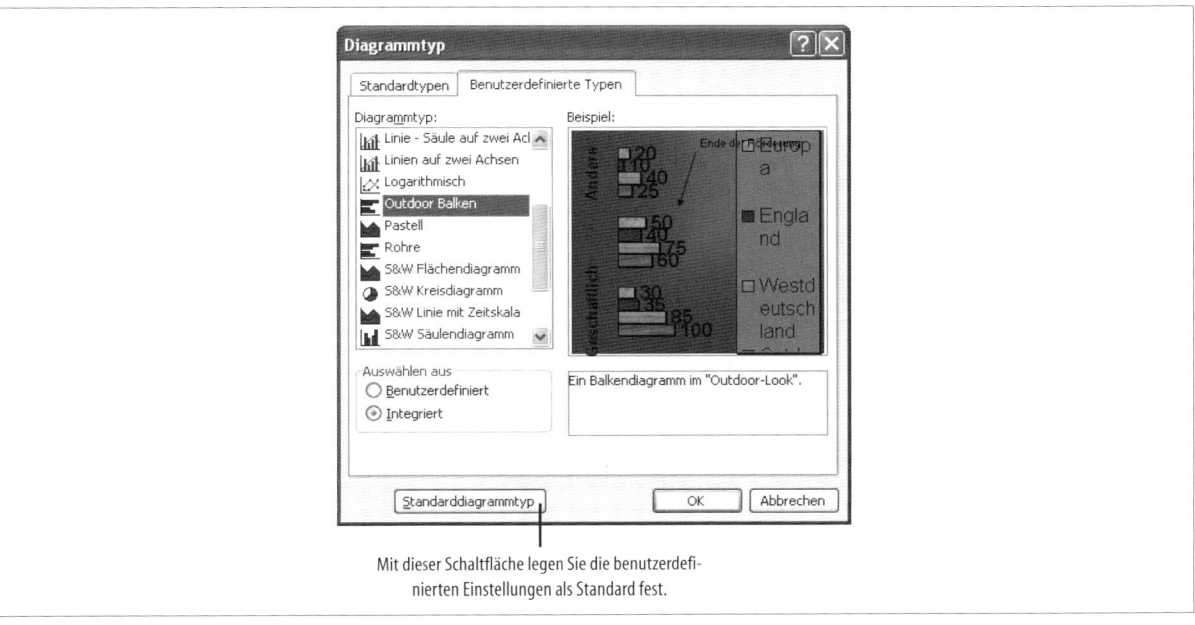

LEKTION 4.10

Abbildung 4-27: Die Registerkarte Benutzerdefinierte Typen des Dialogfelds Diagrammtyp

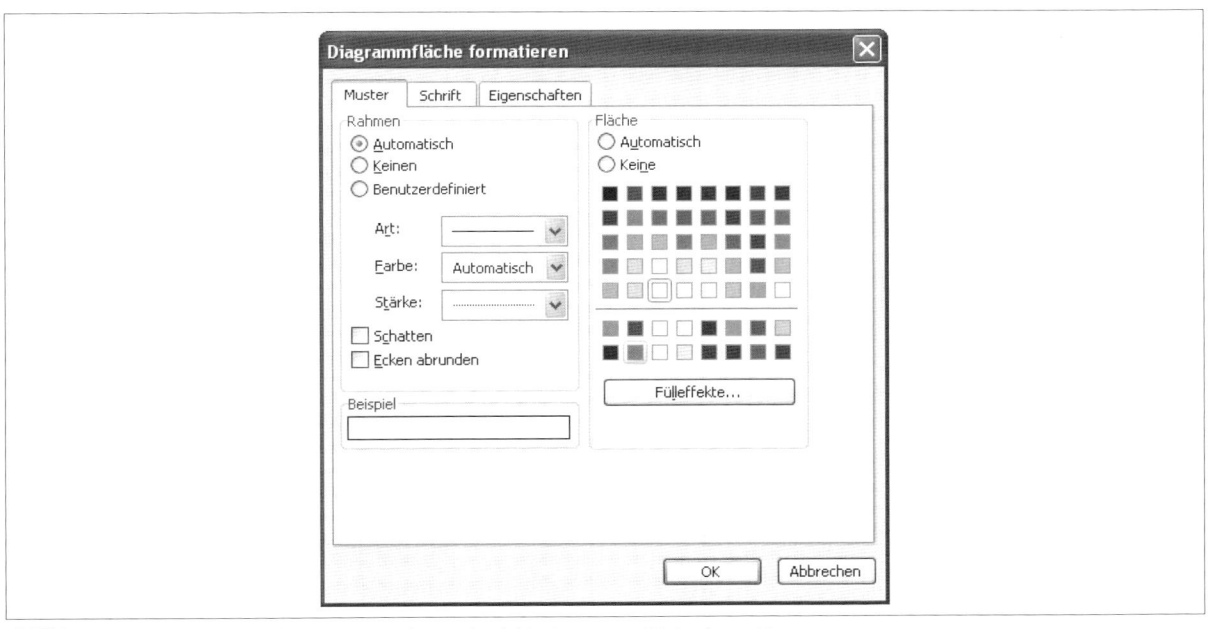

Mit dieser Schaltfläche legen Sie die benutzerdefinierten Einstellungen als Standard fest.

Abbildung 4-28: Die Registerkarte Muster des Dialogfelds Diagrammfläche formatieren

Lektion 4.10
Ein benutzerdefiniertes Diagramm auswählen und speichern

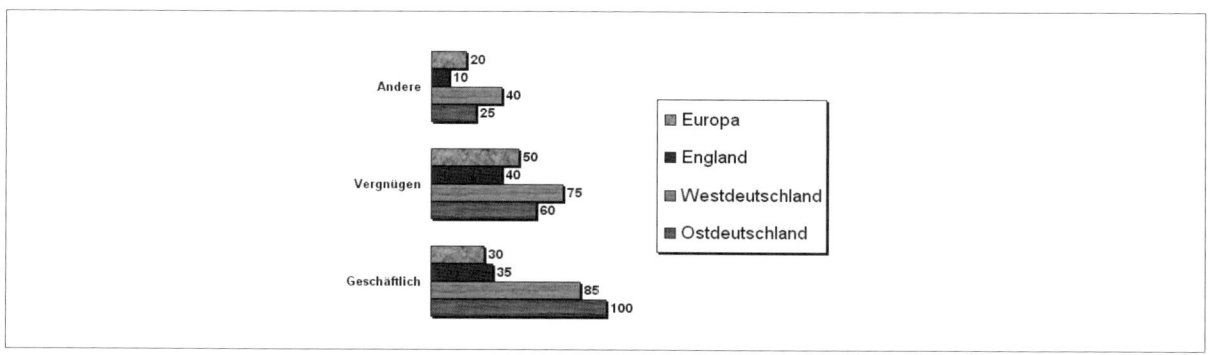

Abbildung 4-29: Das neu formatierte Diagramm

Abbildung 4-30: Das Dialogfeld Benutzerdefiniertes Diagramm hinzufügen

Bisher haben wir uns nur mit *Standarddiagrammtypen* befasst. Sie können aber auch einen *eigenen Diagrammtyp* erstellen. Diese beiden Möglichkeiten unterscheiden sich wie folgt:

- **Standarddiagramme** enthalten standardmäßige, einfache Formatierungs- und Darstellungsoptionen. Wenn Sie weitere Optionen wünschen, zum Beispiel Datenbeschriftungen und Farben, müssen Sie sie hinzufügen. Diese so veränderten Diagramme können Sie aber nicht als eigene Standardtypen speichern.

- **Benutzerdefinierte Diagramme** können wie eine Vorlage gestaltet werden, wobei zusätzliche Optionen für Legenden, Gitternetzlinien, Datenbeschriftungen, Farben und Muster der Diagrammobjekte zur Verfügung stehen. Sie können diese Diagramme speichern und auf der Grundlage ihrer Formatierung neue erstellen, wodurch Sie viel Zeit sparen.

In dieser Lektion üben Sie das Gestalten und Speichern eines benutzerdefinierten Diagramms.

1 Falls noch nicht geschehen, öffnen Sie die Arbeitsmappe Übung 4D und speichern Sie sie unter Umfrageergebnisse.

2 Markieren Sie das Diagramm, wählen Sie Diagramm → Diagrammtyp aus dem Menü und klicken Sie auf die Registerkarte Benutzerdefinierte Typen.

Sie sehen jetzt das Dialogfeld Diagrammtyp mit der Registerkarte Benutzerdefinierte Typen im Vordergrund wie in Abbildung 4-27.

Die Dropdown-Liste Diagrammobjekte

3 Wählen Sie Outdoor Balken wie in Abbildung 4-27 und klicken Sie auf OK.

Das Diagramm wird jetzt in der gewünschten Form dargestellt, aber die grüne Einfärbung wirkt ungünstig, weshalb Sie eine andere Farbe auswählen.

4 Öffnen Sie die Dropdown-Liste Diagrammobjekte und wählen Sie Diagrammfläche.

Jetzt können Sie die Diagrammfläche formatieren.

Die Schaltfläche Diagrammfläche formatieren

5 Klicken Sie in der Symbolleiste Zeichnen auf Diagrammfläche formatieren, wählen Sie die hellgelbe Farbe von der Palette aus Abbildung 4-28 und klicken Sie auf OK.

Die Diagrammfläche wird jetzt mit einem freundlichen Gelbton unterlegt. Als Nächstes möchten Sie die Legende ebenfalls anders einfärben.

6 Doppelklicken Sie auf die Diagrammlegende.

7 Wählen Sie auf der Registerkarte Muster im Bereich Fläche die Option Keine und klicken Sie auf OK.

Die grüne Farbe verschwindet wie gewünscht.

8 Öffnen Sie in der Symbolleiste Zeichnen die Liste Diagrammobjekte, wählen Sie Diagrammfläche und klicken Sie dann auf die Schaltfläche Diagrammfläche formatieren.

Sie können auch auf die Diagrammfläche doppelklicken, um sie zu formatieren, aber es ist nicht immer einfach, dabei die richtige Stelle zu treffen.

9 Holen Sie die Registerkarte Schrift in den Vordergrund, vergewissern Sie sich, dass unter Schriftschnitt die Option Standard ausgewählt ist, und klicken Sie auf OK.

Der Titel ist jetzt nicht mehr in Fettschrift formatiert. Vergleichen Sie Ihr Diagramm mit Abbildung 4-29. Sie können die gesamte Formatierung dieses Diagramms nun als eigenen, benutzerdefinierten Diagrammtyp speichern, um alle Formate und Optionen sehr einfach auf andere Diagramme zu übertragen.

10 Wählen Sie Diagramm → Diagrammtyp aus dem Menü, öffnen Sie die Registerkarte Benutzerdefinierte Typen, aktivieren Sie die Option Benutzerdefiniert und klicken Sie auf Hinzufügen.

Es öffnet sich ein neues Dialogfenster mit dem Titel Benutzerdefinierten Diagrammtyp hinzufügen (siehe Abbildung 4-30). Sie müssen sich einen Namen für Ihren neuen Diagrammtyp ausdenken und können falls gewünscht eine kurze Beschreibung hinzufügen.

11 Geben Sie Modifizierte Outdoor-Balken in das Textfeld Name ein und klicken Sie auf OK.

Unter diesem Namen sind jetzt alle von Ihnen vorgenommenen Formatierungen als benutzerdefinierter Diagrammtyp gespeichert. Sie können jetzt ein anderes Diagramm genauso formatieren, indem Sie Diagramm → Diagrammtyp aus dem Menü wählen, unter Auswählen aus die Option Benutzerdefiniert aktivieren, auf Ihren Typ Modifizierte Outdoor-Balken und danach auf OK klicken.

12 Klicken Sie auf Ok.

Das Dialogfeld schließt sich wieder. Selbstverständlich können Sie alle benutzerdefinierten Diagrammtypen auch wieder löschen.

13 Wählen Sie Diagramm → Diagrammtyp aus dem Menü, klicken Sie auf die Registerkarte Benutzerdefinierte Typen und im Bereich Auswählen aus auf Benutzerdefiniert.

14 Markieren Sie den benutzerdefinierten Typ Modifizierte Outdoor-Balken, klicken Sie auf Löschen und dann auf OK, um den Löschvorgang zu bestätigen. Klicken Sie danach auf Abbrechen, um das Dialogfeld zu schließen.

Wenn Sie möchten, können Sie Ihren benutzerdefinierten Typ auch als Standardformat definieren, indem Sie Diagramm → Diagrammtyp aus dem Menü wählen, auf Standarddiagrammtyp und danach auf OK klicken.

Lektion 4.10
Ein benutzerdefiniertes Diagramm auswählen und speichern

SCHNELLREFERENZ

SO ERSTELLEN SIE EIN BENUTZERDEFINIERTES DIAGRAMMFORMAT:

1. ERSTELLEN ODER ÖFFNEN SIE EIN DIAGRAMM, DAS IHREN WÜNSCHEN ENTSPRECHEND FORMATIERT IST.
2. MARKIEREN SIE ES, WÄHLEN SIE DIAGRAMM → DIAGRAMMTYP AUS DEM MENÜ UND ÖFFNEN SIE DIE REGISTERKARTE BENUTZERDEFINIERTE TYPEN.
3. AKTIVIEREN SIE DIE OPTION BENUTZERDEFINIERT UND KLICKEN SIE AUF HINZUFÜGEN, UM EINEN NEUEN DIAGRAMMTYP ZU DEFINIEREN.
4. GEBEN SIE EINEN NAMEN UND EVENTUELL EINE BESCHREIBUNG EIN UND KLICKEN SIE AUF OK.

SO ÄNDERN SIE DEN STANDARDDIAGRAMMTYP:

1. ERSTELLEN ODER ÖFFNEN SIE EIN DIAGRAMM, DAS IHREN WÜNSCHEN ENTSPRECHEND FORMATIERT IST.
2. MARKIEREN SIE DAS DIAGRAMM, WÄHLEN SIE DIAGRAMM → DIAGRAMMTYP AUS DEM MENÜ, KLICKEN SIE AUF DIE SCHALTFLÄCHE STANDARDDIAGRAMMTYP UND DANN AUF OK.

Fülleffekte

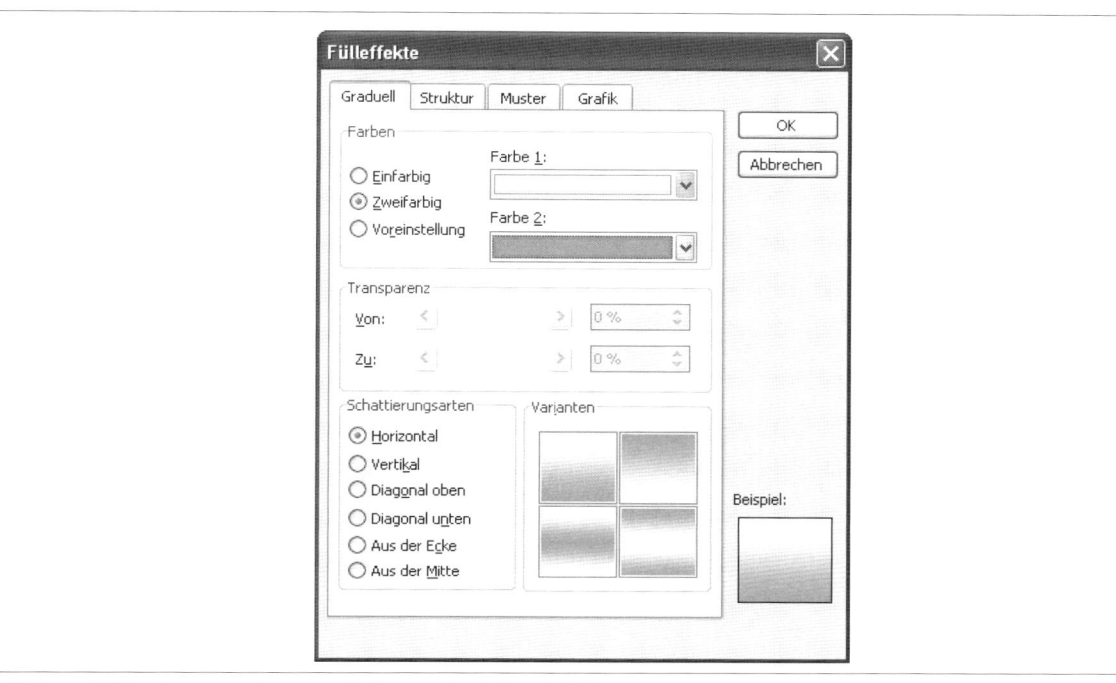

LEKTION 4.11

Abbildung 4-31: Die Registerkarte Graduell im Dialogfeld Fülleffekte

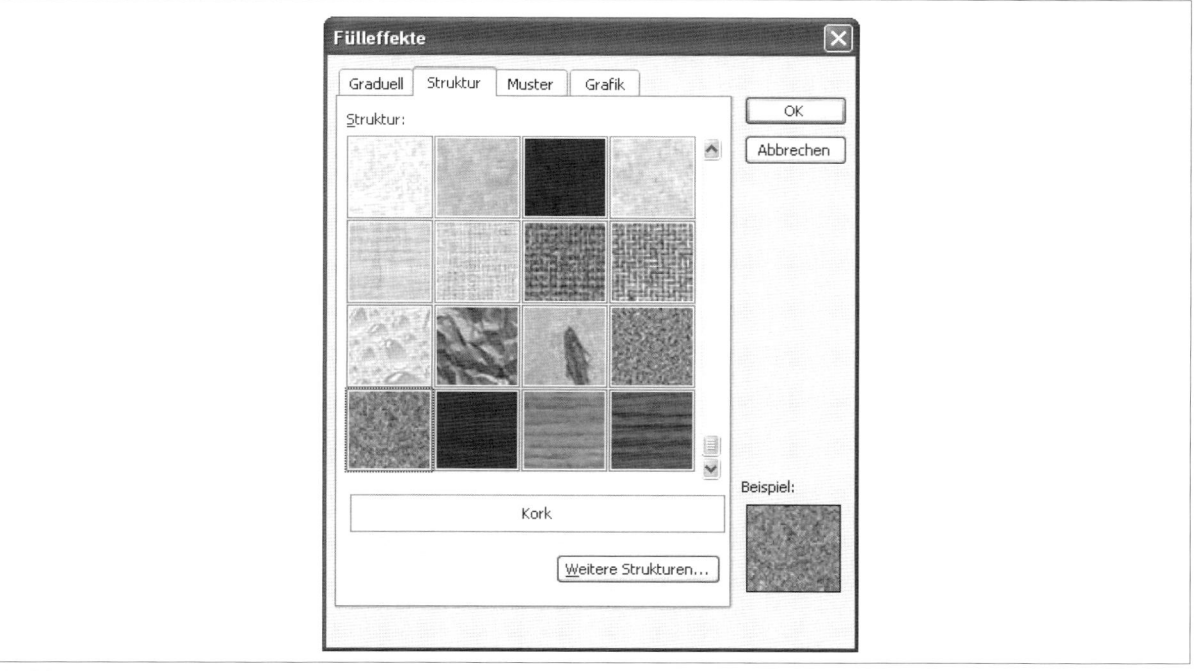

Abbildung 4-32: Die Registerkarte Struktur im Dialogfeld Fülleffekte

Lektion 4.11
Fülleffekte

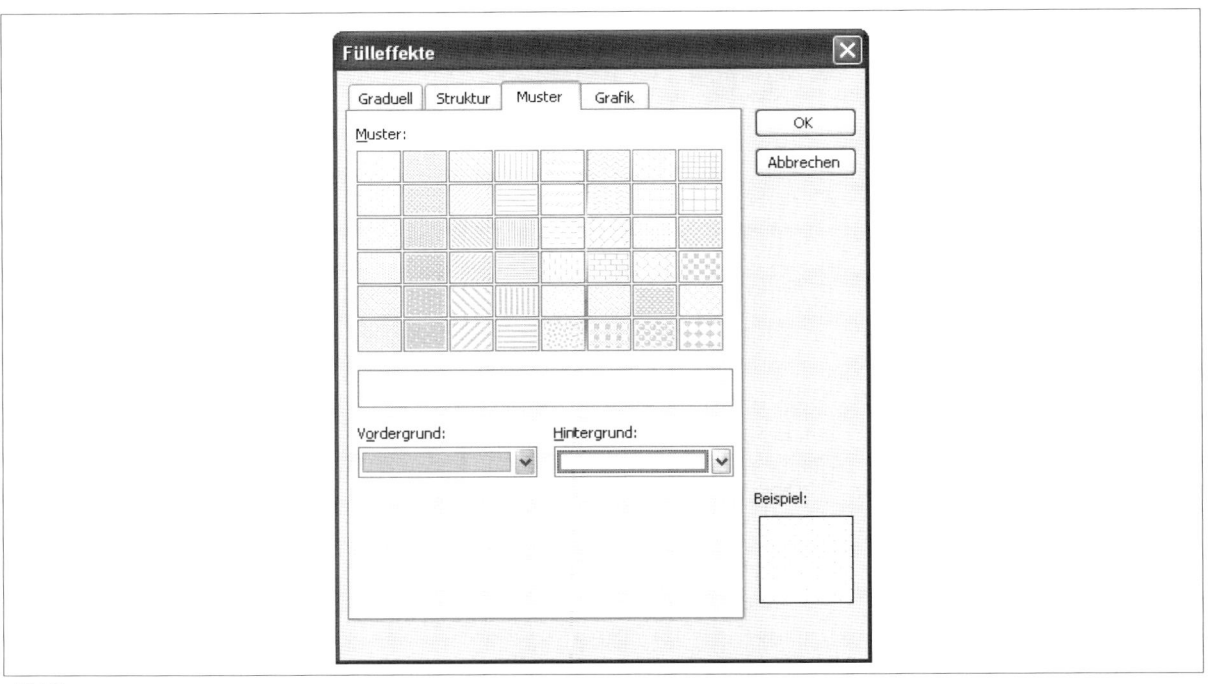

Abbildung 4-33: Die Registerkarte Muster im Dialogfeld Fülleffekte

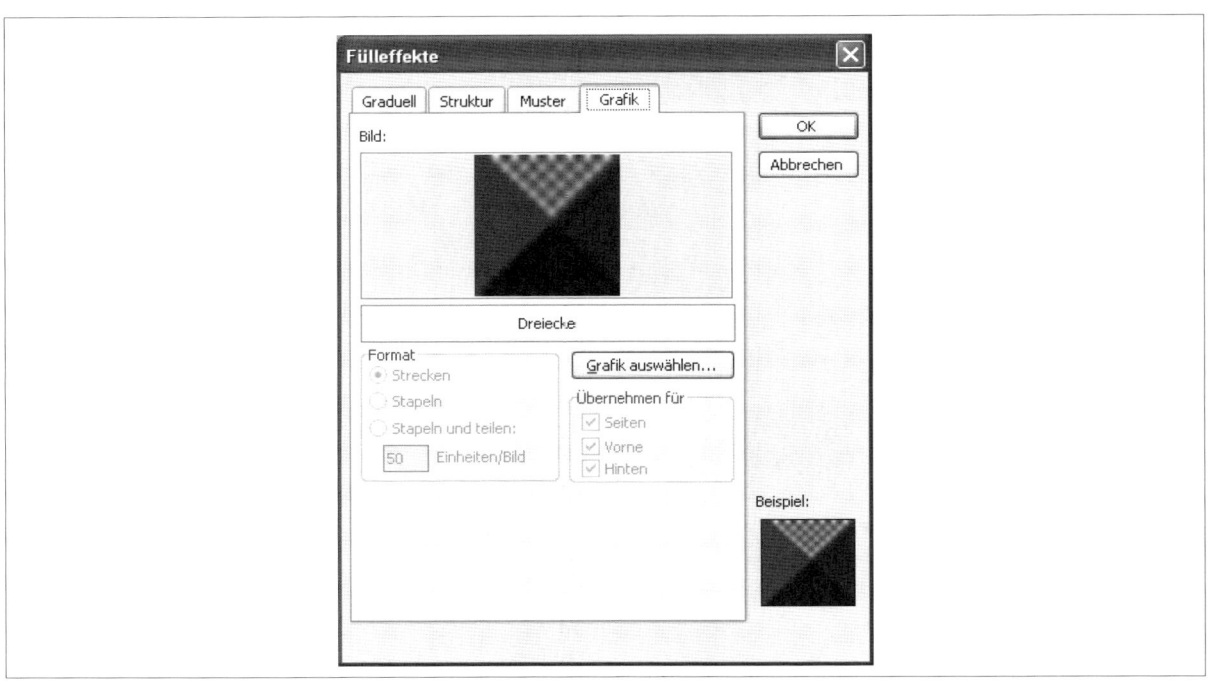

Abbildung 4-34: Die Registerkarte Grafik im Dialogfeld Fülleffekte

Durch Füllmuster können Sie in einem Diagramm auffällige Akzente als Blickfang setzen. Füllmuster lassen sich auf die Diagrammfläche, den Hintergrund, Säulen, Linien und andere Objekte anwenden. In dieser Lektion lernen Sie den Umgang mit dieser vielseitigen Option.

Die Schaltfläche zum Formatieren von Objekten
Andere Methoden zum Formatieren von Objekten:
• Doppelklicken Sie auf das Objekt.
• Rechtsklicken Sie auf das Objekt und wählen Sie Objekt formatieren aus dem Kontextmenü.
• Markieren Sie das Objekt und wählen Sie Format → Markiertes Objekt aus dem Menü.

1 Markieren Sie das Diagramm, öffnen Sie die Dropdown-Liste Diagrammobjekte in der Symbolleiste Zeichnen und klicken Sie auf Diagrammfläche.

Sie können stattdessen auch auf die Diagrammfläche doppelklicken, um sie zu formatieren – falls Sie erkennen können, wohin Sie dazu klicken müssen. Auf jeden Fall muss sie markiert sein, um sie formatieren zu können.

2 Klicken Sie auf die Schaltfläche Diagrammfläche formatieren und öffnen Sie die Registerkarte Muster.

Das Dialogfeld Diagrammfläche formatieren öffnet sich mit der Registerkarte Muster im Vordergrund. In Tabelle 4-3 sehen Sie eine Auswahl von Füllmustern. Beachten Sie, dass die Registerkarte eine Farbpalette enthält, deren Farben Sie zum Füllen des markierten Objekts auswählen können. Sie möchten aber ein besonders auffälliges Füllmuster einfügen.

3 Klicken Sie auf Fülleffekte und holen Sie die Registerkarte Graduell in den Vordergrund.

Es öffnet sich das Dialogfeld Fülleffekte mit der Registerkarte Graduell im Vordergrund.

4 Aktivieren Sie im Bereich Farben die Option Zweifarbig.

Jetzt können Sie zwei Farben auswählen und daraus einen fließenden Farbverlauf herstellen.

5 Wählen Sie in der Dropdown-Liste Farbe 1 die Farbe Grelles Grün sowie Gelbgrün als Farbe 2 (siehe Abbildung 4-31).

Jetzt müssen Sie noch die Richtung des Farbverlaufs bestimmen.

6 Wählen Sie unter Schattierungsarten die Option Horizontal.

Das Aussehen können Sie bereits in dem kleinen Vorschaufenster in der rechten unteren Ecke des Dialogfelds beurteilen.

7 Klicken Sie zweimal auf OK, um die Dialogfelder Fülleffekte und Diagrammfläche formatieren zu schließen.

Jetzt ist die Diagramfläche mit einem attraktiven Farbverlauf versehen. Verleihen Sie im nächsten Schritt der Datenreihe Europa ein interessanteres Aussehen.

8 Öffnen Sie die Dropdown-Liste Diagrammobjekte in der Symbolleiste Zeichnen, klicken Sie auf die Reihe Europa und auf die Schaltfläche Datenreihen formatieren. Dann klicken Sie auf Fülleffekte und auf die Registerkarte Grafik.

Jetzt sehen Sie das Dialogfeld Fülleffekte mit der Registerkarte Grafik wie in Abbildung 4-34. Hier können Sie ein Bild oder eine Grafik auswählen und das markierte Objekt damit füllen.

9 Klicken Sie auf Grafik auswählen.

Daraufhin öffnet sich ein Dialogfeld mit der Bezeichnung Bild auswählen, in dem Sie ein Bild oder eine Grafik aussuchen können, um das markierte Objekt damit zu füllen.

10 Suchen Sie in Ihrem Übungsordner oder auf der CD die Datei Dreiecke und klicken Sie auf Einfügen.

Jetzt wird die Datenreihe Europa mit der ausgewählten Grafik gefüllt. Auch hier können Sie im Vorschaufenster in der rechten unteren Ecke das Ergebnis schon beurteilen.

11 Wählen Sie im Bereich Format die Option Stapeln und klicken Sie zweimal auf OK, um die beiden Dialogfelder nacheinander zu schließen.

Die Datenreihe Europa wird jetzt mit der Dreiecksgrafik gefüllt.

Lektion 4.11
Fülleffekte

12 Speichern Sie die Änderungen und schließen Sie die Arbeitsmappe.

Ob Sie es glauben oder nicht – Sie haben in dieser Lektion Möglichkeiten zur optischen Aufwertung von Diagrammen kennen gelernt, die weniger als fünf Prozent aller Excel-Benutzer beherrschen. Sie können stolz darauf sein.

Tabelle 4-3: Beispiele für Füllmuster

Registerkarte	Beispiel	Beschreibung
Graduell		Füllt das Objekt mit einem zweifarbigen Verlauf
Struktur		Füllt das Objekt mit einer Struktur
Muster		Füllt das Objekt mit einem Muster
Grafik		Füllt das Objekt mit einem Bild oder einer Grafik

SCHNELLREFERENZ

SO FÜGEN SIE IHREN DIAGRAMMEN FÜLLEFFEKTE HINZU:

- DOPPELKLICKEN SIE AUF DAS GEWÜNSCHTE OBJEKT.

  ODER:

1. MARKIEREN SIE DAS OBJEKT UND KLICKEN SIE AUF DIE SCHALTFLÄCHE OBJEKT FORMATIEREN IN DER SYMBOLLEISTE ZEICHNEN.

2. ÖFFNEN SIE DIE REGISTERKARTE MUSTER UND KLICKEN SIE AUF FÜLLEFFEKTE.

3. ÖFFNEN SIE EINE DER VIER REGISTERKARTEN, WÄHLEN SIE EINEN FÜLLEFFEKT AUS UND KLICKEN SIE ZWEIMAL AUF OK.

Kapitel 4 im Überblick

Die Lektionen in Kürze

Ein Diagramm erstellen

So erstellen Sie ein Diagramm mit dem Diagramm-Assistenten: Markieren Sie die Zellen mit den Daten, aus denen Sie das Diagramm erstellen möchten, und klicken Sie auf die Schaltfläche Diagramm-Assistent in der Standardsymbolleiste oder wählen Sie Einfügen → Diagramm aus dem Menü. Bestätigen (oder ändern) Sie den ausgewählten Bereich und klicken Sie auf Weiter. Wählen Sie auf den Registerkarten die gewünschten Optionen aus und klicken Sie auf Weiter. Entscheiden Sie, ob Sie das Diagramm als neues Blatt oder im aktuellen Arbeitsblatt erstellen wollen, aktivieren Sie die entsprechende Option und klicken Sie auf Fertig stellen.

Diagramme verschieben, vergrößern und verkleinern

So verändern Sie die Größe eines Diagramms: Klicken Sie auf das Diagramm, um es zu aktivieren, und ziehen Sie einen der Anfasser (am Rand des Diagramms), bis das Diagramm die richtige Größe erreicht hat.

So verschieben Sie ein Diagramm: Klicken Sie auf den weißen Bereich in der Nähe des Diagrammrands und ziehen Sie das Diagramm bei gedrückter Maustaste an den gewünschten Ort.

Objekte in einem Diagramm formatieren und bearbeiten

So wählen Sie ein Diagrammobjekt aus: Klicken Sie auf das Objekt oder wählen Sie es in der Liste Diagrammobjekte in der Diagrammsymbolleiste aus.

So formatieren Sie ein Diagrammobjekt: Doppelklicken Sie auf das Objekt oder markieren Sie es und wählen Sie entweder Format → Markiertes Objekt aus dem Menü oder klicken Sie auf die Schaltfläche Ausgewähltes Objekt formatieren in der Diagrammsymbolleiste.

Die Quelldaten eines Diagramms ändern

So ändern Sie die Quelldaten eines Diagramms: Wählen Sie Diagramm → Datenquelle aus dem Menü und öffnen Sie die Registerkarte Datenbereich. Klicken Sie in das Textfeld Datenbereich, markieren Sie im Arbeitsblatt den Zellbereich, aus dem das Diagramm aufgebaut werden soll (falls das Dialogfeld im Weg ist, klicken Sie auf die Schaltfläche Dialogfeld reduzieren) und klicken Sie auf OK.

Die Schaltfläche Dialogfeld reduzieren verkleinert und verschiebt ein Dialogfeld zeitweilig, damit Sie einen Zellbereich auswählen können, indem Sie ihn im Arbeitsblatt markieren. Wenn Sie damit fertig sind, können Sie erneut auf die Schaltfläche klicken auf Enter drücken, damit das Dialogfeld wieder vollständig angezeigt wird.

So markieren Sie nicht benachbarte Zellen: Markieren Sie den ersten Zellbereich und halten Sie die Strg-Taste gedrückt, während Sie die restlichen Bereiche markieren.

Den Diagrammtyp ändern und Tortendiagramme verwenden

Die gebräuchlichsten Typen sind Säulen-, Balken-, Linien-, Flächen-, Kreis- und Punktdiagramme.

So ändern Sie den Diagrammtyp: Wählen Sie Diagramm → Diagrammtyp aus dem Menü oder klicken Sie auf den Dropdown-Pfeil der Schaltfläche Diagrammtyp auf der Diagrammsymbolleiste.

So erstellen Sie ein Diagramm aus Zeilen oder Spalten: Klicken Sie auf eine der beiden Schaltflächen Nach Zeile oder Nach Spalte in der Diagrammsymbolleiste.

So heben Sie ein Segment eines Kreisdiagramms hervor: Klicken Sie auf das Diagramm und dann auf das Segment, das Sie hervorheben möchten. Ziehen Sie es bei gedrückter Maustaste ein kleines Stück aus der Mitte heraus.

Titelzeilen, Gitternetzlinien und eine Datentabelle hinzufügen

So fügen Sie Gitternetzlinien hinzu und entfernen sie wieder: Wählen Sie Diagramm → Diagrammoptionen aus dem Menü, öffnen Sie die Registerkarte Gitternetzlinien und aktivieren oder deaktivieren Sie das Kontrollkästchen.

So fügen Sie Titel hinzu und bearbeiten sie: Wählen Sie Diagramm → Diagrammoptionen aus dem Menü und klicken Sie auf die Registerkarte Titel. Geben Sie die Titel in die entsprechenden Textfelder ein oder ändern Sie vorhandene Titel.

Kapitel 4
Kapitel 4 im Überblick

So fügen Sie eine Datentabelle hinzu und entfernen sie wieder: Klicken Sie auf die Schaltfläche Datentabelle auf der Diagrammsymbolleiste.

So fügen Sie Datenbeschriftungen hinzu und entfernen sie wieder: Wählen Sie Diagramm → Diagrammoptionen aus dem Menü, öffnen Sie die Registerkarte Datenbeschriftungen und aktivieren oder deaktivieren Sie die gewünschten Kontrollkästchen aus.

Eine Datenreihe und die Diagrammachse formatieren

Eine Datenreihe ist eine Gruppe in einem Diagramm, die sich auf eine Zeile oder spalte eines Arbeitsblatts gründet. Achsen sind die Begrenzungslinien des Diagramms, die einen Maßstab tragen. Bei den meisten Diagrammen werden die Werte entlang der Werteachse (Y-Achse) aufgetragen, die gewöhnlich senkrecht steht, die Kategorien entlang der Kategorienachse (X-Achse), die normalerwiese horizontal verläuft.

So fügen Sie Datenreihen Beschriftungen hinzu: Doppelklicken Sie auf die Datenreihe. Stattdessen können Sie auch auf die Datenreihe rechtsklicken und Format → Markierte Datenreihen aus dem Menü wählen. Klicken Sie dann auf die Registerkarte Datenbeschriftung und wählen Sie die gewünschte Option.

So ändern Sie die Skalierung einer Diagrammachse: Doppelklicken Sie auf die Achse oder rechtsklicken Sie darauf und wählen Sie Achsen formatieren aus dem Kontextmenü. Alternativ können Sie es auch über Format → Markierte Achse aus dem Menü aufrufen. Klicken Sie auf die Registerkarte Skalierung und geben Sie die gewünschten Werte ein.

Diagramme beschriften

So blenden Sie die Symbolleiste Zeichnen ein: Klicken Sie auf die Schaltfläche Zeichnen in der Standardsymbolleiste oder wählen Sie Ansicht → Symbolleisten → Zeichnen aus dem Menü.

So zeichnen Sie ein Objekt: Klicken Sie auf die Schaltfläche für die gewünschte Figur (zum Beispiel eine Linie oder ein Kreis) und ziehen Sie den Fadenkreuzzeiger, um das Objekt zu zeichnen.

So ändern Sie die Größe eines Objekts: Markieren Sie das Objekt und ändern Sie die Größe durch Ziehen der Anfasser mit der Maus.

3D-Diagramme

So drehen Sie ein 3D-Diagramm: Markieren Sie das Diagramm und wählen Sie Diagramm → 3D-Ansicht aus dem Menü, stellen Sie die Drehwinkel und die Perspektive nach Wunsch ein und klicken Sie auf OK.

Ein benutzerdefiniertes Diagramm auswählen und speichern

Benutzerdefinierte Diagramme enthalten von Ihnen ausgewählte Elemente wie Legenden, Gitternetzlinien, Datenbeschriftungen und Formatierungen. Sie können ein benutzerdefiniertes Diagramm speichern und neue Diagramme auf seiner Grundlage erstellen.

So erstellen Sie ein benutzerdefiniertes Diagrammformat: Erstellen oder öffnen Sie ein Diagramm, das Ihren Wünschen entsprechend formatiert ist. Markieren Sie es, wählen Sie Diagramm → Diagrammtyp aus dem Menü und öffnen Sie die Registerkarte Benutzerdefinierte Typen. Aktivieren Sie die Option Benutzerdefiniert und klicken Sie auf Hinzufügen, um einen neuen Diagrammtyp zu definieren. Geben Sie einen Namen und eventuell eine Beschreibung ein und klicken Sie auf OK.

So ändern Sie den Standarddiagrammtyp: Erstellen oder öffnen Sie ein Diagramm, das Ihren Wünschen entsprechend formatiert ist. Markieren Sie es, wählen Sie Diagramm → Diagrammtyp aus dem Menü, klicken Sie auf die Schaltfläche Standarddiagrammtyp und dann auf OK.

Fülleffekte

So fügen Sie Ihren Diagrammen Fülleffekte hinzu: Doppelklicken Sie auf das gewünschte Objekt oder markieren Sie es und klicken Sie auf die Schaltfläche Format in der Diagrammsymbolleiste. Öffnen Sie die Registerkarte Muster und klicken Sie auf Fülleffekte. Dann holen Sie eine der vier Registerkarten in den Vordergrund, wählen einen Fülleffekt aus und klicken zweimal auf OK.

Kapitel 4
Diagramme erstellen und verwenden

Test

1. Welche der folgenden Aussagen ist falsch?
   A. Sie können ein Diagramm auf dem gleichen Arbeitsblatt wie die Quelldaten oder auf einem neuen erstellen.
   B. Um ein Diagramm zu erstellen, wählen Sie Extras → Diagramm aus dem Menü.
   C. Sie können ein Diagramm bewegen, indem Sie auf einen leeren Bereich der Diagrammfläche klicken und es bei gedrückter Maustaste an die neue Position verschieben.
   D. Sie können die Größe eines Diagramms durch Klicken und Ziehen der Anfasser an seinen Außenkanten verändern.

2. Sie möchten die tägliche Entwicklung eines Aktienindex über einen bestimmten Zeitraum darstellen. Welche Diagrammart eignet sich dazu?
   A. Liniendiagramm
   B. Säulendiagramm
   C. Zeilendiagramm
   D. Kreisdiagramm

3. Welche der folgenden Methoden dient nicht zum Formatieren eines Diagrammobjekts?
   A. Doppelklicken auf das Objekt
   B. Rechtsklicken auf das Objekt und Auswählen von Format aus dem Kontextmenü
   C. Auswählen des Objekts aus der Liste Diagrammobjekte in der Symbolleiste Zeichnen und Klicken auf die Schaltfläche Objekt formatieren
   D. Wählen von Diagramm → Format aus dem Menü, Markieren des Objekts in der Dropdown-Liste Diagrammobjekte und Klicken auf Format

4. Welche der folgenden Aussagen ist *nicht* zutreffend?
   A. Sie können die Zellen, aus deren Werten ein Diagramm erstellt worden ist, ändern, indem Sie die andere Zellen markieren und auf die Schaltfläche Diagramm-Assistent in der Symbolleiste Zeichnen klicken.
   B. Wenn Sie den Diagrammtyp ändern, werden alle Formatierungsoptionen auf das neue Diagramm übertragen.
   C. Bei gedrückter Strg-Taste können Sie nicht-benachbarte Zellen markieren.
   D. Sie können die Zellen ändern, aus denen ein Diagramm gebildet wird, indem Sie Diagramm → Datenquelle im Menü wählen und die neuen Zellen markieren.

5. Die Symbolleiste Zeichnen kann nur zum Beschriften von Diagrammen verwendet werden. Ist das richtig oder falsch?

6. Welche der folgenden Aussagen ist unzutreffend?
   A. Sie können die Perspektive eines 3D-Diagramms über Diagramm → 3D-Ansicht verändern.
   B. Sie können alle Formatierungen eines Standarddiagrammtyps speichern, um sie auf andere Diagramme anzuwenden.
   C. Um eine Legende aus einem Diagramm zu löschen, klicken Sie auf die Schaltfläche Legende in der Symbolleiste Zeichnen.
   D. Einige Dialogfelder enthalten Schaltflächen, mit denen Sie sie minimieren und wiederherstellen können, falls sie für das Markieren von Zellen im Weg sind.

7. Wie wird die untere Achse eines Diagramms bezeichnet?
   A. X-Achse
   B. Y-Achse
   C. Z-Achse
   D. Kategorieachse

8. Diagramme können nach ihrer Erstellung weder verschoben noch in der Größe verändert werden. Ist diese Aussage richtig oder falsch?

9. Wie können Sie das Dialogfeld Diagrammoptionen öffnen?
   A. Sie klicken auf die Schaltfläche Optionen in der Symbolleiste Zeichnen.
   B. Sie klicken vierfach auf das Diagramm.
   C. Sie wählen Diagramm → Diagrammoptionen aus dem Menü.
   D. Sie wählen Extras → Diagrammoptionen aus dem Menü.

10. Welche der folgenden Elemente können Sie einem Excel-Diagramm hinzufügen?

    A. Eine Legende

    B. Eine Datentabelle

    C. Eine Kategorie- oder X-Achsenbeschriftung

    D. Eine Datenbeschriftung

Hausaufgaben

1. Öffnen Sie die Arbeitsmappe *Hausaufgaben 4* und speichern Sie sie unter Diagrammübungen.
2. Welcher Diagrammtyp eignet sich am besten für den Inhalt dieser Arbeitsmappe?
3. Erstellen Sie mit Hilfe des Diagramm-Assistenten ein Diagramm aus dem Zellbereich A3:E7 in einem neuen Arbeitsblatt und nennen Sie es Paketverkäufe.
4. Markieren Sie die Legende und ändern Sie die darin verwendete Schriftgröße in 12 Punkt.
5. Vergrößern Sie die Legende um ca. einen Zentimeter und verschieben Sie sie an den oberen Diagrammrand.
6. Ändern Sie den Diagrammtyp in ein 3D-Säulendiagramm.
7. Ändern Sie die Farbe der Reihe Vancouver in Hellgrün.
8. Fügen Sie mit Hilfe der Symbolleiste Zeichnen einen Pfeil ein, der auf den größten Wert zeigt (Montreal im vierten Quartal) und fügen Sie am Pfeilende ein Textfeld mit dem Inhalt Wow! ein.
9. Ändern Sie die Quelldaten so, dass das Diagramm nur aus den Summenwerte (F4:F7) gebildet wird.

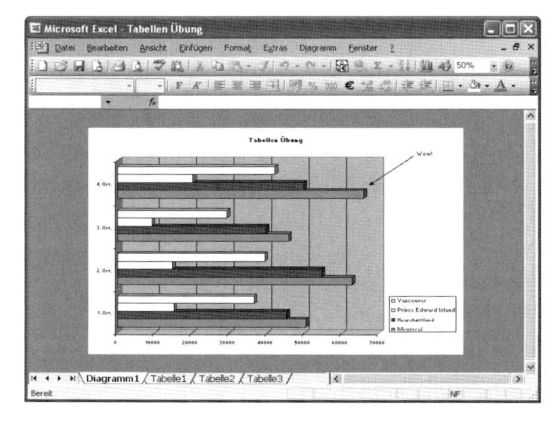

Lösungen zum Test

1. B. Sie erstellen ein Diagramm, indem Sie den Diagramm-Assistenten aus der Standardsymbolleiste oder über Einfügen → Diagramm aus dem Menü aufrufen.
2. A. Trends lassen sich am besten mit Liniendiagrammen darstellen. Für eine der drei anderen Typen wäre die Zahl der Werte zu groß.
3. D. Im Menü Diagramm gibt es keine Option Format.
4. A. Sie ändern die Quelldaten, indem Sie das Diagramm markieren und Diagramm → Datenquelle aus dem Menü wählen.
5. Falsch. Sie können mit Hilfe der Symbolleiste Zeichnen Diagramme und Arbeitsblätter beschriften.
6. B. Bei benutzerdefinierten Diagrammtypen können Sie die Formatierungen und Einstellungen speichern, um sie in anderen Diagrammen anzuwenden. Das gilt jedoch nicht für Standarddiagrammtypen.
7. Die Rubrikenachse an der unteren Seite des Diagramms wird auch als X-Achse bezeichnet.
8. Falsch. Sie können jedes Diagramm in einem Arbeitsblatt verschieben und seine Größe verändern.
9. C. Wählen Sie Diagramm → Diagrammoptionen aus dem Menü, um das Dialogfeld Diagrammoptionen zu öffnen.
10. Alle vier Antworten sind richtig.

KAPITEL 5
ARBEITSMAPPEN VERWALTEN

LERNZIELE

Zwischen den Blättern einer Arbeitsmappe umschalten

Arbeitsblätter einfügen, löschen und umbenennen

Mit mehreren Arbeitsmappen und Blättern arbeiten

Ein Fenster teilen und fixieren

Kopf- und Fußzeilen sowie Seitenzahlen hinzufügen

Den Druckbereich und die Seitenumbrüche festlegen

Seitenränder, Papiergröße, Orientierung und Druckmaßstab festlegen

Ein Arbeitsblatt schützen und verbergen

Vorlagen erstellen und verwenden

Mehrere Arbeitsblätter zusammenfassen

AUFGABE: EINEN ZUSAMMENFASSENDEN WOCHENBERICHT ERSTELLEN

Voraussetzungen

- Sie können mit Menüs, Symbolleisten, Dialogfeldern und Tastenkombinationen umgehen.
- Sie wissen, wie Sie Arbeitsmappen öffnen und speichern.
- Sie sind mit der Eingabe von Werten und Bezeichnungen vertraut.
- Sie wissen, wie Sie Zellbezüge herstellen.

Häufig lassen sich finanzielle und numerische Daten nicht auf einer einzelnen Seite unterbringen. So umfasst beispielsweise ein Abschluss jeweils getrennte Seiten für: Ausgaben, Einnahmen, Kapitalfluss und so fort. In Excel enthält eine Arbeitsmappe deshalb mehrere Blätter. Neue Mappen bestehen standardmäßig aus drei Blättern, zu denen Sie problemlos beliebig viele weitere hinzufügen können.

Bisher haben Sie ausschließlich mit einem einzelnen *Arbeitsblatt* gearbeitet. In diesem Kapitel nun werden Sie lernen, mit *Arbeitsmappen* zu arbeiten und sie zu verwalten. Dabei erfahren Sie, wie Sie zwischen einzelnen Blättern umschalten, wie Sie sie umbenennen, verschieben und löschen, wie Sie neue Blätter einfügen und wie Sie Formeln erstellen, die auf Daten aus mehreren unterschiedlichen Arbeitsblättern Bezug nehmen. Nebenbei werden Sie auch eine Menge über das Drucken lernen.

LEKTION 5.1 Zwischen den Blättern in einer Arbeitsmappe umschalten

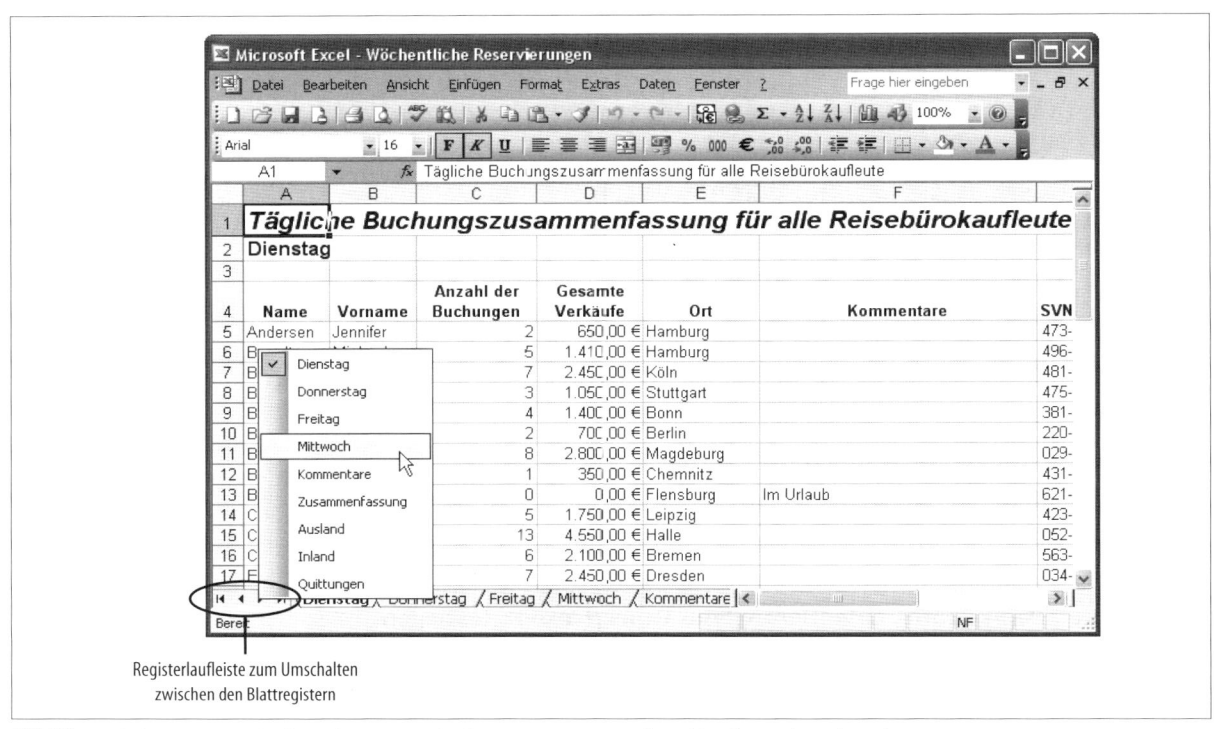

Abbildung 5-1: Die Schaltflächen der Registerlaufleiste zum Vor- und Rücklauf zwischen den Blattregistern

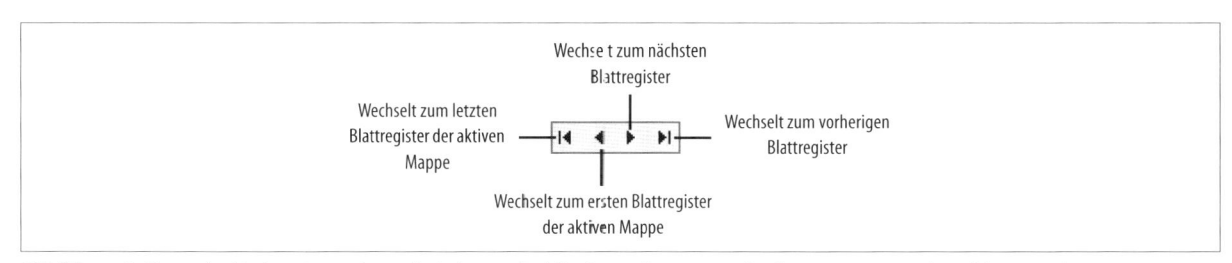

Abbildung 5-2: Rechtsklicken Sie auf eine beliebige Schaltfläche in der Registerlaufleiste, um ein Arbeitsblatt aus dem Kontextmenü auszuwählen.

Diese Lektion behandelt eine wichtige Grundlage für den Umgang mit Arbeitsblättern – nämlich, wie Sie zwischen den einzelnen Blättern umschalten. Jedem Arbeitsblatt ist unten im Arbeitsmappenfenster ein Blattregister angehängt. Um zu einem anderen Blatt umzuschalten, müssen Sie nichts weiter tun, als sein Blattregister anzuklicken. Nichts leichter als das. Ist die Mappe allerdings zu umfangreich, um alle Blattregister nebeneinander darzustellen, können Sie mit Hilfe der Schaltflächen in der Registerlaufleiste links neben ihnen zu weiteren Blattregistern vor- und zurückschalten.

1 Starten Sie Microsoft Excel.

2 Öffnen Sie die Arbeitsmappe Übung 5A **und speichern Sie sie unter dem Dateinamen** Wöchentliche Reservierungen.

Excel speichert die Arbeitsmappe in einer neuen Datei mit dem Namen *Wöchentliche Reservierungen*. Die Mappe umfasst mehrere Blätter, zwischen denen Sie ohne weiteres umschalten können, indem Sie auf das jeweilige Blattregister klicken. Probieren Sie es im nächsten Schritt einfach aus.

3 Klicken Sie auf das Blattregister Freitag.

Das Arbeitsblatt Freitag liegt nun zuoberst. Am weiß dargestellten Blattregister erkennen Sie, dass dieses Blatt nun aktiv ist. Ein aktives Arbeitsblatt können Sie auf alle bisher gelernten Weisen bearbeiten.

4 Rufen Sie zur Übung unterschiedliche Arbeitsblätter aus der Mappe auf, indem Sie auf das entsprechende Blattregister klicken.

Vielleicht haben Sie bereits festgestellt, dass der Platz nicht ausreicht, um alle Blattregister darzustellen. Betätigen Sie also die Schaltflächen in der Registerlaufleiste, bis das gewünschte Blatt erscheint. Abbildung 5-2 beschreibt die Funktionen der unterschiedlichen Schaltflächen in der Registerlaufleiste.

5 Klicken Sie so oft auf die Schaltfläche Nächstes Blattregister, bis das Blattregister Zusammenfassung erscheint.

6 Klicken Sie auf das Blattregister Zusammenfassung.

Das Blattregister des Arbeitsblatts Zusammenfassung wechselt seine Hintergrundfarbe von Grau in Weiß und zeigt somit an, dass es aktiv ist.

7 Klicken Sie auf die Schaltfläche Erstes Blattregister, um zum ersten Blattregister der Mappe (Dienstag) zu wechseln.

8 Rechtsklicken Sie auf eine beliebige Schaltfläche in der Registerlaufleiste.

Excel öffnet daraufhin wie in Abbildung 5-1 ein Kontextmenü mit einer Liste aller Blätter in der aktuellen Mappe.

9 Wählen Sie Mittwoch aus dem Kontextmenü.

SCHNELLREFERENZ

SO AKTIVIEREN SIE EIN ARBEITSBLATT:

- KLICKEN SIE AUF DAS BLATTREGISTER UNTEN AUF DEM BILDSCHIRM.

    ODER:

- RECHTSKLICKEN SIE AUF DIE SCHALTFLÄCHEN DER REGISTERLAUFLEISTE UND WÄHLEN SIE DAS GEWÜNSCHTE ARBEITSBLATT AUS DEM KONTEXTMENÜ.

SO BEWEGEN SIE SICH ZWISCHEN DEN BLÄTTERN EINER MAPPE VOR UND ZURÜCK:

- KLICKEN SIE AUF DIE SCHALTFLÄCHEN IN DER REGISTERLAUFLEISTE AM LINKEN UNTEREN BILDSCHIRMRAND.

LEKTION 5.2 — Arbeitsblätter einfügen und löschen

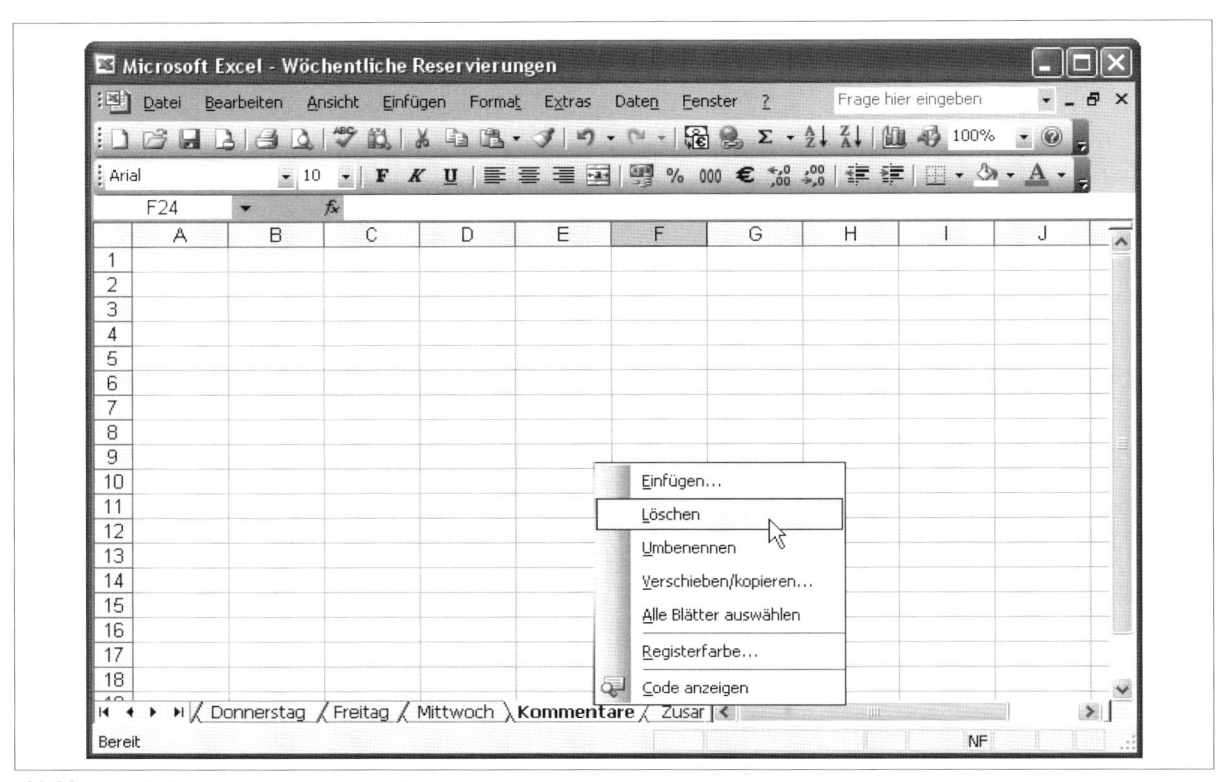

Abbildung 5-3: Das ausgewählte Arbeitsblatt löschen

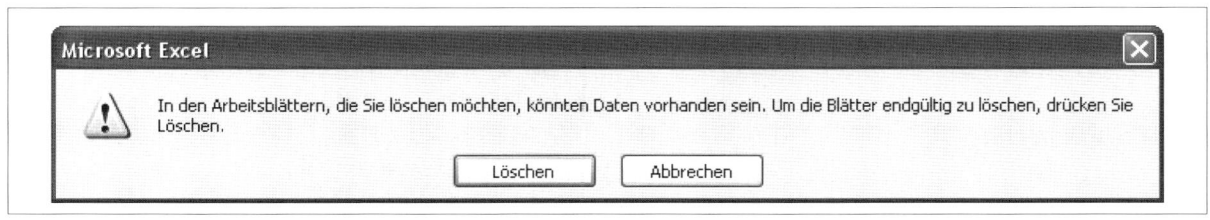

Abbildung 5-4: Dialogfeld zum Bestätigen des Löschvorgangs

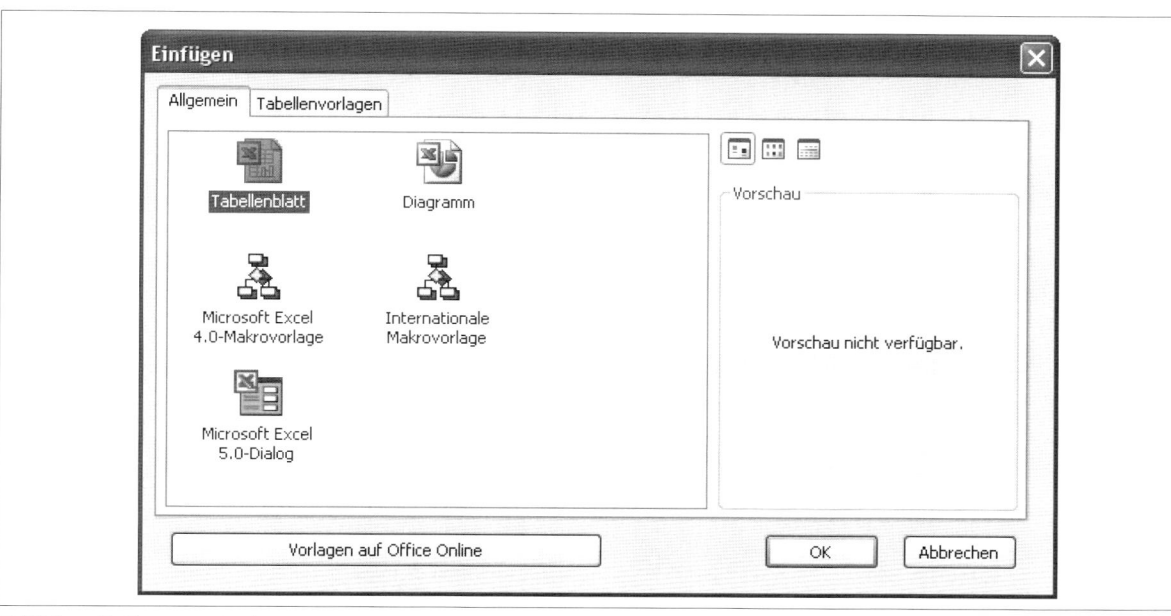

Abbildung 5-5: Das Dialogfeld Einfügen

Standardmäßig umfasst eine Arbeitsmappe in Excel drei leere Blätter. Sie können der Mappe auf einfache Weise neue Blätter hinzufügen und alte löschen. Wie das geht, erfahren Sie in dieser Lektion.

1 Rechtsklicken Sie auf das Blattregister Kommentare.

Es erscheint ein Kontextmenü, mit dem Sie Blätter einfügen, löschen, umbenennen, verschieben oder kopieren sowie alle Blätter auswählen oder den darin enthaltenen Visual Basic-Code darstellen können. Abbildung 5-3 zeigt dieses Kontextmenü.

2 Klicken Sie im Kontextmenü auf Löschen.

Das in Abbildung 5-4 dargestellte Dialogfeld erscheint mit dem Hinweis, dass das aktuelle Blatt endgültig gelöscht wird.

3 Bestätigen Sie den Löschvorgang, indem Sie auf Löschen klicken.

Das Arbeitsblatt Kommentare wird aus der Arbeitsmappe entfernt.

4 Löschen Sie im Anschluss die Blätter Ausland, Inland, Quittungen und Zusammenfassung aus der Mappe.

Nun werden Sie der Arbeitsmappe *Wöchentliche Reservierungen* mehrere Blätter hinzufügen – eines für Reservierungen am Montag und eines, das die gesamte Woche zusammenfasst. Einfügen können Sie Blätter ebenso leicht wie löschen.

5 Wählen Sie Einfügen → Tabellenblatt aus dem Menü.

Links neben dem aktuellen Blatt fügt Excel ein neues Register mit dem Namen Tabelle1 ein. Sie können neue Arbeitsblätter auch über das Kontextmenü einfügen, das Sie über einen Rechtsklick aufrufen.

6 Rechtsklicken Sie auf ein beliebiges Blattregister und wählen Sie im Kontextmenü Einfügen.

Das Dialogfeld Einfügen erscheint wie in Abbildung 5-5.

7 Stellen Sie sicher, dass die Option Tabellenblatt ausgewählt ist, und klicken Sie auf OK.

Excel fügt links von Tabelle1 ein neues Blattregister mit dem Namen Tabelle2 ein.

8 Speichern Sie Ihre Arbeit.

Lektion 5.2
Arbeitsblätter einfügen und löschen

SCHNELLREFERENZ

SO FÜGEN SIE EIN ARBEITSBLATT EIN:

- RECHTSKLICKEN SIE AUF EIN BLATTREGISTER, WÄHLEN SIE IM KONTEXTMENÜ EINFÜGEN UND ANSCHLIEẞEND TABELLENBLATT IM DIALOGFELD EINFÜGEN.

  ODER:

- WÄHLEN SIE IM MENÜ EINFÜGEN → TABELLENBLATT.

SO LÖSCHEN SIE EIN ARBEITSBLATT:

- RECHTSKLICKEN SIE AUF EIN BLATTREGISTER UND WÄHLEN SIE IM KONTEXTMENÜ LÖSCHEN.

  ODER:

- WÄHLEN SIE IM MENÜ BEARBEITEN → BLATT LÖSCHEN.

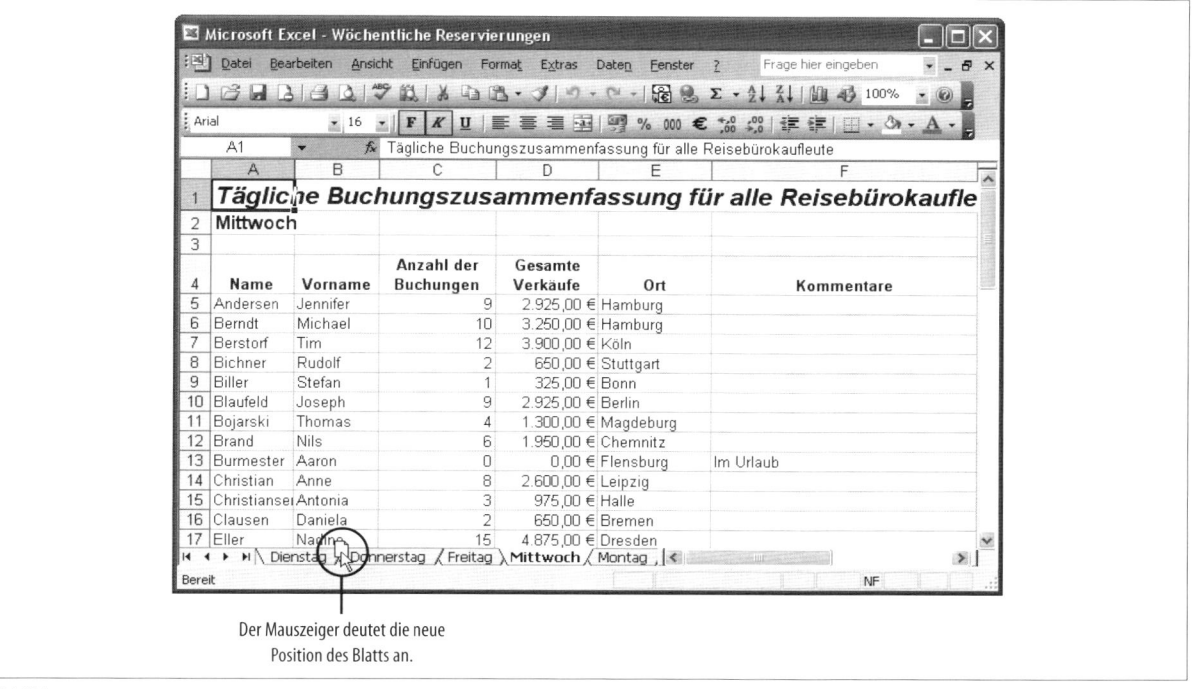

Arbeitsblätter umbenennen und verschieben

LEKTION 5.3

Abbildung 5-6: Ein Arbeitsblatt an eine andere Stelle der Mappe verschieben

Der Mauszeiger deutet die neue Position des Blatts an.

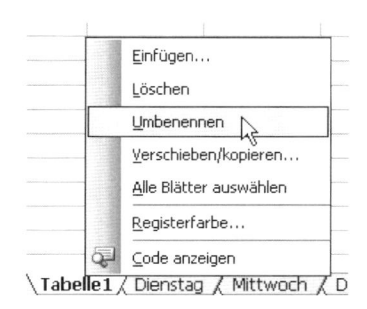

Ein Blattregister umbenennen
• Rechtsklicken Sie auf das Arbeitsblatt und wählen Sie aus dem Kontextmenü Umbenennen.

Standardmäßig werden Arbeitsblätter mit den wenig aussagekräftigen Namen Tabelle1, Tabelle2, Tabelle3 usw. durchnummeriert. In dieser Lektion lernen Sie, wie Sie einem Blatt statt Tabelle3 einen neuen, aussagekräftigen Namen wie Budget geben können.

In dieser Lektion werden Sie eine weitere wichtige Fähigkeit im Umgang mit Arbeitsblättern erwerben. Sie werden lernen, Arbeitsblätter zu verschieben und somit die Reihenfolge der Blätter in einer Arbeitsmappe zu verändern. Und so geht es:

1 Doppelklicken Sie auf das Blattregister Tabelle1.

Der Text Tabelle1 ist nun markiert, so dass Sie das Arbeitsblatt umbenennen können. Namen von Arbeitsblättern können bis zu 31 Zeichen lang sein und dürfen Satzzeichen sowie Leerzeichen enthalten.

2 Geben Sie Montag ein und bestätigen Sie mit Enter.

Das Register des aktuellen Blatts ändert seinen Namen von Tabelle1 in Montag. Im nächsten Schritt benennen Sie das Arbeitsblatt Tabelle2 um.

3 Benennen Sie das Blattregister Tabelle2 in Zusammenfassung um.

Wahrscheinlich haben Sie bereits bemerkt, dass die Reihenfolge der Blätter in dieser Mappe nicht stimmt. Sie können dies jedoch im Handumdrehen ändern: Ziehen Sie dafür das Blatt einfach bei gedrückter Maustaste an seine neue Position.

Lektion 5.3
Arbeitsblätter umbenennen und verschieben

4 Klicken Sie auf das Blattregister Mittwoch und ziehen Sie es hinter das Blattregister Dienstag.

Während Sie das Blatt Mittwoch ziehen, zeigt Ihnen der Mauszeiger die Stelle an, an der es eingefügt wird, wenn Sie die Maustaste loslassen. Dies ist in Abbildung 5-6 dargestellt.

> **TIPP** *Sie können ein Arbeitsblatt kopieren, indem Sie die Strg-Taste gedrückt halten, während Sie das Blatt an seinen neuen Ort ziehen.*

5 Ziehen Sie das Blatt Zusammenfassung hinter Freitag.

6 Ziehen Sie das Blatt Montag vor Dienstag.

7 Speichern Sie Ihre Arbeit.

Wie Sie sehen, ist der Umgang mit den Blättern ganz einfach. Dazu noch ein Hinweis: Anstatt ein Arbeitsblatt zu verschieben, können Sie es auch kopieren, indem Sie die Strg-Taste drücken, während Sie sein Blattregister bewegen.

SCHNELLREFERENZ

SO BENENNEN SIE EIN ARBEITSBLATT UM:

- RECHTSKLICKEN SIE AUF DAS BLATTREGISTER, WÄHLEN SIE UMBENENNEN AUS DEM KONTEXTMENÜ UND GEBEN SIE EINEN NEUEN NAMEN FÜR DAS ARBEITSBLATT EIN.

ODER:

- DOPPELKLICKEN SIE AUF DAS BLATTREGISTER UND GEBEN SIE EINEN NEUEN NAMEN FÜR DAS ARBEITSBLATT EIN.

ODER:

- WÄHLEN SIE IM MENÜ FORMAT → BLATT → UMBENENNEN UND GEBEN SIE DEN NEUEN NAMEN FÜR DAS ARBEITSBLATT EIN.

SO VERSCHIEBEN SIE EIN ARBEITSBLATT:

- KLICKEN SIE AUF DAS BLATTREGISTER UND ZIEHEN SIE ES AN DEN GEWÜNSCHTEN ORT.

ODER:

- WÄHLEN SIE IM MENÜ BEARBEITEN → BLATT VERSCHIEBEN/KOPIEREN UND BESTIMMEN SIE ANSCHLIEßEND DAS ARBEITSBLATT, DAS SIE VERSCHIEBEN MÖCHTEN, UND DEN ORT, AN DEM SIE ES PLATZIEREN WOLLEN.

SO KOPIEREN SIE EIN ARBEITSBLATT:

- HALTEN SIE DIE STRG-TASTE GEDRÜCKT, WÄHREND SIE DAS BLATTREGISTER ANKLICKEN UND AN SEINE NEUE POSITION ZIEHEN.

ODER:

- WÄHLEN SIE IM MENÜ BEARBEITEN → BLATT VERSCHIEBEN/KOPIEREN UND BESTIMMEN SIE ANSCHLIEßEND DAS ARBEITSBLATT, DAS SIE KOPIEREN MÖCHTEN, UND DEN ORT, AN DEM SIE ES PLATZIEREN WOLLEN.

Mit mehreren Arbeitsmappen und Fenstern arbeiten

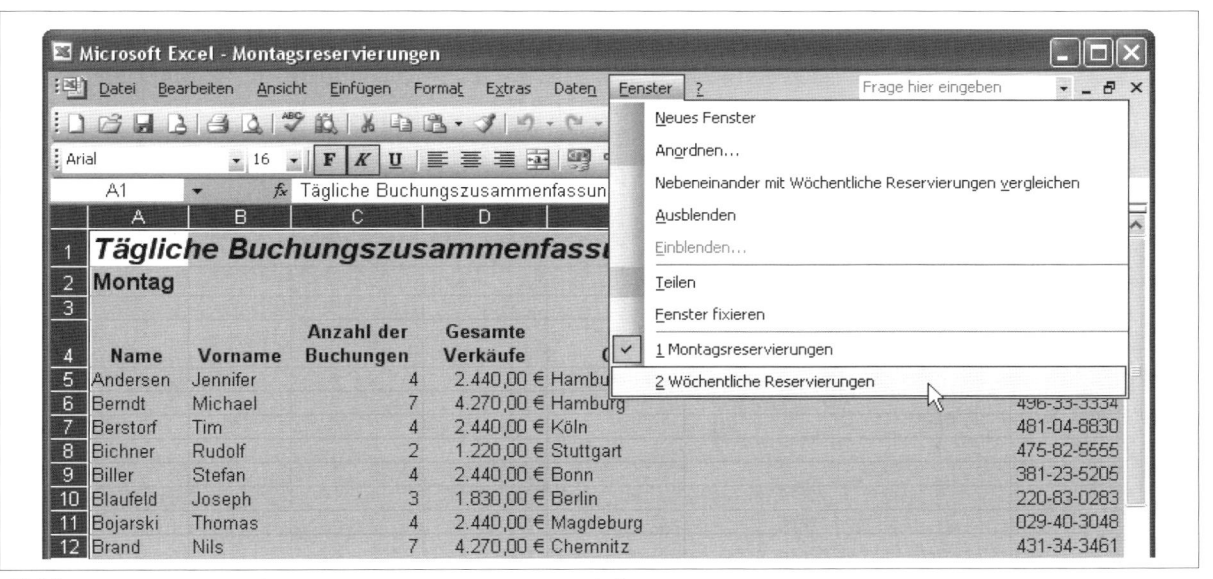

LEKTION 5.4

Abbildung 5-7: Zwischen Arbeitsmappen im Menü Fenster umschalten

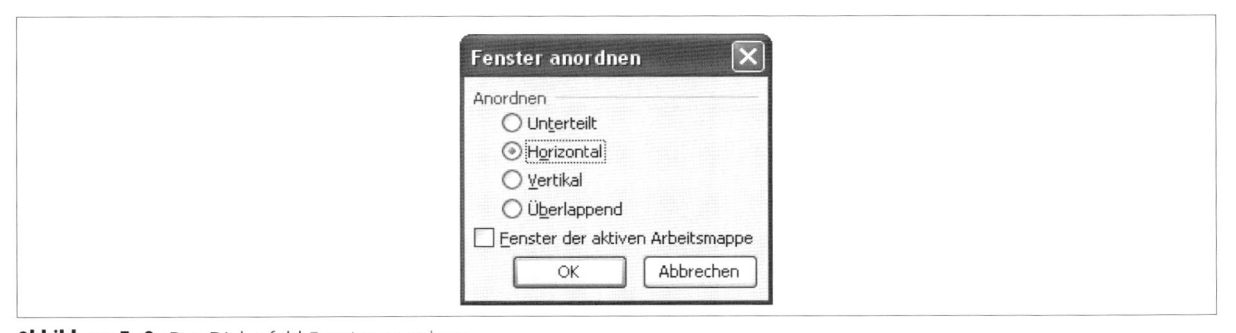

Abbildung 5-8: Das Dialogfeld Fenster anordnen

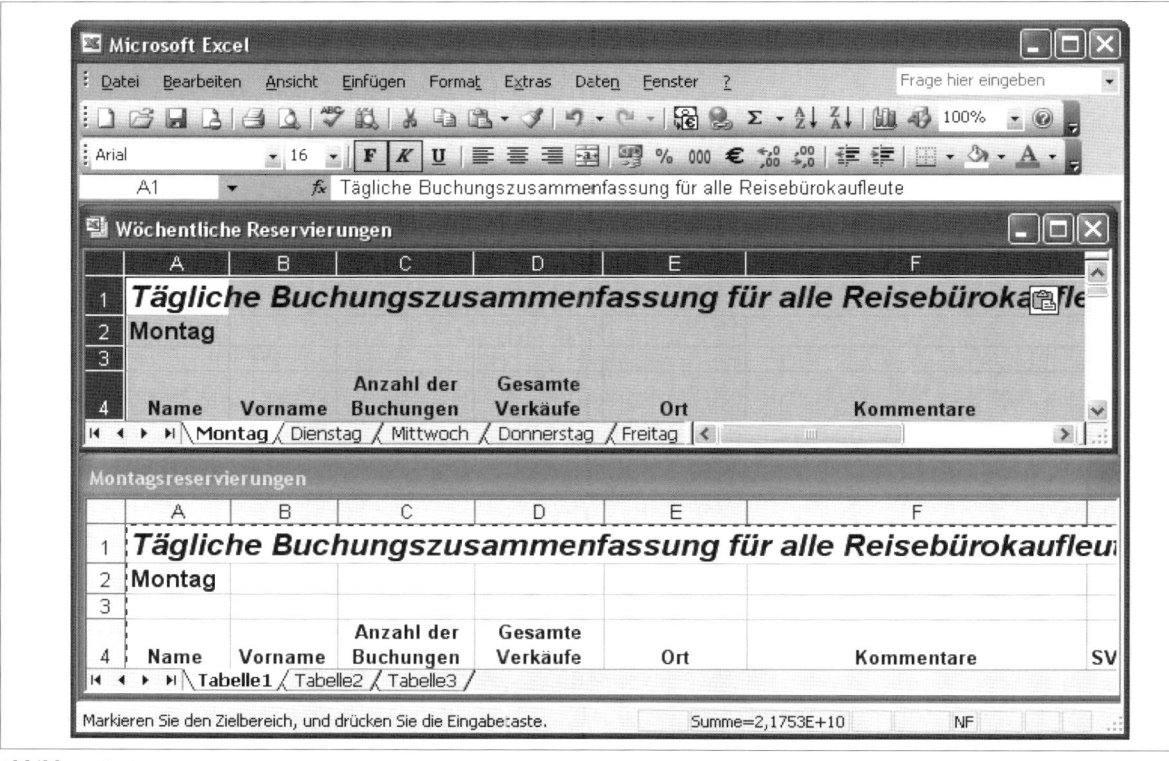

Lektion 5.4
Mit mehreren Arbeitsmappen und Fenstern arbeiten

Abbildung 5-9: Darstellung von zwei Dateien in untereinander liegenden Fenstern

Einer der Vorteile von Excel (wie von vielen anderen Windows-Programmen auch) besteht in der Möglichkeit, mehrere Dateien gleichzeitig zu öffnen und zu bearbeiten. Jede Arbeitsmappe, die Sie mit Excel öffnen, erscheint in ihrem eigenen Fenster. In dieser Lektion erfahren Sie, wie Sie mehrere Mappen gleichzeitig öffnen und bearbeiten können. Außerdem lernen Sie einige Kniffe kennen, um die Größe und Anordnung der Fenster zu verändern.

1 Öffnen Sie gegebenenfalls die Arbeitsmappe Übung 5B und speichern Sie sie unter Wöchentliche Reservierungen.

2 Öffnen Sie die Arbeitsmappe Montagsreservierungen.

Die Mappe *Montagsreservierungen* erscheint auf dem Bildschirm. Gleichzeitig ist *Wöchentliche Reservierungen* weiterhin geöffnet, allerdings ist sie nicht sichtbar, da die Mappe *Montagsreservierungen* das gesamte Arbeitsblattfenster einnimmt. Über den entsprechenden Befehl im Menü Fenster gelangen Sie wieder zur Mappe *Wöchentliche Reservierungen* zurück. Bevor Sie das tun, speichern Sie zunächst die Reservierungsdaten für Montag.

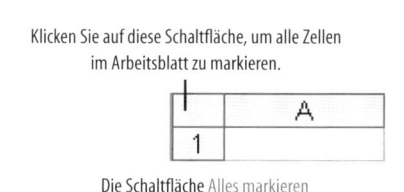

Klicken Sie auf diese Schaltfläche, um alle Zellen im Arbeitsblatt zu markieren.

Die Schaltfläche Alles markieren

3 Klicken Sie auf die Schaltfläche Alles markieren in Tabelle1, um das gesamte Arbeitsblatt zu markieren. Kopieren Sie anschließend das gesamte Blatt, indem Sie auf die Schaltfläche Kopieren in der Standardsymbolleiste klicken.

Wechseln Sie, nachdem Sie das gesamte Arbeitsblatt kopiert haben, wieder zur Mappe *Wöchentliche Reservierungen*, um die Daten dort einzufügen.

Die Schaltfläche Kopieren

4 Wählen Sie Fenster aus dem Menü.

Das Menü Fenster öffnet sich wie in Abbildung 5-7 dargestellt mit einer Liste aller momentan geöffneten Arbeitsmappen sowie weiterer Befehle für Fenster.

5 Wählen Sie Wöchentliche Reservierungen aus dem Menü Fenster.

Sie haben nun wieder die Arbeitsmappe *Wöchentliche Reservierungen* vor sich und können die aus der Mappe *Montagsreservierungen* kopierten Daten einfügen.

> HINWEIS: *Arbeitsmappen und Arbeitsblätter sind in ihrem Umgang grundsätzlich voneinander zu unterscheiden. Bei Arbeitsmappen handelt es sich um Dateien, die Sie öffnen und abspeichern. In einer solchen Datei sind mehrere Arbeitsblätter enthalten.*

Die Schaltfläche Einfügen

6 Klicken Sie auf das Blattregister Montag und danach auf die Zelle A1, um sie zu aktivieren. Anschließend fügen Sie die kopierten Daten ein, indem Sie auf die Schaltfläche Einfügen in der Standardsymbolleiste klicken. Wenn Sie sich eine andere Methode zum Einfügen angewöhnt haben, können Sie diese natürlich auch verwenden.

Die aus Tabelle1 der Mappe *Montagsreservierungen* herauskopierten Daten werden in das Blatt Montag der Mappe *Wöchentliche Reservierungen* eingefügt.

Wenn Sie mit zwei oder mehr Dateien gleichzeitig arbeiten, ist es manchmal sinnvoll, beide Mappen gleichzeitig darzustellen.

7 Wählen Sie im Menü Fenster → Anordnen.

Das Dialogfeld Fenster anordnen erscheint wie in Abbildung 5-8 dargestellt.

8 Wählen Sie Horizontal und bestätigen Sie mit OK.

Excel stellt die beiden geöffneten Dateien wie in Abbildung 5-9 untereinander dar. Im nächsten Schritt kopieren Sie weitere Daten aus der Mappe *Montagsreservierungen* in die Mappe *Wöchentliche Reservierungen*.

9 Klicken Sie auf das Blattregister Tabelle2 im Fenster Wöchentliche Reservierungen, dann auf die Zelle A1 und anschließend auf die Schaltfläche Einfügen in der Standardsymbolleiste.

Im nächsten Schritt fügen Sie die Überschrift in die Mappe *Wöchentliche Reservierungen* ein.

10 Klicken Sie auf das Blattregister Zusammenfassung im Fenster Wöchentliche Reservierungen, dann auf die Zelle A1 und anschließend auf die Schaltfläche Einfügen in der Standardsymbolleiste.

Die kopierte Überschrift wird nun in das Blatt Zusammenfassung der Mappe *Wöchentliche Reservierungen* eingefügt. Ihre Arbeit mit dem Arbeitsblatt *Montagsreservierungen* ist nun abgeschlossen.

11 Schließen Sie das Fenster Montagsreservierungen, indem Sie auf die Schaltfläche Schließen klicken.

Die Arbeitsmappe *Montagsreservierungen* schließt sich. Da Sie jetzt nur noch mit der Mappe *Wöchentliche Reservierungen* arbeiten, können Sie ihr Fenster maximieren.

Die Schaltfläche Maximieren

12 Klicken Sie auf die Schaltfläche Maximieren im Fenster Wöchentliche Reservierungen.

Das Fenster *Wöchentliche Reservierungen* füllt nun das gesamte Arbeitsblattfenster aus.

13 Speichern Sie Ihre Arbeit.

Was Sie in dieser Lektion gelernt haben, gilt auch für andere Programme unter Windows. Wenn Sie mit Microsoft Word arbeiten, können Sie auf die in dieser Lektion beschriebene Weise mit mehreren Dokumenten gleichzeitig arbeiten.

Lektion 5.4
Mit mehreren Arbeitsmappen und Fenstern arbeiten

SCHNELLREFERENZ

SO SCHALTEN SIE ZWISCHEN MEHREREN GEÖFFNETEN ARBEITSMAPPEN UM:

- KLICKEN SIE IM MENÜ FENSTER AUF DEN NAMEN DER MAPPE, DIE SIE DARSTELLEN WOLLEN.

SO STELLEN SIE MEHRERE FENSTER GLEICHZEITIG DAR:

- WÄHLEN SIE IM MENÜ FENSTER → ANORDNEN.

SO MAXIMIEREN SIE FENSTER:

- KLICKEN SIE AUF DIE SCHALTFLÄCHE MAXIMIEREN DES FENSTERS.

SO STELLEN SIE DIE FENSTERGRÖßE WIEDER HER:

- KLICKEN SIE AUF DIE SCHALTFLÄCHE FENSTER WIEDERHERSTELLEN DES FENSTERS.

SO ÄNDERN SIE DIE FENSTERGRÖßE MANUELL:

1. PLATZIEREN SIE DEN MAUSZEIGER ÜBER DEM RAND DES FENSTERS.
2. HALTEN SIE DIE MAUSTASTE GEDRÜCKT UND BEWEGEN SIE DIE MAUS, UM DIE FENSTERGRÖßE ZU ÄNDERN.
3. LASSEN SIE DIE MAUSTASTE LOS.

SO VERSCHIEBEN SIE FENSTER:

- ZIEHEN SIE DIE TITELLEISTE DES FENSTERS AN EINE NEUE POSITION, UM DAS FENSTER DORTHIN ZU BEWEGEN.

Ein Fenster teilen und fixieren

LEKTION 5.5

Abbildung 5-10: Ein Fenster in zwei Ausschnitte aufteilen

Klicken Sie auf das Kästchen zum vertikalen Teilen und ziehen Sie, um das Arbeitsblattfenster zu unterteilen.

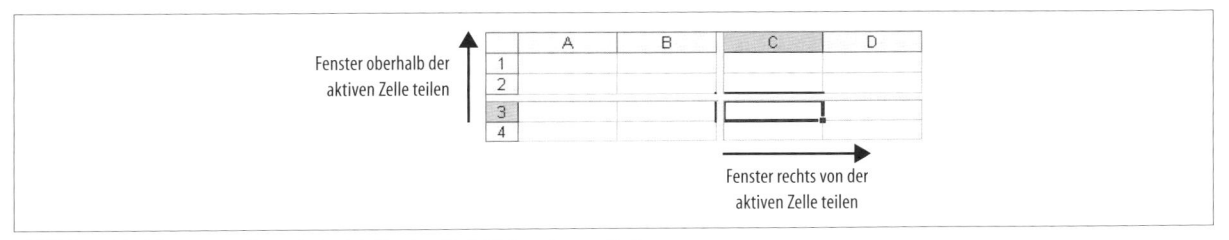

Fenster oberhalb der aktiven Zelle teilen

Fenster rechts von der aktiven Zelle teilen

Abbildung 5-11: Anwendungsbeispiel für den Befehl Fenster → Teilen

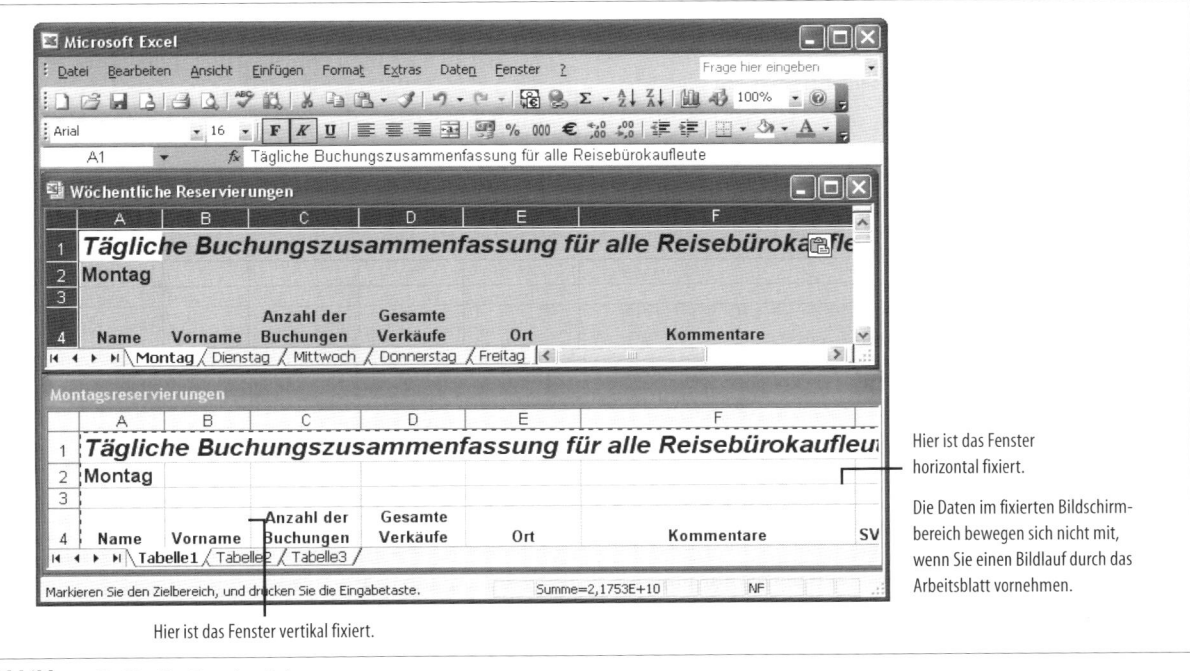

Hier ist das Fenster horizontal fixiert.

Die Daten im fixierten Bildschirmbereich bewegen sich nicht mit, wenn Sie einen Bildlauf durch das Arbeitsblatt vornehmen.

Hier ist das Fenster vertikal fixiert.

Abbildung 5-12: Ein Fenster fixieren

Lektion 5.5
Ein Fenster teilen und fixieren

Es dauert gar nicht lange und schon haben Sie so viele Daten in ein Arbeitsblatt eingegeben, dass sie nicht mehr alle auf den Bildschirm passen. Dann müssen Sie sich im Arbeitblatt vor- und zurückbewegen, um Daten einzufügen, zu löschen, zu verändern und darzustellen, so wie Sie es in der letzten Lektion gelernt haben. Ohne Bezeichnungen für Spalten und Zeilen kann ein großes Arbeitsblatt beim Vor- und Rücklauf der Daten schnell unübersichtlich werden.

Um das zu verhindern, können Sie ein Fenster in zwei oder vier Ausschnitte *teilen*, in denen unterschiedliche Bereiche desselben Blatts erscheinen. Einen solchen Ausschnitt können Sie jederzeit *fixieren*, so dass sein Inhalt nicht mitläuft, während Sie sich durch den Rest des Arbeitsblatt bewegen.

1 Klicken Sie auf das Blattregister Montag und platzieren Sie den Mauszeiger auf dem Kästchen zum vertikalen Teilen direkt über der Leiste für den vertikalen Bildlauf. Wenn sich der Mauszeiger in ein ✢ verwandelt, ziehen Sie das Teilungskästchen unmittelbar unter die Zeile 4, wie in Abbildung 5-10 dargestellt.

Excel teilt das Fenster mit dem Arbeitsblatt in zwei übereinander liegende Ausschnitte. Über die *Ausschnitte* können Sie verschiedene Bereiche eines großen Arbeitsblatts gleichzeitig einsehen. Ein Fenster können Sie horizontal (wie gerade geschehen) oder vertikal teilen. Beachten Sie, dass beide Ausschnitte über ihre eigene vertikale Bildlaufleiste verfügt, über die Sie eine jeweils andere Stelle des Arbeitsblatt erreichen können.

2 Bewegen Sie die Bildlaufleiste des unteren Ausschnitts so lange nach unten, bis Sie Zeile 60 erreichen.

> HINWEIS: *Da jeder Ausschnitt über seine eigene Bildlaufleiste verfügt, achten Sie darauf, dass Sie die des unteren und nicht die des oberen Ausschnitts verwenden.*

Wie Sie sehen, bewegt sich *ausschließlich der im unteren Ausschnitt* dargestellte Bereich des Arbeitsblatts. Der obere Ausschnitt bleibt unabhängig vom unteren Ausschnitt an derselben Stelle des Blatts stehen.

3 Platzieren Sie den Mauszeiger auf dem Kästchen zum horizontalen Teilen ganz rechts neben der Leiste für den horizontalen Bildlauf. Wenn sich der Mauszeiger in ein ✢ verwandelt, ziehen Sie das Teilungskästchen nach links unmittelbar hinter die Spalte B.

Excel teilt das Fenster mit dem Arbeitsblatt senkrecht, so dass nun vier getrennte Ausschnitte vorliegen. Nachdem Sie das Fenster in mehrere Ausschnitte aufgeteilt haben, können Sie diese *fixieren*, damit sie sich nicht mehr verschieben lassen.

4 Wählen Sie im Menü Fenster → Fenster fixieren.

Dünne Linien erscheinen zwischen den Spalten B und C sowie der vierten und fünften Zeile, wie in Abbildung 5-12 zu sehen ist. Wenn Sie ein Fenster *fixieren*, bewegen sich die Einträge in den fixierten (linken und oberen) Ausschnitten beim Bildlauf durch das Arbeitsblatt nicht mit, sondern bleiben sichtbar. Probieren Sie es am besten selbst einmal aus.

5 Bewegen Sie sich mit der Bildlaufleiste senkrecht und waagerecht durch das Arbeitsblatt, um sich seine Daten anzuschauen.

Achten Sie darauf, wie die fixierten Bereiche, die Spalten A und B sowie die Zeilen 1 bis 4, in ihrem Ausschnitt verharren, während Sie sich durch das Blatt bewegen, so dass Sie die Bezeichnungen der Spalten und Zeilen ständig im Blick behalten. Jetzt können Sie die Fixierung wieder aufheben.

6 Wählen Sie im Menü Fenster → Fixierung aufheben.

Die Ausschnitte sind nun nicht mehr fixiert, so dass Sie sich wieder beliebig in allen vier Ausschnitten bewegen und verschiedene Bereiche des Arbeitsblatts gleichzeitig einsehen können. Zum Abschluss der Lektion stellen Sie das Arbeitsblatt ohne Ausschnitte im gesamten Fenster dar.

7 Wählen Sie im Menü Fenster → Teilung aufheben.

Das Arbeitsblatt füllt wieder das gesamte Fenster aus.

Alternativ können Sie ein Fenster in Ausschnitte aufteilen oder fixieren, indem Sie eine Zelle auswählen und im Menü Fenster → Teilen oder Fenster fixieren auswählen. Die Ausschnitte links und oberhalb der aktiven Zelle werden dann wie in Abbildung 5-11 geteilt bzw. fixiert.

Kapitel 5
Arbeitsmappen verwalten

SCHNELLREFERENZ

SO TEILEN SIE FENSTER IN BEREICHE:

- VERSCHIEBEN SIE ENTWEDER DIE HORIZONTALE ODER DIE VERTIKALE TEILUNGSLEISTE.

  ODER:

- MARKIEREN SIE DIE ZELLE UNTERHALB DER ZEILE UND RECHTS NEBEN DER SPALTE, AN DER SIE DAS FENSTER TEILEN MÖCHTEN. WÄHLEN SIE ANSCHLIESSEND IM MENÜ FENSTER → TEILEN.

SO FIXIEREN SIE BEREICHE:

1. TEILEN SIE DAS FENSTER AUF EINE DER IM VORIGEN PUNKT BESCHRIEBENEN WEISEN IN AUSSCHNITTE AUF.
2. WÄHLEN SIE IM MENÜ FENSTER → FENSTER FIXIEREN.

LEKTION 5.6
Bezüge zu externen Daten

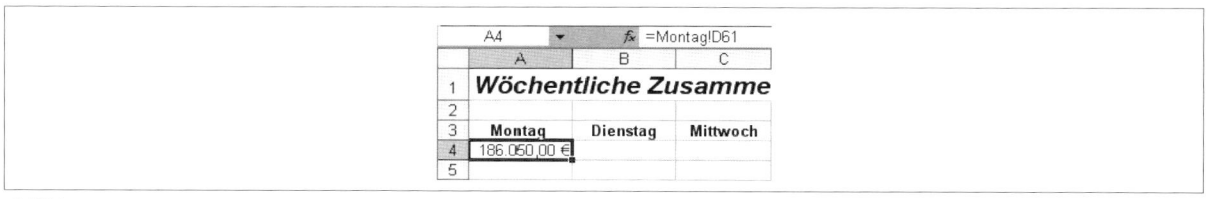

Abbildung 5-13: Bezüge zu Daten in einem anderen Arbeitsblatt der Mappe

Abbildung 5-14: Beispiel für den externen Bezug einer Zelle

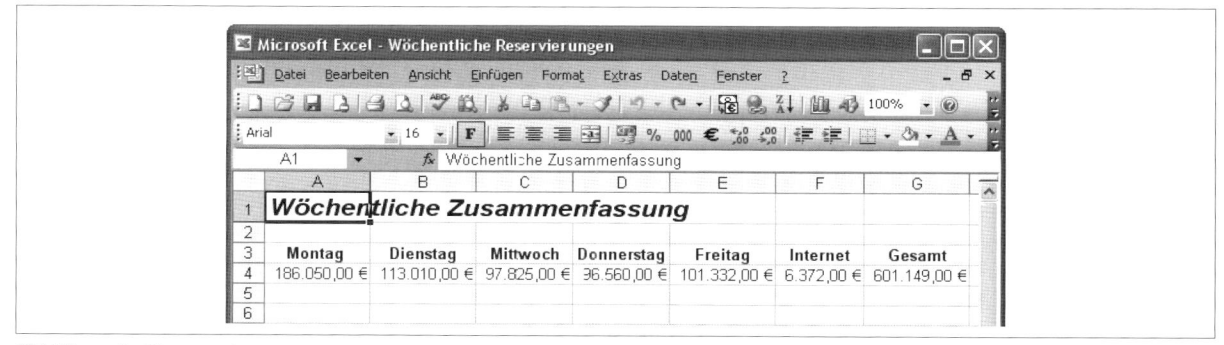

Abbildung 5-15: Das Blatt Zusammenfassung mit Bezügen zu anderen Blättern in einer anderen Arbeitsmappe

Sie haben bereits gelernt, wie Sie Bezüge zu Zellen innerhalb eines Arbeitsblatts herstellen können. In dieser Lektion erfahren Sie nun, wie Sie Bezüge zu Zellen in anderen Blättern und sogar zu Zellen in einer komplett anderen Arbeitsmappe herstellen können. Bezüge zu Zellen oder Zellbereichen in anderen Arbeitsblättern heißen *externe Bezüge*. Hauptsächlich kommen sie dann zum Einsatz, wenn Sie in einem Arbeitsblatt die Gesamtsummen aus anderen Arbeitsblättern zusammenfassen möchten. Ein Beispiel dafür ist eine Arbeitsmappe, die 12 Arbeitsblätter für die einzelnen Monate sowie ein weiteres Blatt enthält, in dem über Bezüge zu den Blättern jedes Monats Gesamtsummen errechnet werden.

1 Klicken Sie auf das Blattregister Zusammenfassung.

2 Klicken Sie auf die Zelle A3 und anschließend auf die Schaltflächen Fett und Zentriert in der Formatsymbolleiste. Schreiben Sie nun Montag und betätigen Sie die Schaltfläche Eingeben in der Bearbeitungsleiste.

Fügen Sie die übrigen Werktage als Überschriften für die verbleibenden Spalten hinzu. Mit der Funktion *AutoAusfüllen* können Sie dies schneller erledigen.

3 Bewegen Sie den Mauszeiger über den Griff für die Funktion AutoAusfüllen in der Zelle A3, so dass er sich in ein + verwandelt. Klicken Sie auf den Griff und ziehen Sie ihn bei gedrückter Maustaste so, dass Sie den Zellbereich A3:E3 markieren.

Die Funktion *AutoAusfüllen* ergänzt im markierten Zellbereich automatisch die restlichen Wochentage. Nun werden Sie einen Bezug zu einer Zelle in einem anderen Blatt der Arbeitsmappe herstellen.

Gehen Sie dazu wie folgt vor: Geben Sie ein Gleichheitszeichen ein, um mit der Eingabe der Formel zu beginnen, wählen Sie im entsprechenden Blattregister die Zelle oder den Zellbereich aus, zu dem Sie den Bezug herstellen möchten, und schließen Sie den Eintrag mit der Enter-Taste ab.

4 Klicken Sie auf die Zelle A4, schreiben Sie =, klicken Sie anschließend auf das Blattregister Montag, darin auf die Zelle D61 (dazu müssen Sie sich wahrscheinlich mit der Bildlaufleiste nach unten bewegen) und drücken Sie zum Abschluss die Tab-Taste.

Excel fügt den Eintrag ein und stellt einen Bezug zur Zelle D61 des Blatts Montag her wie in Abbildung 5-13 dargestellt. In der Bearbeitungsleiste lesen Sie =Montag!D61. Das Montag bezieht sich auf das Arbeitsblatt Montag. Das Ausrufezeichen ist das Symbol für externe Bezüge – es zeigt an, dass die Bezugszelle außerhalb des aktiven Blatts liegt. D61 gibt die Bezugszelle im externen Blatt an. In Abbildung 5-14 ist dieser externe Bezug dargestellt.

Vervollständigen Sie das Blatt Zusammenfassung, indem Sie Bezüge zu den verbleibenden Gesamtsummen in den übrigen Arbeitsblättern der Mappe herstellen.

> **TIPP**
> *Bezüge zu Zellen in anderen Arbeitsblättern können Sie herstellen, indem Sie auf das Blattregister mit der Zelle oder dem Zellbereich klicken, zu dem Sie den Bezug herstellen möchten, und den gewünschten Bereich markieren.*

5 Wiederholen Sie Schritt 4, um in der Formel für die Gesamtsumme externe Bezüge zur Zelle D61 in den Arbeitsblättern Dienstag, Mittwoch, Donnerstag und Freitag herzustellen.

So wie Sie Bezüge zwischen Daten in verschiedenen Arbeitsblättern herstellen können, besteht auch die Möglichkeit, Bezüge zwischen den Daten verschiedener Arbeitsmappen in getrennten Dateien vorzunehmen. Die Bezugnahme zwischen unterschiedlichen Dateien wird *verknüpfen* genannt. Solche Bezüge sind dynamisch, was bedeutet, dass sich jede Änderung, die Sie in der einen Arbeitsmappe vornehmen, in der anderen widerspiegelt. Im nächsten Schritt werden Sie einen Bezug zu einer anderen Mappe herstellen. Zuerst müssen Sie dazu die Arbeitsmappe mit den Daten öffnen, auf die Sie Bezug nehmen möchten.

6 Öffnen Sie die Datei Internet-Reservierungen im Übungsordner.

Um einen Bezug zu einer Zelle dieser Arbeitsmappe herzustellen, müssen Sie zunächst wieder zur Arbeitsmappe *Wöchentliche Reservierungen* zurückkehren, da der Bezug von ihr ausgehen soll.

7 Wählen Sie im Menü Fenster → Wöchentliche Reservierungen.

Damit gelangen Sie zum Arbeitsblatt Zusammenfassung in der Mappe *Wöchentliche Reservierungen* zurück.

8 Klicken Sie auf die Zelle F3 und anschließend auf die Schaltflächen Fett und Zentriert in der Formatsymbolleiste. Schreiben Sie nun Internet und bestätigen Sie mit Enter. Damit gelangen Sie zur Zelle F4. Tippen Sie nun ein Gleichheitszeichen ein, um den externen Bezug herzustellen.

Wählen Sie jetzt die Zelle aus, zu der Sie den Bezug oder Link herstellen möchten.

9 Wählen Sie im Menü Fenster → Internet-Reservierungen.

Sie haben wieder die Arbeitsmappe *Internet-Reservierungen* vor sich. Jetzt müssen Sie nur noch die Zelle mit den Daten, auf die Sie sich beziehen wollen, anklicken und die Eingabe abschließen.

10 Klicken Sie auf die Zelle B8 und drücken Sie Enter.

Vervollständigen Sie das Blatt Zusammenfassung damit, dass Sie die Gesamtsumme der Daten aus den unterschiedlichen externen Quellen bilden.

> **HINWEIS**
> *Bezüge zu anderen Arbeitsmappen weisen eine wesentliche Schwachstelle auf. Sobald eine Datei mit einer Arbeitsmappe, zu der Sie einen Bezug oder Link hergestellt haben, verschoben oder gelöscht wird, verursacht dies einen Bezugsfehler. Daher sehen viele Benutzer davon ab, Bezüge zu Daten in anderen Dateien herzustellen, insbesondere wenn sie ihre Arbeitsmappen per E-Mail verschicken.*

Lektion 5.6
Bezüge zu externen Daten

11 Klicken Sie auf die Zelle G3 und anschließend auf die Schaltflächen Fett und Zentriert in der Formatsymbolleiste. Schreiben Sie Gesamt und bestätigen Sie mit Enter. Dadurch gelangen Sie automatisch zur Zelle G4.

Σ

Die Schaltfläche AutoSumme

12 Klicken Sie auf die Schaltfläche AutoSumme in der Standardsymbolleiste. Der Zellbereich mit den Summen der einzelnen Tage wird automatisch richtig ausgewählt (A4:F4). Drücken Sie Enter.

Excel errechnet nun die Gesamtsumme des Zellbereichs (A4:F4) mit den darin enthaltenen externen Datenbezügen. Vergleichen Sie Ihr Arbeitsblatt mit dem in Abbildung 5-15.

13 Speichern Sie Ihre Arbeit.

SCHNELLREFERENZ

SO STELLEN SIE EINEN EXTERNEN ZELLBEZUG HER:

1. KLICKEN SIE AUF DIE ZELLE, IN DIE SIE DIE FORMEL EINFÜGEN MÖCHTEN.

2. GEBEN SIE EIN GLEICHHEITSZEICHEN UND DIE BESTANDTEILE DER FORMEL EIN.

3. KLICKEN SIE DAS BLATTREGISTER DES ARBEITSBLATTS MIT DEN ZELLEN ODER DEM ZELLBEREICH, ZU DENEN SIE DEN BEZUG HERSTELLEN MÖCHTEN. WENN SIE DEN BEZUG ZU EINER ANDEREN MAPPE HERSTELLEN MÖCHTEN, ÖFFNEN SIE DIE DATEI UND WÄHLEN SIE DAS ENTSPRECHENDE BLATTREGISTER AUS.

4. VERVOLLSTÄNDIGEN SIE DIE FORMEL, INDEM SIE DIE GEWÜNSCHTE ZELLE ODER DEN GEWÜNSCHTEN ZELLBEREICH AUSWÄHLEN.

LEKTION 5.7
Kopf- und Fußzeilen sowie Seitenzahlen erstellen

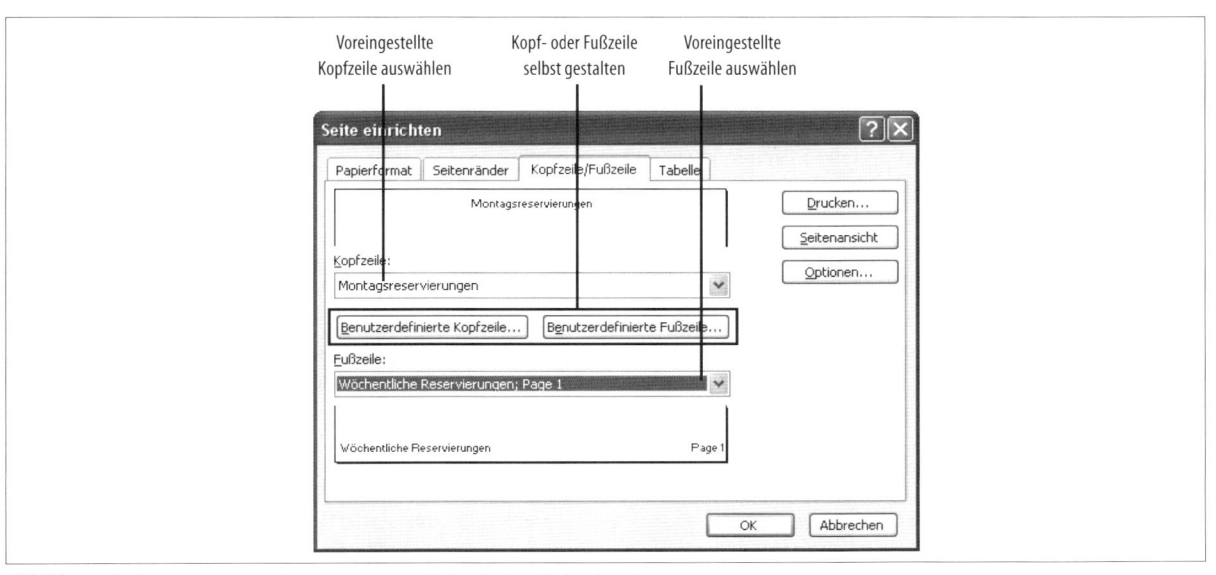

Abbildung 5-16: Die Registerkarte Kopfzeile/Fußzeile im Dialogfeld Seite einrichten

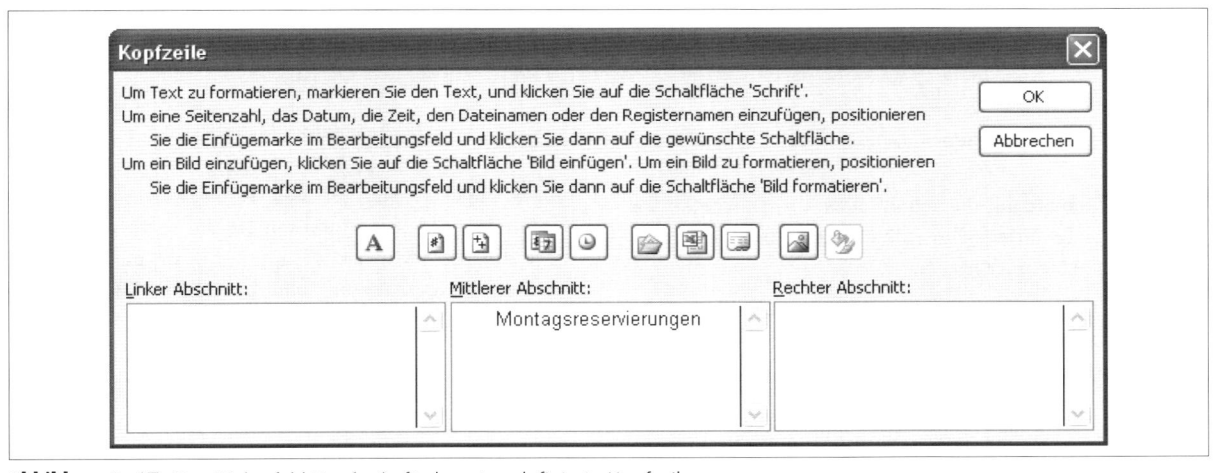

Abbildung 5-17: Das Dialogfeld Kopfzeile für benutzerdefinierte Kopfzeilen

Häufig tragen mehrseitige Arbeitsblätter ganz oben oder unten auf jeder Seite die Seitenzahl und den Titel oder das Datum des Arbeitsblatts. Ein Text, der sich ganz oben auf jeder Seite wiederholt, nennt sich *Kopfzeile* und Text ganz unten auf jeder Seite *Fußzeile*. In dieser Lektion erlernen Sie den Umgang mit Kopf- und Fußzeilen.

1 Öffnen Sie gegebenenfalls die Arbeitsmappe Übung 5C **und speichern Sie sie unter** Wöchentliche Reservierungen **ab.**

2 Wählen Sie das das Arbeitsblatt Montag aus, indem Sie das Blattregister anklicken.

Zunächst gestalten Sie die Kopf- und die Fußzeile des Arbeitsblatts Montag.

3 Wählen Sie im Menü Datei → Seite einrichten und klicken Sie im daraufhin erscheinenden Dialogfeld auf die Registerkarte Kopfzeile/Fußzeile.

Lektion 5.7
Kopf- und Fußzeilen sowie Seitenzahlen erstellen

Die Registerkarte Kopfzeile/Fußzeile erscheint im Dialogfeld Seite einrichten wie in Abbildung 5-16. Sie können eine Kopf- und eine Fußzeile einfügen, indem Sie die voreingestellten aus der Liste auswählen, Sie können sie aber auch selbst gestalten. In den nächsten Schritten lesen Sie, wie Sie eine Kopf- oder Fußzeile selbst erstellen.

4 Klicken Sie auf die Schaltfläche Benutzerdefinierte Kopfzeile. (Tabelle 5-1 stellt eine Übersicht über alle Schaltflächen für Kopf- und Fußzeilen dar.)

Im Dialogfeld Kopfzeile, das nun wie in Abbildung 5-17 erscheint, können Sie die Kopfzeile Ihres Arbeitsblatts frei gestalten.

5 Klicken Sie in das Feld Mittlerer Abschnitt.

Der Text, den Sie im Feld Mittlerer Abschnitt eintragen, erscheint in der Kopfzeile zentriert. Sie können den Text in der Kopf- und Fußzeile formatieren, indem Sie auf die Schaltfläche Schrift klicken.

Die Schaltfläche Schrift

6 Klicken Sie auf die Schaltfläche Schrift, wählen Sie in der Liste unter Schriftschnitt den Punkt Fett und bestätigen Sie mit OK.

Nachdem Sie die Schriftart der Kopfzeile festgelegt haben, geben Sie einen Text in das Feld Mittlerer Abschnitt ein.

7 Geben Sie Montagsreservierungen ein und bestätigen Sie mit OK.

Sie befinden sich wieder auf der Registerkarte Kopfzeile/Fußzeile im Dialogfeld Seite einrichten. In der Kopfzeilenvorschau erscheint die neue Kopfzeile. Als Nächstes fügen Sie dem Arbeitsblatt eine Fußzeile hinzu.

8 Klicken Sie auf die Schaltfläche Benutzerdefinierte Fußzeile und bestätigen Sie mit OK.

Das Dialogfeld Fußzeile erscheint. Nun fügen Sie den Dateinamen der Arbeitsmappe auf der linken Seite der Fußzeile ein.

Die Schaltfläche Dateiname

9 Klicken Sie auf das Feld Linker Abschnitt und danach auf die Schaltfläche Dateiname, um den Code für Dateinamen einzufügen.

Excel fügt die Zeichen »&[Datei]« ein. Dieser kryptisch anmutende Code ist Platzhalter für den Dateinamen in der Fußzeile, in diesem Fall *Wöchentliche Reservierungen*. Da der Code für den Dateinamen im Feld Linker Abschnitt steht, ist er in der Fußzeile des Blatts links ausgerichtet. Im nächsten Schritt fügen Sie auf der rechten Seite der Fußzeile die Seitenzahl ein.

Die Schaltfläche Seitenzahl

10 Klicken Sie auf das Feld Rechter Abschnitt, schreiben Sie Seite, drücken Sie die Leertaste, klicken Sie auf die Schaltfläche Seitenzahl, um den Code für Seitenzahl einzufügen, und bestätigen Sie abschließend mit OK. Damit schließt sich das Dialogfeld Fußzeile.

Sie sehen jetzt wieder die Registerkarte Kopfzeile/Fußzeile mit der neuen Fußzeile in der Fußzeilenvorschau.

11 Klicken Sie nun auf Seitenansicht, um eine Druckvorschau des Arbeitsblatts aufzurufen, und speichern Sie die Datei anschließend.

Tabelle 5-1: Schaltflächen für Kopf- und Fußzeilen

Symbol der Schaltfläche	Name der Schaltfläche	Beschreibung
A	Schrift	Formatiert die Schriftart der Kopf- und Fußzeile.
	Zeit	Fügt die aktuelle Zeit ein.
	Grafik	Bindet eine ausgewählte Grafik in das aktive Arbeitsblatt ein.
	Datum	Fügt das aktuelle Datum ein.
	Register	Fügt den Namen des Arbeitsblatts ein.
	Seitenanzahl	Fügt die Gesamtseitenzahl der Arbeitsmappe ein.
	Dateiname	Fügt den Dateinamen der Arbeitsmappe ein.
	Seitenzahl	Fügt die aktuelle Seitenzahl ein.
	Pfad und Datei	Fügt den Pfad und den Dateinamen der aktiven Arbeitsmappe ein.
	Bild formatieren	Ermöglicht die Veränderung von Größe, Skalierung, Zuschnitt und Darstellung eines Bildes.

SCHNELLREFERENZ

SO FÜGEN SIE EINE KOPF- ODER FUßZEILE HINZU ODER VERÄNDERN SIE:

1. WÄHLEN SIE IM MENÜ DATEI → SEITE EINRICHTEN UND KLICKEN SIE AUF DIE REGISTERKARTE KOPFZEILE/FUßZEILE.
2. WÄHLEN SIE EINE DER VOREINGESTELLTEN KOPF- ODER FUßZEILEN AUS DEM DROPDOWN-FELD KOPFZEILE ODER FUßZEILE AUS.

SO FÜGEN SIE EINE BENUTZERDEFINIERTE KOPF- ODER FUßZEILE HINZU:

1. WÄHLEN SIE IM MENÜ DATEI → SEITE EINRICHTEN UND KLICKEN SIE AUF DIE REGISTERKARTE KOPFZEILE/FUßZEILE.
2. KLICKEN SIE AUF DIE SCHALTFLÄCHE BENUTZERDEFINIERTE KOPFZEILE ODER BENUTZERDEFINIERTE FUßZEILE.
3. GEBEN SIE DIE KOPF- ODER FUßZEILE NACH IHREN VORSTELLUNGEN IN DIE DREI ABSCHNITTE EIN. NEHMEN SIE DABEI TABELLE 5-1 ZU HILFE.

LEKTION 5.8 — Druckbereich und Seitenumbrüche festlegen

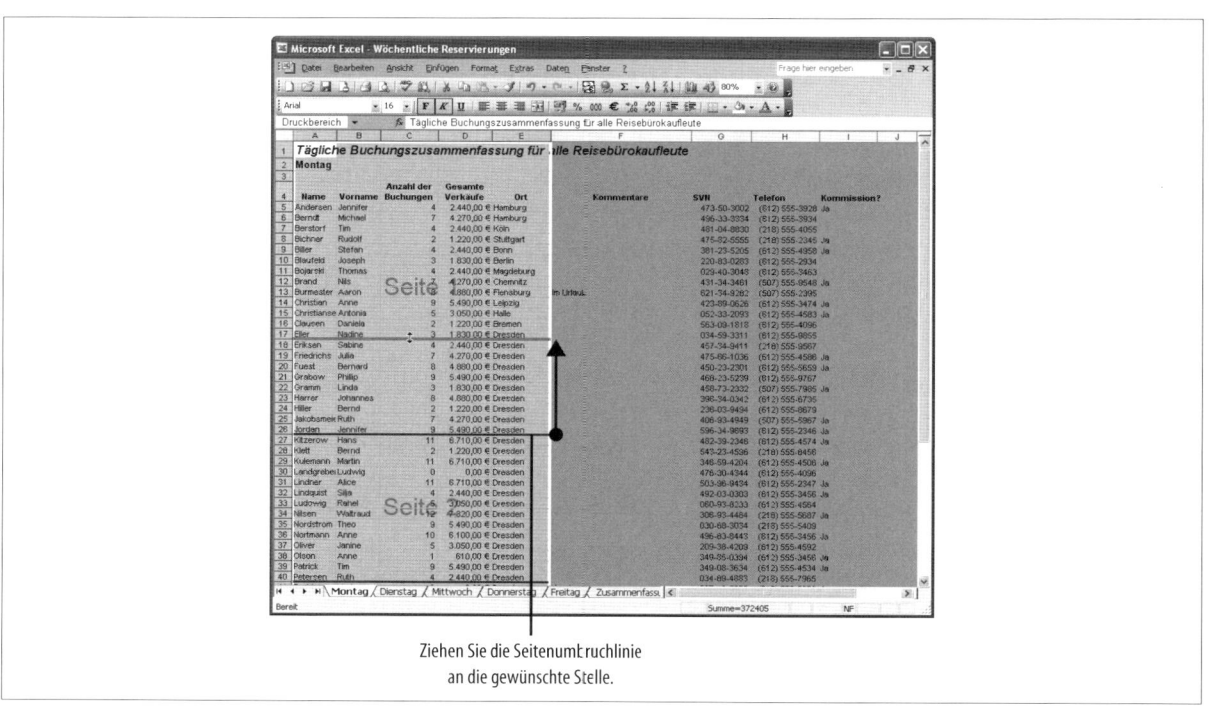

Abbildung 5-18: Seitenumbrüche in der Seitenumbruchvorschau einstellen

Ziehen Sie die Seitenumbruchlinie an die gewünschte Stelle.

Zuweilen kann es vorkommen, dass Sie nur einen bestimmten Bereich eines Arbeitsblatts ausdrucken möchten. Sie können den Druckbereich eines Arbeitsblatt im Menü über Datei → Druckbereich → Druckbereich festlegen auswählen. Besonders nützlich erweist sich der Befehl Druckbereich festlegen bei sehr großen Arbeitsblättern. Anstatt den Gesamtinhalt eines Arbeitsblatts auf etlichen Seiten auszudrucken, können Sie über den Befehl Druckbereich festlegen das wirklich Wesentliche drucken wie etwa die Gesamtsummen auf einem Arbeitsblatt.

Diese Lektion erklärt auch, wie Sie beim Ausdrucken einen Seitenumbruch an einer gewünschten Stelle erzwingen können.

1 Bewegen Sie sich mit der Tastenkombination Strg + Pos1 an den Anfang des Arbeitsblatts.

2 Markieren Sie den Zellbereich A1:E61.

Da dies ein sehr großer Zellbereich ist, müssen Sie, um sich im Blatt weiter nach unten zu bewegen und den gesamten Bereich zu markieren, die Maustaste gedrückt halten und den Zeiger unter das Fenster mit dem Arbeitsblatt bewegen. Wenn Ihnen das Schwierigkeiten bereitet, klicken Sie auf die Zelle A1, halten die Umschalt-Taste gedrückt, während Sie sich über die Bildlaufleiste nach unten bewegen, klicken auf die Zelle E61 und lassen die Umschalt-Taste anschließend wieder los. Den markierten Zellbereich legen Sie nun als Druckbereich fest.

3 Wählen Sie im Menü Datei → Druckbereich → Druckbereich festlegen.

Excel legt den aktuell markierten Bereich A1:E61 als Druckbereich fest. Solange Sie diese Auswahl nicht aufheben, gibt Excel beim Ausdrucken nur diesen Zellbereich aus. Das Aufheben eines Druckbereichs ist sogar noch leichter als das Festlegen.

4 Wählen Sie im Menü Datei → Druckbereich → Druckbereich aufheben.

Der ausgewählte Druckbereich A1:E61 wird aufgehoben, so dass Excel nun bei jedem Druckvorgang das gesamte Arbeitsblatt ausgibt. Da in dieser Übung der Druckbereich A1:E61 beibehalten werden soll, machen Sie den letzten Befehl Druckbereich aufheben bitte wieder rückgängig.

5 Klicken Sie auf die Schaltfläche Rückgängig in der Standardsymbolleiste.

Excel macht den Befehl Druckbereich aufheben wieder rückgängig.

Wenn der Seitenumbruch beim Ausdruck eines Arbeitsblatts an einer unerwünschten Stelle erfolgt, können Sie ihn über die Seitenumbruchvorschau anpassen.

6 Wählen Sie im Menü Ansicht → Seitenumbruchvorschau.

Excel wechselt von der Ansicht des Arbeitsblattfensters von der normalen zur Seitenumbruchvorschau, die in Abbildung 5-18 zu sehen ist. Dabei sind die Stellen, an denen beim Ausdruck der Arbeitsblätter der Seitenumbruch erfolgt, als dunkelblaue Linien dargestellt. Die Bereiche des Arbeitsblatts, die nicht zum aktuellen Druckbereich gehören, erscheinen dunkelgrau. Die Seitenumbrüche können Sie anpassen, indem Sie die dunkelblauen Seitenumbruchlinien anklicken und an die Stelle ziehen, an der der Seitenumbruch erfolgen soll.

7 Bewegen Sie sich im Arbeitsblatt nach unten. Klicken Sie auf die Seitenumbruchlinie und ziehen Sie sie wie in Abbildung 5-18 bis direkt unter die Zeile 40.

Beim Ausdruck des Arbeitsblatts Montag erfolgt der Seitenumbruch jetzt nach der Zeile 40. Schalten Sie jetzt von der Seitenumbruchvorschau wieder zurück zur normalen Ansicht.

8 Wählen Sie im Menü Ansicht → Normal.

Die normale Ansicht des Arbeitsblatts wird wiederhergestellt. Eine gestrichelte Linie erscheint am Rand des Druckbereichs und unterhalb der Zeile 40. Diese gestrichelte Linie zeigt an, wo beim Ausdruck der Seitenumbruch erfolgt. Normalerweise fügt Excel Seitenumbrüche automatisch ein, wenn ein Arbeitsblatt nicht auf eine Druckseite passt, doch Sie können die Seitenumbrüche auch manuell festlegen.

9 Klicken Sie auf die Zelle A18 und wählen Sie im Menü Einfügen → Seitenumbruch.

Eine gestrichelte Linie zwischen Zeile 17 und 18 zeigt den horizontalen Seitenumbruch an.

Tabelle 5-2 beschreibt, wie Sie verschiedene Seitenumbrüche einstellen.

Tabelle 5-2: Seitenumbrüche einfügen

Ausrichtung des Seitenumbruchs	Position der Zellmarkierung
Horizontal	Markieren Sie eine Zelle in Spalte A unterhalb der Zeile, an der der Seitenumbruch erfolgen soll.
Vertikal	Markieren Sie eine Zelle in Zeile 1 rechts neben der Spalte, an der der Seitenumbruch erfolgen soll.
Horizontal und vertikal	Markieren Sie die Zelle unterhalb und rechts von der Stelle, an der der Seitenumbruch erfolgen soll.

Lektion 5.8
Druckbereich und Seitenumbrüche festlegen

SCHNELLREFERENZ

SO LEGEN SIE EINEN DRUCKBEREICH FEST:

1. Markieren Sie den Zellbereich, den Sie ausdrucken möchten.
2. Wählen Sie im Menü DATEI → DRUCKBEREICH → DRUCKBEREICH FESTLEGEN.

SO HEBEN SIE EINEN DRUCKBEREICH AUF:

- Wählen Sie im Menü DATEI → DRUCKBEREICH → DRUCKBEREICH AUFHEBEN.

SO FÜGEN SIE EINEN SEITENUMBRUCH MANUELL EIN:

1. Markieren Sie eine Zelle, nach der der Seitenumbruch erfolgen soll. Stellen Sie sicher, dass sie in der Spalte A liegt (andernfalls fügen Sie außer dem horizontalen auch einen vertikalen Umbruch ein).
2. Wählen Sie im Menü EINFÜGEN → SEITENUMBRUCH.

SO PASSEN SIE DIE SEITENUMBRÜCHE AN:

1. Wählen Sie im Menü ANSICHT → SEITENUMBRUCHVORSCHAU.
2. Ziehen Sie die SEITENUMBRUCHLINIE an die Stelle, an der der Umbruch erfolgen soll.
3. Kehren Sie über ANSICHT → NORMAL zur Normalansicht zurück.

LEKTION 5.9
Seitenränder und Orientierung anpassen

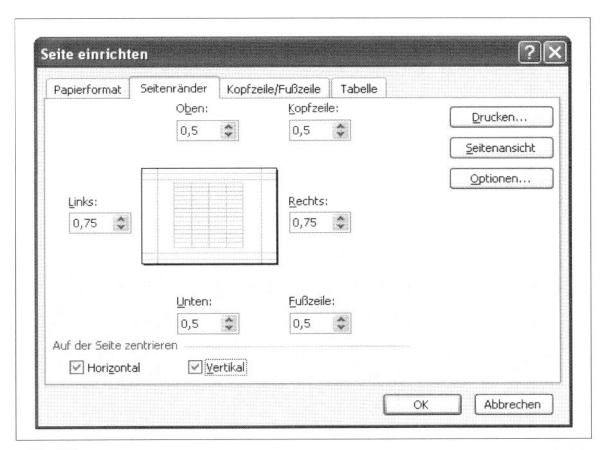

Abbildung 5-19: Die Registerkarte Seitenränder im Dialogfeld Seite einrichten

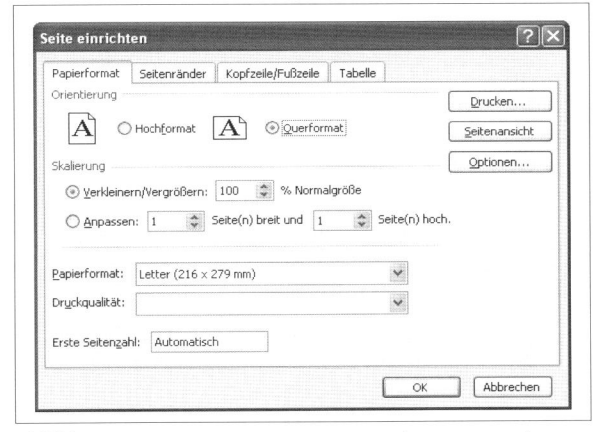

Abbildung 5-20: Die Registerkarte Papierformat im Dialogfeld Seite einrichten

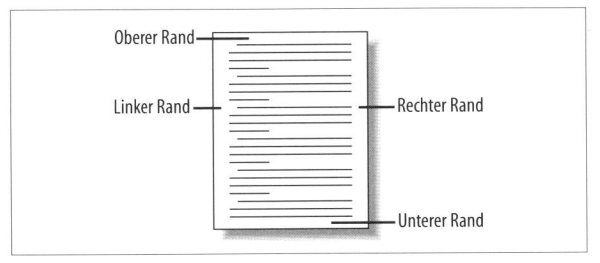

Abbildung 5-21: Seitenränder

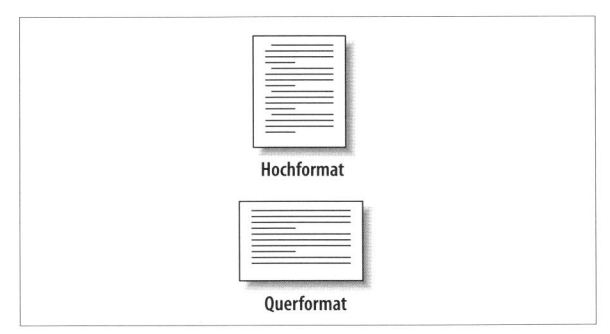

Abbildung 5-22: Vergleich der Papierorientierung Hochformat und Querformat

Wie Sie sicher bereits wissen, werden die leeren Flächen zwischen dem Text und der linken, rechten, oberen und unteren Kante einer Druckseite als *Seitenränder* bezeichnet. Standardmäßig sind bei Excel der obere und der untere Seitenrand auf 2,5 cm und der linke und der rechte auf 2 cm eingestellt. Allerdings gibt es eine Vielzahl von Gründen, die voreingestellten Seitenränder eines Dokuments zu verändern, zum Beispiel, um auf einer Seite mehr Text unterbringen zu können, um zusätzlichen Platz für eine Bindung zu schaffen oder um eine leere Fläche für Notizen einzurichten. Wenn Sie noch nicht wissen, wie Sie Seitenränder einstellen können, lernen Sie es in dieser Lektion.

Dabei erfahren Sie auch, wie Sie die Orientierung einer Seite ändern. Sie können für den Ausdruck zwischen zwei unterschiedlichen Orientierungen wählen: *Hochformat* und *Querformat* (siehe Abbildung 5-22). Im Hochformat ist, wie der Name schon sagt, die Seitenhöhe größer als die Breite, beim Querformat ist es genau umgekehrt, die Höhe ist geringer als die Breite der Seite. Standardmäßig ist für den Druck von Arbeitsblättern das Hochformat eingestellt, doch es gibt etliche Fälle, in denen ein Ausdruck im Querformat sinnvoller ist.

1 Klicken Sie im Menü auf Datei → Seite einrichten und im danach erscheinenden Dialogfeld auf die Registerkarte Seitenränder, wenn diese nicht ohnehin oben liegt.

Die Registerkarte Seitenränder erscheint im Dialogfeld Seite einrichten wie in Abbildung 5-19. Auf dieser Registerkarte können Sie die Werte der Seitenränder des aktuellen Arbeitsblatts einsehen und verändern. Die Einstellungen für die Seitenränder stehen in den

Lektion 5.9
Seitenränder und Orientierung anpassen

Feldern Oben, Unten, Links, Rechts, Kopfzeile und Fußzeile. In Abbildung 5-21 sind die Seitenränder Oben, Unten, Links und Rechts dargestellt.

2 Klicken Sie auf den abwärts gerichteten Pfeil im Feld Oben, bis der Wert 1 erscheint.

Der obere Seitenrand wird somit von 2,5 cm auf 1 cm verringert. Im Vorschaubereich des Dialogfelds Seite einrichten ist der neue Seitenrand des Arbeitsblatts dargestellt.

3 Klicken Sie auf den abwärts gerichteten Pfeil im Feld Unten, bis der Wert 1 erscheint.

Auf diese Weise können Sie auch den linken und rechten Seitenrand verändern und den Abstand der Kopf- und Fußzeilen vom Seitenrand einstellen. Darüber hinaus können Sie das Arbeitsblatt für den Ausdruck horizontal oder vertikal auf der Seite zentrieren.

4 Aktivieren Sie die Kontrollkästchen Horizontal und Vertikal im Bereich Auf der Seite zentrieren.

Das Arbeitsblatt wird nun horizontal und vertikal auf dem Ausdruck zentriert.

Nachdem Sie gelernt haben, wie Sie die Seitenränder eines Arbeitsblatts verändern können, geht es im nächsten Schritt weiter mit der Orientierung der Seite.

5 Klicken Sie auf die Registerkarte Papierformat.

Die Registerkarte Papierformat erscheint im Vordergrund wie in Abbildung 5-20 gezeigt.

6 Klicken Sie im Bereich Orientierung auf die Schaltfläche Querformat.

Das Arbeitsblatt wird nun im Querformat ausgedruckt.

7 Klicken Sie auf OK.

Das Dialogfeld Seite einrichten schließt sich und die Änderungen an den Seitenrändern und der Orientierung werden übernommen.

Die Schaltfläche Seitenansicht

8 Klicken Sie auf die Schaltfläche Seitenansicht in der Standardsymbolleiste, um eine Druckvorschau des Arbeitsblatts Montag zu sehen.

Die Druckvorschau des Arbeitsblatts Montag erscheint auf dem Bildschirm. Die geringen Änderungen der Seitenränder sind nicht ohne weiteres sichtbar (höchstens auf einem sehr großen Monitor), doch Sie können eindeutig erkennen, dass die Seite im Querformat erscheint.

9 Klicken Sie auf Schließen und speichern Sie Ihre Arbeit.

SCHNELLREFERENZ

SO STELLEN SIE SEITENRÄNDER EIN:

1. WÄHLEN SIE IM MENÜ DATEI → SEITE EINRICHTEN UND KLICKEN SIE AUF DIE REGISTERKARTE SEITENRÄNDER.

2. STELLEN SIE DIE SEITENRÄNDER IHREN VORSTELLUNGEN GEMÄß EIN.

SO ÄNDERN SIE DIE ORIENTIERUNG EINER SEITE:

1. KLICKEN SIE IM MENÜ AUF DATEI → SEITE EINRICHTEN UND ANSCHLIEßEND AUF DIE REGISTERKARTE PAPIERFORMAT.

2. WÄHLEN SIE IM BEREICH ORIENTIERUNG ENTWEDER DIE OPTION HOCHFORMAT ODER QUERFORMAT.

LEKTION 5.10
Titelzeilen und Gitternetzlinien hinzufügen

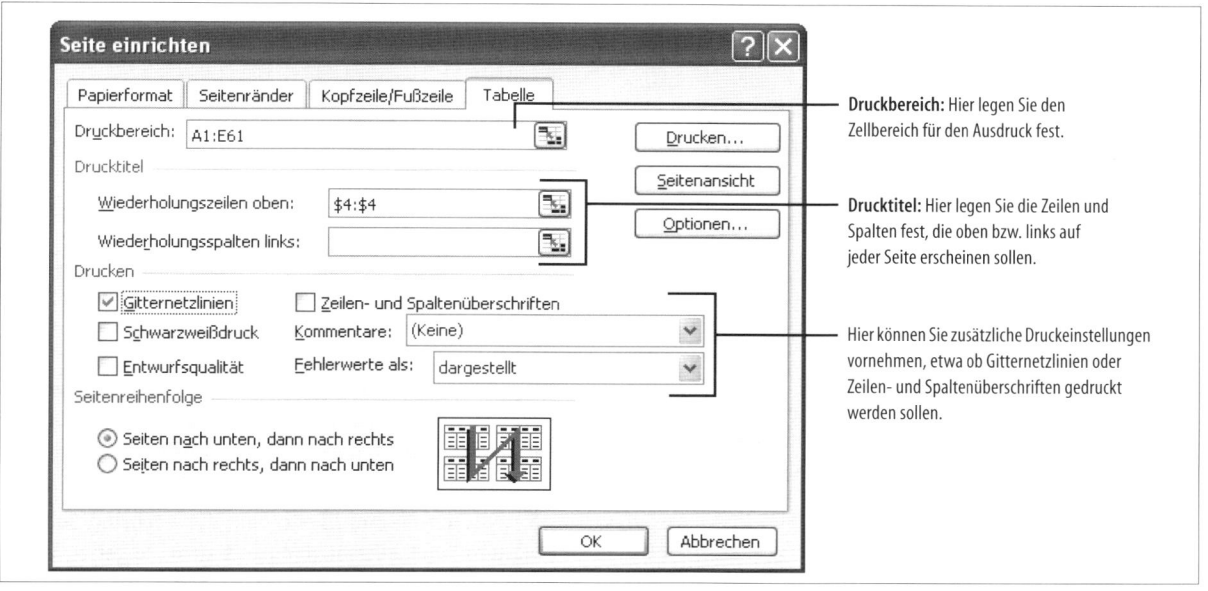

Abbildung 5-23: Die Registerkarte Tabelle im Dialogfeld Seite einrichten.

Anmerkungen zum Dialogfeld:

Druckbereich: Hier legen Sie den Zellbereich für den Ausdruck fest.

Drucktitel: Hier legen Sie die Zeilen und Spalten fest, die oben bzw. links auf jeder Seite erscheinen sollen.

Hier können Sie zusätzliche Druckeinstellungen vornehmen, etwa ob Gitternetzlinien oder Zeilen- und Spaltenüberschriften gedruckt werden sollen.

Nimmt ein Arbeitsblatt beim Ausdruck mehrere Seiten ein, kann das Lesen von Folgeseiten durch fehlende Zeilen- und Spaltenüberschriften erschwert werden. Dieses Problem umgehen Sie, indem Sie im Menü Datei → Seite einrichten wählen und im daraufhin erscheinenden Dialogfeld auf die Registerkarte Tabelle klicken. Dort können Sie festlegen, welche Zeilen- und Spaltenüberschriften oben bzw. links auf jeder gedruckten Seite erscheinen sollen.

In dieser Lektion erfahren Sie, wie Sie bewirken können, dass die Zeilen- und Spaltenüberschriften Ihres Arbeitsblatts auf jeder Seite des Ausdrucks erscheinen und wie Sie die Gitternetzlinien auf dem Ausdruck ein- und ausschalten.

1 Öffnen Sie gegebenenfalls die Arbeitsmappe Übung 5D und speichern Sie sie unter Wöchentliche Reservierungen.

Die Schaltfläche Seitenansicht

2 Klicken Sie auf die Schaltfläche Seitenansicht in der Standardsymbolleiste.

Excel zeigt die Druckvorschau des Arbeitsblatts Montag an. Die Meldung Seite 1 von 3 in der Statusleiste weist darauf hin, dass das Arbeitsblatt drei Druckseiten einnimmt.

3 Klicken Sie Weiter, um zur nächsten Seite zu blättern, und klicken Sie mit dem Zeiger knapp unterhalb des oberen Blattrands.

Wie Sie sehen, tragen die Zellen auf den Seiten 2 und 3 keine Spaltenüberschriften (Vorname, Name, Anzahl der Buchungen usw.). Dadurch fällt es schwerer, diese Seiten zu lesen und zu verstehen. Deshalb übertragen Sie nun die Spaltenüberschriften der ersten Seite auf die übrigen.

4 Klicken Sie im Fenster Seitenansicht auf Schließen.

5 Wählen Sie im Menü Datei → Seite einrichten und klicken Sie auf die Registerkarte Tabelle (siehe Abbildung 5-23).

Lektion 5.10
Titelzeilen und Gitternetzlinien hinzufügen

Auf der Registerkarte Tabelle des Dialogfelds Seite einrichten können Sie die Bereiche des Arbeitsblatts festlegen, die Sie ausdrucken möchten. Der Druckbereich – der Zellbereich A1:E61 – erscheint im Eingabefeld Druckbereich. Im nächsten Schritt legen Sie die Zeilen fest, die sich oben auf jeder Seite wiederholen sollen.

6 Klicken Sie auf das Textfeld Wiederholungszeilen oben und dann auf eine beliebige Zelle in Zeile 4.

Die Schaltfläche Dialog reduzieren verkleinert das Dialogfeld vorübergehend, so dass Sie es verschieben und einen Zellbereich eingeben können, indem Sie die Zellen im Arbeitsblatt markieren. Wenn Sie den Bereich markiert haben, können Sie die Schaltfläche nochmals betätigen oder die Enter-Taste drücken, um wieder das gesamte Dialogfeld zu sehen.

Versperrt das Dialogfeld den gewünschten Zellbereich, können Sie es über die Schaltfläche Dialog reduzieren verkleinern. Wenn Sie auf eine beliebige Zelle in der vierten Zeile klicken, fügt Excel einen Bezug zu Zeile 4 in das Textfeld Wiederholungszeilen oben ein. Sie müssen sich bei der Überschrift für jede Seite nicht auf eine Zeile beschränken, sondern können auch mehrere auswählen. Außerdem können Sie eine oder mehrere Spalten angeben, die dann links auf jeder Seite wiederholt werden.

Standardmäßig fügt Excel beim Ausdrucken der Arbeitsblätter keine Gitternetzlinien ein. Sie können sie jedoch aktivieren, da sie ebenfalls zur besseren Lesbarkeit eines Arbeitsblatts beitragen können.

7 Aktivieren Sie das Kontrollkästchen Gitternetzlinien.

Die Gitternetzlinien werden nun mit eingefügt, wenn Sie das Arbeitsblatts ausdrucken.

8 Klicken Sie auf Seitenansicht, um die Änderungen, die Sie am Arbeitsblatt vorgenommen haben, in der Druckvorschau zu betrachten.

9 Klicken Sie auf Weiter, um zur nächsten Seite zu blättern, und klicken dann mit dem Zeiger ⌕ knapp unterhalb des oberen Blattrands.

Die Überschriftenzeile und die Gitternetzlinien erscheinen nun auf jeder Seite.

10 Klicken Sie auf Schließen und speichern Sie Ihre Arbeit.

SCHNELLREFERENZ

SO SCHALTEN SIE GITTERNETZLINIEN FÜR DEN AUSDRUCK EIN UND AUS:

1. WÄHLEN SIE IM MENÜ DATEI → SEITE EINRICHTEN UND KLICKEN SIE AUF DIE REGISTERKARTE TABELLE.

2. AKTIVIEREN ODER DEAKTIVEREN SIE DAS KONTROLLKÄSTCHEN GITTERNETZLINIEN.

SO DRUCKEN SIE ZEILEN- ODER SPALTENÜBERSCHRIFTEN:

1. WÄHLEN SIE IM MENÜ DATEI → SEITE EINRICHTEN UND KLICKEN SIE AUF DIE REGISTERKARTE TABELLE.

2. WÄHLEN SIE IM BEREICH DRUCKTITEL DIE ZEILEN ODER SPALTEN AUS, DIE OBEN BZW. LINKS AUF JEDER SEITE WIEDERHOLT WERDEN SOLLEN.

LEKTION 5.11
Papiergröße und Druckmaßstab ändern

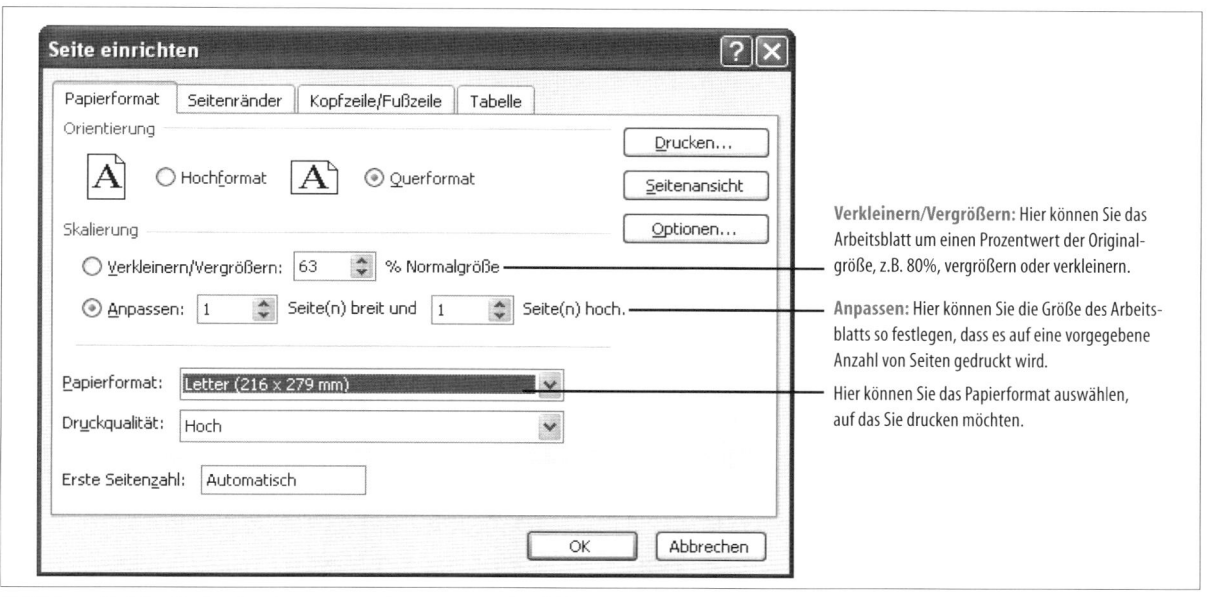

Abbildung 5-24: Die Registerkarte Papierformat im Dialogfeld Seite einrichten

Diese Lektion behandelt zwei wichtige Optionen beim Drucken: wie Sie die Größe des Arbeitsblatts für den Ausdruck so verringern können, dass es auf eine vorbestimmte Anzahl von Seiten passt, und wie Sie auf verschiedene Papierformate drucken können. Standardmäßig ist bei Excel das Papierformat DIN A4 eingestellt, Sie können für den Ausdruck jedoch auch eine Vielzahl anderer Papierformate auswählen.

1 Wählen Sie im Menü Datei → Seite einrichten und klicken Sie auf die Registerkarte Papierformat.

Die Registerkarte Papierformat erscheint im Dialogfeld Seite einrichten wie in Abbildung 5-24 dargestellt. Im nächsten Schritt werden Sie die Größe des Arbeitsblatts Montag so verändern, dass es auf einer einzigen Seite Platz findet. Wie Sie sehen, können Sie die Größe des Arbeitsblatts im Bereich Skalierung auf zwei Arten verändern:

- Verkleinern/Vergrößern: Mit dieser Option können Sie das Arbeitsblatt auf einen Prozentwert der Originalgröße vergrößern oder verkleinern z.B. auf 80% seiner ursprünglichen Größe.
- Anpassen: Mit dieser Option können Sie die Größe des Arbeitsblatts so festlegen, dass es auf eine vorgegebene Anzahl von Seiten gedruckt wird. Dafür müssen Sie angeben, wie viele Seiten der Ausdruck breit und hoch sein soll. Dies ist für gewöhnlich die einfachste Variante, um die Größe eines Arbeitsblatts zu verändern.

Sie werden die Größe des Arbeitsblatts Montag nun so verändern, dass es auf einer einzigen Seite Platz findet.

2 Markieren Sie im Bereich Skalierung das Kontrollkästchen Anpassen. Klicken Sie im Anschluss auf den abwärts gerichteten Pfeil im Feld Seite(n) breit und wählen Sie 1. Stellen Sie auch im Feld Seite(n) hoch über den abwärts gerichteten Pfeil eine 1 ein.

3 Klicken Sie auf Seitenansicht, um sich das Resultat der Größenänderung in der Druckvorschau anzusehen.

Die Daten im Arbeitsblatt sind jetzt dermaßen geschrumpft, dass sie kaum mehr erkennbar sind.

4 Klicken Sie auf Schließen, um die Seitenansicht zu beenden.

Sie sehen im Fenster jetzt wieder das Arbeitsblatt vor sich. Nun werden Sie das größere Papierformat DIN A3 für den Ausdruck wählen, damit das gesamte Arbeitsblatt besser lesbar auf einer Seite dargestellt wird.

Lektion 5.11
Papiergröße und Druckmaßstab ändern

5 Wählen Sie im Menü Datei → Seite einrichten.

Ändern Sie nun das Papierformat vom voreingestellten DIN A4 zu DIN A3.

6 Klicken Sie auf den abwärts gerichteten Pfeil rechts neben dem Feld Papierformat und wählen Sie DIN A3 aus der Liste. Aktivieren Sie im Bereich Orientierung die Option Hochformat.

Verschaffen Sie sich über die Druckvorschau einen Eindruck davon, wie das fertige Arbeitsblatt im Format DIN A3 aussehen wird.

7 Klicken Sie auf Seitenansicht, um die Vorschau des Ausdrucks zu betrachten. Klicken Sie auf Schließen, um die Seitenansicht zu beenden.

8 Speichern Sie Ihre Arbeit

SCHNELLREFERENZ

SO ÄNDERN SIE DEN DRUCKMASSSTAB:

1. WÄHLEN SIE IM MENÜ DATEI → SEITE EINRICHTEN UND KLICKEN SIE AUF DIE REGISTERKARTE PAPIERFORMAT.

2. GEBEN SIE IN DAS FELD % NORMALGRÖSSE EINE PROZENTZAHL EIN ODER LEGEN SIE DIE ANZAHL DER SEITEN FEST, AUF DIE DAS ARBEITSBLATT AUSGEDRUCKT WERDEN SOLL.

SO ÄNDERN SIE DAS PAPIERFORMAT:

1. WÄHLEN SIE IM MENÜ DATEI → SEITE EINRICHTEN UND KLICKEN SIE AUF DIE REGISTERKARTE PAPIERFORMAT.

2. KLICKEN SIE AUF DIE LISTE PAPIERFORMAT, UM DARAUS EIN FORMAT AUSZUWÄHLEN.

Ein Arbeitsblatt schützen

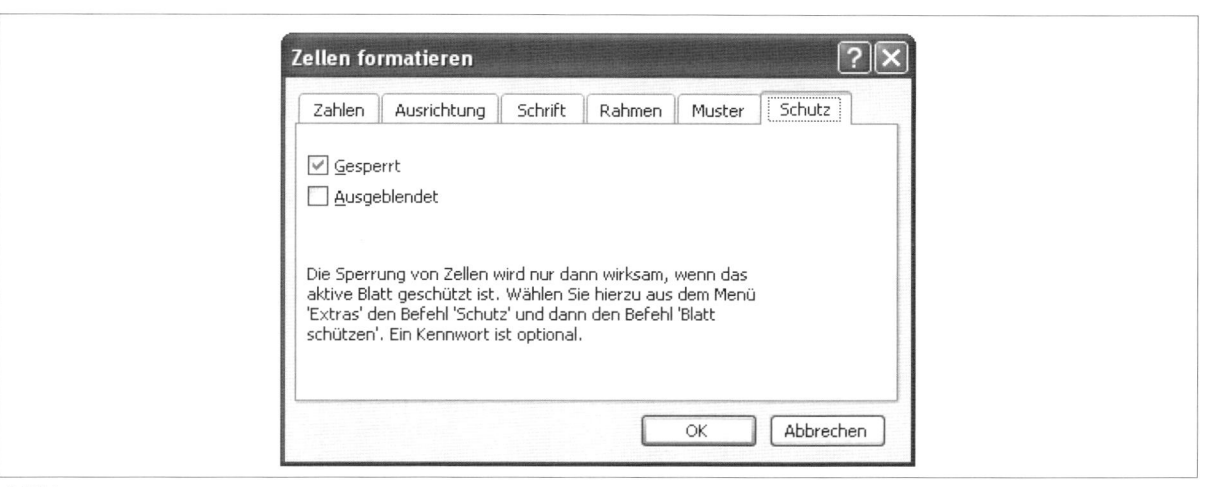

LEKTION 5.12

Abbildung 5-25: Die Registerkarte Schutz im Dialogfeld Zellen formatieren

Abbildung 5-26: Das Dialogfeld Blatt schützen.

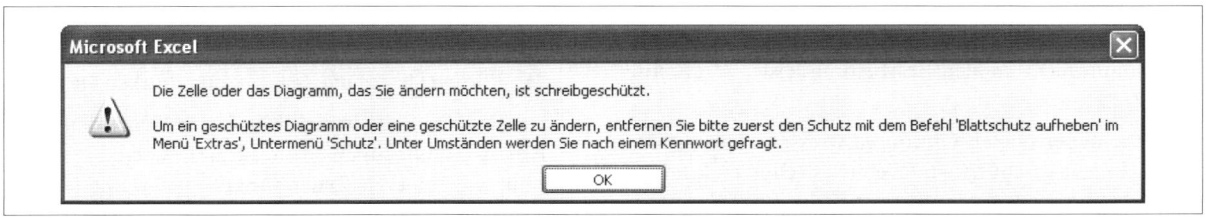

Abbildung 5-27: Schreibschutzhinweis

Lektion 5.12
Ein Arbeitsblatt schützen

In manchen Fällen wird Ihnen daran gelegen sein zu verhindern, dass andere Benutzer bestimmt Inhalte eines Arbeitsblatts verändern. So sollen sie beispielsweise in einem festgelegten Zellbereich Daten eingeben, doch andere Zellbereiche desselben Arbeitsblatts, die Überschriften oder Formeln enthalten, nicht verändern können. Sie können ausgewählte Zellen *sperren*, damit ihr Inhalt nicht verändert werden kann, während gleichzeitig Veränderungen an *nicht gesperrten* Zellen in demselben Arbeitsblatt möglich sind. Über die Registerkarte Schutz im Dialogfeld Zellen formatieren können Sie Zellen sperren.

Die Verwendung eines geschützten Arbeitsblatts ist sinnvoll, wenn andere Benutzer in einem Arbeitsblatt Daten eingeben oder verändern können sollen, ohne die Formeln und den Aufbau zu verändern oder zu zerstören. In dieser Lektion lernen Sie, wie Sie sowohl einzelne Zellen sperren und entsperren als auch ganze Arbeitsblätter schützen können.

1 Markieren Sie den Zellbereich D5:E60, wählen Sie im Menü Format → Zellen und klicken Sie auf die Registerkarte Schutz.

> **TIPP** *Standardmäßig sind Zellen gesperrt.*

Die Registerkarte Schutz erscheint im Dialogfeld Zellen formatieren wie in Abbildung 5-25 dargestellt. Auf dieser Registerkarte stehen Ihnen zwei Optionen zur Auswahl:

- Gesperrt: Die ausgewählten Zellen können weder in ihrem Inhalt oder ihrer Größe verändert noch verschoben oder gelöscht werden. Beachten Sie, dass dafür das Kontrollkästchen Gesperrt aktiviert sein muss. In Excel sind alle Zellen standardmäßig gesperrt.
- Ausgeblendet: Blendet eine Formel aus. Sie erscheint somit nicht in der Bearbeitungsleiste, wenn ihre Zelle markiert ist.

Keine dieser beiden Option ist wirksam, solange das Blatt nicht geschützt ist. Wie Sie es schützen können, erfahren Sie im übernächsten Schritt. Zunächst müssen Sie die Zellen im gewählten Bereich jedoch entsperren, damit Benutzer Veränderungen an ihnen vornehmen können.

2 Deaktivieren Sie das Kontrollkästchen Gesperrt und bestätigen Sie mit OK.

Das Dialogfeld Zellen formatieren schließt sich und Sie haben wieder das Arbeitsblatt vor sich. Auf den ersten Blick scheint sich nichts verändert zu haben. Um zu sehen, wie sich der Zellschutz auswirkt, müssen Sie das Arbeitsblatt zuerst schützen.

> **HINWEIS** *Standardmäßig sind alle Zellen gesperrt. Entsperren Sie die Zellen, die ein Benutzer ausfüllen oder verändern können soll, bevor Sie das Arbeitsblatt schützen.*

3 Wählen Sie im Menü Extras → Schutz → Blatt schützen.

Das Dialogfeld Blatt schützen erscheint wie in Abbildung 5-26 dargestellt. Hier können Sie die zu sperrenden Bereiche des Arbeitsblatts festlegen und ein Kennwort angeben, über das Benutzer den Schutz des Arbeitsblatts wieder aufheben können.

4 Klicken Sie auf OK.

Das Dialogfeld Blatt schützen schließt sich und Sie haben wieder das Arbeitsblatt vor sich. Im nächsten Schritt lernen Sie das Verhalten des geschützten Arbeitsblatts kennen.

5 Klicken Sie auf die Zelle A8 und drücken Sie die Taste Entf.

Wenn Sie versuchen, eine gesperrte Zelle zu verändern oder zu löschen, gibt Excel die in Abbildung 5-27 dargestellte Meldung aus, dass diese Zelle gesperrt ist. Versuchen Sie nun, eine nicht gesperrte Zelle zu verändern.

6 Klicken Sie auf die Zelle D8 und drücken Sie Entf.

Da Sie diese Zelle in einem früheren Schritt entsperrt haben, erlaubt Ihnen Excel, sie zu löschen. Sie wissen nun, wie gesperrte Zellen funktionieren, und können den Blattschutz wieder aufheben.

Kapitel 5
Arbeitsmappen verwalten

7 Wählen Sie im Menü Extras → Schutz → Blattschutz aufheben.

Excel hebt den Blattschutz für das Arbeitsblatt Montag auf. Jetzt können Sie alle Zellen des Blatts unabhängig davon bearbeiten, ob sie gesperrt sind oder nicht.

Eine andere Möglichkeit, unautorisierte Benutzer daran zu hindern, geheime oder vertrauliche Bereiche eines Arbeitsblatts zu ändern oder einzusehen, besteht darin, diese Bereiche auszublenden. Sie können Zeilen, Spalten sowie ganze Arbeitsblätter ausblenden und außerdem verhindern, dass Unbefugte versteckte Zeilen oder Spalten einsehen, indem Sie die Arbeitsmappe auf die in Schritt 3 erklärte Weise schützen.

8 Speichern Sie Ihre Arbeit.

SCHNELLREFERENZ

SO SCHÜTZEN SIE EINE ZELLE ODER EINEN ZELLBEREICH:

1. MARKIEREN SIE DIE ZELLE ODER DEN ZELLBEREICH, DEN SIE SCHÜTZEN ODER AUSBLENDEN MÖCHTEN.
2. WÄHLEN SIE IM MENÜ FORMAT → ZELLEN UND KLICKEN SIE AUF DIE REGISTERKARTE SCHUTZ.
   ODER:
   RECHTSKLICKEN SIE AUF DIE MARKIERTE ZELLE ODER DEN ZELLBEREICH UND WÄHLEN SIE ZELLEN FORMATIEREN AUS DEM KONTEXTMENÜ.
3. AKTIVIEREN SIE DIE KONTROLLKÄSTCHEN GESPERRT UND AUSGEBLENDET, UM EINE ZELLE ODER EINEN ZELLBEREICH ZU SPERREN ODER AUSZUBLENDEN.

SO SCHÜTZEN SIE EIN ARBEITSBLATT:

1. WÄHLEN SIE IM MENÜ EXTRAS → SCHUTZ → BLATT SCHÜTZEN.
2. WÄHLEN SIE DIE OPTIONEN FÜR DEN BLATTSCHUTZ AUS.
3. GEBEN SIE (OPTIONAL) EIN KENNWORT EIN.

SO HEBEN SIE DEN BLATTSCHUTZ AUF:

- WÄHLEN SIE IM MENÜ EXTRAS → SCHUTZ → BLATTSCHUTZ AUFHEBEN.

LEKTION 5.13 Spalten, Zeilen und Arbeitsblätter verbergen

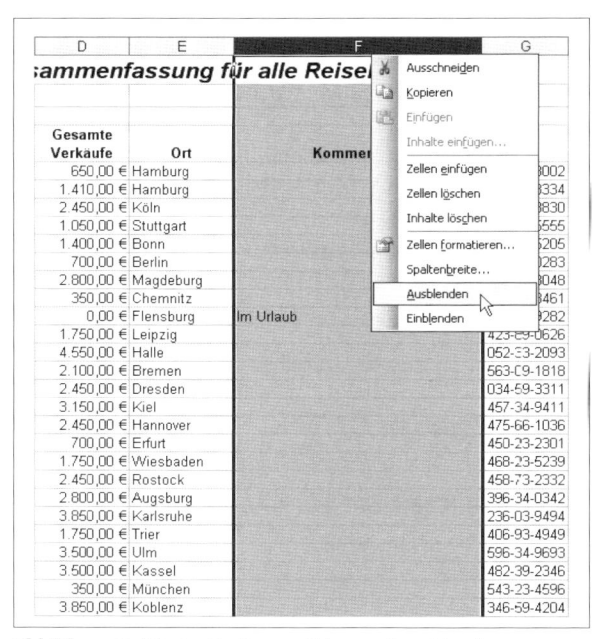

Abbildung 5-28: Spalte F auswählen und ausblenden

Abbildung 5-29: Die ausgeblendete Spalte F wird nicht angezeigt.

Abbildung 5-30: Das Dialogfeld Einblenden

Excel bietet Ihnen über das Schützen von Zellen hinaus die Möglichkeit, einzelne Spalten, Zeilen oder Arbeitsblätter auszublenden. Ausgeblendete Inhalte in einem Arbeitsblatt entsprechen in Excel etwa Unterlagen, die Sie von Ihrer Schreibtischoberfläche in die Schublade geräumt haben. Wenn Ihnen die Daten auf dem Bildschirm zu unübersichtlich werden, können Sie Teile der Arbeitsmappe unsichtbar machen, ohne sie zu löschen.

Ausgeblendete Daten erleichtern die Arbeit mit großen, unübersichtlichen Mappen. Sie können Spalten und Zeilen, mit denen Sie für eine gewisse Zeit nicht arbeiten müssen, weil Sie an anderer Stelle Daten eingeben, so lange ausblenden, bis Sie alle Daten eingegeben haben, und anschließend wieder einblenden. Dasselbe gilt auch für einzelne Arbeitsblätter. Wenn Sie wissen, dass Sie nur mit den Blättern Montag und Dienstag arbeiten werden, empfiehlt es sich, die Blätter Mittwoch, Donnerstag und Freitag auszublenden, damit Sie nicht aus Versehen Daten in das falsche Blatt eingeben. Wenn Sie eine Arbeitsmappe drucken oder in eine Präsentation verwandeln möchten, können Sie kritische Daten, beispielsweise eine Zeile mit Versicherungsnummern, ausblenden. In den nächsten Schritten werden Sie eine Spalte ausblenden.

1 Öffnen Sie gegebenenfalls die Arbeitsmappe Übung 5E und speichern Sie sie unter Wöchentliche Reservierungen.

2 Wählen Sie das Blattregister Dienstag. Rechtsklicken Sie auf den Kopf der Spalte F und wählen Sie im Kontextmenü Ausblenden.

Die Spalte F verschwindet aus dem Arbeitsblatt. Sie ist jedoch nicht gelöscht, sondern schlicht versteckt und somit unsichtbar. In den Spaltenköpfen folgt G auf E; F wird dabei übersprungen.

HINWEIS *Wenn ein Arbeitsblatt geschützt ist, können Sie Spalten oder Zeilen nicht aus- oder einblenden.*

3 Markieren Sie die Spalten E und G, indem Sie sie anklicken und den Mauszeiger über die Spaltenköpfe ziehen. Wenn Sie die Spaltenköpfe markiert haben, rechtsklicken Sie auf einen von ihnen und wählen im Kontextmenü Einblenden.

Die Spalte F erscheint wieder. Andere Spalten oder Zeilen können Sie auf diese Weise ebenso aus- und wieder einblenden. Ein Blatt lässt sich ähnlich ausblenden wie eine Spalte.

4 Klicken Sie auf das Blattregister Mittwoch und wählen Sie Format → Blatt → Ausblenden.

Excel blendet das Arbeitsblatt Mittwoch aus, was sich nicht durch Rechtsklicken des Blattregisters bewerkstelligen lässt. Im nächsten Schritt werden Sie das Blatt wieder einblenden.

5 Wählen Sie Format → Blatt → Einblenden. Wählen Sie im Dialogfeld Einblenden das Arbeitsblatt Mittwoch aus.

Das Blatt Mittwoch erscheint wieder. Sie können auch mehrere Blätter gleichzeitig ausblenden. Wiederholen Sie dazu einfach Schritt 3.

HINWEIS *Wenn Sie ein Blatt schützen, können Sie es zusätzlich ausblenden. Wenn Sie jedoch die gesamte Arbeitsmappe schützen, können Sie einzelne Arbeitsblätter nicht ein- oder ausblenden.*

TIPP *Verwenden Sie das Menü Format, um ein Blatt ein- oder auszublenden.*

6 Speichern Sie Ihre Arbeit.

SCHNELLREFERENZ

SO BLENDEN SIE EINE SPALTE ODER ZEILE AUS:

1. RECHTSKLICKEN SIE AUF DEN KOPF DER SPALTE ODER ZEILE.
2. WÄHLEN SIE IM KONTEXTMENÜ AUSBLENDEN.

   ODER:

   MARKIEREN SIE DIE SPALTE ODER ZEILE UND WÄHLEN SIE IM MENÜ FORMAT → SPALTEN (ODER ZEILEN) → AUSBLENDEN.

SO BLENDEN SIE EIN ARBEITSBLATT AUS:

1. WÄHLEN SIE DAS BLATT AUS, DAS SIE AUSBLENDEN MÖCHTEN.
2. WÄHLEN SIE FORMAT → BLATT → AUSBLENDEN.

SO BLENDEN SIE EIN BLATT EIN:

- WÄHLEN SIE FORMAT → BLATT → EINBLENDEN. WÄHLEN SIE IM DIALOGFELD EINBLENDEN DAS GEWÜNSCHTE BLATT AUS.

LEKTION 5.14 — Arbeitsblätter anzeigen lassen und Arbeitsmappen vergleichen

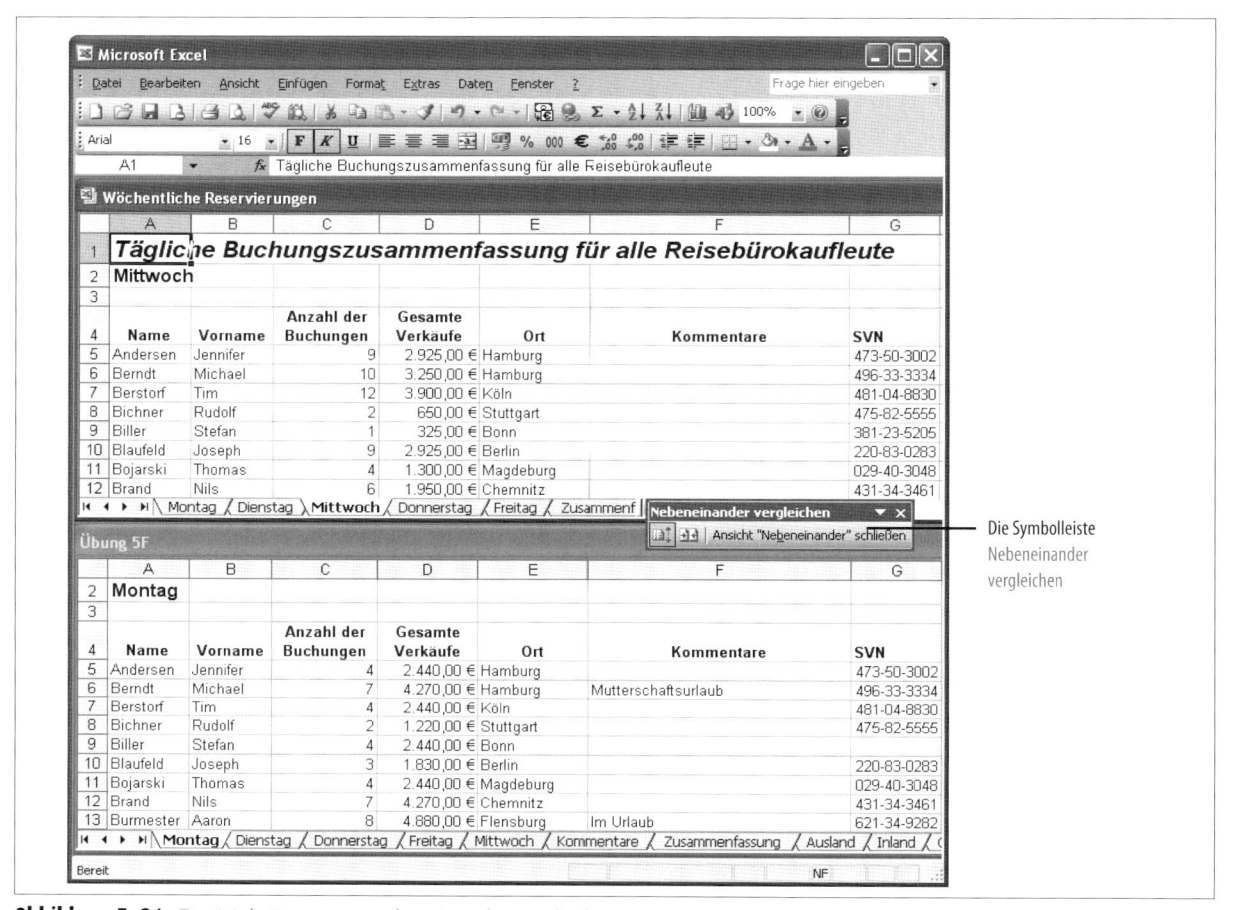

Abbildung 5-31: Zwei Arbeitsmappen nebeneinander vergleichen

Sie können Ihre Arbeitsblätter und Arbeitsmappen auf eine Vielzahl unterschiedlicher Arten darstellen. In dieser Lektion erfahren Sie, wie Sie ein Arbeitsblatt vergrößern, verkleinern oder so anzeigen lassen können, dass es den gesamten Bildschirm ausfüllt, und wie Sie Ihre Arbeitsblätter mit der in Excel 2003 neu eingeführte Funktion Nebeneinander vergleichen einsehen können. Diese Funktion erlaubt Ihnen, ein Arbeitsblatt über dem anderen zu öffnen, so dass Sie beide gleichzeitig betrachten und sich in ihnen vor- und zurückbewegen und dabei jedes einzelne getrennt bearbeiten können.

Im ersten Schritt lernen Sie den Umgang mit den Funktionen Zoom und Ganzer Bildschirm.

1 Klicken Sie auf den Pfeil rechts neben dem Feld Zoom in der Standardsymbolleiste und wählen Sie 75%.

Das Arbeitsblatt erscheint auf 75% der Originalgröße verkleinert, so dass Sie einen größeren Teil davon auf dem Bildschirm vor sich haben. Allerdings sind die Einträge im Arbeitsblatt in dieser Größe schwieriger zu lesen.

Das Listenfeld Zoom

2 Klicken Sie auf den Pfeil rechts neben dem Feld Zoom in der Standardsymbolleiste und wählen Sie 100%.

Kapitel 5
Arbeitsmappen verwalten

Das Arbeitblatt erscheint wieder in der normalen Vergrößerung. Sie können auch mehr von einem Arbeitsblatt einsehen, indem Sie es über den gesamten Bildschirm ausgebreitet darstellen. Nachdem Sie die Funktion Zoom kennen gelernt haben, geht es im nächsten Schritt mit dem Darstellungsmodus Ganzer Bildschirm weiter.

3 Wählen Sie im Menü Ansicht → Ganzer Bildschirm.

Für den Modus Ganzer Bildschirm verschwinden Titelleisten, Menüs und Symbolleisten, damit sich das Arbeitsblatt über die gesamte Bildschirmfläche ausdehnen kann. Den Vorzügen der größeren sichtbaren Fläche des Arbeitsblatts stehen in diesem Modus die Nachteile gegenüber, dass Werkzeuge – die Symbolleisten, die Statusleiste usw. – nicht direkt zur Verfügung stehen. Auf die Menüs können Sie jedoch weiterhin zugreifen.

4 Klicken Sie auf dem Arbeitsblatt auf die Schaltfläche Ganzer Bildschirm schließen.

Die Ansicht Ganzer Bildschirm schließt sich, um die vorige Ansicht wiederherzustellen.

Im nächsten Schritt geht es um die in Excel 2003 neu eingeführte Funktion Nebeneinander vergleichen.

5 Begeben Sie sich zum Übungsordner und öffnen Sie Übung 5F.

Die beiden Arbeitsmappen, die Sie miteinander vergleichen werden, *Wöchentliche Reservierungen* und *Übung 5F*, sind jetzt geöffnet.

6 Wählen Sie im Menü Fenster → Nebeneinander vergleichen.

Die Fenster mit den beiden Arbeitsmappen erscheinen wie in Abbildung 5-31 dargestellt nebeneinander. So lassen sich die Unterschiede zwischen beiden Mappen leicht überblicken.

Die Symbolleiste Nebeneinander vergleichen ist mit zwei Schaltflächen ausgestattet. Die Schaltfläche Synchroner Bildlauf ist automatisch aktiviert, so dass Sie sich gleichzeitig durch beide Dokumente vor- und zurückbewegen können. Die Schaltfläche Fensterposition setzt die Fenster wieder auf die Position zurück, an der Sie den Vergleich begonnen haben.

7 Führen Sie in der Arbeitsmappe Übung 5F einen Bildlauf nach unten durch.

Wie Sie sehen, rollt gleichzeitig die Mappe *Wöchentliche Reservierungen* mit nach unten.

8 Klicken Sie auf die Schaltfläche Ansicht »Nebeneinander« schließen in der Symbolleiste Nebeneinander vergleichen.

Die Fenster liegen nun wieder übereinander.

9 Schließen Sie die Arbeitsmappe Übung 5F.

SCHNELLREFERENZ

SO ZOOMEN SIE:

- KLICKEN SIE AUF DEN PFEIL RECHTS NEBEN DEM FELD ZOOM IN DER STANDARDSYMBOLLEISTE UND WÄHLEN SIE DEN VERGRÖSSERUNGSFAKTOR AUS, MIT DEM SIE DAS ARBEITSBLATT DARSTELLEN MÖCHTEN.

SO VERGLEICHEN SIE ARBEITSMAPPEN NEBENEINANDER:

1. ÖFFNEN SIE ZWEI ARBEITSMAPPEN, DIE SIE MITEINANDER VERGLEICHEN MÖCHTEN.
2. WÄHLEN SIE IM MENÜ FENSTER → NEBENEINANDER VERGLEICHEN.
3. KLICKEN SIE AUF DIE SCHALTFLÄCHE ANSICHT »NEBENEINANDER« SCHLIESSEN IN DER SYMBOLLEISTE NEBENEINANDER VERGLEICHEN, UM ZUR NORMALEN ANSICHT ZURÜCKZUGELANGEN.

LEKTION 5.15 — Eine benutzerdefinierte Ansicht speichern

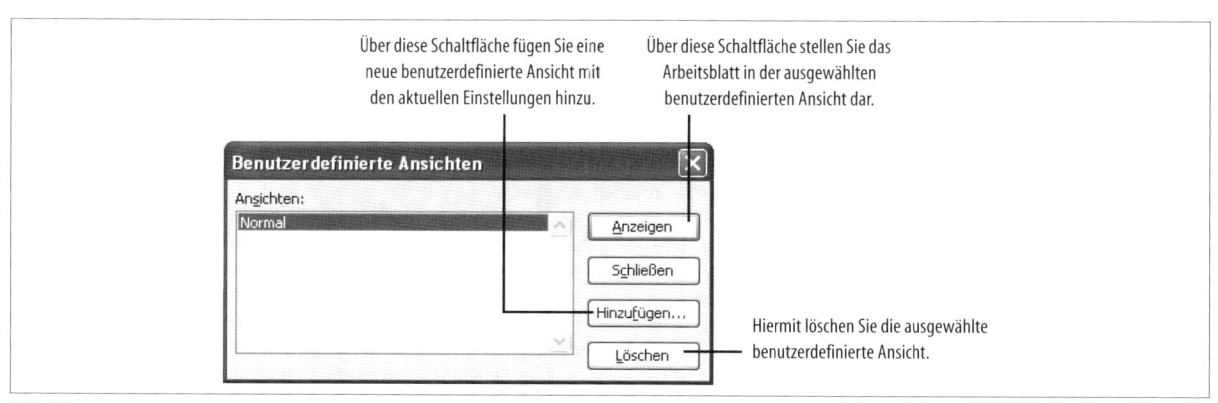

Abbildung 5-32: Das Dialogfeld Benutzerdefinierte Ansichten

Über diese Schaltfläche fügen Sie eine neue benutzerdefinierte Ansicht mit den aktuellen Einstellungen hinzu.

Über diese Schaltfläche stellen Sie das Arbeitsblatt in der ausgewählten benutzerdefinierten Ansicht dar.

Hiermit löschen Sie die ausgewählte benutzerdefinierte Ansicht.

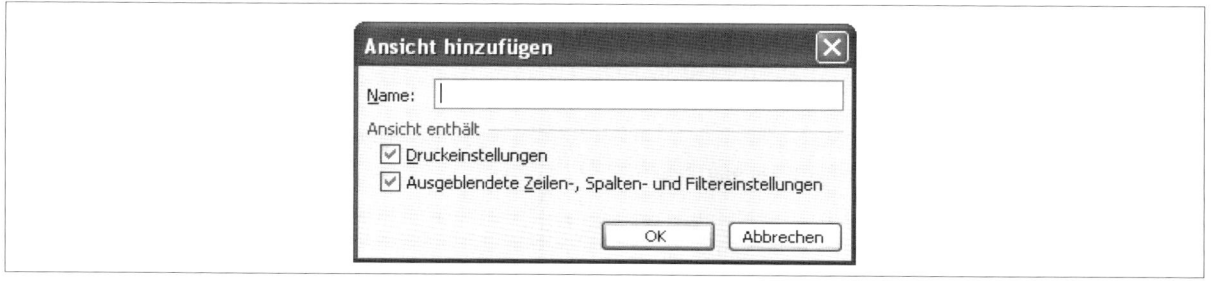

Abbildung 5-33: Eine benutzerdefinierte Ansicht hinzufügen

Jedes Mal die Druckeinstellungen, den Vergrößerungsfaktor und die Darstellung der Arbeitsmappe neu einzustellen, wenn Sie eine Arbeitsmappe ausdrucken oder am Bildschirm betrachten möchten, ist unnötig und kann leicht lästig werden. Sie können die Einstellungen für Ansicht und Druck speichern, um nicht mehr jedes Mal erneut Änderungen manuell vornehmen zu müssen, indem Sie eine *benutzerdefinierte Ansicht* anlegen. In einer benutzerdefinierten Ansicht werden folgende Einstellungen gespeichert:

- Druckeinstellungen, darunter Druckbereich, Skalierungsfaktor, Papierformat und Orientierung
- Ansichteinstellungen, darunter der Vergrößerungsfaktor, die Angabe, ob Gitternetzlinien aktiviert sind oder nicht, sowie ausgeblendete Arbeitsblätter, Zeilen und Spalten
- Filter und Filtereinstellungen

In dieser Lektion lernen Sie eine benutzerdefinierte Ansicht zu erstellen und mit ihr zu arbeiten.

1 Wählen Sie im Menü Ansicht → Benutzerdefinierte Ansichten.

Das Dialogfeld Benutzerdefinierte Ansichten erscheint wie in Abbildung 5-32 dargestellt. In ihm sind alle für das aktuelle Arbeitsblatt gespeicherten Ansichten aufgeführt. Sie werden nun die aktuelle allgemeine Ansicht des Arbeitsblatts Montag speichern.

2 Klicken Sie auf Hinzufügen.

Das Dialogfeld Ansicht hinzufügen aus Abbildung 5-33 erscheint. Für die aktuelle Ansicht müssen Sie nun einen Namen eingeben und festlegen, ob sowohl die Druckeinstellungen als auch die ausgeblendeten Spalten und Zeilen und die Filtereinstellungen gespeichert werden sollen.

3 Geben Sie in das Feld Name Normal ein und klicken Sie auf OK.

Excel speichert die benutzerdefinierte Ansicht und schließt das Dialogfeld. Nun werden Sie eine neue Ansicht des Arbeitsblatts im Hochformat erstellen, wobei die Spalte Provision ausgeblendet ist.

4 Rechtsklicken Sie auf den Kopf der Spalte 1 und wählen Sie im Kontextmenü Ausblenden.

Excel blendet die erste Spalte aus.

5 Wählen Sie im Menü Datei → Seite einrichten, klicken Sie auf die Registerkarte Papierformat, wählen Sie wie im Bereich Orientierung die Option Querformat und bestätigen Sie abschließend mit OK.

Nun werden Sie die Einstellungen, die Sie am Arbeitsblatt vorgenommen haben, als benutzerdefinierte Ansicht speichern.

6 Wählen Sie im Menü Ansicht → Benutzerdefinierte Ansichten.

Das Dialogfeld Benutzerdefinierte Ansichten erscheint.

7 Klicken Sie auf Hinzufügen, schreiben Sie Keine Provision ins Feld Name und bestätigen Sie mit OK.

Nachdem Excel die benutzerdefinierte Ansicht gespeichert hat, zeigt es wieder das Arbeitsblatt an. Im nächsten Schritt werden Sie eine benutzerdefinierte Ansicht aufrufen.

8 Wählen Sie im Menü Ansicht → Benutzerdefinierte Ansichten, klicken Sie auf Normal und danach auf Anzeigen.

Excel zeigt das Arbeitsblatt in der benutzerdefinierten Ansicht Normal an. Beachten Sie dabei, dass Spalte 1 nun nicht mehr ausgeblendet ist.

9 Klicken Sie auf die Schaltfläche Seitenansicht in der Standardsymbolleiste, um sich die Druckvorschau des Arbeitsblatts anzusehen.

Excel zeigt nun eine Vorschau des Arbeitsblatts Montag in der Ansicht Normal.

10 Speichern und schließen Sie die aktuelle Arbeitsmappe.

SCHNELLREFERENZ

SO ERSTELLEN SIE EINE BENUTZERDEFINIERTE ANSICHT:

1. STELLEN SIE DIE GEWÜNSCHTE DARSTELLUNGSWEISE UND DIE GEWÜNSCHTEN DRUCKEINSTELLUNGEN FÜR DAS ARBEITSBLATT EIN.
2. WÄHLEN SIE IM MENÜ ANSICHT → BENUTZERDEFINIERTE ANSICHTEN.
3. KLICKEN SIE AUF HINZUFÜGEN UND GEBEN SIE ANSCHLIESSEND EINEN NAMEN FÜR DIE ANSICHT EIN.

SO RUFEN SIE EINE BENUTZERDEFINIERTE ANSICHT AUF:

- WÄHLEN SIE IM MENÜ ANSICHT → BENUTZERDEFINIERTE ANSICHT, MARKIEREN SIE DIE GEWÜNSCHTE ANSICHT UND KLICKEN SIE AUF ANZEIGEN.

LEKTION 5.16 Vorlagen verwenden

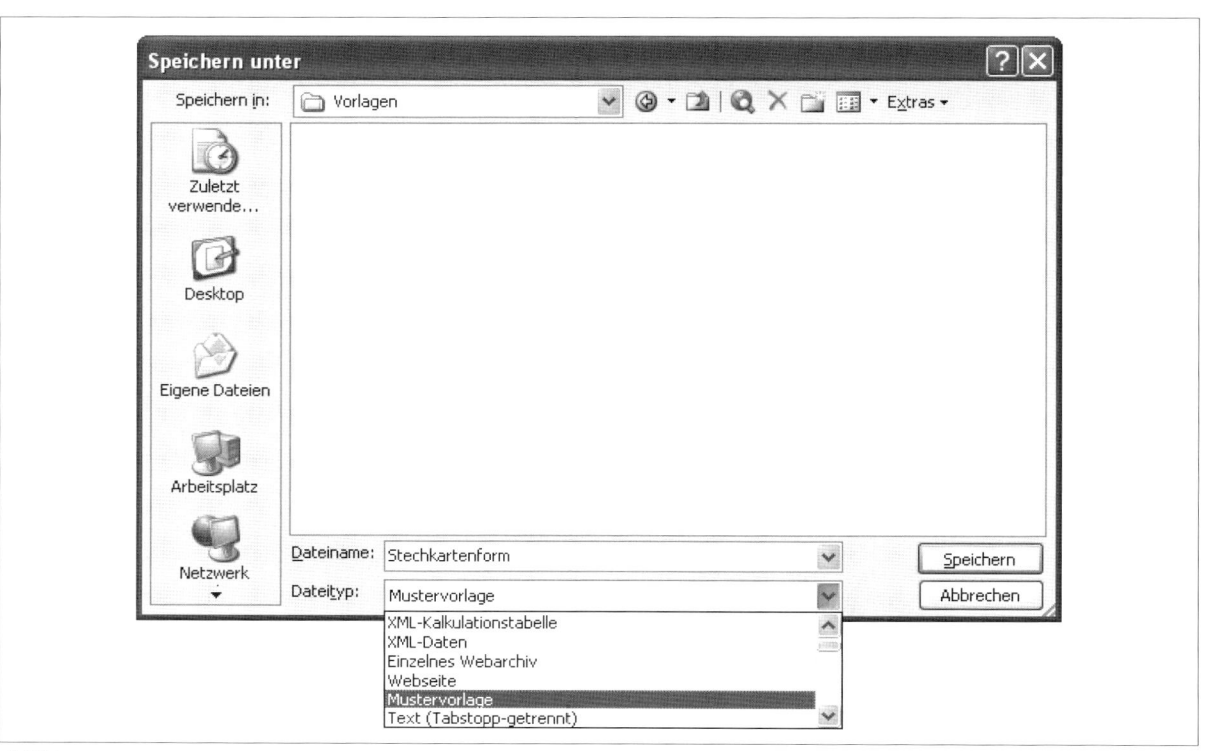

Abbildung 5-34: Eine Arbeitsmappe als Vorlage speichern

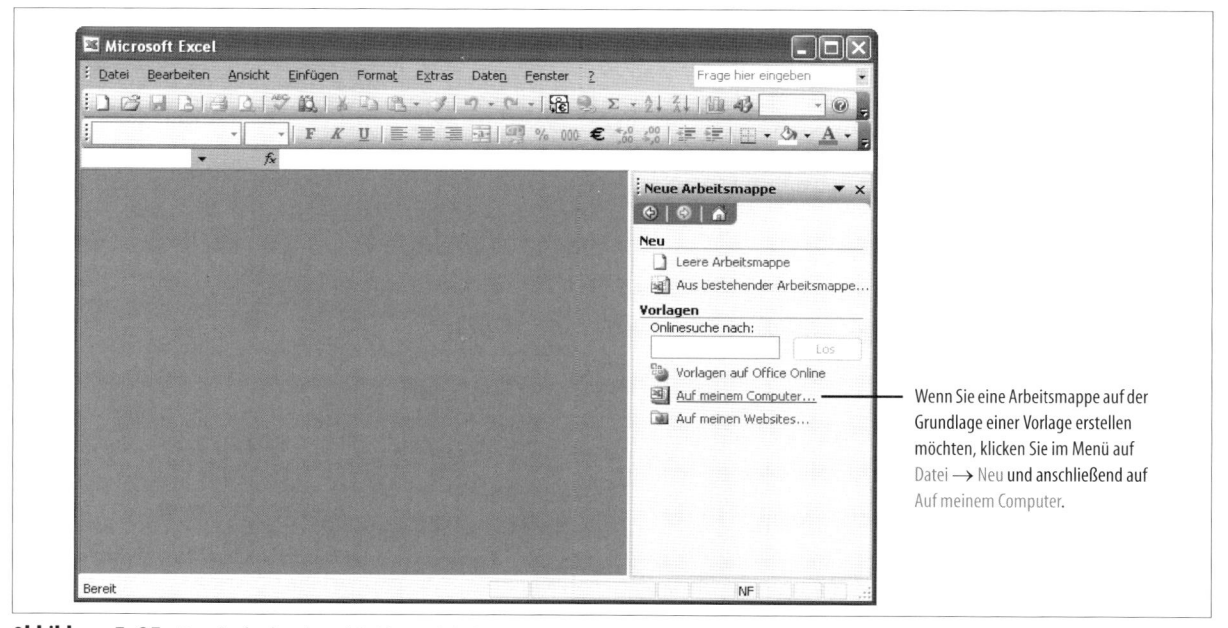

Abbildung 5-35: Der Aufgabenbereich Neue Arbeitsmappe

Wenn Sie eine Arbeitsmappe auf der Grundlage einer Vorlage erstellen möchten, klicken Sie im Menü auf Datei → Neu und anschließend auf Auf meinem Computer.

Kapitel 5
Arbeitsmappen verwalten

Wenn Sie immer wieder dieselbe Art von Arbeitsmappe erstellen, können Sie mit Vorlagen Zeit sparen. Eine *Vorlage* ist eine Arbeitsmappe mit voreingestellten Daten wie Überschriften, Formeln, Formatierungen und Makros, die Sie häufig verwenden. Auf der Grundlage einer solchen Vorlage können Sie immer wieder neue Arbeitsmappen erstellen, wodurch Sie Zeit einsparen, da Sie nicht für jede neue Mappe immer wieder dieselben Grundeinstellungen wiederholen müssen. Eine Vorlage zu erstellen, ist ganz einfach – legen Sie dafür zunächst einmal eine gewöhnliche Arbeitsmappe an, die Sie dann nicht als Standardmappe, sondern als Vorlage speichern. Möchten Sie eine Arbeitsmappe aus einer Vorlage erstellen, wählen Sie im Menü Datei → Neu die gewünschte Vorlage aus. Excel verfügt bereits über eine Reihe von Vorlagen für allgemeine Zwecke wie Rechnungen und Ausgabenberichte.

In dieser Lektion erfahren Sie, wie Sie eine Vorlage erstellen und auf der Grundlage einer Vorlage eine neue Arbeitsmappe anlegen.

1 Öffnen Sie die Datei Stechkartenformular im Übungsordner.

Diese Arbeitsmappe erfasst und kalkuliert die Gesamtarbeitszeit der Mitarbeiter in einer Woche. Diese Mappe werden Sie als Vorlage speichern. Zuerst müssen Sie jedoch einige Daten daraus entfernen.

2 Markieren Sie den Zellbereich B6:H11 und drücken Sie Entf.

Nun können Sie das Arbeitsblatt als Vorlage speichern.

3 Wählen Sie im Menü Datei → Speichern unter.

Das Dialogfeld Speichern unter erscheint. Hier müssen Sie angeben, dass Sie das aktuelle Arbeitsblatt als Vorlage speichern möchten. Excel speichert Vorlagen mit der Erweiterung XLT statt der normalerweise (für Arbeitsmappen) verwendeten Erweiterung XLS.

4 Klicken Sie auf den Pfeil rechts neben dem Feld Speichern unter und wählen Sie wie in Abbildung 5-34 dargestellt Mustervorlage aus der Liste.

Vorlagen werden normalerweise in einem separaten Ordner gespeichert (gewöhnlich unter C:\Programme\Microsoft Office\Vorlagen). Wenn Sie das Dateiformat Vorlage auswählen, wechselt Excel zum Speichern automatisch in den Vorlagenordner. Das Fenster mit der Dateienübersicht zeigt somit die Inhalte des Vorlagenordners.

HINWEIS *Wenn Excel nicht automatisch in den Vorlagenordner wechselt, müssen Sie dies manuell tun.*

5 Geben Sie im Feld Name Stechkarte ein und klicken Sie anschließend auf die Schaltfläche Speichern.

Excel speichert die Arbeitsmappe als Vorlage.

6 Schließen Sie alle geöffneten Arbeitsmappen.

Auf der Grundlage der frisch erstellten Vorlage können Sie ab jetzt neue Arbeitsmappen erstellen. Genau das werden Sie in den nächsten Schritten tun.

7 Wählen Sie im Menü Datei → Neu.

Der Aufgabenbereich Neue Arbeitsmappe erscheint wie in Abbildung 5-35.

8 Wählen Sie Auf meinem Computer aus dem Aufgabenbereich Neue Arbeitsmappe.

Nun können Sie die Vorlage auswählen, auf deren Grundlage Sie die neue Arbeitsmappe erstellen möchten.

Time Card.xlt

Vorlage für eine Arbeitsmappe

9 Klicken Sie auf die Vorlage Stechkarte und anschließend auf OK.

Eine neue Arbeitsmappe auf der Grundlage der Vorlage *Stechkarte* erscheint im Hauptfenster.

10 Denken Sie sich verschiedene Stundenzahlen für die Mitarbeiter aus, die Sie dann in die Vorlage Stechkarte eintragen.

Nachdem Sie alle Werte eingetragen haben, speichern Sie *Stechkarte* als normale Arbeitsmappe.

Lektion 5.16
Vorlagen verwenden

11 Klicken Sie auf die Schaltfläche Speichern in der Standardsymbolleiste.

Das Dialogfeld Speichern unter erscheint.

12 Speichern sie die Arbeitsmappe unter Stechkarte Woche 1.

Excel speichert die Datei als normale Arbeitsmappe.

13 Schließen Sie das Arbeitsblatt Stechkarte Woche 1.

Löschen Sie die Vorlage Stechkarte von Ihrem Rechner.

14 Wählen Sie im Menü Datei → Neu und klicken Sie auf Auf meinem Computer im Aufgabenbereich Neue Arbeitsmappe. Rechtsklicken Sie auf die Vorlage Stechkarte im Dialogfeld Vorlagen und wählen Sie Löschen aus dem Kontextmenü. Schließen Sie das Dialogfeld und den Aufgabenbereich.

SCHNELLREFERENZ

SO ERSTELLEN SIE EINE VORLAGE:

1. ERSTELLEN ODER ÖFFNEN SIE EINE ARBEITSMAPPE, DIE DER VORLAGE ZUGRUNDE LIEGEN SOLL.
2. WÄHLEN SIE IM MENÜ DATEI → SPEICHERN UNTER.
3. WÄHLEN SIE VORLAGE AUS DER LISTE SPEICHERN UNTER, BENENNEN SIE DIE VORLAGE UND KLICKEN SIE ZUM SPEICHERN AUF OK.

SO ERSTELLEN SIE EINE ARBEITSMAPPE AUF DER GRUNDLAGE EINER VORLAGE:

1. WÄHLEN SIE IM MENÜ DATEI → NEU.
2. KLICKEN SIE AUF AUF MEINEM COMPUTER IM AUFGABENBEREICH NEUE ARBEITSMAPPE.
3. DOPPELKLICKEN SIE AUF DIE VORLAGE, DIE SIE VERWENDEN MÖCHTEN (SIE KÖNNEN SIE AUCH AUS EINER ANDEREN REGISTERKARTE AUSWÄHLEN).

Arbeitsblätter zusammenfassen

LEKTION 5.17

Hier wählen Sie die Funktion aus, die Excel zur Konsolidierung der Daten verwenden soll.

Hier geben Sie den Zellbereich ein, den Sie mit dem Zellbereich im Feld Vorhandene Verweise zusammenfassen möchten.

Hier sind alle Verweise aufgeführt, die zusammengefasst werden.

Über diese Kontrollkästchen legen Sie fest, dass die Überschriften des markierten Zellbereichs verwendet werden, um eine Konsolidierung nach Kategorien durchzuführen.

Hier können Sie weitere Arbeitsmappen öffnen, die Sie zusammenfassen möchten.

Hier fügen Sie den ausgewählten Zellbereich zu den vorhandenen Verweisen hinzu.

Hier löschen Sie den ausgewählten Zellbereich aus den vorhandenen Verweisen.

Über dieses Kontrollkästchen bestimmen Sie, dass die Daten, die Sie zusammenfassen möchten, bei einer Änderung der Quelldaten automatisch aktualisiert werden.

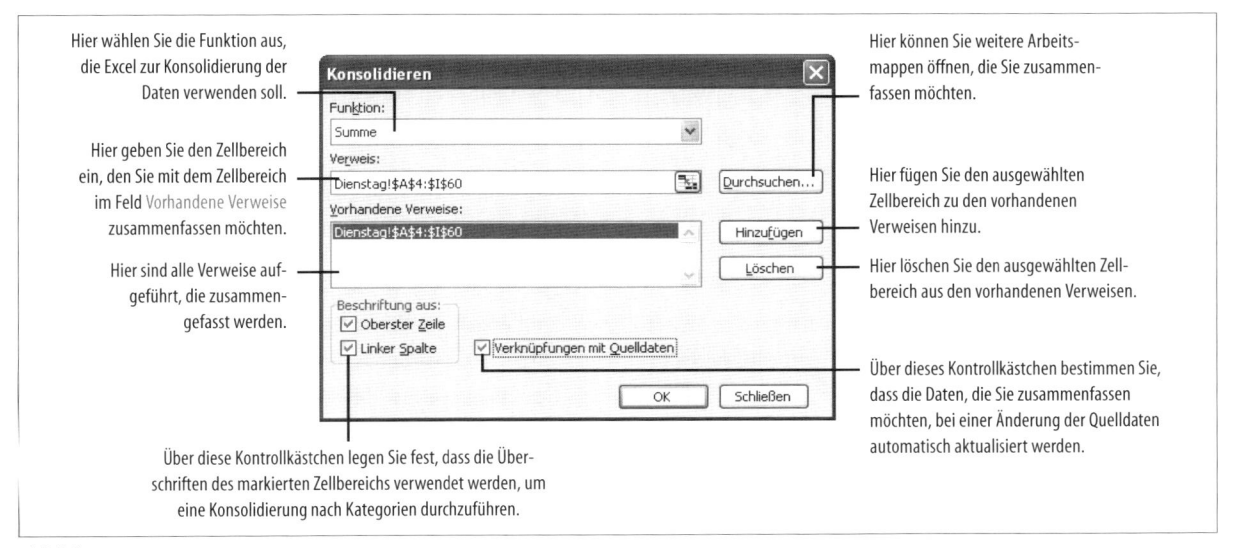

Abbildung 5-36: Das Dialogfeld Konsolidieren

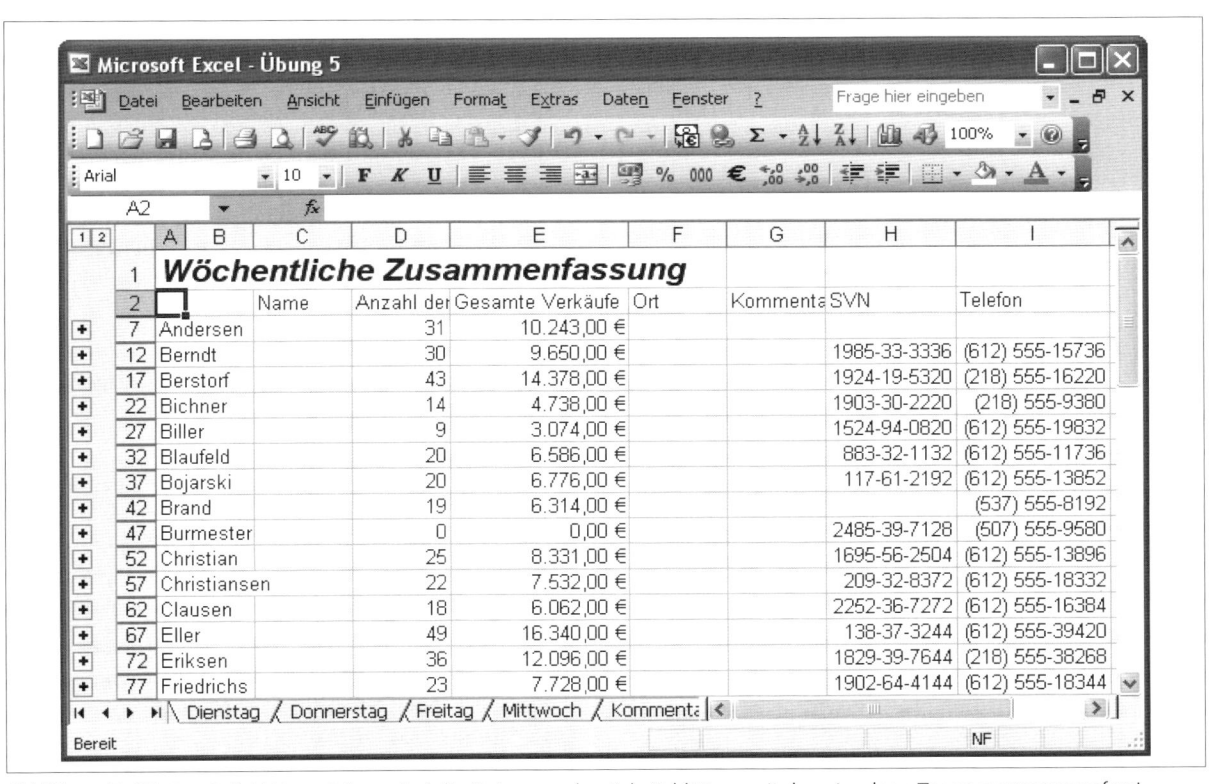

Abbildung 5-37: Der Befehl Konsolidieren hat die Daten aus den Arbeitsblättern mit den einzelnen Tagen zusammengefasst.

Lektion 5.17
Arbeitsblätter zusammenfassen

Weiter vorn in diesem Kapitel haben Sie auf einem Arbeitsblatt Daten aus anderen Arbeitsblättern manuell zusammengefasst. Über den Befehl Daten → Konsolidieren kann Excel für Sie Daten aus bis zu 255 Arbeitsblättern automatisch auf einem einzigen Masterarbeitsblatt zusammenfassen oder *konsolidieren*. In dieser Lektion erfahren Sie, wie das funktioniert.

1 Öffnen Sie die Datei Übung 5A.

Mit dieser Mappe haben Sie bereits früher gearbeitet: Sie enthält Arbeitsblätter für jeden Wochentag. Bevor Sie mehrere Arbeitsblätter konsolidieren, müssen Sie zunächst ein Arbeitsblatt und seine Zellen als *Zielbereich* auswählen, in dem die zusammengefassten Informationen gespeichert werden.

2 Klicken Sie auf das Blattregister Zusammenfassung, um das entsprechende Arbeitsblatt zu aktivieren, und anschließend auf die Zelle A2.

A2 ist die erste Zelle im Zielbereich der konsolidierten Daten.

3 Wählen Sie im Menü Daten → Konsolidieren.

Das Dialogfeld Konsolidieren aus Abbildung 5-36 erscheint. Sie können die Daten auf zwei Weisen konsolidieren.

- **Nach ihrer Position:** Die Daten werden auf jedem Arbeitsblatt an denselben Zellkoordinaten gesammelt und zusammengefasst.
- **Nach ihrer Kategorie:** Die Daten werden anhand ihrer Zeilen- und Spaltenüberschriften gesammelt und zusammengefasst. Liegt die Spalte Januar beispielsweise in einem Arbeitsblatt in Spalte A und in einem anderen in Spalte C, können Sie die Einträge für Januar trotzdem zusammenfassen, wenn Sie nach Kategorie konsolidieren. Stellen Sie dafür sicher, dass im Dialogfeld Konsolidieren die Kontrollkästchen Oberster Zeile bzw. Linker Spalte im Bereich Beschriftung aus aktiviert sind.

In dieser Übung fassen Sie Daten nach Kategorie zusammen.

4 Platzieren Sie den Cursor im Textfeld Verweis, klicken Sie anschließend auf das Blattregister Dienstag und markieren Sie den Zellbereich A4:I60.

Der absolute Verweis Dienstag!$A4:$I$60 erscheint im Textfeld Verweis. Im nächsten Schritt fügen Sie den markierten Zellbereich der Datenliste hinzu, die Sie später konsolidieren möchten.

5 Klicken Sie auf Hinzufügen, um den ausgewählten Zellbereich in die Liste Vorhandene Verweise aufzunehmen.

Der ausgewählte Zellbereich Dienstag!$A4:$I$60 erscheint in der Liste Vorhandene Verweise. Im nächsten Schritt fügen Sie einen weiteren Zellbereich oder ein weiteres Arbeitsblatt hinzu, das Sie konsolidieren möchten.

6 Klicken Sie auf das Blattregister Mittwoch.

Wenn Sie auf das Blattregister Mittwoch klicken, geht Excel davon aus, dass Sie in diesem Arbeitsblatt denselben Zellbereich wie im zuvor ausgewählten Arbeitsblatt Dienstag markieren möchten und fügt somit den absoluten Verweis Mittwoch!$A4:$I$60 selbstständig in das Textfeld Verweis ein. Da Excel somit automatisch den richtigen Bereich ausgewählt hat, können Sie die Daten darin über die Schaltfläche Hinzufügen in die Liste Vorhandene Verweise aufnehmen.

7 Klicken Sie Hinzufügen, um den ausgewählten Zellbereich in die Liste Vorhandene Verweise aufzunehmen.

Nachdem Sie jetzt gelernt haben, wie Sie Bezüge in die Liste Vorhandene Verweise aufnehmen, werden Sie noch die Daten aus den verbleibenden Arbeitsblättern hinzufügen.

8 Fügen Sie der Liste Vorhandene Verweise durch Wiederholung der Schritte 6 und 7 die Daten aus den übrigen beiden Arbeitsblättern (Donnerstag und Freitag) hinzu.

Wenn Sie alle Zellbereiche mit den Daten, die Sie zusammenfassen möchten, hinzugefügt haben, müssen Sie festlegen, dass Sie eine Konsolidierung nach Kategorie durchführen wollen.

9 Aktivieren Sie die Kontrollkästchen Oberster Zeile und Linker Spalte, um die Daten nach Kategorie zu konsolidieren.

Sind diese Kontrollkästchen nicht ausgefüllt, konsolidiert Excel die Daten anhand ihrer Position. Nun folgt nur noch ein Schritt, bevor Sie die ausgewählten Daten letztendlich zusammenfassen.

10 Aktivieren Sie das Kontrollkästchen Verknüpfungen mit Quelldaten.

Dadurch verknüpfen Sie die konsolidierten Daten untereinander, so dass sie automatisch aktualisiert werden, wenn sich Daten in einem der Quellbereiche ändern.

11 Klicken Sie auf OK, um die Daten aus den ausgewählten Bereichen zu konsolidieren.

Das Dialogfeld schließt sich und Excel fasst die Daten zusammen, indem es die Gesamtsumme der Verkaufszahlen aller Arbeitsblätter ermittelt. Sollte eine Spalte lediglich ######## anzeigen, so müssen Sie die Spaltenbreite vergrößern, so dass der Zellinhalt richtig dargestellt wird. Beachten Sie auch die Gliederungssymbole, die Excel wie in Abbildung 5-37 links neben dem Arbeitsblatt ausgibt. Die Gliederungsfunktion wird in einer anderen Lektion behandelt.

12 Sie sind nun am Ende der Lektion angelangt und können Excel beenden, ohne Ihre Arbeit zu speichern.

Weitere Informationen zum Konsolidieren und Zusammenfassen von Daten finden Sie im Kapitel 11.

SCHNELLREFERENZ

SO KONSOLIDIEREN SIE DATEN:

1. BEGINNEN SIE WENN MÖGLICH MIT EINER NEUEN ARBEITSMAPPE UND WÄHLEN SIE EINE ZELLE IN DIESER MAPPE ALS ZIEL FÜR DIE KONSOLIDIERTEN DATEN AUS.
2. WÄHLEN SIE IM MENÜ DATEN → KONSOLIDIEREN.
3. WÄHLEN SIE EINE FUNKTION ZUM KONSOLIDIEREN (SUMME IST DIE GEBRÄUCHLICHSTE).
4. WÄHLEN SIE IM ERSTEN ARBEITSBLATT DEN GEWÜNSCHTEN ZELLBEREICH AUS (KLICKEN SIE AUF DIE SCHALTFLÄCHE DURCHSUCHEN, WENN SIE EINEN VERWEIS ZU EINER MAPPE IN EINER ANDEREN DATEI HERSTELLEN MÖCHTEN) UND KLICKEN SIE ANSCHLIESSEND AUF HINZUFÜGEN.
5. WIEDERHOLEN SIE SCHRITT 4 IN JEDEM ARBEITSBLATT, DAS SIE KONSOLIDIEREN MÖCHTEN.
6. AKTIVIEREN SIE DIE KONTROLLKÄSTCHEN OBERSTER ZEILE UND/ODER LINKER SPALTE, UM DIE DATEN NACH KATEGORIE ZU KONSOLIDIEREN. LASSEN SIE DIE KONTROLLKÄSTCHEN UNAUSGEFÜLLT, WENN SIE EINE ZUSAMMENFASSUNG NACH POSITION WÜNSCHEN.
7. AKTIVIEREN SIE DAS KONTROLLKÄSTCHEN VERKNÜPFUNGEN MIT QUELLDATEN, WENN DIE KONSOLIDIERTEN DATEN AKTUALISIERT WERDEN SOLLEN.
8. KLICKEN SIE AUF OK.

Kapitel 5 im Überblick

Die Lektionen in Kürze

Zwischen den Blättern in einer Arbeitsmappe umschalten

Sie schalten zwischen den Blättern einer Arbeitsmappe um, indem Sie auf das Blattregister unten auf dem Bildschirm klicken.

Wenn Sie auf die Schaltflächen der Registerlaufleiste rechtsklicken, öffnet sich ein Kontextmenü mit allen Arbeitsblättern.

Mit den Schaltflächen in der Registerlaufleiste am linken unteren Bildschirmrand bewegen Sie sich zwischen den Blättern einer Mappe vor und zurück.

Arbeitsblätter einfügen und löschen

So fügen Sie ein Arbeitsblatt ein: Wählen Sie im Menü Einfügen → Tabellenblatt oder rechtsklicken Sie auf ein Blattregister, wählen Sie im Kontextmenü Einfügen und anschließend Tabellenblatt im Dialogfeld Einfügen.

So löschen Sie ein Arbeitsblatt: Wählen Sie im Menü Bearbeiten → Blatt löschen oder rechtsklicken Sie auf ein Blattregister und wählen Sie im Kontextmenü Löschen.

Arbeitsblätter umbenennen und verschieben

Standardmäßig erhalten Arbeitsblätter die Namen Tabelle1, Tabelle2, Tabelle3 usw.

So benennen Sie ein Arbeitsblatt um: Es gibt drei Möglichkeiten.

- Doppelklicken Sie auf das Blattregister und geben Sie einen neuen Namen für das Arbeitsblatt ein.
- Rechtsklicken Sie auf das Blattregister, wählen Sie Umbenennen aus dem Kontextmenü und geben Sie einen neuen Namen für das Arbeitsblatt ein.
- Wählen Sie im Menü Format → Blatt → Umbenennen und geben Sie den neuen Namen für das Arbeitsblatt ein.

Verschieben Sie ein Arbeitsblatt, indem Sie auf das Blattregister klicken und es an den gewünschten Ort ziehen.

Kopieren Sie ein Arbeitsblatt, indem Sie die Strg-Taste gedrückt halten, während Sie das Blattregister anklicken und an seine neue Position ziehen.

Mehrere Arbeitsmappen und Fenster

Klicken Sie auf die Schaltfläche Alles auswählen, um alle Zellen im Arbeitsblatt auszuwählen.

Schalten Sie zwischen mehreren geöffneten Arbeitsmappen um, indem Sie im Menü Fenster auf den Namen der Mappe klicken, die Sie darstellen wollen.

Wählen Sie im Menü Fenster → Anordnen um Fenster gleichzeitig darzustellen.

Klicken Sie auf die Schaltfläche Maximieren eines Fensters, um es zu maximieren und auf die Schaltfläche Fenster wiederherstellen, um die Fenstergröße wiederherzustellen.

Sie ändern die Fenstergröße manuell: Stellen Sie die Fenstergröße zunächst wieder her und ziehen Sie am Rand des Fensters, bis es die gewünschte Größe einnimmt.

So verschieben Sie Fenster: Ziehen Sie die Titelleiste des Fensters an die Stelle, an der Sie es platzieren möchten.

Teilen und Fixieren eines Fensters

So teilen Sie Fenster in Bereiche: Verschieben Sie entweder die horizontale oder die vertikale Teilungsleiste oder markieren Sie die Zelle **unterhalb** der Zeile und **rechts** neben der Spalte, an der Sie das Fenster teilen möchten. Wählen Sie anschließend im Menü Fenster → Teilen.

So fixieren Sie Bereiche: Teilen Sie das Fenster in Ausschnitte auf und wählen Sie dann im Menü Fenster → Fenster fixieren.

Bezüge zu externen Daten

Sie stellen Bezüge zu Werten in externen Arbeitsblättern oder Arbeitsmappen her, indem Sie das Blatt oder die Mappe ggf. zunächst öffnen, dann auswählen und auf die Zelle klicken, zu der Sie den Bezug herstellen möchten.

Kopf- und Fußzeilen sowie Seitenzahlen erstellen

Sie fügen Ihrem Arbeitsblatt eine Kopf- oder Fußzeile hinzu, indem Sie im Menü Datei → Seite einrichten wählen und auf die Registerkarte Kopfzeile/Fußzeile klicken. Wählen Sie eine der voreingestellten Kopf- oder Fußzeilen aus dem Dropdown-Feld Kopfzeile oder Fußzeile aus oder gestalten Sie sie nach Ihren Vorstellungen, indem

Sie auf die Schaltfläche Benutzerdefinierte Kopfzeile oder Benutzerdefinierte Fußzeile klicken.

Druckbereiche und Seitenumbrüche

So legen Sie einen Druckbereich fest: Markieren Sie den Zellbereich, den Sie ausdrucken möchten und wählen Sie im Menü Datei → Druckbereich → Druckbereich festlegen.

So heben Sie einen Druckbereich auf: Wählen Sie im Menü Datei → Druckbereich → Druckbereich aufheben.

So fügen Sie einen Seitenumbruch manuell ein: Markieren Sie die Zelle, nach der der Seitenumbruch erfolgen soll und wählen Sie im Menü Einfügen → Seitenumbruch.

So passen Sie die Seitenumbrüche an: Wählen Sie im Menü Ansicht → Seitenumbruchvorschau und ziehen Sie die Seitenumbruchlinie an die Stelle, an der der Umbruch erfolgen soll. Kehren Sie über Ansicht → Normal zur Normalansicht zurück.

Seitenränder und Orientierung anpassen

So stellen Sie Seitenränder ein: Wählen Sie im Menü Datei → Seite einrichten und klicken Sie auf die Registerkarte Seitenränder. Stellen Sie die Seitenränder Ihren Vorstellungen gemäß ein.

So ändern Sie die Orientierung einer Seite: Klicken Sie im Menü auf Datei → Seite einrichten und anschließend auf die Registerkarte Papierformat. Wählen Sie im Bereich Orientierung entweder die Option Hochformat oder Querformat.

Hinzufügen von Titelzeilen und Gitternetzlinien

So schalten Sie Gitternetzlinien für den Ausdruck ein und aus: Wählen Sie im Menü Datei → Seite einrichten und klicken Sie auf die Registerkarte Tabelle. Aktivieren oder deaktivieren Sie das Kontrollkästchen Gitternetzlinien.

So drucken Sie Zeilen- oder Spaltenüberschriften: Wählen Sie im Menü Datei → Seite einrichten und klicken Sie auf die Registerkarte Tabelle. Wählen Sie im Bereich Drucktitel die Zeilen oder Spalten aus, die oben bzw. links auf jeder Seite wiederholt werden sollen.

Papiergröße und Druckmaßstab ändern

So ändern Sie den Druckmaßstab: Wählen Sie im Menü Datei → Seite einrichten und klicken Sie auf die Registerkarte Papierformat. Geben Sie in das Feld % Normalgröße eine Prozentzahl ein oder legen Sie die Anzahl der Seiten fest, auf die das Arbeitsblatt ausgedruckt werden soll.

So ändern Sie das Papierformat: Wählen Sie im Menü Datei → Seite einrichten und klicken Sie auf die Registerkarte Papierformat. Klicken Sie auf die Liste Papierformat, um daraus ein Format auszuwählen.

Schützen eines Arbeitsblatts

So schützen Sie eine Zelle oder einen Zellbereich: Wählen Sie im Menü Format → Zellen und klicken Sie auf die Registerkarte Schutz. Aktivieren Sie das Kontrollkästchen Gesperrt. Standardmäßig sind alle Zellen gesperrt.

Sie müssen das Arbeitsblatt schützen, damit die gesperrten Zellen nicht verändert werden können. Sie schützen ein Arbeitsblatt, indem Sie im Menü Extras → Schutz → Blatt schützen wählen und die zu schützenden Bereiche angeben.

Wählen Sie im Menü Extras → Schutz → Blattschutz aufheben, um den Blattschutz aufzuheben.

Spalten, Zeilen und Arbeitsblätter verbergen

So blenden Sie eine Spalte oder Zeile aus: Rechtsklicken Sie auf den Kopf der Spalte oder Zeile. Wählen Sie im Kontextmenü Ausblenden.

So blenden Sie ein Arbeitsblatt aus: Wählen Sie das Blatt aus, das Sie ausblenden möchten, und klicken Sie im Menü auf Format → Blatt → Ausblenden.

So blenden Sie ein Blatt ein: Wählen Sie Format → Blatt → Einblenden. Suchen Sie im Dialogfeld Einblenden das gewünschte Blatt aus.

Arbeitsblätter anzeigen lassen und Arbeitsmappen vergleichen

So zoomen Sie: Klicken Sie auf den Pfeil rechts neben dem Feld Zoom in der Standardsymbolleiste und wählen Sie den Vergrößerungsfaktor aus, mit dem Sie das Arbeitsblatt darstellen möchten.

Kapitel 5
Kapitel 5 im Überblick

So vergleichen Sie Arbeitsmappen nebeneinander: Öffnen Sie zwei Arbeitsmappen, die Sie miteinander vergleichen möchten und wählen Sie im Menü Fenster → Nebeneinander vergleichen. Klicken Sie auf die Schaltfläche Ansicht »Nebeneinander« schließen in der Symbolleiste Nebeneinander vergleichen, um zur normalen Ansicht zurückzugelangen.

Eine benutzerdefinierte Ansicht speichern

Eine benutzerdefinierte Ansicht speichert die aktuellen Einstellungen für Ansicht und Druck einer Arbeitsmappe, so dass Sie sie nicht jedes Mal erneut ändern müssen, wenn Sie eine Arbeitsmappe ausdrucken oder auf dem Bildschirm betrachten.

So erstellen Sie eine benutzerdefinierte Ansicht: Stellen Sie die gewünschte Darstellungsweise und die gewünschten Druckeinstellungen für das Arbeitsblatt ein und wählen Sie im Menü Ansicht → Benutzerdefinierte Ansichten.

So rufen Sie eine benutzerdefinierte Ansicht auf: Wählen Sie im Menü Ansicht → Benutzerdefinierte Ansicht, markieren Sie die gewünschte Ansicht und klicken Sie auf Anzeigen.

Verwenden von Vorlagen

So erstellen Sie eine Vorlage: Erstellen oder öffnen Sie eine Arbeitsmappe, die der Vorlage zugrunde liegen soll und wählen Sie im Menü Datei → Speichern unter. Wählen Sie Vorlage aus der Liste Speichern unter, benennen Sie die Vorlage und klicken Sie zum Speichern auf OK.

So erstellen Sie eine Arbeitsmappe auf der Grundlage einer Vorlage: Wählen Sie im Menü Datei → Neu, klicken Sie auf Auf meinem Computer im Aufgabenbereich Neue Arbeitsmappe und doppelklicken Sie auf die Vorlage, die Sie verwenden möchten.

Arbeitsblätter zusammenfassen

Über das Menü Daten → Konsolidieren können Sie Daten aus mehreren Arbeitsblättern auf einem einzigen Masterarbeitsblatt zusammenfassen.

So konsolidieren Sie Daten: Beginnen Sie wenn möglich mit einer neuen Arbeitsmappe und wählen Sie eine Zelle in dieser Mappe als Ziel für die konsolidierten Daten aus. Wählen Sie im Menü Daten → Konsolidieren und eine Funktion zum Konsolidieren (Summe ist die gebräuchlichste) aus und anschließend im ersten Arbeitsblatt den gewünschten Zellbereich (klicken Sie auf die Schaltfläche Durchsuchen, wenn Sie einen Verweis zu einer Mappe in einer anderen Datei herstellen möchten). Klicken Sie danach auf Hinzufügen. Wählen Sie weitere Arbeitblätter aus und klicken Sie jedes mit Hinzufügen. Aktivieren Sie das Kontrollkästchen Verknüpfungen mit Quelldaten, wenn die konsolidierten Daten aktualisiert werden sollen.

Test

1. Alle folgenden Aussagen treffen zu bis auf ...

   A. Sie können die Reihenfolge der Arbeitsblätter in einer Mappe verändern, indem Sie auf ihre Blattregister klicken und sie an die neue Position ziehen.

   B. Sie können ein Arbeitsblatt umbenennen, indem Sie auf sein Blattregister doppelklicken.

   C. Sie können zwischen Arbeitsblättern umschalten, indem Sie den Namen eines Arbeitsblatts im Menü Fenster auswählen.

   D. Sie können Arbeitsblätter zu einer Arbeitsmappe hinzufügen und aus ihr löschen.

2. Wie können Sie zwischen Arbeitsblättern umschalten, wenn der Platz nicht ausreicht, um alle Blattregister darzustellen? (Mehrere Antworten möglich.):

   A. Sie klicken auf die Schaltflächen in der Registerlaufleiste, bis das gewünschte Blattregister erscheint, das Sie dann anklicken.

   B. Sie wählen den Namen des Arbeitsblatts im Menü Fenster.

   C. Sie rechtsklicken auf ein beliebiges Blattregister und wählen den Namen des gewünschten Arbeitsblatts aus dem Kontextmenü.

   D. Sie drücken Strg + Nach-rechts-Taste oder Strg + Nach-links-Taste, um zwischen den Arbeitsblättern umzuschalten.

3. Formeln können Bezüge zu Zellen in anderen Arbeitsblättern und sogar zu anderen Arbeitsmappen enthalten. (Richtig oder falsch?)

4. Welche der folgenden Aussagen trifft *nicht* zu?

   A. Sie können ein Arbeitsblatt löschen, indem Sie darauf rechtsklicken und Löschen aus dem Kontextmenü wählen.

   B. Über die Schaltfläche Alles Auswählen in der oberen linken Ecke des Arbeitsblattfensters lässt sich das gesamte Arbeitsblatt markieren.

   C. Sie können ein Fenster in mehrere Ausschnitte aufteilen, indem Sie auf die Schaltfläche Ausschnitte in der Standardsymbolleiste klicken.

   D. Sie können einen Bereich fixieren, so dass er sich nicht mehr bewegt.

5. Sie möchten ein Arbeitsblatt ausdrucken, das für eine einzige Seite um einige Spalten zu groß ist. Welche der folgenden Methoden beschreibt den einfachsten Weg, das Arbeitsblatt auf einer einzigen Seite unterzubringen?

   A. Sie öffnen das Dialogfeld Drucken (Datei → Seite einrichten), klicken auf die Registerkarte Papierformat, wählen darauf die Option Anpassen und legen fest, dass das Arbeitsblatt in Breite und Höhe auf eine Seite passen soll.

   B. Sie öffnen das Dialogfeld Drucken (Datei → Seite einrichten), klicken auf die Registerkarte Seitenränder und stellen die Seitenränder neu ein.

   C. Sie klicken auf die Schaltfläche Seitenansicht in der Standardsymbolleiste und anschließend auf die Schaltfläche Passend verkleinern.

   D. Sie passen Schriftgröße und Spaltenbreiten neu an.

6. Die Spalten in einem Arbeitsblatt sind standardmäßig entsperrt. (Richtig oder falsch?)

7. Welche der folgenden Aussagen trifft *nicht* zu?

   A. Sie müssen ein Dokument schützen, um Veränderungen an gesperrten Zellen zu verhindern.

   B. Sie können eine Zelle oder einen Zellbereich über die Schaltfläche Sperren in der Standardsymbolleiste sperren und entsperren.

   C. Sie können zwischen geöffneten Arbeitsmappen umschalten, indem Sie deren Namen im Menü Fenster auswählen.

   D. Excel druckt standardmäßig die Spalten- und Zeilenüberschrift auf jeder Seite des Arbeitsblatts neu aus.

8. Welche der folgenden Optionen ist *nicht* im Dialogfeld Seite einrichten enthalten?

   A. Orientierung

   B. Seitenränder

   C. Kopfzeile/Fußzeile

   D. Seitenumbruchvorschau

9. Wie fügen Sie einer Arbeitsmappe ein neues Arbeitsblatt hinzu?

   A. Sie klicken auf die Schaltfläche Neues Arbeitsblatt in der Standardsymbolleiste.

   B. Sie können neue Arbeitsblätter jederzeit im Microsoft Support Center gegen eine Schutzgebühr von 0,25 € pro Seite herunterladen.

   C. Sie rechtsklicken auf ein beliebiges Blattregister und wählen Einfügen aus dem Kontextmenü.

   D. Sie wählen im Menü Neu → Arbeitsblatt.

10. Wie legen Sie einen Druckbereich fest, so dass Excel nur einen Teil des Arbeitsblatts ausdruckt?

    A. Sie markieren den zu druckenden Bereich und wählen im Menü Datei → Druckbereich → Druckbereich festlegen.

    B. Sie markieren den Bereich, den Sie drucken möchten, und klicken auf die Schaltfläche Seitenansicht in der Standardsymbolleiste.

    C. Sie markieren den Bereich, den Sie drucken möchten, und klicken auf die Schaltfläche Drucken in der Standardsymbolleiste.

    D. Es ist nicht möglich, nur einen Teil eines Arbeitsblatts auszudrucken.

11. Wie können Sie eine Kopfzeile anzeigen oder einem Arbeitsblatt hinzufügen?

    A. Sie klicken auf die Schaltfläche Kopfzeile in der Formatsymbolleiste.

    B. Sie wählen im Menü Datei → Seite einrichten und klicken auf die Registerkarte Kopfzeile/Fußzeile.

    C. Sie markieren den zu druckenden Bereich und klicken auf die Schaltfläche Drucken in der Standardsymbolleiste.

    D. Es ist nicht möglich, eine Kopfzeile einzufügen.

12. Der Seitenumbruch erfolgt beim Ausdruck des Arbeitsblatts nicht an der Stelle, die Sie möchten. Wie können Sie das ändern?

    A. Sie klicken auf die Schaltfläche Seitenumbruch in der Standardsymbolleiste und anschließend mit dem Mauszeiger, der sich daraufhin in einen Hammer verwandelt, auf die Stelle, an der der Seitenumbruch erfolgen soll.

    B. Sie klicken auf die Zelle, an der der Seitenumbruch erfolgen soll, und wählen im Menü Fenster → Fenster fixieren.

    C. Sie klicken auf die Schaltfläche Seitenansicht in der Standardsymbolleiste und anschließend auf die Schaltfläche Ausdruck anpassen in der Symbolleiste.

    D. Sie wählen im Menü Ansicht → Seitenumbruchvorschau und ziehen die Seitenumbruchlinie an die Stelle, an der der Seitenumbruch erfolgen soll.

13. Wie können Sie eine Spalte oder Zeile ausblenden?

    A. Sie rechtsklicken auf den Zeilen- oder Spaltenkopf und wählen im Kontextmenü Ausblenden.

    B. Sie markieren den Zeilen- oder Spaltenkopf und wählen aus dem Menü Extras → Ausblenden.

    C. Sie kleben die Spalte oder Zeile mit weißem Klebeband ab.

    D. Sie markieren den Kopf der Zeile oder Spalte und klicken auf die Schaltfläche Ausblenden in der Formatsymbolleiste.

14. Sie möchten ein Arbeitsblatt im Format DIN A5 ausdrucken. Wie gehen Sie vor?

    A. Sie wählen im Menü Format → Papier und klicken auf das Format A5 aus der Formatliste.

    B. Sie rechtsklicken auf die Schaltfläche Alles markieren und wählen DIN A5 aus dem Kontextmenü.

    C. Sie wählen im Menü Datei → Seite einrichten, klicken auf die Registerkarte Papierformat und wählen aus der Formatliste DIN A5.

    D. Sie erwerben einen DIN-A5-Drucker und eine mit DIN A5 kompatible Version von Excel.

Hausaufgaben

1. Öffnen Sie die Arbeitsmappe Hausaufgabe 5A und speichern Sie sie unter Ausgaben Regional.

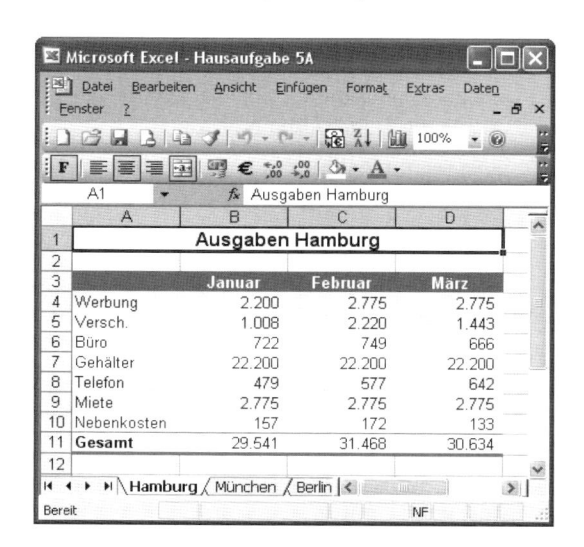

2. Ziehen Sie das Blattregister Berlin vor das Blattregister Hamburg.

3. Benennen Sie das Blattregister Hamburg in Bremen um.

4. Fügen Sie zwei neue Arbeitsblätter mit den Namen Dresden und Gesamt ein.

5. Öffnen Sie die Arbeitsmappe Hausaufgabe 5B. Kopieren Sie die Daten daraus in das Arbeitsblatt Dresden der Arbeitsmappe Ausgaben Regional. Schließen Sie danach die Mappe Hausaufgaben 5B.

6. Öffnen Sie das Arbeitsblatt Gesamt und richten Sie es so ein, dass es die Monatsausgaben aller vier Regionalbüros zusammenrechnet. (Hinweis: Sie müssen dazu externe Bezüge erstellen.)

7. Öffnen Sie das Arbeitsblatt Bremen, markieren Sie den Bereich A3:C11 und legen Sie ihn als Druckbereich fest.

8. Fügen Sie dem Arbeitsblatt die Kopfzeile Ausgaben regional, erstes Quartal hinzu.

9. Teilen Sie ein beliebiges Arbeitsblatt in zwei Ausschnitte auf, fixieren Sie sie und heben Sie die Teilung anschließend wieder auf.

Lösungen zum Test

1. C. Zu einem Arbeitsblatt schalten Sie um, indem Sie auf sein Blattregister klicken. Zwischen geöffneten Mappen schalten Sie um, indem Sie sie aus dem Menü Fenster auswählen.

2. A und C. Wenn Sie auf die Schaltflächen in der Registerlaufleiste klicken, erscheinen weitere Blattregister zum Anklicken. Wenn Sie auf ein Blattregister rechtsklicken, erscheint ein Kontextmenü mit einer Liste aller Arbeitsblätter einer Mappe.

3. Richtig. Einen Bezug zu Zellen in anderen Arbeitsblättern oder Mappen erstellen Sie, indem Sie die gewünschten Zellen am entsprechenden Ort markieren.

4. C. In der Standardsymbolleiste gibt es keine Schaltfläche Ausschnitte.

5. A. Über die Option Anpassen besteht die einfachste Möglichkeit, das Arbeitsblatt an eine Druckseite anzupassen. B und D sind ebenfalls korrekt, erfordern jedoch einen höheren Zeitaufwand.

6. Falsch. Zellen sind standardmäßig gesperrt. Sie können sie im Menü Format → Zellen entsperren. Deaktivieren Sie dazu auf der Registerkarte Schutz das Kontrollkästchen Gesperrt.

7. B. In der Standardsymbolleiste gibt es keine Schaltfläche Sperren (obwohl das keine schlechte Idee für eine zukünftige Version wäre).

8. D. Die Seitenumbruchvorschau erhalten Sie im Menü Ansicht → Seitenumbruchvorschau.

9. C. Sie fügen einer Arbeitmappe eine neues Arbeitsblatt hinzu, indem Sie auf ein beliebiges Blattregister rechtsklicken und im Kontextmenü Einfügen auswählen.

10. A. Einen Druckbereich legen Sie fest, indem Sie zunächst den gewünschten Bereich markieren und anschließend im Menü Datei → Druckbereich → Druckbereich festlegen auswählen.

11. B. Sie können die Kopfzeile einer Seite hinzufügen oder einsehen, indem Sie im Menü Datei → Seite einrichten auswählen und im daraufhin erscheinenden Dialogfeld auf die Registerkarte Kopfzeile/Fußzeile klicken.

12. D. Sie können die Position der Seitenumbrüche über Ansicht → Seitenumbruchvorschau ändern, indem Sie die Seitenumbruchlinie an die Stelle des gewünschten neuen Umbruchs ziehen.

13. A. Sie können eine Spalte oder Zeile ausblenden, indem Sie auf ihren Kopf rechtsklicken und im Kontextmenü Ausblenden wählen.

14. C. Ausdrucke auf DIN A5 stellen Sie im Menü Datei → Seite einrichten ein, indem Sie auf die Registerkarte Papierformat klicken und in der Liste mit den Papierformaten DIN A5 auswählen.

KAPITEL 6
WEITERE FUNKTIONEN UND FORMELN

LERNZIELE

Formeln mit mehreren Operatoren und Zellbereichen

Das Dialogfeld Funktion einfügen

Erstellen und Verwenden von Bereichsnamen

Nicht zusammenhängende Bereiche auswählen und die automatische Berechnung nutzen

Die Funktion WENN für bedingte Formeln

Die Funktion RMZ

Formeln anzeigen und drucken

Fehler in Formeln beheben

AUFGABE: GEHÄLTER UND HYPOTHEKEN IN EINEM ARBEITSBLATT BERECHNEN

Voraussetzungen

- Sie können mit Menüs, Symbolleisten, Dialogfeldern und Tastenkombinationen umgehen.
- Sie wissen, wie man Zellbereiche auswählt.
- Sie können Werte, Überschriften und Formeln in Zellen eingeben.
- Sie wissen, wie Sie Zellbezüge herstellen.

Formeln sind das A und O einer Tabellenkalkulation. Ohne Formeln wäre Excel nichts weiter als ein System von Zeilen und Spalten, in das Sie Zahlen und Text eintragen könnten. In diesem Kapitel werden Sie sehen, dass Ihnen mit Formeln nicht nur die Grundrechenarten zur Verfügung stehen, sondern weitaus mehr. Excel stellt Ihnen Hunderte unterschiedlichster Formeln für komplexe statistische, finanzielle und wissenschaftliche Berechnungen bereit. Selbst der bestausgestattete Taschenrechner der Welt kann Excel mit seinem Funktionsumfang nicht das Wasser reichen.

Dieses Kapitel unterscheidet sich in seinem Aufbau von den übrigen dieses Buches, denn es ist in zwei Teile gegliedert. Im ersten Teil lernen Sie alles über das Erstellen von Formeln und die Verwendung unterschiedlicher Funktionen. Der zweite Teil dieses Kapitels bietet, nach Kategorien geordnet, eine Übersicht der gebräuchlichsten Funktionen.

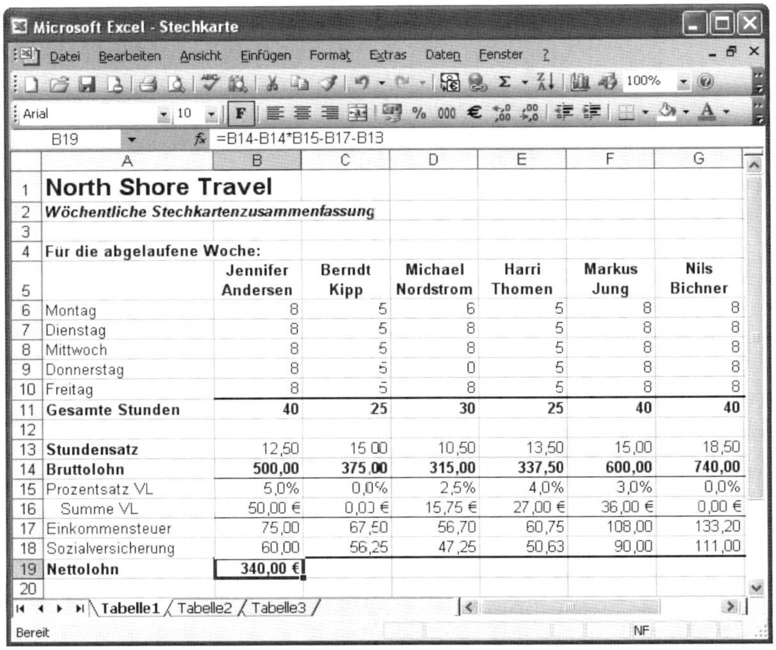

	A	B	C	D	E	F	G
1	North Shore Travel						
2	Wöchentliche Stechkartenzusammenfassung						
3							
4	Für die abgelaufene Woche:						
5		Jennifer Andersen	Berndt Kipp	Michael Nordstrom	Harri Thomen	Markus Jung	Nils Bichner
6	Montag	8	5	6	5	8	8
7	Dienstag	8	5	8	5	8	8
8	Mittwoch	8	5	8	5	8	8
9	Donnerstag	8	5	0	5	8	8
10	Freitag	8	5	8	5	8	8
11	Gesamte Stunden	40	25	30	25	40	40
12							
13	Stundensatz	12,50	15,00	10,50	13,50	15,00	18,50
14	Bruttolohn	500,00	375,00	315,00	337,50	600,00	740,00
15	Prozentsatz VL	5,0%	0,0%	2,5%	4,0%	3,0%	0,0%
16	Summe VL	50,00 €	0,00 €	15,75 €	27,00 €	36,00 €	0,00 €
17	Einkommensteuer	75,00	67,50	56,70	60,75	108,00	133,20
18	Sozialversicherung	60,00	56,25	47,25	50,63	90,00	111,00
19	Nettolohn	340,00 €					
20							

Abbildung 6-1: Eine Formel mit mehreren Operatoren und Zellbereichen eingeben

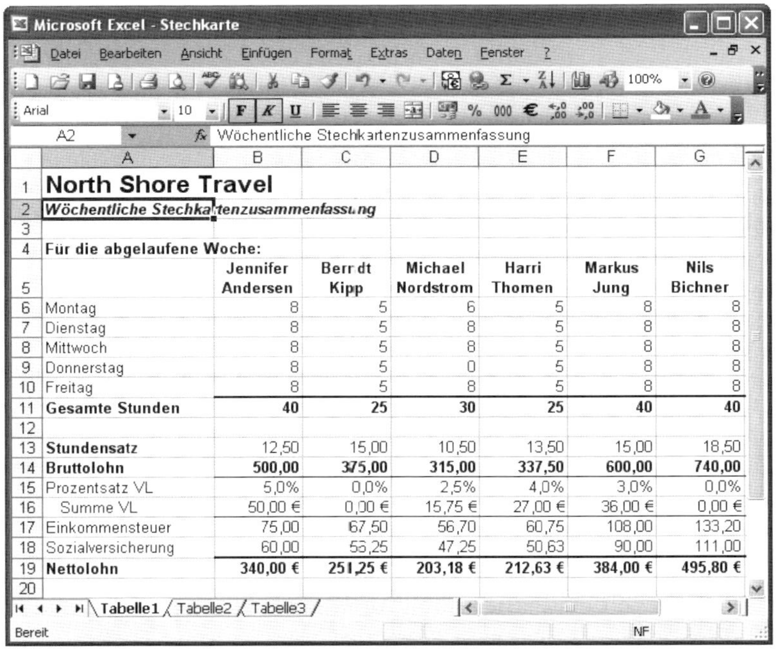

	A	B	C	D	E	F	G
1	North Shore Travel						
2	Wöchentliche Stechkartenzusammenfassung						
3							
4	Für die abgelaufene Woche:						
5		Jennifer Andersen	Berndt Kipp	Michael Nordstrom	Harri Thomen	Markus Jung	Nils Bichner
6	Montag	8	5	6	5	8	8
7	Dienstag	8	5	8	5	8	8
8	Mittwoch	8	5	8	5	8	8
9	Donnerstag	8	5	0	5	8	8
10	Freitag	8	5	8	5	8	8
11	Gesamte Stunden	40	25	30	25	40	40
12							
13	Stundensatz	12,50	15,00	10,50	13,50	15,00	18,50
14	Bruttolohn	500,00	375,00	315,00	337,50	600,00	740,00
15	Prozentsatz VL	5,0%	0,0%	2,5%	4,0%	3,0%	0,0%
16	Summe VL	50,00 €	0,00 €	15,75 €	27,00 €	36,00 €	0,00 €
17	Einkommensteuer	75,00	67,50	56,70	60,75	108,00	133,20
18	Sozialversicherung	60,00	56,25	47,25	50,63	90,00	111,00
19	Nettolohn	340,00 €	251,25 €	203,18 €	212,63 €	384,00 €	495,80 €
20							

Abbildung 6-2: Das vollständig ausgefüllte Arbeitsblatt

Gleich zu Beginn dieses Kapitels widmen wir uns der Erstellung etwas komplexerer Formeln. Erinnern wir uns: Formeln können verschiedene Zahlwerte enthalten wie 81 oder 3,5, Bezüge zu Zellen wie B5 und C1:D11, Operatoren wie * (für Multiplikation) und + (für Addition) oder auch Funktionen wie *SUMME* und *MITTELWERT*. Wenn Sie mehrere Rechenvorgänge und Funktionen in einer Formel zusammenfassen (siehe Abbildung 6-1), führt Excel diese Operationen in der in Tabelle 6-1 dargestellten Reihenfolge durch. Enthält eine Formel mehrere Operatoren derselben Prioritätsstufe, arbeitet Excel die Formel von links nach rechts ab. Sie können diese Reihenfolge jedoch ändern, indem Sie den Teil der Formel, den Excel zuerst bearbeiten soll, in Klammern einschließen.

In dieser Lektion üben Sie das Erstellen von Formeln mit mehreren Verweisen und Operatoren anhand der Berechnung von vermögenswirksamen Leistungen und Nettogehältern für Angestellte.

1 Starten Sie Microsoft Excel. Öffnen Sie gegebenenfalls die Arbeitsmappe Übung 6A und speichern Sie sie unter dem Dateinamen Stechkarte.

Dieses Arbeitsblatt dient der wöchentlichen Gehaltsabrechnung für die Angestellten des Reisebüros North Shore anhand ihrer Stundenübersichten. Alle Daten und *fast* alle Formeln sind bereits in das Arbeitsblatt eingetragen. Sie müssen nur noch einige Formeln hinzufügen, um das Arbeitsblatt *Stechkarte* zu vervollständigen. Zunächst erstellen Sie eine Formel, mit der Sie die Höhe der vermögenswirksamen Leistungen für jeden Angestellten ermitteln. Da der Angestellte für die eine Hälfte der vermögenswirksamen Leistungen selbst aufkommt und North Shore für die andere, ist diese Formel ein wenig komplizierter als gewohnt.

2 Klicken Sie auf die Zelle B16 und geben Sie = ein.

Das Gleichheitszeichen teilt Excel mit, dass Sie in diese Zelle eine Formel eingeben werden.

3 Klicken Sie auf die Zelle B14, geben Sie * ein und klicken Sie auf die Zelle B15 (Sie können alternativ auch B14*B15 eingeben). Drücken Sie jetzt noch nicht Enter.

Dieser Teil der Formel multipliziert das Bruttogehalt (in Zelle B14) mit dem Prozentsatz (in Zelle B15), den die Angestellten davon für ihre vermögenswirksamen Leistungen abführen möchten. Damit ist die Formel aber noch nicht vollständig – bedenken Sie, dass North Shore den anderen Teil der vermögenswirksamen Leistungen übernimmt.

4 Geben Sie *2 ein und bestätigen Sie mit Enter.

Excel errechnet nun den Gesamtbetrag der vermögenswirksamen Leistungen zu 50 €. Im nächsten Schritt kopieren Sie die Formel, die Sie gerade erstellt haben, in die verbleibenden Zellen dieser Reihe.

5 Kopieren Sie die Formel in Zelle B16 in den Zellbereich C16:H16.

Im Arbeitsblatt fehlt nun nur noch eine Formel für die Berechnung des Nettogehalts.

6 Klicken Sie auf die Zelle B19, geben Sie = ein, klicken Sie auf die Zelle B14 und geben Sie – (Minuszeichen) ein.

Hier wird es spannend. Sie können den Betrag der vermögenswirksamen Leistungen nämlich nicht direkt vom Betrag in Zelle B16 abziehen, da sich die vermögenswirksamen Leistungen aus den Beiträgen des Angestellten *und* des Arbeitgebers zusammensetzen. Sie müssen also zunächst einmal die Beitragshöhe für den Angestellten berechnen, um sie anschließend von seinem Bruttogehalt abzuziehen.

7 Klicken Sie noch einmal auf die Zelle B14, geben Sie * ein, klicken Sie auf die Zelle B15 und drücken Sie Enter.

Die Formel zieht somit den Beitragsanteil des Angestellten von seinem Bruttogehalt ab (5% von 500 €, also 25 €). Damit ist die Formel immer noch nicht ganz vollständig. Im letzten Schritt ziehen Sie noch die Einkommenssteuer und die Sozialabgaben ab.

8 Klicken Sie auf die Zelle B19, klicken Sie auf die Bearbeitungsleiste und geben Sie am Ende der Formel -B17-B18 ein. Die gesamte Formel lautet somit =B14-B14*B15-B17-B18. Bestätigen Sie Ihre Eingabe abschließend mit Enter.

Die Formel ist nun vollständig, so dass Excel das Nettogehalt für die Angestellten errechnet.

Lektion 6.1
Formeln mit mehreren Operatoren und Zellbereichen

9 Kopieren Sie die Formel aus Zelle B19 in den Zellbereich C19:H19.

Vergleichen Sie Ihr Arbeitsblatt mit dem in Abbildung 6-2.

Wenn Sie mit mehreren Operatoren in einer Formel arbeiten, führt Excel die Rechenschritte in der in Tabelle 6-1 angegebenen Reihenfolge durch. Enthält eine Formel Operatoren derselben Prioritätsstufe, also beispielsweise sowohl ein Multiplikationszeichen als auch ein Divisionszeichen, arbeitet Excel sie von links nach rechts ab. Möchten Sie die Reihenfolge ändern, in der Excel die Formel abarbeitet, müssen Sie den Teil, der zuerst berechnet werden soll, in Klammern setzen. Die Formel =(10-5)+(4/2) zieht beispielsweise zunächst 5 von 10 ab, teilt danach 4 durch 2 und bildet abschließend die Summe beider Ergebnisse.

Tabelle 6-1: Die Reihenfolge, in der Excel Rechenvorgänge in Formeln durchführt (absteigende Priorität)

Operator	Beschreibung
()	Zuerst berechnet Excel in Klammern eingeschlossene Bereiche. Beispiel: =(20+5)/(10-5) addiert zunächst 20 und 5 zu 25, zieht anschließend 5 von 10 ab und teilt die Ergebnisse durcheinander mit dem Resultat 25/5=5. Ohne Klammern erfolgt die Rechnung so: =20+5/10-5 teilt zuerst 5 durch 10 mit dem Ergebnis 0,5. Dieses Resultat addiert Excel danach zu 20 und zieht hinterher 5 ab. Das Endergebnis lautet also 15,5.
:	Operator für Bereiche
%	Prozent
^	Potenz
* und /	Multiplikation und Division
+ und –	Addition und Subtraktion
= < > <= >= <>	Vergleichsoperatoren

SCHNELLREFERENZ

SO ÄNDERN SIE IN EINER FORMEL DIE REIHENFOLGE DER RECHENVORGÄNGE:

- UMSCHLIESSEN SIE TEILE EINER FORMEL, DIE EXCEL ZUERST BERECHNEN SOLL, MIT KLAMMERN.

Das Dialogfeld Funktion einfügen

LEKTION 6.2

Geben Sie hier eine kurze Beschreibung dessen ein, was die Formel berechnen soll, und klicken Sie anschließend auf Start.

Hier können Sie Funktionen nach Kategorien geordnet auswählen.

Klicken Sie auf den Namen einer Funktion, um ihre Beschreibung und Syntax darzustellen.

Beschreibung und Syntax der Formel, die Sie aus der Liste ausgewählt haben

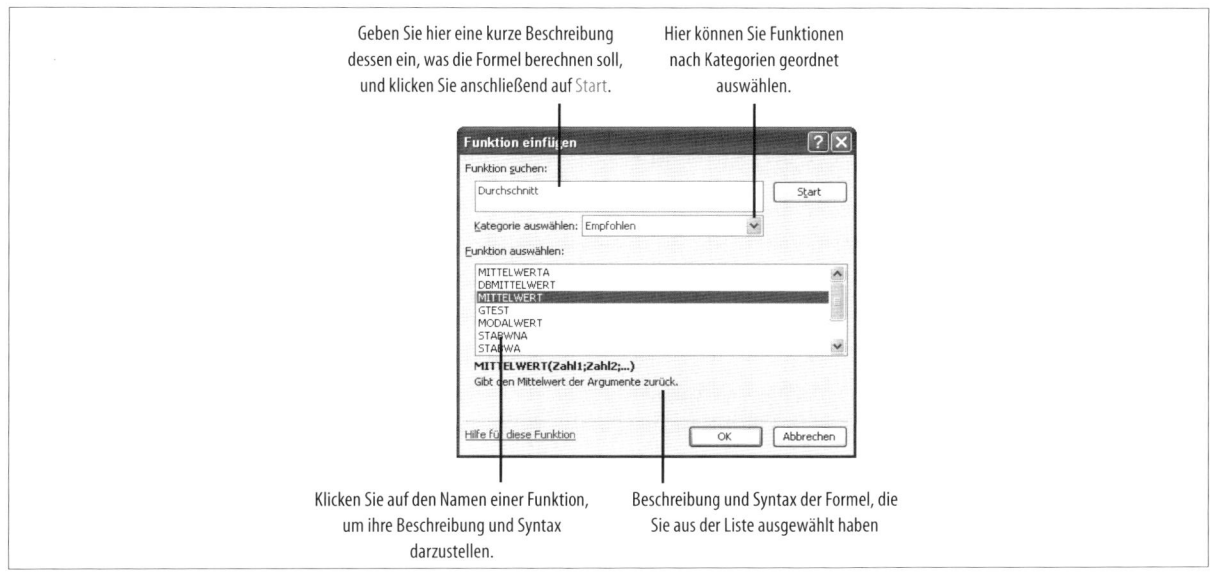

Abbildung 6-3: Das Dialogfeld Funktion einfügen

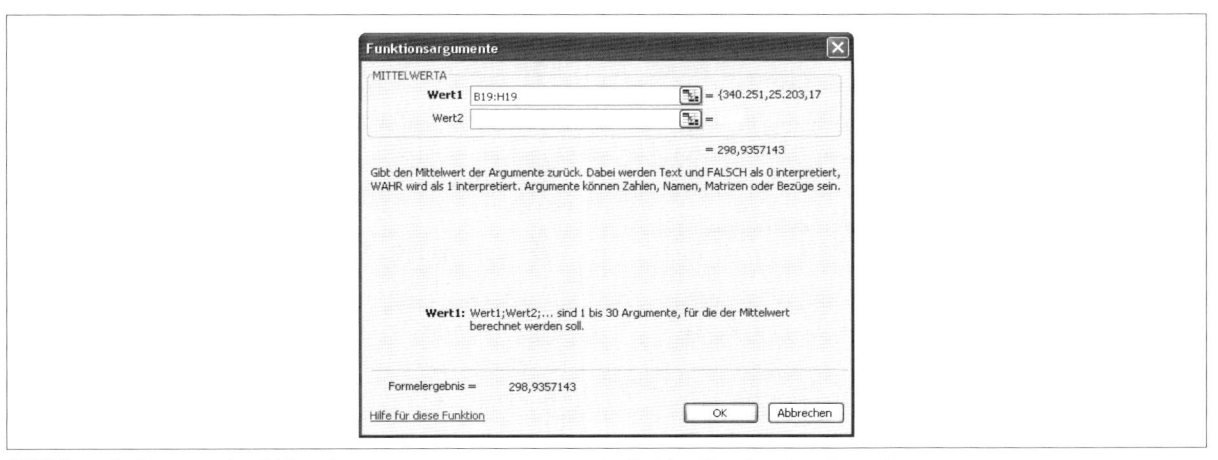

Abbildung 6-4: Das Dialogfeld Funktionsargumente unterstützt Sie bei der Eingabe einer Formel.

Excel wartet mit mehreren hundert Funktionen auf. Bei einigen Formeln gestaltet sich die Eingabe problemlos wie etwa bei der Funktion *Summe*, andere Funktionen hingegen sind komplexer. Die Syntax der Funktion *GDA2* etwa, mit der Sie die Abschreibung eines Wirtschaftsguts berechnen können, lautet »GDA2(Anschaffungswert; Restwert; Nutzungsdauer;Periode;Monate)«. Glücklicherweise müssen Sie diese umständliche Syntax nicht im Kopf haben, denn Excel gestattet Ihnen über die Schaltfläche Funktion einfügen den Zugriff auf sämtliche Funktionen.

Die Schaltfläche Funktion einfügen befindet sich links neben der Bearbeitungsleiste und bietet Ihnen die Möglichkeit, Funktionen in einem Arbeitsblatt auszuwählen, einzugeben und zu bearbeiten.

In dieser Lektion machen Sie sich mit dem Dialogfeld Funktion einfügen vertraut, indem Sie zunächst eine einfache Formel mit der Funktion *Mittelwert* erstellen.

Lektion 6.2
Das Dialogfeld Funktion einfügen

1 Klicken Sie auf die Zelle A20, anschließend auf die Schaltfläche Fett in der Symbolleiste Format, geben Sie Mittlerer Nettolohn ein und drücken Sie abschließend TAB.

In Zelle B20 werden Sie nun über die Schaltfläche Funktion einfügen eine Formel erstellen, die den mittleren Nettolohn berechnet.

fx

Die Schaltfläche Funktion einfügen

2 Klicken Sie auf die Schaltfläche Funktion einfügen in der Bearbeitungsleiste.

Das Dialogfeld Funktion einfügen erscheint wie in Abbildung 6-3. Geben Sie eine kurze Beschreibung dessen ein, was Sie mit der Funktion berechnen möchten, und klicken Sie anschließend auf Start. Daraufhin schlägt Ihnen Excel eine Auswahl von Funktionen vor, die zu Ihrer Eingabe passen.

3 Geben Sie in das Feld Funktion Suchen Mittelwert ein und klicken Sie anschließend auf Start.

Excel gibt eine Liste der Funktionen aus, in denen das Wort »Mittelwert« eine Rolle spielt.

4 Wählen Sie aus der Liste der Funktionen Mittelwert aus.

Unterhalb der Liste sehen Sie immer eine Beschreibung und die Syntax der ausgewählten Funktion.

Die Schaltfläche Dialogfeld reduzieren verkleinert und verschiebt das Dialogfeld vorübergehend, damit Sie Zellen markieren und somit einen Zellbereich festlegen können. Nachdem Sie den Bereich markiert haben, können Sie wieder das vollständige Dialogfeld darstellen, indem Sie die Schaltfläche nochmals betätigen oder Enter drücken.

5 Klicken Sie auf OK.

Das Dialogfeld Funktion einfügen schließt sich und das Dialogfeld Funktionsargumente öffnet sich wie in Abbildung 6-4. Da es sich bei Mittelwert um eine sehr einfache Funktion handelt, müssen Sie als einzige Argumente (Teile oder Werte einer Formel) die Zahlen festlegen, deren Mittelwert Sie berechnen möchten.

6 Markieren Sie den Zellbereich B19:H19.

Dieser Bereich enthält das Nettogehalt der Angestellten.

> **HINWEIS** *Wenn das Dialogfeld Funktionsargumente über den Zellen oder dem Zellbereich liegt, den Sie markieren möchten, können Sie auf die Schaltfläche Dialogfeld reduzieren rechts neben einem Textfeld klicken. Das Dialogfeld verkleinert sich bis auf das entsprechende Textfeld, so dass Sie die Zelle oder den Zellbereich auswählen können.*

7 Drücken Sie Enter.

Das Dialogfeld schließt sich und Excel erstellt die Formel automatisch. Zelle A22 zeigt somit das durchschnittliche Nettogehalt an.

8 Speichern Sie Ihrer Arbeit.

Im Dialogfeld Funktion einfügen können Sie Funktionen nach Kategorien geordnet auswählen. Tabelle 6-2 stellt die verschiedenen Kategorien jeweils mit einer kurzen Beschreibung vor.

Tabelle 6-2: Die Funktionskategorien

Kategorie	Beschreibung
Zuletzt verwendet	Listet die Funktionen auf, die Sie zuletzt verwendet haben.
Alle	Stellt alle in Excel verfügbaren Funktionen dar.
Finanzmathematik	Listet finanzmathematische Funktionen auf, mit denen Sie Zinsen, Zahlungen, Darlehen usw. berechnen können.
Datum & Zeit	Listet Funktionen auf, mit denen Sie Datums- und Zeitwerte berechnen können.
Math. & Trigonom.	Listet mathematische und trigonometrische Funktionen auf wie *SUMME*, *COS* und *TAN*.
Statistik	Listet statistische Funktionen auf, mit denen Sie Mittelwerte, Standardabweichungen und Ähnliches berechnen können.
Matrix	Listet Funktionen auf, die mit Verweisen und Bezügen zu Werten arbeiten.
Datenbank	Listet Funktionen auf, die in einer Liste oder Datenbank Werte suchen oder berechnen.
Text	Listet Funktionen auf, die mit Text oder Zeichen arbeiten.
Logik	Listet logische Funktionen auf.
Information	Listet Funktionen auf, die Informationen über Werte und das Arbeitsblatt an sich zurückgeben.
Benutzerdefiniert	Listet benutzerdefinierte Funktionen auf, die Sie oder ein anderer Benutzer erstellt haben.

SCHNELLREFERENZ

SO GEBEN SIE EINE FUNKTION ÜBER DIE SCHALTFLÄCHE FUNKTION EINFÜGEN EIN ODER BEARBEITEN SIE:

1. MARKIEREN SIE DIE ZELLE, IN DIE SIE EINE FORMEL EINGEBEN ODER DEREN FORMEL SIE BEARBEITEN MÖCHTEN, UND KLICKEN SIE ANSCHLIESSEND AUF DIE SCHALTFLÄCHE FUNKTION EINFÜGEN IN DER BEARBEITUNGSLEISTE.

2. WÄHLEN SIE EINE KATEGORIE FÜR IHRE GEWÜNSCHTE FUNKTION AUS DEM DROPDOWN-LISTENFELD KATEGORIE AUS.

ODER:

1. GEBEN SIE EINE KURZE BESCHREIBUNG DER GEWÜNSCHTEN FUNKTION ODER FORMEL EIN, DIE SIE ERSTELLEN MÖCHTEN, UND KLICKEN SIE ANSCHLIESSEND AUF START.

2. WÄHLEN SIE DIE GEWÜNSCHTE FUNKTION AUS DER LISTE IM FELD FUNKTION AUSWÄHLEN UND KLICKEN SIE AUF OK.

LEKTION 6.3 — Bereichsnamen erstellen und verwenden

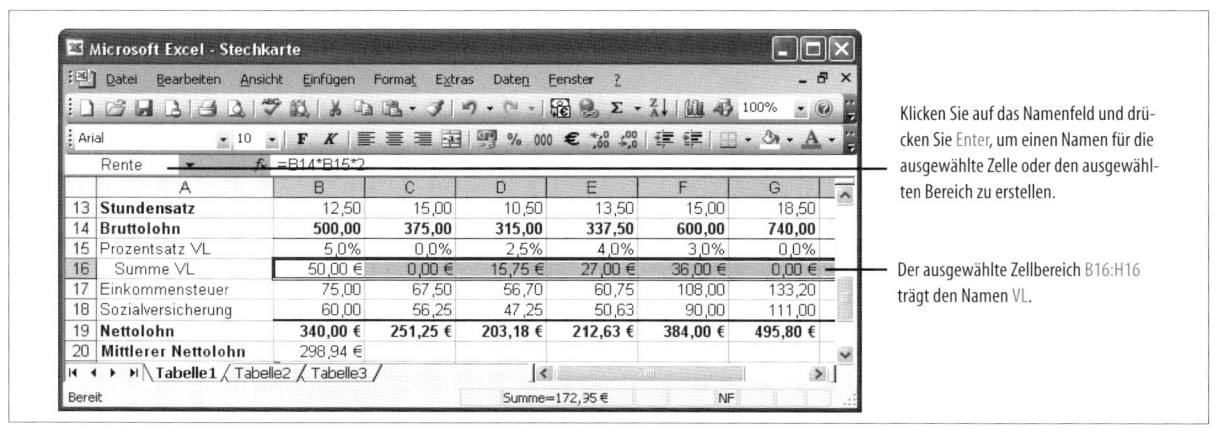

Abbildung 6-5: Einen Bereichsnamen erstellen

Klicken Sie auf das Namenfeld und drücken Sie Enter, um einen Namen für die ausgewählte Zelle oder den ausgewählten Bereich zu erstellen.

Der ausgewählte Zellbereich B16:H16 trägt den Namen VL.

Abbildung 6-6: Das Dialogfeld Namen erstellen

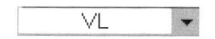

Sie können einen Bereichsnamen festlegen, indem Sie den gewünschten Bereich markieren und die Bezeichnung in das Namenfeld in der Bearbeitungsleiste eingeben.

Bezüge zu Zellen und Zellbereichen sind in ihrer üblichen Schreibweise häufig wenig eingängig. Was sagt Ihnen beispielsweise im aktuellen Arbeitsblatt der Zellbereich B16:H16? Er enthält den Gesamtbetrag vermögenswirksamer Leistungen der Angestellten (zusammengesetzt aus dem Beitrag des Angestellten und des Arbeitgebers). Wenn Sie einer Zelle oder einem Bereich einen Namen geben, können Sie ihn in Formeln einfacher identifizieren, verwenden und sich leichter einprägen. Anstatt also die Beiträge für die vermögenswirksamen Leistungen über die Formel =SUMME(B16:H16) zu berechnen, erhalten Sie über einen Bereichsnamen die viel leichter lesbare Formel =SUMME(VL).

In dieser Lektion erfahren Sie, wie Sie Bereichsnamen erstellen und in Formeln einsetzen können. Darüber hinaus lernen Sie, wie Sie Spalten- und Zeilenüberschriften in Ihren Formeln einsetzen und wie Excel Bereichsnamen automatisch erstellt.

1 Markieren Sie den Zellbereich B16:H16.

Der markierte Zellbereich enthält die Beiträge des Arbeitgebers und der Angestellten für die vermögenswirksamen Leistungen. Im nächsten Schritt geben Sie dem markierten Zellbereich B16:H16 einen aussagekräftigen Namen.

2 Lassen Sie den Zellbereich B16:H16 markiert und klicken Sie auf das Namenfeld in der Bearbeitungsleiste, geben Sie VL ein (siehe Abbildung 6-5) und drücken Sie Enter.

Wenn Sie sich nun auf die Beträge der vermögenswirksamen Leistungen beziehen möchten, können Sie dafür den Namen »VL« statt des schwer zu merkenden kryptischen Bezugs B16:H16 verwenden.

3 Klicken Sie auf die Zelle A21, dann auf die Schaltfläche Fett in der Formatsymbolleiste, geben Sie Summe VL ein und drücken Sie Tab.

4 Geben Sie in Zelle B21 =SUMME(VL) ein und bestätigen Sie mit Enter.

Excel errechnet die Summe des Bereichs VL oder B16:H16.

Die benannten Bereiche können Sie schnell und bequem über das Namenfeld in der Bearbeitungsleiste anwählen.

Die Dropdown-Liste des Namenfeldes

5 Klicken Sie auf den Pfeil rechts neben dem Namenfeld und wählen Sie VL aus.

Excel markiert den Bereich VL. Sie müssen Namen nicht manuell festlegen; Excel kann das für Sie auch automatisch übernehmen.

6 Markieren Sie den Zellbereich A5:H11 und wählen Sie anschließend über das Menü Einfügen → Namen.

Die folgenden Punkte beschreiben kurz die einzelnen Funktionen im Untermenü Namen:

- **Definieren**: Legt wie bei der direkten Eingabe in das Namenfeld einen Namen für eine Zelle, einen Zellbereich, einen konstanten oder berechneten Wert fest. Anhand dieses Namens können Sie sich auf die Zelle, den Bereich oder Wert beziehen. Außerdem lassen sich über diese Funktion bestehende Namen löschen.
- **Einfügen**: Fügt den ausgewählten Namen in die Bearbeitungsleiste ein. Wenn Sie in die aktive Bearbeitungsleiste ein Gleichheitszeichen (=) eingeben, um eine neue Formel zu erstellen, können Sie über die Option Einfügen den Namen eines Bereichs auswählen und in die Formel einbauen. Ist die Bearbeitungsleiste nicht aktiv, können Sie auf den Namen im Dialogfeld Namen einfügen doppelklicken. Excel fügt ein Gleichheitszeichen (=) und den Namen dann automatisch in die Bearbeitungsleiste ein.
- **Erstellen**: Erstellt Namen aus den Bezeichnungen eines ausgewählten Bereichs.
- **Übernehmen**: Sucht in den ausgewählten Zellen nach Formeln und ersetzt darin die Bezüge, für die Sie Namen festgelegt haben.
- **Beschriftung**: Erstellt Namen für Formeln anhand der Beschriftungen von Zeilen und Spalten in einem ausgewählten Bereich

7 Wählen Sie Erstellen aus dem Menü Namen.

Das Dialogfeld Namen erstellen erscheint wie in Abbildung 6-6. Über dieses Dialogfeld können Sie auf der Grundlage der aktuellen Auswahl automatisch Namen für den Bereich festlegen.

8 Aktivieren Sie die Kontrollkästchen Oberster Zeile sowie Linker Spalte und klicken Sie anschließend auf OK.

Das Dialogfeld Namen erstellen schließt sich und Excel erstellt automatisch Namen für den ausgewählten Zellbereich. Wenn Sie auf den Pfeil neben dem Namenfeld klicken, sehen Sie, dass Excel die Namen richtig erstellt hat.

9 Klicken Sie auf den Pfeil neben dem Namenfeld.

In der Namensliste sollten nun die Bezeichnungen der Spaltenüberschriften auftauchen.

10 Klicken Sie auf eine beliebige Stelle des Arbeitsblattfensters, um das Dropdown-Listenfeld des Namenfelds zu schließen.

Sie können die Spalten- und Zeilenüberschriften in einem Arbeitsblatt auch als Bezüge in Formeln verwenden, ohne diese Namen noch einmal eigens zu erstellen.

11 Klicken Sie auf die Zelle A22 und anschließend auf die Schaltfläche Fett in der Formatsymbolleiste, geben Sie Max. Stundensatz ein und drücken Sie Tab.

Lektion 6.3
Bereichsnamen erstellen und verwenden

12 Geben Sie in Zelle B22 =MAX(Stundensatz) ein und drücken Sie Enter.

Excel gibt den größten Wert (18,5) in der Zeile Stundensatz zurück.

13 Speichern Sie Ihre Arbeit.

SCHNELLREFERENZ

SO ERSTELLEN SIE EINEN BEREICHSNAMEN:

1. WÄHLEN SIE DIE GEWÜNSCHTE ZELLE ODER DEN ZELLBEREICH AUS, FÜR DEN SIE EINEN NAMEN ERSTELLEN MÖCHTEN.
2. KLICKEN SIE AUF DAS NAMENFELD IN DER BEARBEITUNGSLEISTE, GEBEN SIE DEN NAMEN EIN UND BESTÄTIGEN SIE MIT ENTER.

SO ERSTELLEN SIE NAMEN AUTOMATISCH:

1. WÄHLEN SIE DIE GEWÜNSCHTE ZELLE ODER EINEN ZELLBEREICH AUS, DEN SIE BENENNEN MÖCHTEN.
2. WÄHLEN SIE ÜBER DAS MENÜ EINFÜGEN → NAMEN → ERSTELLEN.
3. AKTIVIEREN SIE DIE GEWÜNSCHTEN KONTROLLKÄSTCHEN IM DIALOGFELD NAMEN ERSTELLEN.
4. KLICKEN SIE AUF OK.

SO ÄNDERN SIE DEN ZELLBEZUG EINES BEREICHSNAMENS:

1. WÄHLEN SIE DIE NEUE ZELLE ODER DEN NEUEN ZELLBEREICH FÜR DEN BEZUG AUS.
2. WÄHLEN SIE ÜBER DAS MENÜ EINFÜGEN → NAMEN → ÜBERNEHMEN.
3. WÄHLEN SIE DEN NAMEN, DEN SIE FÜR DEN AUSGEWÄHLTEN BEZUG VERWENDEN WOLLEN, UND KLICKEN SIE ANSCHLIEẞEND AUF OK.

SO LÖSCHEN SIE BEREICHSNAMEN:

- WÄHLEN SIE ÜBER DAS MENÜ EINFÜGEN → NAMEN → DEFINIEREN UND IM DARAUFHIN ERSCHEINENDEN DIALOGFELD DEN NAMEN, DEN SIE LÖSCHEN MÖCHTEN. KLICKEN SIE ANSCHLIEẞEND AUF LÖSCHEN.

Nicht zusammenhängende Bereiche auswählen und die automatische Berechnung nutzen

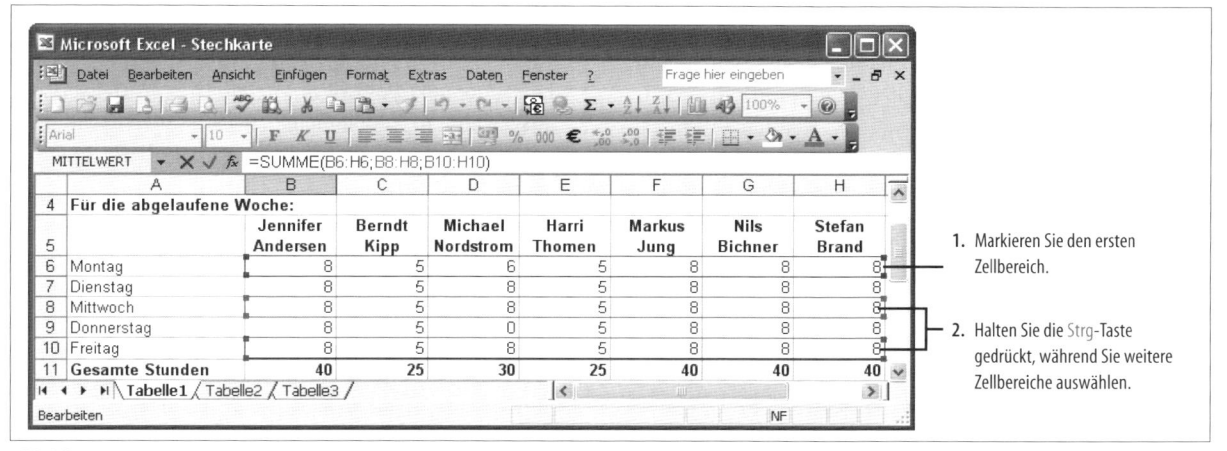

LEKTION 6.4

Abbildung 6-7: So wählen Sie mehrere nicht zusammenhängende Zellbereiche mit der Strg-Taste aus.

1. Markieren Sie den ersten Zellbereich.
2. Halten Sie die Strg-Taste gedrückt, während Sie weitere Zellbereiche auswählen.

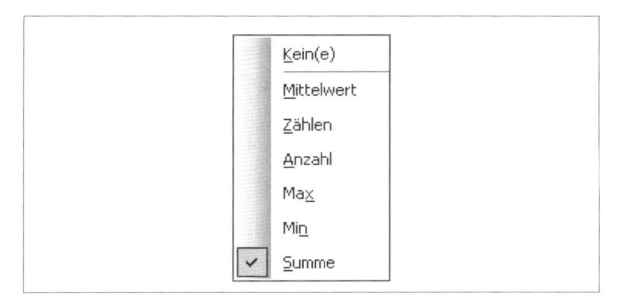

Abbildung 6-8: Die Optionen im Kontextmenü Automatische Berechnung

An dieser Stelle des Buches angelangt, haben Sie längst gelernt, wie Sie Zellbereiche für Formeln auswählen und mit ihnen arbeiten. Doch wie können Sie nicht zusammenhängende Bereiche auswählen? Das erste Thema dieser Lektion beantwortet diese Frage.

Außerdem erklärt diese Lektion die Funktion der *automatischen Berechnung*, über die Sie die Gesamtsumme oder den Mittelwert eines Bereichs errechnen können, ohne eine Formel eingeben zu müssen.

1 Öffnen Sie nötigenfalls die Arbeitsmappe Übung 6B und speichern Sie sie als Stechkarte.

2 Klicken Sie auf die Zelle A24, danach auf die Schaltfläche Fett in der Formatsymbolleiste, geben Sie M-M-F ein und drücken Sie abschließend Tab.

Im nächsten Schritt werden Sie die Gesamtstunden aus den Spalten Montag, Mittwoch und Freitag ermitteln. Mehrere nicht zusammenhängende Bereiche können Sie auswählen, wenn Sie die Strg-Taste dabei gedrückt halten.

Die Schaltfläche AutoSumme

3 Stellen Sie sicher, dass Zelle B24 aktiv ist, und klicken Sie auf die Schaltfläche AutoSumme in der Standardsymbolleiste.

Excel wählt die nächste ausgefüllte Zelle (B22) als Argument für die Funktion *Summe* aus. Das ist jedoch nicht der Zellbereich, den Sie in Ihre Formel einsetzen wollen, denn Sie möchten die Gesamtsummen der Spalten Montag, Mittwoch und Freitag ermitteln.

4 Wählen Sie den Zellbereich Montag (B6:H6) aus, drücken Sie die Strg-Taste und halten Sie sie gedrückt, während Sie den Bereich Mittwoch (B8:H8) und abschließend den Zellbereich Freitag (B10:H10) auswählen. Lassen Sie danach die Strg-Taste wieder los.

Eine schimmernde gepunktete Linie um die nicht zusammenhängenden Zellbereiche in den Zeilen Montag, Mittwoch und Freitag zeigt nun an, dass sie alle ausgewählt sind (siehe Abbildung 6-7). Die Bearbeitungsleiste zeigt die Zellbereiche an: *=SUMME (B6:H6;B8:H8;B10:H10)*.

259

Lektion 6.4
Nicht zusammenhängende Bereiche auswählen und die automatische Berechnung nutzen

5 Drücken Sie Enter.

Excel berechnet die Gesamtstunden aus den Zeilen Montag, Mittwoch und Freitag.

Weiter geht es mit dem zweiten Thema dieser Lektion – der Funktion Automatische Berechnung. Es kann vorkommen, dass Sie die Summe mehrerer Zellen berechnen möchten, ohne dafür gleich eine Formel erstellen zu wollen. Die Funktion Automatische Berechnung schafft in solch einem Fall ideale Abhilfe. Sobald Sie nämlich einen Zellbereich auswählen, können Sie dessen Gesamtsumme unmittelbar in der Statusleiste ablesen.

Sum=240

Automatische Berechnung in der Statusleiste

6 Wählen Sie den Zellbereich B6:H10 aus.

Im Bereich Automatische Berechnung der Statusleiste erscheint die Gesamtsumme des ausgewählten Zellbereichs: Summe=240. Diese Funktion können Sie auch für andere einfache und schnelle Berechnungen einsetzen. Sie können die Berechnungsart ändern, indem Sie in den Bereich Automatische Berechnung in der Statusleiste rechtsklicken.

7 Rechtsklicken Sie auf den Bereich Automatische Berechnung in der Statusleiste.

Ein Kontextmenü erscheint mit den folgenden Optionen für *Automatische Berechnung* (siehe Abbildung 6-8):

- Kein(e): Schaltet die Funktion Automatische Berechnung aus.
- Mittelwert: Gibt den Mittelwert des ausgewählten Zellbereichs zurück.
- Zählen: Zählt alle nicht leeren Zellen.
- Anzahl: Zählt alle Zellen, die Zahlen enthalten.
- Max: Gibt den größten Wert eines Zellbereichs zurück.
- Min: Gibt den kleinsten Wert eines Zellbereichs zurück.
- Summe: Ermittelt die Gesamtsumme aller Zellen in einem Bereich (Standardeinstellung).

Sie werden die automatische Berechnung nun so einstellen, dass sie den Mittelwert eines ausgewählten Zellbereichs anzeigt.

1 Wählen Sie Mittelwert aus dem Kontextmenü Automatische Berechnung.

Die *Automatische Berechnung* gibt den Mittelwert des ausgewählten Zellbereichs zurück. Stellen Sie nun wieder die Standardeinstellung Summe her.

2 Rechtsklicken Sie auf den Bereich Automatische Berechnung in der Statusleiste und wählen Sie Summe.

3 Speichern Sie Ihre Arbeit.

SCHNELLREFERENZ

SO WÄHLEN SIE NICHT ZUSAMMENHÄNGENDE BEREICHE AUS:

- WÄHLEN SIE DEN ERSTEN BEREICH AUS UND HALTEN SIE DIE STRG-TASTE GEDRÜCKT, WÄHREND SIE WEITERE BEREICHE ANKLICKEN.

SO VERWENDEN SIE DIE FUNKTION *AUTOMATISCHE BERECHNUNG*:

- WÄHLEN SIE DEN ZELLBEREICH AUS, MIT DEM SIE EINE BERECHNUNG DURCHFÜHREN MÖCHTEN. DAS ERGEBNIS ERSCHEINT IN DER STATUSLEISTE.

SO ÄNDERN SIE DIE RECHENART VON *AUTOMATISCHE BERECHNUNG*:

- RECHTSKLICKEN SIE AUF DEN BEREICH *AUTOMATISCHE BERECHNUNG* IN DER STATUSLEISTE UND WÄHLEN SIE AUS DEM KONTEXTMENÜ DIE FUNKTION, DIE EXCEL FÜR DIE AUTOMATISCHE BERECHNUNG VERWENDEN SOLL.

LEKTION 6.5

Die Funktion WENN für bedingte Formeln

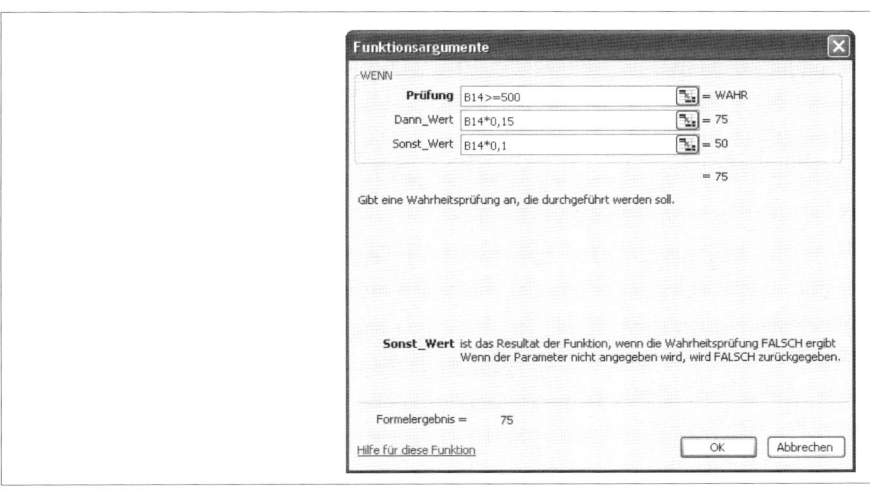

Abbildung 6-9: Das Dialogfeld Funktionsargumente zum Erstellen einer bedingten Formel mit der Funktion WENN

=WENN(A5>10;A4*,75;A4)

- Funktion
- **Prüfung**: Wert oder Ausdruck, der wahr oder falsch sein kann
- **Dann-Wert**: Rückgabewert, wenn die Prüfung WAHR ergibt
- **Sonst-Wert**: Rückgabewert, wenn die Prüfung FALSCH ergibt

Abbildung 6-10: Die Syntax der Funktion WENN

In dieser Lektion werden Sie eine sehr nützliche Funktion kennen lernen: die Funktion WENN. Sie ist eine so genannte *bedingte* oder *logische Funktion*, da sie eine vorgegebene Bedingung auf ihren Wahrheitsgehalt hin prüft. Abhängig davon, ob die Bedingung WAHR oder FALSCH ist, gibt die Funktion als Ergebnis einen anderen Wert aus. Sie können zum Beispiel über die Funktion WENN eine Formel erstellen, die 5% Rabatt von allen Rechnungen abzieht, deren Betrag 500.000 € übersteigt; liegt der Betrag unter dieser Summe, zieht die Formel nichts ab.

Die Funktion WENN besteht aus drei Teilen oder Argumenten, wie Sie in Abbildung 6-10 sehen können. Da Sie eine Formel mit der Funktion WENN auch über die Schaltfläche Funktion einfügen erstellen können, brauchen Sie ihre Syntax nicht auswendig zu lernen.

1 Klicken Sie auf die Zelle B17 und drücken Sie Entf, um den Zellinhalt zu löschen.

Die Einkommenssteuer richtet sich in ihrer Höhe nach den unterschiedlichen Einkommensklassen. Angestellte, die wöchentlich über 500 € verdienen, müssen 15% Einkommenssteuer bezahlen, Angestellte, die unter 500 € verdienen, dagegen 10%. Mit Hilfe der Funktion WENN können Sie nun eine Formel erstellen, die den passenden Steuersatz gemäß dem Einkommen der Angestellten abzieht. Da die Funktion WENN etwas komplexer ist als andere Funktionen, sollten Sie das Werkzeug Funktion einfügen in Anspruch nehmen, da es die Eingabe der Formel erleichtert.

Schaltfläche Funktion einfügen

2 Klicken Sie auf die Schaltfläche Funktion einfügen in der Bearbeitungsleiste.

Das Dialogfeld Funktionsargumente erscheint.

3 Wählen Sie die Funktionskategorie Logik aus und danach aus der Funktionsliste die Funktion WENN. Klicken Sie anschließend auf OK.

Das Dialogfeld Funktionsargumente erscheint wie in Abbildung 6-9, so dass Sie die Formel nun eingeben können.

Lektion 6.5
Die Funktion WENN für bedingte Formeln

4 Geben Sie B14>=500 in das Textfeld Prüfung ein.

Damit haben Sie das erste Argument der Funktion *WENN* eingegeben. Anhand dieses Arguments soll der Wahrheitsgehalt einer Aussage als WAHR oder FALSCH überprüft werden (siehe Abbildung 6-10). In diesem Fall überprüfen Sie, ob der Wert in B14 gleich oder größer 500 € ist.

> **HINWEIS** *Denken Sie daran, dass Sie Bezüge zu Zellen auch erstellen können, indem Sie eine Zelle oder einen Zellbereich anklicken. Wenn das Dialogfeld bei der Auswahl des Bereichs im Wege ist, klicken Sie einfach auf die Schaltfläche Dialogfeld reduzieren, woraufhin sich das Dialogfeld Funktionsargumente verkleinert.*

Im nächsten Schritt geben Sie das Argument ein, das die Funktion *WENN* verwendet, wenn die Prüfung WAHR ist.

5 Klicken Sie auf das Textfeld Dann_Wert oder drücken Sie Tab und geben Sie B14*,15 ein.

Wenn der Wert in B14 kleiner oder gleich 500 € ist, multipliziert die Funktion *WENN* diesen Wert mit 0,15. Im nächsten Schritt werden Sie das Argument Sonst_Wert eingeben, den die Formel einsetzt, wenn der Wert kleiner als 500 € ist, und die Formel somit vervollständigen.

6 Klicken Sie auf das Textfeld Sonst_Wert oder drücken Sie Tab und geben Sie B14*,1 ein.

Ist der Wert in Zelle B14 kleiner als 500 €, multipliziert die Funktion *WENN* ihn mit 0,1. Vergleichen Sie Ihr Arbeitsblatt mit dem in Abbildung 6-9.

7 Beenden Sie die Eingabe der Formel, indem Sie auf OK klicken.

Das Dialogfeld Funktionsargumente schließt sich. Die Formel mit der Funktion *WENN* in Zelle B14 multipliziert das Bruttogehalt mit 15%, da der Wert größer oder gleich 500 € ist.

8 Kopieren Sie die Formel aus Zelle B17 in die übrigen Zellen der Zeile 17.

Nachdem Sie die Formel kopiert haben, werden Sie feststellen, dass in den Spalten, in denen das Bruttogehalt weniger als 500 € beträgt, 10% statt 15% des Bruttogehalts errechnet werden.

9 Speichern Sie Ihre Arbeit und schließen Sie die aktuelle Arbeitsmappe.

Die Funktion *WENN* zählt zu den komplexeren Funktionen, doch da sie Ihnen derart vielfältige Möglichkeiten bietet, lohnt es sich sehr, sie zu erlernen.

SCHNELLREFERENZ

SO SETZEN SIE DIE FUNKTION WENN IN EINER FORMEL EIN:

- SCHREIBEN SIE DIE FORMEL MIT DER SYNTAX =WENN(PRÜFUNG; DANN_WERT;SONST_WERT).

ODER:

1. ÖFFNEN SIE ÜBER DIE SCHALTFLÄCHE FUNKTION EINFÜGEN IN DER BEARBEITUNGSLEISTE DAS DIALOGFELD FUNKTION EINFÜGEN.

2. WÄHLEN SIE DIE KATEGORIE LOGIK AUS UND DANACH WENN AUS DER LISTE MIT DEN FUNKTIONEN. KLICKEN SIE ANSCHLIEßEND AUF OK.

3. GEBEN SIE DIE ARGUMENTE DER FUNKTION WENN EIN.

Die Funktion RMZ

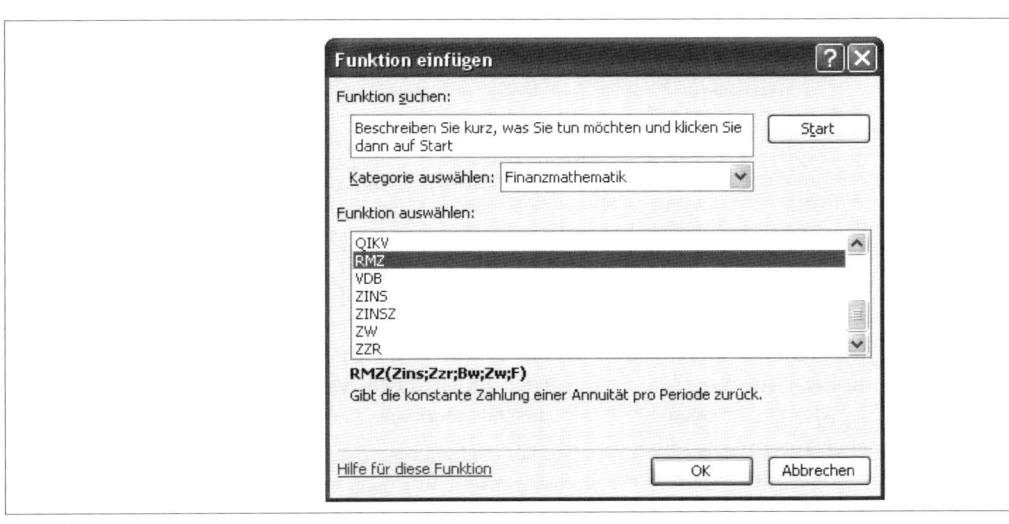

LEKTION 6.6

Abbildung 6-11: Das Dialogfeld Funktion einfügen

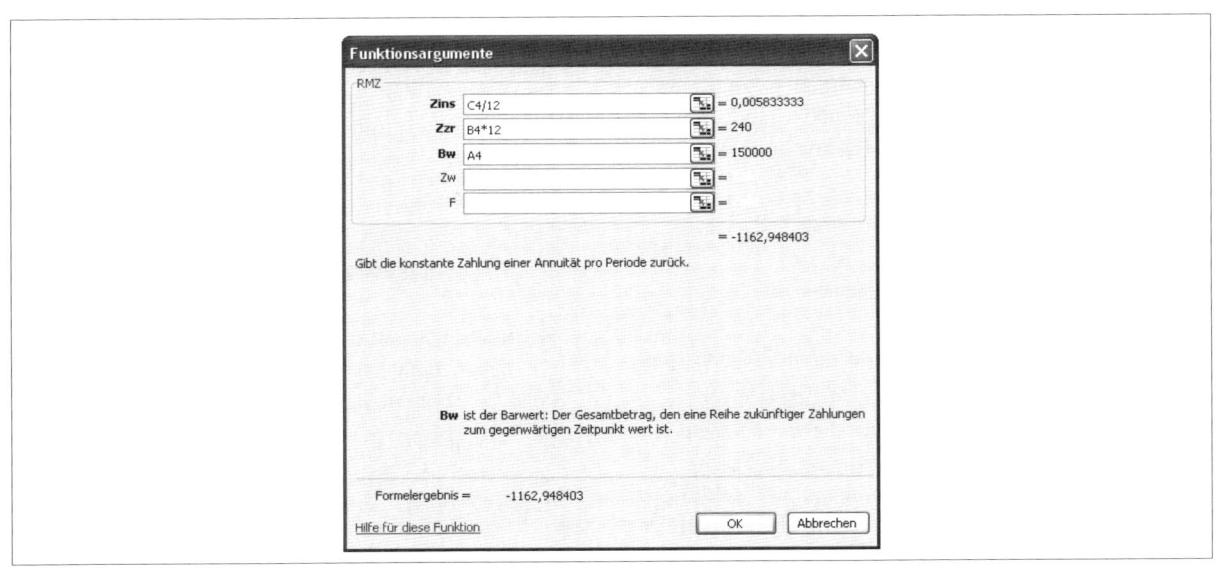

Abbildung 6-12: Das Dialogfeld Funktionsargumente

	A	B	C	D	E	F
1	Hypothekenzahlungstabelle					
2						
3	Darlehensbetrag	Darlehenszeitraum (in Jahren)	Zinssatz	Monatliche Zahlung	Gesamte Zahlungen	Zinsen gezahlt
4	150.000,00 €	20	7,0%	1.162,95 €	279.107,62 €	129.107,62 €
5	150.000,00 €	20	7,5%	1.208,39 €	290.013,55 €	140.013,55 €
6	150.000,00 €	30	7,5%	1.048,82 €	377.575,83 €	227.575,83 €

Abbildung 6-13: Mit der Funktion *RMZ* können Sie monatliche Tilgungsraten berechnen.

Lektion 6.6
Die Funktion RMZ

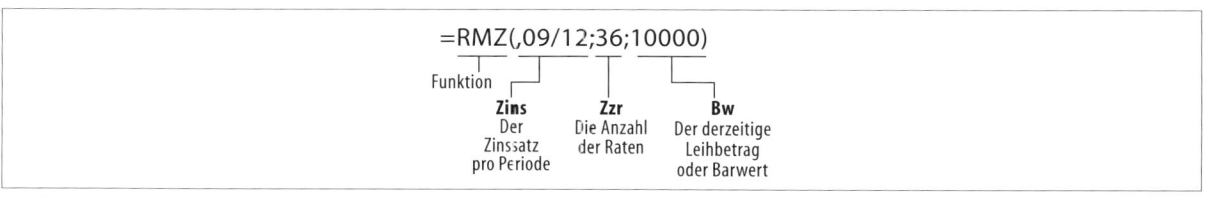

=RMZ(,09/12;36;10000)

- **Funktion**
- **Zins** Der Zinssatz pro Periode
- **Zzr** Die Anzahl der Raten
- **Bw** Der derzeitige Leihbetrag oder Barwert

Abbildung 6-14: Die Funktion *RMZ*

Die Funktion *RMZ* ist außerordentlich nützlich, wenn Sie mit Immobilien oder Investitionen zu tun haben oder ein Darlehen aufnehmen möchten. Sie errechnet die Zahlungen eines Darlehens auf der Grundlage konstanter Zahlungen und eines konstanten Zinssatzes. Wenn Sie beispielsweise ein Darlehen für ein Auto über 10.000 € bei einem Zinssatz von 8% und mit vierjähriger Laufzeit aufnehmen, können Sie über die Funktion *RMZ* die monatliche Tilgung errechnen, die in diesem Fall 244,13 € betragen würde. Außerdem können Sie die Funktion *RMZ* verwenden, um Zahlungen von Annuitäten oder Investitionen zu berechnen. Angenommen, Sie möchten mit einer konstanten monatlichen Einlage über einen Zeitraum von 20 Jahren 50.000 € ansparen, so können Sie über die Funktion *RMZ* errechnen, wie hoch die Einlage dafür sein muss.

Die Schaltfläche Funktion einfügen

1 Öffnen Sie die Arbeitsmappe Übung 6C und speichern Sie sie als Hypothekenzahlungstabelle.

Alle Informationen, die Sie für die Berechnung der monatlichen Raten benötigen, sind bereits im Arbeitsblatt vorhanden. Sie müssen die Zahlungen jetzt nur noch mit der Funktion *RMZ* berechnen. Da die Funktion *RMZ* recht komplex ist, benutzen Sie zum Erstellen der Formel die Schaltfläche Funktion einfügen.

2 Klicken Sie auf die Zelle D4 und klicken Sie auf die Schaltfläche Funktion einfügen in der Bearbeitungsleiste.

3 Wählen Sie Finanzmathematik aus dem Drop-down-Listenfeld Kategorie auswählen. Rollen Sie über die Bildlaufleiste das Listenfeld Funktion auswählen nach unten durch, wählen Sie RMZ und klicken Sie anschließend auf OK (siehe Abbildung 6-11).

Das Dialogfeld Funktionsargumente erscheint wie in Abbildung 6-12. Sie können jetzt mit der Eingabe der Formel beginnen, mit der Sie die monatliche Tilgung der Hypothek berechnen. In Abbildung 6-13 ist die Syntax der Funktion *RMZ* dargestellt. Das erste Argument ist der Zinssatz. Da das Dialogfeld die Zellen im Arbeitsblatt verdeckt, müssen Sie die Schaltfläche Dialogfeld reduzieren betätigen, um die Zellen sichtbar zu machen und einen Bezug zu ihnen herstellen zu können.

Die Schaltfläche Dialogfeld reduzieren

4 Klicken Sie auf die Schaltfläche Dialogfeld reduzieren neben dem Feld Zins und anschließend auf die Zelle C4. Drücken Sie danach Enter.

Da Sie keine jährlichen, sondern monatliche Zahlungen berechnen, müssen Sie den jährlichen Zinssatz durch 12 teilen.

5 Geben Sie /12 ein, um den jährlichen Zinssatz zu teilen.

Im Textfeld Zins sollte nun C4/12 erscheinen. Das nächste Argument der Funktion *RMZ* ist Zzr, die Anzahl der Zahlungszeiträume für das Darlehen.

6 Klicken Sie auf das Textfeld Zzr und geben Sie B4*12 ein.

Da Sie auch hier monatliche Zahlungen berechnen, müssen Sie die Gesamtzahl der Jahre mit 12 multiplizieren. Im letzten Schritt geben Sie das Argument Bw an, den Barwert.

Die Schaltfläche Eingeben

7 Klicken Sie auf die Schaltfläche Dialogfeld reduzieren neben dem Textfeld Bw, danach auf die Zelle A4 und drücken Sie anschließend Enter.

Da Sie die Formel *RMZ* somit vollständig eingegeben haben, können Sie das Dialogfeld Funktionsargumente wieder schließen.

8 Klicken Sie auf OK.

Nachdem sich das Dialogfeld Funktionsargumente geschlossen hat, erscheint die monatliche Zahlung (1.165,95 €) in Zelle D4.

Vielleicht fragen Sie sich jetzt, warum die monatliche Zahlung in Rot als negative Zahl erscheint. Das liegt daran, dass die Formel *RMZ* aus der Perspektive des Kreditnehmers rechnet, für den die Tilgung eine negative Zahlung ist. Wenn Sie das Ergebnis der Formel positiv darstellen möchten, können Sie das einfach erreichen, indem direkt nach dem Gleichheitszeichen ein Minuszeichen in die Formel einfügen.

9 Stellen Sie sicher, dass die Zelle D4 ausgewählt ist, und klicken Sie auf die Bearbeitungsleiste. Fügen Sie direkt hinter dem Gleichheitszeichen ein Minuszeichen ein, so dass die Formel nun =-RMZ(C4/12;B4*12; A4) lautet. Klicken Sie anschließend auf die Schaltfläche Eingeben in der Bearbeitungsleiste.

Die Formel *RMZ* zeigt die monatliche Zahlung nun als positive Zahl an. Im nächsten Schritt kopieren Sie die Formel, um die monatlichen Zahlungen für die übrigen Darlehen zu ermitteln.

10 Kopieren Sie die Formel, die Sie soeben erstellt haben, in den Zellbereich D4:D6.

Nachdem Sie die Formel kopiert haben, zeigt die Zelle D5 eine monatliche Zahlung von 1.208,39 € an und die Zelle D6 eine von 1.048,82 €. Nachdem Sie die monatlichen Raten für diese drei Darlehen bestimmt haben, ist es ein Leichtes, weitere Berechnungen anzustellen, um die Gesamtzahlungen sowie die darin enthaltenen Zinsen zu ermitteln.

11 Klicken Sie auf die Zelle E4 und geben Sie = ein, klicken Sie danach auf die Zelle D4 und geben Sie * ein, und klicken Sie anschließend auf die Zelle B4, um *12 einzugeben, so dass die vollständige Formel =D4*B4*12 lautet. Bestätigen Sie mit der Schaltfläche Eingeben in der Bearbeitungsleiste.

Mit der so ermittelten Gesamtzahlung können Sie jetzt die darin enthaltenen Zinsen berechnen.

12 Klicken Sie auf die Zelle F4 und geben Sie = ein, klicken Sie danach auf die Zelle E4 und geben Sie - ein und klicken Sie anschließend auf die Zelle A4. Bestätigen Sie abschließend mit der Schaltfläche Eingeben in der Bearbeitungsleiste.

Excel berechnet den Gesamtzinsbetrag.

13 Kopieren Sie die Formel aus Zelle E4 in die Zellen E5:E6 und die Formel aus Zelle F4 in F5:F6. Vergleichen Sie Ihr Arbeitsblatt mit dem in Abbildung 6-13.

14 Experimentieren Sie zum Abschluss noch ein wenig mit unterschiedlichen Darlehensbeträgen, Zinsraten und Laufzeiten. Speichern Sie anschließend Ihre Arbeit und schließen Sie die Datei Hypothekenzahlungstabelle.

Lektion 6.6
Die Funktion RMZ

SCHNELLREFERENZ

SO SETZEN SIE DIE FUNKTION RMZ IN EINER FORMEL EIN:

- SCHREIBEN SIE DIE FORMEL MIT DER SYNTAX =RMZ(ZINS;ZZR;BW).

    ODER:

1. ÖFFNEN SIE ÜBER DIE SCHALTFLÄCHE FUNKTION EINFÜGEN IN DER BEARBEITUNGSLEISTE DAS DIALOGFELD FUNKTION EINFÜGEN.

2. WÄHLEN SIE DIE KATEGORIE FINANZMATHEMATIK AUS UND DANACH RMZ AUS DER LISTE MIT DEN FUNKTIONEN. KLICKEN SIE ANSCHLIESSEND AUF OK.

3. GEBEN SIE DIE ARGUMENTE DER FUNKTION RMZ EIN.

Formeln anzeigen und drucken

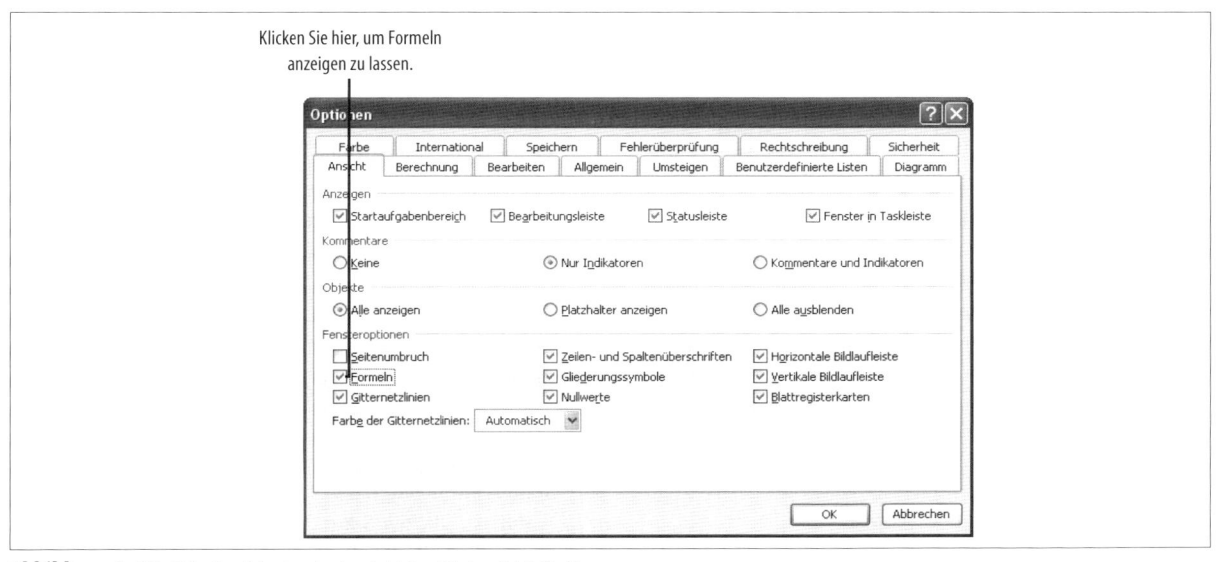

LEKTION 6.7

Abbildung 6-15: Die Registerkarte Ansicht im Dialogfeld Optionen

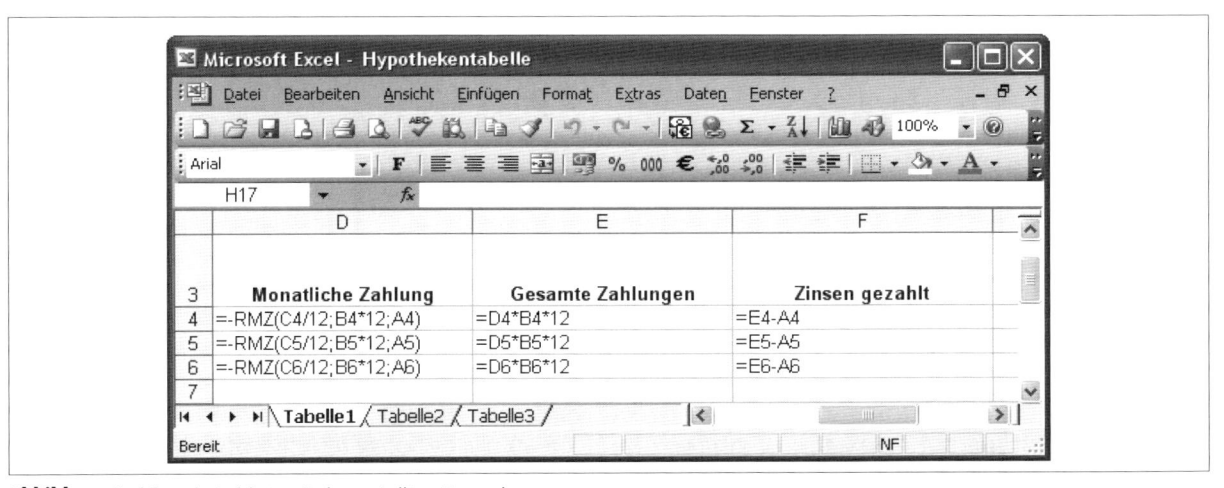

Abbildung 6-16: Arbeitsblatt mit dargestellten Formeln

Standardmäßig zeigt Excel das Ergebnis einer Formel in einem Arbeitsblatt an, nicht jedoch die Formel selbst. Sie können Excel allerdings so einrichten, dass es die Formeln anzeigt statt deren Ergebnisse. Wie das funktioniert, ist Inhalt dieser Lektion. Wenn Sie die Darstellung der Formeln in einem Arbeitsblatt aktiviert haben, können Sie sie zu Dokumentationszwecken auch ausdrucken.

1 Wählen Sie über das Menü Extras → Optionen und klicken Sie auf die Registerkarte Ansicht.

Die Registerkarte Ansicht erscheint im Dialogfeld Optionen wie in Abbildung 6-15.

2 Aktivieren Sie im Bereich Fensteroptionen das Kontrollkästchen Formeln und klicken Sie anschließend auf OK.

Lektion 6.7
Formeln anzeigen und drucken

Das Dialogfeld Optionen schließt sich. Die Spalten des Arbeitsblatts verbreitern sich und stellen wie in Abbildung 6-16 die Formeln an sich statt ihre Ergebnisse dar. Da die Spalten für die Darstellung der Formeln breiter sind, müssen Sie das Arbeitsblatt über die Bildlaufleiste nach links und rechts bewegen, um alle Formeln betrachten zu können.

3 Verschieben Sie das Arbeitsblatt über die Bildlaufleiste nach rechts, bis Sie die Spalte F vor sich haben.

Sie können das Arbeitsblatt mit den dargestellten Formeln auch ausdrucken. Damit Sie auf dem Ausdruck die Bezüge der Formeln verfolgen können, müssen Sie Excel so einstellen, dass es die Nummern der Zeilen und die Buchstaben der Spalten mit ausdruckt.

4 Wählen Sie über das Menü Datei → Seite einrichten und klicken Sie auf die Registerkarte Tabelle.

Legen Sie nun fest, dass die Zeilen- und Spaltenköpfe gedruckt werden sollen.

5 Aktivieren Sie das Kontrollkästchen Zeilen- und Spaltenüberschriften und klicken Sie auf OK.

Überprüfen Sie jetzt in der Seitenansicht, wie Ihr Arbeitsblatt auf dem Ausdruck aussehen wird.

Die Schaltfläche Seitenansicht

6 Klicken Sie auf die Schaltfläche Seitenansicht in der Standardsymbolleiste. Benutzen Sie den Zeiger, um das Arbeitsblatt zu verkleinern oder zu vergrößern.

Wenn Sie das Arbeitsblatt nun drucken, erscheinen darauf die Formeln samt der Spalten- und Zeilenköpfe.

7 Klicken Sie auf Schließen.

8 Wählen Sie über das Menü Extras → Optionen, stellen Sie sicher, dass die Registerkarte Ansicht ausgewählt ist, klicken Sie danach auf das Kontrollkästchen Formeln, um es zu deaktivieren, und anschließend auf OK.

Excel zeigt statt der Formeln nun wieder deren Ergebnisse an.

9 Schließen Sie die Arbeitsmappe, ohne sie zu speichern.

SCHNELLREFERENZ

SO STELLEN SIE DIE FORMELN IN EINEM ARBEITSBLATT DAR ODER BLENDEN SIE AUS:

1. WÄHLEN SIE ÜBER DAS MENÜ EXTRAS → OPTIONEN UND KLICKEN SIE AUF DIE REGISTERKARTE ANSICHT.

2. AKTIVIEREN ODER DEAKTIVIEREN SIE DAS KONTROLLKÄSTCHEN FORMELN.

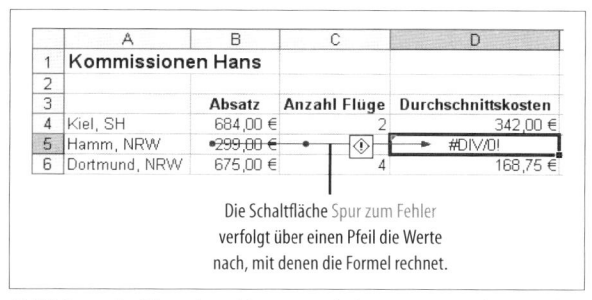

Fehler in Formeln beheben

LEKTION 6.8

Abbildung 6-17: Arbeitsblatt mit Pfeil zur Kennzeichnung der Spur zum Fehler

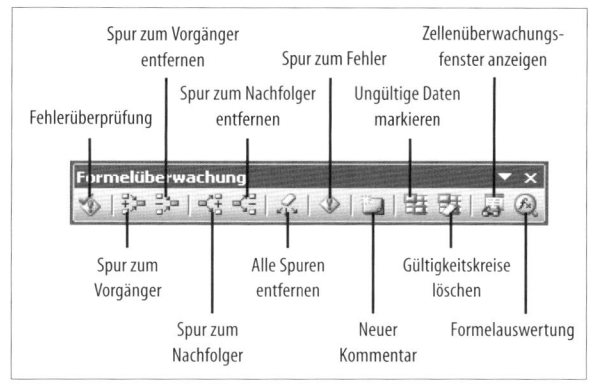

Abbildung 6-18: Die Symbolleiste Formelüberwachung

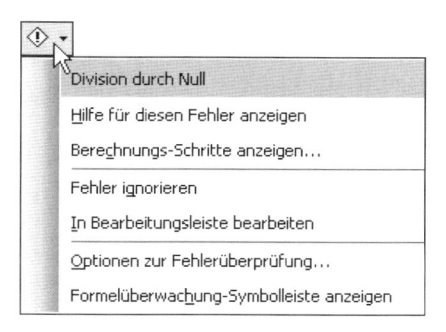

Dropdown-Listenfeld der Schaltfläche Spur zum Fehler

TIPP — *Wenn der Platz in einer Zelle für numerische Daten nicht ausreicht, zeigt Excel dort ##### an. Wenn Sie die Spaltenbreite vergrößern, können Sie dieses Problem beheben.*

Wenn Excel auf eine Formel trifft, die es nicht berechnen kann, zeigt es in der Zelle einen Fehlerwert an. Fehlerwerte tauchen auf, wenn eine Formel falsch geschrieben ist, Daten oder Bezüge zu Zellen nicht vorhanden sind oder wenn Sie in einer Formel mathematische Gesetze nicht eingehalten haben.

1 Wechseln Sie zum Übungsordner und öffnen Sie die Arbeitsmappe Übung 6D.

Diese Arbeitsmappe enthält einige häufig auftretende Fehler, die Ihnen früher oder später wahrscheinlich einmal beggenen werden. Wie Sie sehen, zeigen die Zellen B7, B8, B10 und B12 ##### an. Technisch gesehen liegt in diesen Zellen kein Fehler vor – die numerischen Daten in den betreffenden Zellen sind lediglich zu lang, um bei der aktuellen Spaltenbreite dargestellt zu werden. Sie können das Problem einfach beheben, indem Sie die Spaltenbreite vergrößern.

2 Doppelklicken Sie auf die Trennlinie zwischen den Überschriften der Spalten B und C.

Damit stellt Excel die Spaltenbreite automatisch so ein, dass der längste Eintrag in die Zelle passt und die Anzeige ##### verschwindet.

Excel verfügt über eine nützliche, neue Funktion, die Ihre Formeln auf Fehler hin untersucht – Sie können sich das vorstellen wie eine mathematische Rechtschreibprüfung. Fehler zeigt Excel immer durch ein grünes Dreieck in der oberen linken Ecke der betreffenden Zelle an.

Eine fehlerhafte Zelle markiert Excel mit einem grünen Dreieck.

3 Klicken Sie auf die Zelle D5.

Diese Zelle zeigt #DIV/0! an, den Fehlerwert für eine Division durch null. Über die Schaltfläche, die neben der Zelle erscheint, können Sie ein Dropdown-Listenfeld mit Optionen zur Behebung des Fehlers aufrufen.

Lektion 6.8
Fehler in Formeln beheben

4 Klicken Sie auf die Schaltfläche neben der fehlerhaften Zelle, um das Dropdown-Listenfeld zu öffnen, und wählen Sie daraus Formelüberwachung-Symbolleiste anzeigen.

Die Symbolleiste Formelüberwachung erscheint wie in Abbildung 6-18. Über diese Symbolleiste können Sie Zellen finden, auf die sich die fehlerhafte Formel bezieht, Formeln anzeigen, die von Änderungen in einer Zelle betroffen sind, und die Spur zu Fehlerquellen zurückverfolgen.

Die Schaltfläche Spur zum Fehler

5 Klicken Sie auf die Zelle D5 und anschließend auf die Schaltfläche Spur zum Fehler in der Symbolleiste Formelüberwachung.

Wie in Abbildung 6-17 zeigt ein Pfeil von den Zellen, auf die der Fehler zurückzuführen sein kann, auf die aktive Zelle D5. Wenn Sie den Pfeil verfolgen, werden Sie feststellen, dass Zelle B5 einen Wert enthält, Zelle C5 jedoch nicht. Das ist der Grund für den Fehler vom Typ #DIV/0! in Zelle D5. Sie können den Fehler beheben, indem Sie in Zelle C5 einen Wert eintragen.

Die Schaltfläche Alle Spuren entfernen

6 Klicken Sie auf die Zelle C5, geben Sie 1 ein und drücken Sie Enter. Klicken Sie anschließend auf die Schaltfläche Alle Spuren entfernen in der Symbolleiste Formelüberwachung, um den Spurenpfeil zu löschen.

Der richtig berechnete Wert der Formel tritt an die Stelle des Fehlerwerts in der Zelle D5. Werfen Sie nun einen Blick auf die Zelle B12, die die Provision des Angestellten errechnet. Für die fünfprozentige Kommission bei North Shore scheint der Wert in der Zelle B12 zu groß. Sie können die Ursprünge dieses Werts zurückverfolgen, indem Sie Spuren zu den vorhergehenden Zellen nachgehen.

Die Schaltfläche Spur zum Vorgänger

7 Klicken Sie auf die Zelle B12 und anschließend auf die Schaltfläche Spur zum Vorgänger in der Symbolleiste Formelüberwachung.

Es erscheint ein Pfeil vom Zellbereich B4:B10 zur Zelle B12, durch den Sie die Ursache des Fehlers sofort entdecken können. Dieser Zellbereich enthält nicht nur den Gesamtwert der Umsätze in den einzelnen Städten, sondern auch deren Gesamtumsatz, wodurch sich die Berechnungsgrundlage in der Formel für die Provision verdoppelt. Beheben Sie nun diesen Fehler.

8 Ändern Sie Formel in Zelle B12 in =B10*0,05 und bestätigen Sie die Eingabe mit Enter.

Die berichtigte Formel errechnet den Wert 731,70 €, der mit der fünfprozentigen Provision übereinstimmt. Sie können die Symbolleiste Formelüberwachung jetzt schließen, da Sie sie nicht mehr benötigen.

9 Schließen Sie Symbolleiste Formelüberwachung über die Schaltfläche Schließen.

Tabelle 6-3 führt die auf den ersten Blick recht kryptisch anmutenden Fehlerwerte von Excel auf und erklärt sie.

Tabelle 6-3: Fehlerwerte in Excel

Fehlerwert	Beschreibung
#####	Der numerische Wert ist für die Darstellung in der Zelle zu lang. Sie können die Spaltenbreite verändern, indem Sie die Trennlinie zwischen den Spaltenüberschriften verschieben.
#WERT!	Sie haben eine Formel erstellt, die sich statt auf einen numerischen Eintrag auf einen Texteintrag bezieht.
#DIV/0!	Sie teilen in einer Formel einen Wert durch null. Das ist häufig der Fall, wenn sich eine Formel auf eine leere Zelle als Divisor bezieht.

Tabelle 6-3: Fehlerwerte in Excel (Fortsetzung)

Fehlerwert	Beschreibung
#NAME?	Sie haben in eine Formel einen Text eingegeben, den Excel nicht erkennt. Das kann vorkommen, wenn Sie einen Namen oder eine Funktion falsch geschrieben haben oder einen gelöschten Namen eingeben. Dieser Fehlerwert erscheint außerdem, wenn Sie Text in einer Formel nicht mit Anführungsstrichen kennzeichnen.
#NV	Dieser Fehler taucht auf, wenn ein Wert in einer Formel oder Funktion nicht verfügbar ist. Wenn Zellen in einem Arbeitsblatt Daten enthalten, die noch nicht verfügbar sind, können Sie #NV in diese Zellen eingeben. Formeln, die sich auf diese Zellen beziehen, geben dann #NV zurück, anstatt erfolglos zu versuchen, einen Wert zu berechnen.
#BEZUG!	Der Fehler #BEZUG! tritt auf, wenn ein Zellbezug ungültig ist. Möglicherweise haben Sie den Zellbereich gelöscht, auf den sich die Formel bezieht.
#ZAHL!	Der Fehler #ZAHL! kommt bei ungültigen Argumenten in Funktionen eines Arbeitsblatts vor.
#NULL!	Sie haben in einer Formel zwei Bereiche als überlappend festgelegt, die sich nicht tatsächlich überlappen.

SCHNELLREFERENZ

SO BLENDEN SIE DIE SYMBOLLEISTE FORMELÜBERWACHUNG EIN ODER AUS:

- WÄHLEN SIE ÜBER DAS MENÜ EXTRAS → FORMELÜBERWACHUNG → DETEKTIVSYMBOLLEISTE ANZEIGEN.

Mathematische Funktionen

Ein Großteil der mathematischen Funktionen von Excel finden Sie auf jedem normalen wissenschaftlichen Taschenrechner. An Funktionen wie *SIN*, *COS* und *LOG* werden Sie sich vielleicht noch aus dem Mathematikunterricht erinnern.

Funktion	Syntax	Beschreibung
ABS	=ABS(Zahl)	Bestimmt den Absolutwert einer Zahl. Der Absolutwert ist die Zahl ohne ihr Vorzeichen.
ARCCOS	=ARCCOS(Zahl)	Gibt den Arkuskosinus einer Zahl zurück. *ARCCOS* ist die Umkehrfunktion zu *COS*.
ARCSIN	=ARCSIN(Zahl)	Gibt den Arkussinus einer Zahl zurück. *ARCSIN* ist die Umkehrfunktion zu *SIN*.
KOMBINATIONEN	=KOMBINATIONEN(n;k)	Errechnet die Anzahl der Kombinationen ohne Wiederholung von k Elementen aus einer Menge von n Elementen. **Beispiel:** Sie möchten die Anzahl möglicher Zweierteams aus fünf Kandidaten ermitteln. *KOMBINATIONEN*(5;2) ergibt 10 Teams.
COS	=COS(Zahl)	Gibt den Kosinus einer Zahl zurück.
GRAD	=GRAD(Winkel)	Wandelt Bogenmaß in Grad um.
GERADE(Zahl) UNGERADE(Zahl)	=GERADE(Zahl)	Rundet eine Zahl zu ihrer nächsten geraden bzw. ungeraden Zahl auf.
EXP	=EXP(Zahl)	Potenziert die Basis e (ungefähr 2,71828182845304) mit der als Argument angegebenen Zahl. **Beispiel:** *EXP*(2) ergibt e^2 oder 7,383056
FAKULTÄT	=FAKULTÄT(Zahl)	Errechnet die Fakultät einer Zahl. Die Fakultät gibt das Produkt aller positiven Ganzzahlen von eins bis zur vorgegebenen Zahl an. **Beispiel:** *FAKULTÄT*(5) ergibt 1*2*3*4*5 = 120
LN	=LN(Zahl)	Gibt den natürlichen Logarithmus (zur Basis e) einer positiven Zahl zurück.
LOG	=LOG(Zahl;Basis)	Errechnet den Logarithmus einer positiven Zahl zur angegebenen Basis.
LOG10	=LOG10(Zahl)	Ermittelt den Logarithmus der angegebenen Zahl zur Basis 10.
REST	=REST(Zahl;Divisor)	Gibt den Rest einer Division zurück. **Beispiel:** *REST*(3,2) ergibt 1, den Rest der Division von 3 durch 2.
PI	=PI()	Gibt den Wert der Konstante *PI* (π) mit 15 Stellen Genauigkeit zurück
POTENZ	=POTENZ(Zahl;Potenz)	Potenziert eine Zahl mit der angegebenen Potenz.
PRODUKT	=PRODUKT(Zahl1;Zahl2;...)	Multipliziert die Zahlen in einem Zellbereich.
BOGENMASS	=BOGENMASS(Winkel)	Wandelt Grad in Bogenmaß um.

Kapitel 6
Weitere Funktionen und Formeln

Funktion	Syntax	Beschreibung
ZUFALLSZAHL	=ZUFALLSZAHL()	Gibt eine Zufallszahl zwischen 0 und 1 zurück.
ZUFALLSBEREICH	=ZUFALLSBEREICH(Zahl1;Zahl2)	Erzeugt eine Zufallszahl, die zwischen den beiden angegebenen Werten liegt.
RUNDEN ABRUNDEN AUFRUNDEN	=RUNDEN(Zahl;Anzahl_Stellen)	Rundet eine Zahl auf die vorgegebene Stellenzahl. Die Funktionen ABRUNDEN und AUFRUNDEN runden ihrem Namen entsprechend auf bzw. ab.
VORZEICHEN	=VORZEICHEN(Zahl)	Ermittelt das Vorzeichen einer Zahl. Das Ergebnis ist 1 für positive Zahlen, 0 für die Zahl 0 und -1 für negative Zahlen.
SIN	=SIN(Zahl)	Gibt den Sinus einer Zahl zurück.
WURZEL	=WURZEL(Zahl)	Ermittelt die positive Quadratwurzel einer Zahl.
SUMME	SUMME(Zahl1;Zahl2;...)	Errechnet die Gesamtsumme der Zahlen in einem Zellbereich. Die Funktion SUMME können Sie über die Schaltfläche AutoSumme in der Standardsymbolleiste einfügen.
TAN	=TAN(Zahl)	Gibt den Tangens einer Zahl zurück.

Finanzfunktionen

Die Finanzfunktionen von Excel kommen zum vollen Einsatz, wenn es um Berechnungen im Bereich von Investitionen und Immobilien geht. Die Finanzfunktionen unterstützen Sie, wenn Sie Darlehenszahlungen und den zukünftigen Wert von Investitionen berechnen möchten sowie Wechselkurse bestimmen möchten.

Funktion	Syntax	Beschreibung
ZW	=ZW(Zins;Zzr;Rmz;Bw*;F*)[a]	Gibt den zukünftigen Wert einer Investition auf der Grundlage regelmäßiger konstanter Zahlungen und eines konstanten Zinssatzes zurück. **Beispiel:** Sie möchten über einen Zeitraum von 35 Jahren pro Jahr 2.000 € in Ihre private Altersvorsorge investieren, für die Sie eine durchschnittliche Rendite von 10% erwarten: =ZW(10%;35;-2000) ergibt 542.048,74 €
ZINSZ	=ZINSZ(Zins;Zr;Zzr;Bw;Zw*;F*)	Gibt die Zinszahlung einer Investition für die angegebene Periode, ausgehend von regelmäßigen, konstanten Zahlungen und einem konstanten Zinssatz, zurück. **Beispiel:** Die folgende Formel berechnet die im ersten Monat fällige Rate eines dreijährigen Darlehens über 8.000 € bei einem jährlichen Zinssatz von 10%: =ZINSZ(0,1/12;1;36;8000) ergibt -66,67€
IKV	=IKV(Werte;Schätzwert)	Gibt den internen Zinsfuß einer Investition zurück. Die Zahlungen müssen nicht gleich groß sein, aber in regelmäßigen Intervallen auftreten. Der interne Zinsfuß ist der Zinssatz, der für eine Investition aus Auszahlungen (negative Werte) und Einzahlungen (positive Werte) in regelmäßigen Abständen erreicht wird. **Beispiel:** Sie möchten ein Unternehmen gründen. Die Kosten dafür belaufen sich auf 40.000 € und für die ersten drei Jahre rechnen Sie mit den folgenden Nettoeinnahmen: 10.000 €, 15.000 € und 20.000 €. Geben Sie diese vier Werte in die Zellen A1:A4 des Arbeitsblatts ein. Beachten Sie, dass die anfängliche Investition von 40.000 € als negativer Wert erscheinen muss: =IKV(A1:A4) ergibt dann 5%.
NBW	=NBW(Zins;Wert1;Wert2; ...)	Gibt den aktuellen Nettobarwert einer Investition auf Basis eines Abzinsungsfaktors für eine Reihe zukünftiger Auszahlungen (Negativwerte) und Einzahlungen (Positivwerte) zurück.
RMZ	=RMZ(Zins;Zzr;Bw;Zw*;F*)	Errechnet die regelmäßige Zahlung für ein Darlehen bei konstanten Zahlungen und konstantem Zinssatz. **Beispiel:** Die folgende Formel berechnet die monatliche Zahlung für ein Darlehen über 20.000 € bei einem jährlichen Zinssatz von 9% zahlbar in 36 Monaten: RMZ(9/12;36;20000) ergibt 635,99 €.

Funktion	Syntax	Beschreibung
BW	=BW(Zins;Zzr;Rmz;Zw*;F*)	Gibt den aktuellen Barwert einer Investition zurück.
		Beispiel: Eine Rente, die Ihnen über 20 Jahre eine monatliche Auszahlung von 600 € mit 7% Zinsen gewährleistet, soll 50.000 € kosten. Sie möchten nun feststellen, ob es sich dabei um eine sinnvolle Geldanlage handelt. Mit der Funktion *BW* ermitteln Sie den aktuellen Barwert der Rente:
		BW(0,07/12;12*20;600; ; 0) ergibt 77.389 €
ZINS	=ZINS(Zzr;Rmz;Bw;Zw;F;Schätzwert)	Gibt den Zinssatz einer Annuität pro Periode zurück.
		Beispiel: Sie möchten den Zinssatz eines Darlehens über 8.000 € mit vierjähriger Laufzeit (48 Monate) und monatlichen Zahlungen von 200 € berechnen. Über die Funktion *ZINS* ergibt sich:
		ZINS(48;-200;8000) = 0,77.
		Dieses Ergebnis bezeichnet den monatlichen Zinssatz, da Sie von monatlichen Perioden ausgegangen sind. Der jährliche Zinssatz beträgt 0,77%*12, also 9,24%.

a. * optionales Argument

Uhrzeit- und Datumsfunktionen

Sie können in Formeln Datum und Uhrzeit genauso verwenden wie beliebige andere Werte auch. Enthält beispielsweise die Zelle A1 den Eintrag 1.5.1999, können Sie über die Formel =A1+100 das 100 Tage spätere Datum errechnen und erhalten als Ergebnis 9.8.1999.

Sie sollten wissen, dass Sie das Format für die Darstellung von Daten und Uhrzeiten zwar quasi beliebig einstellen können, Excel diese Daten intern allerdings als chronologische Zahlen, so genannte *serielle Werte* speichert. Während Sie sich ein Datum also aus Monaten, Tagen und Jahren zusammengesetzt vorstellen wie 1. Mai 1999, entspricht dieses Datum für Excel intern dem seriellen Wert 36281.

> **HINWEIS** *Da die folgenden Uhrzeit- und Datumsformeln häufig serielle Zahlwerte ausgeben, sollten Sie die Zellen, in denen Sie diese Formeln verwenden, für Uhrzeit und Datum formatieren, damit ihr Inhalt Sinn hat. Sie können die Zahlenformate für die Ergebnisse von Datumsformeln auch selbst festlegen. So zeigt zum Beispiel ein benutzerdefiniertes Datumsformat TTTT nur den Tag an, etwa Montag, statt des vollständigen Datums 21.2.2005.*

Funktion	Syntax	Beschreibung
DATUM	=DATUM(Jahr;Monat;Tag)	Trägt ein Datum in eine Zelle ein. **Beispiel:** *DATUM*(99;5;1) ergibt 01.05.1999.
HEUTE	=HEUTE()	Eine besondere Variante der Funktion *DATUM*. Während die Funktion *DATUM* den Wert eines beliebigen Datums ausgibt, zeigt diese Funktion den Wert des aktuellen Datum an.
ZEIT	=ZEIT(Stunde;Minute;Sekunde)	Wandelt eine Uhrzeit vom 24-Stunden- in das 12-Stunden-Format um. **Beispiel:** *ZEIT*(14;30;30) entspricht 2:30 PM.
JETZT	=JETZT()	Eine besondere Variante der Funktion *ZEIT*. Während letztere den Wert einer beliebigen Zeit ausgibt, zeigt die Funktion *JETZT* den Wert der aktuellen Zeit an.
WOCHEN-TAG	=WOCHENTAG(Zahl;Typ)	Gibt den Wochentag für ein Datum an. Das Argument *Zahl* ist ein Datumswert (oder ein Verweis auf einen solchen). **Beispiel:** *WOCHENTAG*(„22.2.2005") ergibt Dienstag.
JAHR	=JAHR(Zahl)	Gibt den Wert des Jahres für ein Datum zurück. Das Argument *Zahl* bezeichnet einen Datumswert (oder einen Verweis auf einen solchen). **Beispiel:** *JAHR*(„15.3.1998") ergibt 1998.
MONAT	=MONAT(Zahl)	Gibt den Wert des Monats für ein Datum zurück. Das Argument *Zahl* bezeichnet einen Datumswert (oder einen Verweis auf einen solchen). **Beispiel:** *MONAT*(„15.3.1998") ergibt 3.
TAG	=TAG(Zahl)	Gibt den Wert des Tags für ein Datum zurück. Das Argument *Zahl* bezeichnet einen Datumswert (oder einen Verweis auf einen solchen). **Beispiel:** *TAG*(„15.3.1998") ergibt 15.

Funktion	Syntax	Beschreibung
STUNDE	=STUNDE(Zahl)	Gibt den Wert der Stunde für eine Uhrzeit zurück. Das Argument *Zahl* bezeichnet den Wert einer Uhrzeit (oder einen Verweis auf einen solchen). **Beispiel:** *STUNDE(„12:15:45") ergibt 12.*
MINUTE	=MINUTE(Zahl)	Gibt den Wert der Minute für eine Uhrzeit zurück. Das Argument *Zahl* bezeichnet den Wert einer Uhrzeit (oder einen Verweis auf einen solchen). **Beispiel:** *MINUTE(„12:15:45") ergibt 15.*
SEKUNDE	=SEKUNDE(Zahl)	Gibt den Wert der Sekunde für eine Uhrzeit zurück. Das Argument *Zahl* bezeichnet den Wert einer Uhrzeit (oder einen Verweis auf einen solchen). **Beispiel:** *SEKUNDE(„12:15:45") ergibt 45.*
TAGE360	=TAGE360(Ausgangsdatum; Enddatum;Methode)	Gibt die Anzahl der Tage zwischen zwei Daten auf der Grundlage eines Jahres mit 360 Tagen (12 Monate zu 30 Tagen) zurück, das in der Buchhaltung gelegentlich eine Rolle spielt. **Beispiel**: *TAG360(„30.1.1993";"1.2.1993") ergibt 1.*

Statistische Funktionen

Excel bietet Ihnen zahlreiche Funktionen zur Analyse statistischer Daten. Wenn Ihnen diese Funktionen jedoch nicht ausreichen, können Sie über das Menü Extras → Analyse-Funktionen auf das Add-In zurückgreifen.

Funktion	Syntax	Beschreibung
MITTEL-WERT	=MITTELWERT(Wert1;Wert2;...)	Errechnet das arithmetische Mittel der Argumente oder der Werte in einem Zellbereich.
ANZAHL	=ANZAHL(Wert1;Wert2;...)	Ermittelt die Anzahl der Zellen mit Zahlen, Datumseinträgen und Formeln. Leere und fehlerhafte Zellen sowie Zellen mit Text werden nicht mitgezählt.
ANZAHL2	=ANZAHL2(Wert1;Wert2;...)	Ermittelt die Anzahl der Zellen mit beliebigen Werten.
ZÄHLEN-WENN	=ZÄHLENWENN(Bereich; Suchkriterien)	Zählt ähnlich wie SUMMEWENN die nicht leeren Zellen eines Bereichs, deren Inhalte mit den Suchkriterien übereinstimmen.
MAX	=MAX(Zahl1;Zahl2;...)	Gibt den größten Wert innerhalb eines Bereichs zurück.
MEDIAN	=MEDIAN(Zahl1;Zahl2;...)	Gibt den Median der angegebenen Zahlen oder des Bereichs zurück. Der Median ist die Zahl, die in der Mitte einer Zahlenreihe liegt – die eine Hälfte der Zahlen hat Werte, die kleiner sind als der Median, und die andere Hälfte hat Werte, die größer sind als er.
MIN	=MIN(Zahl1;Zahl2;...)	Ermittelt den kleinsten Wert in einem Bereich.
MODAL-WERT	=MODALWERT(Zahl1;Zahl2;...)	Bestimmt den Wert, der am häufigsten in einer Zahlengruppe vorkommt.
STABW	=STABW(Zahl1;Zahl2;...)	Ermittelt die Standardabweichung ausgehend von einer Stichprobe. Die Standardabweichung ist ein Maß dafür, wie weit die jeweiligen Werte um den Mittelwert streuen.
STABWN	=STABWN(Zahl1;Zahl2;...)	Berechnet die Standardabweichung ausgehend von der Grundgesamtheit.
SUMME-WENN	=SUMMEWENN(Bereich; Suchkriterien;Summe_Bereich)	Addiert Zahlen im Bereich, sofern sie mit den Suchkriterien übereinstimmen. **Beispiel:** Sie möchten die Gesamtsumme des Bereichs B1:B5 nur berechnen, wenn der Wert in Zelle A1 größer ist als 500: SUMMEWENN(A1;„>500";B1:B5)
VARIANZ	=VARIANZ(Zahl1;Zahl2;...)	Schätzt die Varianz ausgehend von einer Stichprobe.
VARIANZEN	=VARIANZEN(Zahl1;Zahl2;...)	Berechnet die Varianz ausgehend von der Grundgesamtheit.

Datenbankfunktionen

Datenbankfunktionen ermitteln Ergebnisse anhand von Filterkriterien. Alle Datenbankfunktionen verwenden dieselbe grundlegende Syntax FUNKTION(*Datenbank*; *Datenbankfeld*;*Suchkriterien*). Dabei handelt es sich um folgende Argumente:

- **Datenbank:** Der Zellbereich, in dem sich die Liste oder Datenbank befindet.

	A
1	Ziel
2	Hamburg
3	Berlin

Wenn Sie als Suchkriterium den Bereich (A1:A3) verwenden, bezieht die Datenbankfunktion ausschließlich Einträge mit New York oder Boston im Datenbankfeld Ziel in die Berechnung ein.

- **Datenbankfeld:** Gibt die in der Funktion verwendete Spalte an. Sie können auf Zellen über ihre in Anführungszeichen gesetzte Spaltenbezeichnung (»Name«) verweisen oder über eine Zahl, die die Position der Spalte in der Liste angibt. Die erste Spalte erhält somit eine 1, die zweite eine 2 usw. – diese Zahlen beziehen sich nicht auf die Spaltenköpfe des Arbeitsblatts.
- **Suchkriterien:** Sie verweisen auf die Zelle oder den Zellbereich, der die Kriterien für die Funktion vorgibt, wenn Sie beispielsweise nur die Einträge aus einem bestimmten Bereich summieren möchten.

Funktion	Syntax	Beschreibung
DBMITTEL-WERT	=DBMITTELWERT(Datenbank;Datenbankfeld;Suchkriterien)	Liefert den Mittelwert der Werte einer Listen- oder Datenbankspalte, die den von Ihnen angegebenen Kriterien entsprechen.
DBANZAHL	=DBANZAHL(Datenbank;Datenbankfeld;Suchkriterien)	Ermittelt die Anzahl der Zellen in einer Liste oder Datenbank, die Zahlen enthalten und den angegebenen Kriterien entsprechen.
DBAUSZUG	=DBAUSZUG(Datenbank;Datenbankfeld;Suchkriterien)	Ermittelt einen einzelnen Datensatz in einer Datenbank, der den angegebenen Kriterien entspricht.
DBMAX	=DBMAX(Datenbank;Datenbankfeld;Suchkriterien)	Gibt den größten Wert aus den ausgewählten Datenbankeinträgen zurück, der den angegebenen Bedingungen entspricht.
DBMIN	=DBMIN(Datenbank;Datenbankfeld;Suchkriterien)	Gibt den kleinsten Wert aus den ausgewählten Datenbankeinträgen zurück, der den angegebenen Bedingungen entspricht.
DBSTD-ABWN	=DBSTDABWN(Datenbank;Datenbankfeld;Suchkriterien)	Berechnet die Standardabweichung einer vollständigen Grundgesamtheit ausgehend von den Zahlen in einer Spalte einer Liste oder Datenbank, die den angegebenen Bedingungen entsprechen.
DBSUM	=DBSUM(Datenbank;Datenbankfeld;Suchkriterien)	Fügt die Zahlen in einer Spalte aus einer Liste oder Datenbank hinzu, die den angegebenen Bedingungen entsprechen.
DBVARIANZ	=DBVARIANZ(Datenbank;Datenbankfeld;Suchkriterien)	Schätzt die Varianz ausgehend von einer Stichprobe aus einer ausgewählten Liste oder Datenbank.

Kapitel 6 im Überblick

Die Lektionen in Kürze

Formeln mit mehreren Operatoren und Zellbereichen

Wenn Sie in einer Formel mit mehreren Operatoren arbeiten, führt Excel die Rechenschritte in der folgenden Reihenfolge durch: (), :, %, ^, * und /, + und -, = < > <= >= <>.

Sie ändern die Reihenfolge der Rechenvorgänge in einer Formel, indem Sie die Teile einer Formel, die Excel zuerst berechnen soll, mit Klammern umschließen.

Das Dialogfeld Funktion einfügen

Das Dialogfeld Funktion einfügen unterstützt Sie bei der Auswahl, Eingabe und Bearbeitung von Funktionen.

So geben Sie eine Funktion über die Schaltfläche Funktion einfügen **ein oder bearbeiten sie:** Markieren Sie die Zelle, in die Sie eine Formel eingeben oder deren Formel Sie bearbeiten möchten, und klicken Sie anschließend auf die Schaltfläche Funktion einfügen in der Bearbeitungsleiste. Wählen Sie eine Kategorie für Ihre gewünschte Funktion aus dem Dropdown-Listenfeld Kategorie aus.

Bereichsnamen erstellen und verwenden

Sie können einen Bereichsnamen erstellen, indem Sie einen Zellbereich auswählen und ihn über das Namenfeld in der Bearbeitungsleiste benennen.

Sie können in einer Formel auf Namen verweisen, z.B. =SUMME(Ausgaben) statt =SUMME(B3:B35). Außerdem können Sie Spalten- und Zeilenüberschriften für Bezüge verwenden.

So erstellen Sie Namen automatisch: Wählen Sie die gewünschte Zelle oder einen Zellbereich aus, den Sie benennen möchten, und anschließend über das Menü Einfügen → Namen → Erstellen. Aktivieren Sie die gewünschten Kontrollkästchen im Dialogfeld Namen erstellen und klicken Sie auf OK.

So ändern Sie den Zellbezug eines Bereichsnamens: Wählen Sie die neue Zelle oder den neuen Zellbereich für den Bezug aus und über das Menü Einfügen → Namen → Übernehmen. Wählen Sie den Namen, den Sie für den ausgewählten Bezug verwenden wollen, und klicken Sie anschließend auf OK.

So löschen Sie Bereichsnamen: Wählen Sie über das Menü Einfügen → Namen → Definieren und im daraufhin erscheinenden Dialogfeld den Namen, den Sie löschen möchten. Klicken Sie anschließend auf Löschen.

Auswählen nicht zusammenhängender Bereiche und automatische Berechnung

Sie wählen nicht zusammenhängende Bereiche aus, indem Sie den ersten Bereich auswählen und die Strg-Taste gedrückt halten, während Sie weitere Bereiche anklicken.

Die Statusleiste zeigt die Gesamtsumme (oder eine andere Berechnung) für den ausgewählten Zellbereich an.

So ändern Sie die Rechenart von Automatische Berechnung: Rechtsklicken Sie auf den Bereich Automatische Berechnung in der Statusleiste und wählen Sie aus dem Kontextmenü die Funktion, die Excel für die automatische Berechnung verwenden soll.

Die Funktion WENN für bedingte Formeln

Die Funktion WENN prüft eine vorgegebene Bedingung und gibt einen Wert aus, wenn sie WAHR ist, und einen anderen, wenn sie FALSCH ist.

Die Syntax für die Funktion WENN lautet: »=WENN (Prüfung;Dann_Wert;Sonst_Wert)«. Wesentlich einfacher können Sie eine Formel mit der Funktion WENN über das Dialogfeld Funktion einfügen erstellen.

Die Funktion RMZ

Die Funktion RMZ errechnet die regelmäßige Zahlung für ein Darlehen bei konstanten Zahlungen und konstantem Zinssatz.

Die Syntax für die Funktion RMZ lautet: »=RMZ (Zins; Zzr;Bw)«. Wesentlich einfacher können Sie eine Formel mit der Funktion RMZ über das Dialogfeld Funktion einfügen erstellen.

Kapitel 6
Weitere Funktionen und Formeln

Formeln anzeigen und drucken

So stellen Sie die Formeln in einem Arbeitsblatt dar oder blenden Sie aus: Wählen Sie über das Menü Extras → Optionen, klicken Sie auf die Registerkarte Ansicht und aktivieren oder deaktivieren Sie das Kontrollkästchen Formeln.

So stellen Sie Formeln in der Seitenansicht dar: Klicken Sie auf die Schaltfläche Seitenansicht in der Standardsymbolleiste.

Fehler in Formeln beheben

So können Sie über die Symbolleiste Formelüberwachung Ursachen von Fehlern aufspüren und sie beheben: Wählen Sie über das Menü Extras → Formelüberwachung → Detektivsymbolleiste anzeigen.

Test

1. Excel geht bei der Berechnung von Formeln immer von links nach rechts vor. (Richtig oder falsch?)

2. Welche der folgenden Formeln kann Excel *nicht* berechnen?
   A. =SUMME(A1:A5)-10
   B. =SUMME(Umsatz)-A3
   C. =SUMME(A1:A5)/(10-10)
   D. =SUMME(A1:A5)*,5

3. Welche der folgenden Aussagen trifft *nicht* zu?
   A. Die Schaltfläche Funktion einfügen in der Bearbeitungsleiste unterstützt Sie, wenn Sie Formeln auswählen, eingeben oder bearbeiten.
   B. Bereichsnamen können bis zu 255 Zeichen inklusive Leerzeichen enthalten.
   C. Sie können einen Bereichsnamen festlegen, indem Sie den gewünschten Zellbereich auswählen und den Namen dafür in das Namenfeld in der Bearbeitungsleiste eingeben.
   D. Sie können in Ihren Formeln Bezüge auf Bereichsnamen verwenden.

4. Welche der folgenden Aussagen trifft *nicht* zu?
   A. Nicht zusammenhängende Zellbereiche wählen Sie aus, indem Sie den ersten Zellbereich anklicken und anschließend bei gedrückter Strg-Taste die weiteren.
   B. =WENN(A4>10;0,5;0) ist ein in sich richtiges Beispiel für eine Formel mit der Funktion WENN.
   C. Wenn das Dialogfeld Funktionsargumente die Zellen verdeckt, zu denen Sie einen Bezug herstellen möchten, können Sie es über die Schaltfläche Dialogfeld reduzieren vorübergehend verkleinern.
   D. Excel zeigt den Fehlerwert ##### an, wenn es den Text, den Sie in eine Formel eingegeben haben, nicht erkennen kann.

5. Mit welcher Methode können Sie am schnellsten die Summe eines Zellbereichs ermitteln?
   A. Wählen Sie eine leere Zelle aus, klicken Sie auf die Schaltfläche AutoSumme in der Standardsymbolleiste, wählen Sie den Bereich aus und bestätigen Sie die Eingabe mit Enter.
   B. Wählen Sie eine leere Zelle aus, geben Sie =SUMME ein, wählen Sie den Zellbereich aus, geben Sie) ein und drücken Sie Enter.
   C. Wählen Sie den Zellbereich aus. Seine Summe wird automatisch in der Statusleiste angezeigt.
   D. Wählen Sie den Zellbereich aus und klicken Sie auf die Schaltfläche AutoSumme. Das Namenfeld in der Bearbeitungsleiste zeigt die Summe dann automatisch an.

6. Welche Bedeutung hat der Fehlerwert #DIV/0!?
   A. Der Zahlenwert ist zu lang für die Darstellung in der Zelle.
   B. In einer Formel wird durch 0 oder eine leere Zelle geteilt.
   C. In einer Formel wird durch den Buchstaben O geteilt.
   D. In diesem Jahr werden Ihre Aktien keine Dividende ausschütten.

Kapitel 6
Kapitel 6 im Überblick

7. Sie erwägen den Kauf eines Hauses im Wert von 250.000 €. Mit welcher Funktion können Sie monatliche Zahlungen eines Darlehens für den Kaufpreis berechnen?

    A. *SUMME*

    B. *WENN*

    C. *RMZ*

    D. *ANZAHL*

8. Welche der folgenden Aussagen trifft *nicht* zu?

    A. Sie können sich über einen Bereichsnamen auf den entsprechenden Bereich beziehen. Anstatt A1:B10 zu schreiben, können Sie sich auf denselben Bereich unter seinem Namen Ausgaben beziehen.

    B. Sie können einen Bereichsnamen festlegen, indem Sie einen Zellbereich auswählen und einen Namen dafür in das Namenfeld in der Bearbeitungsleiste eingeben.

    C. Sie können in einer Formel keine Bereichsnamen verwenden.

    D. Sie können sich in einer Formel über Spalten- und Zeilenüberschriften auf Daten zu beziehen.

9. Mit welcher der folgenden Formeln können Sie die kleinste Zahl im Bereich B10:E25 ermitteln?

    A. *=ANZAHL*(B10:E25)

    B. *=MIN*(B10:E25)

    C. *=FINDEN*(B10:E25)

    D. *=KLEINSTE*(B10:E25)

Hausaufgaben

1. Öffnen Sie die Datei *Hausaufgabe* 6 und speichern Sie sie als Provision.

2. Fügen Sie Formeln in der Spalte und Zeile *Gesamt* hinzu, um die Gesamtwerte der jeweiligen Zeile bzw. Spalte ermitteln.

3. Erstellen Sie in Zelle B10 eine Formel, die den Mittelwert des Zellbereichs B4:F8 berechnet.

4. Ermitteln Sie über die Funktion *Automatische Berechnung* den Gesamtumsatz in West- und Osteuropa. (Hinweis: Wählen Sie den Bereich B4:C8 aus und schauen Sie in die Statusleiste.)

5. Erstellen Sie in Zelle B14 eine Formel, mit der Sie die Provision für die Angestellten wie folgt errechnen: Für Umsätze über 30.000 € erhält ein Angestellter einen Bonus von 500 €, andernfalls nichts. (Hinweis: Setzen Sie die Funktion *WENN* ein.) Kopieren Sie die fertige Formel für die übrigen Angestellten.

6. Stellen Sie die Formeln statt ihrer Ergebnisse in der Arbeitsmappe Provision dar. Stellen Sie die Anzeige anschließend wieder auf die Ergebnisse zurück.

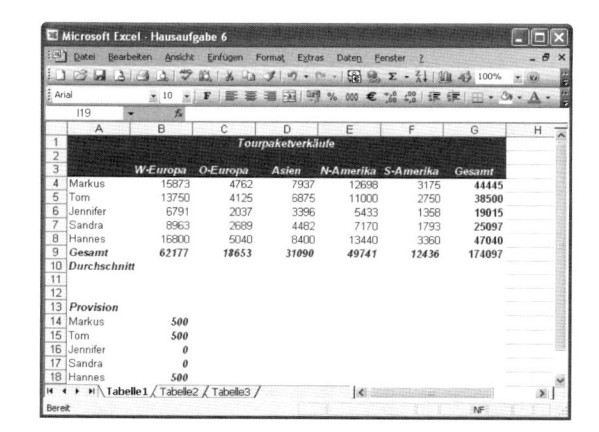

7. Legen Sie einen Namen für den Bereich A14:B18 fest. Wählen Sie diesen Bereich aus, klicken Sie auf das Namenfeld und geben Sie Provisionen ein.

Lösungen zum Test

1. Falsch. Wenn Sie in einer Formel mehrere Operatoren einsetzen, arbeitet Excel sie in der folgenden Reihenfolge ab: (), :, %, ^, * und /, + und -, = < > => >= < >.

2. C. Der Term (10-10) ergibt 0, so dass es in der Formel zu einer mathematisch nicht zulässigen Division durch null kommt.

3. B. Bereichsnamen dürfen keine Leerzeichen enthalten.

4. D. Der Fehlerwert ##### bedeutet, dass ein numerischer Wert zu lang für die Anzeige in einer Zelle ist. Sie können die Spaltenbreite verändern, indem Sie die Trennlinie zwischen den Spaltenköpfen verschieben.

5. C. Wenn Sie einen Zellbereich auswählen, erscheint seine Summe in der Statusleiste. Auf diese Weise können Sie die Summe eines Bereichs am einfachsten und schnellsten ermitteln.

6. B. #DIV/0! ist der Fehlerwert für eine Division durch null.

7. C. Die Funktion *RMZ* berechnet Zahlungen für ein Darlehen auf der Grundlage konstanter Zahlungen und eines konstanten Zinssatzes.

8. C. Sie können Namen von Bereichen in Formeln einsetzen, so zum Beispiel =*SUMME*(Einkommen).

9. B. Über die Formel =*MIN*(B10:E25) erhalten Sie die kleinste Zahl des Bereichs.

KAPITEL 7
LISTEN

LERNZIELE

Listen erstellen
Datensätze hinzufügen, suchen, bearbeiten und löschen
Listen sortieren
Listen automatisch filtern
Einen benutzerdefinierten AutoFilter erstellen
Spezialfilter verwenden
Gültigkeitsprüfung für Daten

AUFGABE: ERSTELLEN EINER LISTE FÜR DIE VERWALTUNG VON FLUGGÄSTEN UND FLÜGEN

Voraussetzungen

- Sie können mit Menüs, Symbolleisten, Dialogfeldern und Tastenkombinationen umgehen.
- Sie wissen, wie man Zahlwerte und Text eingibt.

Ein weiterer Anwendungsbereich von Excel ist die Verwaltung von Daten in *Listen* oder *Datenbanken*. Beispiele für Daten, die in dieser Form vorliegen, sind unter anderem Telefonnummern, Kundenlisten und Dienstpläne. Die Daten einer Liste in Excel können Sie dank umfangreicher Verwaltungsfunktionen bequem und schnell durchsuchen, gliedern und analysieren.

Microsoft hat die Arbeit mit Listen in Excel 2003 gegenüber den Vorgängerversionen bedeutend vereinfacht. Sechs wesentliche Verbesserungen erhöhen die Benutzerfreundlichkeit beim Umgang mit Listen erheblich. Wenn Sie eine Liste mit Excel 2003 erstellen, werden die folgenden Merkmale automatisch hinzugefügt: AutoFilter, Rahmen um die Liste, Einfügezeile, Anfasser zur Größenänderung, Ergebniszeile und Listensymbolleiste.

In diesem Kapitel erfahren Sie, wie Sie eine Liste erstellen und später Daten hinzufügen, löschen, ändern oder suchen. Darüber hinaus lernen Sie, mit Hilfe der Filterfunktionen von Excel nur bestimmte Datensätze, z.B. mit einer bestimmten Postleitzahl, darzustellen.

LEKTION 7.1

Listen erstellen

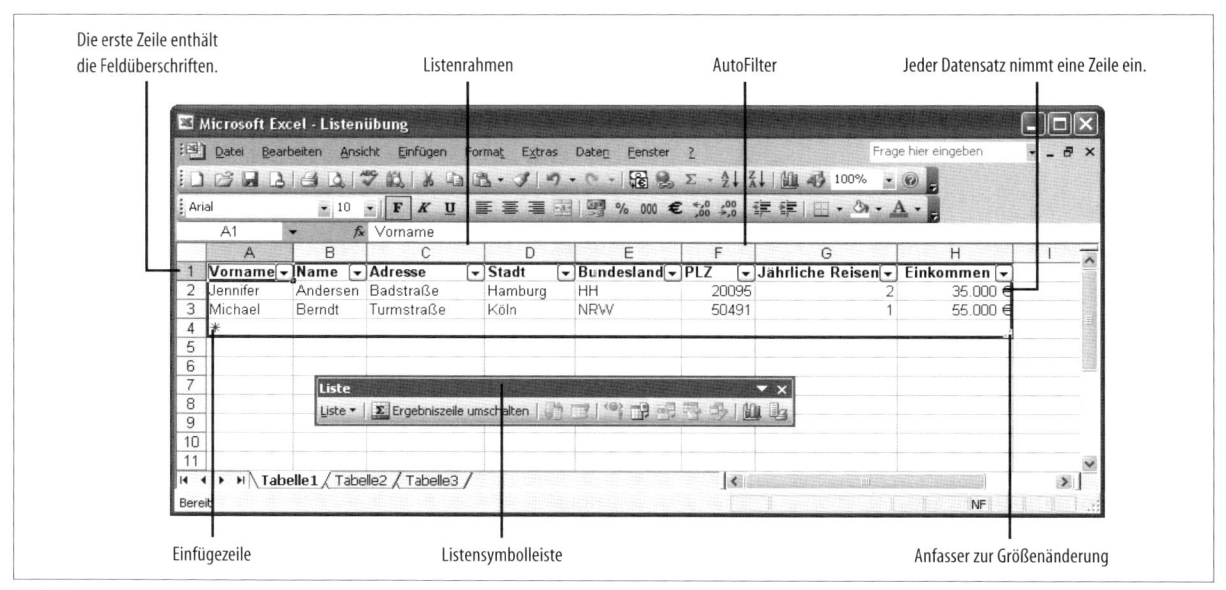

Abbildung 7-1: Liste mit zwei Datensätzen

Zu Beginn dieses Kapitels erstellen wir eine Liste. Bei Excel 2003 hat Microsoft dies durch sechs wesentliche Verbesserungen der Funktionen für Listen beträchtlich vereinfacht. Wenn Sie einen Zellbereich als Liste bestimmen, erscheinen folgende Merkmale automatisch:

- **AutoFilter:** Die Funktion AutoFilter ist bei Excel 2003 für Listen standardmäßig aktiviert und erscheint in der Kopfzeile jeder Spalte, damit Sie Ihre Daten schneller sortieren können.
- **Rahmen:** Nachdem Sie eine Liste erstellt haben, hebt sie sich durch einen dunkelblauen Rahmen vom Rest des Blatts ab.
- **Einfügezeile:** Am Fuß der Liste erscheint eine Leerzeile mit einem Stern in der ersten Zelle. Daten, die Sie in diese Zeile eingeben, werden der Liste automatisch hinzugefügt.
- **Anfasser zur Größenänderung:** Sie können eine Liste vergrößern oder verkleinern, indem Sie auf den Anfasser in der unteren rechten Ecke des Listenrahmens klicken und ihn verschieben.
- **Ergebniszeile:** Sie können Ihrer Liste ohne weiteres eine Ergebniszeile hinzufügen, indem sie auf die Schaltfläche Ergebniszeile umschalten in der Listensymbolleiste klicken. Wenn Sie auf eine Zelle in der Ergebniszeile klicken, erscheint ein Dropdown-Feld mit Funktionen zur Berechnung der Spalte.
- **Listensymbolleiste:** Wenn Sie auf eine Zelle in einer Liste klicken, erscheint die Listensymbolleiste, über die Sie die Liste schnell bearbeiten können.

Nachdem Sie einen Einblick in die verbesserten Listenfunktionen von Excel 2003 erhalten haben, werden Sie Ihr Wissen nun vertiefen.

1 Starten Sie Microsoft Excel, begeben Sie sich zum Übungsordner, öffnen Sie die Datei Übung 7A und speichern Sie sie als Listenübung.

Die Arbeitsmappe *Listenübung* erscheint auf dem Bildschirm. Eine Liste hat zwei Hauptbestandteile:

- **Datensätze:** Ein Datensatz enthält mehrere Informationen zu einem Gegenstand oder einer Person, vergleichbar mit einem Eintrag in einem Telefonbuch.
- **Felder:** Datensätze setzen sich aus mehreren Feldern mit den jeweiligen Einzelinformationen zusammen. Namensbeispiele für Felder sind Vorname, Nachname und Jahreseinkommen.

Excel stellt die Datensätze in Zeilen dar, die durch Spalten in die einzelnen Felder untergliedert sind. Abbildung 7-1 zeigt ein Beispiel für Informationen, die in Spalten und Zeilen gespeichert ist.

HINWEIS *Die Postleitzahlen sind in dieser Liste als Text formatiert und nicht als Zahlen. Möchten Sie eine Zahlenfolge als Text statt als Zahl eingeben, fügen Sie an ihrem Anfang einen Apostroph ein. Wenn Sie den Apostroph nicht setzen, lässt Excel Nullen weg, die am Anfang mancher Postleitzahlen nicht wegfallen dürfen, z.B. bei 01586.*

Die Grundlagenkenntnisse über Daten in Listen werden Sie jetzt in die Praxis umsetzen. Tabelle 7-1 zeigt Ihnen, was Sie beim Erstellen einer Liste beachten müssen.

2 Wählen Sie den Bereich A1:H3 aus und im Menü Daten → Liste → Liste erstellen.

Das Dialogfeld Liste erstellen erscheint. Da Sie den Bereich bereits ausgewählt haben, erscheint er automatisch im Textfeld.

Die bestehenden Feldnamen im ausgewählten Datensatz verwenden Sie als Überschriften für die Liste.

3 Stellen Sie sicher, dass das Kontrollkästchen Meine Liste hat eine Kopfzeile aktiviert ist, und klicken Sie auf OK.

Excel wandelt die Daten in eine Liste um.

4 Klicken Sie auf die Zelle A1, um die Auswahl des Zellbereichs aufzuheben.

Vergleichen Sie Ihre Liste mit Abbildung 7-1.

Beachten Sie die Veränderungen im Arbeitsblatt: Ein dunkelblauer Rahmen umgibt die Liste, in jeder Spaltenüberschrift taucht ein Pfeil auf, der auf den aktivierten AutoFilter hinweist, die Spaltenüberschriften sind fett dargestellt, die Anfasser zur Größenänderung, die Einfügezeile in der untersten Zeile der Liste und die Listensymbolleiste erscheinen.

Tabelle 7-1: Grundlegende Regeln beim Erstellen von Listen

Regel	Begründung
Arbeiten Sie nur mit einer Liste pro Arbeitsblatt.	Manche Funktionen für die Verwaltung von Listen, z.B. Filter, lassen sich immer nur für jeweils eine Liste anwenden.
Vermeiden Sie leere Zeilen und Spalten in einer Liste.	Excel kann die Liste so besser erkennen und auswählen.
Erstellen Sie Spaltenüberschriften in der obersten Zeile der Liste.	Anhand der Überschriften erstellt Excel Datensätze, sucht und gliedert Daten.
Gestalten Sie eine Liste so, dass alle Zeilen in derselben Spalte ähnliche Daten aufweisen.	Das dient der Übersichtlichkeit und Ordnung der Liste.
Gliedern Sie Informationen so weit wie möglich auf.	Dadurch haben Sie mehr Möglichkeiten, die Liste zu sortieren, zu filtern und zu bearbeiten.
Vergeben Sie Feldnamen nur jeweils einmal.	Kommt derselbe Feldname mehrmals vor, kann es beim Eingeben und Sortieren von Daten Schwierigkeiten geben.

Lektion 7.1
Listen erstellen

SCHNELLREFERENZ

SO ERSTELLEN SIE EINE LISTE IN EXCEL:

1. GEBEN SIE DIE FELDNAMEN ALS SPALTENÜBERSCHRIFTEN EIN.
2. GEBEN SIE DIE DATENSÄTZE IN DIE ZEILEN EIN.
3. WÄHLEN SIE EINEN BEREICH AUS.
4. WÄHLEN SIE IM MENÜ DATEN → LISTE → LISTE ERSTELLEN.

ODER:

DRÜCKEN SIE STRG + L.

5. WENN ÜBERSCHRIFTEN FÜR DIE FELDER VORHANDEN SIND, STELLEN SIE SICHER, DASS DAS KONTROLLKÄSTCHEN MEINE LISTE HAT EINE KOPFZEILE AKTIVIERT IST.
6. KLICKEN SIE AUF OK.

LEKTION 7.2

Umgang mit Listen und der Ergebniszeile

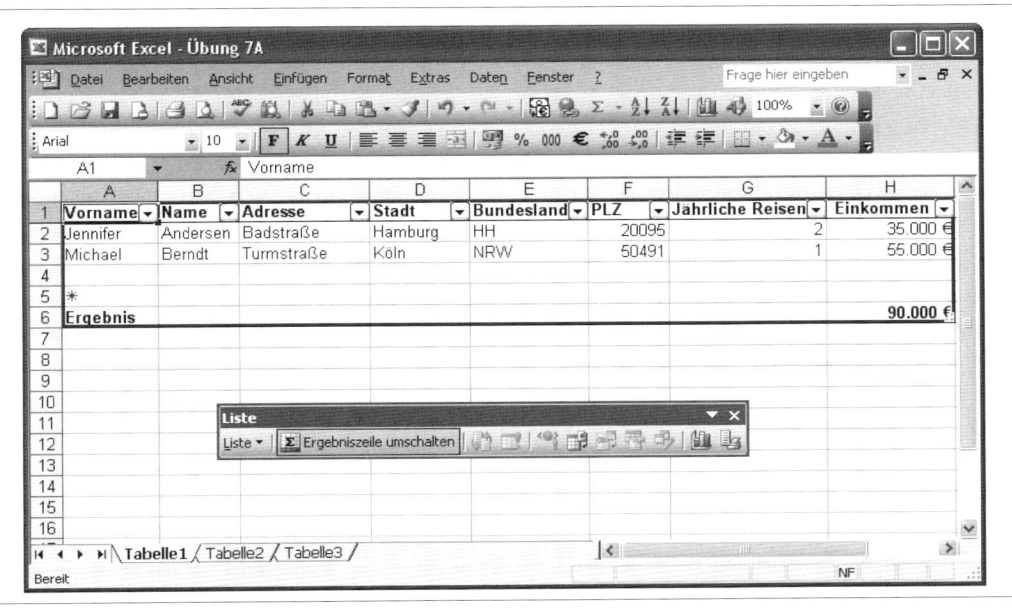

Abbildung 7-2: Die Liste mit geteilten und fixierten Bereichen und der Ergebniszeile

Dass Sie eine Liste mit Excel 2003 erstellen können, heißt noch nicht, dass Sie auch mit ihr umgehen können. Diese Lektion zeigt Ihnen deshalb, wie der Umgang mit Listen ohne Schwierigkeiten gelingt. Dazu lernen Sie, wie Sie ein Arbeitsblatt teilen und fixieren, so dass die Feldüberschriften immer sichtbar bleiben, und wie Sie die Ergebniszeile nutzen.

> **TIPP** *Wenn Sie mit Listen und ganz besonders mit langen Listen arbeiten, ist es meist sinnvoll, das Arbeitsblattfenster zu teilen und zu fixieren, damit die Feldüberschriften sichtbar bleiben, während Sie sich durch das Arbeitsblatt bewegen.*

Das Kästchen zum vertikalen Teilen

1 Platzieren Sie den Mauszeiger auf dem Kästchen zum vertikalen Teilen direkt über der vertikalen Bildlaufleiste. Wenn sich der Mauszeiger in ein ✥ verwandelt, ziehen Sie das Teilungskästchen unmittelbar unter die Zeile 1.

Excel teilt das Arbeitsblattfenster in zwei übereinander liegende Ausschnitte.

2 Wählen Sie im Menü Fenster → Fenster fixieren.

Die fixierte Überschriftenzeile bleibt nun unverändert oben im Arbeitsblatt stehen, selbst wenn die Liste weit über den sichtbaren Bildschirmbereich hinausgeht.

Im nächsten Schritt lernen Sie den Umgang mit der Ergebniszeile.

3 Klicken Sie auf Zelle A2, um sicherzustellen, dass sich die aktive Zelle innerhalb der Liste (also im Zellbereich A1:H3) befindet.

Um die Listensymbolleiste verwenden zu können, muss die Liste aktiviert sein.

4 Klicken Sie auf die Schaltfläche Ergebniszeile umschalten in der Listensymbolleiste.

Wie in Abbildung 7-2 erscheint die Ergebniszeile direkt unterhalb der Einfügezeile.

Ist die Ergebniszeile eingeschaltet, erscheint in ihrer ersten Zelle das Wort Ergebnis und in der letzten errechnet eine Formel ein Teilergebnis. In der Ergebniszeile können Sie unterschiedliche Gesamtwerte für die einzelnen Spalten der Liste berechnen.

Lektion 7.2
Umgang mit Listen und der Ergebniszeile

5 Klicken Sie auf die Zelle H5 und danach auf den Pfeil für das Dropdown-Feld.

Es erscheint eine Liste mit Funktionen zur Berechnung der Spalte.

6 Wählen Sie die Option Mittelwert aus.

Excel fügt die Funktion Mittelwert für das Teilergebnis in die Zelle H5 ein. Das mittlere Einkommen von Jennifer Andersen und Michael Berndt beträgt 45.000 €.

Ebenso leicht, wie Sie die Ergebniszeile eingeblendet haben, können Sie sie auch wieder ausblenden.

7 Klicken Sie auf die Schaltfläche Ergebniszeile umschalten in der Listensymbolleiste.

Die Ergebniszeile verschwindet wieder.

In Tabelle 7-2 finden Sie eine vollständige Übersicht über die Funktionen der Ergebniszeile mit jeweils einer kurzen Beschreibung.

Tabelle 7-2: Die Funktionen der Ergebniszeile

Funktion	Beschreibung
Ohne	Fügt keine Funktion ein.
Mittelwert	Errechnet das arithmetische Mittel aller Zahlen in der Spalte.
Anzahl	Ermittelt die Anzahl aller nicht leeren Zellen unabhängig von ihrem Inhalt.
Anzahl Zahlen	Ermittelt die Anzahl aller Zellen, die Zahlen einschließlich Datumsangaben und Formeln enthalten. Leere oder fehlerhafte Zellen sowie Zellen mit Text werden nicht mitgezählt.
Maximum	Gibt den größten Wert in einer Spalte zurück.
Minimum	Gibt den kleinsten Wert in einer Spalte zurück.
Summe	Bildet die Summe aller Zahlen in einer Spalte.
Standardabweichung	Ermittelt die Standardabweichung ausgehend von einer Stichprobe. Die Standardabweichung ist ein Maß dafür, wie weit die Werte um den Mittelwert streuen.
Varianz (Stichprobe)	Ermittelt die Varianz auf der Grundlage einer Stichprobe.

SCHNELLREFERENZ

SO FIXIEREN SIE DIE FELDÜBERSCHRIFTEN:

1. PLATZIEREN SIE DEN MAUSZEIGER AUF DEM KÄSTCHEN ZUM VERTIKALEN TEILEN, SO DASS ES SICH IN EIN ✛ VERWANDELT.
2. ZIEHEN SIE DAS TEILUNGSKÄSTCHEN UNMITTELBAR UNTER DIE ZEILE MIT DEN FELDÜBERSCHRIFTEN.
3. WÄHLEN SIE IM MENÜ FENSTER → FENSTER FIXIEREN.

SO BLENDEN SIE DIE ERGEBNISZEILE EIN ODER AUS:

- KLICKEN SIE AUF DIE SCHALTFLÄCHE ERGEBNISZEILE UMSCHALTEN IN DER LISTENSYMBOLLEISTE.

LEKTION 7.3
Datensätze hinzufügen mit Datenmasken und Einfügezeilen

```
                         Nummer des aktuellen
                         Datensatzes              Anzahl der Datensätze in der Liste

                                                  Klicken Sie hier, um der Liste einen
                                                  neuen Datensatz hinzuzufügen.

    Tabelle1                    1 von 3           Klicken Sie hier, um den aktuellen
    Vorname:   Jennifer                           Datensatz aus der Liste zu löschen.
    Name:      Andersen         Neu
    Adresse:   Badstraße        Löschen
    Stadt:     Hamburg          Wiederherstellen  Klicken Sie hier, um Änderungen in der
    Bundesland: HH                                Datenmaske rückgängig zu machen.
    PLZ:       20095            Vorherigen suchen
    Jährliche Reisen: 2         Weitersuchen      Klicken Sie hier, um Datensätze nach
    Einkommen: 35000            Kriterien         festgelegten Kriterien zu suchen.
                                Schließen
                                                  Klicken Sie hier, um die Datenmaske zu
                                                  schließen und den Datensatz zu speichern.
                                                  Verwenden Sie die Bildlaufleiste, wenn
                                                  nicht alle Textfelder dargestellt werden.

    Zeigt den vorherigen Datensatz einer Liste    Zeigt den nächsten Datensatz einer Liste
    an. Wenn Sie Suchkriterien über die Schalt-   an. Wenn Sie Suchkriterien über die Schalt-
    fläche Kriterien angegeben haben, sehen       fläche Kriterien angegeben haben, sehen
    Sie den vorherigen Datensatz, der mit den     Sie den nächsten Datensatz, der mit den
    Kriterien übereinstimmt.                      Kriterien übereinstimmt.
```

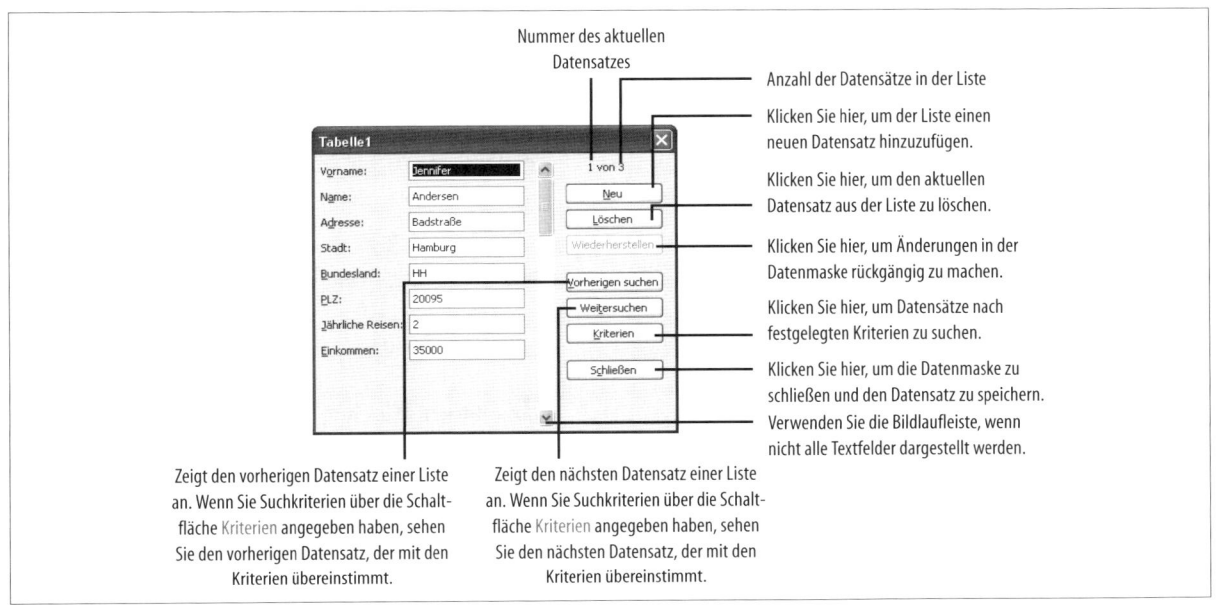

Abbildung 7-3: Das Dialogfeld der Datenmaske

Über die Datenmaske, die Sie im Menü unter Daten → Maske finden, können Sie einer Liste Datensätze hinzufügen. Darüber hinaus können Sie mit diesem Dialogfeld Folgendes tun:

- Datensätze anzeigen lassen und sich in ihnen bewegen
- Bestehende Datensätze bearbeiten
- Datensätze löschen
- Nach Datensätzen suchen

Diese Lektion beschreibt, wie Sie mit der Datenmaske und der Einfügezeile Datensätze zu einer Liste hinzufügen.

Zunächst fügen Sie einen Datensatz über die Einfügezeile ein.

1 Aktivieren Sie Zelle A4, indem Sie darauf klicken.

Der Stern in der äußersten linken Zelle der Zeile zeigt an, dass dies die Einfügezeile ist. Beachten Sie, dass der Stern nicht verschwindet, wenn Sie auf die Zelle klicken.

> **TIPP** Sie können die Einfügemarke ein Feld bzw. eine Zelle nach rechts verschieben, indem Sie Tab drücken. Über die Tastenkombination Umschalt + Tab bewegen Sie die Einfügemarke eine Zelle zurück.

2 Geben Sie Antonia ein und gehen Sie mit Tab zur nächsten Zelle weiter.

Der Stern springt zur Zelle A5, um anzuzeigen, dass Zeile 5 jetzt die neue Einfügezeile ist.

Im nächsten Schritt vervollständigen Sie den Datensatz in Zeile 4 mit den folgenden Angaben.

3 Fügen Sie die noch fehlenden Angaben zu Antonia Christiansen wie folgt in die Felder ein:

Vorname	Nachname	Adresse	Ort
Antonia	Christiansen	Berliner Str.	Bremen
Bundesland	**Postleitzahl**	**Jährliche Reisen**	**Einkommen**
HB	28195	7	40.000 €

Nachdem Sie gelernt haben, Datensätze über die Einfügezeile einzugeben, erfahren Sie nun, wie dies auch mit der Datenmaske geht.

4 Wählen Sie im Menü Daten → Maske.

Im Dialogfeld, das nun erscheint, sehen Sie wie in Abbildung 7-3 den ersten Datensatz in der Liste, Jennifer Andersen. Zu den Vorteilen der Datenmaske zählt, dass Sie mit ihr die Datensätze in einer Liste besonders leicht durchblättern und einsehen können.

Lektion 7.3
Datensätze hinzufügen mit Datenmasken und Einfügezeilen

5 Klicken Sie auf die Schaltfläche Weitersuchen, um den nächsten Eintrag einzusehen.

Der nächste Datensatz in der Liste, Michael Berndt, erscheint in der Datenmaske.

6 Klicken Sie auf die Schaltfläche Vorherigen suchen, um zum vorherigen Eintrag der Liste zu gelangen.

Der vorherige Eintrag, Jennifer Andersen, erscheint wieder in der Datenmaske.

Sie können über die Datenmaske auch neue Einträge hinzufügen.

7 Klicken Sie auf die Schaltfläche Neu.

Die Datenmaske zeigt leere Felder an, während dort, wo die Nummer des Datensatzes erschien, die Anzeige Neuer Datensatz darauf hinweist, dass Sie im Begriff sind, der Liste einen neuen Datensatz hinzuzufügen. Die Einfügemarke erscheint im ersten Feld der Datenmaske.

8 Geben Sie in das erste Textfeld Bernard ein und bewegen Sie sich mit der Taste Tab zur nächsten Zelle weiter.

Sie müssen noch die restlichen Informationen für diesen Datensatz eingeben.

9 Vervollständigen Sie die Angaben zu Bernard Fuest wie folgt:

Vorname	Nachname	Adresse	Ort
Bernard	Fuest	Schillerstraße	Chemnitz
Staat	Postleitzahl	Jährlich	Ein kommen
SN	09037	2	25.000 €

10 Klicken Sie auf Schließen, nachdem Sie den Datensatz zu Bernard Fuest vollständig eingegeben haben.

Das Dialogfeld mit der Datenmaske schließt sich. Wie Sie sehen, erscheinen die beiden Einträge, die Sie eingegeben haben, am Ende der Liste.

11 Speichern und schließen Sie die Arbeitsmappe.

SCHNELLREFERENZ

SO FÜGEN SIE EINEN DATENSATZ ÜBER DIE EINFÜGEZEILE HINZU:

1. KLICKEN SIE AUF DIE ZELLE GANZ LINKS IN DER EINFÜGEZEILE.
2. GEBEN SIE DIE EINZELNEN DATEN FÜR DEN DATENSATZ IN DIE ENTSPRECHENDEN ZELLEN EIN.

SO FÜGEN SIE DATENSÄTZE ÜBER DIE DATENMASKE HINZU:

1. STELLEN SIE SICHER, DASS SICH DIE AKTIVE ZELLE INNERHALB DER LISTE BEFINDET, UND WÄHLEN SIE IM MENÜ DATEN → MASKE.
2. KLICKEN SIE AUF NEU UND GEBEN SIE DIE EINZELNEN DATEN FÜR DEN DATENSATZ IN DIE DAFÜR VORGESEHENEN TEXTFELDER EIN.

Datensätze suchen

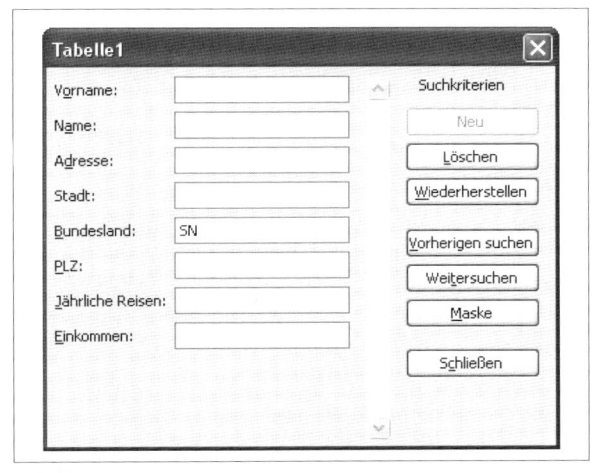

LEKTION 7.4

Abbildung 7-4: Die Datenmaske Suchkriterien

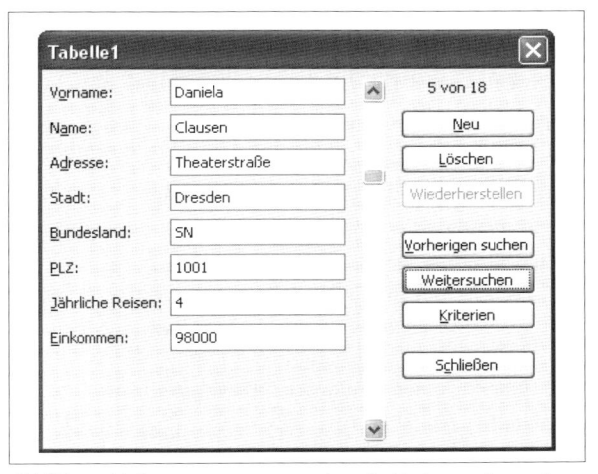

Abbildung 7-5: Einen Datensatz über die Datenmaske suchen

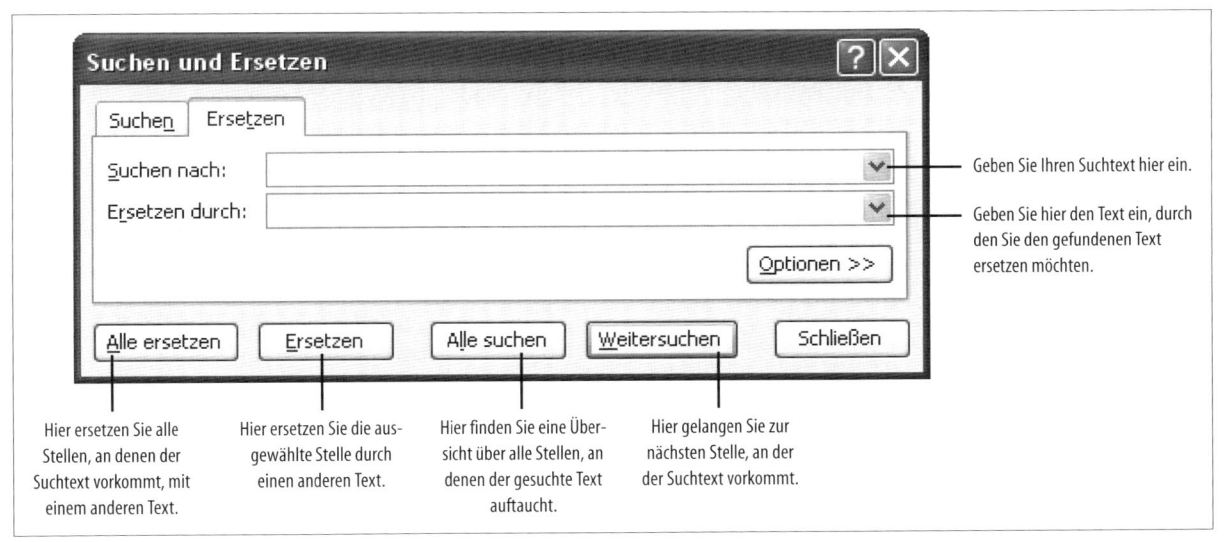

- Geben Sie Ihren Suchtext hier ein.
- Geben Sie hier den Text ein, durch den Sie den gefundenen Text ersetzen möchten.
- Hier ersetzen Sie alle Stellen, an denen der Suchtext vorkommt, mit einem anderen Text.
- Hier ersetzen Sie die ausgewählte Stelle durch einen anderen Text.
- Hier finden Sie eine Übersicht über alle Stellen, an denen der gesuchte Text auftaucht.
- Hier gelangen Sie zur nächsten Stelle, an der der Suchtext vorkommt.

Abbildung 7-6: Die Registerkarte Ersetzen im Dialogfeld Suchen und Ersetzen

Wenn Sie mit einer Liste arbeiten, werden Sie sie unter anderem gewiss dazu benutzen, einen bestimmten Datensatz, etwa den eines Kunden, zu suchen oder einzusehen. Wie so häufig bei Excel können Sie auch bei der Suche nach Datensätzen auf zwei unterschiedliche Weisen vorgehen:

- Sie wählen im Menü Bearbeiten → Suchen.
- Sie benutzen das Dialogfeld mit der Datenmaske.

In dieser Lektion lernen Sie beide Methoden kennen und erfahren außerdem, wie Sie gefundene Daten ersetzen.

Wenn Sie z.B. einen Städtenamen in einer Liste immer wieder falsch geschrieben haben, können Sie über die Funktion Suchen und Ersetzen alle Fehlerstellen ausfindig machen und korrigieren.

1 Öffnen Sie die Arbeitsmappe Übung 7B und speichern Sie sie als Datenbankliste.

Sie können einen bestimmten Datensatz in einer Liste über die Datenmaske suchen. Das ist die erste Methode.

Lektion 7.4
Datensätze suchen

2 Stellen Sie sicher, dass sich die aktive Zelle innerhalb der Liste befindet, und wählen Sie dann im Menü Daten → Maske.

Die Datenmaske erscheint.

3 Klicken Sie auf die Schaltfläche Kriterien.

Die Maske wird leer eingeblendet und zeigt dort, wo die Nummer des Datensatzes erschien, Suchkriterien an, was darauf hinweist, dass Sie mit der Maske Suchkriterien arbeiten. In dieser Maske müssen Sie lediglich die gesuchten Informationen in die entsprechenden Felder eintragen und anschließend auf die Schaltfläche Weitersuchen klicken.

4 Klicken Sie in das Textfeld Bundesland, geben Sie wie in Abbildung 7-4 SN ein und klicken Sie auf Weitersuchen.

Die Datenmaske zeigt den ersten Datensatz in der Liste mit dem Bundesland SN (Sachsen) an, wie Sie in Abbildung 7-5 sehen.

5 Klicken Sie auf Weitersuchen, um den nächsten Datensatz zu suchen, der mit den angegebenen Suchkriterien übereinstimmt.

Die Datenmaske zeigt den nächsten Datensatz mit dem Bundesland SN an.

6 Klicken Sie auf Schließen.

Nun kommen wir zu der zweiten Methode, mit der Sie Informationen in einer Liste suchen können: die Standardsuchfunktion von Excel. Sie finden Sie im Menü unter Bearbeiten → Suchen. Über diese Funktion können Sie Daten auch suchen und ersetzen.

In der Liste im aktuellen Arbeitsblatt steckt ein Fehler. Die Abkürzung für Nordrhein-Westfalen lautet richtig NRW. Diesen Fehler beheben Sie nun mit der Funktion Ersetzen.

7 Wählen Sie im Menü Bearbeiten → Ersetzen.

Die Registerkarte Ersetzen erscheint im Dialogfeld Suchen und Ersetzen wie in Abbildung 7-6. Sie müssen nun die fehlerhafte Buchstabenkombination NRV eingeben und das Kürzel, durch das Sie sie ersetzen möchten, also NRW.

8 Geben Sie in das Textfeld Suchen nach NRV ein und anschließend in das Textfeld Ersetzen durch NRW.

Nun können Sie die fehlerhaften Postleitzahlen durch die richtigen ersetzen lassen.

9 Klicken Sie auf Alle ersetzen.

Excel ändert NRV in der gesamten Liste in NRW um.

HINWEIS *Überlegen Sie, bevor Sie die Schaltfläche Alle ersetzen betätigen, noch einmal genau, ob Sie tatsächlich alle Stellen ändern möchten, an denen der angegebene Text oder die Zahl auftaucht. Sie können auch sicherheitshalber jede Stelle einzeln ersetzen. Benutzen Sie dazu die Schaltflächen Weitersuchen und Ersetzen.*

10 Klicken Sie auf Schließen im Dialogfeld Suchen und Ersetzen und speichern Sie Ihre Arbeit.

SCHNELLREFERENZ

SO SUCHEN SIE DATENSÄTZE MIT DER DATEN-MASKE:

1. STELLEN SIE SICHER, DASS SICH DIE AKTIVE ZELLE IN DER LISTE BEFINDET, UND WÄHLEN SIE IM MENÜ DATEN → MASKE.

2. KLICKEN SIE AUF DIE SCHALTFLÄCHE KRITERIEN, GEBEN SIE IN DIE ZUGEHÖRIGEN FELDER DIE DATEN EIN, NACH DENEN SIE SUCHEN MÖCHTEN, UND KLICKEN SIE ANSCHLIEßEND AUF DIE SCHALTFLÄCHE WEITERSUCHEN ODER VORHERIGEN SUCHEN.

SO FINDEN SIE DATENSÄTZE ÜBER DAS MENÜ BEARBEITEN → SUCHEN:

1. WÄHLEN SIE IM MENÜ BEARBEITEN → SUCHEN.

2. GEBEN SIE DIE DATEN EIN, NACH DENEN SIE SUCHEN MÖCHTEN, UND KLICKEN SIE AUF DIE SCHALTFLÄCHE WEITERSUCHEN.

SO FINDEN UND ERSETZEN SIE DATEN:

1. WÄHLEN SIE IM MENÜ BEARBEITEN → ERSETZEN.

2. GEBEN SIE DEN TEXT, NACH DEM SIE SUCHEN WOLLEN, IN DAS TEXTFELD SUCHEN NACH EIN UND DEN TEXT, DURCH DEN SIE IHN ERSETZEN WOLLEN, IN DAS FELD ERSETZEN DURCH.

3. KLICKEN SIE AUF ALLE ERSETZEN, WENN SIE ALLE STELLEN, AN DENEN DER GESUCHTE TEXT VORKOMMT, ERSETZEN MÖCHTEN, ODER BETÄTIGEN SIE DIE SCHALTFLÄCHE WEITERSUCHEN, UM JEDE EINZELNE STELLE ZU PRÜFEN, BEVOR SIE SIE ERSETZEN.

LEKTION 7.5 — Datensätze löschen

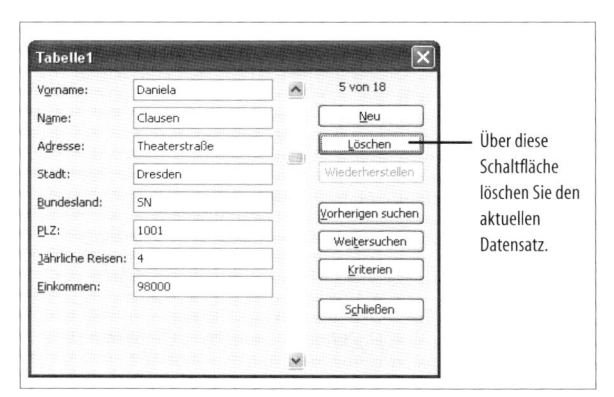

Abbildung 7-7: Sie können Datensätze leicht in der Datenmaske löschen.

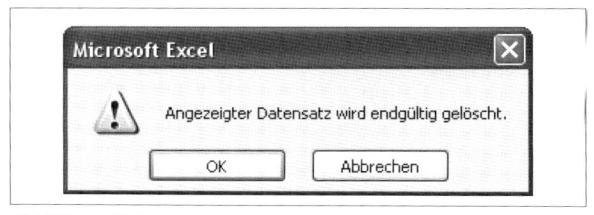

Abbildung 7-8: Das Löschen eines Datensatzes bestätigen

Eine weitere grundlegende Fähigkeit, die Sie im Umgang mit Datenbanken haben müssen, ist das Löschen eines Datensatzs. Wenn Sie in einer Liste z.B. Mitgliedschaften verwalten, aktualisieren Sie die Liste unter anderem dadurch, dass Sie Mitglieder aus ihr löschen. Datensätze können Sie auf zwei Weisen löschen:

- Sie verwenden das Dialogfeld mit der Datenmaske (siehe Abbildung 7-7).
- Sie löschen die Zeile mit dem entsprechenden Datensatz.

Diese Lektion stellt Ihnen beide Methoden vor.

1 Stellen Sie sicher, dass sich die aktive Zelle innerhalb der Liste befindet, und wählen Sie im Menü Daten → Maske.

Sie werden den Datensatz zu Nils Brand löschen. Dazu müssen Sie ihn zunächst einmal finden.

2 Klicken Sie auf die Schaltfläche Kriterien.

Die Datenmaske Suchkriterien erscheint.

3 Geben Sie in das Textfeld Vorname Nils ein und in das Feld Name Brand. Klicken Sie anschließend auf die Schaltfläche Weitersuchen.

Der Datensatz zu Nils Brand erscheint in der Datenmaske.

4 Klicken Sie auf die Schaltfläche Löschen.

Das Dialogfeld aus Abbildung 7-8 erscheint mit der Frage, ob sie den Datensatz endgültig löschen wollen.

5 Bestätigen Sie den Löschvorgang mit OK.

Excel löscht den Datensatz von Nils Brand, woraufhin der folgende Datensatz, Phillip Grabow, in der Datenmaske erscheint.

6 Kehren Sie über die Schaltfläche Schließen zurück zum Arbeitsblatt.

Wenn Sie einen Datensatz über die Datenmaske löschen, verschiebt Excel die Zeilen unter diesem Eintrag automatisch nach oben, so dass keine Leerzeilen in der Liste entstehen.

Sie können einen Datensatz auch löschen, indem Sie seine Zeile löschen.

7 Rechtsklicken Sie auf den Kopf der Zeile 12 und wählen Sie Löschen aus dem Kontextmenü.

Excel löscht die Zeile 12 und verschiebt die folgenden Zeilen nach oben.

Die Hälfte des Kapitels haben Sie jetzt geschafft. Schon bald werden Sie alles über Listen gelernt haben. Weiter so!

SCHNELLREFERENZ

SO LÖSCHEN SIE EINEN DATENSATZ:

1. STELLEN SIE SICHER, DASS SICH DIE AKTIVE ZELLE IN DER LISTE BEFINDET, UND WÄHLEN SIE IM MENÜ DATEN → MASKE.
2. SUCHEN SIE DEN DATENSATZ, DEN SIE LÖSCHEN MÖCHTEN, ÜBER DIE SCHALTFLÄCHEN WEITERSUCHEN, VORHERIGEN SUCHEN ODER KRITERIEN.
3. KLICKEN SIE AUF LÖSCHEN UND BESTÄTIGEN SIE DEN LÖSCHVORGANG.

ODER:

LÖSCHEN SIE DIE ZEILEN ODER ZELLEN DES DATENSATZES.

LEKTION 7.6 **Listen sortieren**

Abbildung 7-9: Die ungeordnete Liste

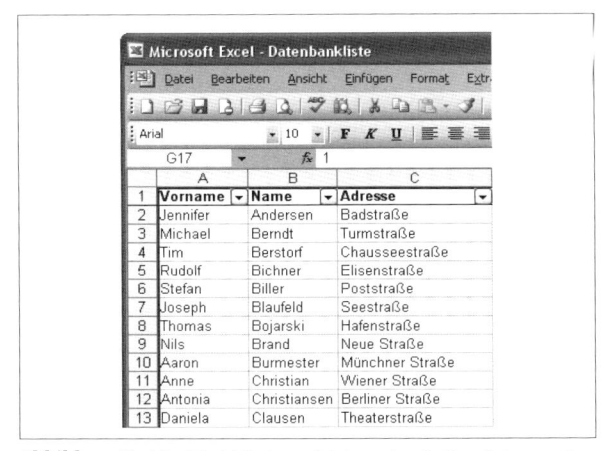

Abbildung 7-10: Die Liste in aufsteigender Reihenfolge nach Nachnamen sortiert

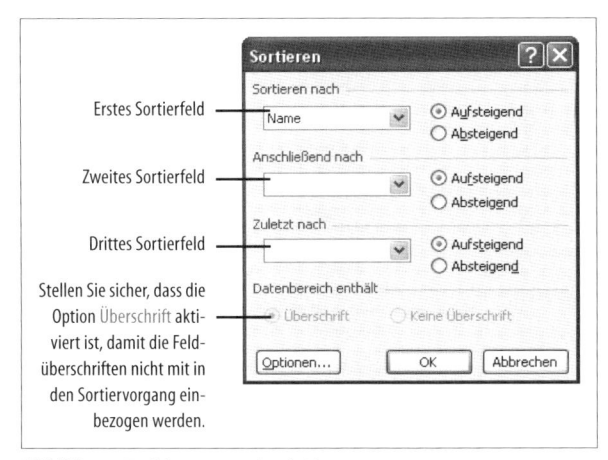

Abbildung 7-11: Das Dialogfeld Sortieren

Wenn Sie neue Datensätze hinzufügen, tun Sie das normalerweise in der Reihenfolge, in der Sie die Informationen erhalten, am Ende der Liste. So weit, so gut – was aber, wenn Sie die Datensätze dieser ungeordneten Liste in alphabetischer Reihenfolge darstellen wollen? Kein Problem, denn Excel kann Daten ganz fabelhaft sortieren, und zwar alphabetisch, numerisch oder chronologisch (nach Datum). Zusätzlich sortiert Excel wahlweise in aufsteigender (A bis Z) oder absteigender (Z bis A) Reihenfolge. Tabelle 7-3 stellt das beispielhaft dar. Sie können eine Liste ganz oder teilweise sortieren, indem Sie die gewünschten Bereiche auswählen. Diese Lektion zeigt Ihnen mehrere Vorgehensweisen, die Einträge in Ihren Listen zu sortieren.

1 Aktivieren Sie die Zelle B1, indem Sie darauf klicken.

In Abbildung 7-9 sehen Sie eine ungeordnete Liste. Da Sie sie nach Nachnamen sortieren möchten, müssen Sie das Feld Nachname auswählen.

Die Schaltfläche Aufsteigend sortieren

2 Klicken Sie auf die Schaltfläche Aufsteigend sortieren in der Standardsymbolleiste.

Excel sortiert die Datensätze in der Liste wie in Abbildung 7-10 nach den Nachnamen in aufsteigender Reihenfolge (A-Z). Sie können die Liste auch in absteigender Reihenfolge (Z-A) sortieren lassen.

Die Schaltfläche Absteigend sortieren

3 Klicken Sie auf die Zelle A1, um Sie zu aktivieren, und anschließend auf die Schaltfläche Absteigend sortieren in der Standardsymbolleiste.

Excel sortiert die Liste nach dem Inhalt des ersten Felds in absteigender Reihenfolge (Z-A).

Bisher haben Sie die Liste nur nach einem einzigen Feld sortiert. Sie können eine Liste aber nach bis zu drei Feldern sortieren, wenn Sie das Dialogfeld Sortieren im Menü unter Daten → Sortieren verwenden.

4 Wählen Sie im Menü Daten → Sortieren.

Das in Abbildung 7-11 dargestellte Dialogfeld erscheint. Sie sortieren die Liste nun zunächst nach den Nachnamen und an zweiter Stelle nach Vornamen.

5 Wählen Sie Name über den Pfeil im Bereich Sortieren nach und stellen Sie sicher, dass die Option Aufsteigend aktiviert ist.

Die Liste wird somit in aufsteigender Reihenfolge (A-Z) nach dem Nachnamen sortiert. Im nächsten Schritt legen Sie über das zweite Feld fest, wonach Sie die Liste an zweiter Stelle sortieren möchten.

6 Wählen Sie über den Pfeil im Bereich Anschließend nach die Option Vorname aus und stellen Sie sicher, dass Aufsteigend aktiviert ist.

Jetzt können Sie mit dem Sortieren der Liste beginnen.

7 Klicken Sie auf OK.

Das Dialogfeld Sortieren schließt sich und die Liste erscheint in aufsteigender Reihenfolge zuerst nach Nachnamen und dann nach Vornamen sortiert.

8 Speichern Sie Ihre Arbeit.

In dieser Lektion haben Sie Daten in einer Liste sortiert. Sie können dieselben Methoden zum Sortieren von Daten jedoch auch an einer beliebigen anderen Stelle des Arbeitsblatts einsetzen, unabhängig davon, ob dort eine Liste vorliegt oder nicht.

Tabelle 7-3: Beispiele für Sortierungen

Reihenfolge	Alphabetisch	Numerisch	Datum
Aufsteigend	A, B, C	1, 2, 3	1.1.2005, 15.1.2005, 1.2.2005
Absteigend	C, B, A	3, 2, 1	1.2.2005, 15.1.2005, 1.1.2005

Lektion 7.6
Listen sortieren

SCHNELLREFERENZ

SO SORTIEREN SIE EINE LISTE NACH EINEM FELD:

1. Platzieren Sie die Zellmarkierung in der Spalte, nach deren Inhalt Sie die Liste sortieren möchten.
2. Klicken Sie auf die Schaltfläche AUFSTEIGEND SORTIEREN oder ABSTEIGEND SORTIEREN in der Standardsymbolleiste.

ODER:

1. Klicken Sie in der entsprechenden Feldüberschrift auf den PFEIL FÜR DAS DROPDOWN-FELD.
2. Wählen Sie die Option AUFSTEIGEND SORTIEREN oder ABSTEIGEND SORTIEREN.

SO SORTIEREN SIE DIE LISTE NACH MEHREREN FELDERN:

1. Stellen Sie sicher, dass sich die Zellmarkierung innerhalb der Liste befindet, und wählen Sie im Menü DATEN → SORTIEREN.
2. Wählen Sie das erste Feld, nach dem Sie sortieren möchten, aus dem Dropdown-Feld aus und legen Sie dazu fest, ob dies in aufsteigender oder absteigender Reihenfolge geschehen soll.
3. Wiederholen Sie den ZWEITEN SCHRITT für das zweite und dritte Feld, nach denen Sie sortieren möchten.

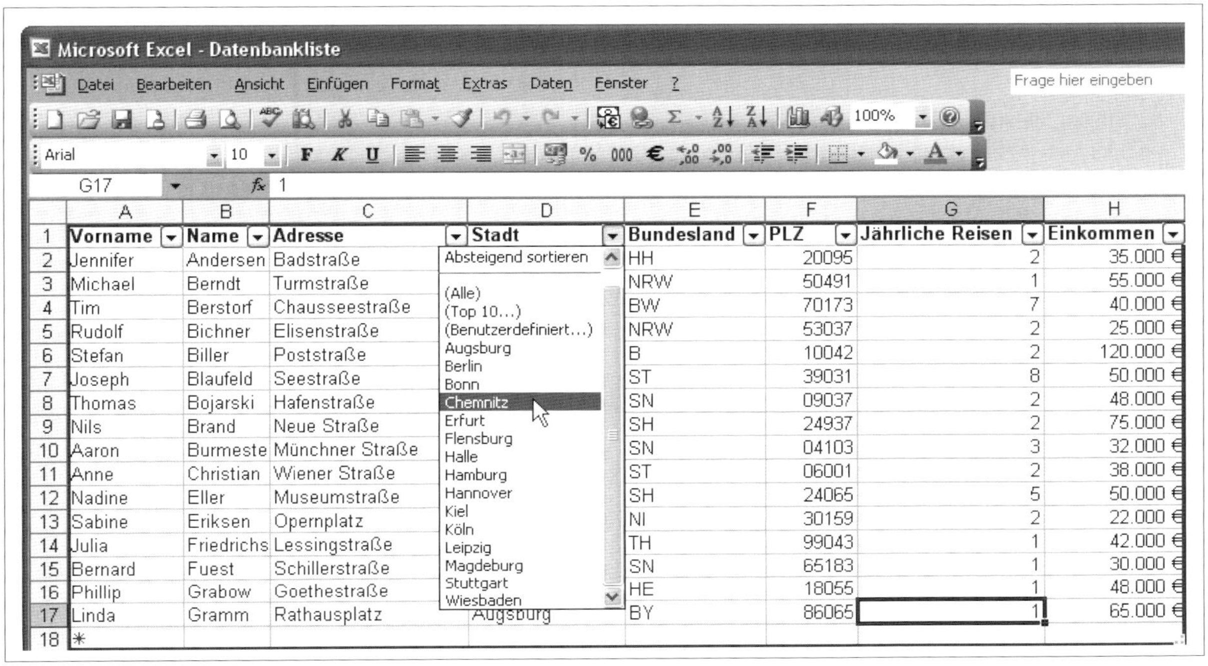

Listen automatisch filtern

LEKTION 7.7

Abbildung 7-12: *AutoFilter* verwenden

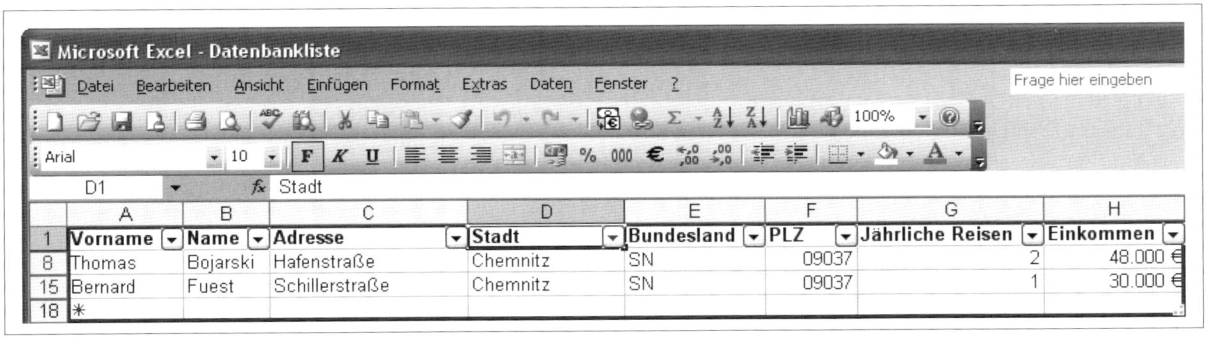

Abbildung 7-13: Mit *AutoFilter* sortierte Liste

Manchmal möchten Sie vielleicht nur ganz bestimmte Datensätze in einer Liste anzeigen lassen. Indem Sie eine Liste *filtern*, stellen Sie nur solche Datensätze dar, die vorgegebenen Kriterien entsprechen, und blenden die übrigen aus. Das können Sie etwa dann einsetzen, wenn Sie aus einer Liste alle Kunden herausfiltern möchten, die in Chemnitz wohnen. Sie können eine Liste auf mehrere Arten filtern. In dieser Lektion zeigen wir Ihnen, wie Sie dies besonders schnell und einfach mit der äußerst nützlichen Funktion *AutoFilter* von Excel bewerkstelligen.

Eine der Verbesserungen, die Microsoft an den Listenfunktionen vorgenommen hat, besteht darin, dass die Funktion *AutoFilter* in Excel 2003 automatisch aktiviert ist, wenn Sie einen Zellbereich als Liste festlegen. Möchten Sie einmal nicht, dass die Funktion *AutoFilter* aktiv ist, müssen Sie zuerst wissen, wie Sie sie deaktivieren können.

Lektion 7.7
Listen automatisch filtern

1 Öffnen Sie gegebenenfalls die Arbeitsmappe Übung 7C und speichern Sie sie als Datenbankliste.

2 Stellen Sie sicher, dass sich die aktive Zelle innerhalb der Liste befindet, und wählen Sie im Menü Daten → Filter → AutoFilter.

Die Funktion *AutoFilter* ist deaktiviert, somit verschwinden die Pfeile der Funktion *AutoFilter* rechts in den Feldüberschriften.

Wiederholen Sie Schritt 2, um die Funktion *AutoFilter* wieder zu aktivieren.

3 Stellen Sie sicher, dass sich die aktive Zelle innerhalb der Liste befindet, und wählen Sie aus dem Menü Daten → Filter → AutoFilter.

Die Pfeile für die Dropdown-Felder erscheinen wieder rechts neben den Feldüberschriften.

4 Klicken Sie auf den Pfeil im Feld Stadt.

Ein Listenfeld mit allen Ortsnamen in der Spalte erscheint unterhalb des Felds Stadt (siehe Abbildung 7-12).

5 Wählen Sie Chemnitz aus der Liste.

Excel filtert die Liste und zeigt nun wie in Abbildung 7-13 nur die Datensätze an, die im Feld Stadt den Eintrag Chemnitz enthalten. Beachten Sie, dass die Statusleiste die Anzahl der mit diesem Filter gefundenen Datensätze anzeigt und der Pfeil im Feld Stadt seine Farbe geändert hat, weil in diesem Feld ein Filter aktiv ist.

Anzahl der gefilterten Datensätze

6 Klicken Sie auf den Pfeil der Spalte Jährliche Reisen und wählen Sie 2 aus der Dropdown-Liste.

Excel schränkt den Filter weiter ein, so dass jetzt nur noch Datensätze angezeigt werden, die im Feld Stadt den Eintrag Chemnitz enthalten und im Feld Jährliche Reisen den Eintrag 2. Die Pfeile für die Dropdown-Listen in den Feldern Stadt und Jährliche Reisen zeigen nun durch eine andere Farbe an, dass in ihnen Filter aktiv sind. Im folgenden Schritt heben Sie die Filterkriterien auf, um wieder alle Datensätze anzeigen zu lassen.

7 Wählen Sie im Menü Daten → Filter → Alle anzeigen.

Es erscheinen wieder alle Datensätze in der Liste.

Tabelle 7-4 erläutert die übrigen Optionen im Dropdown-Feld für die Funktion *AutoFilter*.

Tabelle 7-4: Die Optionen der Funktion AutoFilter

Option	Beschreibung
(Alle)	Stellt alle Zeilen dar.
(Top 10...)	Zeigt die Zeilen mit den höchsten oder niedrigsten Werten bis zu einem vorgegebenen Rang oder innerhalb eines bestimmten Prozentbereichs an.
(Benutzerdefiniert...)	Legt für die aktuelle Spalte zwei Werte als Filterkriterien fest, die Sie logisch durch UND (voreingestellt) oder ODER verknüpfen können. In der nächsten Lektion wird diese Möglichkeit näher beschrieben.
Aufsteigend sortieren	Sortiert die betreffende Spalte in aufsteigender Reihenfolge (A-Z).
Absteigend sortieren	Sortiert die betreffende Spalte in absteigender Reihenfolge (Z-A).

SCHNELLREFERENZ

SO FILTERN SIE EINE LISTE MIT DER FUNKTION AUTOFILTER:

- KLICKEN SIE AUF DIE PFEILE FÜR DIE DROPDOWN-FELDER NEBEN DEN FELDÜBERSCHRIFTEN UND WÄHLEN SIE EINE OPTION, NACH DER SIE DIE LISTE FILTERN WOLLEN.

SO HEBEN SIE DEN AUTOFILTER **WIEDER AUF:**

- WÄHLEN SIE IM MENÜ DATEN → FILTER → AUTOFILTER.

LEKTION 7.8 — Benutzerdefinierte AutoFilter erstellen

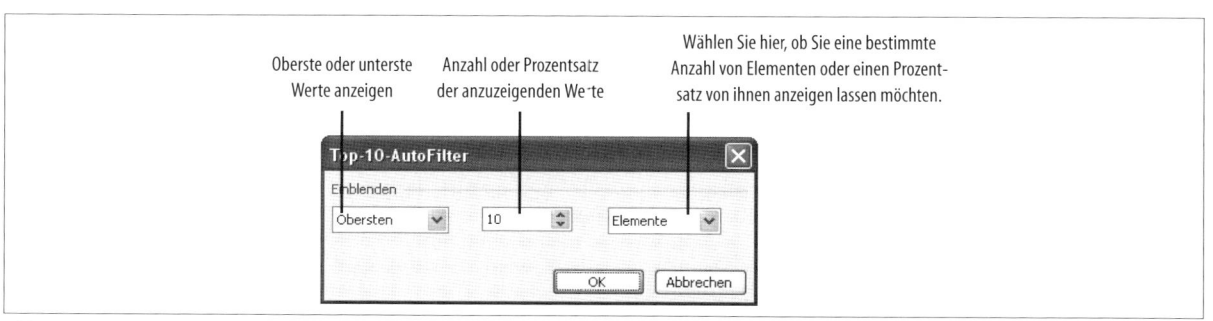

Abbildung 7-14: Das Dialogfeld Top-10-AutoFilter

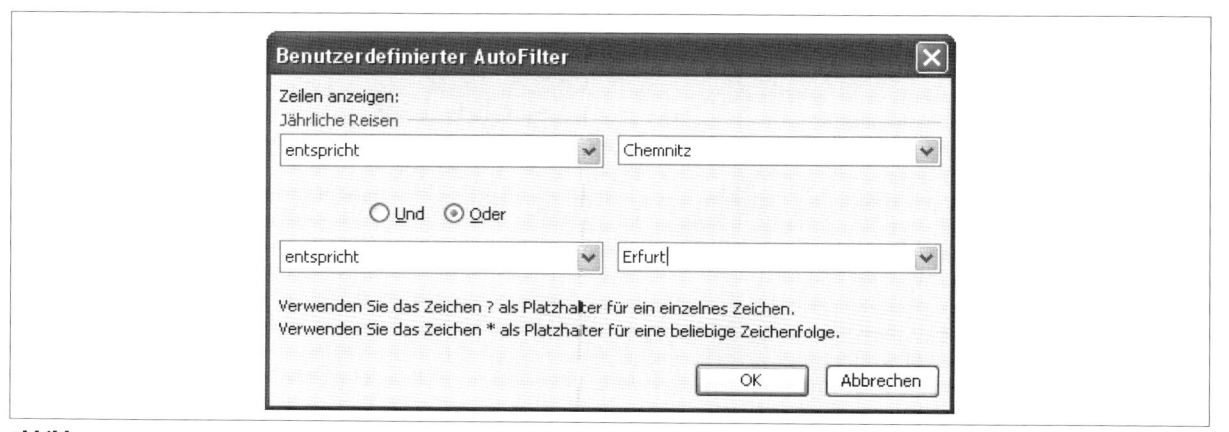

Beschriftungen: Oberste oder unterste Werte anzeigen | Anzahl oder Prozentsatz der anzuzeigenden Werte | Wählen Sie hier, ob Sie eine bestimmte Anzahl von Elementen oder einen Prozentsatz von ihnen anzeigen lassen möchten.

Abbildung 7-15: Das Dialogfeld Benutzerdefinierter AutoFilter

Weiter vorn in diesem Kapitel haben Sie erfahren, wie Sie über die Funktion *AutoFilter* Datensätze filtern können, indem Sie einzelne Werten aus einer oder mehreren Spalten auswählen. Wenn Sie nach komplexeren Kriterien filtern möchten, müssen Sie dafür einen *Benutzerdefinierten AutoFilter* einsetzen. Benutzerdefinierte AutoFilter sind zwar ungemein komplizierter einzustellen als gewöhnliche AutoFilter, dafür aber wesentlich flexibler und leistungsfähiger. Über die Funktion *benutzerdefinierter AutoFilter* können Sie Datensätze auf der Grundlage mehrerer Werte filtern so zum Beispiel Kunden, die in Chemnitz *oder* Erfurt wohnen, oder auf der Grundlage von Bereichen wie etwa Kunden, deren Einkommen 40.000 € übersteigt.

Diese Lektion erklärt Ihnen, wie Sie benutzerdefinierte AutoFilter erstellen und einsetzen. Zuerst gehen wir allerdings noch auf die Verwendung eines etwas einfacheren Filtertyps ein, den *Top-10-AutoFilter*, mit dem Sie die Datensätze mit den höchsten oder niedrigsten Werten aus einer Liste filtern können:

1 Klicken Sie auf den Pfeil im Feld Einkommen und wählen Sie (Top 10...) aus dem Dropdown-Feld.

Das Dialogfeld Top-10-AutoFilter aus Abbildung 7-14 erscheint.

2 Ersetzen Sie die 10 im mittleren Feld durch eine 5 und klicken Sie auf OK.

Excel zeigt die Datensätze der Kunden mit den fünf höchsten Einkommen an. Sie können den Filter nun wieder aufheben.

3 Klicken Sie auf den Pfeil im Feld Einkommen und wählen Sie (Alle) aus dem Dropdown-Feld.

Der Filter ist aufgehoben und es erscheinen somit wieder alle Einträge.

4 Klicken Sie auf den Pfeil im Feld Stadt und wählen Sie aus dem Dropdown-Feld (Benutzerdefiniert ...).

Das Dialogfeld Benutzerdefinierter AutoFilter erscheint wie in Abbildung 7-15.

5 Stellen Sie sicher, dass im Listenfeld Stadt die Option entspricht erscheint, klicken Sie auf den Pfeil der Liste im oberen Vergleichsfeld (neben dem Feld mit dem Eintrag entspricht) und wählen Sie Chemnitz.

Im nächsten Schritt legen Sie fest, dass Sie zusätzlich Datensätze mit dem Eintrag Erfurt filtern.

6 Klicken Sie auf das Optionsfeld Oder und anschließend auf den Pfeil im Feld unter Stadt. Wählen Sie entspricht aus dem Dropdown-Feld, klicken Sie auf den Pfeil für die Liste im unteren Vergleichsfeld und wählen Sie Erfurt.

Vergleichen Sie Ihr Dialogfeld mit Abbildung 7-15. Der benutzerdefinierte AutoFilter zeigt nun Datensätze an, deren Feld Stadt entweder den Eintrag Chemnitz oder Erfurt enthält. Die Suchkriterium sind über eine so genannte *logische Bedingung* verknüpft. Sie könnten die Kriterien auch durch eine logische Bedingung verknüpfen, die nur Datensätze mit den Einträgen Chemnitz *und* Erfurt filtert.

7 Klicken Sie auf OK.

Das Dialogfeld schließt sich und nur die Datensätze mit den Einträgen Chemnitz oder Erfurt werden dargestellt.

8 Wählen Sie im Menü Daten → Filter → AutoFilter, um diese Funktion zu deaktivieren.

Der AutoFilter wird aktiviert, alle Datensätze werden angezeigt.

Der benutzerdefinierte AutoFilter ist schon entschieden flexibler und leistungsfähiger als der gewöhnliche Auto-Filter, weist aber immer noch Einschränkungen auf. Sie können mit ihm beispielsweise Listen nicht nach mehr als zwei Werten filtern (etwa Kunden aus Chemnitz, Erfurt oder Berlin). Für sehr komplexe Filteraufgaben müssen Sie den *Spezialfilter* einsetzen. Um ihn geht es in der nächsten Lektion.

SCHNELLREFERENZ

SO VERWENDEN SIE DEN BENUTZERDEFINIERTEN FILTER:

1. KLICKEN SIE AUF EINEN PFEIL NEBEN DEN FELDÜBERSCHRIFTEN UND WÄHLEN SIE AUS DEM DROPDOWN-FELD (BENUTZERDEFINIERT...).

2. LEGEN SIE DIE FILTERKRITERIEN IM DIALOGFELD BENUTZERDEFINIERTER AUTOFILTER FEST.

LEKTION 7.9

Spezialfilter verwenden

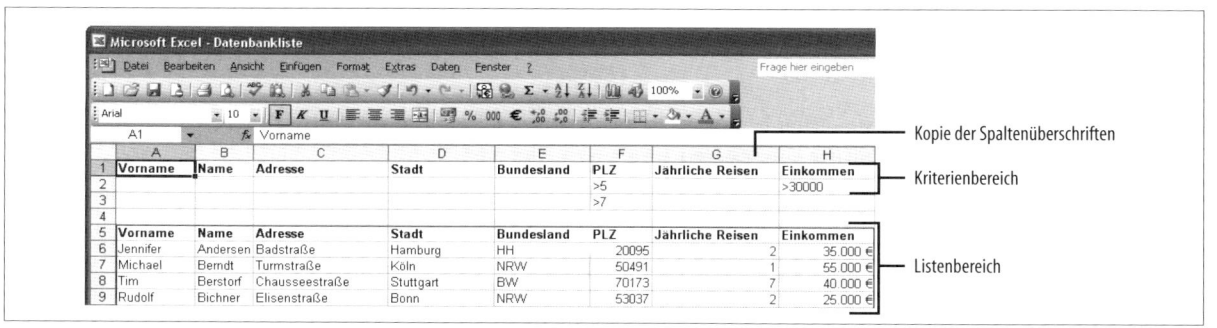

Abbildung 7-16: Kriterienbereich für den Spezialfilter erstellen

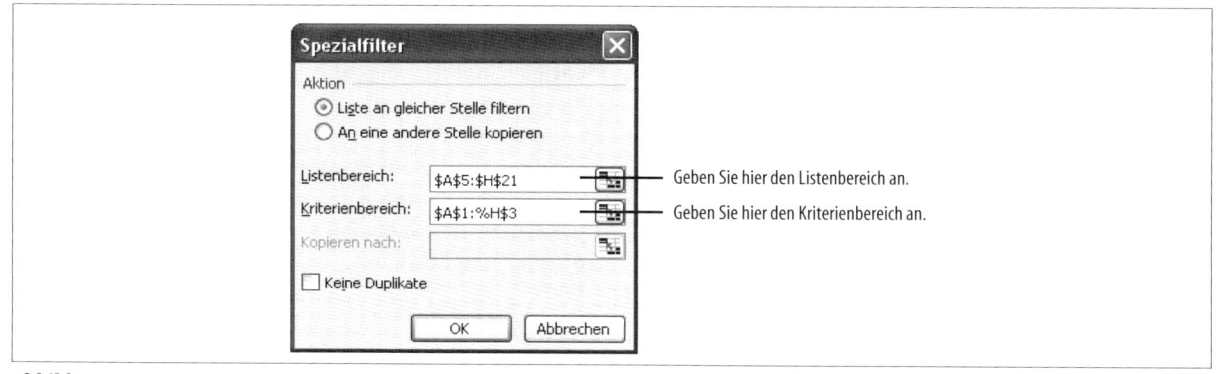

Abbildung 7-17: Das Dialogfeld Spezialfilter

Der *Spezialfilter* bietet Ihnen bei weitem die meisten Möglichkeiten, Listen zu filtern, und ist gleichzeitig am schwierigsten einzustellen und zu bedienen. Gegenüber den einfacheren Formen der Funktion *AutoFilter* weist er unter anderem folgende zusätzliche Fähigkeiten auf:

- **Komplexere Filterkriterien:** Sie können eine Liste nach beliebig vielen Werten in beliebig vielen Spalten filtern.
- **Die Möglichkeit, gefilterte Datensätze aus der Liste herauszukopieren:** Mit dem Spezialfilter können Sie die gefilterten Datensätze an eine neue Position kopieren. Die meisten Benutzer setzen den Spezialfilter wegen dieser Eigenschaft ein.

Wenn Sie einen Spezialfilter einsetzen möchten, müssen Sie zunächst einen *Kriterienbereich* festlegen. Das ist ein Zellbereich oberhalb der Liste, der die Filterkriterien enthält. Abbildung 7-16 zeigt ein Arbeitsblatt mit einem Kriterienbereich.

1 Wählen Sie die Zeilen 1 bis 4 aus, rechtsklicken Sie auf einen beliebigen Kopf dieser Zeilen und wählen Sie Zellen Einfügen aus dem Kontextmenü.

Excel fügt vier Leerzeilen oberhalb der Liste ein. Diese Leerzeilen sind für den *Kriterienbereich* reserviert, den Zellbereich mit den Suchkriterien für den Spezialfilter. In Tabelle 7-5 sind Beschreibungen der Operatoren und Platzhalter für den Spezialfilter dargestellt.

Im nächsten Schritt kopieren Sie die Spaltenüberschriften aus der Liste, die Sie filtern möchten.

2 Wählen Sie den Zellbereich A5:H5 aus, klicken Sie auf die Schaltfläche Kopieren in der Standardsymbolleiste, danach auf die Zelle A1 und anschließend auf die Schaltfläche Einfügen in der Standardsymbolleiste, um die kopierten Zellen einzufügen.

Im nächsten Schritt legen Sie die Kriterien für den Spezialfilter fest. Sie möchten nur Kunden mit einem

Einkommen über 30.000 € *und* mehr als fünf gebuchten Reisen *oder* Kunden mit über sieben gebuchten Reisen anzeigen lassen.

3 Klicken Sie auf die Zelle G2, geben Sie >5 ein, klicken Sie auf die Zelle H2, geben Sie >30000 ein und bestätigen Sie mit Enter.

Damit filtern Sie zunächst die Kunden heraus, die mehr als fünf Reisen pro Jahr unternommen haben *und* deren Einkommen 30.000 € übersteigt. Nun fügen Sie eine logische Bedingung hinzu, die auch jene Kunden filtert, die jährlich mehr als sieben Reisen unternommen haben, unabhängig von ihrem Einkommen.

4 Geben Sie >7 in Zelle G3 ein und drücken Sie Enter.

Vergleichen Sie Ihr Arbeitsblatt mit dem in Abbildung 7-16. Sie können die Daten jetzt filtern.

5 Klicken Sie auf eine beliebige Zelle im Listenbereich und wählen Sie im Menü Daten → Filter → Spezialfilter.

Das Dialogfeld Spezialfilter erscheint wie in Abbildung 7-17. Da sich die aktive Zelle innerhalb der Liste befand, als Sie den Spezialfilter aufriefen, ist der Listenbereich bereits ausgewählt. Sie müssen nun allerdings noch den Kriterienbereich festlegen.

6 Klicken Sie auf das Feld Kriterienbereich und wählen Sie den Bereich A1:H3 aus.

Sie können den Spezialfilter jetzt einsetzen.

> HINWEIS
> *Stellen Sie sicher, dass sich die Leerzeile zwischen dem Kriterienbereich und dem Listenbereich nicht in der Auswahl befindet, da der Spezialfilter sonst nicht funktioniert.*

7 Überprüfen Sie, ob die Option Liste an gleicher Stelle filtern aktiviert ist. Wenn das der Fall ist, klicken Sie auf OK.

Excel filtert den Listenbereich nach den Kriterien, die Sie im Kriterienbereich festgelegt haben. Die Statusleiste zeigt wieder an, wie viele Datensätze Excel gefunden hat. Spezialfilter können Sie ebenso deaktivieren wie AutoFilter.

8 Wählen Sie im Menü Daten → Filter → Alle anzeigen.

Nun werden wieder alle Datensätze angezeigt.

Tabelle 7-5: Vergleichsoperatoren und Platzhalter

Option	Beschreibung
=	Gleich
<>	Ungleich
>	Größer als
>	Kleiner als
>=	Größer oder gleich
<=	Kleiner oder gleich
*	Platzhalter für beliebige Ziffern- oder Buchstabenfolgen an der Stelle des Sternchens **Beispiel:** *ost findet Nordost und Südost
?	Platzhalter für ein einziges Zeichen an der Stelle des Fragezeichens **Beispiel:** Me?er findet Meier und Meyer

Lektion 7.9
Spezialfilter verwenden

SCHNELLREFERENZ

SO ERSTELLEN SIE EINEN SPEZIALFILTER:

1. Ihr Arbeitsblatt sollte oberhalb der Liste mindestens drei leere Zeilen für den Kriterienbereich aufweisen.
2. Kopieren Sie die Spaltenüberschriften aus der Liste und fügen Sie sie in die erste leere Zeile des Kriterienbereichs ein.
3. Geben Sie in die Zeilen unterhalb der Kriterienüberschriften die Kriterien ein, nach denen Sie suchen möchten. Stellen Sie sicher, dass mindestens eine Zeile zwischen den Werten für die Kriterien und der Liste frei bleibt.
4. Wählen Sie im Menü DATEN → FILTER → SPEZIALFILTER.
5. Legen Sie im Dialogfeld SPEZIALFILTER den Listenbereich und den Kriterienbereich fest.
6. Stellen Sie sicher, dass die Option LISTE AN GLEICHER STELLE FILTERN aktiviert ist, und klicken Sie auf OK.

Gefilterte Datensätze kopieren

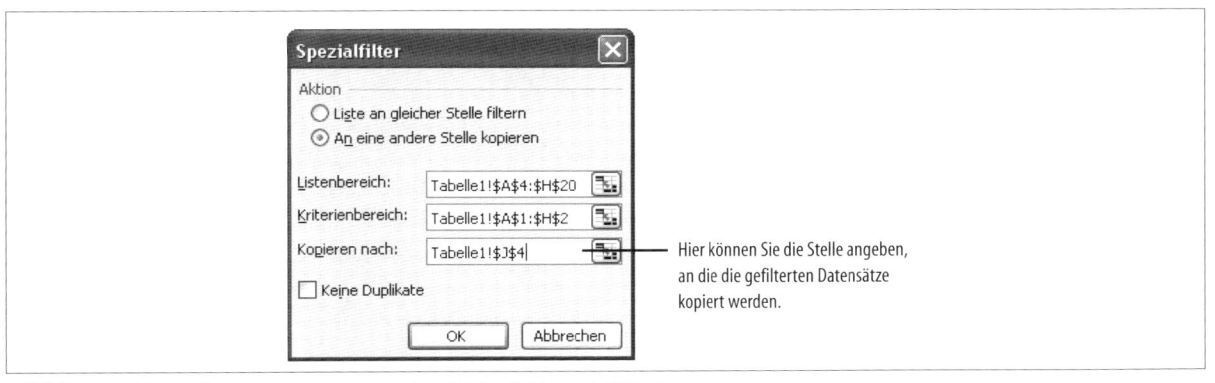

LEKTION 7.10

Abbildung 7-18: Gefilterte Datensätze mit dem Dialogfeld Spezialfilter kopieren

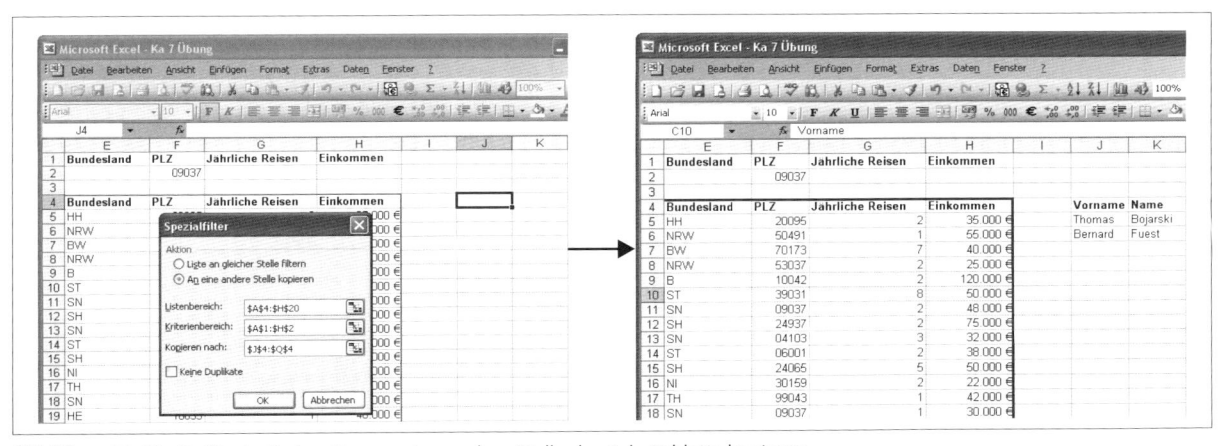

Abbildung 7-19: Gefilterte Datensätze an eine andere Stelle des Arbeitsblatts kopieren

Wenn Sie eine Liste filtern, möchten Sie vielleicht die Datensätze, die mit Ihren Suchkriterien übereinstimmen, aus der Liste herausziehen oder kopieren. Sie müssen den Spezialfilter einsetzen, um gefilterte Datensätze an eine andere Stelle zu kopieren. (Microsoft hätte diese Funktion ebenso für den viel einfacher zu bedienenden Auto-Filter vorsehen sollen, aber da das nicht der Fall ist, müssen Sie sich mit dem etwas schwieriger zu bedienenden Spezialfilter auseinander setzen.)

1 Löschen Sie die aktuellen Kriterien im Kriterienbereich, indem Sie den Zellbereich G2:H3 auswählen und die Taste Entf drücken.

Da Sie für Ihre Kriterien nur eine Zeile benötigen, löschen Sie eine Zeile des Kriterienbereichs.

2 Rechtsklicken Sie auf den Kopf der Zeile 2 und wählen Sie Zellen Löschen aus dem Kontextmenü.

Jetzt geben Sie neue Suchkriterien ein, über die Sie alle Datensätze mit der Postleitzahl 09037 aus der Liste herausziehen.

3 Klicken Sie auf die Zelle F2, geben Sie 09037 ein und drücken Sie Enter.

Sie können die Liste jetzt filtern. Anstatt die gefilterten Datensätze in der Liste anzuzeigen, kopieren Sie die Ergebnisse diesmal an eine andere Stelle des Arbeitsblatts.

4 Klicken Sie auf eine beliebige Zelle im Bereich A4:H20 und wählen Sie im Menü Daten → Filter → Spezialfilter.

Lektion 7.10
Gefilterte Datensätze kopieren

Das Dialogfeld Spezialfilter erscheint wie in Abbildung 7-18. Sie kopieren die gefilterten Datensätze nun an eine andere Stelle im Arbeitsblatt, anstatt die Liste an der gleichen Stelle zu filtern.

5 Stellen Sie sicher, dass der Listenbereich und der Kriterienbereich mit denen in Abbildung 7-18 übereinstimmen. Aktivieren Sie dann die Option An eine andere Stelle kopieren im Bereich Aktion.

Im letzten Schritt müssen Sie noch angeben, wo Sie die aus der Liste herausgefilterten Datensätze mit der Postleitzahl 09037 einfügen möchten.

6 Klicken Sie in das Feld Kopieren nach und klicken Sie auf die Zelle J4.

An diese Stelle werden die gefilterten Datensätze kopiert, die dem im Spezialfilter angegebenen Kriterium 09037 für die Postleitzahl entsprechen.

> HINWEIS: *Mit der Option An eine andere Stelle kopieren können Sie gefilterte Datensätze nur in dasselbe Arbeitsblatt kopieren. Möchten Sie sie in ein anderes Arbeitsblatt oder eine andere Arbeitsmappe kopieren, so geht das nur, indem Sie sie zunächst an eine andere Stelle des aktuellen Arbeitsblatts kopieren und sie anschließend von dort nochmals kopieren oder ausschneiden und an der gewünschten Stelle des anderen Arbeitsblatts einfügen.*

7 Klicken Sie auf OK.

Das Dialogfeld Spezialfilter schließt sich und Excel kopiert die Datensätze, die dem Suchkriterium Postleitzahl 09037 entsprechen, an die neue Stelle.

8 Speichern Sie Ihre Arbeit.

Spezialfilter zu erstellen und zu verwenden zählt zu den schwierigsten Aufgaben im Umgang mit Excel. In den letzten Lektionen haben Sie diese Herausforderung mit Bravour gemeistert.

SCHNELLREFERENZ

SO KOPIEREN SIE EINEN GEFILTERTEN DATENSATZ:

1. IN IHREM ARBEITSBLATT SOLLTEN OBERHALB DER LISTE MINDESTENS DREI LEERZEILEN FÜR DEN KRITERIENBEREICH ZUR VERFÜGUNG STEHEN.

2. KOPIEREN SIE DIE SPALTENÜBERSCHRIFTEN AUS DER LISTE UND FÜGEN SIE SIE IN DIE OBERSTE LEERE ZEILE DES KRITERIENBEREICHS EIN.

3. TRAGEN SIE IN DIE ZEILEN UNTERHALB DIESER ÜBERSCHRIFTENZEILE DIE SUCHKRITERIEN EIN. STELLEN SIE DABEI SICHER, DASS MINDESTENS EINE ZEILE ZWISCHEN KRITERIENBEREICH UND LISTENBEREICH FREI BLEIBT.

4. WÄHLEN SIE IM MENÜ DATEN → FILTER → SPEZIALFILTER.

5. LEGEN SIE IM DIALOGFELD SPEZIALFILTER DEN LISTENBEREICH UND DEN KRITERIENBEREICH FEST.

6. AKTIVIEREN SIE DIE OPTION AN EINE ANDERE STELLE KOPIEREN.

7. KLICKEN SIE AUF DAS FELD KOPIEREN NACH, LEGEN SIE DARIN DIE STELLE FEST, AN DIE SIE DIE GEFILTERTEN DATENSÄTZE KOPIEREN MÖCHTEN, UND BESTÄTIGEN SIE ANSCHLIEßEND MIT OK.

LEKTION 7.11
Gültigkeitsprüfung für Daten

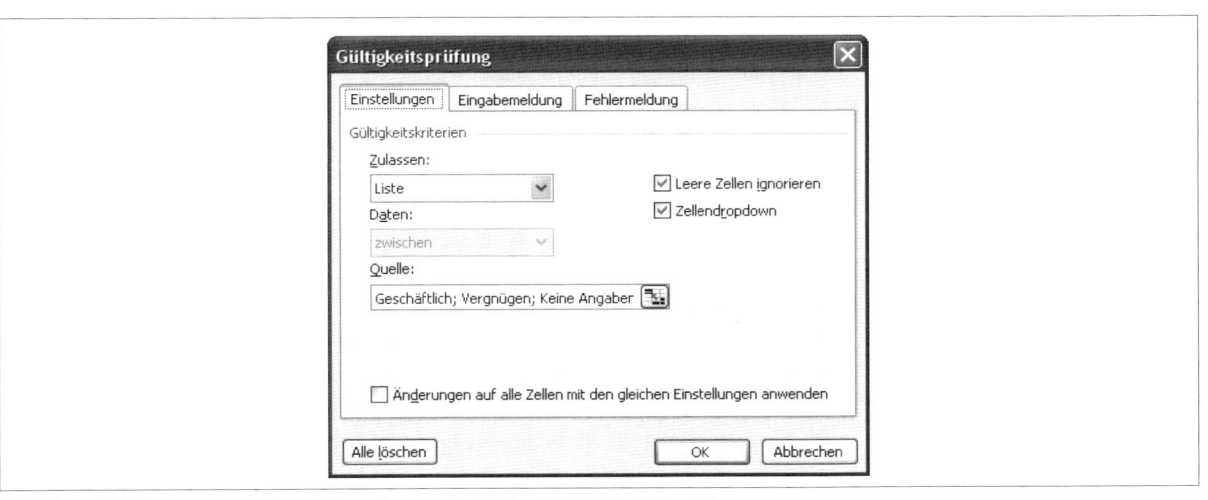

Abbildung 7-20: Die Registerkarte Einstellungen im Dialogfeld Gültigkeitsprüfung

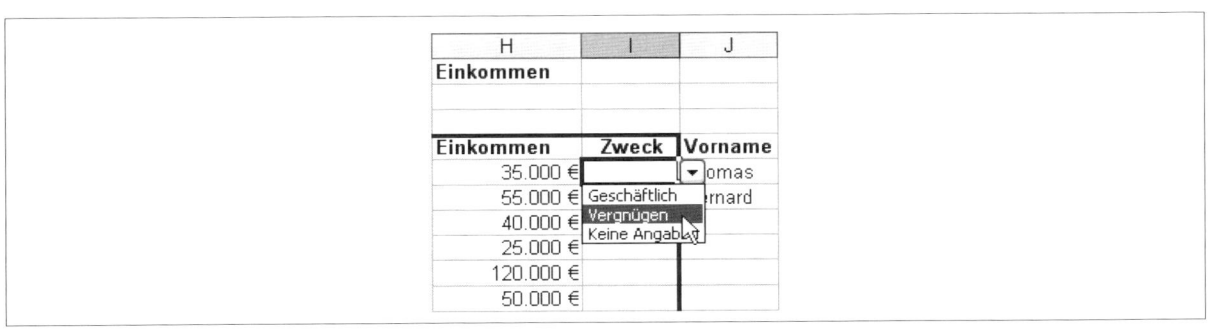

Abbildung 7-21: Ein Dropdown-Listenfeld erscheint, wenn Sie auf eine Zelle mit eingeschränkten Eingabeoptionen klicken.

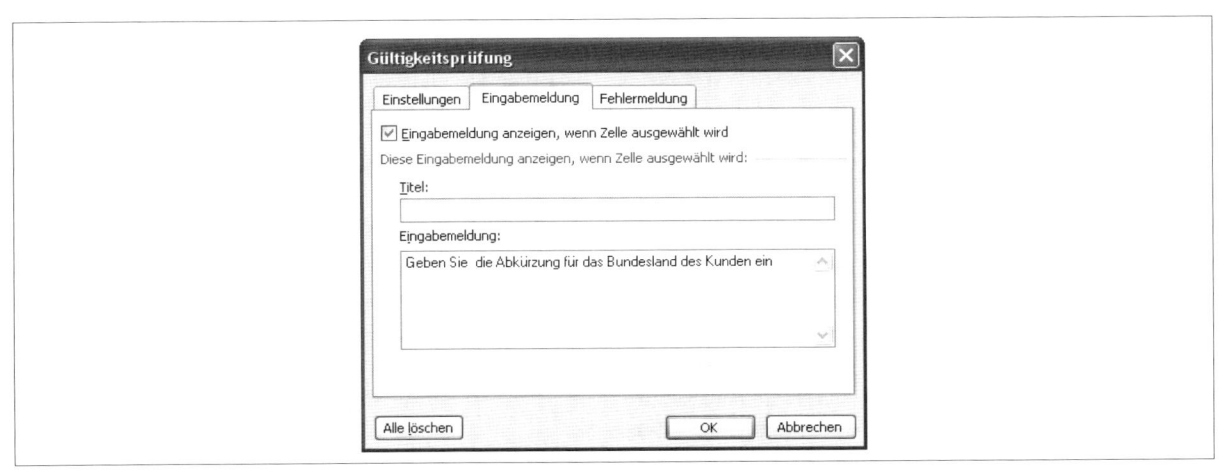

Abbildung 7-22: Die Registerkarte Eingabemeldung im Dialogfeld Gültigkeitsprüfung

Lektion 7.11
Gültigkeitsprüfung für Daten

Abbildung 7-23: Eine Meldung erscheint, wenn Sie eine Zelle mit eingeschränkten Eingabeoptionen auswählen.

Über die Funktion *Gültigkeitsprüfung* können Sie Benutzer dabei unterstützen, genaue und richtige Daten in Arbeitsblätter einzutragen. Mit der Gültigkeitsprüfung können Sie die Art der Daten einschränken, die in eine Zelle eingegeben werden können, und den Benutzern Anweisungen zum Ausfüllen einer Zelle geben.

1 Wählen Sie die Zelle I4 aus, klicken Sie auf die Schaltflächen Fett und Zentriert in der Formatsymbolleiste, geben Sie Zweck ein und drücken Sie Enter.

Damit erstellen Sie eine neue Feldüberschrift in Ihrer Liste. Wie Sie sehen, umschließt der Rahmen der Liste auch diese Spalte.

2 Klicken Sie auf den Kopf der Spalte I, um die gesamte Spalte auszuwählen.

Sie beschränken nun jegliche Einträge in dieser Spalte auf bestimmte Optionen aus einer Auswahlliste.

3 Wählen Sie im Menü Daten → Gültigkeit und klicken Sie nötigenfalls auf die Registerkarte Einstellungen.

Das Dialogfeld *Gültigkeitsprüfung* erscheint wie in Abbildung 7-20. Sie stellen dem Benutzer eine festgelegte Reihe von Möglichkeiten zur Auswahl, die er in das Feld Zweck eingeben können soll.

4 Klicken Sie auf den Pfeil für die Dropdown-Liste im Feld Zulassen, wählen Sie Liste, klicken Sie danach auf das Feld Quelle und geben dort wie in Abbildung 7-20 Geschäftlich;Privat;Keine Angabe ein. Stellen Sie sicher, dass das Kontrollkästchen Zellendropdown aktiviert ist, damit Excel immer die zulässigen Einträge für eine Zelle in der Spalte Zweck anzeigt, wenn ein Benutzer sie auswählt.

Jetzt können Sie die Regeln für die Gültigkeitsprüfung ausprobieren.

5 Klicken Sie auf OK und danach auf die Zelle I5.

Wie in Abbildung 7-21 erscheint ein Pfeil für eine Dropdown-Liste rechts neben der Zelle.

6 Klicken Sie auf den Pfeil und wählen Sie aus der Dropdown-Liste Vergnügen.

Excel fügt die Option Vergnügen aus der Liste ein. Im nächsten Schritt sehen Sie, was geschieht, wenn Sie einen ungültigen Eintrag vornehmen möchten.

7 Stellen Sie sicher, dass die Zelle I5 ausgewählt ist, geben Sie Unbekannt ein und drücken Sie Enter.

Ein Warnhinweis erscheint und verhindert die ungültige Eingabe.

8 Klicken Sie auf Abbrechen, um den Hinweis zu schließen.

Eine Auswahlliste bietet nur eine von vielen Möglichkeiten, die Daten einzuschränken, die ein Benutzer in eine Zelle eingeben kann. Im nächsten Schritt stellen Sie mit der Gültigkeitsprüfung sicher, dass die Spalte Bundesland nur eine Abkürzung aus zwei oder drei Buchstaben zulässt.

9 Klicken Sie auf den Kopf der Spalte E, um die gesamte Spalte auszuwählen, und wählen Sie anschließend im Menü Daten → Gültigkeit.

Das Dialogfeld Gültigkeitsprüfung erscheint. Sie müssen angeben, dass Einträge in der ausgewählten Spalte nur aus genau zwei Zeichen bestehen dürfen.

10 Klicken Sie auf den Pfeil rechts neben dem Feld Zulassen, wählen Sie aus der Liste Textlänge und klicken Sie anschließend auf die Felder Maximum sowie Minimum und geben Sie eine 3 bzw. 2 ein.

Sie können dem Benutzer über das Dialogfeld Gültigkeitsprüfung auch nützliche Informationen für das Ausfüllen der Felder oder Rückmeldungen zur Verfügung stellen.

11 Klicken Sie auf die Registerkarte Eingabemeldung.

Die Registerkarte Eingabemeldung erscheint wie in Abbildung 7-22.

12 Klicken Sie auf das Textfeld Eingabemeldung und schreiben Sie Geben Sie die Abkürzung für das Bundesland des Kunden ein. Klicken Sie anschließend auf OK.

Das Dialogfeld schließt sich. Probieren Sie nun einmal die Optionen für die Gültigkeitsprüfung der Spalte Bundesland aus.

13 Klicken Sie auf die Zelle E6.

Die Mitteilung Geben Sie die Abkürzung für das Bundesland des Kunden ein, die Sie in das Dialogfeld Gültigkeitsprüfung eingegeben haben, erscheint wie in Abbildung 7-23.

14 Schließen Sie Ihre Arbeit und beenden Sie Excel.

SCHNELLREFERENZ

SO VERWENDEN SIE DIE GÜLTIGKEITSPRÜFUNG:

1. WÄHLEN SIE DIE ZELLE ODER DEN BEREICH AUS, FÜR DEN SIE DIE GÜLTIGKEITSPRÜFUNG DURCHFÜHREN MÖCHTEN.
2. WÄHLEN SIE IM MENÜ DATEN → GÜLTIGKEIT.
3. KLICKEN SIE AUF EINE ODER MEHRERE DER FOLGENDEN REGISTERKARTEN UND NEHMEN SIE DIE NOTWENDIGEN EINTELLUNGEN VOR.

EINSTELLUNGEN: HIER LEGEN SIE DIE ART DER DATEN FEST, DIE IN DIE ZELLE EINGEGEBEN WERDEN KÖNNEN.

EINGABEMELDUNG: HIER LEGEN SIE EINE MELDUNG FEST, DIE ERSCHEINT, WENN DIE ZELLE AUSGEWÄHLT WIRD.

FEHLERMELDUNG: HIER LEGEN SIE EINE MELDUNG FEST, DIE ERSCHEINT, WENN UNGÜLTIGE DATEN EINGEGEBEN WERDEN.

Kapitel 7 im Überblick

Die Lektionen in Kürze

Listen erstellen

So erstellen Sie eine Liste in Excel: Geben Sie die Feldnamen als Spaltenüberschriften und die Datensätze in die Zeilen ein. Wählen Sie einen Bereich aus und im Menü Daten → Liste → Liste erstellen oder drücken Sie Strg + L, stellen Sie sicher, dass das Kontrollkästchen Meine Liste hat eine Kopfzeile aktiviert ist, und klicken Sie auf OK.

Umgang mit Listen und der Ergebniszeile

So blenden Sie die Ergebniszeile ein oder aus: Klicken Sie auf die Schaltfläche Ergebniszeile umschalten in der Listensymbolleiste.

Datensätzen mit Datenmasken und Einfügezeilen hinzufügen

So fügen Sie Datensätze über die Datenmaske hinzu: Stellen Sie sicher, dass sich die aktive Zelle innerhalb der Liste befindet, und wählen Sie im Menü Daten → Maske. Klicken Sie auf Neu und geben Sie die einzelnen Daten für den Datensatz in die dafür vorgesehenen Textfelder ein.

Suchen nach Datensätzen

So suchen Sie Datensätze mit der Datenmaske: Stellen Sie sicher, dass sich die aktive Zelle in der Liste befindet, und wählen Sie im Menü Daten → Maske. Klicken Sie auf die Schaltfläche Kriterien, geben Sie in die zugehörigen Felder die Daten ein, nach denen Sie suchen möchten, und klicken Sie anschließend auf die Schaltfläche Weitersuchen oder Vorherigen suchen.

So finden Sie Datensätze über das Menü Bearbeiten → Suchen: Wählen Sie im Menü Bearbeiten → Suchen. Geben Sie die Daten ein, nach denen Sie suchen möchten, und klicken Sie auf die Schaltfläche Weitersuchen.

So finden und ersetzen Sie Daten: Wählen Sie im Menü Bearbeiten → Ersetzen. Geben Sie den Text, nach dem Sie suchen wollen, in das Textfeld Suchen nach ein und den Text, durch den Sie ihn ersetzen wollen, in das Feld Ersetzen durch. Klicken Sie auf Alle ersetzen, wenn Sie alle Stellen, an denen der gesuchte Text vorkommt, ersetzen möchten, oder betätigen Sie die Schaltfläche Weitersuchen, um jede einzelne Stelle zu prüfen, bevor Sie sie ersetzen.

Datensätze löschen

So löschen Sie einen Datensatz mit der Datenmaske: Stellen Sie sicher, dass sich die aktive Zelle in der Liste befindet, und wählen Sie im Menü Daten → Maske. Suchen Sie den Datensatz, den Sie löschen möchten, über die Schaltflächen Weitersuchen, Vorherigen suchen oder Kriterien. Klicken Sie auf Löschen und bestätigen Sie den Löschvorgang.

So löschen Sie einen Datensatz direkt im Arbeitsblatt: Löschen Sie die Zeilen oder Zellen des Datensatzes.

Listen sortieren

So sortieren Sie eine Liste nach einem Feld: Platzieren Sie die Zellmarkierung in der Spalte, nach deren Inhalt Sie die Liste sortieren möchten, und klicken Sie auf die Schaltfläche Aufsteigend sortieren oder Absteigend sortieren in der Standardsymbolleiste oder klicken Sie in der entsprechenden Feldüberschrift auf den Pfeil für das Dropdown-Feld und wählen Sie die Option Aufsteigend sortieren oder Absteigend sortieren.

So sortieren Sie die Liste nach mehreren Feldern: Stellen Sie sicher, dass sich die Zellmarkierung innerhalb der Liste befindet, und wählen Sie im Menü Daten → Sortieren. Wählen Sie anschließend das erste Feld, nach dem Sie sortieren möchten, aus dem Dropdown-Feld aus und legen Sie dazu fest, ob dies in aufsteigender oder absteigender Reihenfolge geschehen soll.

Listen automatisch filtern

AutoFilter zeigen nur die Datensätze an, die vorgegebenen Kriterien entsprechen, und blendet die übrigen aus.

So filtern Sie eine Liste mit der Funktion *AutoFilter*: Klicken Sie auf die Pfeile für die Dropdown-Felder neben den Feldüberschriften und wählen Sie eine Option, nach der Sie die Liste filtern wollen.

So heben Sie den AutoFilter wieder auf: Wählen Sie im Menü Daten → Filter → AutoFilter.

Benutzerdefinierte AutoFilter erstellen

Mit einem *benutzerdefinierten AutoFilter* können Sie Datensätze nach mehreren Werten oder Bereichen filtern.

So verwenden Sie den benutzerdefinierten Filter: Platzieren Sie die Zellmarkierung innerhalb der Liste, stellen Sie sicher, dass der AutoFilter aktiviert ist, klicken Sie auf einen Pfeil neben den Feldüberschriften und wählen Sie aus dem Dropdown-Feld (Benutzerdefiniert...). Legen Sie die Filterkriterien im Dialogfeld Benutzerdefinierter AutoFilter fest.

Spezialfilter verwenden

Ein *Spezialfilter* ist schwierig einzustellen, doch er ermöglicht Ihnen, eine Liste nach beliebig vielen Werten und Spalten zu filtern und die gefilterten Datensätze an eine vorgegebene Stelle zu kopieren.

So erstellen Sie einen Spezialfilter: Ihr Arbeitsblatt sollte oberhalb der Liste mindestens drei leere Zeilen für den Kriterienbereich aufweisen. Kopieren Sie die Spaltenüberschriften aus der Liste und fügen Sie sie in die erste leere Zeile des Kriterienbereichs ein. Geben Sie in die Zeilen unterhalb der Kriterienüberschriften die Kriterien ein, nach denen Sie suchen möchten. Stellen Sie sicher, dass *AutoFilter* aktiviert ist, und legen Sie im Dialogfeld Spezialfilter den Listenbereich und den Kriterienbereich fest. Gewährleisten Sie, dass die Option Liste an gleicher Stelle filtern aktiviert ist, und klicken Sie auf OK.

Gefilterte Datensätze kopieren

So kopieren Sie einen gefilterten Datensatz: Richten Sie einen Spezialfilter ein und geben Sie die Filterkriterien an. Wählen Sie im Menü Daten → Filter → Spezialfilter und legen Sie im Dialogfeld Spezialfilter den Listenbereich und den Kriterienbereich fest. Aktivieren Sie die Option An eine andere Stelle kopieren, klicken Sie auf das Feld Kopieren nach und legen Sie darin die Stelle fest, an die Sie die gefilterten Datensätze kopieren möchten, und bestätigen Sie anschließend mit OK.

Gültigkeitsprüfung für Daten

Mit der *Gültigkeitsprüfung* können Sie die Art der Daten einschränken, die in eine Zelle eingegeben werden können, und den Benutzern Anweisungen zum Ausfüllen einer Zelle geben.

So verwenden Sie die Gültigkeitsprüfung: Wählen Sie die Zelle oder den Bereich aus, für den Sie die Gültigkeitsprüfung durchführen möchten und im Menü Daten → Gültigkeit. Nehmen Sie auf den Registerkarten Einstellungen, Eingabemeldung, Fehlermeldung die notwendigen Einstellungen vor.

Test

1. Welche der folgenden Aussagen trifft *nicht* zu?
   A. Feldnamen erscheinen in der obersten Zeile einer Liste.
   B. Jeder Datensatz einer Liste ist in einer Spalte gespeichert.
   C. Die Datenmaske zum Hinzufügen, Ändern, Suchen und Löschen von Datensätzen öffnen Sie im Menü über Daten → Maske.
   D. Sie fügen der Liste einen neuen Datensatz hinzu, indem Sie Daten in eine neue Zeile des Arbeitsblatts eingeben oder im Menü Daten → Maske wählen, anschließend in der Datenmaske auf die Schaltfläche Neu klicken und die Daten in die Maske Neuer Datensatz eingeben.

2. Wie können Sie nach bestimmten Daten in einer Liste suchen? (Mehrere Antworten möglich.)
   A. Sie klicken auf die Schaltfläche Suchen in der Standardsymbolleiste.
   B. Sie wählen im Menü Bearbeiten → Suchen.
   C. Sie wählen im Menü Extras → Suchen.
   D. Sie öffnen die Datenmaske im Menü über Daten → Maske und klicken auf die Schaltfläche Kriterien.

3. Wie löschen Sie einen Datensatz? (Mehrere Antworten möglich.)

   A. Sie öffnen die Datenmaske im Menü über Daten → Maske, suchen den Datensatz und klicken auf die Schaltfläche Löschen.

   B. Sie klicken auf die Schaltfläche Löschen in der Standardsymbolleiste.

   C. Sie löschen die Zellen oder Zeilen mit dem Datensatz aus dem Arbeitsblatt.

   D. Sie wählen im Menü Daten → Datensatz löschen.

4. Welche der folgenden Aussagen trifft *nicht* zu?

   A. Sie können eine Liste schnell sortieren, indem Sie die Zellmarkierung in der Zeile bzw. in dem Feld platzieren, nach dessen Inhalt Sie sortieren möchten, und auf die Schaltfläche Aufsteigend sortieren oder Absteigend sortieren in der Standardsymbolleiste klicken.

   B. Sie können über das Menü Daten → Sortieren nach bis zu drei Feldern sortieren.

   C. Sie können im Menü Daten → Filter → AutoFilter den AutoFilter aktivieren, um nur die Daten aus einer Liste darzustellen, die den gewünschten Kriterien entsprechen.

   D. Sie können über die Schaltfläche AutoFilter in der Standardsymbolleiste den AutoFilter aktivieren, um nur die Daten aus einer Liste darzustellen, die den gewünschten Kriterien entsprechen.

5. Sie können mit dem gewöhnlichen AutoFilter gefilterte Datensätze aus einer Liste herausziehen. (Richtig oder falsch?)

6. Was müssen Sie *nicht* tun, wenn Sie einen Spezialfilter einrichten?

   A. Sie fügen einen Kriterienbereich oberhalb der Liste hinzu und stellen sicher, dass er die Spaltenüberschriften der Liste enthält.

   B. Sie fügen die Kriterien in den Kriterienbereich ein, wobei Sie darauf achten, dass zwischen Listenbereich und Kriterienbereich eine Zeile frei bleibt.

   C. Sie wählen im Menü Daten → Filter → Spezialfilter und legen den Listenbereich sowie den Kriterienbereich fest.

   D. Sie wählen die Daten, nach denen Sie filtern möchten, über die Dropdown-Listen der Felder aus.

7. Welche der folgenden Aussagen trifft *nicht* zu?

   A. Sie müssen das Arbeitsblatt schützen, um die Funktion Gültigkeitsprüfung verwenden zu können.

   B. Über die Funktion Gültigkeitsprüfung können Sie die Art der Daten einschränken, die in eine Zelle eingegeben werden kann.

   C. Sie können Benutzer über die Funktion Gültigkeitsprüfung mit Anweisungen und Rückmeldungen versorgen.

   D. Sie finden die Gültigkeitsprüfung im Menü Daten → Gültigkeit.

8. Wie verwenden Sie den *AutoFilter* in einer Liste?

   A. Sie positionieren die Zellmarkierung an einer beliebigen Stelle der Liste und wählen im Menü Daten → Filter → AutoFilter.

   B. Sie rechtsklicken auf eine beliebige Spaltenüberschrift im Arbeitsblatt und wählen AutoFilter aus dem Kontextmenü.

   C. Sie klicken auf die Schaltfläche AutoFilter in der Standardsymbolleiste.

   D. Sie fügen die Formel =AUTOFILTER(Liste) an einer beliebigen Stelle der Liste ein.

Hausaufgaben

1. Öffnen Sie die Arbeitsmappe *Übung 11A* und speichern Sie sie unter *Absatzdaten*.

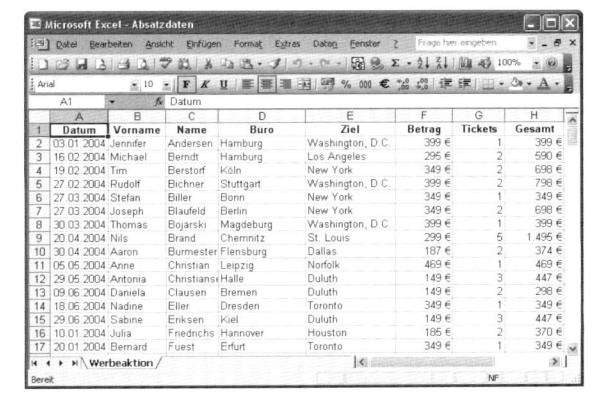

2. Wandeln Sie die Daten in eine Liste um.

3. Stellen Sie den *AutoFilter* so ein, dass er nur Datensätze aus dem Büro in Köln anzeigt.

4. Lassen Sie wieder alle Datensätze anzeigen und stellen Sie den *AutoFilter* danach so ein, dass er die zehn größten Gesamtbeträge anzeigt.

5. Fügen Sie über die Datenmaske einen neuen Datensatz mit den folgenden Angaben hinzu:
   - Datum: 3.5.2000
   - Nachname: Schmidt
   - Vorname: Julia
   - Büro: Hamburg
   - Zielort: New York
   - Betrag: 700 €
   - Tickets: 1
   - Provision: Ja

6. Sortieren Sie die Liste alphabetisch nach Zielorten.

7. Fügen Sie über die Funktion *Gültigkeitsprüfung* für die Zellen in Zeile 2 Meldungen ein, die den Benutzer bei der Eingabe unterstützen, wie »Geben Sie Ihren Nachnamen ein« oder »Geben Sie ein Reisebüro ein«. Wählen Sie die Zellen hinterher aus, um zu überprüfen, ob die Meldungen erscheinen.

Lösungen zum Test

1. B. Datensätze sind in einer Liste in Zeilen gespeichert, nicht in Spalten.

2. B und D. Sie können in einer Liste Daten über das Menü *Bearbeiten* → *Suchen* suchen oder indem Sie im Menü *Daten* → *Maske* wählen und in der Datenmaske auf die Schaltfläche *Kriterien* klicken.

3. A und C. Sie können einen Datensatz löschen, indem Sie über das Menü *Daten* → *Maske* die Datenmaske öffnen. Dort suchen Sie den betreffenden Datensatz und klicken auf die Schaltfläche *Löschen*. Sie können einen Datensatz auch löschen, indem Sie die zugehörigen Zellen oder die Zeile aus dem Arbeitsblatt löschen.

4. D. In der Standardsymbolleiste gibt es keine Schaltfläche *AutoFilter* (obwohl das sehr praktisch wäre).

5. Falsch. Sie können gefilterte Datensätze nur mit dem Spezialfilter aus einer Liste herausziehen.

6. D. Da Sie die Kriterien für den Spezialfilter im Kriterienbereich festlegen, müssen Sie sie nicht aus den Dropdown-Feldern auswählen.

7. A. Sie müssen ein Arbeitsblatt nicht schützen, um die Funktion *Gültigkeitsprüfung* einzusetzen.

8. A. Sie setzen den *AutoFilter* ein, indem Sie die Zellmarkierung innerhalb der Liste platzieren und im Menü *Daten* → *Filter* → *AutoFilter* wählen.

KAPITEL 8
AUFGABEN MIT MAKROS AUTOMATISIEREN

LERNZIELE

Ein Makro aufzeichnen

Ein Makro ausführen und ein Tastaturkürzel zuweisen

Ein Makro zu einer Symbolleiste hinzufügen

Den Visual Basic-Code bearbeiten

Code zu einem bestehenden Makro hinzufügen

Variablen deklarieren und Kommentare hinzufügen

Nachfrage nach Benutzereingaben

Die Anweisung If...Then...Else

AUFGABE: ERSTELLEN UND BEARBEITEN VERSCHIEDENER MAKROS

Voraussetzungen

- Sie können mit Menüs, Symbolleisten, Dialogfeldern und Tastaturkürzeln umgehen.
- Sie wissen, wie Sie Texte und Werte in Zellen eingeben.
- Das Bearbeiten, Ausschneiden, Kopieren und Einfügen von Text ist Ihnen vertraut.

Wenn Sie eine Aufgabe immer wieder ausführen müssen, bietet sich ein Makro an, das diese Aufgabe für Sie übernimmt. Ein *Makro* hilft Ihnen bei Routineaufgaben, indem es sie automatisiert. Anstatt eine Reihe von zeitintensiven, sich wiederholenden Aktionen durchzuführen, können Sie ein Makro aufzeichnen, das die gesamte Aufgabe in einem Stück für Sie erledigt.

Dieses Kapitel ist den Makros gewidmet. Wir beginnen mit den Grundlagen und besprechen, wie Sie ein Makro aufzeichnen und ausführen. Danach lernen Sie, wie Sie Ihren Makros Tastaturkürzel und Symbole in der Symbolleiste zuweisen können. Im letzten Schritt geht es um fortgeschrittene Funktionen, nämlich darum, wie Sie Makros mit der Programmiersprache Visual Basic erstellen und bearbeiten können.

LEKTION 8.1 — Ein Makro aufzeichnen

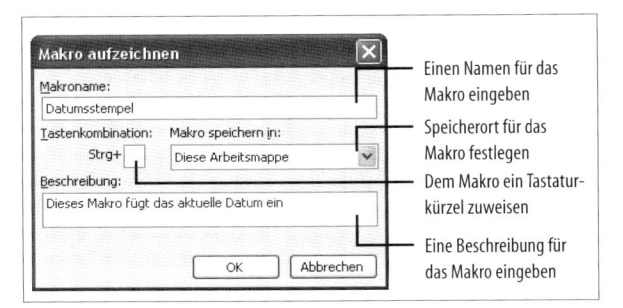

Abbildung 8-1: Das Dialogfeld Makro aufzeichnen

Abbildung 8-2: Die Symbolleiste für die Aufnahme von Makros

Ein *Makro* ist eine Abfolge von Excel-Befehlen und -Anweisungen, die zusammengefasst und als einzelner Befehl ausgeführt werden. Statt eine Reihe von zeitintensiven, sich wiederholenden Aktionen durchzuführen, können Sie ein Makro aufzeichnen, das die gesamte Aufgabe in einem Stück für Sie erledigt. Es gibt zwei Möglichkeiten, ein Makro zu erstellen: Sie können es aufzeichnen oder mit der in Excel integrierten Programmiersprache Visual Basic selbst schreiben. In dieser Lektion geht es um die einfachere Art – das Aufzeichnen der Aufgaben, die das Makro für Sie ausführen soll.

Die Aufzeichnung eines Makros können Sie sich so vorstellen, als ob Sie mit einer Videokamera aufgenommen werden. *Alles* wird aufgezeichnet – all Ihre Befehle, alle Daten, die Sie eingeben, sogar jeder Fehler, den Sie machen! Bevor Sie ein Makro aufzeichnen, sollten Sie eine Liste mit allen Schritten erstellen, die das Makro enthalten soll. Gehen Sie diese Liste vor dem Aufzeichnen einige Mal durch und probieren Sie, ob auch alles so funktioniert, wie Sie es sich vorstellen. Wenn Sie während der Aufzeichnung einen Fehler machen, ist das aber auch nicht schlimm, da Sie ein bestehendes Makro löschen und erneut aufnehmen können; zudem können Sie den Visual Basic-Quellcode bearbeiten und den Fehler beheben (dazu später mehr). Fangen wir an!

1 Öffnen Sie die Arbeitsmappe Übung 8A und speichern Sie sie als Makroübung.

In dieser Übung erstellen Sie ein Makro, das das aktuelle Datum in eine Zelle einfügt. Das können Sie bewerkstelligen, indem Sie die Funktion =*HEUTE*() (die das aktuelle Datum einfügt) in eine Zelle schreiben und dann die Formel kopieren. Verwenden Sie den Befehl Inhalte einfügen, um nur das Ergebnis der Formel zu kopieren, denn die Funktion =*HEUTE*() zeigt stets das *aktuelle* Datum an und ändert sich dementsprechend. Eine Formel zu schreiben und den Befehl Inhalte einfügen zu benutzen, ist jedoch recht zeitintensiv, so dass Sie ein Makro schreiben sollten, das diese wiederkehrende Aufgabe für Sie ausführt.

2 Klicken Sie auf die Zelle B3.

Hier wollen wir das aktuelle Datum einfügen. Sie sind jetzt bereit, das Makro aufzuzeichnen.

3 Wählen Sie Extras → Makro → Aufzeichnen im Menü aus.

Das Dialogfeld Makro aufzeichnen erscheint, das Sie in Abbildung 8-1 sehen. Sie müssen Ihrem neuen Makro einen Namen geben und können ihm je nach Wunsch ein Tastaturkürzel zuweisen. Mit Hilfe der Dropdown-Liste Makro speichern in können Sie Makros an einem der drei folgenden Speicherorte ablegen:

- Persönliche Makroarbeitsmappe: Wollen Sie immer auf ein Makro zugreifen können, wenn Sie Microsoft Excel verwenden, so speichern Sie es in Ihrer persönlichen Makroarbeitsmappe.

- Neue Arbeitsmappe: Diese Option speichert das Makro in einer neuen Arbeitsmappe.

- Diese Arbeitsmappe: Hiermit wird das Makro in der aktiven oder aktuellen Arbeitsmappe gespeichert.

4 In das Feld Makroname schreiben Sie Datum und in das Feld Beschreibung kommt Dieses Makro fügt das aktuelle Datum ein.

Makronamen sind auf höchstens 25 Zeichen beschränkt und dürfen keine Leerstellen aufweisen.

Kapitel 8
Aufgaben mit Makros automatisieren

5 Klicken Sie auf OK.

Das Dialogfeld Makro aufzeichnen wird geschlossen und Sie gelangen wieder zurück zu Ihrem Arbeitsblatt. Zusätzlich erscheint nun im Dokumentenfenster die Makrosymbolleiste, die Sie in Abbildung 8-2 sehen können. Sie zeigt an, dass Excel gerade alle Ihre Eingaben und Befehle in dem Makro Datum aufzeichnet. Seien Sie also *sehr vorsichtig* in den nächsten Schritten – Sie wollen doch bestimmt keinen Fehler machen, der dann in Ihrem Makro aufgezeichnet wird!

6 Geben Sie =HEUTE() ein und klicken Sie auf die Schaltfläche Eingeben in der Formelleiste.

Die Funktion HEUTE() zeigt das aktuelle Datum in der ausgewählten Zelle. Das ist zwar in Ordnung für heute, aber nicht für die folgenden Tage, an denen sich das Datum ändert. Deshalb müssen Sie nun den Ergebniswert der Formel mit dem Befehl Inhalte einfügen kopieren.

7 Vergewissern Sie sich, dass die Zelle B3 ausgewählt ist, und klicken Sie auf das Symbol Kopieren in der Standardsymbolleiste.

Als Nächstes benutzen Sie den Befehl Inhalte einfügen, um den Wert der HEUTE()-Formel in die Zelle einzufügen.

8 Vergewissern Sie sich, dass Zelle B3 ausgewählt ist, und wählen Sie Bearbeiten → Inhalte einfügen im Menü aus.

Das Dialogfeld Inhalte einfügen erscheint.

9 Wählen Sie die Option Werte im Feld Einfügen aus und klicken Sie danach auf OK.

Das Dialogfeld wird geschlossen und Excel fügt den Wert der HEUTE()-Formel in Zelle B3 ein. Nun formatieren Sie die Zelle.

10 Klicken Sie auf die Schaltflächen Fett und Zentriert in der Formatsymbolleiste.

In der aktiven Zelle sind nun Fettdruck und zentrierte Ausrichtung aktiviert. Dies ist der letzte Schritt in Ihrem Makro, weshalb Sie die Aufzeichnung beenden können.

Aufzeichnung beenden

11 Klicken Sie auf die Schaltfläche Aufzeichnung beenden in der Makrosymbolleiste.

Die Makrosymbolleiste wird geschlossen, die Aufzeichnung des Makros ist damit beendet.

> **HINWEIS:** *Wenn die Makrosymbolleiste an dieser Stelle nicht mehr auf Ihrem Bildschirm zu sehen ist, wählen Sie einfach Extras → Makro → Aufzeichnung beenden im Menü aus.*

SCHNELLREFERENZ

SO ZEICHNEN SIE EIN MAKRO AUF:

1. WÄHLEN SIE EXTRAS → MAKRO → AUFZEICHNEN IM MENÜ AUS.

2. GEBEN SIE EINEN NAMEN UND EINE BESCHREIBUNG FÜR DAS MAKRO EIN.

3. WEISEN SIE IHREM MAKRO GGF. EIN TASTATURKÜRZEL ZU UND GEBEN SIE AN, WO ES GESPEICHERT WERDEN SOLL.

4. KLICKEN SIE AUF OK UND FÜHREN SIE VORSICHTIG DIE AKTIONEN AUS, DIE SIE IN IHREM MAKRO AUFZEICHNEN WOLLEN.

5. KLICKEN SIE AUF DIE SCHALTFLÄCHE AUFZEICHNUNG BEENDEN IN DER MAKROSYMBOLLEISTE, WENN SIE MIT DEM AUFZEICHNEN IHRES MAKROS FERTIG SIND.

ODER:

WÄHLEN SIE EXTRAS → MAKRO → AUFZEICHNUNG BEENDEN IM MENÜ AUS.

LEKTION 8.2 — Ein Makro ausführen und ein Tastaturkürzel zuweisen

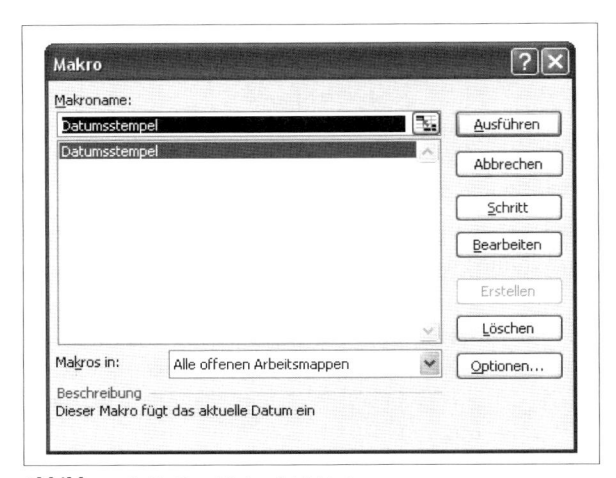

Abbildung 8-3: Das Dialogfeld Makro

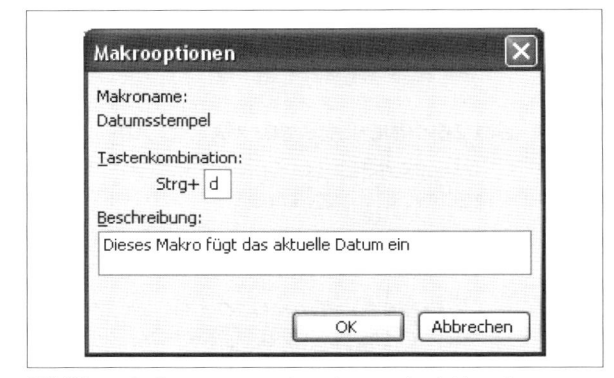

Abbildung 8-4: Ein Tastaturkürzel im Dialogfeld Makrooptionen zuweisen

In dieser Lektion werden Sie das Makro Datum ausführen, das Sie in der vorigen Lektion aufgezeichnet haben. Wenn Sie ein Makro erstellt haben, können Sie ihm ein Tastaturkürzel wie Strg + D zuweisen, um schneller und einfacher darauf zugreifen zu können. Das werden Sie in dieser Lektion ebenfalls lernen.

1 Wählen Sie Zelle C3 aus.

Wir wollen das aktuelle Datum in diese Zelle eingeben. Sie werden sehen, wie schnell das mit dem Makro Datum geht.

2 Wählen Sie Extras → Makro → Makros im Menü aus.

Das Dialogfeld Makro erscheint wie in Abbildung 8-3. Hier sind alle verfügbaren Makros aufgelistet, die Sie ausführen können.

3 Wählen Sie Datum aus der Liste Makroname aus und klicken Sie auf Ausführen.

Das Makro Datum, das Sie in der vorigen Lektion erstellt haben, wird ausgeführt. Es setzt automatisch die Formel HEUTE( ) ein, kopiert den Ergebniswert davon, fügt diesen ein und formatiert schließlich die Zelle.

Wenn Sie ein bestimmtes Makro oft benutzen, können Sie ihm ein Tastaturkürzel zuweisen. Anstatt im Menü auf Extras → Makro → Makros zu gehen, das Makro auszuwählen und dann auf Ausführen zu klicken, können Sie es mit einem Tastaturkürzel wie Strg + D ausführen.

4 Wählen Sie Extras → Makro → Makros im Menü aus.

Das Dialogfeld Makro erscheint.

5 Wählen Sie das Makro Datum aus und klicken Sie auf Optionen.

Es erscheint das Dialogfeld Makrooptionen, das Sie in Abbildung 8-4 sehen. Im Folgenden erfahren Sie, wie Sie dem Makro ein Tastaturkürzel zuweisen können.

6 Klicken Sie in das Feld Tastaturkombination, geben Sie d ein und klicken Sie auf OK.

Schließen Sie das Dialogfeld Makro und versuchen Sie, das Makro mit dem neuen Tastaturkürzel Strg + D auszuführen.

7 Klicken Sie auf das Schließen-Symbol des Dialogfelds Makro.

Das Dialogfeld Makro wird geschlossen.

8 Wählen Sie Zelle D3 aus und drücken Sie Strg + D.

Excel führt das Makro Datum aus und fügt das aktuelle Datum in die ausgewählte Zelle ein.

Gut gemacht! Sie haben mittlerweile gelernt, wie Sie ein Makro aufzeichnen, es ausführen und ihm ein Tastaturkürzel zuweisen. Das ist eine gute Leistung für nur zwei Lektionen.

Kapitel 8
Aufgaben mit Makros automatisieren

SCHNELLREFERENZ

SO FÜHREN SIE EIN MAKRO AUS:

1. WÄHLEN SIE EXTRAS → MAKRO → MAKROS IM MENÜ AUS.
2. WÄHLEN SIE DAS MAKRO AUS, DAS SIE AUSFÜHREN WOLLEN, UND KLICKEN SIE AUF AUSFÜHREN.

SO WEISEN SIE EINEM MAKRO EIN TASTATURKÜRZEL ZU:

1. WÄHLEN SIE EXTRAS → MAKRO → MAKROS IM MENÜ AUS.
2. WÄHLEN SIE DAS MAKRO AUS, DEM SIE EIN TASTATURKÜRZEL ZUWEISEN WOLLEN, UND KLICKEN SIE AUF OPTIONEN.
3. GEBEN SIE DAS KÜRZEL IM FELD TASTATURKOMBINATION AN.

SO LÖSCHEN SIE EIN MAKRO:

1. WÄHLEN SIE EXTRAS → MAKRO → MAKROS IM MENÜ AUS.
2. WÄHLEN SIE DAS MAKRO AUS UND KLICKEN SIE AUF LÖSCHEN.

LEKTION 8.3 Ein Makro zu einer Symbolleiste hinzufügen

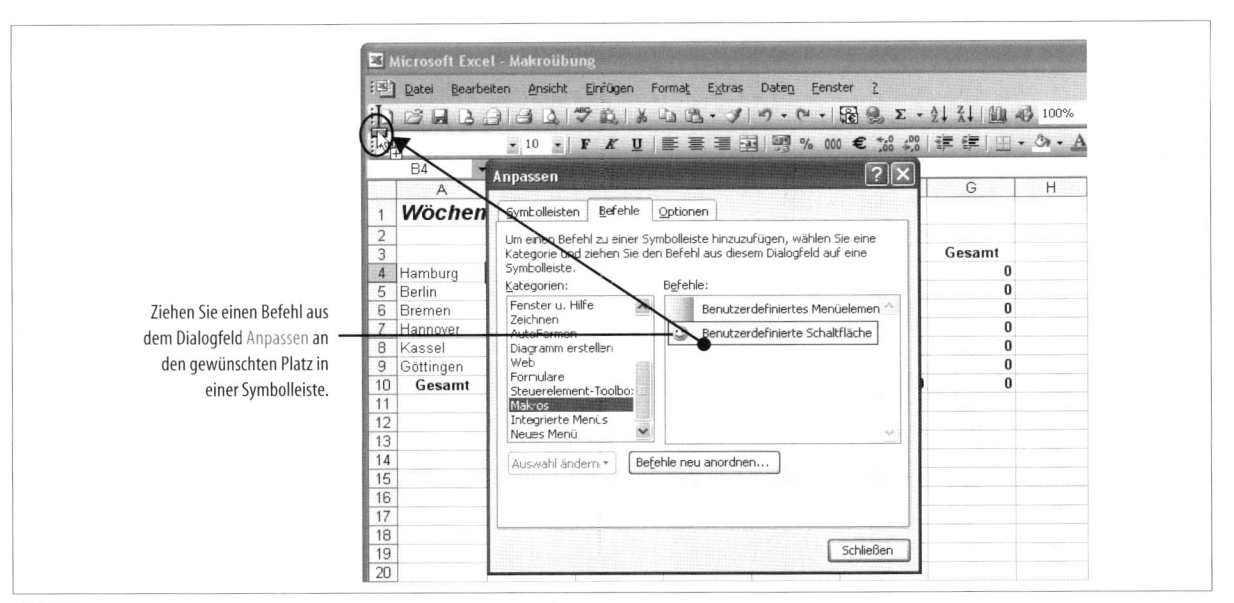

Abbildung 8-5: Ein Makro zur Standardsymbolleiste hinzufügen

Ziehen Sie einen Befehl aus dem Dialogfeld Anpassen an den gewünschten Platz in einer Symbolleiste.

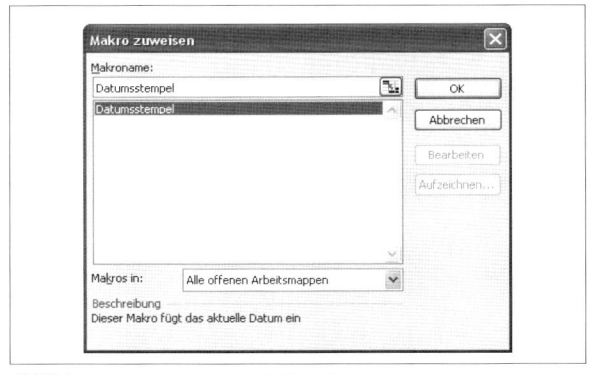

Abbildung 8-6: Das Dialogfeld Makro zuweisen

Eine andere Möglichkeit für den schnellen und einfachen Zugriff auf Makros besteht darin, sie zu einer Symbolleiste hinzuzufügen. In dieser Lektion weisen wir dem Makro Datum, das wir zuvor erstellt haben, eine Schaltfläche in der Standardsymbolleiste zu.

1 Wählen Sie im Menü Ansicht → Symbolleisten → Anpassen und dort die Registerkarte Befehle.

Es erscheint das Dialogfeld Anpassen aus Abbildung 8-5. Auf der Registerkarte Befehle können Sie die Befehle und Makros auswählen, die Sie Ihren Symbolleisten hinzufügen können. Die Befehle sind nach den Kategorien der Menüs von Excel geordnet.

2 Klicken Sie in der Kategorienliste auf Makros.

Daraufhin wird die Befehlsliste aktualisiert und zeigt ein benutzerdefiniertes Menüelement und eine benutzerdefinierte Schaltfläche an, wie Sie auch in Abbildung 8-5 sehen können.

☺

Eine benutzerdefinierte Schaltfläche

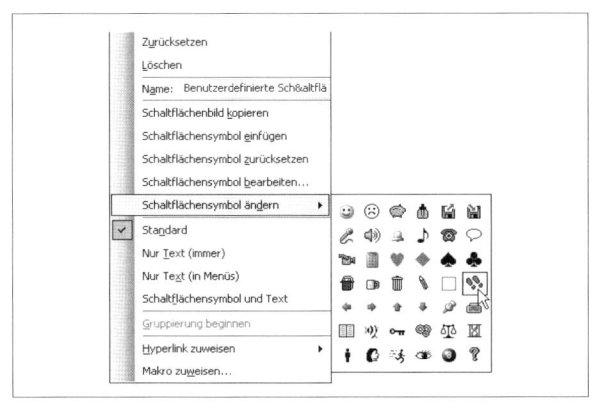

Abbildung 8-7: Ein Bild für eine Schaltfläche auswählen

324

3 Ziehen Sie die benutzerdefinierte Schaltfläche wie in Abbildung 8-5 an den Anfang der Standardsymbolleiste.

Nun müssen Sie der Schaltfläche ein Makro zuweisen.

4 Ohne das Dialogfeld Anpassen zu schließen, rechtsklicken Sie auf die Schaltfläche, die Sie gerade eben zur Standardsymbolleiste hinzugefügt haben, und wählen im daraufhin erscheinenden Menü Makro zuweisen aus.

Es erscheint das Dialogfeld Makro zuweisen, das Sie in Abbildung 8-6 sehen.

5 Wählen Sie das Makro Datum aus und klicken Sie auf OK.

Das Makro Datum wird der ausgewählten Schaltfläche zugewiesen. Im nächsten Schritt wählen Sie einen aussagekräftigeren Namen und ein besseres Bild für die Schaltfläche aus.

6 Ohne das Dialogfeld Anpassen zu schließen, rechtsklicken Sie auf die Schaltfläche, die Sie gerade eben zur Standardsymbolleiste hinzugefügt haben.

Es erscheint das Schaltflächenmenü.

7 Ersetzen Sie in Textfeld Name die Bezeichnung Benutzerdefinierte Schaltfläche durch Datum.

Drücken Sie noch nicht die Enter-Taste. Sie müssen in diesem Menü noch das Bild für die Schaltfläche ändern.

8 Zeigen Sie im Schaltflächenmenü auf Schaltflächensymbol ändern und wählen Sie dann ❦ von der Symbolliste aus (siehe Abbildung 8-7).

Damit haben Sie das Makro Datum erfolgreich zur Standardsymbolleiste hinzugefügt und können das Dialogfeld Anpassen nun schließen.

9 Klicken Sie auf Schließen, um das Dialogfeld Anpassen zu schließen.

Das Dialogfeld wird geschlossen. Probieren Sie jetzt die neue Schaltfläche aus.

10 Platzieren Sie den Mauszeiger über der Schaltfläche Datum in der Standardsymbolleiste.

Nach einer kurzen Zeit erscheint neben dem Symbol ein QuickInfo-Text mit dem Namen der Schaltfläche – Datum.

11 Wählen Sie die Zelle E3 aus und klicken Sie auf die Schaltfläche Datum in der Standardsymbolleiste.

Excel führt das Makro Datum aus und fügt das aktuelle Datum in die ausgewählte Zelle ein.

12 Wählen Sie Ansicht → Symbolleisten → Anpassen im Menü aus.

Wenn das Dialogfeld Anpassen geöffnet ist, können Sie die Schaltfläche Datum wieder aus der Symbolleiste entfernen.

13 Ziehen Sie das Symbol Datum aus der Standardsymbolleiste heraus.

Die Schaltfläche Datum wird aus der Standardsymbolleiste entfernt.

14 Klicken Sie auf Schließen, um das Dialogfeld Anpassen zu schließen.

Lektion 8.3
Ein Makro zu einer Symbolleiste hinzufügen

SCHNELLREFERENZ

SO FÜGEN SIE EIN MAKRO ZU EINER SYMBOLLEISTE HINZU:

1. WÄHLEN SIE ANSICHT → SYMBOLLEISTEN → ANPASSEN IM MENÜ AUS.

   ODER:

   RECHTSKLICKEN SIE AUF EINE SYMBOLLEISTE ODER AUF DAS MENÜ UND WÄHLEN SIE ANPASSEN IM DARAUFHIN ERSCHEINENDEN KONTEXTMENÜ AUS.

2. ÖFFNEN SIE DIE REGISTERKARTE BEFEHLE.

3. WÄHLEN SIE DIE KATEGORIE MAKROS IN DER KATEGORIENLISTE AUS UND ZIEHEN SIE DIE BENUTZERDEFINIERTE SCHALTFLÄCHE IN DIE GEWÜNSCHTE SYMBOLLEISTE.

4. RECHTSKLICKEN SIE AUF DIE HINZUGEFÜGTE SCHALTFLÄCHE, WÄHLEN SIE MAKRO ZUWEISEN IM DARAUFHIN ERSCHEINENDEN KONTEXTMENÜ AUS UND LEGEN SIE FEST, WELCHES MAKRO SIE ZUWEISEN WOLLEN.

SO ENTFERNEN SIE EIN MAKRO AUS EINER SYMBOLLEISTE:

1. WÄHLEN SIE ANSICHT → SYMBOLLEISTEN → ANPASSEN IM MENÜ AUS.

2. ZIEHEN SIE DIE SCHALTFLÄCHE AUS DER SYMBOLLEISTE HERAUS.

Den Visual Basic-Code bearbeiten

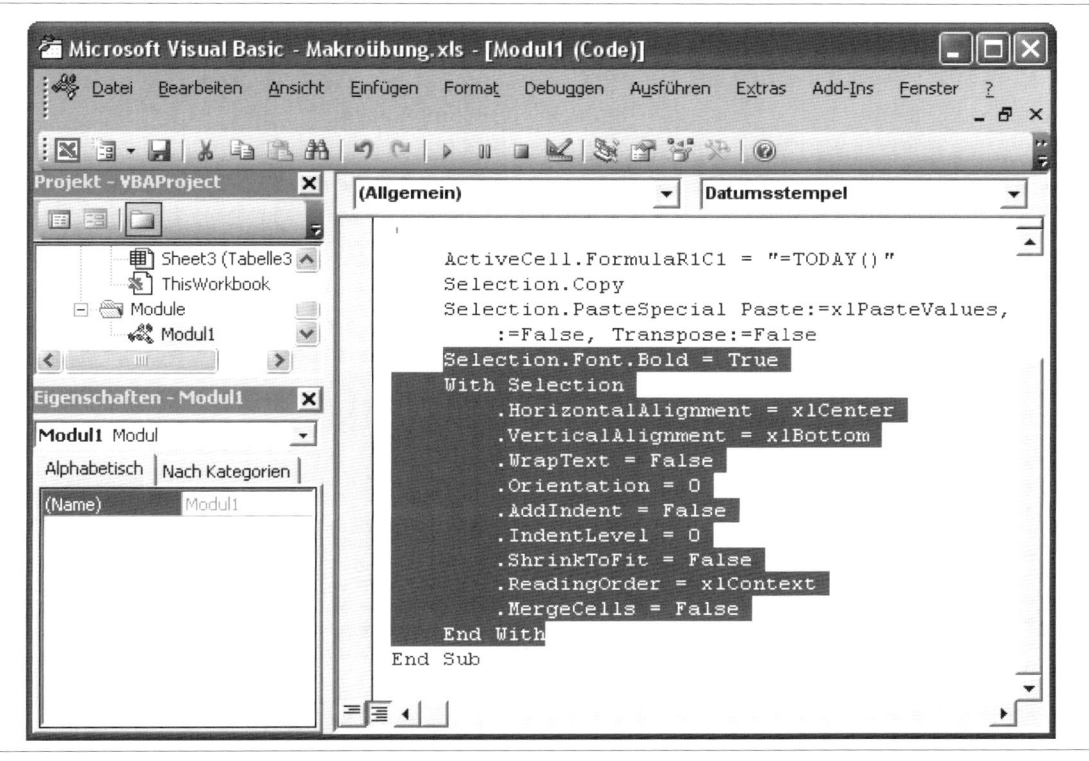

LEKTION 8.4

Abbildung 8-8: Der Microsoft Visual Basic-Editor

In dieser Lektion stellen wir Ihnen die Programmiersprache Visual Basic (auch VB oder VBA genannt) vor. Excel verwendet als Code bei der Aufzeichnung von Makros Visual Basic. Womöglich werden Sie jetzt denken: »Die sind doch nicht ganz bei Trost. Ich kann nicht mal meinen Videorecorder programmieren!« Es besteht aber kein Grund zur Sorge. Diese Lektion ist dafür gedacht, dass Sie sich an die Sprache Visual Basic gewöhnen und den Visual Basic-Editor kennen lernen, so dass Sie *kleine* Änderungen an Ihren Makros vornehmen können, nachdem Sie sie aufgezeichnet haben. Stellen Sie sich das so vor, als ob Sie einige Worte einer fremden Sprache erlernen, um z.B. auf einer Speisekarte in jener Sprache einige der Begriffe zu verstehen. Fangen wir einfach an und machen Sie sich keine Sorgen, es wird sicherlich nicht so schwierig werden, wie Sie vielleicht befürchten.

Visual Basic lernt man am besten kennen, wenn man sich bereits vorhandenen Code anschaut. In dieser Lektion werden wir das Makro Datum betrachten und bearbeiten.

1 Wählen Sie Extras → Makro → Makros im Menü aus.

Es erscheint das Dialogfeld Makros.

2 Wählen Sie das Makro Datum von der Liste Makroname aus und klicken Sie auf Bearbeiten.

Das Programm Visual Basic-Editor wird geöffnet (siehe Abbildung 8-8). Lassen Sie sich nicht vom scheinbar komplizierten Programmcode abschrecken. Diese merkwürdig anmutenden Wörter entstammen nicht einer obskuren Sprache eines fremden Landes – das ist *Visual Basic*, die Sprache, in der Ihre aufgezeichneten Makros geschrieben sind. Immer wenn Sie ein Makro aufzeichnen, schreibt und speichert Excel es in Visual Basic.

Sie müssen Visual Basic nicht lernen, um effizient mit Excel arbeiten zu können. Allerdings kann es hilfreich sein, die Grundlagen für den Fall zu beherrschen, dass Sie irgendwann ein vorliegendes Makro bearbeiten wollen. Sehen Sie sich den Code von Datum genauer

Lektion 8.4
Den Visual Basic-Code bearbeiten

an. Einige der Prozeduren sollten Ihnen teilweise bekannt vorkommen. Die Zeile Selection.Copy ist z.B. die Prozedur zum Kopieren, während Selection.Paste das Einfügen übernimmt.

Nehmen wir an, Sie wollen nicht mehr, dass das Makro Datum den Zelleninhalt fett formatiert und zentriert.

Bevor Sie mit dem nächsten Schritt fortfahren, schauen Sie sich den Makrocode an und versuchen Sie herauszufinden, welche Codezeilen für den Fettdruck und das Zentrieren verantwortlich sind.

3 Suchen Sie die Zeile mit With Selection auf.

Der Teil des Codes, der mit Selection.Font.Bold = True beginnt und mit End With endet, aktiviert den Fettdruck für die aktuelle Auswahl und zentriert sie. Da Sie nicht mehr wollen, dass das Makro die ausgewählte Zelle formatiert oder ausrichtet, können Sie diesen gesamten Abschnitt löschen.

4 Markieren Sie den Codeabschnitt, der mit Selection.Font.Bold = True beginnt und mit End With endet (siehe Abbildung 8-8).

Löschen Sie den markierten Text.

5 Löschen Sie den Text mit der Taste Entf.

Das war es. Sie haben die notwendigen Änderungen vorgenommen. Nun gibt das Makro Datum immer noch das aktuelle Datum aus, führt aber keine Formatierung mehr durch.

6 Klicken Sie auf die Schaltfläche Speichern in der Standardsymbolleiste des Visual Basic-Editors, um den Code zu speichern.

Nachdem Sie nun den Makrocode bearbeitet haben, können Sie den Visual Basic-Editor schließen.

7 Schließen Sie den Visual Basic-Editor mit einem Klick auf das Schließen-Symbol oder mit dem Befehl Datei → Schließen und zurück zu Microsoft Excel im Menü.

Das Fenster mit dem Visual Basic-Editor wird geschlossen und Sie kehren zurück zu Excel. Probieren Sie Ihr neu bearbeitetes Makro aus und sehen Sie, ob es funktioniert.

8 Klicken Sie auf die Zelle A3 und wählen Sie Extras → Makro → Makros im Menü aus.

Das Dialogfeld Makro erscheint.

9 Wählen Sie in der Liste Makroname das Makro Datum aus und klicken Sie auf Ausführen.

Das geänderte Makro wird ausgeführt und gibt jetzt das aktuelle Datum aus, ohne die Zelle zu formatieren.

10 Speichern Sie Ihre Arbeit.

SCHNELLREFERENZ

SO BEARBEITEN SIE DEN VISUAL BASIC-CODE EINES MAKROS:

1. WÄHLEN SIE EXTRAS → MAKRO → MAKROS IM MENÜ AUS.

2. WÄHLEN SIE DAS MAKRO AUS UND KLICKEN SIE AUF BEARBEITEN.

3. WENN SIE MIT DEM BEARBEITEN FERTIG SIND, KLICKEN SIE AUF DIE SCHALTFLÄCHE SPEICHERN UND SCHLIESSEN DANACH DAS FENSTER MIT DEM VISUAL BASIC-EDITOR.

LEKTION 8.5
Code zu einem bestehenden Makro hinzufügen

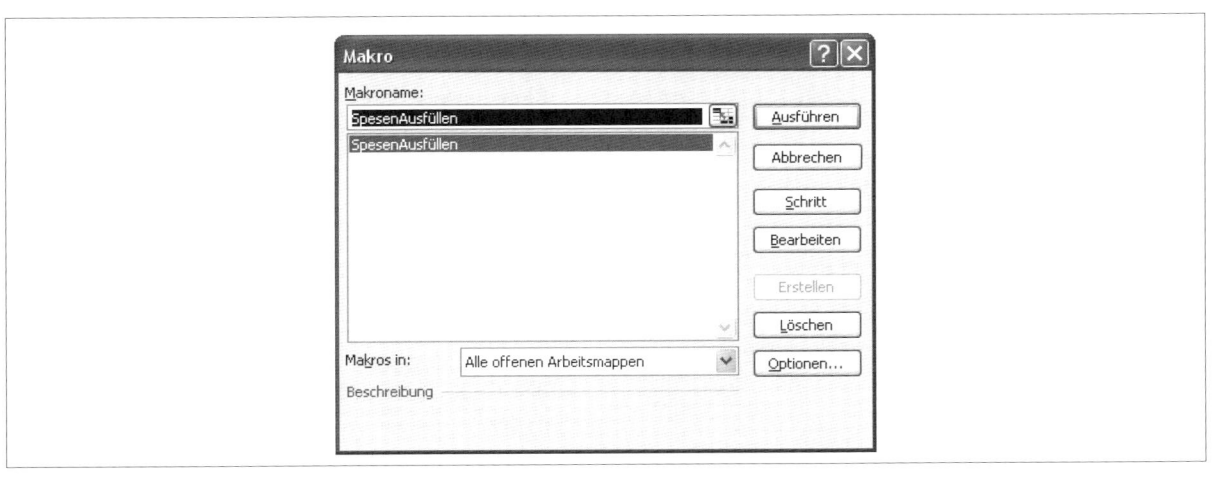

Abbildung 8-9: Das Dialogfeld Makro

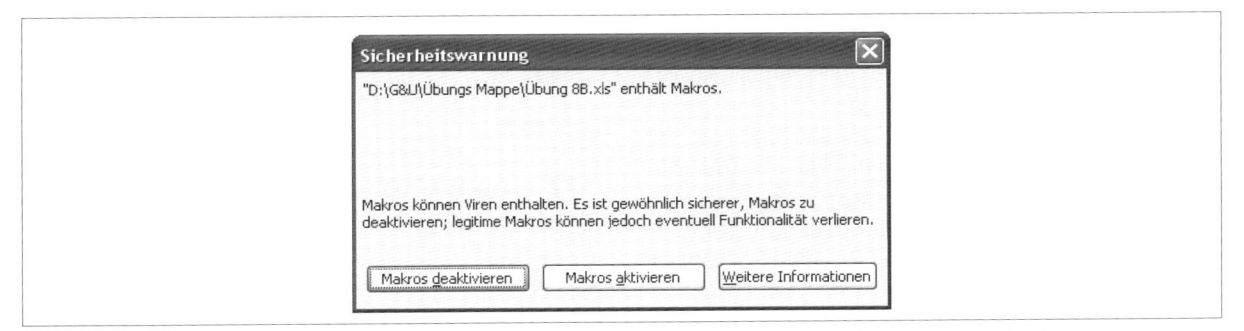

Abbildung 8-10: Wegen der Gefahr von Viren müssen Sie Makros in einer Arbeitsmappe aktivieren, wenn Sie sie öffnen.

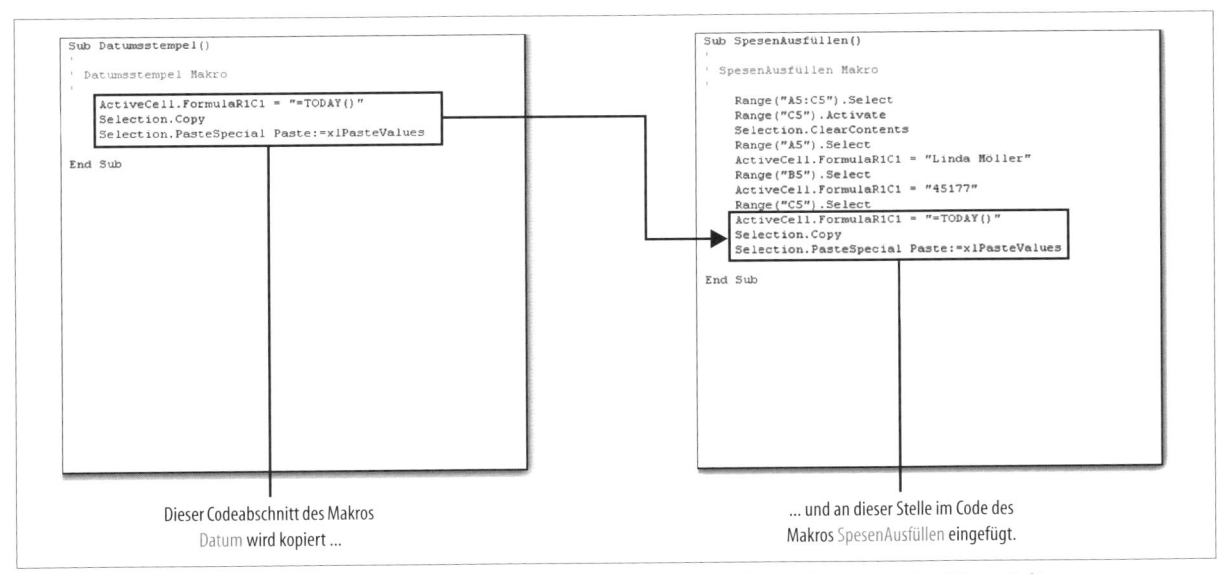

```
Sub Datumsstempel()
'
' Datumsstempel Makro
'
    ActiveCell.FormulaR1C1 = "=TODAY()"
    Selection.Copy
    Selection.PasteSpecial Paste:=xlPasteValues
End Sub
```

```
Sub SpesenAusfüllen()
'
' SpesenAusfüllen Makro
'
    Range("A5:C5").Select
    Range("C5").Activate
    Selection.ClearContents
    Range("A5").Select
    ActiveCell.FormulaR1C1 = "Linda Möller"
    Range("B5").Select
    ActiveCell.FormulaR1C1 = "45177"
    Range("C5").Select
    ActiveCell.FormulaR1C1 = "=TODAY()"
    Selection.Copy
    Selection.PasteSpecial Paste:=xlPasteValues
End Sub
```

Dieser Codeabschnitt des Makros Datum wird kopiert ...

... und an dieser Stelle im Code des Makros SpesenAusfüllen eingefügt.

Abbildung 8-11: Einen Codeabschnitt aus dem Makro Datum kopieren und in das Makro SpesenAusfüllen einfügen.

Lektion 8.5
Code zu einem bestehenden Makro hinzufügen

Wir wollen ehrlich sein – wenn Sie nicht gerade professioneller Programmierer sind, ist es sehr unwahrscheinlich, dass Sie die unzähligen Funktionen, Anweisungen und Ausdrücke in Visual Basic lernen; das ist auch in Ordnung. Sie haben schon gesehen, wie Sie Visual Basic-Dateien, die Excel während der Aufzeichnung von Makros erstellt, öffnen und sogar bearbeiten. Eine sehr nützliche Vorgehensweise besteht nun darin, einen Codeabschnitt aus einem Makro zu kopieren oder abzuschreiben und in ein anderes Makro einzufügen. Damit können Sie bestehenden Makros weitere Funktionen hinzufügen, indem Sie die gewünschten Schritte in neuen Makros aufnehmen und die entsprechenden Codeabschnitte in das bestehende Makro einfügen.

1 Öffnen Sie die Arbeitsmappe *Übung 8B* und speichern Sie sie als *Spesen* (lassen Sie die Arbeitsmappe *Makroübung* geöffnet).

Wenn Sie die Arbeitsmappe *Übung 8B* öffnen, könnte das Dialogfeld erscheinen, das Sie in Abbildung 8-10 sehen. Ein Makro ist eine Art kleines Programm, so dass die sehr geringe Wahrscheinlichkeit besteht, dass ein Makro in einer Excel-Arbeitsmappe in Wirklichkeit ein Virus ist. Wenn Sie die Herkunft der Arbeitsmappe kennen, können Sie jedoch mit großer Sicherheit die in ihr enthaltenen Makros aktivieren.

2 Klicken Sie bei Bedarf auf *Makros aktivieren*.

Stellen Sie sich vor, dass dies ein Bericht über die Ausgaben der Angestellten ist, den Sie einmal die Woche ausfüllen. Da Sie in diese Arbeitsmappe regelmäßig dieselben Informationen eingeben, haben Sie ein Makro aufgezeichnet, das den sich wiederholenden Teil der Arbeit in diesem Formular übernimmt.

3 Wählen Sie *Extras → Makro → Makros* im Menü aus.

Es erscheint das Dialogfeld *Makro*, das Sie in Abbildung 8-9 sehen. Das Makro, das die grundlegenden stets gleichen Informationen eingibt, heißt *SpesenAusfüllen*.

4 Wählen Sie das Makro *SpesenAusfüllen* aus und klicken Sie auf *Ausführen*.

Das Dialogfeld *Makro* wird geschlossen und Excel führt das Makro *SpesenAusfüllen* aus, das den Namen und die Nummer des Angestellten eingibt. Es wäre auch hilfreich, wenn das Makro zusätzlich das Datum hinzufügen würde, an dem Sie den Bericht erstellen. Das können Sie erreichen, indem Sie die Prozedur aus dem Makro *Datum* kopieren, das Sie in der Arbeitsmappe *Makroübung* erstellt haben, und in den Code von *SpesenAusfüllen* einfügen.

5 Wählen Sie *Extras → Makro → Makros* im Menü aus.

Es erscheint das Dialogfeld *Makro*. Zuerst müssen Sie den Code aus dem Makro *Datum* kopieren, das sich in der Arbeitsmappe *Makroübung* befindet.

6 Wählen Sie das Makro *Makroübung.xls!Datum* aus und klicken Sie auf *Bearbeiten*.

Der Visual Basic-Editor wird mit dem Makrocode von *Datum* geöffnet. Sie müssen nur den Codeteil kopieren, der das aktuelle Datum in die ausgewählte Zelle einfügt.

7 Markieren Sie den Codeabschnitt von *ActiveCell.FormulaR1C1 = "=HEUTE()"* bis *Selection.PasteSpecial Paste:=xlPasteValues* (siehe Abbildung 8-11) und klicken Sie auf das *Kopieren*-Symbol in der Visual Basic-Symbolleiste.

Nachdem Sie nun den Codeteil mit der Prozedur kopiert haben, die das aktuelle Datum ausgibt, müssen Sie ihn an der richtigen Stelle im Makro *SpesenAusfüllen* einfügen.

8 Schließen Sie den Visual Basic-Editor mit einem Klick auf das *Schließen*-Symbol oder über *Datei → Schließen* im Menü.

Das Fenster mit dem Visual Basic-Editor wird geschlossen und Sie kehren zurück zu Excel.

9 Klicken Sie im Menü auf *Extras → Makro → Makros*, wählen Sie dort das Makro *SpesenAusfüllen* aus und klicken Sie auf *Bearbeiten*.

Der Visual Basic-Editor mit dem Code des Makros *SpesenAusfüllen* wird geöffnet. Sie müssen den aus *Datum* kopierten Codeabschnitt an der richtigen Stelle im Code von *SpesenAusfüllen* einfügen.

10 Platzieren Sie den Cursor am Ende der Zeile Range("C5").Select, fügen Sie mit der Enter-Taste eine leere Zeile ein und klicken Sie auf die Schaltfläche Einfügen in der Visual Basic-Symbolleiste.

Der aus dem Makro Datum kopierte Codeabschnitt wird in das Makro SpesenAusfüllen eingefügt. Vergleichen Sie Ihr Makro mit Abbildung 8-11 (machen Sie sich keine Sorgen, wenn es in Ihrem Makro andere Tabulatorabstände oder leere Stellen gibt).

11 Schließen Sie den Visual Basic-Editor mit einem Klick auf das Schließen-Symbol oder über Datei → Schließen im Menü.

Nun ist es an der Zeit, das Makro zu testen.

12 Klicken Sie im Menü auf Extras → Makro → Makros, wählen Sie dort das Makro SpesenAusfüllen aus und klicken Sie auf Ausführen.

Excel führt das Makro SpesenAusfüllen aus, das nun zusätzlich noch das aktuelle Datum in Zelle C5 einfügt. Löschen Sie die Daten, die das Makro ausgibt, und speichern Sie die Arbeitsmappe, um diese Lektion abzuschließen.

13 Markieren Sie den Zellbereich A5:C5, drücken Sie die Taste Entf und speichern Sie danach die Arbeitsmappe.

SCHNELLREFERENZ

SO FÜGEN SIE VISUAL BASIC-CODE IN EIN BESTEHENDES MAKRO EIN:

1. ÖFFNEN SIE DIE ARBEITSMAPPE MIT DEM MAKRO, DESSEN CODE SIE KOPIEREN MÖCHTEN.

   ODER:

   ZEICHNEN SIE EIN NEUES MAKRO MIT DEN SCHRITTEN AUF, DIE SIE EINEM BESTEHENDEN MAKRO HINZUFÜGEN WOLLEN.

2. WÄHLEN SIE EXTRAS → MAKRO → MAKROS IM MENÜ AUS.

3. WÄHLEN SIE DAS MAKRO MIT DEM CODE AUS, DAS SIE KOPIEREN WOLLEN, UND KLICKEN SIE AUF BEARBEITEN.

4. KOPIEREN SIE DEN BENÖTIGTEN CODETEIL AUF DIE GLEICHE ART WIE EINEN TEXT.

5. SCHLIESSEN SIE DEN VISUAL BASIC-EDITOR UND WIEDERHOLEN SIE SCHRITT 2.

6. WÄHLEN SIE DAS BESTEHENDE MAKRO AUS, IN DAS SIE DEN KOPIERTEN CODETEIL EINFÜGEN WOLLEN, UND KLICKEN SIE AUF BEARBEITEN.

7. PLATZIEREN SIE DEN CURSOR DORT, WO SIE DEN KOPIERTEN CODETEIL EINFÜGEN WOLLEN, ERSTELLEN SIE MIT DER ENTER-TASTE EINE LEERE ZEILE UND KLICKEN SIE AUF EINFÜGEN IN DER VISUAL BASIC-SYMBOLLEISTE.

8. BEARBEITEN SIE DEN EINGEFÜGTEN CODE, FALLS DIES NOTWENDIG SEIN SOLLTE.

9. KLICKEN SIE AUF SPEICHERN UND SCHLIESSEN SIE DEN VISUAL BASIC-EDITOR.

   WENN SIE DAS ANDERE MAKRO NICHT MEHR BENÖTIGEN, KÖNNEN SIE ES LÖSCHEN.

LEKTION 8.6 **Variablen deklarieren und Kommentare hinzufügen**

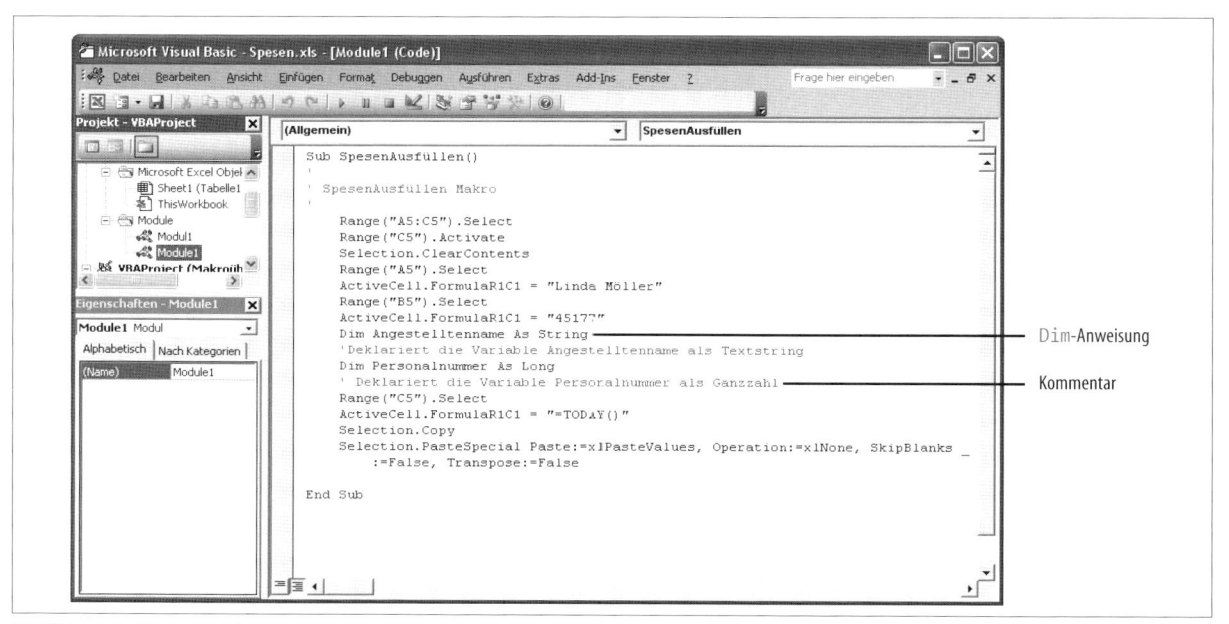

Abbildung 8-12: Variablen mit der Anweisung Dim deklarieren und Kommentare zu Visual Basic-Code mit Hilfe des Kommentarzeichens »'« hinzufügen.

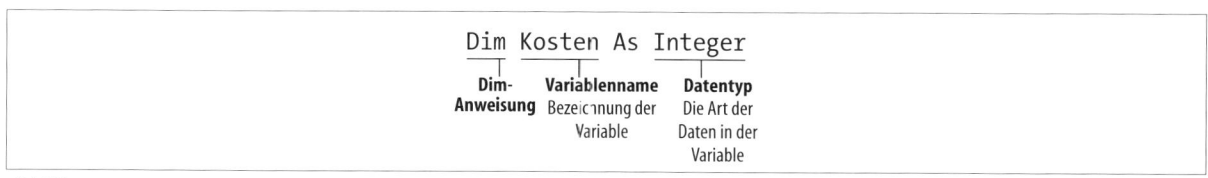

```
Dim Kosten As Integer
```
Dim-Anweisung | Variablenname Bezeichnung der Variable | Datentyp Die Art der Daten in der Variable

Abbildung 8-13: Syntax der Anweisung Dim

Sie haben vielleicht schon mitbekommen, dass das Programmieren große Ähnlichkeit mit Algebra hat. In der Algebra benutzt man *Variablen*, wie etwa das r in der Formel πr^2. In der Programmierung werden ebenfalls Variablen eingesetzt. Aber man sollte stets alle Variablen, die im Code benutzt werden, *deklarieren*. Mit einer Deklaration teilt man Excel sozusagen mit, dass z.B. eine Variable »r« im Code verwendet wird. In Visual Basic werden Variablen mit der Anweisung Dim deklariert; die Syntax lautet »Dim *Variablenname* As *Datentyp*« (siehe Abbildung 8-13). In dieser Lektion zeigen wir Ihnen, wie Sie mit der Anweisung Dim Variablen deklarieren. (Sie werden die Variablen, die Sie im Folgenden deklarieren, später sogar wirklich *benutzen*.)

Zudem geht es in dieser Lektion darum, wie Sie Kommentare zu Ihrem Code hinzufügen. Programmiercode kann manchmal verwirrend sein – Sie können für ein besseres Verständnis sorgen, indem Sie mit Hilfe von Rem-Anweisungen erklärende Kommentare einfügen. Eine Rem-Anweisung hat keine Auswirkungen auf den Code an sich, sondern wird nur benutzt, um Erklärungen über die Funktion des Codes hinzuzufügen. Sie können eine Rem-Anweisung einfügen, indem Sie dem Kommentar einen Apostroph voranstellen; ein Beispiel dafür wäre »'Fügt das aktuelle Datum ein«.

1 Vergewissern Sie sich, dass es sich bei der aktiven Arbeitsmappe um Spesen handelt, gehen Sie auf Extras → Makro → Makros im Menü, wählen Sie das Makro SpesenAusfüllen aus und klicken Sie auf Bearbeiten.

Der Visual Basic-Editor mit dem Code des Makros SpesenAusfüllen wird geöffnet (siehe Abbildung 8-12). Da auch einige andere Benutzer diesen Bericht verwenden, wollen Sie nun das Makro so abändern, dass es den Benutzer nach Name und Personalnummer fragt. Das Abfragen von Benutzerangaben lernen Sie in der nächsten Lektion, während Sie in dieser zuerst die Variablen für den Namen und die Nummer der Angestellten deklarieren müssen.

2 Fügen Sie direkt über der Zeile Range("A5").Select eine leere Zeile ein. Platzieren Sie den Cursor in dieser Zeile, geben Sie Dim Angestelltenname As String ein und drücken Sie Enter.

Eine Variable steht für jede Art von Information, die sich ändert – wie etwa das x in der Algebra. Im Makro SpesenAusfüllen soll der Name der Angestellten die Variable sein. Variablen brauchen einen Namen, so wie x in der Algebra. Sie geben einer Variablen einen Namen, indem Sie sie mit der Anweisung Dim deklarieren. Diese Anweisung muss mit der Syntax »Dim *Variablenname* As *Datentyp*« erfolgen. Die Argumente der Anweisung Dim haben folgende Bedeutung:

- **Variablenname:** Dies ist der Name der Variable, z.B. Angestelltenname.
- **Datentyp:** Hierbei handelt es sich um den Datentyp, den Sie in der Variable benutzen wollen, wie etwa Zahl, Datum oder Text. In der Tabelle 8-1 finden Sie eine Liste von gängigen Datentypen. Zwischen dem Variablennamen und dem Datentyp muss auf jeden Fall As stehen, z.B. »As String«.

Da die Zeile »Dim Angestelltenname As String« etwas unklar ist, können Sie danach mit einer Rem-Anweisung erläutern, was die Zeile genau macht. Der nächste Schritt zeigt, wie das geht.

3 Geben Sie 'Deklariert die Variable Angestelltenname als Textstring ein und drücken Sie Enter.

Als Nächstes müssen Sie die Personalnummer deklarieren.

> HINWEIS : *Vergessen Sie nicht den Apostroph (') am Anfang des Kommentars! Sonst interpretiert Visual Basic die Zeile als Anweisung.*

4 Geben Sie 'Dim Personalnummer as Long ein und drücken Sie Enter.

Bei der Eingabe zeigt der Visual Basic-Editor eine Liste von Wörtern an, die Sie in der aktuellen Anweisung verwenden können. Um ein Wort zu akzeptieren, wählen Sie es in der Liste aus und drücken die Tab-Taste. Sie deklarieren Personalnummer als eine Variable vom Typ Long Integer (lange Ganzzahl), da es sich dabei stets um einen Zahlenwert handelt. Fügen Sie einen Kommentar darüber hinzu, was die vorhergehende Zeile bewirkt.

5 Geben Sie 'Deklariert die Variable Personalnummer als Ganzzahl ein und drücken Sie Enter.

Speichern Sie das geänderte Makro.

6 Klicken Sie auf Speichern in der Visual Basic-Symbolleiste.

In der nächsten Lektion verwenden Sie die Variablen, die Sie mit den Dim-Anweisungen deklariert haben. In Tabelle 8-1 sind die gängigen Datentypen aufgelistet, die Sie in der Anweisung Dim verwenden können.

Tabelle 8-1: Datentypen für Variablen

Datentyp	Größe	Wertebereich
Byte	1 Byte	0 bis 255
Boolean	2 Byte	True oder False
Integer	2 Byte	-32768 bis 32767
Long (Lange Ganzzahl)	4 Byte	-2147483648 bis 2147483647
Date	8 Byte	01.01.1000 bis 31.12.9999
String (Text)	Unterschiedlich	Ungefähr 2 Milliarden Zeichen

Lektion 8.6
Variablen deklarieren und Kommentare hinzufügen

SCHNELLREFERENZ

SO DEKLARIEREN SIE EINE VARIABLE:

- FÜGEN SIE AM ANFANG DER PROZEDUR EINE DIM-ANWEISUNG MIT DER SYNTAX »DIM VARIABLENNAME AS DATENTYP« EIN.

SO FÜGEN SIE EINEN KOMMENTAR HINZU:

- FÜGEN SIE VOR DEM KOMMENTAR EINEN APOSTROPH (') EIN.

Nachfrage nach Benutzereingaben

LEKTION 8.7

Abbildung 8-14: Ein mit der Anweisung InputBox erstelltes Eingabefeld

```
Sub SpesenAusfüllen()
'
' SpesenAusfüllen Makro
'
    Dim Angestelltenname As String
    'Deklariert die Variable Angestelltenname als Textstring
    Dim Personalnummer As Long
    ' Deklariert die Variable Personalnummer als Ganzzahl
    Angestelltenname = InputBox("Geben Sie den Namen des Angestellten ein")
    Personalnummer = InputBox("Geben Sie die Personalnummer ein")
    Range("A5:C5").Select
    Range("C5").Activate
    Selection.ClearContents
    Range("A5").Select
    ActiveCell.FormulaR1C1 = Angestelltenname
    Range("B5").Select
    ActiveCell.FormulaR1C1 = Personalnummer
    Worksheets("Tabelle1").PageSetup.CenterFooter = "Spesenbericht für: " & _
        Angestelltenname
    Range("C5").Select
    ActiveCell.FormulaR1C1 = "=TODAY()"
    Selection.Copy
    Selection.PasteSpecial Paste:=xlPasteValues, Operation:=xlNone, SkipBlanks _
        :=False, Transpose:=False

End Sub
```

— Die Funktion InputBox

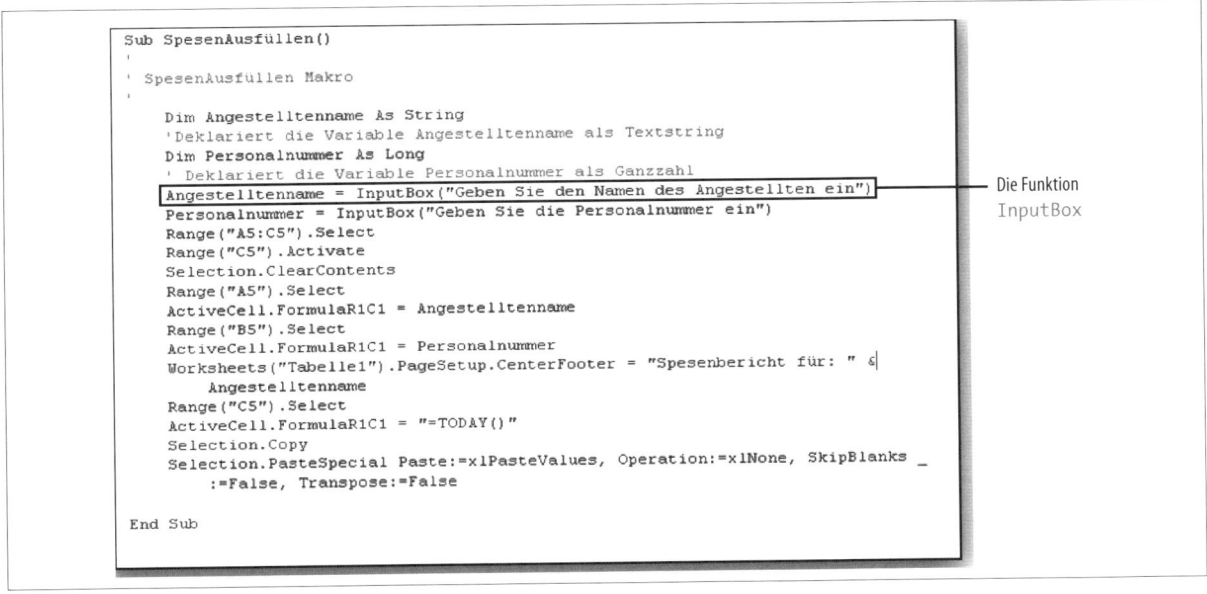

Abbildung 8-15: Der geänderte Code des Makros SpesenAusfüllen

Beim Erstellen von Makros und Code ist es oft sinnvoll, Benutzereingaben abzufragen. Die Eingaben kann man dann auf zahlreiche Art und Weise einsetzen – in eine Zelle einfügen, in einer Kalkulation verwenden oder in einer Kopf- oder Fußzeile angeben.

In dieser Lektion stellen wir eine der einfachsten Möglichkeiten vor, um Benutzereingaben abzufragen – die Funktion InputBox. Sie fordert den Benutzer auf, eine Information einzugeben, und verwendet hierfür ein Dialogfeld, wie Sie es in Abbildung 8-14 sehen. Die Syntax für die Funktion InputBox lautet InputBox(*Abfrage*), wobei *Abfrage* für die Nachricht steht, die Sie ausgeben wollen (für gewöhnlich in Anführungszeichen).

1 Vergewissern Sie sich, dass der Visual Basic-Editor noch geöffnet ist und den Code des Makros **Spesen-Ausfüllen** anzeigt (siehe Abbildung 8-15).

2 Platzieren Sie den Cursor direkt hinter der Anweisung 'Deklariert Personalnummer als Ganzzahl, drücken Sie Enter, geben Sie Angestelltenname = InputBox("Geben Sie den Namen des Angestellten ein.") **ein und drücken Sie erneut Enter.**

Während Ihrer Eingabe zeigt Visual Basic ein kleines Fenster mit Information über die Funktion, die Sie gerade eingeben, und ihre Parameter an. Diese Anweisung wird ein Eingabefeld ausgeben, das den Benutzer auffordert, die Variable Angestelltenname anzugeben (siehe Abbildung 8-14).

Lektion 8.7
Nachfrage nach Benutzereingaben

3 Geben Sie `Personalnummer = InputBox("Geben Sie die Personalnummer ein.")` **ein und drücken Sie** Enter.

Hiermit wird ein weiteres Eingabefeld angelegt, in dem der Benutzer die Variable Personalnummer festlegt. Nachdem der Benutzer die beiden abgefragten Variablen angegeben hat, können sie in die entsprechende Zellen eingefügt werden.

4 Suchen Sie die Anweisung `ActiveCell.FormulaR1C1 = "Linda Möller"` **und ändern Sie sie in** `ActiveCell.FormulaR1C1 = Angestelltenname`.

Beachten Sie, dass Sie die Anführungszeichen auf jeden Fall entfernen müssen. Nun fügt das Makro statt des Namens Linda Möller die Variable Angestelltenname ein, die der Benutzer im Eingabefeld angibt.

5 Suchen Sie die Anweisung `ActiveCell.FormulaR1C1 = "45177"` **und ändern Sie sie in** `ActiveCell.FormulaR1C1 = Personalnummer` **und drücken Sie** Enter.

> **TIPP** Sie können zwei Informationen mit dem kaufmännischen Und (&) miteinander verknüpfen und so z.B. die Ausgabe "Spesenbericht für: Bill Smith" hervorrufen, indem Sie den Text "Spesenbericht für: " mit einer Variable wie Angestelltenname kombinieren.

Sie entscheiden sich dafür, den Inhalt der Variable Angestelltenname auch in die Fußzeile der Arbeitsmappe anzubinden.

6 Geben Sie `Worksheets("Sheet1").PageSetup.CenterFooter = "Spesenbericht für: " & Angestelltenname` **ein**.

Diese letzte Anweisung ist etwas verwirrend – sie bewirkt Folgendes (wir beginnen am Schluss der Anweisung und arbeiten uns bis an den Anfang vor): Angestelltenname ist die Variable, die Sie deklariert haben, und sie entspricht dem, was der Benutzer in das Eingabefeld schreibt. Davor steht das kaufmännische Und (&), das die Variable mit dem Text "Spesenbericht für: " verknüpft. Beachten Sie bitte, dass der Text in Anführungszeichen (" ") stehen muss. Der erste Teil der Anweisung, `Worksheets("Sheet1").PageSetup.CenterFooter`, bezieht sich auf die mittlere Fußzeile des Arbeitsblattes Tabelle1. So teilen Sie Excel mit dieser Codezeile mit, dass in der mittleren Fußzeile von Tabelle1 die Ausgabe "Spesenbericht für: Angestelltenname" erscheint (Angestelltenname entspricht dabei der Benutzereingabe im Eingabefeld).

Nun können Sie Ihr Makro ausprobieren.

7 Speichern Sie das Makro mit einem Klick auf Speichern in der Visual Basic-Symbolleiste ab, schließen Sie darauf den Visual Basic-Editor mit dem Schließen-Symbol oder dem Befehl Datei → Schließen im Menü.

Der Visual Basic-Editor wird geschlossen und Sie kehren zu Excel zurück.

8 Klicken Sie im Menü auf Extras → Makro → Makros, wählen Sie dort das Makro SpesenAusfüllen aus und klicken Sie auf Bearbeiten.

Es erscheint ein Eingabefeld, das Sie nach dem Namen des Angestellten fragt (siehe Abbildung 8-14).

9 Geben Sie Ihren Namen ein, klicken Sie auf OK, geben Sie im nächsten Eingabefeld 7000 ein und klicken Sie erneut auf OK.

Das Makro SpesenAusfüllen fügt die Variablen Angestelltenname und Personalnummer ein, die Sie in den beiden Eingabefeldern angegeben haben. Überprüfen Sie, ob Ihr Name auch in der Fußzeile der Arbeitsmappe angezeigt wird.

10 Klicken Sie auf die Schaltfläche Seitenansicht in der Standardsymbolleiste.

Die Arbeitsmappe wird in der Seitenansicht dargestellt. Beachten Sie, dass das Makro SpesenAusfüllen den Angestelltennamen in der mittleren Fußzeile ausgibt.

11 Klicken Sie auf die Schaltfläche Schließen, um die Seitenansicht zu verlassen.

Löschen Sie die Daten, die das Makro SpesenAusfüllen eingegeben hat.

12 Markieren Sie den Zellbereich A5:C5, drücken Sie Entf und speichern Sie danach Ihre Arbeit.

Kapitel 8
Aufgaben mit Makros automatisieren

SCHNELLREFERENZ

SO VERWENDEN SIE DIE ANWEISUNG INPUTBOX:

- FÜGEN SIE EINE EINGABEAUFFORDERUNG MIT DER SYNTAX »INPUTBOX(AUSGABE)« EIN.

LEKTION 8.8 — Die Anweisung If...Then...Else

```
If Bedingung Then
    Anweisung            — Ist die Bedingung wahr, wird
                            diese Anweisung ausgeführt.
Else
    Else-Anweisung       — Anderenfalls erfolgt diese Aktion.
End If
```

Abbildung 8-16: Syntax für die Anweisung If...Then

```
Dim Angestelltenname As String
'Deklariert die Variable Angestelltenname als Textstring
Dim Personalnummer As Long
' Deklariert die Variable Personalnummer als Ganzzahl
Angestelltenname = InputBox("Geben Sie den Namen des Angestellten ein")
If Angestelltenname = "Linda Möller" Then
    Personalnummer = 45177
Else
    Personalnummer = InputBox("Geben Sie die Personalnummer ein")
End If
```

Abbildung 8-17: Die Anweisung If...Then in einem Visual Basic-Code

Die Anweisung If...Then führt eine Aktion in Abhängigkeit von einer bestimmten Bedingung aus. Wenn (*if*) z.B. der wöchentliche Umsatz eines Angestellten mehr als 2500 € beträgt, dann (*then*) erhält dieser Angestellte eine Provision von 5%, sonst (*else*) wird keine Provision gezahlt. Die Syntax für die Anweisung If...Then sehen Sie in Abbildung 8-16.

In dieser Lektion sorgen Sie mit der Anweisung If...Then dafür dass, die Personalnummer 45177 eingetragen wird, *wenn* es sich um den Angestellten Linda Möller handelt; *sonst* muss der Benutzer die eigene Personalnummer selbst eingeben.

1 Vergewissern Sie sich, dass Spesen die aktive Arbeitsmappe ist, klicken Sie im Menü auf Extras → Makro → Makros, wählen Sie das Makro SpesenAusfüllen aus und klicken Sie auf Bearbeiten.

Der Visual Basic-Editor mit dem Code des Makros SpesenAusfüllen wird geöffnet. Linda Möller ist normalerweise die einzige Person, die die Arbeitsmappe *Spesen* verwendet. Um Zeit zu sparen, wollen Sie dem Makro nun eine bedingte Anweisung hinzufügen, so dass das Makro automatisch Lindas Personalnummer einträgt, wenn die Variable Angestelltenname »Linda Möller« lautet. Anderenfalls soll das Makro den Benutzer nach der Personalnummer fragen.

2 Platzieren Sie den Cursor direkt hinter Angestelltenname = InputBox("Geben Sie den Namen des Angestellten ein"), drücken Sie Enter, geben Sie die Anweisung If Angestelltenname = "Linda Möller" Then ein und drücken Sie erneut Enter.

Dies ist der Anfang der Anweisung If...Then...Else. Wenn Angestelltenname »Linda Möller« lautet, soll die Variable Personalnummer Lindas Personalnummer 45177 entsprechen.

3 Drücken Sie die Tab-Taste, geben Sie Personalnummer = 45177 ein und drücken Sie Enter.

Sie müssen die Anweisung nicht mit Tab einrücken, aber es macht Ihren Code übersichtlicher und gehört zur Standardvorgehensweise bei der Programmierung. Der nächste Schritt in der Anweisung If...Then...Else besteht im Hinzufügen des Else-Teils.

4 Geben Sie Else ein.

Als Nächstes müssen Sie angeben, was passiert, wenn der Angestelltenname nicht Linda Möller lautet. In diesem Fall wollen Sie, dass Excel den Benutzer in einem Eingabefeld auffordert, seine Personalnummer anzugeben. Diese Anweisung haben Sie schon geschrieben, so dass Sie sie im Else-Abschnitt einfügen können.

5 Platzieren Sie den Cursor am Anfang der Anweisung Personalnummer = InputBox("Enter the Employee Number"), drücken Sie die Tab-Taste und danach Enter, gehen Sie mit der Ende-Taste an das Ende der Zeile und drücken Sie erneut Enter.

Schließen Sie die Anweisung If...Then...Else mit der Endanweisung End If ab.

6 Geben Sie End If ein.

Vergleichen Sie Ihren Code mit Abbildung 8-17. Danach können Sie Ihr Makro abspeichern und ausprobieren.

7 Speichern Sie das Makro mit einem Klick auf Speichern in der Visual Basic-Symbolleiste, schließen Sie daraufhin den Visual Basic-Editor mit dem Schließen-Symbol oder dem Befehl Datei → Schließen im Menü.

Der Visual Basic-Editor wird geschlossen und Sie kehren zurück zu Excel.

8 Klicken Sie im Menü auf Extras → Makro → Makros, wählen Sie dort das Makro SpesenAusfüllen aus und klicken Sie auf Ausführen.

9 Geben Sie Linda Möller in das Eingabefeld ein und drücken Sie Enter.

Das Makro trägt den Namen »Linda Möller« in Zelle A5 und die Personalnummer 45177 in die Zelle B5 ein.

10 Klicken Sie im Menü auf Extras → Makro → Makros, wählen Sie dort das Makro SpesenAusfüllen aus und klicken Sie auf Ausführen.

Probieren Sie aus, was passiert, wenn Sie einen anderen Namen als »Linda Möller« eingeben.

11 Geben Sie Ihren eigenen Namen im Eingabefeld an und klicken Sie auf OK.

Weil nun die Variable Angestelltenname nicht »Linda Möller« lautet, erscheint ein weiteres Eingabefeld, das Sie nach Ihrer Personalnummer fragt.

12 Geben Sie 55555 ein, drücken Sie Enter, speichern Sie Ihre Arbeit und beenden Sie Microsoft Excel.

Das war gute Arbeit bisher. Sie haben hiermit wohl die schwierigste Hürde in Excel genommen – die Arbeit mit Code.

SCHNELLREFERENZ

SO VERWENDEN SIE DIE ANWEISUNG IF...THEN:

- FÜGEN SIE DIE ANWEISUNG IF...THEN MIT FOLGENDER SYNTAX EIN:

IF BEDINGUNG THEN

    ANWEISUNG FÜR DEN FALL, DASS DIE BEDINGUNG WAHR IST

ELSE

    ANWEISUNG FÜR DEN FALL, DASS DIE BEDINGUNG FALSCH IST

END IF

Kapitel 8 im Überblick

Die Lektionen in Kürze

Ein Makro aufzeichnen

So zeichnen Sie ein Makro auf: Wählen Sie Extras → Makro → Aufzeichnen im Menü aus. Geben Sie einen Namen, eine Beschreibung, und optional ein Tastaturkürzel für das Makro ein. Klicken Sie auf OK und führen Sie vorsichtig die Aktionen aus, die Sie in Ihrem Makro aufzeichnen wollen. Klicken Sie auf die Schaltfläche Aufzeichnung beenden in der Makrosymbolleiste, wenn Sie mit dem Aufzeichnen Ihres Makros fertig sind.

Wenn Sie ein Makro aufzeichnen, wird alles aufgezeichnet – auch jeder Fehler, den Sie machen. Vor der Aufzeichnung sollten Sie deshalb eine Liste mit allen Schritten erstellen, die das Makro enthalten soll, um solche Fehler auszuschließen.

Ein Makro ausführen und ein Tastaturkürzel zuweisen

So führen Sie ein Makro aus: Klicken Sie im Menü auf Extras → Makro → Makros, wählen Sie dort das Makro aus, das Sie ausführen wollen, und klicken Sie auf Ausführen.

So weisen Sie einem Makro ein Tastaturkürzel zu: Klicken Sie im Menü auf Extras → Makro → Makros, wählen Sie dort das Makro aus, dem Sie ein Tastaturkürzel zuweisen wollen, und klicken Sie auf Optionen. Geben Sie das Kürzel im Feld Tastaturkombination an.

So löschen Sie ein Makro: Klicken Sie im Menü auf Extras → Makro → Makros, wählen Sie dort das Makro aus und klicken Sie auf Löschen.

Ein Makro zu einer Symbolleiste hinzufügen

So fügen Sie ein Makro zu einer Symbolleiste hinzu: Wählen Sie Ansicht → Symbolleisten → Anpassen im Menü aus und öffnen Sie die Registerkarte Befehle. Wählen Sie die Kategorie Makros in der Kategorienliste aus und ziehen Sie die Benutzerdefinierte Schaltfläche in die gewünschte Symbolleiste. Rechtsklicken Sie auf die hinzugefügte Schaltfläche, wählen Sie Makro zuweisen im daraufhin erscheinenden Kontextmenü aus und legen Sie fest, welches Makro Sie zuweisen wollen.

So entfernen Sie ein Makro aus einer Symbolleiste: Wählen Sie Ansicht → Symbolleisten → Anpassen im Menü aus und ziehen Sie die Schaltfläche aus der Symbolleiste heraus.

Den Visual Basic-Code bearbeiten

So bearbeiten Sie den Visual Basic-Code eines Makros: Klicken Sie im Menü auf Extras → Makro → Makros, wählen Sie das Makro aus und klicken Sie auf Bearbeiten. Wenn Sie mit dem Bearbeiten fertig sind, klicken Sie auf die Schaltfläche Speichern und schließen danach das Fenster mit dem Visual Basic-Editor.

Code zu einem bestehenden Makro hinzufügen

Sie können komplexere Makros erstellen, indem Sie Codeabschnitte aus einem Makro in ein anderes kopieren.

Variablen deklarieren und Kommentare hinzufügen

Sie müssen jede Variable mit der Anweisung Dim deklarieren, die die Syntax »Dim *Variablenname* As *Datentyp*« verwendet.

Sie können Ihrem Code eine Rem-Anweisung oder einen Kommentar hinzufügen, indem Sie dem Kommentar einen Apostroph (')voranstellen.

Nachfrage nach Benutzereingaben

Die Anweisung InputBox fordert den Benutzer auf, Informationen einzugeben. Die Syntax dafür lautet InputBox(*Abfrage*).

Die Anweisung If...Then...Else

Die Anweisung If...Then führt eine von zwei Aktionen aus, die von zwei verschiedenen Bedingungen abhängen. Die Syntax lautet folgendermaßen:

If *Bedingung* Then

Anweisung für den Fall, dass die Bedingung wahr ist

Else

Anweisung für den Fall, dass die Bedingung falsch ist

End If

Kapitel 8
Aufgaben mit Makros automatisieren

Test

1. Beim Aufzeichnen eines Makros werden nur die Befehle im Menü und in der Symbolleiste aufgezeichnet. (Richtig oder falsch?)

2. Welche der folgenden Aussagen ist *nicht* wahr?
   A. Excel zeichnet Makros in der Programmiersprache Visual Basic auf.
   B. Makronamen dürfen bis zu 25 Zeichen lang sein und Leerstellen aufweisen.
   C. Die Makroaufzeichnung wird über Extras → Makro → Aufzeichnen im Menü gestartet.
   D. Sie können einem Makro für einen schnelleren Zugriff ein Tastaturkürzel zuweisen.

3. Welche der folgenden Anweisungen deklariert eine Variable?
   A. Rem HireDate as Date
   B. InputBox(HireDate) = Date
   C. Dim HireDate as Date
   D. Sub HireDate() = Date

4. Welche der folgenden Anweisungen ist *nicht* wahr?
   A. Sie können den Visual Basic-Quellcode eines Makros bearbeiten, indem Sie im Menü auf Extras → Makro → Makros klicken, dort das Makro auswählen und auf Bearbeiten klicken.
   B. Sie können Visual Basic-Code wie gewöhnlichen Text bearbeiten, ausschneiden, kopieren und einfügen.
   C. Mit der Funktion InputBox können Sie Kommentare in den Code einfügen.
   D. Die Anweisung If...Then...Else führt eine Anweisung in Abhängigkeit von einer Bedingung aus.

5. Wie führen Sie ein Makro aus?
   A. Sie klicken im Menü auf Extras → Makro → Makros und wählen das Makro aus.
   B. Sie klicken im Menü auf Extras → Makro ausführen und wählen das Makro aus.
   C. Sie klicken auf die Schaltfläche Makro abspielen in der Symbolleiste und wählen das Makro aus.
   D. Sie erwerben ein Programm der Firma Macromedia, das diese Aufgabe für Sie ausführt.

6. Was aus der folgenden Liste können Sie einem Makro zuweisen? (Mehrere Antworten sind möglich.)
   A. Den Office-Assistenten, um diesen für sein unerwartetes Erscheinen zu bestrafen
   B. Ein Tastaturkürzel wie etwa Strg + D
   C. Eine Schaltfläche in einer Symbolleiste
   D. Eine Schaltfläche in der Statuszeile

Hausaufgaben

1. Erstellen Sie eine neue Arbeitsmappe und speichern Sie sie als Meine Makros.

2. Klicken Sie im Menü auf Extras → Makro → Aufzeichnen, wählen Sie unter Makro speichern in die Option Diese Arbeitsmappe aus und klicken Sie auf OK, um die Aufzeichnung zu starten.

3. Geben Sie Ihren Namen, Ihre Adresse und Ihre Telefonnummer in folgender Form ein:

	A	B
1	Linda Möller	
2	Museumsberg	
3	Hamburg, HH 20095	
4	Tel. (040) 33 33 33	

4. Klicken Sie auf die Zelle mit Ihrem Namen und schalten Sie den Fettdruck ein.

5. Klicken Sie auf die Schaltfläche Aufzeichnung beenden.

6. Löschen Sie die Adresse, die Sie gerade eingegeben haben, und führen Sie Ihr Makro aus.

7. Ändern Sie den Code des Makros so, dass statt Ihres Namens »Nadine Grömitz« eingetragen wird.

8. Weisen Sie dem Makro das Tastaturkürzel Strg + E zu.

Kapitel 8
Kapitel 8 im Überblick

Lösungen zum Test

1. Falsch. Alles wird aufgezeichnet: jedes ausgewählte Menü, jede angeklickte Schaltfläche, jede Eingabe, sogar jeder Fehler!
2. B. Makronamen dürfen keine Leerstellen aufweisen.
3. C. Die `Dim`-Anweisung deklariert eine Variable, so dass mit der Anweisung `Dim HireDate as Date` die Variable `HireDate` vom Datentyp `Datum` deklariert würde.
4. C. Das Eingabefeld dient für Nachfragen nach Benutzereingaben.
5. A. Sie können Makros ausführen, indem Sie im Menü auf `Extras` → `Makro` → `Makros` klicken und dort das Makro auswählen.
6. B und C. Sie können dem Makro ein Tastaturkürzel und eine Schaltfläche in einer Symbolleiste zuweisen.

KAPITEL 9
ZUSAMMENARBEIT MIT ANDEREN PROGRAMMEN

LERNZIELE

Ein Excel-Arbeitsblatt in ein Word-Dokument einfügen

Ein eingefügtes Excel-Arbeitsblatt ändern

Ein Excel-Diagramm mit einem Word-Dokument verknüpfen

Eine Grafik in ein Arbeitsblatt einfügen

Dateien in unterschiedlichen Formaten öffnen und speichern

AUFGABE: DATEN ZWISCHEN VERSCHIEDENEN PROGRAMMEN AUSTAUSCHEN

Voraussetzungen

- Kenntnisse von Microsoft Word
- Sie wissen, wie Sie Arbeitsblätter und Diagramme in Excel bearbeiten.
- Sie wissen, wie Sie Dateien speichern.

Einer der größten Vorteile beim Arbeiten mit Microsoft Windows liegt darin, dass Sie Daten zwischen unterschiedlichen Programmen austauschen können. Dieses Kapitel erläutert den Einsatz von Excel im Zusammenspiel mit anderen Programmen. Sie lernen, ein in Excel erstelltes Arbeitsblatt und ein Diagramm in ein Microsoft Word-Dokument einzufügen. Darüber hinaus werden Sie die Unterschiede zwischen dem *Einbetten* und *Verknüpfen* einer Datei kennen lernen. Außerdem erklärt dieses Kapitel, wie Sie mit Excel verschiedene Dateiformate wie etwa Lotus 1-2-3 oder Textdateien öffnen und speichern können.

LEKTION 9.1
Ein Excel-Arbeitsblatt in ein Word-Dokument einfügen

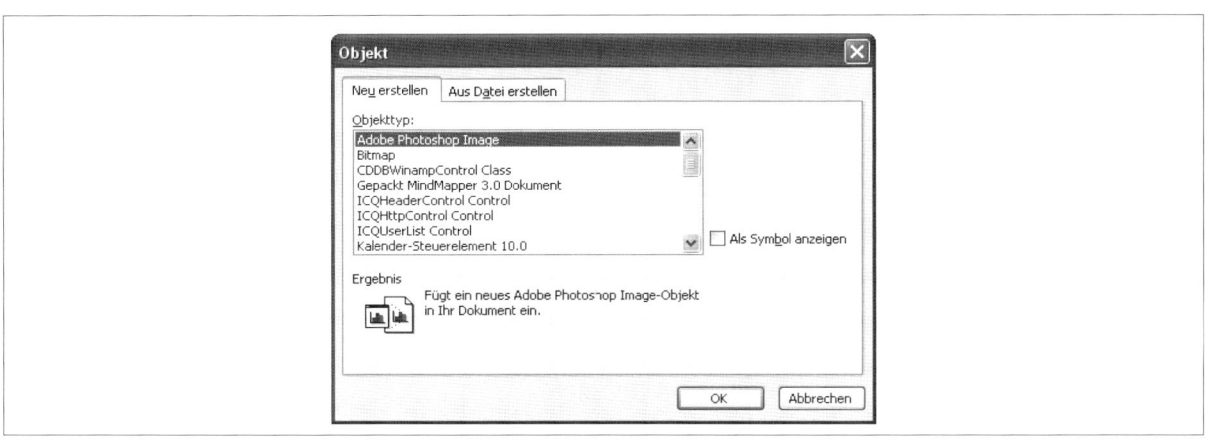

Abbildung 9-1: Die Registerkarte Neu erstellen im Dialogfeld Objekt

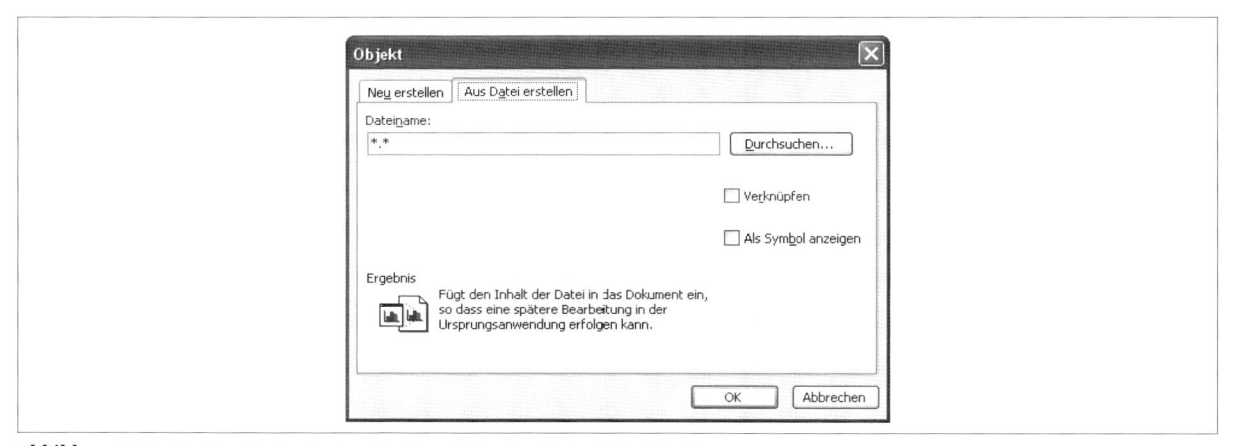

Abbildung 9-2: Die Registerkarte Aus Datei erstellen im Dialogfeld Objekt

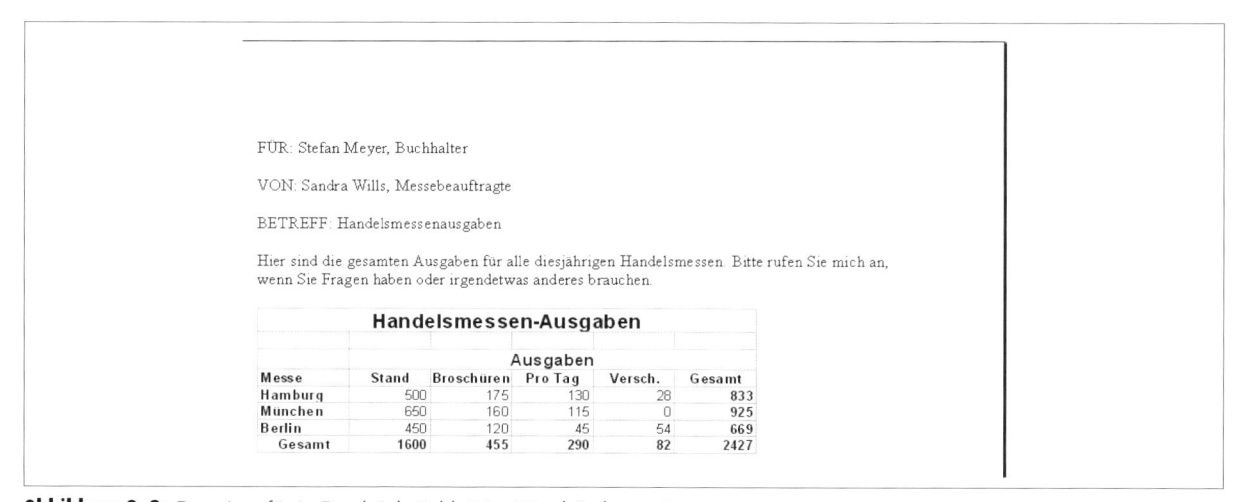

Abbildung 9-3: Das eingefügte Excel-Arbeitsblatt im Word-Dckument

Kapitel 9
Zusammenarbeit mit anderen Programmen

Microsoft Word ist ein leistungsstarkes Textverarbeitungsprogramm, mit dem Sie Dokumente professionell gestalten können. Da Word Bestandteil der Microsoft Office Suite ist, überrascht es kaum, dass die Mehrzahl der Anwender im Zusammenspiel mit Excel am häufigsten Word einsetzt. In der folgenden Lektion lernen Sie, ein Arbeitsblatt aus Excel in ein Word-Dokument *einzufügen*.

1 Öffnen Sie Microsoft Word.

2 Begeben Sie sich zum Übungsordner von Excel 2003 und öffnen Sie das Dokument Innerbetriebliche Mitteilung.

Eine Datei öffnen Sie in Word ganz genau so, wie Sie es von Excel her kennen. Klicken Sie auf die Schaltfläche Öffnen in der Standardsymbolleiste oder wählen Sie im Menü Datei → Öffnen. Das Dokument *Innerbetriebliche Mitteilung* erscheint daraufhin im Hauptfenster von Word.

3 Bewegen Sie die Einfügemarke (I) mit der nach unten weisenden Pfeiltaste (→) oder mit der Maus ans Ende des Dokuments.

Hier werden Sie nun das Arbeitsblatt aus Excel einfügen.

4 Wählen Sie im Menü Einfügen → Objekt.

Das daraufhin erscheinende Dialogfeld Objekt zeigt wie in Abbildung 9-1 die Registerkarte Neu erstellen an. Sie können Objekte über diese Registerkarte neu erstellen oder bestehende Dateien über die Registerkarte Aus Datei erstellen einfügen. Da Sie diese Arbeitsblätter in Excel bereits angelegt und gespeichert haben, fügen Sie in dieser Lektion ein Arbeitsblatt aus einer bestehenden Datei ein.

5 Klicken Sie auf die Registerkarte Aus Datei erstellen.

Der Inhalt der Registerkarte Aus Datei erstellen erscheint wie in Abbildung 9-2 im Dialogfeld. Im nächsten Schritt müssen Sie Namen und Speicherort der Datei angeben, die Sie in das Dokument einfügen möchten.

6 Klicken Sie auf die Schaltfläche Durchsuchen.

Es erscheint die Schaltfläche Durchsuchen, in der Sie die gewünschte Datei suchen und auswählen können.

7 Begeben Sie sich zum Übungsordner und wählen Sie darin die Datei Ausgaben aus.

Das Symbol der Datei *Ausgaben* verrät Ihnen übrigens, dass sie mit Microsoft Excel erstellt wurde.

8 Klicken Sie auf OK.

Das Dialogfeld Durchsuchen schließt sich und Sie gelangen zurück zur Registerkarte Aus Datei erstellen im Dialogfeld Objekt. Wie Sie sehen, erscheinen Name und Speicherort der Datei *Ausgaben* im Textfeld Dateiname.

Auf dieser Registerkarte gibt es noch zwei weitere Optionen, über die Sie Bescheid wissen sollten:

- Verknüpfen: Fügen Sie ein Objekt in ein Dokument ein, so wird es darin für gewöhnlich *eingebettet* oder gespeichert. Wenn Sie die Option Verknüpfen aktivieren, wird das Objekt ebenfalls in das Dokument eingefügt, wobei Word jedoch lediglich eine Verknüpfung zur Originaldatei herstellt, anstatt eine vollständige Kopie davon im Dokument zu speichern. Die Option Verknüpfen sollten Sie also dann nutzen, wenn Sie sicherstellen möchten, dass sämtliche Änderungen an der Originaldatei automatisch in dem Dokument erscheinen, in das sie eingefügt ist.

- Als Symbol: Fügen Sie ein Objekt ein, so erscheint es normalerweise direkt im Dokumentenfenster von Word. Wenn Sie die Option Als Symbol markieren, erscheint das eingefügte Objekt zunächst nur als Symbol. Erst wenn Sie darauf doppelklicken, wird es normal angezeigt.

9 Klicken Sie auf OK.

Word greift auf die Excel-Datei zu und fügt sie an der aktuellen Cursorposition ein.

10 Vergleichen Sie Ihr Dokument mit dem in Abbildung 9-3.

11 Speichern Sie die Änderungen, die Sie an dem Word-Dokument vorgenommen haben, über die Schaltfläche Speichern in der Standardsymbolleiste.

Lektion 9.1
Ein Excel-Arbeitsblatt in ein Word-Dokument einfügen

SCHNELLREFERENZ

SO FÜGEN SIE EIN MIT EXCEL ERSTELLTES ARBEITSBLATT IN EIN WORD-DOKUMENT EIN:

1. BEWEGEN SIE DIE EINFÜGEMARKE AN DIE STELLE, AN DER SIE DAS ARBEITSBLATT EINFÜGEN MÖCHTEN.
2. WÄHLEN SIE IM MENÜ EINFÜGEN → OBJEKT.
3. KLICKEN SIE AUF DIE REGISTERKARTE AUS DATEI ERSTELLEN, UM EIN BESTEHENDES ARBEITSBLATT EINZUFÜGEN, ODER AUF NEU ERSTELLEN, UM EIN NEUES ARBEITSBLATT ANZULEGEN.
4. GEBEN SIE DIE EXCEL-DATEI MIT DEM GEWÜNSCHTEN ARBEITSBLATT AN (WENN SIE AUS DATEI ERSTELLEN GEWÄHLT HABEN) ODER LEGEN SIE DAS NEUE ARBEITSBLATT AN (WENN SIE SICH FÜR NEU ERSTELLEN ENTSCHIEDEN HABEN).

Ein eingefügtes Excel-Arbeitsblatt ändern

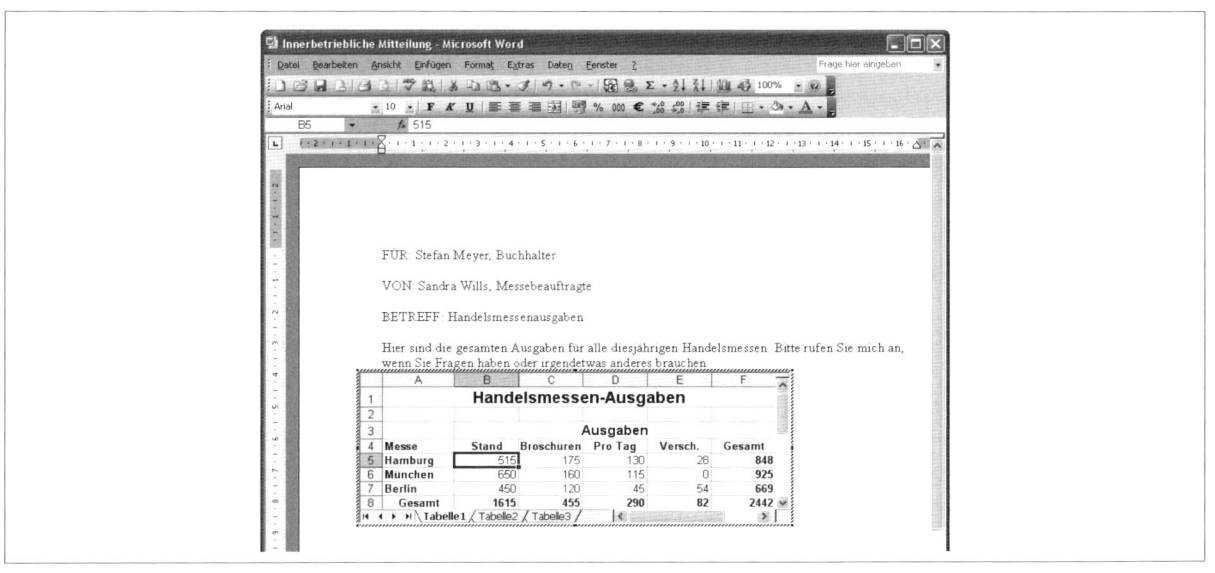

LEKTION 9.2

Abbildung 9-4: Das Arbeitsblatt-Objekt ändern

Handelsmessen-Ausgaben					
		Ausgaben			
Messe	Stand	Broschüren	Pro Tag	Versch.	Gesamt
Hamburg	515	175	130	28	848
Hannover	470	135	110	25	740
München	650	160	115	0	925
Berlin	450	120	45	54	669
Gesamt	2085	590	400	107	3182

Abbildung 9-5: Das geänderte Arbeitsblatt

Nachdem Sie ein Excel-Arbeitsblatt eingefügt haben, können Sie Veränderungen darin vornehmen, indem Sie darauf doppelklicken. Immer wenn Sie auf ein eingebettetes oder verknüpftes Objekt doppelklicken, öffnen Sie das Programm, mit dem es erstellt wurde, in dieser Lektion also Microsoft Excel. Ist das Programm, mit dem das eingefügte Objekt erstellt wurde, nicht auf Ihrem Computer installiert, können Sie es zwar anzeigen lassen und drucken, jedoch keine Änderungen daran vornehmen.

> **TIPP** *Doppelklicken Sie auf ein beliebiges Objekt, um es zu bearbeiten oder zu ändern.*

1 Doppelklicken Sie auf das Arbeitsblatt-Objekt, das Sie zuvor in das Dokument eingefügt haben.

Excel öffnet sich innerhalb des Word-Dokuments wie in Abbildung 9-4. Gleichzeitig treten anstelle der Symbolleisten von Word die Menüs von Excel, über die Sie Veränderungen am Arbeitsblatt-Objekt vornehmen können.

2 Markieren Sie die Zelle B5.

Die Daten in der markierten Zelle können Sie leicht ersetzen, indem Sie neue eingeben.

3 Geben Sie 515 ein und drücken Sie die Tab-Taste.

Der Wert 515 ersetzt den alten Wert 500 und Excel springt zur nächsten Zelle.

Lektion 9.2
Ein eingefügtes Excel-Arbeitsblatt ändern

4 Markieren Sie die gesamte Zeile München, indem Sie auf den Kopf der Zeile 6 klicken.

Die gesamte Zeile ist nun markiert.

5 Wählen Sie im Menü Einfügen → Zeilen.

Eine neue Zeile wird unmittelbar über der Zeile München eingefügt. Im nächsten Schritt geben Sie die Daten für die neue Zeile ein.

6 Klicken Sie auf die Zelle A6, geben Sie Hannover ein und springen Sie mit der Tab-Taste zur nächsten Zelle.

7 Geben Sie die folgenden Werte ein, wobei Sie nach jeder Zahl die Tab-Taste drücken:

470 135 110 25

Nachdem Sie die Zahlen eingegeben haben, berechnen Sie nun die Gesamtsumme dieser Zeile.

Σ

Die Schaltfläche AutoSumme

8 Klicken Sie auf die Schaltfläche AutoSumme in der Standardsymbolleiste.

Excel markiert automatisch den Zellbereich, dem er die größte Wahrscheinlichkeit dafür zuschreibt, dass Sie seine Gesamtsumme errechnen möchten. In diesem Fall liegt Excel damit richtig.

9 Bestätigen Sie die vorgeschlagene Formel mit der Enter-Taste.

Excel errechnet die Gesamtsumme für die Zeile und springt zur nächsten Zelle. Dadurch dass Sie eine neue Zeile eingefügt haben, ist die unterste Zeile mit der Gesamtsumme aus dem Arbeitsblatt-Objekt gerutscht. Im nächsten Schritt erfahren Sie, wie Sie das Arbeitsblatt-Objekt so vergrößern können, dass Sie es wieder vollständig sehen können.

10 Bewegen Sie den Mauszeiger über den Anfasser zur Größenänderung in der rechten unteren Ecke des Arbeitsblatt-Objekts, so dass er sich in ein ↖ verwandelt. Klicken Sie anschließend auf die linke Maustaste und halten Sie sie gedrückt, während Sie die Maus nach unten bewegen, bis die unterste Zeile des Arbeitsblatts wieder erscheint. Lassen Sie daraufhin die Maustaste wieder los.

Das gesamte Arbeitsblatt-Objekt sollte nun wieder im Dokumentenfenster sichtbar sein.

11 Klicken Sie auf eine beliebige Stelle außerhalb des Arbeitsblatt-Objekt, um die Veränderungen abzuschließen und zu Word zurückzukehren.

Das Standardmenü und die Standardsymbolleiste von Word ersetzen wieder die von Excel. Vergleichen Sie Ihr Dokument mit dem in Abbildung 9-5.

12 Speichern Sie Ihre Arbeit.

Wenn Ihnen die Unterschiede zwischen verknüpften und eingebetteten Objekten noch nicht ganz klar geworden sind, finden Sie in Tabelle 9-1 eine Gegenüberstellung der beiden Methoden, mit denen Sie Daten aus anderen Anwendungen in Word einfügen können.

Tabelle 9-1: Vergleich zwischen eingebetteten und verknüpften Objekten

Objekt	Beschreibung
Eingebettet	Ein eingebettetes Objekt wird in der Datei gespeichert, in der es erscheint. Dateien mit eingebetteten Objekten sind daher größer als Dateien mit verknüpften Objekten. Der Vorteil eingebetteter Objekte liegt darin, dass Sie selbst dann erhalten bleiben, wenn ihre Originaldateien gelöscht werden oder verloren gehen.
Verknüpft	Ein verknüpftes Objekt wird nicht in der Datei selbst gespeichert. Die Verknüpfung enthält lediglich Informationen zum Speicherort des eingefügten Objekts. Der Vorteil eines verknüpften Objekts liegt darin, dass Veränderungen in seiner Originaldatei automatisch in die Datei übernommen werden, in die es eingefügt ist.

SCHNELLREFERENZ

SO ÄNDERN SIE EIN EINGEBETTETES ODER VERKNÜPFTES OBJEKT:

1. DOPPELKLICKEN SIE AUF DAS EINGEFÜGTE OBJEKT.

2. WENN SIE DAS OBJEKT BEARBEITET HABEN, KLICKEN SIE AUF EINE BELIEBIGE STELLE AUSSERHALB DES OBJEKTS, UM ZUM URSPRÜNGLICHEN PROGRAMM ZURÜCKZUGELANGEN.

LEKTION 9.3 — Ein Excel-Diagramm mit einem Word-Dokument verknüpfen

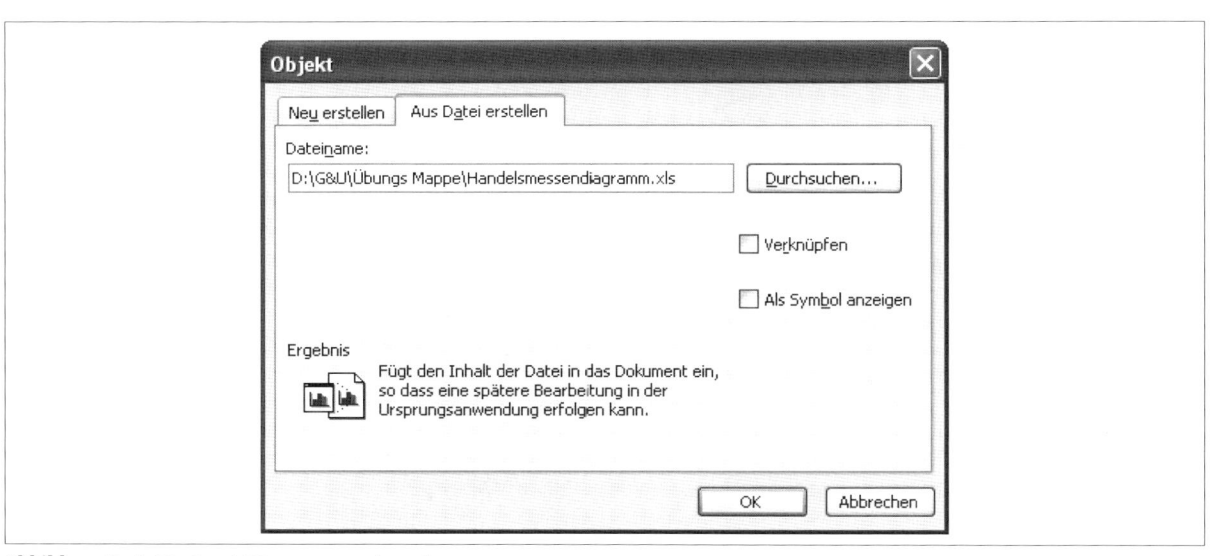

Abbildung 9-6: Ein Excel-Diagramm verknüpfen

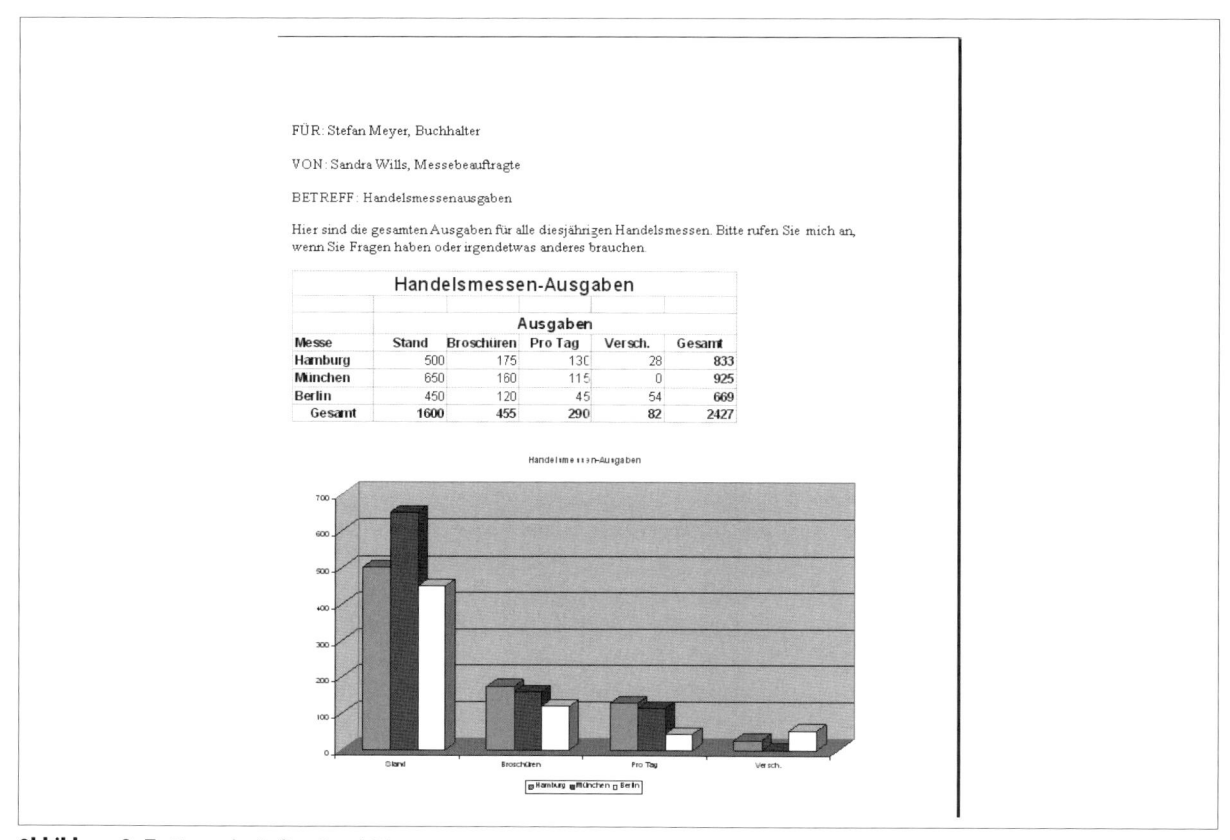

Abbildung 9-7: Ein verknüpftes Excel-Diagramm

Bisher haben Sie nur ein *eingebettetes* Excel-Arbeitsblatt eingefügt und damit gearbeitet. In dieser Lektion werden Sie ebenfalls mit Excel erstellte Daten einfügen, diesmal jedoch in Form eines *verknüpften* Diagramms. Zur Erinnerung: Wenn Sie ein *eingebettetes* Objekt einfügen, speichern Sie das Objekt in der Datei selbst. Im Gegensatz dazu wird ein verknüpftes Objekt nicht in der Word-Datei gespeichert, sondern mit ihr verbunden. Veränderungen, die Sie an der verknüpften Quelldatei vornehmen, spiegeln sich somit automatisch in dem Word-Dokument wider.

1 Drücken Sie Strg + Ende, um ans Ende des Dokuments zu gelangen.

Wie in Excel springt Word mit der Tastenkombination Strg + Ende ans Ende eines Dokuments.

2 Fügen Sie zwei Leerzeilen ein, indem Sie zweimal Enter drücken.

Nun fügen Sie das verknüpfte Diagramm-Objekt ein.

3 Wählen Sie im Menü Einfügen → Objekt und klicken Sie auf die Registerkarte Aus Datei erstellen, wenn sie nicht bereits angezeigt wird.

Die Registerkarte Aus Datei erstellen erscheint wie in Abbildung 9-6. Im nächsten Schritt müssen Sie Namen und Speicherort der Datei angeben, die Sie in das Dokument einfügen möchten.

4 Klicken Sie auf die Schaltfläche Durchsuchen.

Es erscheint das Dialogfeld Durchsuchen, in dem Sie die gewünschte Datei suchen und auswählen können.

5 Begeben Sie sich zum Übungsordner und wählen Sie darin die Datei Handelsmessendiagramm aus.

Das Symbol der Datei *Handelsmessendiagramm* verrät Ihnen übrigens, dass sie mit Microsoft Excel erstellt wurde.

6 Klicken Sie auf Einfügen.

Das Dialogfeld Durchsuchen schließt sich und Sie haben wieder die Registerkarte Aus Datei erstellen im Dialogfeld Objekt vor sich. Wie Sie sehen, erscheinen Name und Speicherort der Datei *Handelsmessendiagramm* im Textfeld Dateiname.

7 Aktivieren Sie das Kontrollkästchen Verknüpfen.

Wenn Sie das Kontrollkästchen Verknüpfen aktivieren, fügen Sie in das Word-Dokument lediglich eine Verknüpfung zur angegebenen Datei ein, anstatt eine Kopie der Datei in das Dokument einzubetten. Die Option Verknüpfen ist dann sinnvoll, wenn Excel Änderungen an der Originaldatei automatisch in Ihr Dokument übernehmen soll.

8 Klicken Sie auf OK.

Word fügt an der aktuellen Cursorposition eine Verknüpfung zum Excel-Diagramm in das Dokument ein.

9 Ändern Sie die Größe des Diagramm-Objekts so, dass es in etwa denselben Raum wie in Abbildung 9-7 einnimmt.

10 Speichern Sie Ihre Arbeit.

11 Wählen Sie im Menü Datei → Beenden, um Microsoft Word zu schließen.

SCHNELLREFERENZ

SO FÜGEN SIE EIN VERKNÜPFTES DATEI-OBJEKT EIN:

1. BEWEGEN SIE DEN CURSOR AN DIE STELLE, AN DER SIE DAS VERKNÜPFTE OBJEKT EINFÜGEN MÖCHTEN.

2. WÄHLEN SIE IM MENÜ EINFÜGEN → OBJEKT UND KLICKEN SIE AUF DIE REGISTERKARTE AUS DATEI ERSTELLEN.

3. STELLEN SIE SICHER, DASS SIE DAS KONTROLLKÄSTCHEN VERKNÜPFEN AKTIVIEREN, UND LEGEN SIE ANSCHLIESSEND DIE DATEI FEST, DIE SIE EINFÜGEN MÖCHTEN.

LEKTION 9.4 — Eine Grafik in ein Arbeitsblatt einfügen

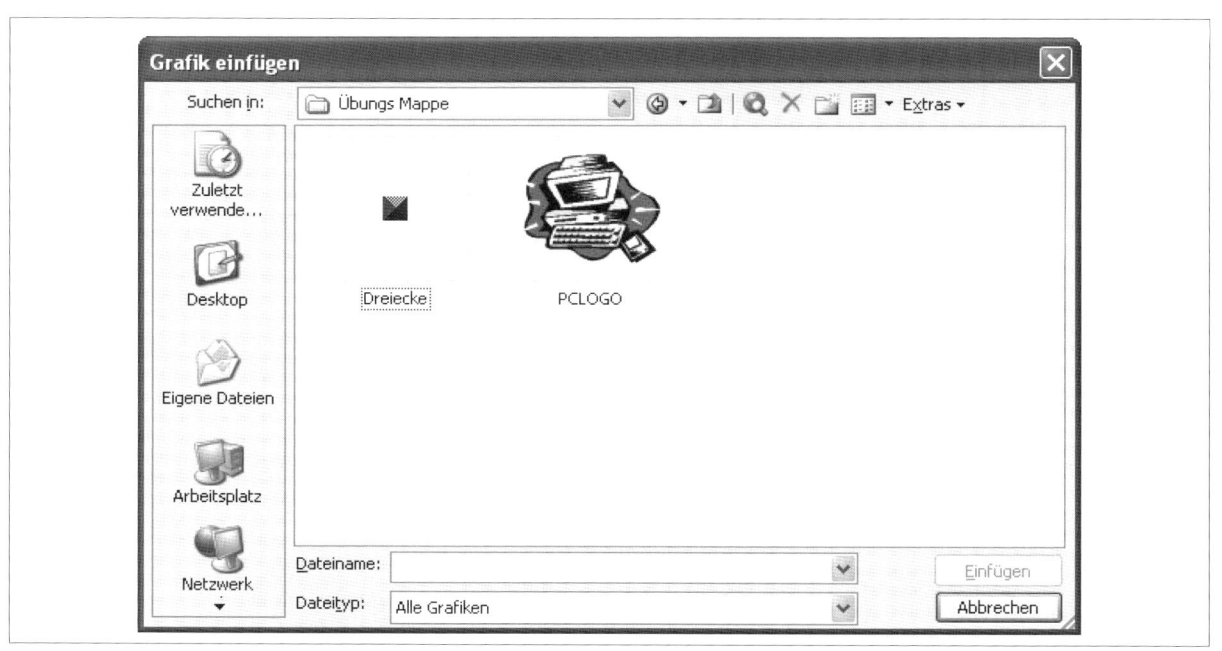

Abbildung 9-8: Das Dialogfeld Grafik einfügen

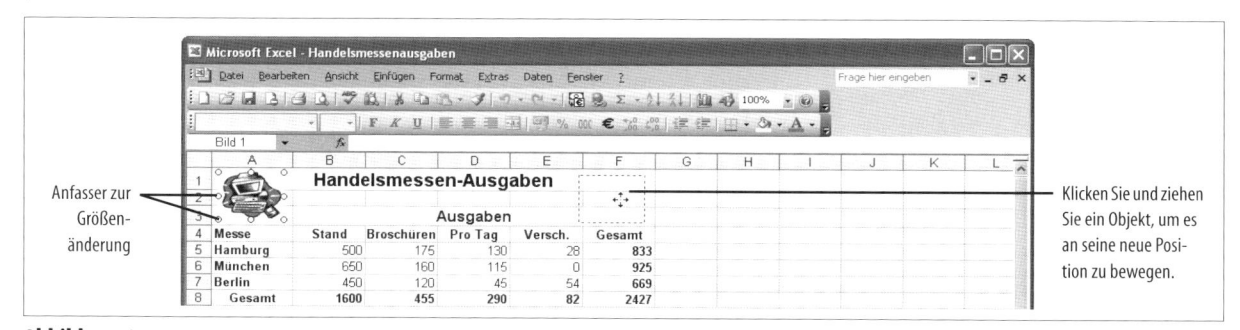

Abbildung 9-9: So bewegen Sie ein Objekt mit der Maus (Drag & Drop).

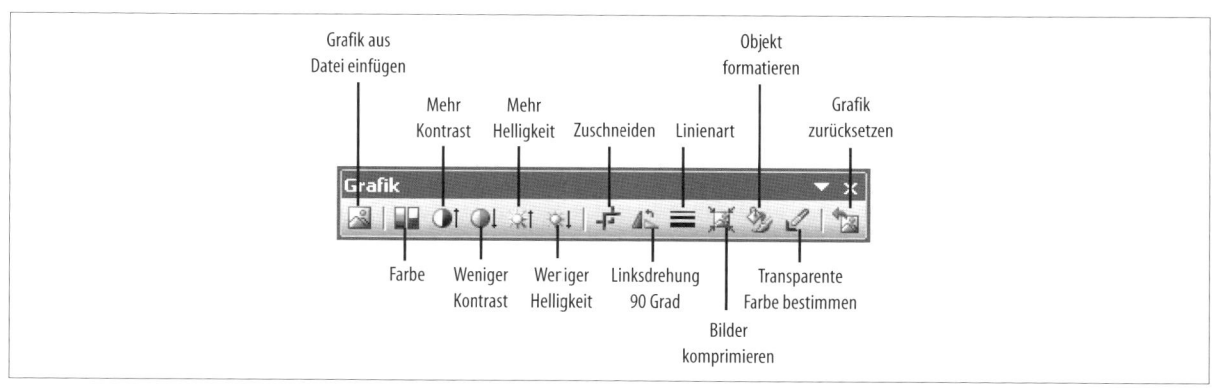

Abbildung 9-10: Die Symbolleiste Grafik

Kapitel 9
Zusammenarbeit mit anderen Programmen

Mit Bildern, Grafiken und Illustrationen können Sie Ihren Arbeitsblättern den letzten Schliff verleihen. In dieser Lektion erfahren Sie, wie Sie in Ihre Arbeitsblätter ClipArts, Grafiken und Bilder einfügen, die Sie mit einem Grafikprogramm wie Microsoft Paint (aus dem Lieferumfang von Windows) erstellt, eingescannt oder aus einer ClipArt-Sammlung bezogen haben.

1 Starten Sie Microsoft Excel, öffnen Sie die Arbeitsmappe Ausgaben und speichern Sie sie unter dem Namen Handelsmessenausgaben.

2 Klicken Sie auf die Zelle A1.

In diese Zelle fügen Sie nun die Grafik ein.

3 Wählen Sie im Menü Einfügen → Grafik → Aus Datei.

Das Dialogfeld Grafik einfügen erscheint wie in Abbildung 9-8. Im nächsten Schritt müssen Sie Namen und Speicherort der Grafikdatei angeben, die Sie in das Excel-Arbeitsblatt einfügen möchten.

4 Begeben Sie sich zum Übungsordner und wählen Sie die Datei PCLogo.

Excel zeigt eine Vorschau der Grafik auf der rechten Seite des Dialogfelds Grafik einfügen.

5 Klicken Sie auf die Schaltfläche Einfügen, um die Grafik PCLogo einzufügen.

Excel fügt die Grafikdatei *PCLogo* in das Arbeitsblatt ein.

6 Markieren gegebenenfalls Sie die Grafik PCLogo, indem Sie darauf klicken.

Die Kästchen an den Seiten der Grafik sind die *Anfasser zur Größenänderung*, mit denen Sie die Grafiken in der Größe ändern oder zuschneiden können.

7 Bewegen Sie den Mauszeiger über den Anfasser zur Größenänderung in der rechten unteren Ecke des Arbeitsblatt-Objekts, so dass er sich in ein ↘ verwandelt. Klicken Sie anschließend auf die linke Maustaste und halten Sie sie gedrückt, während Sie die Maus schräg nach rechts unten bewegen, bis die Unterkante der Grafik auf der Oberkante von Zeile 4 aufliegt. Lassen Sie daraufhin die Maustaste wieder los.

8 Lassen Sie das Bild markiert. Klicken Sie nun die linke Maustaste und halten Sie sie gedrückt, während Sie die Grafik auf die rechte Bildseite ziehen wie in Abbildung 9-9.

9 Speichern Sie Ihre Arbeit und schließen Sie die Arbeitsmappe Handelsmessenausgaben.

Gewiss sind Ihnen die übrigen Optionen im Menü Einfügen → Grafik aufgefallen. Tabelle 9-2 zeigt eine Übersicht über sie und ihre Funktionsweise.

Tabelle 9-2: Das Menü Grafik einfügen

Einfügen	Beschreibung
	Öffnet die Sammlung, aus der Sie eine ClipArt-Grafik auswählen können.
	Fügt eine Grafikdatei in die aktive Zelle ein.
	Fügt eine vordefinierte Form wie einen Kreis, ein Rechteck, einen Stern, einen Pfeil usw. ein.
	Fügt ein Organigramm in das Arbeitsblatt ein.
	Gestaltet dreidimensionale Texteffekte wie WordArt.
	Scannt ein Bild ein und fügt es an der Cursorposition ein.

Lektion 9.4
Eine Grafik in ein Arbeitsblatt einfügen

SCHNELLREFERENZ

SO FÜGEN SIE EINE GRAFIK EIN:

1. KLICKEN SIE AUF DIE ZELLE, IN DIE SIE DIE GRAFIK EINFÜGEN MÖCHTEN, UND WÄHLEN SIE AUS DEM MENÜ EINFÜGEN → GRAFIK → AUS DATEI EINFÜGEN.

2. BEGEBEN SIE SICH ZUM SPEICHERORT DER DATEI, KLICKEN SIE AUF IHREN NAMEN UND ANSCHLIEBEND AUF OK.

SO ÄNDERN SIE DIE GRÖBE EINER GRAFIK:

- WÄHLEN SIE EIN OBJEKT AUS, INDEM SIE DARAUF KLICKEN, UND ZIEHEN SIE ANSCHLIEBEND DESSEN ANFASSER ZUR GRÖBENÄNDERUNG AUF DIE GEWÜNSCHTE GRÖBE.

SO VERSCHIEBEN SIE EINE GRAFIK:

- KLICKEN SIE AUF DAS BILD UND ZIEHEN SIE ES BEI GEDRÜCKTER MAUSTASTE AN DIE GEWÜNSCHTE NEUE STELLE IM DOKUMENT. LASSEN SIE ABSCHLIEBEND DIE MAUSTASTE LOS.

Dateien in unterschiedlichen Formaten öffnen und speichern

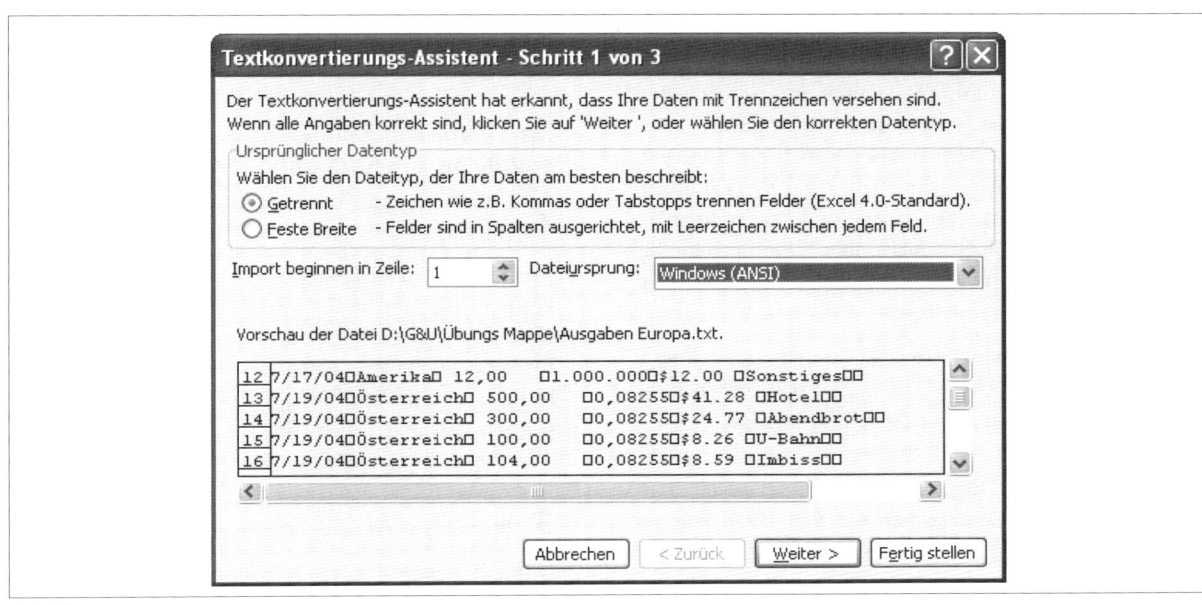

LEKTION 9.5

Abbildung 9-11: Das Dialogfeld Textkonvertierungs-Assistent

Abbildung 9-12: Die importierte Textdatei

Lektion 9.5
Dateien in unterschiedlichen Formaten öffnen und speichern

Genauso wie Menschen aus verschiedenen Ländern unterschiedliche Sprachen sprechen, speichern verschiedene Computerprogramme Dateien in unterschiedlichen Formaten, die andere Programme nicht immer lesen können. Doch ebenso wie Menschen mehrere Sprachen sprechen können, beherrscht auch Excel die Fähigkeit, mehrere Dateiformate zu lesen und zu schreiben. (Tabelle 9-3 stellt eine Übersicht über die unterschiedlichen Dateiformate und ihre zugehörigen Endungen dar, die Excel importieren und exportieren kann.)

In dieser Lektion lernen Sie, wie Sie eines der am häufigsten vorkommenden Dateiformate in Excel öffnen können – eine durch Tabulatoren getrennte Textdatei.

1 Klicken Sie auf die Schaltfläche Öffnen in der Standardsymbolleiste und suchen Sie den Übungsordner auf.

Normalerweise zeigt das Dialogfeld Öffnen nur Dateien im Excel-Format an. Um mit anderen Programmen erstellte Textdateien zu öffnen, müssen Sie zunächst den gewünschten Dateityp einstellen – in diesem Fall Textdatei.

2 Klicken Sie auf den Pfeil rechts neben dem Feld Dateityp, wählen Sie Textdateien, klicken Sie auf die Datei Ausgaben Europa und anschließend auf Öffnen.

Das Dialogfeld Textkonvertierungs-Assistent erscheint wie in Abbildung 9-11. Sie müssen nun angeben, wie die Daten in der Textdatei gespeichert sind. Dazu können Sie zwischen den folgenden beiden Möglichkeiten wählen:

- Getrennt: Tabulatoren, Kommata, Semikolons und andere Zeichen trennen die Einträge in Ihrer Textdatei. Dies ist die gebräuchlichste (und voreingestellte) Option.
- Feste Breite: Alle Einträge Ihrer Textdatei haben dieselbe Länge.

Die Datei *Ausgaben Europa* ist eine *durch Tabulatoren getrennte* Textdatei – so dass Sie keine weiteren Änderungen vornehmen müssen und mit dem nächsten Schritt fortfahren können.

3 Klicken Sie auf Weiter.

Sie befinden sich nun im zweiten Schritt des Textkonvertierungs-Assistenten. Wie Sie sehen, ist im Bereich das Kontrollkästchen Tabstopp aktiviert. In diesem Schritt müssen Sie keine Änderungen vornehmen.

4 Klicken Sie auf Weiter.

Im dritten Schritt des Textkonvertierungs-Assistenten können Sie Formatierungsoptionen für beliebige Datenspalten festlegen. So können Sie beispielsweise für eine Spalte das Datenformat Text oder Datum festlegen. Da in dieser Übung keine Spalten formatiert werden sollen, können Sie den Textkonvertierungs-Assistenten fertig stellen.

5 Klicken Sie auf Fertig stellen.

Der Textkonvertierungs-Assistent schließt sich und die importierte Textdatei erscheint im Arbeitsblatt-Fenster von Excel.

Die nächsten Schritte erläutern, wie Sie eine Arbeitsmappe in einem anderen Format speichern können.

6 Wählen Sie im Menü Datei → Speichern unter.

Das Dialogfeld Speichern unter erscheint.

7 Klicken Sie auf den Pfeil rechts neben dem Listenfeld Dateityp, rollen Sie die Liste nach unten durch und wählen Sie das Dateiformat WKS (1-2-3).

Dadurch speichert Excel die Datei im Format von Lotus 1-2-3.

8 Klicken Sie auf die Schaltfläche Speichern, um die Arbeitsmappe im Format von Lotus 1-2-3 zu speichern, und schließen Sie sie hinterher (nicht aber Microsoft Excel).

Tabelle 9-3: Dateiformate und Endungen, die Excel importieren und exportieren kann

Dateiformat	Endung
Microsoft Excel 97/2000/2002	.xls, .xlt
Microsoft Excel 5.0/95	.xls, .xlt
Microsoft Excel 4.0, 3.0, 2.0	.xls, .xlw, .wlc, .xlm
Lotus 1-2-3	.wk4, .wk3, .fm3, .fmt, .all, .wk1, .wks
Quattro Pro	.wb1, .wbi
Text (durch Tabulatoren oder durch Kommata getrennt)	.txt, .csv
Dbase 2, 3, 4	.dbf
Microsoft Access 2.0, 95, 97	.mdb

SCHNELLREFERENZ

SO ÖFFNEN SIE IN EXCEL EINE DATEI, DIE NICHT MIT EXCEL ERSTELLT WURDE:

1. KLICKEN SIE AUF DIE SCHALTFLÄCHE ÖFFNEN IN DER STANDARDSYMBOLLEISTE.
2. KLICKEN SIE AUF DEN PFEIL RECHTS NEBEN DEM LISTENFELD DATEITYP UND WÄHLEN SIE ALLE DATEIEN, UM ALLE DATEIEN UNABHÄNGIG VON IHRER ENDUNG ANZUZEIGEN.
3. SUCHEN SIE DIE GEWÜNSCHTE DATEI UND DOPPELKLICKEN SIE DARAUF, UM SIE ZU ÖFFNEN.

SO SPEICHERN SIE EINE DATEI IN EINEM ANDEREN FORMAT:

1. WÄHLEN SIE IM MENÜ DATEI → SPEICHERN UNTER.
2. KLICKEN SIE AUF DEN PFEIL RECHTS NEBEN DEM LISTENFELD DATEITYP IM DIALOGFELD SPEICHERN UNTER UND WÄHLEN SIE DAS FORMAT AUS, IN DEM SIE DIE DATEI ABLEGEN MÖCHTEN.
3. GEBEN SIE GGF. EINEN NEUEN DATEINAMEN EIN UND KLICKEN SIE AUF SPEICHERN.

Kapitel 9 im Überblick

Die Lektionen in Kürze

Ein Excel-Arbeitsblatt in ein Word-Dokument einfügen

So fügen Sie ein mit Excel erstelltes Arbeitsblatt in ein Word-Dokument ein: Bewegen Sie die Einfügemarke an die Stelle, an der Sie das Arbeitsblatt einfügen möchten und wählen Sie im Menü Einfügen → Objekt. Klicken Sie auf die Registerkarte Aus Datei erstellen, um ein bestehendes Arbeitsblatt einzufügen, oder auf Neu erstellen, um ein neues Arbeitsblatt anzulegen. Geben Sie die Excel-Datei mit dem gewünschten Arbeitsblatt an (wenn Sie Aus Datei erstellen gewählt haben) oder legen Sie das neue Arbeitsblatt an (wenn Sie sich für Neu erstellen entschieden haben).

Ein eingefügtes Excel-Arbeitsblatt ändern

Doppelklicken Sie auf das eingefügte Objekt, um es zu bearbeiten und klicken Sie, wenn Sie damit fertig sind auf eine beliebige Stelle außerhalb des Objekts.

Ein eingebettetes Objekt wird in der Datei gespeichert, in der es erscheint. Dateien mit eingebetteten Objekten sind daher größer als Dateien mit verknüpften Objekten. Der Vorteil eingebetteter Objekte liegt darin, dass Sie selbst dann erhalten bleiben, wenn ihre Originaldateien gelöscht werden oder verloren gehen.

Ein verknüpftes Objekt wird nicht in der Datei selbst gespeichert. Die Verknüpfung enthält lediglich Informationen zum Speicherort des eingefügten Objekts. Der Vorteil eines verknüpften Objekts liegt darin, dass Veränderungen in seiner Originaldatei automatisch in die Datei übernommen werden, in die es eingefügt ist.

Ein Excel-Diagramm mit einem Word-Dokument verknüpfen

So fügen Sie ein verknüpftes Datei-Objekt ein: Bewegen Sie den Cursor an die Stelle, an der Sie das verknüpfte Objekt einfügen möchten. Wählen Sie im Menü Einfügen → Objekt und klicken Sie auf die Registerkarte Aus Datei erstellen. Stellen Sie sicher, dass Sie das Kontrollkästchen Verknüpfen aktivieren, und legen Sie anschließend die Datei fest, die Sie einfügen möchten.

Eine Grafik in ein Arbeitsblatt einfügen

So fügen Sie eine Grafik ein: Klicken Sie auf die Zelle, in die Sie die Grafik einfügen möchten, und wählen Sie aus dem Menü Einfügen → Grafik → Aus Datei Einfügen. Begeben Sie sich zum Speicherort der Datei, klicken Sie auf ihren Namen und anschließend auf OK.

Sie ändern die Größe eines Objekts, indem Sie mit dessen Anfasser zur Größenänderung auf die gewünschte Größe ziehen.

Sie verschieben ein Objekt, indem Sie es anklicken und bei gedrückter Maustaste an die gewünschte neue Stelle im Dokument ziehen.

Dateien in unterschiedlichen Formaten öffnen und speichern

So öffnen Sie in Excel eine Datei, die nicht mit Excel erstellt wurde: Klicken Sie auf die Schaltfläche Öffnen in der Standardsymbolleiste und klicken Sie im Listenfeld Dateityp auf Alle Dateien. Suchen und öffnen Sie die gewünschte Datei.

So speichern Sie eine Datei in einem anderen Format: Wählen Sie im Menü Datei → Speichern unter und aus dem Listenfeld Dateityp im Dialogfeld Speichern unter das Format aus, in dem Sie die Datei ablegen möchten.

Kapitel 9
Zusammenarbeit mit anderen Programmen

Test

1. Wie unterscheiden sich ein eingebettetes und ein verknüpftes Objekt?
   A. Ein eingebettetes Objekt ist in der Datei gespeichert, ein verknüpftes ist ein Hyperlink zu einer anderen Datei.
   B. Ein eingebettetes Objekt ist in der Datei gespeichert, ein verknüpftes Objekt nicht. Stattdessen wird eine Verknüpfung zu der anderen Datei gespeichert.
   C. Ein eingebettetes Objekt kann auf derselben Seite eingefügt werden wie anderer Text oder Daten, eine verknüpfte Datei muss immer auf einer eigenen, getrennten Seite abgelegt werden.
   D. Ein eingebettetes Objekt ist in einer eigenen Datei gespeichert, ein verknüpftes in der Datei, in die es eingefügt wurde.

2. Wenn Sie ein auf eingebettetes oder verknüpftes Objekt doppelklicken, können Sie Änderungen daran vornehmen. (Richtig oder falsch?)

3. Welche der folgenden Aussagen trifft *nicht* zu?
   A. Wenn Sie ein Objekt einfügen, können Sie entweder eine bestehende Datei einfügen oder eine neue erstellen.
   B. Wenn Sie das Kontrollkästchen Verknüpfen aktivieren, stellen Sie eine Verknüpfung zur entsprechenden Datei her, anstatt sie einzubetten.
   C. Sie können in ein Excel-Diagramm ausschließlich Grafiken oder Bilder einfügen.
   D. Grafiken fügen Sie ein, indem Sie im Menü Einfügen → Grafik → Aus Datei wählen.

Hausaufgaben

1. Öffnen Sie die Arbeitsmappe Übung 2A und speichern Sie sie als Textdatei mit dem Namen Kilometerstand im Format CSV (durch Kommata getrennt).

2. Erstellen Sie eine neue Arbeitsmappe, wählen Sie im Menü Einfügen → Grafik → ClipArt und fügen Sie die Abbildung einer Schildkröte in die Arbeitsmappe ein.

3. Verkleinern Sie die Schildkröte etwa auf die Hälfte ihrer ursprünglichen Größe und verschieben Sie anschließend um etwa 3 cm nach unten.

4. Öffnen Sie die Arbeitsmappe Hausaufgabe 5 und speichern Sie sie unter dem Namen Webübung.

5. Klicken Sie auf Zelle A10, geben Sie Ausgaben ein und bestätigen Sie mit Enter. Klicken Sie nochmals auf die Zelle A10 und anschließend auf die Schaltfläche Hyperlink einfügen in der Standardsymbolleiste, um einen Hyperlink zur Arbeitsmappe Ausgaben zu setzen.

6. Beenden Sie Microsoft Excel und starten Sie Microsoft Word. Geben Sie Hier die Ergebnisse der Umfrage vom letzten Monat: ein und bestätigen Sie mit Enter.

7. Fügen Sie die Arbeitsmappe Übung 7A an der Cursorposition in das Word-Dokument an ein.

Lösungen zum Test

1. B. Ein eingebettetes Objekt ist in einer Datei gespeichert. Ein verknüpftes Objekt dagegen ist nicht direkt darin gespeichert, sondern zeigt auf die eingefügte Datei.

2. Richtig. Wenn Sie auf ein Objekt doppelklicken, können Sie es ändern.

3. C. Sie können Grafiken und Bilder in Arbeitsblätter und Diagramme einfügen.

KAPITEL 10
EXCEL UND DAS INTERNET

LERNZIELE

Hyperlinks einfügen und verwenden

Hyperlinks ansteuern und die Websymbolleiste verwenden

Eine Arbeitsmappe als nicht-interaktive Webseite speichern

Eine Arbeitsmappe als interaktive Webseite speichern

Eine externe Datenquelle importieren

Eine Datenquelle aktualisieren und ihre Eigenschaften festlegen

Eine neue Webabfrage erstellen

AUFGABE: EIN EXCEL-ARBEITSBLATT IM INTERNET ZUR VERFÜGUNG STELLEN

Voraussetzungen

- Sie können mit Menüs, Symbolleisten, Dialogfeldern und Tastaturkürzeln umgehen.
- Sie sind mit dem Internet und dem World Wide Web vertraut.

Innerhalb von wenigen Jahren hat das Internet die meisten Geschäftsbereiche und die Arbeitsweise von Computern grundlegend verändert. Somit ist es nicht überraschend, dass die größten Änderungen und Verbesserungen in Excel 2003 damit zu tun haben, wie es mit dem Internet zusammenarbeitet.

Mit den Internet-Funktionen in Excel können Sie in Ihren Arbeitsmappen Hyperlinks verwenden, um sie mit einer anderen Arbeitsmappe, mit einer in einem anderen Programm erstellen Datei oder gar mit einer Website zu verknüpfen. Sie können Ihre Arbeitsblätter und Diagramme auch als Webseite speichern und in Ihrem Firmennetzwerk oder im WWW zur Verfügung stellen, so dass andere Benutzer sie einsehen können. Zudem können Sie *interaktive Webseiten* erstellen; dadurch können Benutzer mit Microsoft Internet Explorer 4.01 (oder höher) die Daten in Ihrem Arbeitsblatt erweitern, ändern und berechnen. Schließlich können Sie auch Daten von einer Datenseite abrufen und in Ihren Arbeitsblättern speichern.

LEKTION 10.1 Hyperlinks einfügen und verwenden

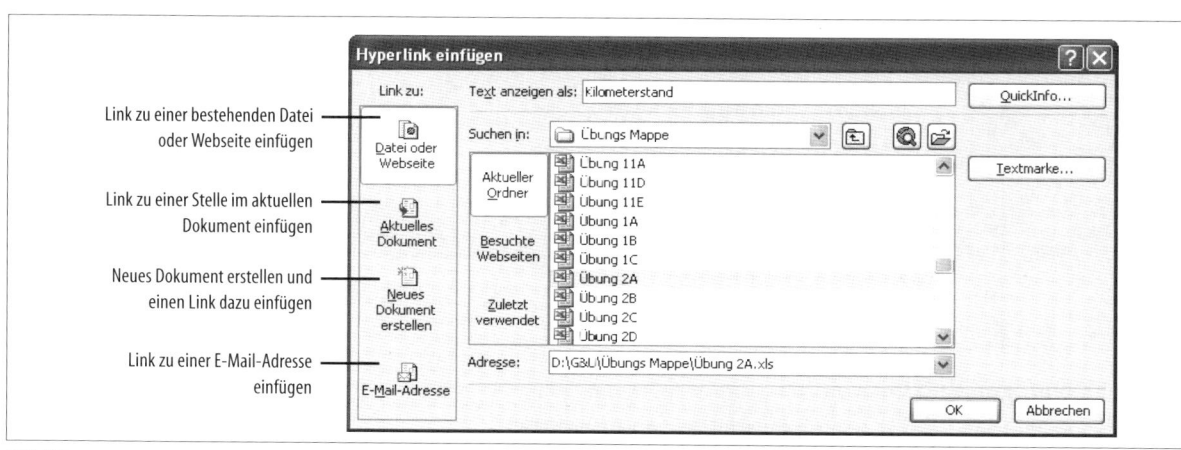

Abbildung 10-1: Das Dialogfeld Hyperlink einfügen

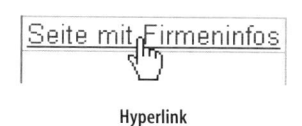

Hyperlink

In dieser Lektion erfahren Sie, wie Sie Hyperlinks in Excel einsetzen. Ein *Hyperlink* weist auf eine Datei, eine bestimmte Stelle in einer Datei oder auf eine Webseite im Internet oder Intranet. Wenn man auf den Hyperlink klickt, landet man an seinem Zielpunkt (wenn dieser existiert). Ein Hyperlink wird für gewöhnlich durch farbigen und unterstrichenen Text gekennzeichnet. Wenn Sie je im WWW waren, haben Sie schon die ganze Zeit Hyperlinks verwendet, um sich zwischen den verschiedenen Webseiten zu bewegen.

1 Öffnen Sie die Arbeitsmappe Übung 10 und speichern Sie sie als Handelsmessenausgaben.

Unter Umständen müssen Sie in der Liste Dateitypen die Option Microsoft Office Excel-Arbeitsmappe auswählen, wenn dies nicht schon der Fall ist.

2 Klicken Sie auf Zelle A10, geben Sie Kilometerstand ein und drücken Sie Enter.

Dies ist der Text für den Hyperlink. Im nächsten Schritt werden wir das Ziel dafür festlegen. Das Ziel eines Hyperlinks kann jede beliebige Datei auf Ihrem Computer, im Netzwerk oder sogar im Internet sein.

Die Schaltfläche Hyperlink einfügen
Weitere Möglichkeit, einen Hyperlink einzufügen:
• Wählen Sie Einfügen → Hyperlink im Menü aus.

3 Klicken Sie auf Zelle A10 und danach auf die Schaltfläche Hyperlink einfügen in der Standardsymbolleiste.

Es erscheint das Dialogfeld Hyperlink einfügen, das Sie in Abbildung 10-1 sehen. Hier können Sie eine Webadresse oder den Namen und Speicherort einer Datei angeben, die Sie als Hyperlink einfügen wollen. Wenn Sie den Namen und Ort der Datei oder die Webadresse kennen, können Sie sie direkt in das Dialogfeld eintragen; anderenfalls können Sie danach suchen. Mit drei verschiedenen Schaltflächen in diesem Dialogfeld können Sie nach vier verschiedenen Arten von Hyperlink-Zielen suchen. Bei den Schaltflächen handelt es sich um folgende:

- Datei oder Webseite: Erstellt einen Link, der Sie zu einer anderen Excel-Arbeitsmappe, einer Datei, die mit einem anderen Programm erstellt wurde (z.B. zu einem Microsoft Word-Dokument) oder einer Webseite im Internet führt.

- Aktuelles Dokument: Führt zu einer Stelle im selben Dokument.

Kapitel 10
Excel und das Internet

- **Neues Dokument erstellen**: Erstellt eine neue Microsoft Excel-Arbeitsmappe und fügt einen Hyperlink zu diesem Dokument ein.
- **E-Mail-Adresse**: Fügt eine E-Mail-Adresse ein, die man anklicken kann.

4 Klicken Sie auf die Schaltfläche Datei oder Webseite.

Es erscheint das Feld Suchen in mit einer Liste der Dateien, die Sie als Ziel für den Hyperlink benutzen können. Sie wollen jedoch eine Datei im Übungsordner auswählen, deswegen müssen Sie nun danach suchen.

5 Suchen Sie nach dem Übungsordner, wählen Sie die Arbeitsmappe Übung 2A aus und klicken Sie auf OK.

Das Dialogfeld Hyperlink einfügen wird geschlossen und Sie kehren zum Arbeitsblattfenster zurück. Beachten Sie, dass der Text Kilometerstand nun blau und unterstrichen erscheint; dadurch wird angezeigt, dass es sich um einen Hyperlink handelt. Zu diesem Zeitpunkt *dürfen Sie diesen Hyperlink nicht anklicken!* Das wird in der nächsten Lektion behandelt.

Einmal erstellte Hyperlinks können Sie nachträglich mit einem Rechtsklick darauf einfach bearbeiten und so den Titel oder das Ziel ändern, den Link kopieren oder löschen. Versuchen Sie es.

6 Rechtsklicken Sie auf den Hyperlink, um das Kontextmenü anzeigen zu lassen.

Es erscheint ein Kontextmenü mit den am häufigsten gebrauchten Hyperlink-Befehlen. Hier können Sie Hyperlink bearbeiten auswählen, um das Ziel oder den Namen des Hyperlinks zu ändern, auf Hyperlink öffnen gehen, um das Ziel zu öffnen, oder Hyperlink entfernen anklicken, um die Verknüpfung des Textabschnitts mit dem Ziel aufzuheben. Ihr Hyperlink ist jedoch in Ordnung, deswegen können Sie das Kontextmenü schließen.

7 Klicken Sie auf eine beliebige Stelle im Arbeitsblattfenster, um das Kontextmenü zu schließen.

8 Speichern Sie Ihre Arbeit.

In der nächsten Lektion werden Sie den Hyperlink, den Sie gerade erstellt haben, tatsächlich benutzen und zudem sehen, wie Sie mit der Websymbolleiste Excel-Dateien durchsuchen können.

SCHNELLREFERENZ

SO FÜGEN SIE EINEN HYPERLINK EIN:

1. WÄHLEN SIE DIE ZELLE AUS, IN DER SIE DEN HYPERLINK EINFÜGEN WOLLEN, UND KLICKEN SIE AUF DIE SCHALTFLÄCHE HYPERLINK EINFÜGEN IN DER STANDARDSYMBOLLEISTE.

ODER:

MARKIEREN SIE DEN TEXTABSCHNITT, DEN SIE ALS HYPERLINK VERWENDEN MÖCHTEN, UND WÄHLEN SIE EINFÜGEN → HYPERLINK IM MENÜ AUS.

2. WÄHLEN SIE DIE GEWÜNSCHTE DATEI AUS (VERWENDEN SIE BEI BEDARF DIE SUCH-SCHALTFLÄCHEN, UM DIE DATEI ZU FINDEN) ODER GEBEN SIE DIE WEBADRESSE ZUM ZIEL DES HYPERLINKS EIN UND KLICKEN SIE AUF OK.

SO BEARBEITEN SIE EINEN HYPERLINK:

- RECHTSKLICKEN SIE AUF DEN HYPERLINK UND WÄHLEN SIE HYPERLINK BEARBEITEN IM KONTEXTMENÜ AUS.

LEKTION 10.2 Hyperlinks ansteuern und die Websymbolleiste verwenden

Abbildung 10-2: Klicken Sie einen Hyperlink an...

Wenn Sie den Mauszeiger auf einem Hyperlink positionieren, ändert sich der Zeiger in.

Die Websymbolleiste erscheint bei einem Klick auf einen Hyperlink.

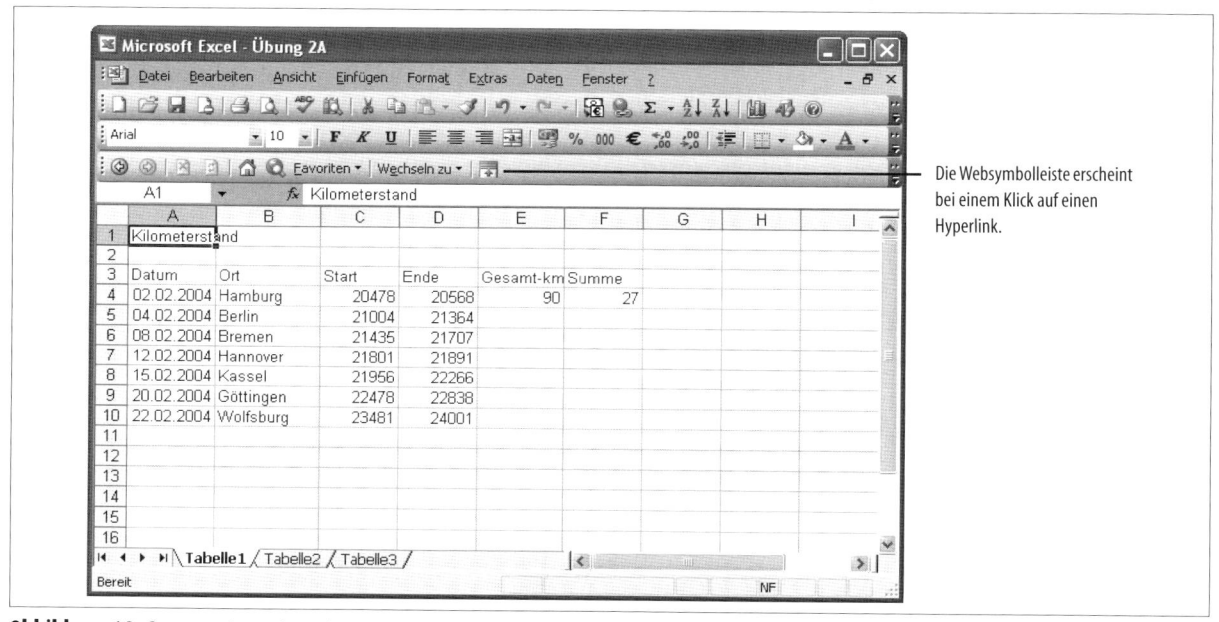

Abbildung 10-3: ... und Excel wechselt zur Zieldatei oder -webseite.

Gibt es in einer Excel-Arbeitsmappe einen oder mehrere Hyperlinks, können Sie sich zwischen den dazugehörigen Dateien bewegen. In dieser Lektion werden Sie ausprobieren, ob die eben erstellten Hyperlinks richtig funktionieren. Höchstwahrscheinlich ist es nichts Neues für Sie, zwischen zwei Dateien zu wechseln, da das Ansteuern von Hyperlinks in Microsoft Excel sich nicht vom Surfen im Internet unterscheidet.

Wenn Sie einen Hyperlink in Excel anklicken, passieren zwei Dinge: Zum einen gelangen Sie sofort zum Ziel des Links – in diesem Fall *Übung 2A*, die Arbeitsmappe mit dem Kilometerstand (siehe Abbildung 10-3). Zum anderen zeigt Excel die Websymbolleiste an (falls sie nicht schon aktiviert ist), so dass Sie sich einfach zwischen Ihren Dateien bewegen können, als ob Sie im Internet surfen würden.

Im nächsten Schritt erstellen wir einen Hyperlink zur ersten Arbeitsmappe *Handelsmessenausgaben*, damit die Benutzer ohne Probleme zu ihr zurückkehren können.

1 Klicken Sie auf den Hyperlink Kilometerstand in Zelle A10 (siehe Abbildung 10-2).

364

Kapitel 10
Excel und das Internet

2 Klicken Sie auf Zelle A14, geben Sie Zurück zu Handelsmessenausgaben ein und drücken Sie Enter.

Dieser Text wird den Hyperlink zur Arbeitsmappe *Handelsmessenausgaben* enthalten.

Die Schaltfläche Hyperlink einfügen
Weitere Möglichkeit, einen Hyperlink einzufügen:
• Wählen Sie Einfügen → Hyperlink im Menü aus.

3 Klicken Sie auf Zelle A14 und danach auf die Schaltfläche Hyperlink einfügen in der Standardsymbolleiste.

Es erscheint das Dialogfeld Hyperlink einfügen.

4 Vergewissern Sie sich, dass der Übungsordner ausgewählt ist.

Wenn das nicht der Fall ist, wählen Sie den Ordner in der Liste Suchen in aus.

5 Wählen Sie nun in der Liste der Dateien die Arbeitsmappe Handelsmessenausgaben und klicken Sie auf OK.

Das Dialogfeld Hyperlink einfügen wird geschlossen und Name und Pfad von *Handelsmessenausgaben* werden dem Listenfeld Adresse in der Websymbolleiste hinzugefügt.

6 Klicken Sie auf den Hyperlink Zurück zu Handelsmessenausgaben in Zelle A14.

Die Schaltfläche Zurück

Im Arbeitsblattfenster erscheint die Arbeitsmappe *Handelsmessenausgaben*. Gehen Sie mit Hilfe der Websymbolleiste zu dem Dokument zurück, das vorher angezeigt wurde. (In Tabelle 10-1 sind die verschiedenen Schaltflächen der Websymbolleiste aufgelistet.)

7 Klicken Sie auf die Schaltfläche Zurück in der Websymbolleiste.

Damit kehren Sie zur Arbeitsmappe *Übung 2A* zurück. Nun springen Sie wieder zur Arbeitsmappe *Handelsmessenausgaben*.

Die Schaltfläche Vorwärts

8 Klicken Sie auf die Schaltfläche Vorwärts in der Websymbolleiste.

Im Arbeitsblattfenster erscheint die Arbeitsmappe *Handelsmessenausgaben*. In Excel kann man auf die gleiche einfache Art, in der man sich zwischen Arbeitsmappen bewegt, auch Webseiten im Internet ansteuern. In der nächsten Lektion sehen Sie, wie Sie eine Excel-Arbeitsmappe als Webseite speichern, so dass man sie im Internet einsehen kann.

Sie benötigen die Websymbolleiste nicht mehr und können sie nun schließen.

9 Rechtsklicken Sie auf die Websymbolleiste und wählen Sie Web aus, um sie zu schließen.

Tabelle 10-1: Die Schaltflächen in der Websymbolleiste

Symbol	Name	Beschreibung
	Zurück	Führt zurück zur vorher angezeigten Webseite.
	Vorwärts	Führt zur nächsten Seite, die angezeigt wurde.
	Anhalten	Bricht den Ladevorgang einer Webseite ab.
	Aktualisieren	Aktualisiert die aktuelle Webseite.

Lektion 10.2
Hyperlinks ansteuern und die Websymbolleiste verwenden

Tabelle 10-1: Die Schaltflächen in der Websymbolleiste (Fortsetzung)

Symbol	Name	Beschreibung
🏠	Startseite	Führt zur Startseite.
🔍	Im Web suchen	Sucht im Web nach den eingegebenen Informationen.
Favorites ▼	Favoriten	Führt schnell zu Seiten, die man oft besucht und als Lesezeichen zu den Favoriten hinzugefügt hat.
Go ▼	Wechseln zu	Zeigt eine Liste der Webbefehle an, die auch in der Websymbolleiste zu finden sind.
	Nur Websymbolleiste anzeigen	Bestimmt, ob alle Symbolleisten angezeigt werden oder nur die Websymbolleiste.

SCHNELLREFERENZ

SO GELANGEN SIE ZUM ZIEL EINES HYPER-LINKS:

- KLICKEN SIE AUF DEN HYPERLINK.

SO STEUERN SIE DATEIEN IN EXCEL AN:

- BEWEGEN SIE SICH MIT DER WEBSYMBOLLEISTE (SIEHE TABELLE 10-1) ZWISCHEN DEN DATEIEN, ALS OB SIE IM INTERNET SURFEN WÜRDEN.

SO SCHLIESSEN SIE DIE WEBSYMBOLLEISTE:

- RECHTSKLICKEN SIE AUF DIE WEBSYMBOLLEISTE UND WÄHLEN SIE WEB AUS.

  ODER:

- WÄHLEN SIE ANSICHT → SYMBOLLEISTEN → WEB IM MENÜ AUS.

Eine Arbeitsmappe als nicht-interaktive Webseite speichern

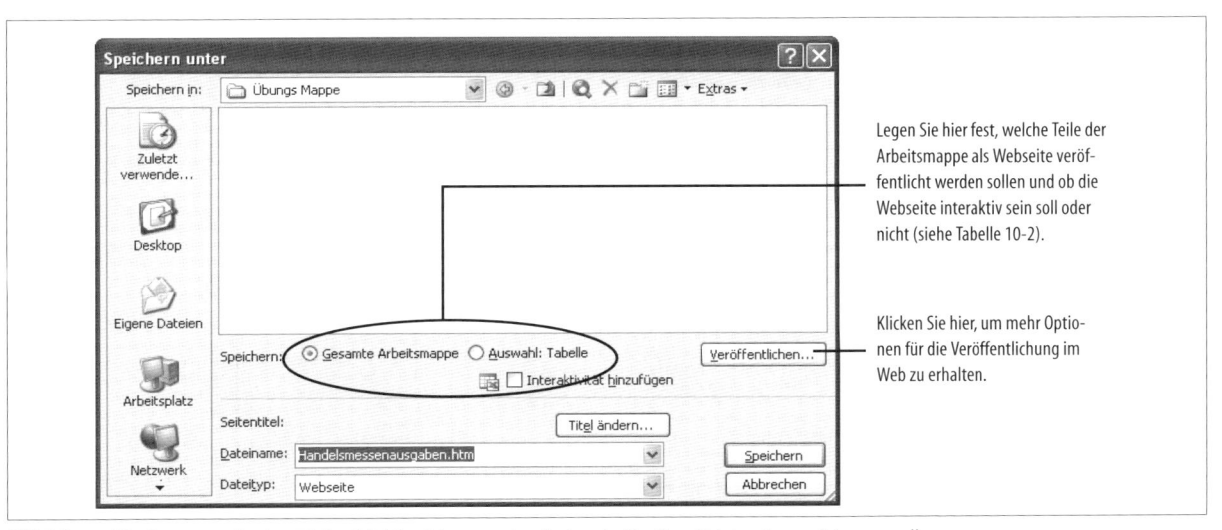

LEKTION 10.3

Abbildung 10-4: Legen Sie im Dialogfeld Speichern unter fest, wie Sie Ihre Webseite speichern wollen.

Legen Sie hier fest, welche Teile der Arbeitsmappe als Webseite veröffentlicht werden sollen und ob die Webseite interaktiv sein soll oder nicht (siehe Tabelle 10-2).

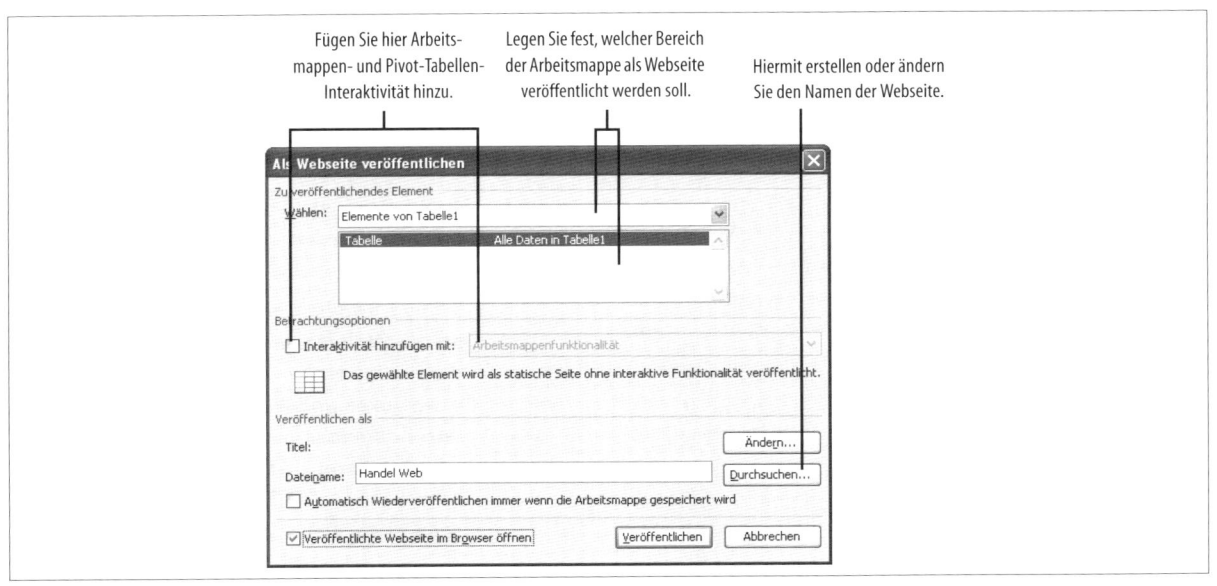

Klicken Sie hier, um mehr Optionen für die Veröffentlichung im Web zu erhalten.

Fügen Sie hier Arbeitsmappen- und Pivot-Tabellen-Interaktivität hinzu.

Legen Sie fest, welcher Bereich der Arbeitsmappe als Webseite veröffentlicht werden soll.

Hiermit erstellen oder ändern Sie den Namen der Webseite.

Abbildung 10-5: Das Dialogfeld Als Webseite veröffentlichen

Lektion 10.3
Eine Arbeitsmappe als nicht-interaktive Webseite speichern

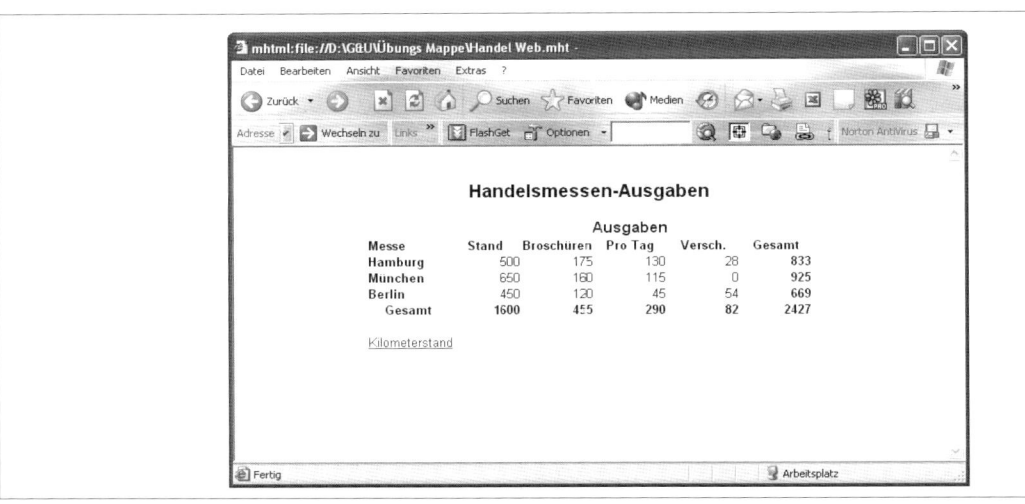

Abbildung 10-6: Eine nicht-interaktive Webseite in einem Webbrowser darstellen

Als Webseite speichern

In dieser Lektion geht es darum, wie Sie Excel-Arbeitsblätter als Webseiten speichern, so dass man sie im Internet einsehen kann. Sie können jedes Excel-Arbeitsblatt als Webseitendatei (auch HTML-Datei genannt) speichern, indem Sie Datei → Als Webseite speichern im Menü auswählen.

Excel-Arbeitsmappen als Webseiten zu speichern, ist aber nichts Neues. Was jedoch neu daran ist, ist die Möglichkeit, dass Excel 2003 Arbeitsmappen als interaktive Webseiten speichert. Dadurch können Benutzer mit den Daten auf der Webseite interagieren, weil sie grundlegende Arbeitsmappenfunktionalität aufweist. Auf interaktiven Webseiten können die Benutzer Daten eingeben, formatieren, berechnen, sortieren und filtern. Es gibt jedoch einen großen Nachteil von interaktiven Webseiten – sie können nur mit Microsoft Internet Explorer 4.01 (oder höher) benutzt werden; damit bleiben Benutzer von Netscape Navigator außen vor. Wenn Teile Ihrer Webkunden Netscape Navigator einsetzen, können Sie Ihre Arbeitsmappen immer noch als statische, nicht interaktive Webseiten speichern. In Tabelle 10-2 sind einige der Unterschiede zwischen diesen beiden Arten von Webseiten erläutert.

In dieser Lektion lernen Sie, wie Sie eine nicht interaktive Webseite speichern.

1 Vergewissern Sie sich, dass Handelsmessenausgaben die aktive Arbeitsmappe ist, und wählen dann Datei → Als Webseite speichern im Menü aus.

Es erscheint das Dialogfeld Speichern unter aus Abbildung 10-4. Sie können Excel-Arbeitsmappen als Webseiten unterschiedlichen Typs speichern:

> **HINWEIS:** *Standardmäßig speichert Excel 2003 Webseiten als einzelnes Webarchiv (MHTML), in dem alle Elemente einer Arbeitsmappe, etwa Texte und Grafiken, in einer einzigen Datei abgelegt werden. Sie können jedoch Arbeitsblätter auch als gewöhnliche HTML-Datei speichern, indem Sie die Option Webseite in der Liste Dateityp auswählen.*

- **Gesamte Arbeitsmappe (nicht interaktiv):** Hiermit werden alle Elemente der Arbeitsmappe – alle Arbeitsblätter und Diagramme – als nicht interaktive Webseite gespeichert. Um die gesamte Arbeitsmappe zu speichern, aktivieren Sie die Option Gesamte Arbeitsmappe.

- **Tabelle oder Auswahl (interaktiv oder nicht):** Damit können Sie ein Arbeitsblatt oder einen ausgewählten Zellbereich speichern. Dafür klicken Sie auf die Schaltfläche Veröffentlichen und wählen den Bereich der Arbeitsmappe aus, den Sie speichern wollen. Sie können das Ergebnis interaktiv gestalten, indem Sie das Kontrollkästchen Interaktivität hinzufügen mit aktivieren und in der Liste Arbeitsmappenfunktionalität auswählen.

- **Pivot-Tabelle (interaktiv):** Diese Option speichert ein Arbeitsblatt oder einen ausgewählten Zellbereich im Web als interaktive Pivot-Tabelle, mit der die Benutzer die Daten drehen, filtern und sortieren können. Um eine Tabelle oder eine Auswahl als Pivot-Tabelle zu speichern, klicken Sie auf die Schaltfläche Veröffentlichen, legen den gewünschten Bereich der Arbeitsmappe fest, aktivieren das Kontrollkästchen Interaktivität hinzufügen mit und wählen die Option PivotTable-Funktionalität aus.

2 Klicken Sie auf die Schaltfläche Veröffentlichen.

Das Dialogfeld Als Webseite veröffentlichen erscheint wie in Abbildung 10-5. Hier müssen Sie festlegen, welchen Bereich Ihrer Arbeitsmappe Sie auf welche Art speichern wollen.

3 Wählen Sie Elemente von Tabelle1 in der Liste Wählen und dann Tabelle Alle Daten in Tabelle1 im Feld darunter aus.

4 Geben Sie Handel Web im Feld Dateiname ein, aktivieren Sie die Option Veröffentlichte Webseite im Browser öffnen und klicken Sie auf die Schaltfläche Veröffentlichen.

Natürlich können Sie auch auf die Schaltfläche Durchsuchen klicken und nach dem Laufwerk und Ordner suchen, in dem Sie Ihre Webseite speichern möchten. Excel legt Tabelle1 der Arbeitsmappe *Handelsmessenausgaben* als nicht-interaktive Webseite ab und öffnet diese dann in Ihrem Webbrowser. Da die Webseite nicht interaktiv ist, können Sie die Daten nur einsehen und nicht ändern. In der nächsten Lektion werden wir eine interaktive Webseite erstellen.

Tabelle 10-2: Interaktive und nicht interaktive Webseiten

Art der Webseite	Beschreibung
Interaktive Webseite	Auf interaktiven Webseiten können die Benutzer die Daten ändern, da die Seiten eine grundlegende Arbeitsmappenfunktionalität aufweisen. Die Benutzer können Daten eingeben, formatieren, berechnen, sortieren und filtern. Für interaktive Webseiten wird Microsoft Internet Explorer 4.01 oder höher benötigt, so dass sie nicht jeder benutzen kann.
Nicht-interaktive Webseite	Auf nicht-interaktiven Webseiten können die Benutzer die Daten nur einsehen, aber nicht ändern. Solche Seiten lassen sich in jedem Webbrowser aufrufen.

Lektion 10.3
Eine Arbeitsmappe als nicht-interaktive Webseite speichern

SCHNELLREFERENZ

SO SPEICHERN SIE EINE ARBEITSMAPPE ALS NICHT-INTERAKTIVE WEBSEITE:

1. ÖFFNEN SIE DIE ARBEITSMAPPE UND WÄHLEN SIE DATEI → ALS WEBSEITE SPEICHERN IM MENÜ AUS.
2. KLICKEN SIE AUF VERÖFFENTLICHEN.
3. LEGEN SIE IN DER LISTE WÄHLEN FEST, WELCHEN BEREICH SIE AUF IHRER WEBSEITE VERÖFFENTLICHEN WOLLEN, UND GEBEN SIE IM FELD DATEINAME EINEN NAMEN FÜR DIE SEITE EIN.
4. KLICKEN SIE AUF VERÖFFENTLICHEN.

Eine Arbeitsmappe als interaktive Webseite speichern

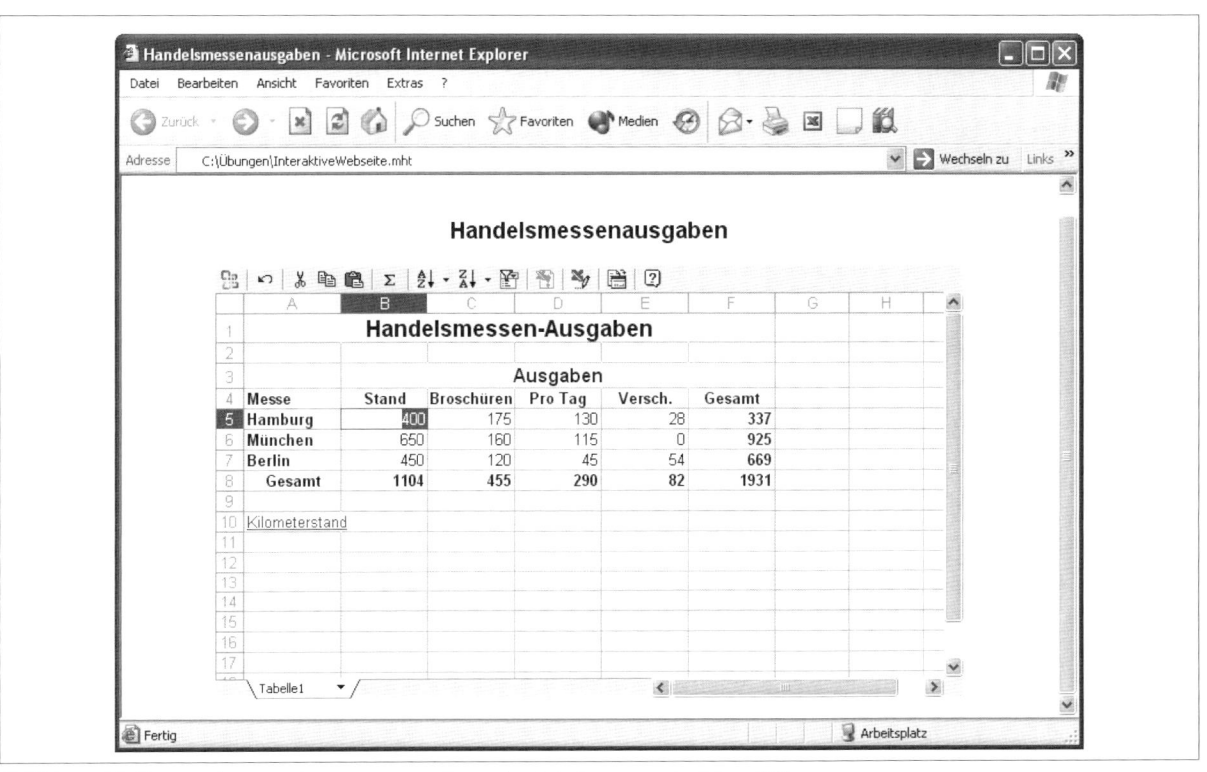

LEKTION 10.4

Abbildung 10-7: Interaktive Webseite mit grundlegender Arbeitsmappenfunktionalität

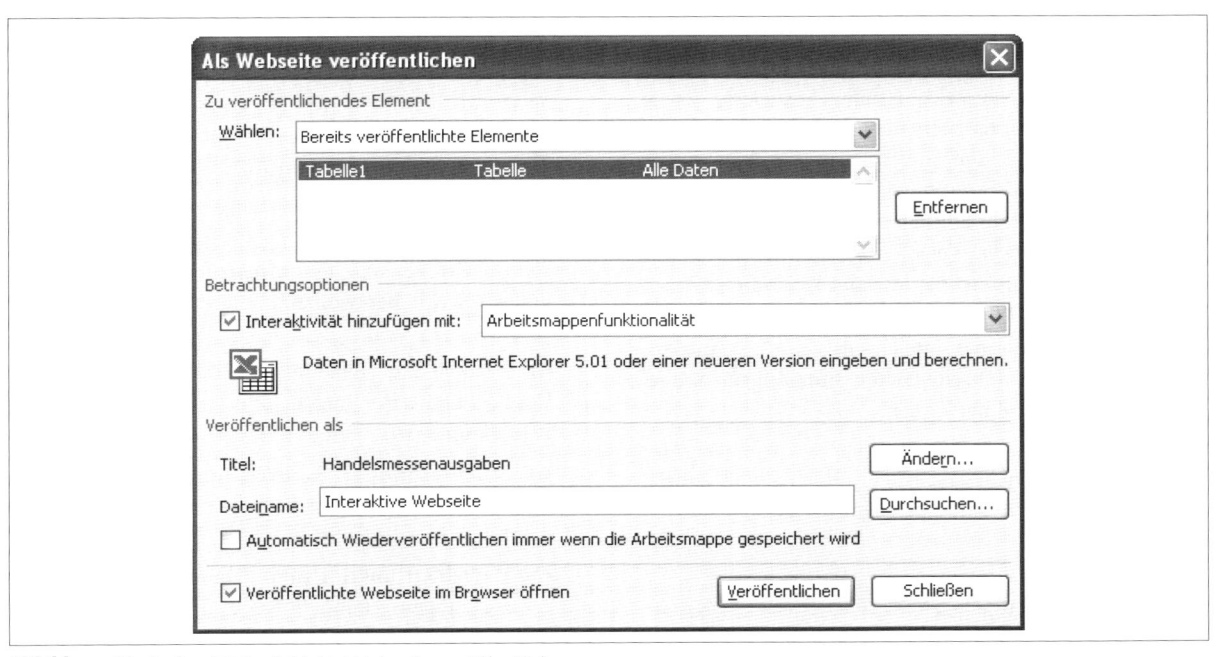

Abbildung 10-8: Das Dialogfeld Als Webseite veröffentlichen

Lektion 10.4
Eine Arbeitsmappe als interaktive Webseite speichern

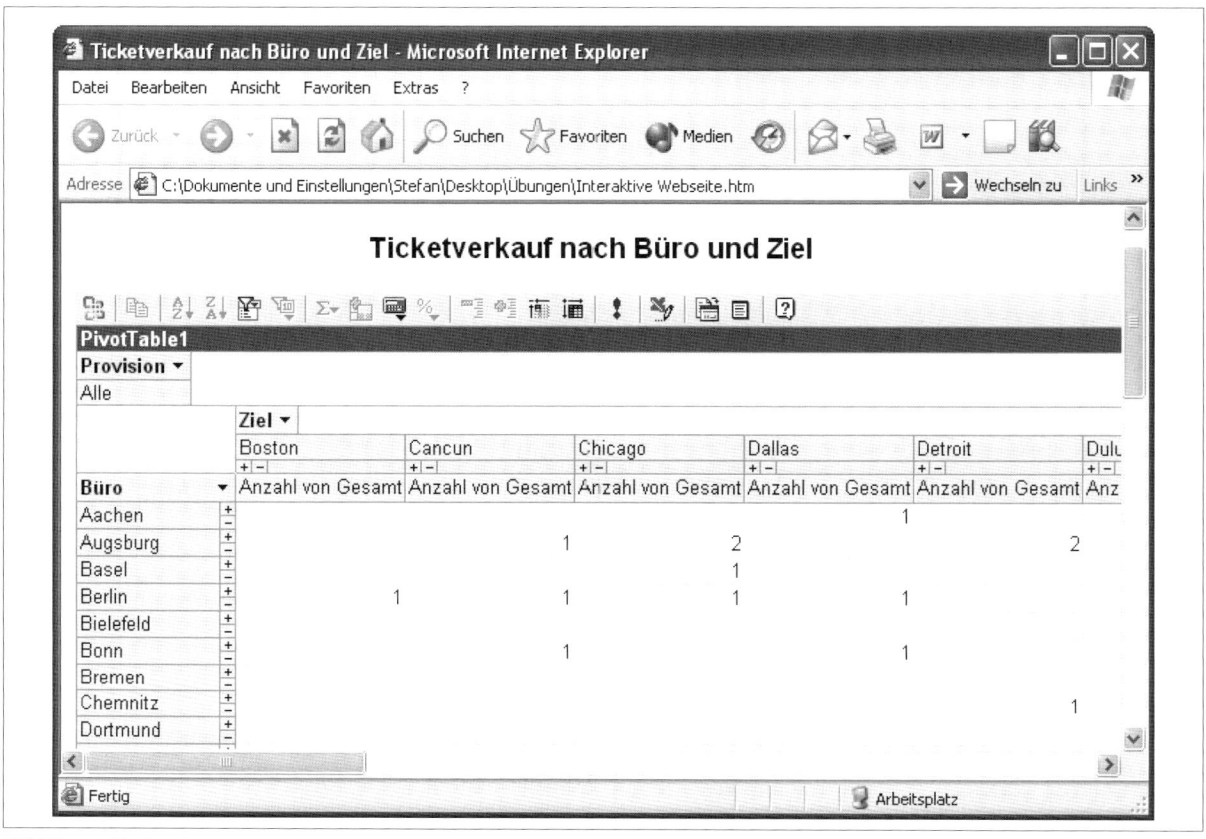

Abbildung 10-9: Als interaktive Pivot-Tabellen gespeicherte Arbeitsmappen

In der vorhergehenden Lektion haben Sie gelernt, wie Sie eine Arbeitsmappe als nicht interaktive Webseite speichern. Solche Webseiten sind sehr praktisch, wenn Sie Daten nur präsentieren wollen oder nicht wissen, welchen Webbrowser Ihre Benutzer einsetzen. Wenn Sie Seiten im Firmennetzwerk veröffentlichen oder sicher sind, dass die Benutzer Microsoft Internet Explorer 4.01 oder höher verwenden, können Sie Ihre Arbeitsmappen auch als interaktive Webseiten speichern. Damit können die Benutzer auf der Webseite Daten hinzufügen, ändern, sortieren, filtern und berechnen.

1 Falls noch nicht geschehen, öffnen Sie die Arbeitsmappe Übung 10 und speichern sie als Handelsmessenausgaben.

2 Vergewissern Sie sich, dass Handelsmessenausgaben die aktive Arbeitsmappe ist, und wählen Sie dann Datei → Als Webseite speichern im Menü aus.

Es erscheint das Dialogfeld Speichern unter.

3 Klicken Sie auf die Schaltfläche Veröffentlichen.

Es erscheint das Dialogfeld Als Webseite veröffentlichen, das Sie in Abbildung 10-8 sehen. Zuerst müssen Sie die Bereiche der Arbeitsmappe festlegen, die Sie veröffentlichen wollen.

4 Wählen Sie Elemente von Tabelle1 in der Liste Wählen und dann Tabelle Alle Daten in Tabelle1 im Feld darunter aus.

Als Nächstes müssen Sie Excel mitteilen, dass Sie die Webseite interaktiv gestalten wollen. Das können Sie mit folgenden Optionen tun:

- **Arbeitsblattfunktionalität:** Damit können Benutzer Daten eingeben, ändern und bearbeiten wie auf einem Excel-Arbeitsblatt.

- **PivotTable-Funktionalität:** Damit können Benutzer Daten so drehen, filtern, sortieren und analysieren, als ob Sie mit einem Pivot-Tabellenbericht in Excel arbeiten würden (siehe Kapitel 11 mit mehr Einzelheiten über Pivot-Tabellen).

5 Aktivieren Sie das Feld Interaktivität hinzufügen mit und wählen Sie Arbeitsmappenfunktionalität in der Liste aus.

Sie können unabhängig von der Interaktivität auch den Titel erstellen oder ändern, der oben auf Ihrer Webseite erscheinen soll.

6 Klicken Sie auf die Schaltfläche Ändern.

Es erscheint das Dialogfeld Titel festlegen.

7 Geben Sie Handelsmessenausgaben in das Feld Titel ein und klicken Sie auf OK.

Zum Schluss müssen Sie noch einen Dateinamen und den Speicherort für die Webseite festlegen.

8 Geben Sie InteraktiveWebseite in das Feld Dateiname ein, aktivieren Sie die Option Veröffentlichte Webseite im Browser öffnen und klicken Sie auf die Schaltfläche Veröffentlichen.

Excel speichert Tabelle1 der Arbeitsmappe *Handelsmessenausgaben* als interaktive Webseite ab und öffnet diese im Microsoft Internet Explorer (siehe Abbildung 10-7). Wir wollen die interaktive Seite nun testen.

9 Klicken Sie auf Zelle B5, geben Sie 400 ein und drücken Sie Enter.

Tatsächlich können Sie auf der Seite die Zahl im Arbeitsblatt ändern und neu berechnen – ganz wie in Microsoft Excel! Interaktive Webseiten verfügen zwar bei weitem nicht über den vollen Funktionsumfang von Excel, aber Sie bieten genug, um damit allgemeine Berechnungen durchführen zu können. Beachten Sie, dass die Seite sogar eine Excel-Symbolleiste mit Schaltflächen für die grundlegenden Funktionen wie etwa Ausschneiden, Kopieren, Einfügen, AutoSumme und für die Sortierung aufweist.

Die Schaltfläche Aufsteigend sortieren

10 Markieren Sie den Zellbereich A5:F7 und klicken Sie auf die Schaltfläche Aufsteigend sortieren in der Symbolleiste.

Excel sortiert den markierten Zellbereich aufsteigend nach dem Alphabet.

11 Schließen Sie Microsoft Internet Explorer und alle offenen Arbeitsmappen in Excel.

SCHNELLREFERENZ

SO SPEICHERN SIE EINE ARBEITSMAPPE ALS INTERAKTIVE WEBSEITE:

1. ÖFFNEN SIE DIE ARBEITSMAPPE UND WÄHLEN SIE DATEI → ALS WEBSEITE SPEICHERN IM MENÜ AUS.

2. KLICKEN SIE AUF DIE SCHALTFLÄCHE VERÖFFENTLICHEN.

3. LEGEN SIE IN DER LISTE WÄHLEN FEST, WELCHEN BEREICH SIE AUF IHRER WEBSEITE VERÖFFENTLICHEN WOLLEN, UND GEBEN SIE IM FELD DATEINAME EINEN NAMEN FÜR DIE SEITE EIN.

4. AKTIVIEREN SIE DAS FELD INTERAKTIVITÄT HINZUFÜGEN MIT.

5. KLICKEN SIE AUF DIE SCHALTFLÄCHE VERÖFFENTLICHEN.

LEKTION 10.5 — Eine externe Datenquelle importieren

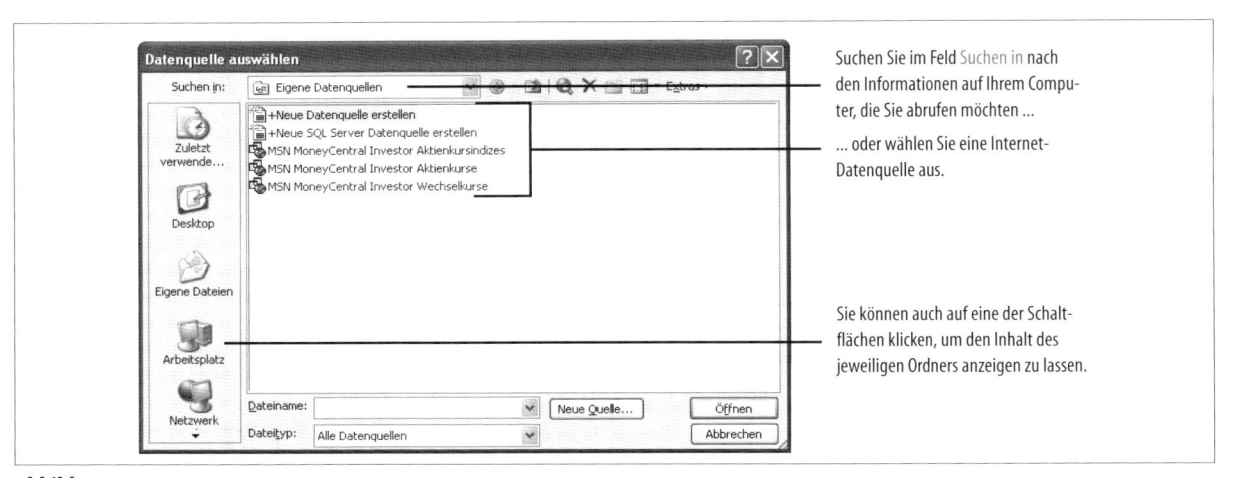

Abbildung 10-10: Das Dialogfeld Datenquelle auswählen

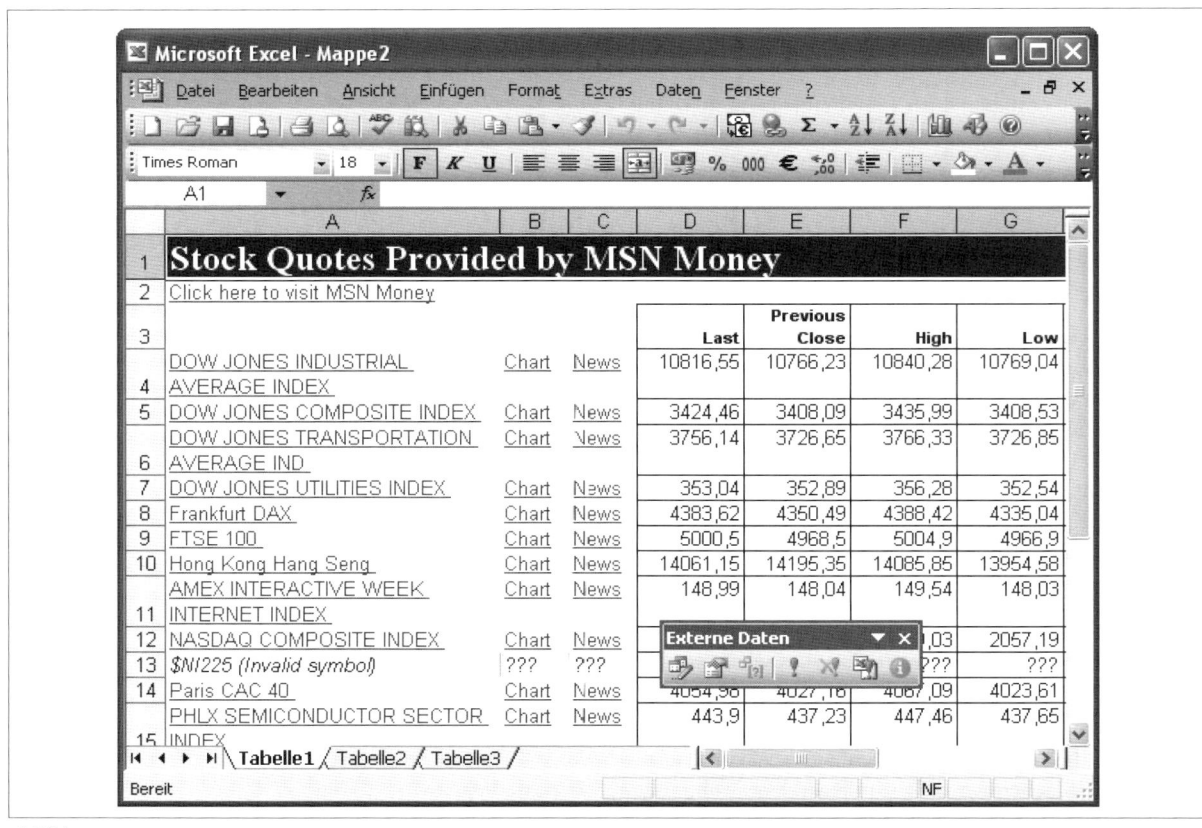

Suchen Sie im Feld Suchen in nach den Informationen auf Ihrem Computer, die Sie abrufen möchten ...

... oder wählen Sie eine Internet-Datenquelle aus.

Sie können auch auf eine der Schaltflächen klicken, um den Inhalt des jeweiligen Ordners anzeigen zu lassen.

Abbildung 10-11: In eine Excel-Arbeitsmappe importierte Webseiten-Datenquelle

In dieser Lektion geht es darum, wie Sie externe Daten in Excel-Arbeitsblätter importieren. Sie können Informationen, die auf Ihrem Computer gespeichert sind oder im Internet vorliegen, importieren, wodurch Sie erheblich Zeit sparen. Dabei können Sie die importierten Daten sogar erneuern, wann immer die Quelle aktualisiert wird.

Stellen Sie z.B. vor, Sie benötigen jeden Tag eine Datentabelle der Dow-Jones-Aktienkurse. Anstatt diese Daten jeden Tag aufs Neue zu importieren, können Sie einfach die Dow-Jones-Datenquelle aktualisieren, die Sie in Excel importiert haben, woraufhin die Daten automatisch erneuert werden. Sind Sie bereit, das auszuprobieren?

1 Erstellen Sie eine neue Arbeitsmappe und vergewissern Sie sich, dass Sie mit dem Internet verbunden sind.

In dieser Lektion benötigen Sie eine Verbindung zum Internet, um die Datenquelle importieren zu können.

2 Wählen Sie Daten → Externe Daten importieren → Daten importieren im Menü aus.

Es erscheint das Dialogfeld Datenquelle auswählen aus Abbildung 10-10.

Im Fenster sehen Sie eine Liste von Datenquellen. Dabei handelt es sich um Abfragen, die Microsoft schon für Sie erstellt hat. Wie Sie sehen können, sind fast alle diese Datenquellen Online-Aktienkurse, was für die meisten Excel-Benutzer sinnvoll ist.

3 Klicken Sie auf MSN MoneyCentral Investor Aktienkursindizes, um diese Quelle auszuwählen.

Diese Datenquelle erstellt täglich eine Liste von Dow-Jones-Aktienkursen aus dem Internet.

4 Klicken Sie auf Öffnen.

Es erscheint das Dialogfeld Daten importieren, in dem Sie angeben müssen, wohin genau in Ihrem Arbeitsblatt Sie die Daten importieren möchten. Ein gestrichelter Rahmen sollte um Zelle A1 erscheinen, in die die Daten importiert werden. Wenn Sie eine andere Zelle auswählen wollen, klicken Sie einfach auf diese.

5 Schließen Sie das Dialogfeld Daten importieren mit einem Klick auf OK.

Excel importiert die Datenquelle in das Arbeitsblatt und zeigt die Symbolleiste Externe Daten an (siehe Abbildung 10-11). Mit den Schaltflächen dieser Leisten können Sie die importierte Datenquelle aktualisieren.

Sie können auch Daten importieren, die sich schon auf Ihrem Computer oder in Ihrem Firmennetzwerk befinden.

6 Klicken Sie auf Tabelle2, um eine neue Seite anzulegen.

Sie werden eine Datenquelle aus dem Übungsordner importieren.

7 Wählen Sie Daten → Externe Daten importieren → Daten importieren im Menü aus.

Der Vorgang unterscheidet sich diesem Fall etwas vom Import einer Datenquelle aus dem Internet.

Beachten Sie die fünf Schaltflächen auf der linken Seite des Dialogfelds. Mit ihnen können Sie auf verschiedene Bereiche Ihres Computers zugreifen. Über die Dropdown-Liste Suchen in finden Sie den Übungsordner jedoch am schnellsten.

8 Suchen Sie den Übungsordner in der Dropdown-Liste Suchen in im Dialogfeld Datenquelle auswählen.

Der Übungsordner enthält die Daten, die Sie in Tabelle2 importieren wollen.

9 Wählen Sie Ausgaben im Übungsordner aus und klicken Sie auf Öffnen.

Es erscheint das Dialogfeld Neue Webabfrage, in dem Sie die zu importierenden Tabellen angeben müssen.

10 Klicken Sie auf Importieren, um die gesamte Tabelle zu importieren.

Es erscheint das Dialogfeld Daten importieren. Hier müssen Sie angeben, wo in Ihrem Arbeitsblatt die importierten Daten eingefügt werden sollen.

11 Klicken Sie auf Zelle A1 im Arbeitsblatt.

Ein gestrichelter Rahmen erscheint um die Zelle und zeigt an, dass hier die importierte Datenquelle eingefügt wird.

12 Klicken Sie auf OK.

Excel importiert die Tabelle Ausgaben in das Arbeitsblatt.

Das ist alles, was es mit dem Importieren einer externen Datenquelle auf sich hat!

Lektion 10.5
Eine externe Datenquelle importieren

SCHNELLREFERENZ

SO IMPORTIEREN SIE EXTERNE DATEN:

1. Wählen Sie Daten → Externe Daten importieren → Daten importieren im Menü aus.

2. Suchen Sie die Datenquelle, die Sie importieren wollen, und wählen Sie sie aus.

3. Klicken Sie auf Öffnen.

4. Geben Sie an, wo genau im Arbeitsblatt die Datenquelle erscheinen soll, und klicken Sie auf OK.

LEKTION 10.6
Eine Datenquelle aktualisieren und ihre Eigenschaften festlegen

Abbildung 10-12: Das Dialogfeld Eigenschaften des externen Datenbereichs

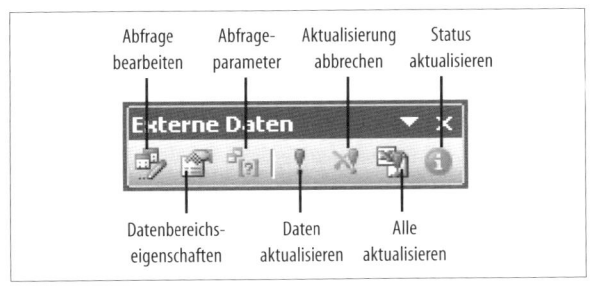

Abbildung 10-13: Die Symbolleiste Externe Daten

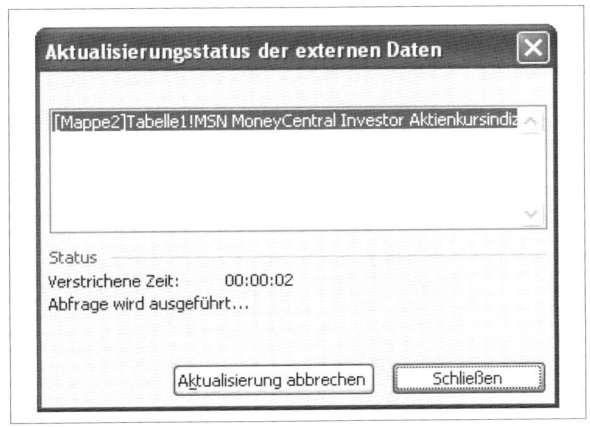

Abbildung 10-14: Das Dialogfeld Aktualisierungsstatus der externen Daten

Nur weil eine Datenquelle importiert wurde, heißt das nicht, dass ihre Eigenschaften und ihre Formatierung in Stein gemeißelt sind. Nachdem Sie eine Datenquelle eingefügt haben, können Sie ihre Eigenschaften ändern. Diese Lektion gibt einen kleinen Überblick darüber, wie Sie dies erledigen.

Die Schaltfläche Datenbereichseigenschaften

1 Vergewissern Sie sich, dass Ihr Arbeitsblatt von Lektion 10.5 geöffnet ist. Klicken Sie auf Tabelle1 und danach auf die Schaltfläche Datenbereichseigenschaften in der Symbolleiste Externe Daten.

Es erscheint das Dialogfeld Eigenschaften des externen Datenbereiches, wie Sie es in Abbildung 10-12 sehen. Sie können hier festlegen, wie Excel die Daten in Ihr Arbeitsblatt importieren soll.

2 Klicken Sie auf OK.

In Tabelle 10-3 finden Sie Einzelheiten darüber, was die Optionen in diesem Dialogfeld bewirken.

Die Schaltfläche Daten aktualisieren

3 Klicken Sie auf die Schaltfläche Daten aktualisieren in der Symbolleiste Externe Daten (siehe Abbildung 10-13).

Im Dialogfeld Daten aktualisieren wird nachgefragt, ob die Datei sicher ist.

4 Die Datei ist sicher, deswegen klicken Sie auf OK.

Excel aktualisiert die Datenquelle und fügt die neuesten Daten ein, die am Ursprung im Internet vorhanden sind. Das ist doch praktisch, oder?

Gibt es mehr als eine Datenquelle in Ihrer Arbeitsmappe, können Sie alle auf einmal aktualisieren.

Die Schaltfläche Alle aktualisieren

377

Lektion 10.6
Eine Datenquelle aktualisieren und ihre Eigenschaften festlegen

5 Klicken Sie auf die Schaltfläche Alle aktualisieren in der Symbolleiste Externe Daten.

Damit werden alle Datenquellen in der Arbeitsmappe aktualisiert. Beachten Sie, dass sich der Mauszeiger in eine Sanduhr verwandelt, wenn Sie die Datenquelle aktualisieren. Das zeigt an, dass Excel die Daten auf den neuesten Stand bringt. Sind Sie der Meinung, dass dieser Vorgang zu lange dauert, können Sie mit einem Klick auf Status aktualisieren sehen, wie weit die Aktualisierung fortgeschritten ist.

6 Klicken Sie auf die Schaltfläche Status aktualisieren in der Symbolleiste Externe Daten.

Es erscheint das Dialogfeld Aktualisierungsstatus der externen Daten, das Sie in Abbildung 10-14 sehen. Hier erfahren Sie, wie viel Daten heruntergeladen wurden und wie viel Zeit vergangen ist, und erhalten noch weitere Informationen.

In Tabelle 10-3 finden Sie Einzelheiten über die Eigenschaften, die Sie in einer Datenquelle einstellen können.

Die Schaltfläche Status aktualisieren

Tabelle 10-3: Die Optionen im Dialogfeld Eigenschaften des externen Datenbereichs

Befehl	Beschreibung
Abfragedefinition speichern	Ist diese Option aktiviert, weiß das Arbeitsblatt, woher die Daten bei einer Aktualisierung bezogen werden. Anderenfalls kann die Datenquelle nicht aktualisiert werden.
Kennwort speichern	Wenn diese Option aktiviert ist, gibt Excel automatisch das Kennwort ein, wenn die Datenquelle aktualisiert wird.
Aktualisierung im Hintergrund zulassen	Aktivieren Sie diese Option, um beim Aktualisieren einer Datenquelle die Arbeit in Microsoft Excel fortsetzen können. Anderenfalls müssen Sie warten, bis Excel die Aktualisierung komplett beendet hat.
Aktualisieren alle ...Minuten	Mit dieser Option können Sie dafür sorgen, dass die Datenquelle automatisch im Abstand von so vielen Minuten, wie Sie im entsprechenden Textfeld eingeben, aktualisiert wird.
Aktualisieren beim Öffnen der Datei	Ist diese Option aktiviert, wird die Datenquelle automatisch aktualisiert, sobald Sie die Arbeitsmappe öffnen. Hierfür muss auch die Option Kennwort speichern eingestellt sein.
Vor dem Speichern externe Daten aus dem Datenblatt entfernen	Aktivieren Sie diese Option, so löscht Excel beim Speichern des Arbeitsblatts die importierten Daten.
Feldnamen einschließen	Mit dieser Option fügt Excel automatisch die Feldnamen der Datenquelle als Spaltennamen hinzu.
Sortieren/filtern/Layout für Spalte beibehalten	Um bei Aktualisierungen Änderungen an der Sortierung, der Filterung oder dem Layout in einer Datenquelle beizubehalten, müssen Sie diese Option aktivieren.
Zeilennummern einschließen	Die Datenquelle verwendet ihre eigene Zeilennummerierung, wenn diese Option aktiviert ist.

Tabelle 10-3: Die Optionen im Dialogfeld Eigenschaften des externen Datenbereichs (Fortsetzung)

Befehl	Beschreibung
Zellformatierung beibehalten	Ist diese Option aktiviert, werden bei der Aktualisierung der Datenquelle alle Zellformatierungen beibehalten, die Sie in Microsoft Excel durchgeführt haben.
Spaltenbreite einstellen	Wenn diese Option aktiviert ist, stellt Excel automatisch die Spaltenbreite ein, um die importierten Daten anzuzeigen.
Formeln in angrenzenden Zellen ausfüllen	Aktivieren Sie diese Option, wenn Excel bei der Aktualisierung einer Datenquelle Formeln in neue Spalten kopieren soll.

SCHNELLREFERENZ

SO STELLEN SIE DIE EIGENSCHAFTEN EINER EXTERNEN DATENQUELLE EIN:

1. KLICKEN SIE AUF DIE SCHALTFLÄCHE DATENBEREICHSEIGENSCHAFTEN IN DER SYMBOLLEISTE EXTERNE DATEN.

    ODER:

    WÄHLEN SIE DATEN → EXTERNE DATEN IMPORTIEREN → DATENBEREICHSEIGENSCHAFTEN IM MENÜ AUS.

2. LEGEN SIE DIE GEWÜNSCHTEN EIGENSCHAFTEN FÜR DIE DATENQUELLE FEST.

SO AKTUALISIEREN SIE EINE DATENQUELLE:

- KLICKEN SIE AUF DIE SCHALTFLÄCHE DATEN AKTUALISIEREN IN DER SYMBOLLEISTE EXTERNE DATEN.

    ODER:

- KLICKEN SIE AUF DIE SCHALTFLÄCHE ALLE AKTUALISIEREN IN DER SYMBOLLEISTE EXTERNE DATEN.

SO SEHEN SIE DEN STATUS DER AKTUALISIERUNG EIN:

- KLICKEN SIE AUF DIE SCHALTFLÄCHE STATUS AKTUALISIEREN IN DER SYMBOLLEISTE EXTERNE DATEN.

SO BRECHEN SIE EINE AKTUALISIERUNG AB:

- KLICKEN SIE AUF DIE SCHALTFLÄCHE AKTUALISIERUNG ABBRECHEN IN DER SYMBOLLEISTE EXTERNE DATEN.

LEKTION 10.7
Eine neue Webabfrage erstellen

Geben Sie die Adresse der Webseite ein, auf der die gewünschten Daten sind, und klicken Sie auf Start.

Wählen Sie mit einem Klick auf das Symbol ➔ den Teil der Webseite aus, der die gewünschten Daten enthält.

Grüne Häkchen zeigen an, dass die Daten, neben denen sie stehen (blau, wenn ausgewählt) in Excel importiert werden.

Abbildung 10-15: Das Dialogfeld Neue Webabfrage

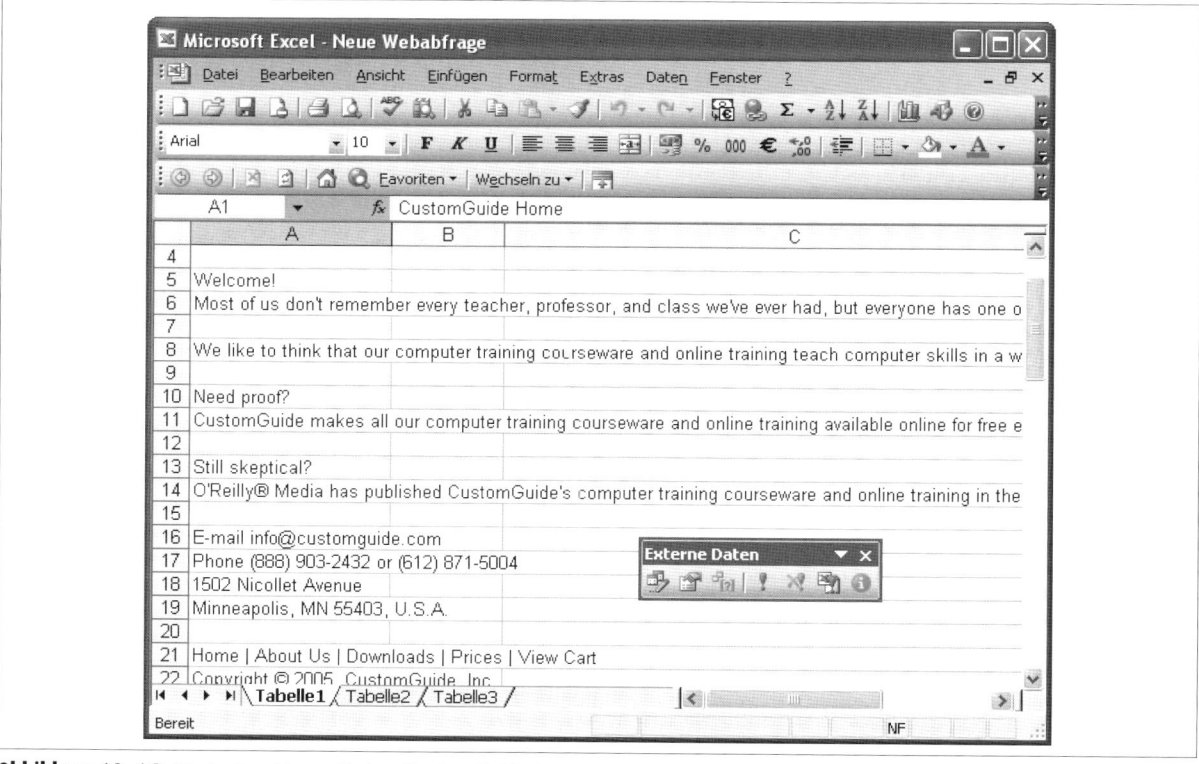

Abbildung 10-16: Die in Excel importierten CustomGuide-Daten

380

In den meisten Fällen können Sie alle Daten, die Sie in ein Excel-Arbeitsblatt importieren wollen, mit dem Befehl Daten importieren hinzufügen. Wenn Sie jedoch die zu importierenden Daten im Einzelnen festlegen wollen, ist ein komplizierteres Vorgehen erforderlich. Wollen Sie z.B. nur einen bestimmten Teil einer Webseite importieren, müssen Sie eine neue Abfrage dafür erstellen.

1 Öffnen Sie eine neue Arbeitsmappe.

2 Wählen Sie Daten → Externe Daten importieren → Neue Webabfrage im Menü aus.

Es erscheint das Dialogfeld Neue Webabfrage mit der in Internet Explorer festgelegten Startseite im Fenster. Wenn Sie den Inhalt einer anderen Webseite importieren möchten, müssen Sie ihre Adresse in das Textfeld eingeben.

3 Geben Sie www.customguide.com im Textfeld Adresse ein und klicken Sie auf Start.

Wie in Abbildung 10-15 wird die CustomGuide-Webseite im Dialogfeld geöffnet. Beachten Sie die kleinen gelben Kästen mit Pfeilen überall auf der Seite. Jedes dieser Symbole ist mit einer eigenen Tabelle oder Sektion der Seite verknüpft. Wenn Sie einen Bereich importieren wollen, müssen Sie nur auf das dazugehörige gelbe Symbol klicken.

4 Klicken Sie auf drei beliebige ➜ -Symbole auf der CustomGuide-Seite.

Beachten Sie, dass sich die gelben ➜ -Symbole in grüne ✓ verwandeln, wenn Sie sie anklicken. Nur die aktivierten Kästchen übermitteln die Daten ihrer zugehö-rigen Webseitenbereiche. Das ist ein großer Fortschritt gegenüber Excel 2000, wo Sie keine Wahl hatten und die gesamte Webseite importieren mussten.

> HINWEIS
> *Wenn Sie die Webseite in Zukunft erneut importieren müssen, können Sie die Webabfrage mit einem Klick auf das Symbol Abfrage speichern sichern. Sie wird dann zusammen mit den schon in Excel vorhandenen Abfragen im Dialogfeld Datenquelle auswählen angezeigt.*

5 Klicken Sie auf Importieren.

Excel fordert Sie auf anzugeben, wo Sie die abgefragten Daten einfügen wollen. Sie können sie jedem vorhandenen Arbeitsblatt hinzufügen oder ein neues Arbeitsblatt erstellen und die Daten dort einfügen.

6 Fügen Sie die gewünschten Daten mit einem Klick auf OK in Zelle A1 des aktuellen Arbeitsblatts ein.

Excel ruft die Daten von der CustomGuide-Webseite ab und fügt sie in Zelle A1 des aktuellen Arbeitsblatts ein (siehe Abbildung 10-16). Außerdem wird die Symbolleiste Externe Daten geöffnet, mit der Sie später die Daten aktualisieren können, um stets auf dem neuesten Stand zu bleiben.

7 Beenden Sie Microsoft Excel, ohne Ihre Arbeit abzuspeichern.

Gut gemacht! Sie haben ein weiteres Kapitel abgeschlossen und eine Reihe von neuen Funktionen kennen gelernt. Fahren Sie nun mit dem Überblick fort und prüfen Sie nach, wie viel Sie behalten haben.

Tabelle 10-4: Die Symbolleiste des Dialogfelds Neue Webabfrage

Schaltfläche	Name	Beschreibung
	Zurück	Zurück zur vorherigen Webseite
	Vorwärts	Weiter zur nächsten schon besuchten Webseite
	Anhalten	Das Herunterladen einer Webseite anhalten
	Aktualisieren	Die Webseite aktualisieren

Lektion 10.7
Eine neue Webabfrage erstellen

Tabelle 10-4: Die Symbolleiste des Dialogfelds Neue Webabfrage (Fortsetzung)

Schaltfläche	Name	Beschreibung
	Symbole ausblenden	Die Symbole ausblenden, die auf den Webseiten im Dialogfeld Neue Webabfrage angezeigt werden
	Abfrage speichern	Die Abfrage im Dialogfeld Datenquelle auswählen speichern

SCHNELLREFERENZ

SO ERSTELLEN SIE EINE NEUE WEBABFRAGE:

1. WÄHLEN SIE DATEN → EXTERNE DATEN IMPORTIEREN → NEUE WEBABFRAGE IM MENÜ AUS.

2. GEBEN SIE DIE ADRESSE DER WEBSEITE AN, VON DER SIE DIE DATEN IMPORTIEREN WOLLEN, UND KLICKEN SIE AUF START.

3. KLICKEN SIE AUF DIE SYMBOLE NEBEN DEN BEREICHEN, DIE IMPORTIERT WERDEN SOLLEN, UND DANACH AUF DIE SCHALTFLÄCHE IMPORTIEREN.

4. LEGEN SIE FEST, WO IN DER ARBEITSMAPPE DAS ERGEBNIS DER ABFRAGE EINGEFÜGT WERDEN SOLL, UND KLICKEN SIE AUF OK.

Kapitel 10 im Überblick

Die Lektionen in Kürze

Hyperlinks in ein Arbeitsblatt einfügen

Ein Hyperlink weist auf eine Datei, eine bestimmte Stelle in einer Datei oder auf eine Webseite im Internet oder Intranet.

So fügen Sie einen Hyperlink ein: Wählen Sie die Zelle aus, in der Sie den Hyperlink einfügen wollen, und klicken Sie auf die Schaltfläche Hyperlink einfügen in der Standardsymbolleiste oder wählen Sie Einfügen → Hyperlink im Menü aus. Wählen Sie die gewünschte Datei aus (verwenden Sie bei Bedarf die Such-Schaltflächen, um die Datei zu finden) oder geben Sie die Webadresse zum Ziel des Hyperlinks ein und klicken Sie auf OK.

So bearbeiten Sie einen Hyperlink: Rechtsklicken Sie auf den Hyperlink und wählen Sie Hyperlink bearbeiten im Kontextmenü aus.

Hyperlinks ansteuern und die Websymbolleiste verwenden

Klicken Sie auf einen Hyperlink, um an seinen Zielpunkt (die Datei oder die Webseite, mit der er verknüpft ist) zu gelangen. Wann immer Sie in Excel auf einen Hyperlink klicken, erscheint die Websymbolleiste.

So steuern Sie Dateien in Excel an: Bewegen Sie sich mit der Websymbolleiste zwischen den Dateien, als ob Sie im Internet surfen würden.

So schließen Sie die Websymbolleiste: Rechtsklicken Sie auf die Websymbolleiste und wählen Sie Web aus oder klicken Sie im Menü auf Ansicht → Symbolleisten → Web.

Eine Arbeitsmappe als nicht-interaktive Webseite speichern

Auf **nicht-interaktiven Webseiten** können Benutzer Arbeitsblattdaten einsehen, aber nicht bearbeiten. Dafür reicht jeder beliebige Webbrowser aus, im Gegensatz zu interaktiven Webseiten, für die Microsoft Internet Explorer 4.01 oder höher erforderlich ist.

So speichern Sie eine Arbeitsmappe als nicht-interaktive Webseite: Öffnen Sie die Arbeitsmappe, wählen Sie Datei → Als Webseite speichern im Menü aus und klicken Sie auf Veröffentlichen. Legen Sie in der Liste Wählen fest, welchen Bereich Sie auf Ihrer Webseite veröffentlichen wollen, geben Sie im Feld Dateiname einen Namen für die Seite ein und klicken Sie auf Veröffentlichen.

Eine Arbeitsmappe als interaktive Webseite speichern

Auf **interaktiven Webseiten** können Benutzer mit den Daten auf der Seite interagieren, weil sie eine grundlegende Arbeitsmappenfunktionalität aufweist. Sie können Daten eingeben, formatieren, berechnen, sortieren und filtern. Interaktive Webseiten erfordern jedoch Microsoft Internet Explorer 4.01 oder höher, so dass sie nicht jeder benutzen kann.

So speichern Sie eine Arbeitsmappe als interaktive Webseite: Öffnen Sie die Arbeitsmappe, wählen Sie Datei → Als Webseite speichern im Menü aus und klicken Sie auf die Schaltfläche Veröffentlichen. Legen Sie in der Liste Wählen fest, welchen Bereich Sie auf Ihrer Webseite veröffentlichen wollen, geben Sie im Feld Dateiname einen Namen für die Seite ein, aktivieren Sie das Feld Interaktivität hinzufügen mit und klicken Sie auf die Schaltfläche Veröffentlichen.

Eine externe Datenquelle importieren

Wählen Sie Daten → Externe Daten importieren → Daten importieren im Menü aus. Suchen Sie die Datenquelle, die Sie importieren wollen, und wählen Sie sie aus. Klicken Sie auf Öffnen. Geben Sie an, wo genau im Arbeitsblatt die Datenquelle erscheinen soll, und klicken Sie auf OK.

Eine Datenquelle aktualisieren und ihre Eigenschaften festlegen

So stellen Sie die Eigenschaften einer externen Datenquelle ein: Klicken Sie auf die Schaltfläche Datenbereichseigenschaften in der Symbolleiste Externe Daten oder wählen Sie Daten → Externe Daten importieren → Datenbereichseigenschaften im Menü aus. Legen Sie danach die gewünschten Eigenschaften für die Datenquelle fest.

So aktualisieren Sie eine Datenquelle: Klicken Sie in der Symbolleiste Externe Daten auf die Schaltfläche Daten aktualisieren oder auf die Schaltfläche Alle aktualisieren.

Kapitel 10
Kapitel 10 im Überblick

So sehen Sie den Status der Aktualisierung ein: Klicken Sie auf die Schaltfläche Status aktualisieren in der Symbolleiste Externe Daten.

So brechen Sie eine Aktualisierung ab: Klicken Sie auf die Schaltfläche Aktualisierung abbrechen in der Symbolleiste Externe Daten.

Eine neue Webabfrage erstellen

So erstellen Sie eine neue Webabfrage: Wählen Sie Daten → Externe Daten importieren → Neue Webabfrage im Menü aus, klicken Sie auf die Schaltfläche Durchsuchen und suchen Sie die Webseite mit den Daten, die abgefragt werden sollen (oder geben Sie ihre Adresse an, wenn Sie sie kennen). Wählen Sie die Teile der Webseite aus, die Sie abfragen wollen (für gewöhnlich nur die Tabellen), klicken Sie auf OK, legen Sie fest, wo in der Arbeitsmappe das Ergebnis der Abfrage eingefügt werden soll, und klicken Sie auf OK.

Test

1. Auf welche der folgenden Elemente kann ein Hyperlink verweisen? (Mehrere Antworten sind möglich.)
   A. Eine Stelle in derselben Excel-Arbeitsmappe
   B. Eine andere Excel-Arbeitsmappe
   C. Ein Microsoft Word-Dokument
   D. Eine Webseite im Internet

2. Die Websymbolleiste erscheint automatisch immer dann, wenn Sie auf einen Hyperlink in einer Excel-Arbeitsmappe klicken. (Richtig oder falsch?)

3. Welche der folgenden Aussagen ist *nicht* richtig?
   A. Auf interaktiven Webseiten können die Benutzer mit Hilfe eines Webbrowsers Excel-Arbeitsblattdaten eingeben, formatieren, berechnen und sortieren.
   B. Auf nicht-interaktiven Seiten können die Benutzer mit Hilfe eines Webbrowsers Excel-Arbeitsblattdaten einsehen, aber nicht bearbeiten.
   C. In interaktiven Pivot-Tabellen können die Benutzer mit Hilfe eines Webbrowsers eine Pivot-Tabelle drehen, filtern und sortieren.
   D. Für interaktive Webseiten wird mindestens Version 4.0 von Microsoft Internet Explorer oder Netscape Navigator benötigt.

4. Wenn Sie eine Excel-Arbeitsmappe als HTML-Datei speichern, kann ein Teil der Arbeitsblattformatierung verloren gehen. (Richtig oder falsch?)

5. Einen Hyperlink können Sie bearbeiten, indem Sie darauf rechtsklicken und im Kontextmenü Hyperlink bearbeiten auswählen. (Richtig oder falsch?)

Hausaufgaben

1. Öffnen Sie die Arbeitsmappe Übung 4A und speichern Sie sie als Webübung.

2. Klicken Sie auf Zelle A10, geben Sie Ausgaben ein und drücken Sie Enter. Klicken Sie auf Zelle A10 und auf Hyperlink einfügen in der Standardsymbolleiste und erstellen Sie einen Hyperlink zur Arbeitsmappe Ausgaben.

3. Speichern Sie die Arbeitsmappe Webübung als Webseite.

4. Probieren Sie einige der in Excel vorhandenen Webabfragen aus.

Kapitel 10
Excel und das Internet

Antworten zum Test

1. A, B, C und D. Ein Hyperlink kann auf alle genannten Elemente verweisen.
2. Richtig. Die Websymbolleiste erscheint immer, wenn Sie in einer Microsoft Office-Anwendung auf einen Hyperlink klicken.
3. D. Netscape Navigator kann interaktive Excel-Webseiten nicht darstellen.
4. Richtig. Eine HTML-Datei verfügt nicht über so viele Formatierungsoptionen wie ein Excel-Arbeitsblatt.
5. Richtig. Um einem Hyperlink zu bearbeiten, rechtsklicken Sie auf ihn und wählen Hyperlink bearbeiten im Kontextmenü aus.

KAPITEL 11
DATENANALYSE UND PIVOT-TABELLEN

LERNZIELE

Eine Pivot-Tabelle erstellen
Die Berechnungen in einer Pivot-Tabelle ändern
Daten in einer Pivot-Tabelle gruppieren
Formatierung und Diagramme bei Pivot-Tabellen
Teilergebnisse berechnen
Datenbankfunktionen
Suchfunktionen
Ein Arbeitsblatt gruppieren und gliedern

AUFGABE: TICKETVERKÄUFE ANALYSIEREN

Voraussetzungen

- **Sie können mit Menüs, Symbolleisten, Dialogfeldern und Tastaturkürzeln umgehen.**
- **Sie wissen, wie Sie eine Liste erstellen und einsetzen.**
- **Sie wissen, wie Sie Formeln eingeben.**

Es gibt viele Möglichkeiten, Daten in einer schon erstellten Liste zu analysieren. Sie sollten schon einige grundlegende Arten der Datenanalyse kennen, z.B. das Filtern von Datensätzen. Dieses Kapitel stellt fortgeschrittenere und leistungsfähigere Methoden vor, um Listendaten zu analysieren.

Pivot-Tabellen stellen für gewöhnlich die beste Möglichkeit dar, Listendaten zusammenzufassen und zu analysieren – aus diesem Grund werden wir uns in mehr als der Hälfte dieses Kapitels damit befassen. Eine *Pivot-Tabelle* ist eine Möglichkeit, Listendaten zusammenzufassen. Werfen Sie einen kurzen Blick auf die Abbildungen 11-1 und 11-2, um einen Eindruck davon zu erhalten, wie einfach Sie mit Hilfe einer Pivot-Tabelle Ordnung in eine Zahlenwüste bringen können. In diesem Kapitel behandeln wir alle Einzelheiten von Pivot-Tabellen – wie Sie sie erstellen, ihren Aufbau ändern und die Daten, auf denen sie beruhen, bearbeiten.

Es wird aber auch Lektionen über verschiedene andere Möglichkeiten zum Zusammenfassen und Analysieren von Arbeitsblattdaten geben, wie etwa der Einsatz von Teilergebnissen, die Erstellung von datenbankspezifischen Formeln und die Gliederung der Arbeitsblätter.

LEKTION 11.1 Eine Pivot-Tabelle erstellen

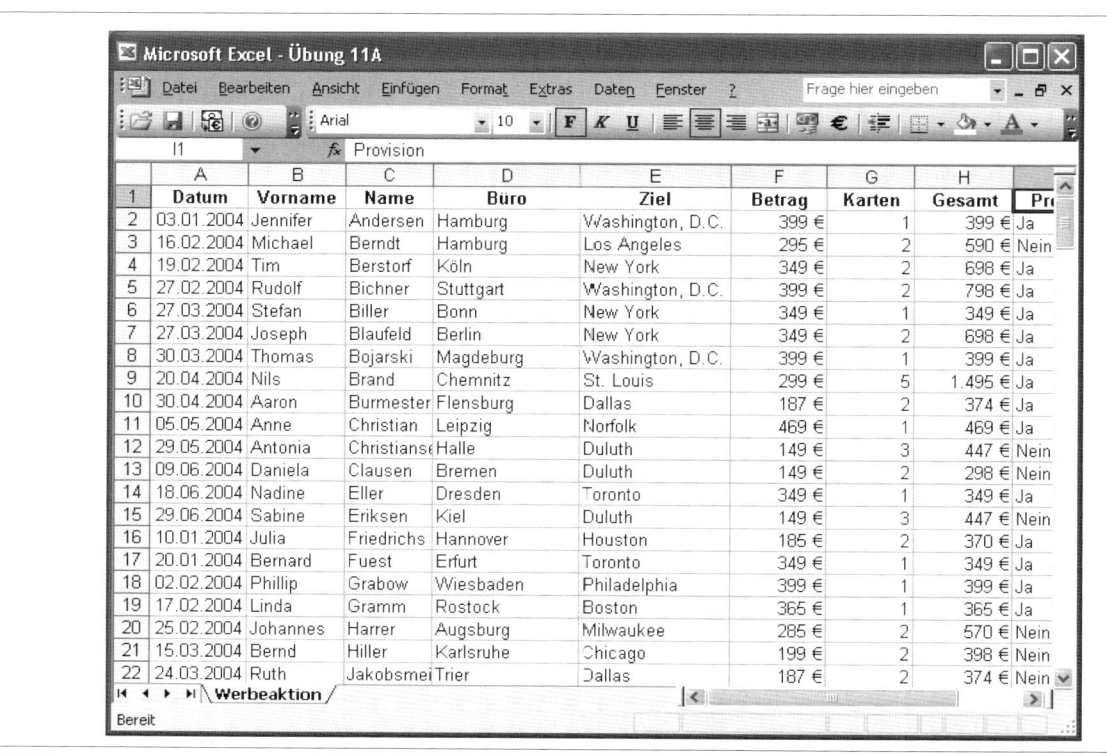

Abbildung 11-1: In solch einer langen Liste ist es schwierig, sich einen Überblick zu verschaffen.

Abbildung 11-2: Diese Pivot-Tabelle fasst die Daten aus Abbildung 11-1 zusammen.

Kapitel 11
Datenanalyse und Pivot-Tabellen

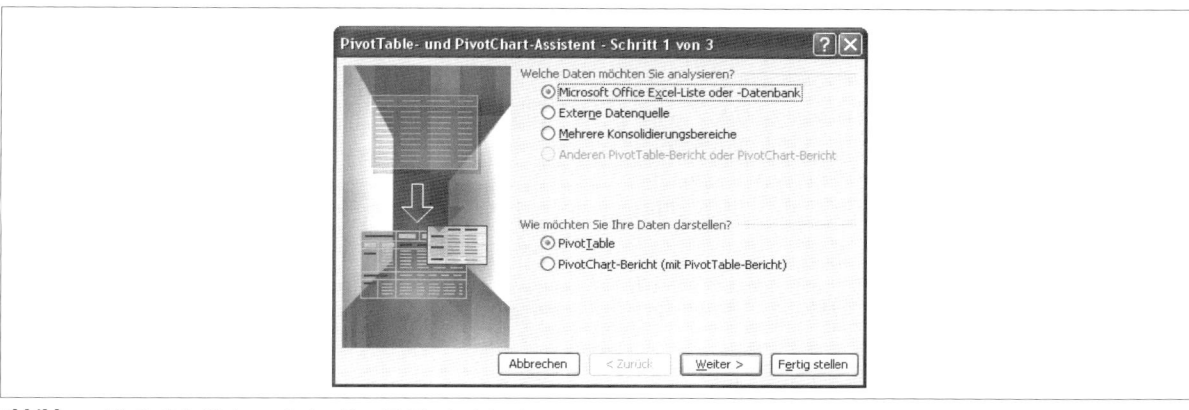

Abbildung 11-3: Schritt 1 von 3 des PivotTable-Assistenten

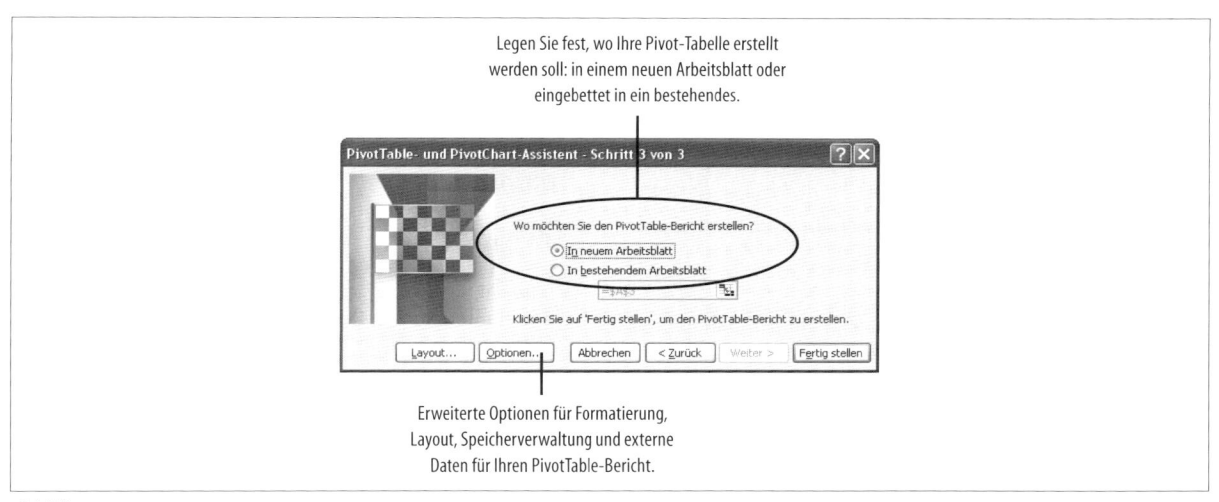

Abbildung 11-4: Schritt 3 von 3 des PivotTable-Assistenten

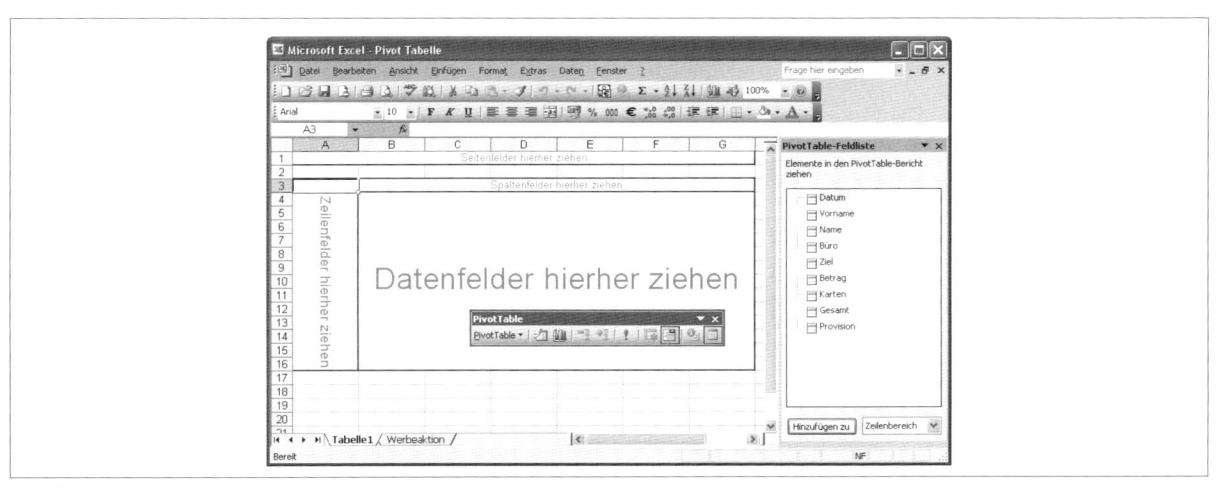

Abbildung 11-5: Eine neu erstellte Pivot-Tabelle (noch ohne Daten)

Lektion 11.1
Eine Pivot-Tabelle erstellen

Eine Pivot-Tabelle zu erstellen, ist erstaunlich einfach. Legen Sie eine Pivot-Tabelle mit dem *PivotTable-Assistenten* an, der Sie fragt, welche Felder Sie in die Pivot-Tabelle aufnehmen möchten, wie Sie die Tabelle gliedern wollen und welche Arten von Berechnungen sie durchführen soll. Pivot-Tabellen erscheinen durchaus verwirrend, aber Sie werden sie viel besser verstehen, wenn Sie tatsächlich eine erstellt haben.

1 Öffnen Sie die Arbeitsmappe Übung 11A und speichern Sie sie als Pivot-Tabelle.

Diese Arbeitsmappe enthält die Ticketverkaufszahlen einer kürzlich erfolgten Werbeaktion. In der Liste stehen die Flugdaten, die Vermittler, die Büros, die Tickets verkauft haben, die Zielorte, die Verkaufsmengen und eine Angabe, ob die Vermittler eine Provision erhalten haben oder nicht. In solch einer langen Liste ist es schwierig, grundlegende Informationen zu finden. Wie viele Tickets hat etwa das Büro in Aachen verkauft? Oder wie viele Tickets nach London konnten verkauft werden? Der PivotTable-Assistent hilft Ihnen dabei, die Liste zusammenzufassen und sinnvolle Informationen zu erhalten.

2 Vergewissern Sie sich, dass sich die Zellmarkierung innerhalb der Liste befindet (A1:I200) und wählen Sie Daten → PivotTable- und PivotChar-Bericht im Menü aus.

Es erscheint das Dialogfeld PivotTable- und PivotChart-Assistent – Schritt 1 von 3 (siehe Abbildung 11-3). Hier müssen Sie angeben, wo sich die Daten befinden, die in der Pivot-Tabelle verwendet werden sollen. Es gibt vier Möglichkeiten:

- **Microsoft Office Excel-Liste oder -Datenbank:** Erstellt eine Pivot-Tabelle aus Daten in den Spalten Ihres Arbeitsblatts (die am häufigsten benutzte Option).
- **Externe Datenquelle:** Erstellt eine Pivot-Tabelle aus Daten in einer Datei oder Datenbank außerhalb von Microsoft Excel oder der aktiven Arbeitsmappe.
- **Mehrere Konsolidierungsbereiche:** Erstellt eine Pivot-Tabelle aus mehreren Zellbereichen in verschiedenen Arbeitsblättern.
- **Anderen PivotTable-Bericht:** Erstellt eine Pivot-Tabelle aus einer anderen Pivot-Tabelle in derselben Arbeitsmappe.

Sie müssen sich auch entscheiden, ob Sie nur einen PivotTable-Bericht erstellen möchten oder einen PivotTable-Bericht mit dazugehörigem PivotChart-Bericht.

3 Vergewissern Sie sich, dass die Optionen Microsoft Office Excel-Liste oder -Datenbank und PivotTable ausgewählt sind, und klicken Sie danach auf Weiter.

Es folgt Schritt 2 des Assistenten. Sie müssen nun festlegen, wo sich die Daten befinden, die Sie in der Pivot-Tabelle verwenden wollen. Da sich beim Start des Assistenten die Zellmarkierung schon innerhalb der Liste befand, ist der Zellbereich der Liste (A1:I200) bereits ausgewählt.

4 Klicken Sie auf Weiter.

Nun ist der dritte und letzte Schritt des PivotTable-Assistenten an der Reihe (siehe Abbildung 11-4). Hier teilen Sie Excel mit, wo der PivotTable-Bericht eingefügt werden soll. Dafür gibt es zwei Möglichkeiten:

- In einem neuen Arbeitsblatt
- Eingebettet in ein bestehendes Arbeitsblatt

5 Wählen Sie die Option In neuem Arbeitsblatt aus und klicken Sie auf Fertig stellen.

Der PivotTable-Assistent wird geschlossen und die Pivot-Tabelle wird wie in Abbildung 11-5 in einem neuen Arbeitsblatt erstellt. Beachten Sie, dass die Tabelle leer ist – weil wir noch nicht festgelegt haben, welche Daten wir analysieren wollen. Das werden wir in der nächsten Lektion lernen.

Kapitel 11
Datenanalyse und Pivot-Tabellen

SCHNELLREFERENZ

SO ERSTELLEN SIE EINE PIVOT-TABELLE:

1. Vergewissern Sie sich, dass sich die Zellmarkierung innerhalb der Liste befindet.

2. Wählen Sie DATEN → PIVOTTABLE- UND PIVOTCHART-BERICHT im Menü aus.

3. Geben Sie den Ort der Daten, die Sie in die Tabelle aufnehmen wollen, und die Art des Berichts (PivotTable-Bericht oder Pivot-Table mit dazugehörigem PivotChart-Bericht) an und klicken Sie auf WEITER.

4. Vergewissern Sie sich in Schritt 2, dass der Zellbereich der Liste ausgewählt ist, und klicken Sie auf WEITER.

5. Legen Sie in Schritt 3 den Zielort der Pivot-Tabelle fest (ein neues oder ein bestehendes Arbeitsblatt).

6. Klicken Sie auf FERTIG STELLEN.

LEKTION 11.2 — Daten für die Analyse angeben

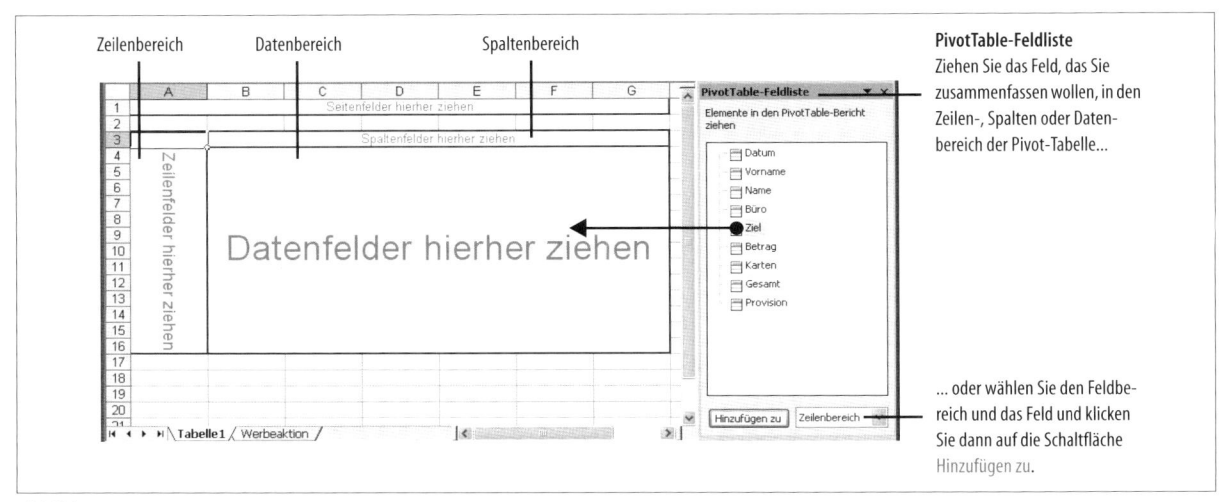

Abbildung 11-6: Das Feld Büro aus der PivotTable-Symbolleiste in den Spaltenbereich der Pivot-Tabelle ziehen

Beschriftungen zur Abbildung:
- Zeilenbereich
- Datenbereich
- Spaltenbereich
- **PivotTable-Feldliste** — Ziehen Sie das Feld, das Sie zusammenfassen wollen, in den Zeilen-, Spalten oder Datenbereich der Pivot-Tabelle...
- ... oder wählen Sie den Feldbereich und das Feld und klicken Sie dann auf die Schaltfläche Hinzufügen zu.

Abbildung 11-7: Pivot-Tabelle, die die gesamten Ticketverkäufe nach Ziel und Büro zusammenfasst

Zeigt an, wie die Pivot-Tabelle zusammengefasst wird (in diesem Fall nach der Summe).

Nachdem Sie Ihren PivotTable-Bericht erstellt haben, müssen Sie angeben, welche Daten Sie mit der Pivot-Tabelle analysieren wollen. Dieser Vorgang ist nicht schwierig – ziehen Sie die Daten einfach von der PivotTable-Symbolleiste in den Zeilen-, Spalten- oder Datenbereich des PivotTable-Berichts. Das hört sich kompliziert an, wenn man es noch nicht versucht hat – deswegen fangen wir jetzt an!

1 Ziehen Sie die Schaltfläche Ziel aus der PivotTable-Feldliste in den Zeilenbereich des PivotTable-Diagramms.

Das Feld Ziel erscheint oben im Zeilenbereich der Pivot-Tabelle. Als Nächstes machen Sie das Feld Büro zum Spaltentitel der Pivot-Tabelle.

2 Ziehen Sie die Schaltfläche Büro wie in Abbildung 11-6 aus der PivotTable-Feldliste in den Spaltenbereich des PivotTable-Diagramms.

Sie haben das Feld Ziel als Zeilentitel und das Feld Büro als Spaltentitel für Ihre Pivot-Tabelle festgelegt. Nun müssen Sie das Feld auswählen, das zusammengefasst werden soll.

3 Ziehen Sie die Schaltfläche Karten aus der PivotTable-Feldliste in den Datenbereich des PivotTable-Diagramms.

Vergleichen Sie das Ergebnis mit Abbildung 11-7.

Das Nützliche an Pivot-Tabellen ist ihr *dynamischer* Aufbau: Nachdem Sie sie erstellt haben, können Sie

sie umstellen oder »drehen« (englisch: »to pivot«) und damit die Daten auf verschiedene Arten darstellen. Z.B. könnten Sie die eben erstellte Pivot-Tabelle so umstellen, dass die Gesamtsumme der Ticketverkäufe zusammengefasst wird statt der Zahl der verkauften Tickets.

4 Ziehen Sie die Schaltfläche Summe von Tickets (in Zelle A3) aus dem PivotTable-Diagramm.

Die Pivot-Tabelle zeigt nun nicht mehr die Anzahl der insgesamt verkauften Tickets an. Sie können einfach ein anderes Feld zusammenfassen, indem Sie es in den Datenbereich ziehen.

5 Ziehen Sie die Schaltfläche Gesamt in den Datenbereich des PivotTable-Diagramms.

Sie können die Überschriften einer Pivot-Tabelle auch umstellen.

6 Ziehen Sie die Schaltfläche Ziel aus dem Zeilenbereich des PivotTable-Diagramms in den Spaltenbereich und die Schaltfläche Büro aus dem Spaltenbereich in den Zeilenbereich.

Wahrscheinlich erkenne Sie jetzt, welche Leistungsfähigkeit wirklich in Pivot-Tabellen steckt. Mit ihnen kann man sich für gewöhnlich einen Überblick sogar über Daten sehr langer Listen verschaffen. Nach der Erstellung einer Pivot-Tabelle können Sie die darin zusammengefassten Daten schnell per Drag & Drop ändern.

SCHNELLREFERENZ

SO WÄHLEN SIE DIE DATEN FÜR EINE PIVOT-TABELLE AUS:

1. VERGEWISSERN SIE SICH, DASS SICH DIE ZELLMARKIERUNG INNERHALB DER LISTE BEFINDET.

2. ZIEHEN SIE DIE NAMEN DER FELDER, DIE SIE ZUSAMMENFASSEN WOLLEN, IN DEN ENTSPRECHENDEN BEREICH DES PIVOTTABLE-DIAGRAMMS (SEITE, SPALTE, ZEILE ODER DATEN).

LEKTION 11.3 Die Berechnungen in einer Pivot-Tabelle ändern

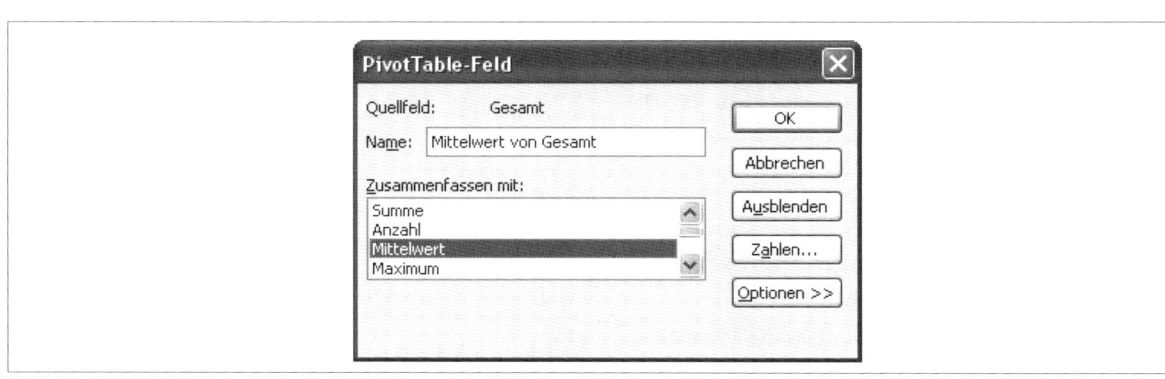

Abbildung 11-8: Das Dialogfeld PivotTable-Feld

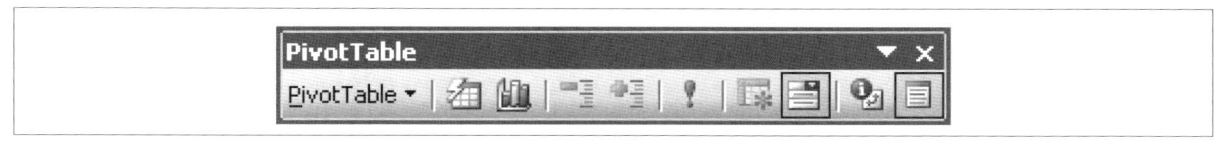

Abbildung 11-9: Die PivotTable-Symbolleiste

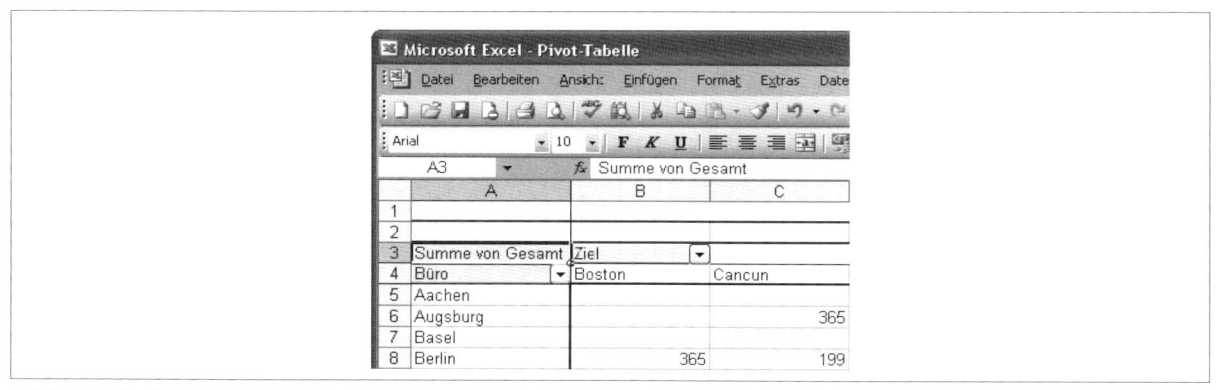

Abbildung 11-10: Nach der Summe von Gesamt zusammengefasste Pivot-Tabelle

Abbildung 11-11: Nach dem Mittelwert von Gesamt zusammengefasste Pivot-Tabelle

In der letzten Lektion haben Sie gelernt, wie Sie die Daten ändern können, die in einem PivotTable-Bericht vorkommen sollen. Sie können auch ändern, wie die Pivot-Tabelle die Daten zusammenfasst, wenn Sie z.B. wollen, dass eine Pivot-Tabelle die Mittelwerte statt der Summen darstellt.

1 Klicken Sie auf Zelle B5 und wählen Sie Fenster → Fenster fixieren im Menü aus.

Von nun an bleiben die Spalten- und Zeilentitel rechts und oberhalb der aktiven Zelle (B5) stets sichtbar, wenn Sie durch das Arbeitsblatt scrollen.

2 Scrollen Sie herunter bis Zeile 23.

Die Pivot-Tabelle hat die jeweiligen Spaltensummen berechnet; daran können Sie den Gesamtumsatz für die einzelnen Reiseziele erkennen.

3 Scrollen Sie zu Spalte U.

Die Pivot-Tabelle hat auch die Gesamtverkäufe der einzelnen Zielorte berechnet.

Die Schaltfläche Feldeinstellungen

4 Klicken Sie auf die Schaltfläche Feldeinstellungen in der PivotTable-Symbolleiste (siehe Abbildung 11-9).

Es erscheint das Dialogfeld PivotTable-Feld aus Abbildung 11-8. Hier können Sie einstellen, wie eine Pivot-Tabelle berechnet wird. So können Sie z.B. statt der Gesamtsumme der Verkäufe den Mittelwert bestimmen lassen.

5 Wählen Sie Mittelwert aus der Liste Zusammenfassen mit aus und klicken Sie auf OK.

Das Dialogfeld PivotTable-Feld wird geschlossen und die Pivot-Tabelle zeigt die durchschnittlichen Umsätze an, wie Sie in Abbildung 11-11 sehen können.

SCHNELLREFERENZ

SO ÄNDERN SIE DIE BERECHNUNGSART EINER PIVOT-TABELLE:

1. KLICKEN SIE IN DER PIVOTTABLE-SYMBOLLEISTE AUF FELDEINSTELLUNGEN.

2. WÄHLEN SIE DIE GEWÜNSCHTE BERECHNUNG AUS DER LISTE ZUSAMMENFASSEN MIT AUS UND KLICKEN SIE AUF OK.

LEKTION 11.4 Die anzuzeigenden Informationen auswählen

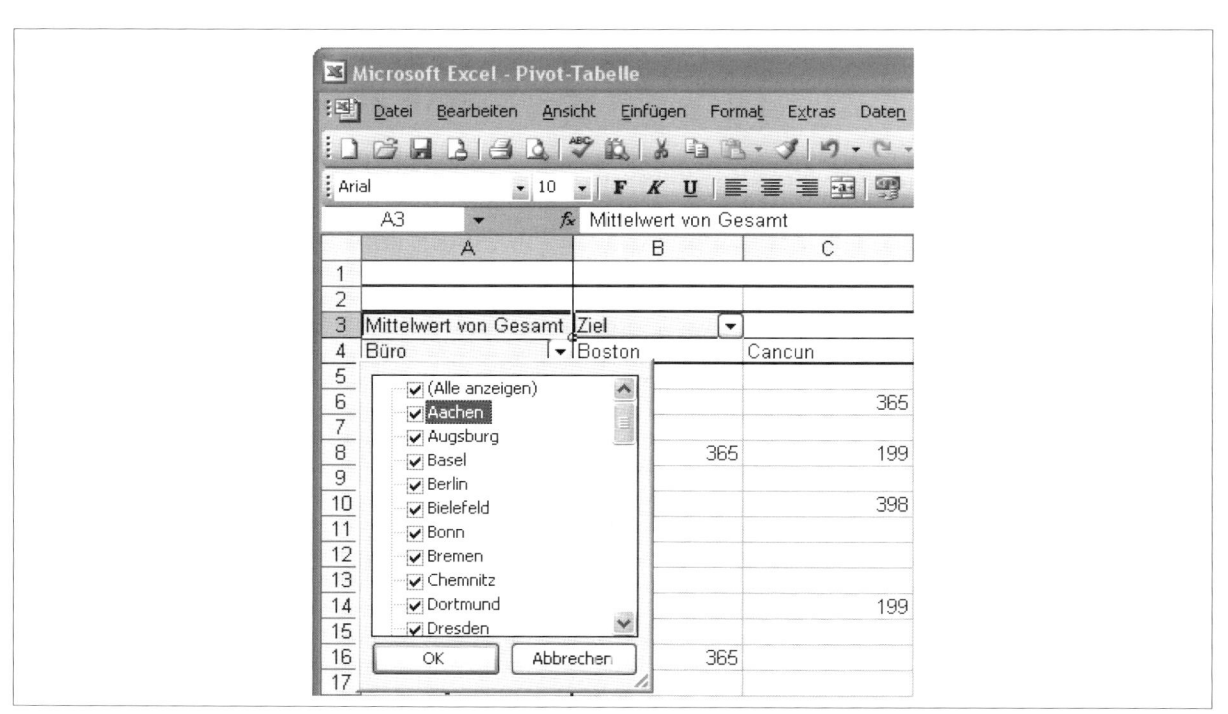

Abbildung 11-12: Die zusammengefassten Daten in einer Pivot-Tabelle mit Hilfe eines Seitenfelds filtern

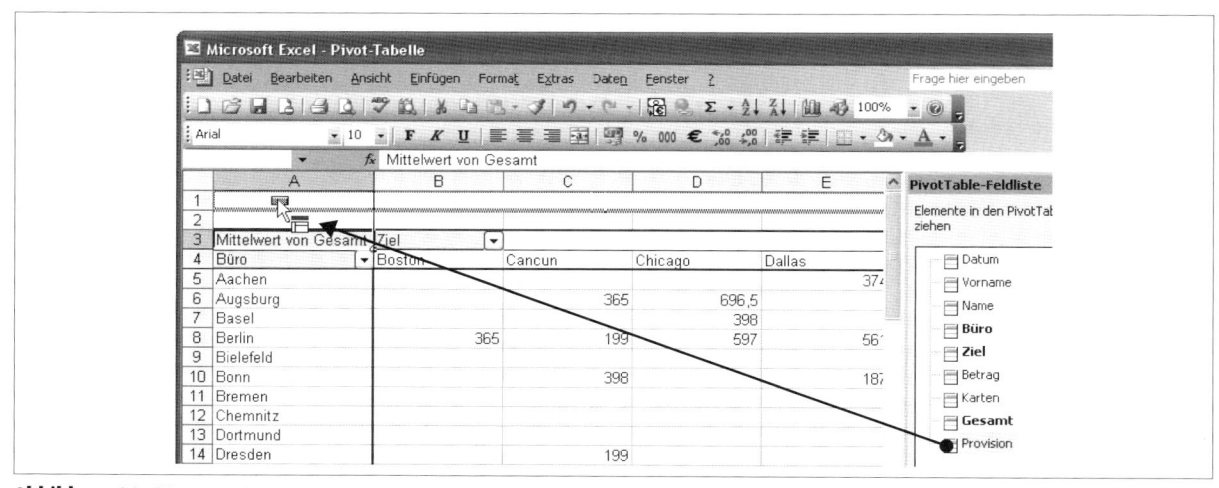

Abbildung 11-13: Ein Feld in den Seitenbereich eines PivotTable-Berichts ziehen

Kapitel 11
Datenanalyse und Pivot-Tabellen

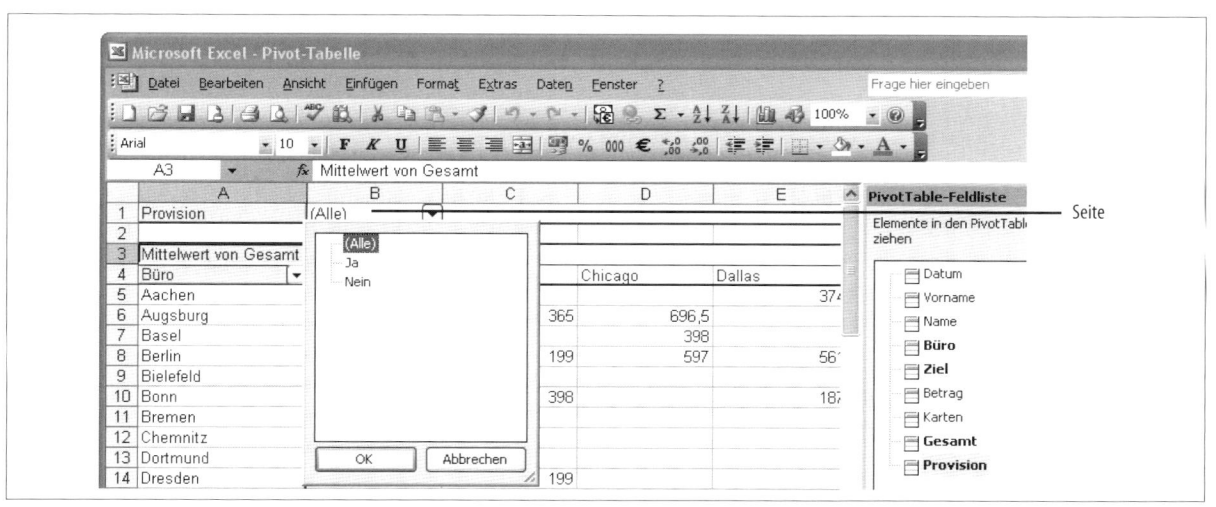

Abbildung 11-14: Die zusammengefassten Daten in einer Pivot-Tabelle mit Hilfe eines Seitenfelds filtern

Sie können die zusammengefassten Informationen in einer Pivot-Tabelle auf zwei Arten filtern. Entweder klicken Sie auf die Pfeilsymbole der Zeilen- oder Spaltenfelder und wählen die gewünschten Einträge aus, die im PivotTable-Bericht erfasst werden sollen, oder Sie fügen ein *Seitenfeld* zur Pivot-Tabelle hinzu. In dieser Lektion werden Sie beide Wege kennen lernen.

1 Suchen und öffnen Sie ggf. die Arbeitsmappe Übung 11B und speichern Sie sie als Pivot-Tabelle.

2 Klicken Sie auf die Dropdown-Liste Büro in Zelle A4.

Unter dem Feld Büro erscheint eine Dropdown-Liste (siehe Abbildung 11-12). Wählen Sie die Werte aus, die Sie in die Pivot-Tabelle aufnehmen wollen, und deaktivieren Sie die restlichen.

3 Deaktivieren Sie die Einträge Aachen, Augsburg, Basel, Berlin und Bielefeld und klicken Sie auf OK.

Diese Büros erscheinen nicht mehr im PivotTable-Bericht. Sie können die Informationen, die angezeigt werden, filtern, indem Sie ein Seitenfeld zu der Pivot-Tabelle hinzufügen.

4 Ziehen Sie die Schaltfläche Provision wie in Abbildung 11-13 in den Seitenbereich des PivotTable-Diagramms.

Nun können Sie die Pivot-Tabelle nach dem Feld Provision filtern und die Daten der Verkäufe mit Provision, ohne Provision oder beides anzeigen lassen.

5 Klicken Sie auf das Pfeilsymbole des Felds Provision, wählen Sie Ja aus und klicken Sie auf OK (siehe Abbildung 11-14).

Die Pivot-Tabelle zeigt nur Daten für Ticketverkäufe mit Provision an.

Lektion 11.4
Die anzuzeigenden Informationen auswählen

SCHNELLREFERENZ

SO FÜGEN SIE EIN SEITENFELD ZU EINER PIVOT-TABELLE HINZU:

1. VERGEWISSERN SIE SICH, DASS SICH DIE ZELLMARKIERUNG INNERHALB DER PIVOT-TABELLE BEFINDET.
2. ZIEHEN SIE DEN NAMEN DES FELDS, NACH DEM SIE DIE PIVOT-TABELLE FILTERN WOLLEN, IN DEN SEITENBEREICH DES PIVOTTABLE-DIAGRAMMS UND KLICKEN SIE AUF FERTIG STELLEN.

SO FILTERN SIE DIE ZUSAMMENGEFASSTEN INFORMATIONEN IN EINER PIVOT-TABELLE:

- WÄHLEN SIE DIE GEWÜNSCHTEN WERTE IN DEN DROPDOWN-LISTEN DER ZEILEN-, SPALTEN- ODER SEITENFELDER AUS.

Daten in einer Pivot-Tabelle gruppieren

LEKTION 11.5

	A	B	C	D	E
1	Provision	Ja			
2					
3	Mittelwert von Gesamt	Datum			
4	Ziel	02.01.2004	03.01.2004	04.01.2004	05.01.2004
5	Boston	730			
6	Cancun				
7	Chicago				
8	Dallas				374

Abbildung 11-15: Ticketverkäufe nach dem Datum zusammenfassen

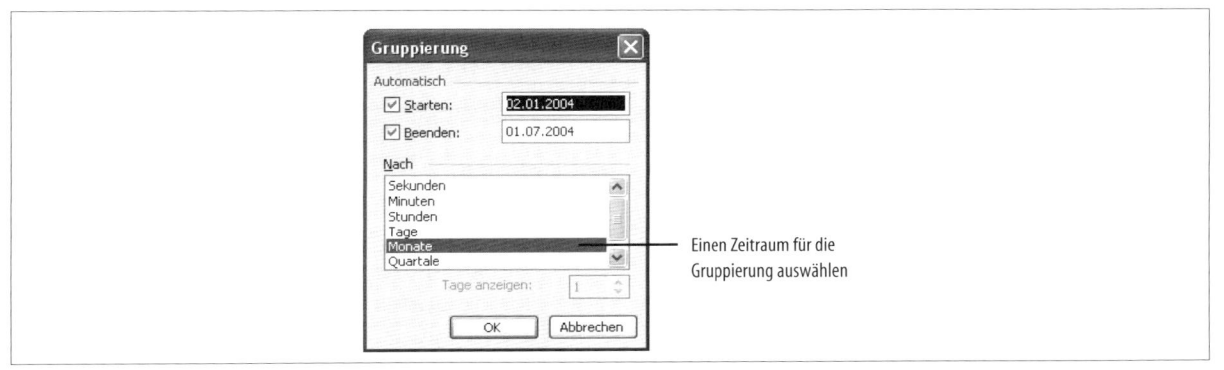

Abbildung 11-16: Das Dialogfeld Gruppierung

Einen Zeitraum für die Gruppierung auswählen

	A	B	C	D	E
1	Provision	Ja			
2					
3	Mittelwert von Gesamt	Datum			
4	Ziel	Jan	Feb	Mrz	Apr
5	Boston	608,3333333	365	730	730
6	Cancun			597	
7	Chicago	398	398	696,5	1194
8	Dallas	374	561		374

Abbildung 11-17: Die Daten in der Pivot-Tabelle nach Monaten gruppieren

Pivot-Tabellen können Informationen normalerweise ohne Ihr Zutun darstellen. Wenn Sie jedoch eine Liste nach dem Datum zusammenfassen wollen, müssen Sie Excel wahrscheinlich helfen und mitteilen, wie Sie die Informationen in der Pivot-Tabelle gruppieren möchten: nach Tagen, Monaten, Quartalen oder Jahren. In dieser Lektion stellen wir unsere Pivot-Tabelle um und fassen die Informationen darin nach Monaten zusammen. Zuerst müssen Sie Ihre Pivot-Tabelle umstellen, um sie nach dem Datum zusammenfassen zu können.

1 Ziehen Sie die Schaltfläche Büro aus dem Pivot-Table-Diagramm heraus und die Schaltfläche Ziel aus dem Spaltenbereich in den Zeilenbereich.

Als Nächstes müssen Sie das Feld Datum zum Spaltenbereich der Pivot-Tabelle hinzufügen.

2 Ziehen Sie die Schaltfläche Datum in den Spaltenbereich der Pivot-Tabelle.

Nun fasst die Pivot-Tabelle die Ticketverkäufe nach Zielort und Datum zusammen (Abbildung 11-15).

Lektion 11.5
Daten in einer Pivot-Tabelle gruppieren

Das einzige Problem dabei ist, dass die Informationen nach Tagen geordnet sind – was in einer Zusammenfassung wenig Sinn ergibt. Sie können das verbessern, indem Sie die Tage mit dem Befehl Gruppierung nach Monaten zusammenfassen. Zuerst müssen Sie festlegen, welche Informationen gruppiert werden sollen – nämlich die Kalenderdaten.

3 Klicken Sie auf die Schaltfläche Datum in Zelle B3 und wählen Sie Daten → Gruppierung und Gliederung → Gruppierung im Menü aus.

Es erscheint das Dialogfeld Gruppierung aus Abbildung 11-16. Sie müssen hier ein Datum oder einen Zeitraum auswählen, nach dem gruppiert werden soll.

4 Wählen Sie Monate aus der Liste Nach aus und klicken Sie auf OK.

Das Dialogfeld Gruppierung wird geschlossen und die Pivot-Tabelle gruppiert die Daten wie in Abbildung 11-17 nach Monaten.

SCHNELLREFERENZ

SO GRUPPIEREN SIE INFORMATIONEN NACH DEM DATUM ODER DER ZEIT:

1. WÄHLEN SIE EIN ZEILEN- ODER SPALTENFELD MIT DEM DATUM ODER DER ZEIT AUS, NACH DER GRUPPIERT WERDEN SOLL, UND KLICKEN SIE IM MENÜ AUF DATEN → GRUPPIERUNG UND GLIEDERUNG → GRUPPIERUNG.

2. LEGEN SIE DEN ANFANG UND DAS ENDE DES INTERVALLS FEST, NACH DEM DIE DATEN ODER ZEITPUNKTE GRUPPIERT WERDEN SOLLEN, UND KLICKEN SIE AUF OK.

LEKTION 11.6

Eine Pivot-Tabelle aktualisieren

	A	B	C	D	E	F	G	H
1	Provision	Ja						
2								
3	Summe von Gesamt	Datum						
4	Ziel	Jan	Feb	Mrz	Apr	Mai	Jun	Gesamtergebnis
5	Boston	1825	365	730	730	365	730	4745
6	Cancun				1194		199	1393
7	Chicago	398	796	1393	1194	398		4179
8	Dallas	374	561		748		935	2618
9	Detroit	980		2940	245	490		4655

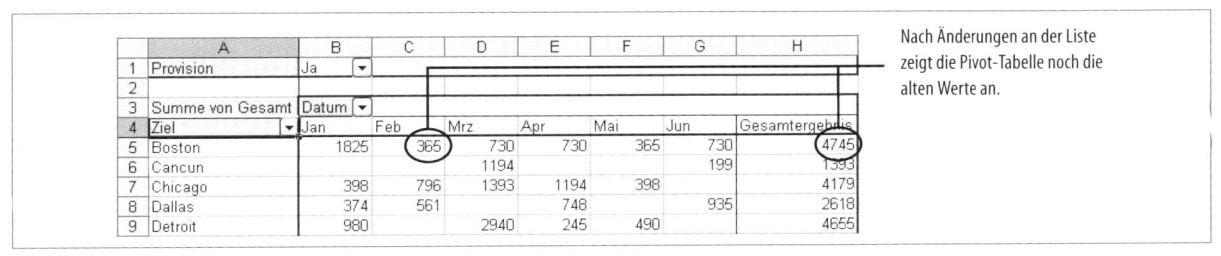

Nach Änderungen an der Liste zeigt die Pivot-Tabelle noch die alten Werte an.

Abbildung 11-18: Eine Pivot-Tabelle, die aktualisiert werden muss

	A	B	C	D	E	F	G	H
1	Provision	Ja						
2								
3	Summe von Gesamt	Datum						
4	Ziel	Jan	Feb	Mrz	Apr	Mai	Jun	Gesamtergebnis
5	Boston	1825	36500	730	730	365	730	40880
6	Cancun				1194		199	1393
7	Chicago	398	796	1393	1194	398		4179
8	Dallas	374	561		748		935	2618
9	Detroit	980		2940	245	490		4655

Die Pivot-Tabelle zeigt nun die Änderungen an, die an der Liste durchgeführt wurden.

Abbildung 11-19: Die aktualisierte Pivot-Tabelle

Wenn Sie die Quelldaten einer Pivot-Tabelle ändern, wird diese nicht automatisch auf den neuesten Stand gebracht. Stattdessen müssen Sie die Pivot-Tabelle immer selbst *aktualisieren*, wenn Sie die zugrunde liegenden Daten ändern. Diese Lektion zeigt Ihnen, wie Sie das machen.

1 Klicken Sie auf Zelle A3 und danach auf die Schaltfläche Feldeinstellungen in der PivotTable-Symbolleiste. Wählen Sie Summe im Dialogfeld aus und klicken Sie auf OK.

Nun zeigt die Pivot-Tabelle die Gesamtsumme und nicht den Mittelwert an.

2 Rufen Sie das Arbeitsblatt Werbeaktion auf. Klicken Sie auf Zelle G19, geben Sie 100 ein und drücken Sie Enter.

Natürlich hat Linda Gramm nicht 100 Tickets nach Boston verkauft, aber das ist eine genügend große Zahl, um die Änderungen in der Februar-Spalte der Pivot-Tabelle bei einer Aktualisierung deutlich zu erkennen.

3 Kehren Sie wieder zur Pivot-Tabelle im Arbeitsblatt Tabelle1 zurück.

Sehen Sie sich Zelle C5 in der Februar-Spalte an. Wie Sie in Abbildung 11-18 sehen können, zeigt die Pivot-Tabelle den erhöhten Ticketverkauf nicht an, den Sie gerade in die Liste eingetragen haben.

Die Schaltfläche Daten aktualisieren
Weitere Möglichkeit, eine Pivot-Tabelle zu aktualisieren:
• Wählen Sie Daten → Daten aktualisieren im Menü aus.

4 Klicken Sie auf eine beliebige Stelle in der Pivot-Tabelle und danach auf die Schaltfläche Daten aktualisieren in der PivotTable-Symbolleiste.

Die Pivot-Tabelle wird aktualisiert und zeigt die aktuellen Listendaten korrekt an (siehe Abbildung 11-19).

5 Gehen Sie zurück zu Zelle G19 im Arbeitsblatt Werbeaktion, ändern Sie den Wert wieder in 1 um und drücken Sie Enter. Rufen Sie das Arbeitsblatt Tabelle1 auf, um wieder zur Pivot-Tabelle zu gelangen, und klicken Sie auf die Schaltfläche Daten aktualisieren in der PivotTable-Symbolleiste.

Lektion 11.6
Eine Pivot-Tabelle aktualisieren

SCHNELLREFERENZ

SO AKTUALISIEREN SIE EINE PIVOT-TABELLE:

- KLICKEN SIE AUF DIE SCHALTFLÄCHE DATEN AKTUALISIEREN IN DER PIVOTTABLE-SYMBOLLEISTE.

ODER:

- WÄHLEN SIE DATEN → DATEN AKTUALISIEREN IM MENÜ AUS.

LEKTION 11.7
Formatierung und Diagramme bei Pivot-Tabellen

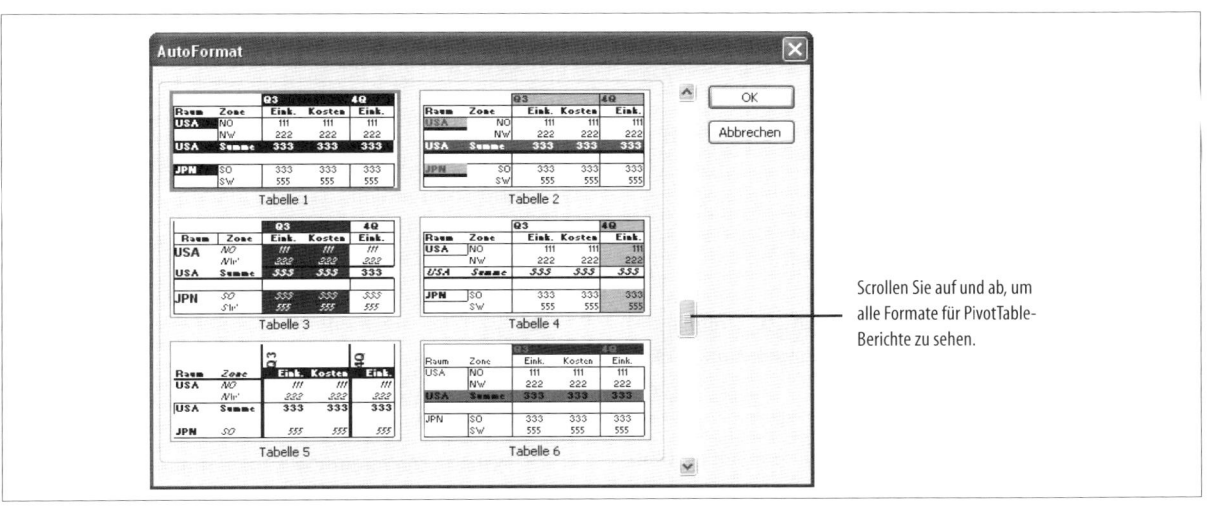

Abbildung 11-20: AutoFormate für einen PivotTable-Bericht

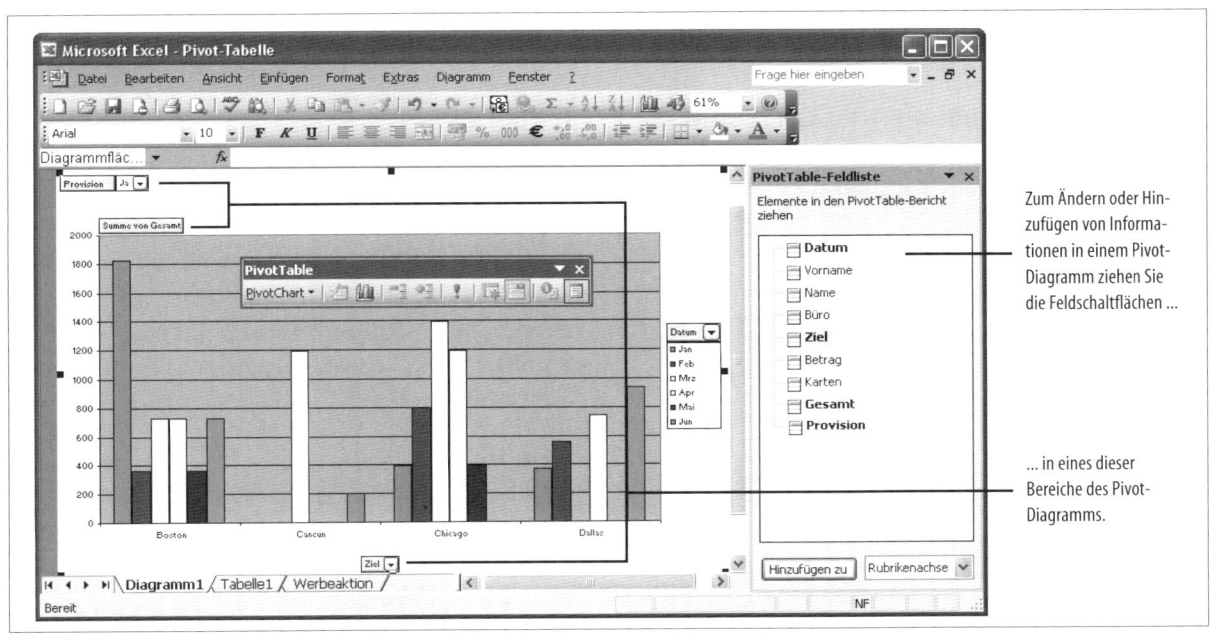

Abbildung 11-21: Fertig gestelltes Pivot-Diagramm

Diese Lektion erläutert Ihnen, wie Sie einen PivotTable-Bericht mit Hilfe des Befehls *AutoFormat* schnell formatieren können und wie Sie ein Pivot-Diagramm erstellen – beides neue Funktionen in Excel 2003.

Zuerst wollen wir über die Formatierung Ihrer Pivot-Tabelle mit *AutoFormat* reden. *AutoFormat* ist eine vorgegebene Sammlung von Formaten wie etwa Schriftgrößen, Mustern und Ausrichtungen, die Sie einfach einem PivotTable-Bericht zuweisen können. Mit *AutoFormat* haben Sie die Wahl zwischen 20 verschiedenen voreingestellten Formaten. Hierbei handelt es sich um eine großartige Funktion, wenn Ihre Pivot-Tabelle gut und professionell aussehen soll, Sie aber keine Zeit haben, sie selbst zu formatieren.

Lektion 11.7
Formatierung und Diagramme bei Pivot-Tabellen

Die Schaltfläche Bericht formatieren

Die Schaltfläche Diagramm-Assistent
Weitere Möglichkeit, ein Diagramm einzufügen:
• Wählen Sie Einfügen → Diagramm im Menü aus.

1 Vergewissern Sie sich, dass sich die Zellmarkierung innerhalb der Pivot-Tabelle befindet, und klicken Sie auf die Schaltfläche Bericht formatieren in der PivotTable-Symbolleiste.

Es erscheint das Dialogfeld AutoFormat aus Abbildung 11-20. Sie können nun mit einem voreingestellten Format den PivotTable-Bericht formatieren.

2 Scrollen Sie in dem Dialogfeld AutoFormat nach unten, wählen Sie das Format Tabelle 2 aus und klicken Sie auf OK.

Die Pivot-Tabelle wird mit den Einstellungen des Formats Tabelle 2 formatiert.

Nun wollen wir mit dem anderen Thema dieser Lektion fortfahren – der Erstellung eines Pivot-Diagramms. Ein Pivot-Diagramm entspricht einem gewöhnlichen Excel-Diagramm mit dem Unterschied, dass es die Informationen einer Pivot-Tabelle darstellt und genauso wie ein PivotTable-Bericht *dynamisch* ist. Sie können den Aufbau eines Pivot-Diagramms so wie den einer Pivot-Tabelle ändern.

3 Vergewissern Sie sich, dass sich die Zellmarkierung innerhalb der Pivot-Tabelle befindet, und klicken Sie auf die Schaltfläche Diagramm-Assistent in der PivotTable-Symbolleiste.

Excel erstellt ein Diagramm aus der Pivot-Tabelle und platziert es in einem neuen Arbeitsblatt, das Diagramm1 heißt. Sie können ein Pivot-Diagramm genauso wie ein gewöhnliches Diagramm formatieren und bearbeiten. Aufgrund der vielen Informationen in unserer Pivot-Tabelle macht das eben erstellte Pivot-Diagramm einen überladenen Eindruck. Wie bei Pivot-Tabellen können Sie auch in einem Pivot-Diagramm auswählen, welche Daten angezeigt werden sollen.

4 Klappen Sie die Dropdown-Liste Ziel unterhalb des Diagramms auf, deaktivieren Sie all Zielorte außer Boston, Cancun, Chicago und Dallas und klicken Sie auf OK.

Im Pivot-Diagramm werden nur die angegebenen Zielorte dargestellt. Lassen Sie uns nun den Diagrammtyp ändern, um das Pivot-Diagramm verständlicher zu gestalten.

5 Wählen Sie Diagramm → Diagrammtyp im Menü aus.

Es erscheint das Dialogfeld Diagrammtyp.

6 Klicken Sie in der Liste Diagrammuntertyp auf den Diagrammtyp Gruppierte Säulen und danach auf OK.

Das Diagramm wird in Form von gruppierten Säulen angezeigt, die Sie in Abbildung 11-21 sehen.

Nahezu alle Möglichkeiten, eine Pivot-Tabelle zu bearbeiten, stehen Ihnen auch für ein Pivot-Diagramm zur Verfügung. Sie können z.B. einfach die Daten ändern, entfernen oder umstellen, die das Pivot-Diagramm darstellt.

7 Ziehen Sie das Feld Summe von Gesamt (in der oberen linken Ecke des Diagramms) aus dem Pivot-Diagramm heraus, um es zu entfernen.

Da das Pivot-Diagramm keine Daten mehr zum Darstellen hat, wird die Meldung Datenfelder hierher ziehen angezeigt.

8 Ziehen Sie das Feld Tickets aus der PivotTable-Feldliste in den leeren Datenbereich des Pivot-Diagramms.

Das Pivot-Diagramm stellt nun die Gesamtzahl der verkauften Tickets pro Zielort dar.

9 Speichern Sie Ihre Arbeit und schließen Sie danach die Arbeitsmappe PivotTable.

Das war es – wir haben die Arbeit mit Pivot-Tabellen und -Diagrammen abgeschlossen! Pivot-Tabellen stellen den leistungsfähigsten Weg dar, um Daten einer Liste zusammenzufassen, aber es gibt noch andere Möglichkeiten. Der Rest dieses Kapitels befasst sich mit einigen der Arten, Listendaten zusammenzufassen.

SCHNELLREFERENZ

SO FORMATIEREN SIE EINE PIVOT-TABELLE:

- VERGEWISSERN SIE SICH, DASS SICH DIE ZELLMARKIERUNG INNERHALB DER PIVOT-TABELLE BEFINDET, UND KLICKEN SIE AUF DIE SCHALTFLÄCHE BERICHT FORMATIEREN IN DER PIVOTTABLE-SYMBOLLEISTE. WÄHLEN SIE DIE GEWÜNSCHTE FORMATIERUNG AUS UND KLICKEN SIE AUF OK.

SO ERSTELLEN SIE EIN PIVOT-DIAGRAMM:

- KLICKEN SIE AUF EINE BELIEBIGE ZELLE INNERHALB DER PIVOT-TABELLE UND DANACH AUF DIE SCHALTFLÄCHE DIAGRAMM-ASSISTENT IN DER PIVOTTABLE-SYMBOLLEISTE. WAHRSCHEINLICH WERDEN SIE ZUSÄTZLICH NOCH DEN DIAGRAMMTYP ÄNDERN MÜSSEN.

ODER:

- ERSTELLEN SIE EINE NEUE PIVOT-TABELLE MIT EINEM PIVOT-DIAGRAMM. WEITERE INFORMATIONEN FINDEN SIE IN DER ANLEITUNG ZUM ERSTELLEN EINER PIVOT-TABELLE.

SO ÄNDERN SIE EIN PIVOT-DIAGRAMM:

- ÄNDERN SIE EIN PIVOT-DIAGRAMM GENAUSO WIE EINE PIVOT-TABELLE: FÜGEN SIE DEM PIVOT-DIAGRAMM FELDER AUS DER PIVOTTABLE-FELDLISTE HINZU ODER ENTFERNEN SIE SIE PER DRAG & DROP.

LEKTION 11.8 Teilergebnisse berechnen

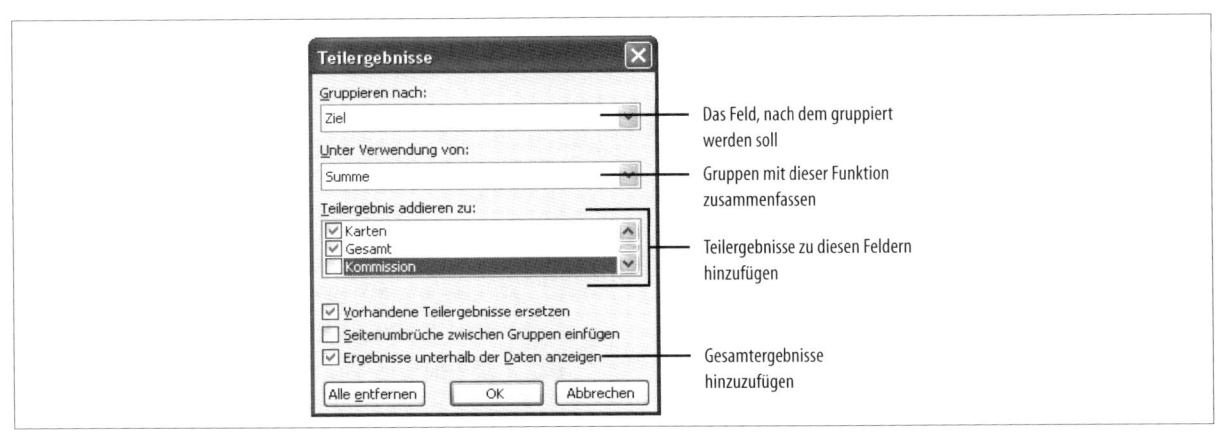

Abbildung 11-22: Das Dialogfeld Teilergebnisse

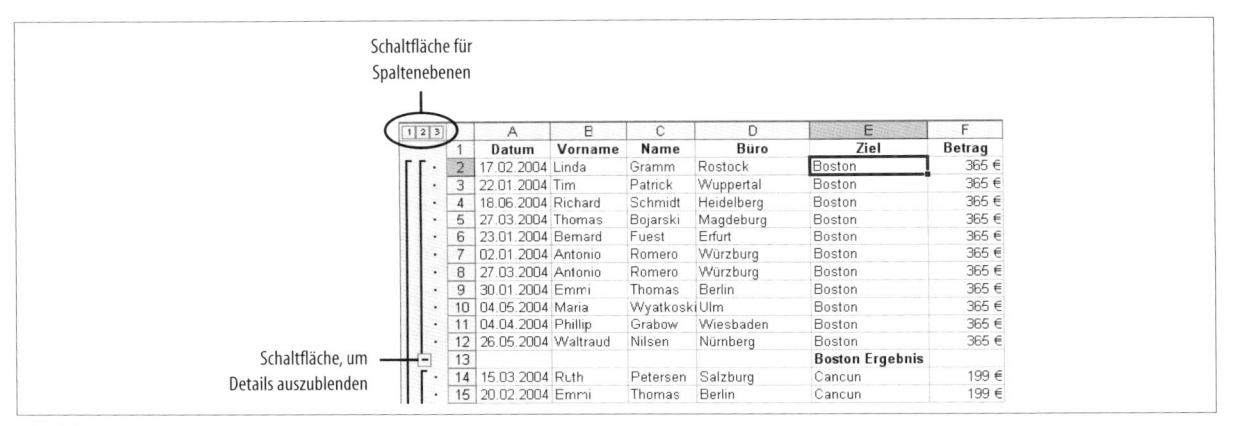

Abbildung 11-23: Eine Teilergebnisliste mit allen Details

Abbildung 11-24: Eine Teilergebnisliste mit ausgeblendeten Details

Bislang haben wir in diesem Kapitel die Informationen einer Liste in Pivot-Tabellen zusammengefasst. Eine andere einfache und schnelle Möglichkeit, Daten zu gruppieren und zusammenzufassen, stellt die Funktion *Teilergebnis* von Excel dar. Für gewöhnlich werden Teilergebnisse mit der Funktion *Summe* erstellt, aber Sie können auch die Funktionen *Anzahl*, *Mittelwert*, *Maximum* und *Minimum* verwenden.

1 Öffnen Sie die Arbeitsmappe Übung 11C.

Sie müssen die Liste sortieren, bevor Sie den Befehl Teilergebnisse benutzen können. Wir sortieren sie alphabetisch nach dem Zielort.

Die Schaltfläche Aufsteigend sortieren

2 Klicken Sie in eine beliebige Zelle von Spalte E und danach auf die Schaltfläche Aufsteigend sortieren in der Standardsymbolleiste.

Die Liste wird alphabetisch nach dem Zielort sortiert. Nun können Sie den Befehl Teilergebnisse benutzen.

Die Schaltflächen für Spaltenebenen

3 Vergewissern Sie sich, dass sich die aktuelle Zelle innerhalb der Liste befindet, und wählen Sie Daten → Teilergebnisse im Menü aus.

Es erscheint das Dialogfeld Teilergebnisse, das Sie in Abbildung 11-22 sehen. Wir wollen die Liste nach dem Feld Ziel zusammenfassen, das im letzten Schritt sortiert wurde.

4 Wählen Sie Ziel aus der Liste Gruppieren nach und Summe aus der Liste Unter Verwendung von aus.

Dadurch werden immer dann Teilergebnisse erstellt, wenn es Änderungen im Feld Ziel gibt (aus diesem Grund haben Sie in Schritt 2 die Liste auch nach dem Zielort sortiert). Als Nächstes müssen Sie angeben, dass Sie Teilergebnisse zu den Feldern Karten und Gesamt hinzufügen wollen.

5 Aktivieren Sie in der Liste Teilergebnis addieren zu die Felder Tickets und Gesamt (ggf. müssen Sie einen Bildlauf durchführen, um sie zu finden). Sorgen Sie dafür, dass keine anderen Einträge aktiviert sind.

Dadurch werden die Teilergebnisse den Spalten Karten und Gesamt hinzugefügt.

6 Vergewissern Sie sich, dass die Optionen Vorhandene Teilergebnisse ersetzen und Ergebnisse unterhalb der Daten anzeigen aktiviert sind.

Vergleichen Sie Ihr Dialogfeld Teilergebnisse mit Abbildung 11-22.

7 Klicken Sie auf OK.

Das Dialogfeld wird geschlossen und Excel fasst die Liste zusammen und berechnet die Teilergebnisse jeweils neu, wenn sich das Feld Ziel ändert. Beachten Sie, dass Excel auf der linken Seite des Arbeitsblatts Gliederungssymbole anzeigt (siehe Abbildung 11-23). Um die Gliederung kümmern wir uns in einer späteren Lektion. Im Augenblick versuchen Sie nur, die Listendetails mit den Gliederungssymbolen auszublenden.

8 Klicken Sie auf das Gliederungssymbol 2.

Excel blendet die dritte Ebene der Listendetails (die Angestellten) aus und zeigt nur die Gesamtsummen der einzelnen Büros an.

9 Klicken Sie auf das Gliederungssymbol 3.

Alle Gliederungsdetails sind wieder sichtbar. Sie können die Teilergebnisse nun wieder ausschalten.

10 Vergewissern Sie sich, dass sich die aktuelle Zelle innerhalb der Liste befindet, wählen Sie Daten → Teilergebnisse aus und klicken Sie auf Alle entfernen.

Die Teilergebnisse und die Gliederung werden aus der Liste gelöscht. Sie können Teilergebnisse jederzeit aus einer Arbeitsmappe entfernen.

11 Schließen Sie die Arbeitsmappe, ohne sie zu speichern.

Mit dem Wissen um den Befehl Teilergebnisse sind Sie vielen Excel-Benutzern einen Schritt voraus. Die meisten wissen nicht, dass Excel automatisch Teilergebnisse zu ihren Arbeitsblättern hinzufügen kann, und verbringen unnötig Stunden damit, Teilergebnisse von Hand einzugeben.

Lektion 11.8
Teilergebnisse berechnen

SCHNELLREFERENZ

SO BERECHNEN SIE TEILERGEBNISSE:

1. SORGEN SIE DAFÜR, DASS DIE LISTE SORTIERT IST.
2. WÄHLEN SIE DATEN → TEILERGEBNISSE IM MENÜ AUS.
3. MACHEN SIE DIE ERFORDERLICHEN ANGABEN IM DIALOGFELD TEILERGEBNISSE EIN UND KLICKEN SIE AUF OK.

SO ENTFERNEN SIE TEILERGEBNISSE:

- VERGEWISSERN SIE SICH, DASS SICH DIE AKTIVE ZELLE INNERHALB DER LISTE BEFINDET, WÄHLEN SIE DATEN → TEILERGEBNISSE IM MENÜ AUS UND KLICKEN SIE AUF ALLE ENTFERNEN.

Datenbankfunktionen

LEKTION 11.9

Abbildung 11-25: Das Werkzeug Funktion einfügen verwenden, um eine *DBSUMME*-Formel zu erstellen

=DBSUMME(A1:I23;"Jährliche Reisen";C25:C26)

Funktion	Datenbank	Feld	Kriterium
	Der Zellbereich, aus dem die Liste besteht	Name oder Nummer der in der Funktion verwendeten Spalte	Der Zellbereich mit den gewünschten Bedingungen

Abbildung 11-26: Syntax der Formel *DBSUMME*

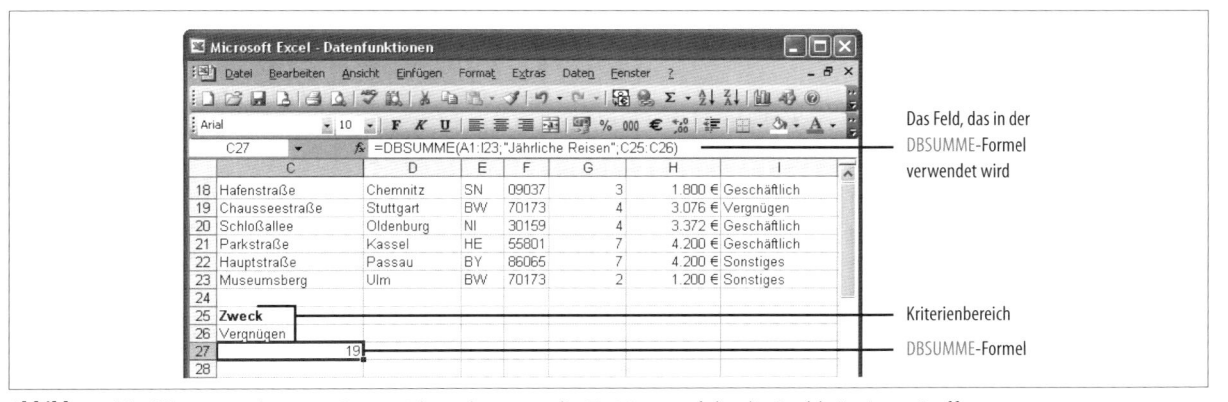

Abbildung 11-27: Die Funktion *DBSUMME* berechnet nur die Einträge, auf die die Suchkriterien zutreffen

Die Datenbankfunktionen in Excel führen nur für die Einträge Berechnungen durch, auf die die festgelegten Suchkriterien zutreffen. Sie könnten z.B. nur die Tickets nach Boston zählen. Alle Datenbankfunktionen folgen derselben Syntax: =*Funktion(Datenbank, Datenbankfeld, Suchkriterien)*. Die Argumente der Datenbankfunktionen schlüsseln sich wie folgt auf:

- **Datenbank:** Der Zellbereich, der die Liste oder Datenbank darstellt.
- **Datenbankfeld:** Zeigt an, welches Feld in der Funktion verwendet wird. Sie können dabei Spaltennamen benutzen, wenn diese in Anführungszeichen stehen – wie etwa "Name". Sie können sich auf die Spalten auch mit Zahlen beziehen, die die Spaltenposition in der

409

Lektion 11.9
Datenbankfunktionen

Liste wiedergeben: 1 für die erste Spalte, 2 für die zweite usw. Achten Sie darauf, dass Sie die Spaltenposition in der Liste benennen und nicht die allgemeine Spaltennummer benutzen!

- **Suchkriterien:** Die Zelle oder der Zellbereich, wo die Suchkriterien für die Funktion festgelegt werden.

In dieser Lektion geht es um Datenbankfunktionen, wobei wir mit der einfachsten Datenbankfunktion – der Funktion *DBSUMME* – eine Formel erstellen. (In Abbildung 11-26 sehen Sie die Syntax der Funktion *DBSUMME*.)

1 Öffnen Sie die Arbeitsmappe Übung 11D und speichern Sie sie als Datenfunktionen.

Wir fangen damit an, den Ergebnissen der *DBSUMME*-Formel eine aussagekräftige Bezeichnung zu geben.

2 Klicken Sie auf Zelle C25 (scrollen Sie ggf. nach unten) und danach auf die Schaltfläche Fett in der Formatsymbolleiste. Geben Sie Zweck ein und drücken Sie Enter.

Als Nächstes legen Sie die Suchkriterien für die Funktion *DBSUMME* fest, die wir benutzen werden. (Wie die Kriterien funktionieren, sehen Sie später, wenn wir die *DBSUMME*-Formel schließlich erstellen.)

3 Geben Sie Geschäftlich in Zelle C26 ein und drücken Sie Enter.

Wir tragen nun eine *DBSUMME*-Formel in Zelle C27 ein.

Die Schaltfläche Funktion einfügen

4 Vergewissern Sie sich, dass Zelle C27 aktiv ist, und klicken Sie auf die Schaltfläche Funktion einfügen in der Bearbeitungsleiste.

Es erscheint das Dialogfeld Funktion einfügen.

5 Wählen Sie Datenbank aus der Liste Kategorie auswählen aus, markieren Sie DBSUMME in der Liste Funktion auswählen und klicken Sie auf OK.

Das Dialogfeld Funktionsargumente aus Abbildung 11-25 erscheint. Nun können Sie eine *DBSUMME*-Formel erstellen, um die Summe von Jährliche Reisen nur für die Einträge zu berechnen, bei denen Geschäftlich in der Spalte Zweck steht. Das erste Argument der Funktion *DBSUMME* dient der Definition der Datenbank – des Zellbereichs, aus dem die Liste besteht.

Die Schaltfläche Dialogfeld reduzieren

6 Klicken Sie auf das Textfeld Datenbank und wählen Sie die gesamte Liste aus – den Zellbereich A1:I23 (unter Umständen müssen Sie die Schaltfläche Dialogfeld reduzieren benutzen).

Mit dem zweiten Argument der Funktion *DBSUMME* wird das Datenbankfeld festgelegt – die in der Funktion verwendete Spalte. Sie können das Feld mit dem Spaltennamen in Anführungszeichen angeben, wie etwa "Jährliche Reisen", oder als Zahl, die der Position der Spalte in der Liste entspricht: 1 für die erste Spalte, 2 für die zweite usw. Die Spalte Jährliche Reisen, die wir in diesem Fall berechnen wollen, ist die siebte Spalte in der Liste, so dass Sie entweder 7 oder "Jährliche Reisen" als Feldargument eintragen müssen.

7 Klicken Sie auf das Textfeld Datenbankfeld und geben Sie "Jährliche Reisen" ein.

Das letzte Argument der Funktion *DBSUMME* besteht aus den Suchkriterien – dem Zellbereich, in dem Ihre gewünschten Bedingungen zu finden sind. Sie können jeden beliebigen Bereich als Suchkriterium festlegen, solange er wenigstens einen Spaltennamen enthält und sich unter ihm wenigstens eine Zelle befindet, in der die Bedingung für die Spalte steht.

8 Klicken Sie auf das Textfeld Suchkriterien und wählen Sie den Zellbereich C25:C26 aus.

Der Zellbereich C25:C26 enthält sowohl den Spaltennamen, Zweck, als auch das Suchkriterium, Geschäftlich.

Kapitel 11
Datenanalyse und Pivot-Tabellen

9 Schließen Sie das Dialogfeld **Funktionsargumente** mit einem Klick auf **OK**.

Excel gibt das Ergebnis der Funktion *DBSUMME*, 42, in Zelle C27 aus. Ändern Sie nun das Suchkriterium in Zelle C26, um die Gesamtzahl der Flüge für die Einträge zu berechnen, die Vergnügen im Feld Zweck enthalten.

10 Klicken Sie auf Zelle C26, geben Sie Vergnügen ein und drücken Sie **Enter**.

Der *DBSUMME*-Wert in Zelle C27 lautet nun 19. Das ist die Gesamtzahl der jährlichen Flüge für die Einträge, die Vergnügen enthalten (siehe Abbildung 11-27).

11 Speichern Sie Ihre Arbeit.

SCHNELLREFERENZ

SO VERWENDEN SIE DIE FUNKTION DBSUMME IN EINER FORMEL:

- GEBEN SIE DIE FORMEL MIT DER SYNTAX =DBSUMME(DATENBANK, DATENBANKFELD, SUCHKRITERIEN) EIN.

  ODER:

1. KLICKEN SIE AUF DIE SCHALTFLÄCHE FUNKTION EINFÜGEN IN DER BEARBEITUNGSLEISTE, UM DAS GLEICHNAMIGE DIALOGFELD ZU ÖFFNEN.

2. WÄHLEN SIE DATENBANK AUS DER LISTE KATEGORIE AUSWÄHLEN AUS, MARKIEREN SIE DBSUMME IN DER LISTE FUNKTION AUSWÄHLEN UND KLICKEN SIE AUF OK.

3. GEBEN SIE DIE ERFORDERLICHEN ARGUMENTE FÜR DIE FUNKTION DBSUMME EIN.

LEKTION 11.10 Suchfunktionen

Abbildung 11-28: Das Werkzeug Funktion einfügen verwenden, um eine SVERWEIS-Formel zu erstellen

=SVERWEIS(D26;A1:I23;8)

Funktion

Suchkriterium
Der Wert, der in der *ersten* Spalte der Matrix gesucht

Matrix
Der Zellbereich, in dem die Daten durchsucht werden

Spaltenindex
Die Nummer der Spalte, in der der gesuchte Wert stehen muss

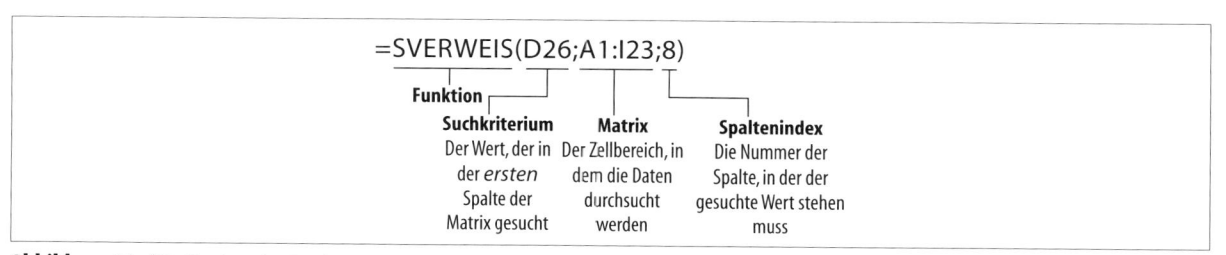

Abbildung 11-29: Syntax der Funktion SVERWEIS

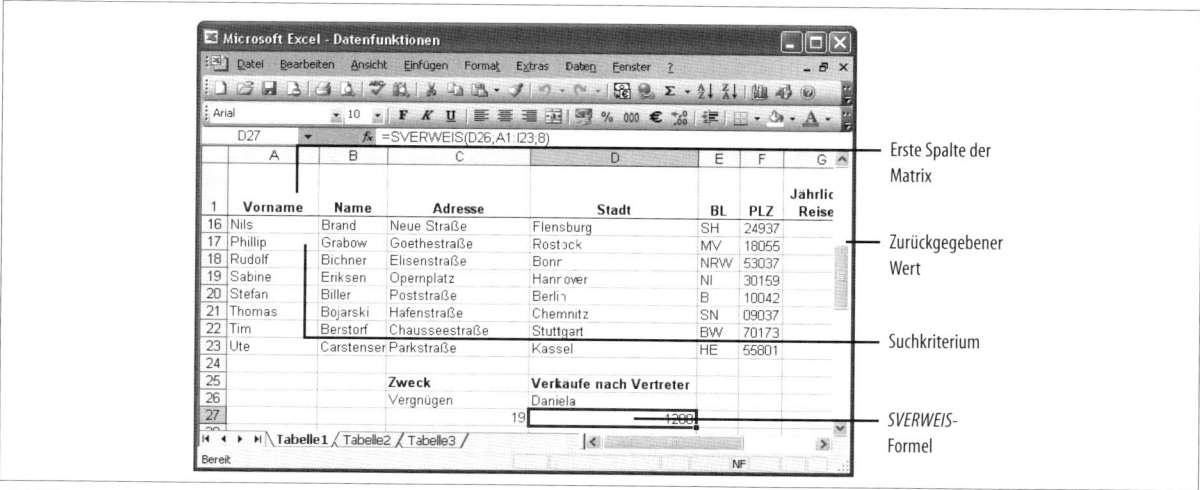

Abbildung 11-30: Die Funktion SVERWEIS

Kapitel 11
Datenanalyse und Pivot-Tabellen

Die Funktion *SVERWEIS* sucht nach Informationen in einem Arbeitsblatt. Sie sucht die *erste* Spalte eines Zellbereichs von oben nach unten ab, bis sie den von Ihnen festgelegten Wert findet, überprüft die zugehörige Zeile und gibt den Wert in der Spalte zurück, die Sie ausgewählt haben. Die Funktion *SVERWEIS* ähnelt der Suche nach einer Telefonnummer in einem Telefonbuch: Zuerst gehen Sie das Telefonbuch durch, bis Sie den gesuchten Namen gefunden haben, und sehen dann in der dazugehörigen Zeile nach der Nummer der Person.

Sind Sie nun vollends verwirrt? Die Funktion *SVERWEIS* kann kaum beschrieben werden, man muss sie einfach benutzen – und genau das werden Sie in dieser Lektion machen.

1 Klicken Sie auf Zelle D25 und dann auf die Schaltfläche Fett in der Formatsymbolleiste. Geben Sie Verkäufe nach Vertreter ein und drücken Sie Enter.

Als Nächstes geben Sie das Suchkriterium für die Funktion *SVERWEIS* ein (wie das Suchkriterium funktioniert, sehen Sie später, wenn wir die *SVERWEIS*-Formel schließlich erstellen).

2 Geben Sie Daniela in Zelle D26 ein.

Bevor Sie die Funktion *SVERWEIS* verwenden, sollten Sie die Liste nach der Spalte sortieren, die das Suchkriterium enthält.

Die Schaltfläche Aufsteigend sortieren

3 Wählen Sie eine beliebige Zelle mit Inhalt in Spalte A aus und klicken Sie auf die Schaltfläche Aufsteigend sortieren in der Standardsymbolleiste, um die Liste zu sortieren.

Wir geben nun die *SVERWEIS*-Formel in Zelle D27 ein.

Die Schaltfläche Funktion einfügen

4 Klicken Sie auf Zelle D27 und danach auf die Schaltfläche Funktion einfügen in der Bearbeitungsleiste.

Es erscheint das Dialogfeld Funktion einfügen.

5 Wählen Sie Matrix aus der Liste Kategorie auswählen aus, markieren Sie SVERWEIS in der Liste Funktion auswählen und klicken Sie auf OK.

Es erscheint das Dialogfeld Funktionsargumente aus Abbildung 11-28. Nun können Sie eine *SVERWEIS*-Formel erstellen, um anhand der Vornamen der Angestellten nach den jährlichen Reisekosten zu suchen. Das erste Argument der Funktion *SVERWEIS* dient dazu, den Wert zu bestimmen, nach dem Sie in der ersten Spalte des Zellbereichs suchen wollen. Bei diesem Suchkriterium kann es sich um einen Wert, einen Bezug oder einen Namen handeln. Zelle D26 enthält den Wert, nach dem Sie suchen wollen – den Vorname des Angestellten. (In Abbildung 11-29 sehen Sie die Syntax der Funktion *SVERWEIS*.)

Die Schaltfläche Dialogfeld reduzieren

6 Klicken Sie auf das Textfeld Suchkriterium und danach auf Zelle D26 (unter Umständen müssen Sie die Schaltfläche Dialogfeld reduzieren benutzen).

Mit dem zweiten Argument der Funktion *SVERWEIS* bestimmen Sie die Matrix – den Zellbereich mit den Daten, die Sie durchsuchen möchten.

> HINWEIS: *Bedenken Sie bei der Angabe der Matrix, dass die Funktion* SVERWEIS *stets die erste Spalte auf der linken Seite des festgelegten Zellbereichs durchsucht. Wenn Sie also nach der Stadt und nicht nach dem Vornamen suchen wollen, müssen Sie den Zellbereich so anlegen, dass* Stadt *die erste Spalte auf der linken Seite darstellt.*

7 Klicken Sie auf das Textfeld Matrix und wählen Sie die gesamte Liste aus – den Zellbereich A1:I23 (unter Umständen müssen Sie die Schaltfläche Dialogfeld reduzieren benutzen).

Lektion 11.10
Suchfunktionen

Das dritte Argument der Funktion SVERWEIS gibt den Spaltenindex an – die Nummer der Spalte, aus der der übereinstimmende Wert zurückgegeben werden muss. Die Spalte Jährliche Ticketkosten, die wir in diesem Fall durchsuchen wollen, steht z.B. an achter Stelle der Liste, so dass Sie als Spaltenindex 8 eingeben würden.

8 Klicken Sie auf das Textfeld Spaltenindex, geben Sie 8 ein und klicken Sie auf OK.

Excel sucht nach dem ersten Wert in der ersten Spalte, der dem Suchkriterium in Zelle D26 entspricht (Daniela), und gibt den Wert aus der achten Spalte der zugehörigen Zeile aus – 1200. Ändern Sie nun das Suchkriterium in Zelle D26, um nach den jährlichen Ticketkosten für einen anderen Namen zu suchen.

9 Klicken Sie auf Zelle D26, geben Sie Antonia ein und drücken Sie Enter.

Der SVERWEIS-Wert in Zelle D27 lautet nun 1686 – das sind die Ticketkosten von Antonia Christiansen.

10 Speichern Sie Ihre Arbeit und schließen Sie die Arbeitsmappe Datenfunktionen.

Die Funktion WVERWEIS ist mit SVERWEIS identisch, durchsucht aber die *oberste Zeile* waagrecht von links nach rechts, bis sie den angegebenen Wert findet, und geht dann die zugehörige Spalte durch, um den Rückgabewert zu finden.

SCHNELLREFERENZ

SO VERWENDEN SIE DIE FUNKTION SVERWEIS IN EINER FORMEL:

- GEBEN SIE DIE FORMEL MIT DER SYNTAX =SVERWEIS(SUCHKRITERIUM, MATRIX, SPALTENINDEX) EIN.

ODER:

1. KLICKEN SIE AUF DIE SCHALTFLÄCHE FUNKTION EINFÜGEN IN DER BEARBEITUNGSLEISTE, UM DAS GLEICHNAMIGE DIALOGFELD ZU ÖFFNEN.

2. WÄHLEN SIE MATRIX AUS DER LISTE KATEGORIE AUSWÄHLEN, MARKIEREN SIE SVERWEIS IN DER LISTE FUNKTION AUSWÄHLEN UND KLICKEN SIE AUF OK.

3. GEBEN SIE DIE ERFORDERLICHEN ARGUMENTE FÜR DIE FUNKTION SVERWEIS EIN.

LEKTION 11.11

Ein Arbeitsblatt gruppieren und gliedern

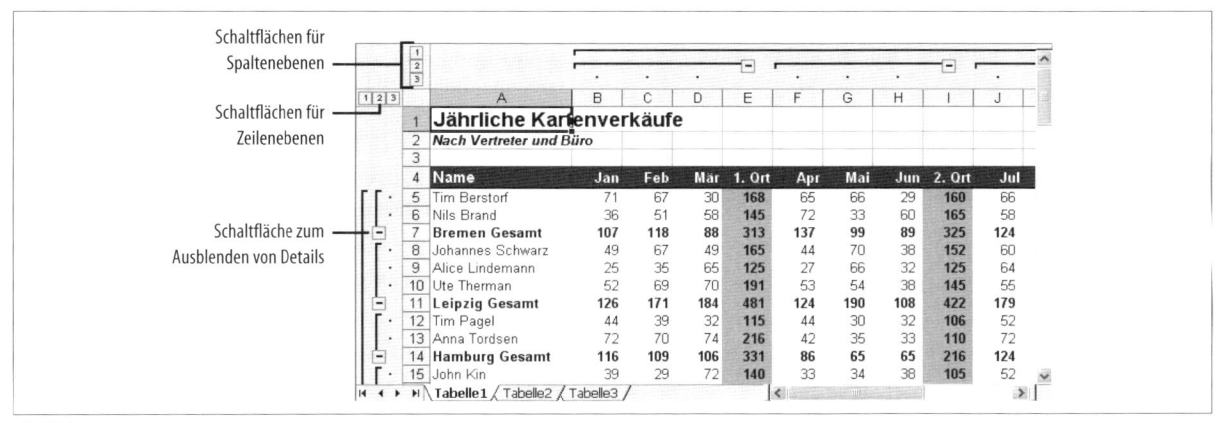

Abbildung 11-31: Ein Arbeitsblatt in der Gliederungsansicht

Abbildung 11-32: Gruppendetails ein- oder ausblenden

Viele Arbeitsblätter sind hierarchisch gestaltet. Sie enthalten z.B. jeweils eine Spalte pro Monat und eine Spalte für die Gesamtsumme. Wenn Sie Ihre Arbeitsblätter jedoch *gliedern*, machen Sie sie viel übersichtlicher und damit einfacher zu verstehen. Anstatt sich durch unwichtige Informationen zu quälen, können Sie dann die Gliederung reduzieren und nur die Gesamtsummen oder die entscheidenden Punkte der Gruppen anzeigen lassen.

Eine Arbeitsmappe kann auf verschiedene Arten gegliedert werden:

- **Mit der Option** Teilergebnisse: Der Befehl Daten → Teilergebnisse berechnet Teil- und Ergebnisse für die Spalten, die Sie auswählen. Excel fügt automatisch Zeilen für die Gesamtergebnisse ein, benennt diese und gliedert die Liste. Wir haben den Umgang mit Teilergebnissen in diesem Kapitel schon kennen gelernt.
- **Mit der Option** Konsolidieren: Sie können mehrere Tabellen zusammenfassen, indem Sie im Menü Daten → Konsolidieren auswählen.
- **Mit der Option** AutoGliederung: Der Befehl Daten → Gruppierung und Gliederung → AutoGliederung gliedert automatisch einen ausgewählten Zellbereich oder das gesamte Arbeitsblatt auf der Grundlage von Formeln und der Richtungen der Bezüge.
- **Manuell:** Sie können Zeilen und Spalten selbst gruppieren, indem Sie sie auswählen und dann im Menü auf Daten → Gruppierung und Gliederung → Gruppierung klicken.

In dieser Lektion geht es um die dritte und vierte Methode und darum, wie Sie mit einer Gliederung umgehen.

1 Öffnen Sie die Arbeitsmappe Übung 11E.

Wir beginnen diese Lektion mit der manuellen Gruppierung der Zeilen für das Büro in Bremen.

2 Markieren Sie Zeile 5 und 6 und wählen Sie Daten → Gruppierung und Gliederung → Gruppierung im Menü aus.

Excel gruppiert die markierten Zeilen in einer Gliederung. Beachten Sie die Schaltfläche zum Ausblenden der Details, die auf der linken Seite des Arbeitsblatts

Lektion 11.11
Ein Arbeitsblatt gruppieren und gliedern

angezeigt wird. Ein Klick auf eine solche Schaltfläche blendet die entsprechende Gruppe von Einträgen aus.

3 Klicken Sie auf die Schaltfläche zum Ausblenden der Details am linken Rand des Arbeitsblatts.

Excel blendet die Details für das Büro in Bremen, Zeilen 5 und 6, aus und ersetzt die Schaltfläche ⊟ durch die Schaltfläche ⊞ zum Einblenden der Details.

⊞

Schaltfläche zum Einblenden der Details

4 Klicken Sie auf die Schaltfläche zum Einblenden der Details am linken Rand des Arbeitsblatts.

Excel zeigt die ausgeblendeten Einträge wieder an. Gruppierungen aufzuheben, ist genauso einfach, wie sie zu erstellen.

5 Markieren Sie Zeile 5 und 6 und wählen Sie Daten → Gruppierung und Gliederung → Gruppierung aufheben im Menü aus.

Excel hebt die Gruppierung der Einträge auf.

Bevor Sie selbst eine Gliederung mit Gruppen von Dutzenden von Einträgen erstellen, sollten Sie überprüfen, ob Excel das nicht automatisch für Sie machen kann. Excel kann automatisch Arbeitsblätter gliedern, wenn diese Formeln enthalten, die durchweg in die gleiche Richtungen verweisen. Das aktuelle Arbeitsblatt kann automatisch gruppiert und gegliedert werden, da es *tatsächlich* Formeln enthält, die durchweg nach rechts (die Quartals-Teilergebnisse) und nach unten (die Büro-Teilergebnisse) gerichtet sind.

6 Klicken Sie auf eine beliebige Zelle innerhalb des Arbeitsblatts, um die Markierung von Zeile 5 und 6 aufzuheben, und wählen Sie dann im Menü Daten → Gruppierung und Gliederung → AutoGliederung.

Excel analysiert die Formeln im Arbeitsblatt und erstellt eine Gliederung, die Sie in Abbildung 11-31 sehen. Sie können zwar wieder jede Gruppe in der Gliederung mit den entsprechenden Schaltflächen

zum Ein- und Ausblenden der Details erweitern oder reduzieren, aber die Schaltflächen für Spaltenebenen stellen einen einfacheren Weg dar, denn mit ihnen können Sie eine bestimmte Ebene in Ihrem Arbeitsblatt ein- oder ausblenden. Wenn eine Gliederung z.B. drei Ebenen hat, können Sie mit einem Klick auf ③ alle Gruppen der dritten Ebene anzeigen lassen.

7 Klicken Sie auf die Schaltfläche für die zweite Zeilenebene.

Excel stellt nur die ersten beiden Ebenen der Gliederung dar – die Gesamtsumme für jedes Büro. Sie können auch Spalten auf die gleiche Weise ein- und ausblenden.

1
2
3

Schaltfläche für die zweite Spaltenebene

8 Klicken Sie auf die Schaltfläche für die zweite Spaltenebene.

Excel reduziert die Gliederung so, dass nur noch die Quartals- und die Jahressummen angezeigt werden. Um die Gliederung wieder zu erweitern, müssen Sie auf die Schaltflächen für die niedrigste Spalten- und Zeilenebenen klicken. Wenn es z.B. drei Ebenen gibt, klicken Sie auf ③.

9 Erweitern Sie die Gliederung wieder, indem Sie auf die Schaltflächen für die dritte Spalten- und die dritte Zeilenebene klicken.

Auch das Entfernen einer Gliederung aus einem Arbeitsblatt gestaltet sich sehr einfach:

10 Wählen Sie Daten → Gruppierung und Gliederung → Gliederung entfernen im Menü aus.

Die Gliederung wird aus dem Arbeitsblatt entfernt.

11 Schließen Sie Excel, ohne Ihre Änderungen zu speichern.

Kapitel 11
Datenanalyse und Pivot-Tabellen

SCHNELLREFERENZ

SO GRUPPIEREN SIE SPALTEN ODER ZEILEN MANUELL:

- MARKIEREN SIE DIE GEWÜNSCHTEN SPALTEN ODER ZEILEN UND WÄHLEN SIE DATEN → GRUPPIERUNG UND GLIEDERUNG → GRUPPIERUNG IM MENÜ AUS.

SO HEBEN SIE DIE GRUPPIERUNG VON SPALTEN ODER ZEILEN MANUELL AUF:

- MARKIEREN SIE DIE GRUPPIERTEN SPALTEN ODER ZEILEN UND WÄHLEN SIE DATEN → GRUPPIERUNG UND GLIEDERUNG → GRUPPIERUNG AUFHEBEN IM MENÜ AUS.

SO GLIEDERN SIE EIN ARBEITSBLATT AUTOMATISCH:

- WÄHLEN SIE DATEN → GRUPPIERUNG UND GLIEDERUNG → AUTOGLIEDERUNG IM MENÜ AUS.

SO ENTFERNEN SIE EINE GLIEDERUNG:

- WÄHLEN SIE DATEN → GRUPPIERUNG UND GLIEDERUNG → GLIEDERUNG ENTFERNEN IM MENÜ AUS.

SO BLENDEN SIE GLIEDERUNGSDETAILS EIN ODER AUS:

- KLICKEN SIE AUF DIE SCHALTFLÄCHE DER GRUPPE ZUM EIN- ODER AUSBLENDEN DER DETAILS.

   ODER:

- KLICKEN SIE AUF DIE SCHALTFLÄCHE FÜR DIE ZEILEN- ODER SPALTENEBENEN.

Kapitel 11 im Überblick

Die Lektionen in Kürze

Eine Pivot-Tabelle erstellen

Eine Pivot-Tabelle fasst Listendaten dynamisch zusammen – nachdem Sie sie erstellt haben, können Sie sie umstellen oder »drehen« (englisch: »to pivot«) und damit die Daten auf verschiedene Arten anzeigen lassen.

So erstellen Sie eine Pivot-Tabelle: Vergewissern Sie sich, dass sich die Zellmarkierung innerhalb der Liste befindet und wählen Sie Daten → PivotTable- und PivotChart-Bericht im Menü aus. Befolgen Sie die Anweisungen auf dem Bildschirm, um die Pivot-Tabelle zu erstellen.

Die Daten für die Analyse angeben

So wählen Sie die Daten für eine Pivot-Tabelle aus: Vergewissern Sie sich, dass sich die Zellmarkierung innerhalb der Liste befindet. Ziehen Sie die Namen der Felder, die Sie zusammenfassen wollen, in den entsprechenden Bereich des PivotTable-Diagramms (Seite, Spalte, Zeile oder Daten).

Die Berechnungen in einer Pivot-Tabelle ändern

So ändern Sie die Berechnungsart einer Pivot-Tabelle: Klicken Sie in der PivotTable-Symbolleiste auf Feldeinstellungen. Wählen Sie die gewünschte Berechnung aus der Liste Zusammenfassen mit aus und klicken Sie auf OK.

Die anzuzeigenden Informationen auswählen

So fügen Sie ein Seitenfeld zu einer Pivot-Tabelle hinzu: Vergewissern Sie sich, dass sich die Zellmarkierung innerhalb der Pivot-Tabelle befindet. Ziehen Sie den Namen des Felds, nach dem Sie die Pivot-Tabelle filtern wollen, in den Seitenbereich des PivotTable-Diagramms und klicken Sie auf Fertig stellen.

So filtern Sie die zusammengefassten Informationen in einer Pivot-Tabelle: Wählen Sie die gewünschten Werte in den Dropdown-Listen der Zeilen-, Spalten- oder Seitenfelder aus.

Daten in einer Pivot-Tabelle gruppieren

Wählen Sie ein Zeilen- oder Spaltenfeld mit dem Datum oder der Zeit aus, nach der gruppiert werden soll, und klicken Sie im Menü auf Daten → Gruppierung und Gliederung → Gruppierung. Legen Sie den Anfang und das Ende des Intervalls fest, nach dem die Daten oder Zeitpunkte gruppiert werden sollen, und klicken Sie auf OK.

Eine Pivot-Tabelle aktualisieren

Eine Pivot-Tabelle wird nicht automatisch aktualisiert, wenn ihre Quelldaten geändert werden. Sie können sie manuell aktualisieren, indem Sie auf die Schaltfläche Daten aktualisieren in der PivotTable-Symbolleiste klicken oder Daten → Daten aktualisieren im Menü auswählen.

Formatierung und Diagramme bei Pivot-Tabellen

So formatieren Sie eine Pivot-Tabelle: Vergewissern Sie sich, dass sich die Zellmarkierung innerhalb der Pivot-Tabelle befindet, und klicken Sie auf die Schaltfläche Bericht formatieren in der PivotTable-Symbolleiste. Wählen Sie die gewünschte Formatierung aus und klicken Sie auf OK.

So erstellen Sie ein Pivot-Diagramm: Klicken Sie auf eine beliebige Zelle innerhalb der Pivot-Tabelle und danach auf die Schaltfläche Diagramm-Assistent in der PivotTable-Symbolleiste. Wahrscheinlich werden Sie zusätzlich noch den Diagrammtyp ändern müssen.

So ändern Sie ein Pivot-Diagramm: Ändern Sie ein Pivot-Diagramm genauso wie eine Pivot-Tabelle: Fügen Sie dem Pivot-Diagramm Felder aus der PivotTable-Feldliste hinzu oder entfernen Sie sie per Drag&Drop.

Teilergebnissen berechnen

So berechnen Sie Teilergebnisse: Sortieren Sie die Liste, wählen Sie Daten → Teilergebnisse im Menü aus, machen Sie die erforderlichen Angaben im Dialogfeld Teilergebnisse ein und klicken Sie auf OK.

So entfernen Sie Teilergebnisse: Vergewissern Sie sich, dass sich die aktive Zelle innerhalb der Liste befindet, wählen Sie Daten → Teilergebnisse im Menü aus und klicken Sie auf Alle entfernen.

Datenbankfunktionen

Datenbankfunktionen führen nur für die Einträge Berechnungen durch, auf die die festgelegten Suchkriterien zutreffen. Alle Datenbankfunktionen folgen derselben Syntax: =*Funktion*(*Datenbank, Datenbankfeld, Suchkriterien*).

Suchfunktionen

Die Funktion *SVERWEIS* sucht nach Informationen in einem Arbeitsblatt, indem sie die erste Spalte eines Zellbereichs von oben nach unten absucht, bis sie den von Ihnen festgelegten Wert findet, und dann die zugehörige Zeile nach dem Wert in der Spalte überprüft, die Sie ausgewählt haben.

Die Syntax für die Funktion *SVERWEIS* lautet =*SVERWEIS*(*Suchkriterium, Matrix, Spaltenindex*).

Ein Arbeitsblatt gruppieren und gliedern

So legen Sie die Gruppierung von Spalten oder Zeilen manuell an oder heben sie auf: Markieren Sie die gewünschten Spalten oder Zeilen und wählen Sie Daten → Gruppierung und Gliederung → Gruppierung (oder Gruppierung aufheben) im Menü aus.

So gliedern Sie ein Arbeitsblatt automatisch: Vergewissern Sie sich, dass das Arbeitsblatt Formeln enthält, die durchweg in die gleiche Richtungen weisen, und wählen Sie Daten → Gruppierung und Gliederung → AutoGliederung im Menü aus.

So entfernen Sie eine Gliederung: Wählen Sie Daten → Gruppierung und Gliederung → Gliederung entfernen im Menü aus.

Sie können mit den Schaltflächen zum Ein- (+) und Ausblenden (−) die Details einer Gruppe anzeigen lassen oder ausblenden.

Mit den Schaltflächen für die Zeilen- (1 2 3) oder Spaltenebenen können Sie eine bestimmte Gliederungsebene anzeigen lassen.

Test

1. Welche der folgenden Aussagen ist *nicht* richtig?

    A. Eine Pivot-Tabelle fasst Informationen einer Liste zusammen.

    B. Sie können eine Pivot-Tabelle als eingebettetes Objekt in ein Arbeitsblatt einfügen oder in einem eigenen neuen Arbeitsblatt erstellen.

    C. Der Befehl Daten → PivotTable-Bericht startet den PivotTable-Assistenten.

    D. Sie legen fest, welche Felder in der Pivot-Tabelle zusammengefasst werden sollen, indem Sie sie in die entsprechenden Bereiche des PivotTable-Diagramms ziehen.

2. Wenn Sie die Informationen aus verschiedenen Feldern zusammenfassen möchten, müssen Sie jeweils eine neue Pivot-Tabelle erstellen. (Richtig oder falsch?)

3. Welche der folgenden Aussagen ist *nicht* richtig?

    A. Sie können auf folgende Weise festlegen, welche Daten in einer Pivot-Tabelle gruppiert werden: Sie wählen das Feld mit dem Datum aus, klicken im Menü auf Daten → Gruppierung und Gliederung → Gruppierung und wählen aus, wie die Informationen zusammengefasst werden sollen (nach Tagen, Monaten, Quartalen oder Jahren).

    B. Pivot-Tabellen werden automatisch aktualisiert, wann immer Sie ihre Quelldaten ändern.

    C. Wenn Sie ein Seitenfeld zu einer Pivot-Tabelle hinzufügen, können Sie die Informationen filtern, die durch die Pivot-Tabelle zusammengefasst werden.

    D. Sie können den Aufbau der Pivot-Tabelle jederzeit mit Hilfe der PivotTable-Feldliste ändern.

4. Bevor Sie die Informationen einer Liste mit dem Befehl Teilergebnisse gruppieren und zusammenfassen, sollten Sie sie sortieren. (Richtig oder falsch?)

5. Welche der folgenden Aussagen ist *nicht* richtig?

    A. Der Befehl Teilergebnisse berechnet die Teilergebnisse für eine Spalte bei jeder Änderung der Werte.

    B. Der Befehl Teilergebnisse stellt das Arbeitsblatt in der Gliederungsansicht dar.

C. Der Befehl Teilergebnisse fasst das Arbeitsblatt in einer Pivot-Tabelle zusammen.

D. Sie können Teilergebnisse zu einem Arbeitsblatt hinzufügen, indem Sie Daten → Teilergebnisse im Menü auswählen.

6. Die Datenbankfunktionen in Excel führen nur für die Einträge Berechnungen durch, auf die die festgelegten Suchkriterien zutreffen. (Richtig oder falsch?)

7. Welche der folgenden Aussagen ist *nicht* richtig?

    A. Sie sollten komplizierte Datenbankfunktionen mit Hilfe des Befehls Funktion einfügen eingeben.

    B. Sie können die Details in einem gegliederten Arbeitsblatt ein- oder ausblenden, indem Sie auf die Schaltflächen zum Ein- oder Ausblenden der Details klicken oder die verschiedenen Schaltflächen für Spalten- oder Zeilenebenen benutzen.

    C. Ein Arbeitsblatt muss sortiert sein, damit Excel es automatisch gliedern kann.

    D. Sie können Zeilen und Spalten in einem Arbeitsblatt selbst gruppieren, indem Sie Daten → Gruppierung und Gliederung → Gruppierung im Menü auswählen.

Hausaufgaben

1. Öffnen Sie die Arbeitsmappe Hausaufgabe 11 und speichern Sie sie als Pivot-Tabellenübung.

2. Markieren Sie eine beliebige Zelle in der Tabelle und wählen Sie Daten → PivotTable- und PivotChart-Bericht im Menü aus.

3. Erstellen Sie mit Hilfe des PivotTable-Assistenten einen PivotTable-Bericht, der die Informationen auf dem Arbeitsblatt folgendermaßen zusammenfasst:

4. Ändern Sie den Aufbau der Pivot-Tabelle so, dass die Spalten nach Datum und nicht nach Typ zusammengefasst werden.

5. Klicken Sie auf das Datumsfeld und dann auf die Schaltfläche Gruppierung in der PivotTable-Symbolleiste. Gruppieren Sie die Daten nach Monaten.

6. Ändern Sie den Aufbau der Pivot-Tabelle, indem Sie das Feld Typ als Seitenfeld hinzufügen.

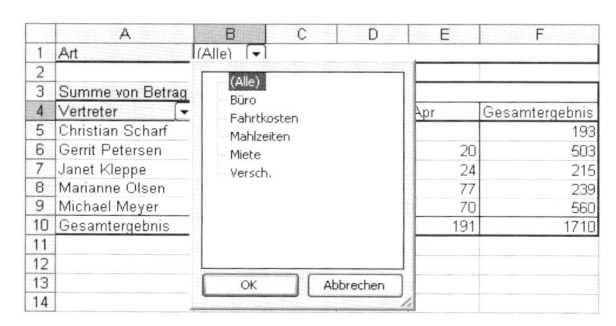

7. Filtern Sie die zusammengefassten Informationen in der Pivot-Tabelle mit Hilfe des Seitenfelds nach den verschiedenen Ausgabearten.

8. Rufen Sie das Arbeitsblatt Tabelle1 auf und sortieren Sie die Spalte A alphabetisch.

9. Benutzen Sie den Befehl Daten → Teilergebnisse, um die Teilergebnisse für das Arbeitsblatt auszurechnen.

10. Üben Sie das Ein- und Ausblenden des Arbeitsblatts in der Gliederungsansicht.

Lösungen zum Test

1. C. Der Befehl Daten → PivotTable- und PivotChart-Bericht startet den PivotTable- und PivotChart-Assistenten.

2. Falsch. Es ist kinderleicht, die in der Pivot-Tabelle zusammengefassten Felder zu ändern. Sie müssen nur Felder, die Sie zusammenfassen möchten, in die entsprechenden Bereiche des PivotTable-Berichts ziehen.

3. Pivot-Tabellen werden *nicht* automatisch aktualisiert, wenn die Quelldaten geändert werden. Sie müssen die Pivot-Tabelle mit einem Klick auf die Schaltfläche Daten aktualisieren in der PivotTable-Symbolleiste aktualisieren.

4. Richtig. Sortieren Sie eine Liste stets, bevor Sie den Befehl Teilergebnisse verwenden.

5. C. Der Befehl Teilergebnisse fasst die Informationen nicht mit Hilfe einer Pivot-Tabelle zusammen – dafür ist der Befehl PivotTable zuständig!

6. Richtig. Datenbankfunktionen berechnen nur die Einträge, auf die Ihre Suchkriterien zutreffen.

7. C. Ein Arbeitsblatt muss Formeln enthalten, die durchweg in dieselbe Richtung gerichtet sind, damit Sie die automatische Gliederung benutzen können. Sortieren hat keinen Einfluss darauf.

KAPITEL 12
WAS-WÄRE-WENN-ANALYSEN

LERNZIELE

Ein Szenario festlegen

Eine Zusammenfassung erstellen

Datentabellen mit ein und zwei Eingabewerten

Die Zielwertsuche

Den Solver verwenden

AUFGABE: VERSCHIEDENE WAS-WÄRE-WENN-SITUATIONEN ANALYSIEREN

Voraussetzungen

- Sie können mit Menüs, Symbolleisten, Dialogfeldern und Tastaturkürzeln umgehen.
- Sie wissen, wie man Zellbereiche auswählt.
- Die Eingabe von Werten, Text und Formeln in eine Zelle ist Ihnen vertraut.
- Sie wissen, wie man Zellbezüge herstellt.

Wenn Sie jemals ein Arbeitsblatt benutzt haben, um die Frage »Was wäre wenn?« zu beantworten, haben Sie schon eine *Was-wäre-wenn-Analyse* durchgeführt. Was würde z.B. passieren, wenn Ihre Abteilung Ihr Werbebudget um 40% erhöhen würde? Oder, falls Sie etwa eine Hypothek auf der Grundlage Ihres Einkommens aufnehmen wollen: Wie viel Geld würden Sie bei einer Laufzeit von 20 Jahren bekommen? Wie hoch wäre der Betrag bei 30 Jahren?

Die meisten Menschen wissen nicht, dass es in Excel zahlreiche Analysefunktionen gibt, und führen Was-wäre-wenn-Analysen auf die langsame und schwierige Art durch – indem sie verschiedene Werte selbst in ihre Arbeitsblätter eintragen, die Ergebnisse überprüfen und dann andere Werte eingeben. Diese Methoden funktioniert noch gut bei einfachen Analysen, aber für komplexe Was-wäre-wenn-Situationen ist sie nicht geeignet.

In diesem Kapitel werden Sie lernen, wie Sie mehrere Was-wäre-wenn-Szenarien mit dem Szenario-Manager von Excel erstellen können. Sie werden Datentabellen mit einem und zwei Eingabewerten anlegen, um verschiedene unterschiedliche Ergebnisse einzusetzen. Zudem werden Sie mit Hilfe der Zielwertsuche und des Solvers komplexere Was-wäre-wenn-Fragen behandeln.

LEKTION 12.1 Ein Szenario festlegen

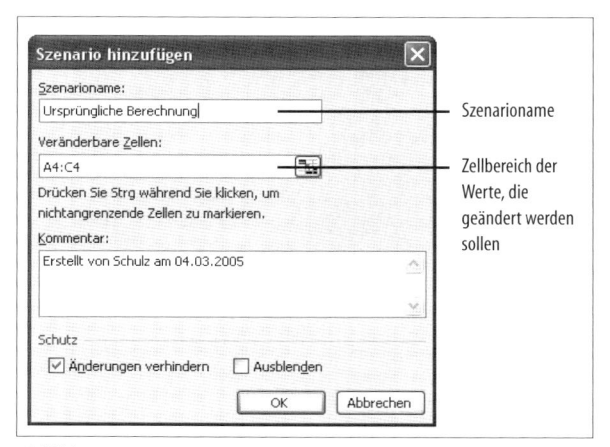

Abbildung 12-1: Das Dialogfeld Szenario hinzufügen

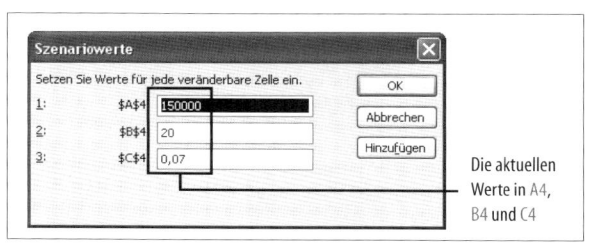

Abbildung 12-2: Das Dialogfeld Szenariowerte

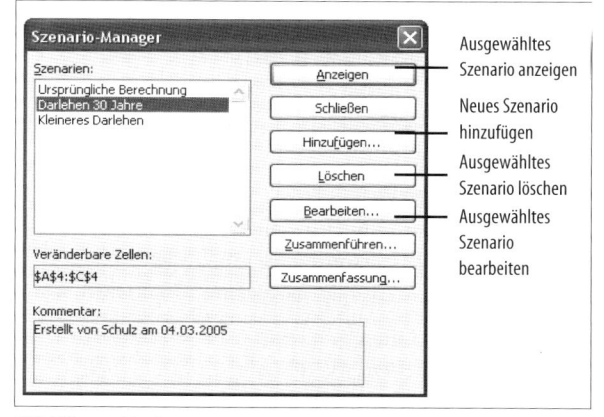

Abbildung 12-3: Das Dialogfeld Szenario-Manager

Ein *Szenario* ist ein Satz von Werten, die in Was-wäre-wenn-Analysen verwendet werden. Stellen Sie sich vor, dass Sie eine Hypothek aufnehmen wollen und sich für einen bestimmten Kredit entscheiden müssen. In einem Szenario erhalten Sie ein 30-Jahres-Darlehen mit einem Zinssatz von 7,5%, in einem anderen betragen die Zinsen 8,5% für ein 20-Jahres-Darlehen. Mit dem *Szenario-Manager* von Excel können Sie auf demselben Arbeitsblatt verschiedene Szenarien erstellen und speichern. Nachdem Sie ein Szenario angelegt haben, können Sie es auswählen und seine Werte auf dem Arbeitsblatt anzeigen lassen.

In dieser Lektion führen Sie mit dem Szenario-Manager Was-wäre-wenn-Analysen für eine Hypothek durch. Sie erstellen drei verschiedene Szenarien und überprüfen damit, wie sich eine Änderung des Darlehens auf Ihre monatlichen Raten auswirkt.

1 Starten Sie Microsoft Excel, öffnen Sie die Arbeitsmappe Übung 12A und speichern Sie sie als Hypothek Was-Wenn.

In dieser Arbeitsmappe finden Sie Informationen für eine Hypothek. Als Hilfe bei der Entscheidung, welche Hypothekenart Sie wählen sollen, setzen Sie den Szenario-Manager von Excel ein und erstellen verschiedene Szenarien mit unterschiedlichen Darlehensgrößen und -bedingungen. Im ersten Schritt geben Sie die Zellen an, die sich ändern.

2 Wählen Sie den Zellbereich A4:C4 aus und klicken Sie im Menü auf Extras → Szenarien.

Es erscheint das Dialogfeld Szenario-Manager mit der Nachricht »Es wurde kein Szenario festgelegt. Wählen Sie 'Hinzufügen', um ein Szenario hinzuzufügen.« Sie wollen ein neues Szenario hinzufügen.

3 Klicken Sie auf Hinzufügen.

Es erscheint das Dialogfeld Szenario hinzufügen aus Abbildung 12-1. Sie müssen dem Szenario einen Namen geben und ggf. die Zellen bestimmen, die sich ändern. Im Textfeld Veränderbare Zellen wurde schon der Zellbereich A4:C4 eingetragen, weil Sie ihn vor dem Öffnen des Szenario-Managers ausgewählt hatten. Erstellen Sie zuerst ein Szenario mit den ursprünglichen Werten.

4 Geben Sie Ursprüngliche Berechnung in das Feld Szenarioname ein und klicken Sie auf OK.

Es erscheint das Dialogfeld Szenariowerte (siehe Abbildung 12-2) mit den bestehenden Werten in den Feldern für die veränderbaren Zellen. Da es sich hierbei um das ursprüngliche Angebot handelt, können Sie das Szenario ohne Änderungen speichern.

5 Klicken Sie auf OK.

Das Dialogfeld Szenariowerte wird geschlossen und Sie kehren zum Dialogfeld Szenario-Manager zurück. Als Nächstes erstellen Sie ein Szenario mit längerer Darlehensdauer – 30 Jahre statt 20 Jahre.

6 Klicken Sie auf Hinzufügen, geben Sie Darlehen 30 Jahre in das Feld Szenarioname ein (siehe Abbildung 12-3) und klicken Sie auf OK.

Es erscheint das Dialogfeld Szenariowerte. Sie müssen die Werte für dieses Szenario ändern.

7 Ändern Sie den Wert 20 im zweiten Feld der veränderbaren Zellen ($B$4) in 30 und klicken Sie auf OK.

Excel speichert das Szenario Darlehen 30 Jahre und Sie kehren zum Szenario-Manager zurück. Erstellen Sie nun ein Szenario mit einem kleineren Darlehen.

8 Geben Sie Kleineres Darlehen in das Feld Szenarioname ein und klicken Sie auf OK.

Es erscheint das Dialogfeld Szenariowerte.

9 Ändern Sie den Wert 150000 im ersten Feld der veränderbaren Zellen ($A$4) in 125000 und klicken Sie auf OK.

Excel speichert das Szenario Kleineres Darlehen und Sie kehren zum Szenario-Manager zurück. Jetzt können Sie Ihre Szenarien ausprobieren.

10 Wählen Sie das Szenario Kleineres Darlehen von der Liste Szenarien aus und klicken Sie auf Anzeigen.

Die Darlehenszeit ändert sich in 20 Jahre und die Darlehensgröße in 125.000 €.

> HINWEIS: *Das Fenster mit dem Szenario-Manager wird nicht geschlossen, so dass Sie es unter Umständen verschieben müssen, um die Zellen sehen zu können.*

11 Wählen Sie das Szenario Darlehen 30 Jahre von der Liste Szenarien aus und klicken Sie auf Anzeigen.

Excel ändert die Darlehenslänge (Zelle B4) von 20 in 30 Jahre.

Beachten Sie, dass die monatlichen Raten von 1.162,95 € auf 997,95 € sinken und der Gesamtzinsbetrag von 129.107,62 € auf 209.263,35 € steigt.

Für den Moment sind Sie mit der Arbeit mit dem Szenario-Manager fertig.

12 Klicken Sie auf Schließen, um den Szenario-Manager zu schließen, und speichern Sie Ihre Arbeit.

Großartig! Sie haben den Einsatz einer ersten Was-wäre-wenn-Analysefunktion erlernt.

Lektion 12.1
Ein Szenario festlegen

SCHNELLREFERENZ

SO LEGEN SIE EIN SZENARIO AN:

1. ERSTELLEN ODER ÖFFNEN SIE EIN ARBEITSBLATT, DAS DIE ERGEBNISSE EINER ODER MEHRERER FORMELN ENTHÄLT.

2. WÄHLEN SIE EXTRAS → SZENARIEN IM MENÜ AUS UND KLICKEN SIE AUF DIE SCHALTFLÄCHE HINZUFÜGEN, UM EIN NEUES SZENARIO ZU ERSTELLEN.

3. NEHMEN SIE DIE FOLGENDEN EINSTELLUNGEN IM DIALOGFELD SZENARIO HINZUFÜGEN VOR:

    SZENARIONAME: DER NAME FÜR IHR SZENARIO

    VERÄNDERBARE ZELLEN: DIE ZELLEN MIT DEN WERTEN, DIE SIE ÄNDERN WOLLEN

4. KLICKEN SIE AUF OK UND GEBEN SIE DIE WERTE FÜR DAS SZENARIO IM DIALOGFELD SZENARIOWERTE EIN.

5. KLICKEN SIE AUF HINZUFÜGEN, UM DAS SZENARIO HINZUZUFÜGEN.

6. WIEDERHOLEN SIE DIE SCHRITTE 4 UND 5 FÜR JEDES WEITERE SZENARIO. KLICKEN SIE AUF SCHLIEßEN, WENN SIE FERTIG SIND.

SO ZEIGEN SIE EIN SZENARIO AN:

1. KLICKEN SIE AUF EXTRAS → SZENARIEN IM MENÜ.

2. WÄHLEN SIE DAS SZENARIO AUS DER LISTE AUS UND KLICKEN SIE AUF ANZEIGEN.

Eine Zusammenfassung erstellen

LEKTION 12.2

Abbildung 12-4: Das Dialogfeld Namen erstellen

Abbildung 12-5: Das Dialogfeld Szenariobericht

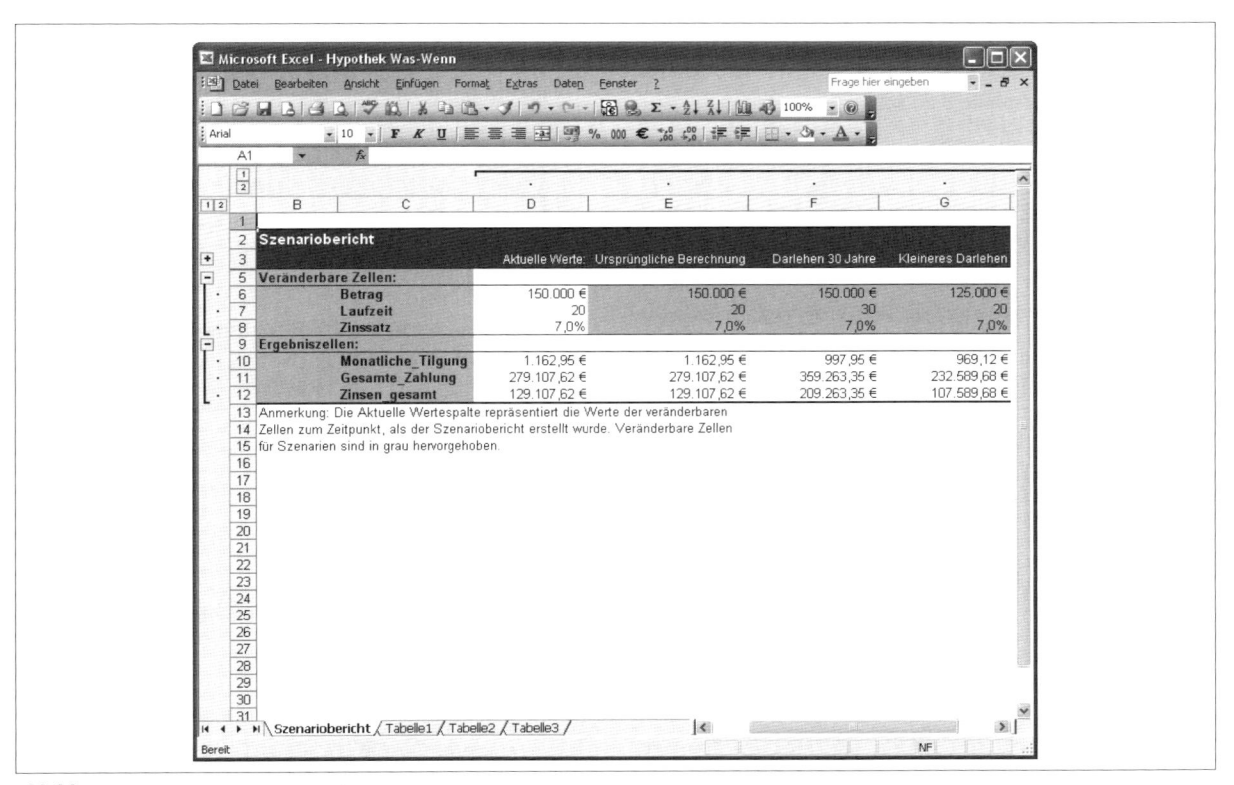

Abbildung 12-6: Der Szenariobericht

Wenn Sie zwei oder mehr Szenarien erstellt haben, können Sie sie mit einem *Szenariobericht* zusammenfassen. Ein Szenariobericht ist ein einzelner Bericht, der die Ergebnisse der verschiedenen Szenarien zusammenfasst. Es ist normalerweise einfacher, einen einzelnen Szenariobericht zu lesen, als zwischen mehreren unterschiedlichen Szenarien zu wechseln.

1 Wählen Sie den Zellbereich A3:F4 aus und klicken Sie im Menü auf Einfügen → Namen → Erstellen.

Es erscheint das Dialogfeld Namen erstellen aus Abbildung 12-4. Diese Funktion legt automatisch Namen aufgrund der aktuellen Auswahl an. Wenn Sie den Zellen Namen geben, können Sie den Szenariobericht leichter lesen.

Lektion 12.2
Eine Zusammenfassung erstellen

2 Vergewissern Sie sich, dass die Option Oberster Zeile aktiviert ist, und klicken Sie auf OK.

Das Dialogfeld Namen erstellen wird geschlossen und Excel erstellt automatisch Namen für den ausgewählten Zellbereich. Sie können überprüfen, ob Excel die richtigen Namen ausgewählt hat, indem Sie auf das Pfeilsymbol des Namenfelds klicken.

3 Klicken Sie auf das Pfeilsymbol des Namenfelds.

Die Spaltenüberschriften sollten in der Liste im Namenfeld erscheinen.

4 Klicken Sie auf eine beliebige Stelle im Arbeitsblatt, um das Namenfeld zu schließen.

Sie sind nun bereit, einen Szenariobericht zu erstellen.

5 Wählen Sie Extras → Szenarien im Menü aus und klicken Sie auf die Schaltfläche Zusammenfassung.

Es erscheint das Dialogfeld Szenariobericht, das Sie in Abbildung 12-5 sehen. Sie können zwei Arten von Szenarioberichten erstellen:

- **Szenariobericht:** Erstellt einen Bericht, der Ihre Szenarien mit ihren Eingabewerten und den Ergebniszellen auflistet. Benutzen Sie diese Art von Berichten nur dann, wenn nur ein einzelner Benutzer einen Satz von veränderbaren Zellen bearbeitet.

- **Szenario-PivotTable-Bericht:** Erstellt einen Pivot-Table-Bericht, der Ihnen eine sofortige Was-wäre-wenn-Analyse Ihrer Szenarien bietet. Verwenden Sie diese Art von Berichten, wenn mehr als ein Benutzer mehrere Sätze von veränderbaren Zellen bearbeiten kann.

Jetzt wählen wir Szenariobericht aus, was die Standardoption ist.

6 Vergewissern Sie sich, dass die Option Szenariobericht aktiviert ist, doppelklicken Sie ggf. auf das Textfeld Ergebniszellen und wählen Sie den Zellbereich D4:F4 aus.

Die Ergebniszellen (Monatliche_Tilgung, Gesamte_Zahlung und Zinsen_gesamt) sind diejenigen, auf die sich Änderungen in den veränderbaren Zellen (Betrag, Zinssatz und Laufzeit) auswirken.

7 Klicken Sie auf OK.

Das Dialogfeld Szenario-Manager wird geschlossen und Excel erstellt wie in Abbildung 12-6 einen Szenariobericht in einem neuen Arbeitsblatt der Arbeitsmappe.

8 Speichern Sie Ihre Arbeit.

SCHNELLREFERENZ

SO ERSTELLEN SIE EINEN SZENARIOBERICHT:

1. SORGEN SIE DAFÜR, DASS MINDESTENS ZWEI SZENARIEN ANGELEGT WURDEN.
2. KLICKEN SIE AUF EXTRAS → SZENARIEN IM MENÜ.
3. WÄHLEN SIE DIE BERICHTSART (SZENARIOBERICHT ODER SZENARIO-PIVOTTABLE-BERICHT).
4. BESTIMMEN SIE, WELCHE ZELLEN SIE IN DEN BERICHT EINSCHLIEßEN WOLLEN.

Datentabellen mit einem und zwei Eingabewerten

LEKTION 12.3

Abbildung 12-7: Das Dialogfeld Tabelle

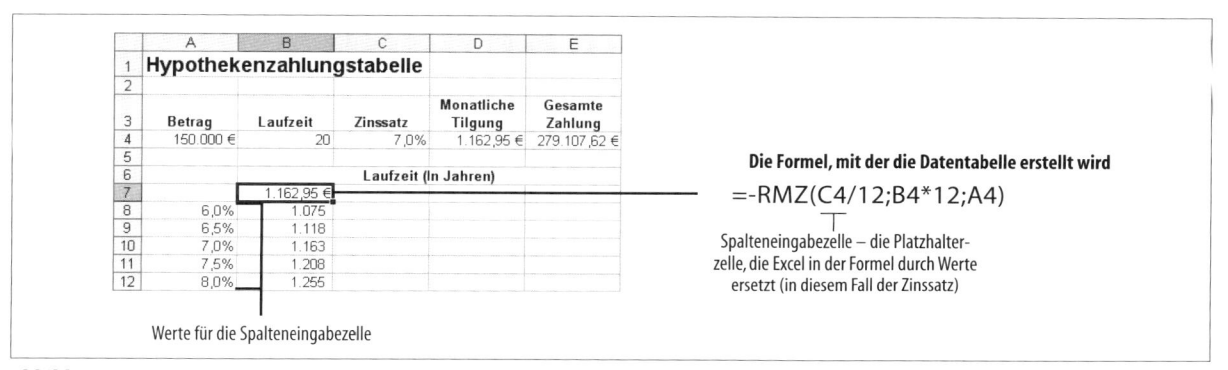

Abbildung 12-8: Die fertige Tabelle mit einem Eingabewert – mit den jeweiligen monatlichen Raten für die Zinssätze

Die Formel, mit der die Datentabelle erstellt wird
=-RMZ(C4/12;B4*12;A4)

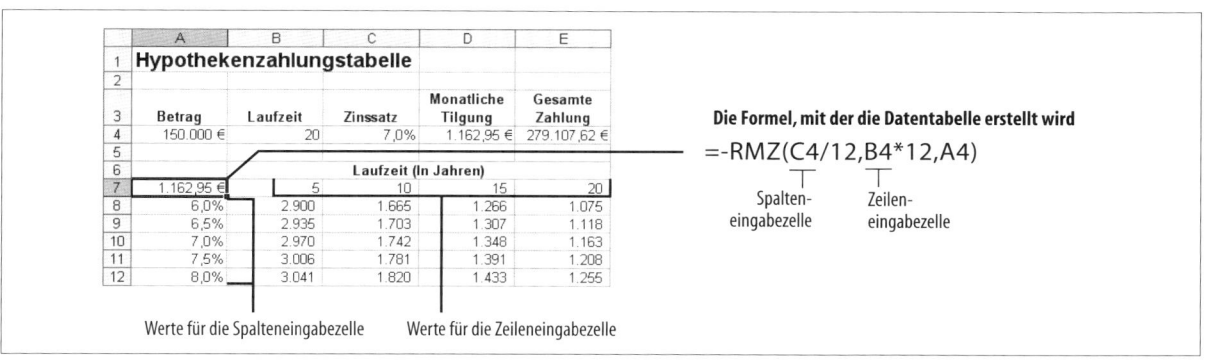

Spalteneingabezelle – die Platzhalterzelle, die Excel in der Formel durch Werte ersetzt (in diesem Fall der Zinssatz)

Abbildung 12-9: Die fertige Tabelle mit zwei Eingabewerten – mit den jeweiligen monatlichen Raten für die Zinssätze und die Darlehensdauer

Die Formel, mit der die Datentabelle erstellt wird
=-RMZ(C4/12,B4*12,A4)

Spalteneingabezelle   Zeileneingabezelle

(Ungenutzt)	Formel
Eingabewert	Ergebnisse
Eingabewert	Ergebnisse
Eingabewert	Ergebnisse

Aufbau einer Tabelle mit einem Eingabewert

Formel	Eingabewert
Eingabewert	Ergebnisse
Eingabewert	Ergebnisse
Eingabewert	Ergebnisse

Aufbau einer Tabelle mit zwei Eingabewerten

Eine andere Möglichkeit, um Was-wäre-wenn-Fragen zu beantworten, besteht im Einsatz von *Datentabellen*. Eine Datentabelle ist ein Zellbereich, der die Ergebnisse einer Formel unter Verwendung verschiedener Werte anzeigt. Sie können z.B. eine Datentabelle anlegen, um die Darlehensraten für verschiedene Zinssätze und Laufzeiten zu berechnen. Es gibt zwei Arten von Datentabellen:

- **Datentabelle für einen Eingabewert:** Zeigt die Ergebnisse einer Formel für mehrere Werte mit *einer* Eingabezelle an. Wenn Sie z.B. eine Formel für die Berechnung der Darlehensraten haben, können Sie

429

Lektion 12.3
Datentabellen mit einem und zwei Eingabewerten

eine Datentabelle für einen Eingabewert erstellen, die die Raten für verschiedene Zinssätze anzeigt.

- **Datentabelle für zwei Eingabewerte:** Zeigt die Werte einer Formel für mehrere Werte mit *zwei* Eingabezellen an. Wenn Sie z.B. eine Formel für Darlehensraten haben, können Sie eine Tabelle für zwei Eingabewerte erstellen, die die Raten für verschiedene Zinssätze *und* unterschiedliche Laufzeiten anzeigt.

1 Kehren Sie zum Arbeitsblatt Tabelle1 in der Arbeitsmappe Übung 12A zurück und klicken Sie auf Zelle B7.

Der erste Schritt bei der Erstellung einer Datentabelle besteht darin, die Formel anzugeben, die die Datentabelle benutzen soll. Da Sie die monatlichen Raten in Abhängigkeit von verschiedenen Zinssätzen berechnen wollen, verwenden Sie dieselbe RMZ-Formel, die Sie in Zelle D4 erstellt haben.

2 Geben Sie =-RMZ(C4/12;B4*12;A4) ein und drücken Sie Enter.

Excel berechnet die Werte in der Datentabelle mit dieser Formel.

Im nächsten Schritt müssen Sie die Eingabewerte bestimmen, die in der Datentabelle verwendet werden sollen (in diesem Fall die Zinssätze). Für die Zellen in dieser Arbeitsmappe wurde schon die korrekte Zahlenformatierung eingestellt, so dass Sie die Eingabewerte für die Datentabelle eingeben können.

3 Klicken Sie auf Zelle A8, geben Sie ,06 ein, drücken Sie Enter, geben Sie ,065 ein, drücken Sie Enter, geben Sie ,07 ein, drücken Sie Enter, geben Sie ,075 ein, drücken Sie Enter, geben Sie ,08 ein und drücken Sie Enter.

Da die Formel für die Datentabelle einen Zinssatz in Prozent enthält, müssen die Werte für die Formel ebenfalls in Prozent angegeben werden.

4 Wählen Sie den Zellbereich A8:A12 aus und klicken Sie auf die Schaltflächen Prozentformat und Dezimalstelle hinzufügen in der Formatsymbolleiste.

Nun können Sie Excel Ihre Datentabelle mit den verschiedenen Zinssätzen berechnen lassen, die Sie gerade in Spalte A eingetragen haben.

5 Wählen Sie den Zellbereich A7:B12 aus und klicken Sie auf Daten → Tabelle im Menü.

Es erscheint das Dialogfeld Tabelle, das Sie in Abbildung 12-7 sehen. Sie müssen in den Feldern Werte aus Zeile oder Werte aus Spalte angeben, wo sich die Eingabezelle befindet. Die Eingabezelle stellt den Platzhalter dar, auf den sich die Tabellenformel bezieht – in Ihrem Fall ist das der Zinssatz, der in Zelle C4 steht.

6 Klicken Sie auf das Feld Werte aus Spalte, danach auf Zelle C4 (den Platzhalter in der Tabellenformel für den Zinssatz) und schließlich auf OK.

Excel füllt die Tabelle mit den Ergebnissen der Tabellenformel aus und gibt dabei pro Eingabewert oder Zinssatz jeweils ein Resultat aus.

7 Klicken Sie auf Zelle B8.

Excel hat die Formel {=MEHRFACHOPERATION (;C4)} in die Zelle eingetragen. Der Bezug C4 weist auf die Eingabezelle für die Formel hin – in diesem Fall den Zinssatz.

Sie können auch Datenballen mit *zwei* Eingabewerten erstellen. So können Sie z.B. eine Datentabelle anlegen, die den Zinssatz als einen Eingabewert (in den Spalten) und die Laufzeit als den anderen Eingabewert (in den Zeilen) verwendet. Der Aufbau einer Datentabelle mit zwei Eingabewerten unterscheidet sich von dem einer Tabelle mit nur einem Eingabewert. Die Formel muss an der Stelle stehen, an der sich die Spalte und die Zeile mit den Eingabewerten schneiden – in Ihrem Fall in Zelle A7 (siehe Abbildung 12-8). Nachdem eine Tabelle erstellt wurde, kann sie nicht mehr geändert werden. Deshalb müssen Sie die aktuelle Tabelle zuerst löschen.

8 Wählen Sie den Zellbereich B8:B12 aus, drücken Sie Entf, um die Datentabelle zu löschen, und verschieben Sie danach die Formel von Zelle B7 nach A7.

Nun können Sie die verschiedenen Laufzeiten als Zeileneingabewerte eintragen.

9 Klicken Sie auf Zelle B7 und geben Sie 5, TAB, 10, TAB, 15, TAB und 20 ein und drücken Sie Enter.

Wählen Sie jetzt den Bereich der Datentabelle aus und öffnen Sie das Dialogfeld Tabelle.

10 Wählen Sie den Zellbereich A7:E12 aus und klicken Sie auf Daten → Tabelle im Menü.

Es erscheint das Dialogfeld Tabelle. Diesmal müssen Sie zwei Eingabezellen festlegen. In das Feld Werte aus Zeile tragen Sie die Zelle ein, auf die sich die Tabellenformel bezieht – in diesem Fall ist das die Laufzeit aus Zelle B4. In das Feld Werte aus Spalte kommt der Zinssatz aus Zelle C4.

11 Klicken Sie auf das Feld Werte aus Zeile, auf Zelle B4, auf das Feld Werte aus Spalte, auf Zelle C4 und schließlich auf OK.

Excel berechnet die Tabelle mit der Laufzeit (Zelle B4) als Zeileneingabewert und dem Zinssatz (Zelle C4) als Spalteneingabewert. Vergleichen Sie Ihr Ergebnis mit Abbildung 12-1.

12 Speichern Sie Ihre Arbeit.

SCHNELLREFERENZ

SO ERSTELLEN SIE EINE TABELLE MIT EINEM EINGABEWERT:

1. RICHTEN SIE DEN TABELLENBEREICH EIN. DABEI MÜSSEN DIE FORMEL IN DER OBERSTEN ZEILE UND DIE EINGABEWERTE IN DER LINKEN SPALTE STEHEN.
2. WÄHLEN SIE DEN TABELLENBEREICH AUS UND KLICKEN SIE IM MENÜ AUF DATEN → TABELLE.
3. BESTIMMEN SIE DIE ZELLE IM ARBEITSBLATT, DIE SIE ALS EINGABEWERT VERWENDEN MÖCHTEN, UND KLICKEN SIE AUF OK.

SO ERSTELLEN SIE EINE TABELLE MIT ZWEI EINGABEWERTEN:

1. RICHTEN SIE DEN TABELLENBEREICH EIN. DABEI MÜSSEN DIE FORMEL IN DER LINKEN OBEREN ZELLE, DIE WERTE FÜR DEN ERSTEN EINGABEWERT IN DER LINKEN SPALTE UND DIE WERTE FÜR DEN ZWEITEN EINGABEWERT IN DER OBERSTEN ZEILE STEHEN.
2. WÄHLEN SIE DEN TABELLENBEREICH AUS UND KLICKEN SIE IM MENÜ AUF DATEN → TABELLE.
3. BESTIMMEN SIE DIE ZELLEN IM ARBEITSBLATT, DIE SIE ALS ERSTEN UND ZWEITEN EINGABEWERT VERWENDEN MÖCHTEN, UND KLICKEN SIE AUF OK.

LEKTION 12.4 Zielwertsuche

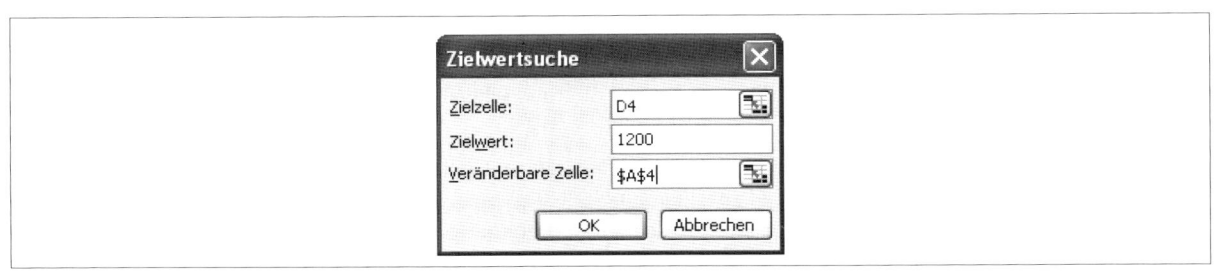

Abbildung 12-10: Das Dialogfeld Zielwertsuche

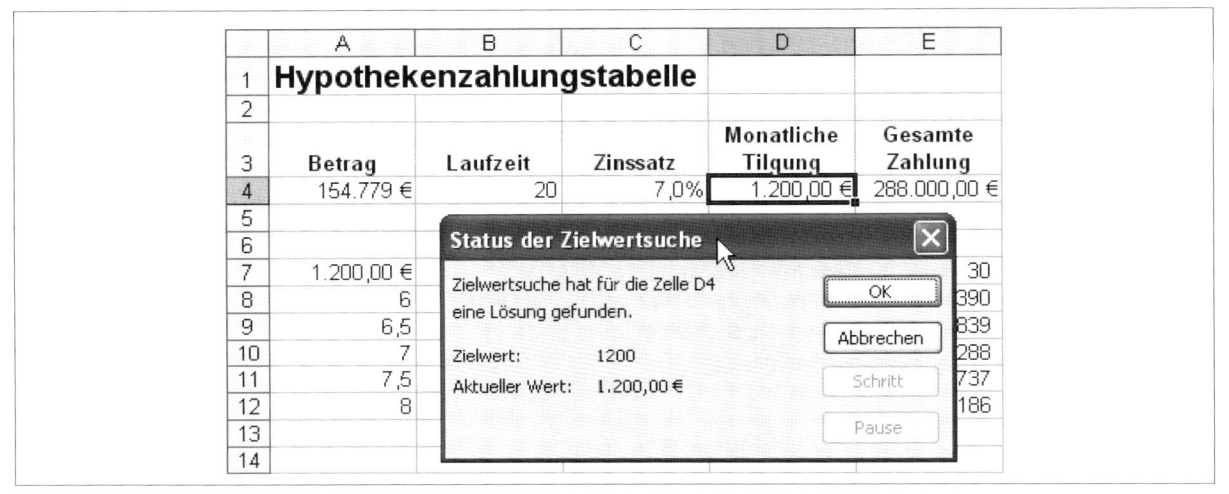

Abbildung 12-11: Das Dialogfeld Status der Zielwertsuche zeigt die Lösung an.

Falls Sie das gewünschte Ergebnis einer Formel kennen, aber nicht den Wert, der dafür in die Formel eingesetzt werden muss, können Sie die Funktion Zielwertsuche verwenden. Wenn Sie z.B. eine monatliche Rate von 1.200 € zahlen können, wie hoch darf dann Ihr Darlehen sein? Bei der Zielwertsuche setzt Excel verschiedene Werte in die Formel ein, bis es den richtigen findet.

1 Wählen Sie Zelle D4 aus.

Sie möchten wissen, wie hoch Ihre Hypothek maximal sein kann, wenn die Laufzeit 20 Jahre beträgt, der Zinssatz 7% ist und Sie höchstens eine monatliche Rate von 1.200 € zahlen können. Zelle D4, die monatliche Rate, ist hierbei die Formelzelle für die Zielwertsuche: Sie verändern den Wert, um einen bestimmten Zielwert zu ermitteln. Sie müssen die Formelzelle nicht unbedingt auswählen, bevor Sie die Zielwertsuche einsetzen, aber das erspart Ihnen einen zusätzlichen Arbeitsschritt.

2 Wählen Sie Extras → Zielwertsuche im Menü aus.

Es erscheint das Dialogfeld Zielwertsuche aus Abbildung 12-10. Um einen Zielwert zu finden, müssen Sie drei Angaben machen:

- **Zielzelle**: Die Zelle mit der Formel, für die Sie eine Lösung finden wollen – in diesem Fall die monatlichen Raten in Zelle D4.
- **Zielwert**: Der Zielwert, nach dem aufgelöst werden soll – in diesem Fall ist dies die höchste monatliche Raten, die Sie zahlen können (1.200 €).
- **Veränderbare Zelle**: Die Zelle mit dem Wert, den Sie bei der Zielwertsuche verändern wollen – in diesem Fall der Darlehensbetrag in Zelle A4.

3 Vergewissern Sie sich, dass im Feld Zielzelle die Zelle D4 steht.

Denken Sie daran, dass in der Zielzelle die Formel steht, für die Sie eine Lösung finden wollen – die Formel für die monatlichen Raten. Als Nächstes geben Sie den Zielwert ein: die maximale monatliche Rate, die Sie zahlen können.

4 Klicken Sie auf das Feld Zielwert und geben Sie 1200 ein.

Im letzten Schritt der Zielwertsuche müssen Sie die Zelle angeben, die bei der Suche nach dem Zielwert verändert werden soll: der Darlehensbetrag.

5 Klicken Sie auf das Feld Veränderbare Zelle und danach auf Zelle A4.

Nun können Sie die maximale Hypothek für 20 Jahre Laufzeit, 7% Zinsen und monatliche Raten von 1.200 € berechnen.

6 Klicken Sie auf OK.

Es erscheint das Dialogfeld Status der Zielwertsuche mit der Nachricht »Zielwertsuche hat für die Zelle D4 eine Lösung gefunden.« Zudem wird das Ergebnis im Arbeitsblatt angezeigt.

Sie können auf OK klicken, um die neuen Werte der Zielwertsuche für das Arbeitsblatt anzunehmen, oder auf Abbrechen, um zu den ursprünglichen Werten auf zurückzukehren. Sie entscheiden Sich für die neuen Werte, die die Zielwertsuche ergeben hat.

7 Klicken Sie auf OK.

Das Dialogfeld Status der Zielwertsuche wird geschlossen und die neuen Werte werden übernommen.

8 Speichern Sie Ihre Arbeit und schließen Sie die aktuelle Arbeitsmappe.

Exzellent! Sie haben das Kapitel über Was-wäre-wenn-Analysen fast abgeschlossen. Nur noch eine Lektion ...

SCHNELLREFERENZ

SO VERWENDEN SIE DIE ZIELWERTSUCHE:

1. ERSTELLEN ODER ÖFFNEN SIE EINE ARBEITSMAPPE MIT DEN FORMELN, DIE SIE BENUTZEN WOLLEN.
2. WÄHLEN SIE EXTRAS → ZIELWERTSUCHE IM MENÜ AUS.
3. FÜLLEN SIE DAS DIALOGFELD ZIELWERTSUCHE AUS, INDEM SIE DIE FORMELZELLE, DEN ZIELWERT UND DEN ZU VERÄNDERNDEN WERT EINGEBEN.
4. KLICKEN SIE AUF OK.
5. KLICKEN SIE AUF OK, UM DIE URSPRÜNGLICHEN WERTE ZU ERSETZEN, ODER AUF ABBRECHEN, UM SIE BEIZUBEHALTEN.

LEKTION 12.5 Den Solver verwenden

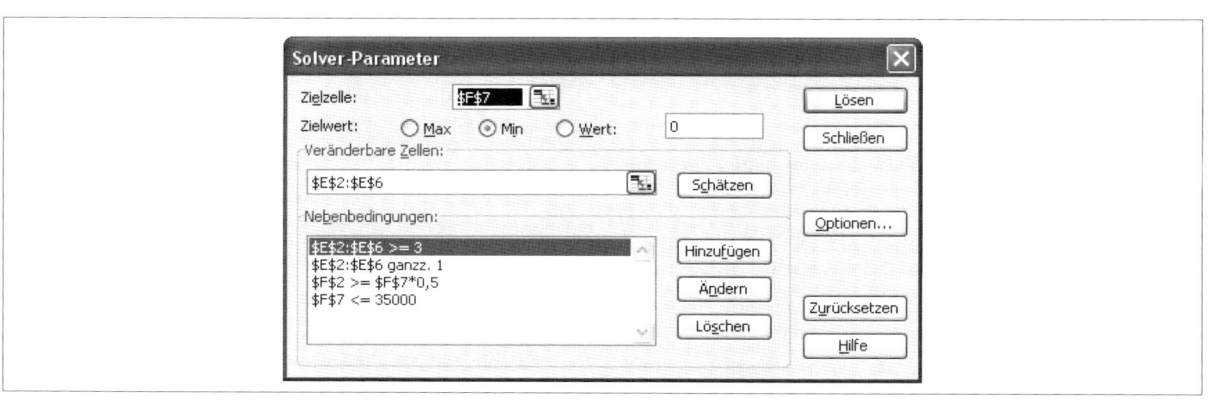

Abbildung 12-12: Das Dialogfeld Solver-Parameter

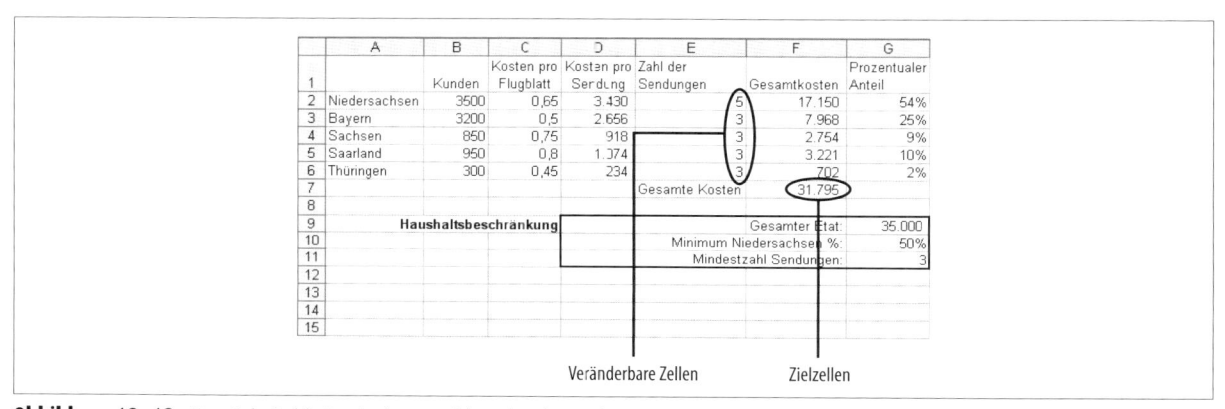

Abbildung 12-13: Das Arbeitsblatt mit dem Problem für den Solver

Abbildung 12-14: Das Dialogfeld Nebenbedingungen hinzufügen

Abbildung 12-15: Das Dialogfeld Ergebnisse

Die Zielwertsuche eignet sich hervorragend für Probleme mit einer einzigen Variable und einem exakten Zielwert, aber bei komplexen Problemen mit mehreren Variablen oder einem Wertebereich sieht das ganz anders aus. In solchen Situationen müssen Sie den Excel-Befehl Solver einsetzen. Der Solver kann erweiterte Was-wäre-wenn-Analysen mit vielen Variablen durchführen. Sie können auch *Nebenbedingungen* festlegen – Bedingungen, die für die Lösung des Problems zutreffen müssen.

Wenn Ihnen der Solver besonders schwierig vorkommen sollte, sind Sie nicht allein. Beim Solver handelt es sich um eine der fortgeschrittensten und kompliziertesten Funktionen in Excel.

> **HINWEIS** *Der Solver ist ein optionales Add-In für Excel. Wenn Sie ihn nicht im Menü Extras finden können, können Sie ihn über Extras → Add-Ins hinzufügen.*

1 Öffnen Sie die Arbeitsmappe Übung 12B und speichern Sie sie als Flugblattaktion.

Dieses Arbeitsblatt enthält das Problem, mit dem Sie es zu tun haben (siehe Abbildung 12-13). Stellen Sie sich vor, dass Sie für eine jährliche Werbekampagne für Kunden in fünf Bundesländern verantwortlich sind. Dabei bestehen folgende Budgetbedingungen:

- Ihr Gesamtbudget beträgt 35.000 €.
- Sie müssen mindestens die Hälfte des Budgets für den Versand nach Niedersachsen ausgeben.
- Es muss mindestens drei Sendungen pro Bundesland geben.

Ihre Aufgabe besteht darin, mit diesen Einschränkungen herauszufinden, wie viele Sendungen Sie an die Kunden in jedem Staat schicken können. O Gott! Das ist ein hartes Matheproblem! Zum Glück kann Ihnen der Solver von Excel bei der Suche nach einer Lösung helfen.

2 Wählen Sie Extras → Solver im Menü aus.

Es erscheint das Dialogfeld Solver-Parameter aus Abbildung 12-12. Zuerst müssen Sie Ihr Lösungsziel angeben. In dieser Lektion wollen Sie Ihre Gesamtausgaben für den Versand minimieren – das ist der Wert in Zelle F7.

3 Vergewissern Sie sich, dass sich die Einfügemarke im Feld Zielzelle befindet, und klicken Sie auf Zelle F7.

Im Feld Zielzelle erscheint der Eintrag $F$7. Als Nächstes legen Sie fest, dass der Solver die Zielzelle (also die Gesamtkosten) auf den niedrigstmöglichen Wert bringen soll.

4 Wählen Sie die Option Min aus.

Bei anderen Problemen müssen Sie ggf. den Maximalwert berechnen, was Sie mit der Option Max einstellen. Sie können auch einen bestimmten Wert angeben, dem die Lösung entsprechen soll – dafür wählen Sie die Option Wert aus und geben die gewünschte Zahl ein.

Nun müssen Sie die Zellen angeben, die bei der Lösungssuche geändert werden sollen – die Anzahl der Versandaktionen pro Bundesland.

5 Klicken Sie auf das Feld Veränderbare Zellen, löschen Sie eventuelle Einträge und wählen Sie den Zellbereich E2:E6 aus.

Jetzt können Sie die Nebenbedingungen eingeben, die der Solver beachten soll.

6 Klicken Sie auf die Schaltfläche Hinzufügen.

Es erscheint das Dialogfeld Nebenbedingungen hinzufügen (siehe Abbildung 12-14). Fügen Sie zuerst die Bedingung ein, dass die Gesamtkosten das Budget von 35.000 € nicht übersteigen dürfen.

7 Wählen Sie Zelle F7 aus (die Gesamtkosten), sorgen Sie dafür, dass in der mittleren Dropdown-Liste das Zeichen <= erscheint, klicken Sie auf das Feld Nebenbedingung und geben Sie 35000 ein.

Vergleichen Sie Ihr Dialogfeld mit Abbildung 12-14. Die nächste Nebenbedingung lautet, dass 50% der Gesamtausgaben für Niedersachsen aufgewendet werden müssen.

> **HINWEIS** *Sie müssen beim Umgang mit dem Solver sehr sorgfältig sein. Wenn Sie nicht die richtige Nebenbedingung festlegen, kann der Solver die Lösung Ihres Problems nicht finden (wenn es überhaupt eine gibt) oder ungültige Daten zurückgeben.*

Lektion 12.5
Den Solver verwenden

8 Klicken Sie auf Hinzufügen und danach auf Zelle F2 (die Gesamtausgaben für Niedersachsen), wählen Sie >= aus der Dropdown-Liste aus, klicken Sie auf das Feld Nebenbedingung und danach auf Zelle F7 und geben Sie *.5 ein. (An dieser Stelle müssen Sie anstelle des gewohnten Kommas tatsächlich den amerikanischen Punkt als Dezimaltrennzeichen verwenden.)

Im Bedingungsfeld müsste nun der Eintrag $F$7*.5 stehen. Fügen Sie jetzt eine Nebendingung dafür ein, dass pro Bundesland mindestens drei Versandaktionen durchgeführt werden.

9 Klicken Sie auf Hinzufügen und danach auf das Feld Zellbezug, wählen Sie den Zellbereich E2:E6 (die Anzahl der Sendungen) und dann in der Dropdown-Liste >= aus, klicken Sie auf das Feld Nebenbedingungen und geben Sie 3 ein.

Schließlich müssen Sie die Bedingung hinzufügen, dass die Anzahl der Sendungen auf ganze Zahlen beschränkt ist (sonst würde der Solver Dezimalzahlen verwenden).

10 Klicken Sie auf Hinzufügen und danach auf das Feld Zellbezug, wählen Sie den Zellbereich E2:E6 (die Anzahl der Sendungen) und in der Dropdown-Liste ganzz. Im Feld Nebenbedingungen erscheint jetzt ebenfalls Ganzz., aber aufgrund eines Programmfehlers nimmt der Solver diese Eingabe nicht an. Sie können dieses Problem umgehen, indem Sie den Eintrag Ganzz. im Feld Nebenbedingungen durch eine 1 überschreiben.

Das war es! Sie haben alle Nebenbedingungen hinzugefügt.

11 Klicken Sie auf OK.

Das Dialogfeld Nebenbedingung hinzufügen wird geschlossen und Sie kehren zurück zum Dialogfeld Solver-Parameter. Wir wollen nun sehen, ob der Solver eine Lösung für unser verwirrendes Problem findet.

12 Klicken Sie auf Lösen.

Excel analysiert das Problem und setzt Versuchswerte in die veränderbaren Zellen ein, während es die Ergebnisse überprüft. Nach einem kurzen Augenblick erscheint das Dialogfeld Ergebnis. Das bedeutet, dass der Solver eine Antwort auf die Frage gefunden hat, wie viele Sendungen Sie unter Berücksichtigung der Nebenbedingungen jeweils in jedes Bundesland schicken können. Dieses Dialogfeld sehen Sie in Abbildung 12-15.

Sie haben hier verschiedene Möglichkeiten: Sie können die Werte übernehmen, die der Solver als Lösung vorschlägt, die ursprünglichen Werte beibehalten oder einen von drei unterschiedlichen Berichten auf einem anderen Arbeitsblatt erstellen, der die Lösung des Solvers zusammenfasst.

13 Vergewissern Sie sich, dass die Option Lösung verwenden ausgewählt ist, und klicken Sie auf OK.

Das Dialogfeld wird geschlossen und die Lösungswerte werden für das Arbeitsblatt übernommen. Sie haben mit Hilfe des Solvers erfolgreich die beste Kombination für Sendungen pro Bundesland gefunden. Die Einstellungen, die Sie am Solver vornehmen, werden mit der Arbeitsmappe gespeichert, so dass Sie später auf sie zurückgreifen können.

14 Speichern Sie Ihre Arbeit und beenden Sie Microsoft Excel.

Kapitel 12
Was-wäre-wenn-Analysen

SCHNELLREFERENZ

SO INSTALLIEREN SIE DEN SOLVER:

- DER SOLVER IST EIN OPTIONALES ADD-IN FÜR EXCEL. WENN SIE IHN IM MENÜ EXTRAS NICHT FINDEN, KÖNNEN SIE IHN FOLGENDERMASSEN INSTALLIEREN: KLICKEN SIE IM MENÜ AUF EXTRAS → ADD-INS, WÄHLEN SIE DAS ADD-IN SOLVER UND KLICKEN SIE AUF OK.

SO BENUTZEN SIE DEN SOLVER:

1. ERSTELLEN ODER ÖFFNEN SIE EINE ARBEITSMAPPE MIT DEM PROBLEM, DAS SIE LÖSEN WOLLEN, UND WÄHLEN SIE DANN EXTRAS → SOLVER IM MENÜ AUS.

2. GEBEN SIE IM FELD ZIELZELLE DAS ZIEL AN, NACH DEM GESUCHT WERDEN SOLL.

3. WÄHLEN SIE EINE DER OPTIONEN MAX, MIN ODER WERT AUS UND GEBEN SIE DANACH IM FELD VERÄNDERBARE ZELLEN DIE ZELLEN AN, DIE BEI DER LÖSUNGSSUCHE GEÄNDERT WERDEN SOLLEN.

4. FÜGEN SIE IHRE NEBENBEDINGUNGEN EIN, INDEM SIE AUF HINZUFÜGEN KLICKEN UND DIE BEDINGUNGEN FESTLEGEN (WIEDERHOLEN SIE DAS FÜR ALLE GEWÜNSCHTEN NEBENBEDINGUNGEN).

5. KLICKEN SIE AUF LÖSEN.

Kapitel 12 im Überblick

Die Lektionen in Kürze

Ein Szenario festlegen

Ein Szenario ist ein Satz von Werten, die in Was-wäre-wenn-Analysen verwendet werden, z.B. unterschiedliche Zinssätze, Darlehensbeträge und Laufzeiten von Hypotheken. Wenn Sie diese Werte in einem Szenario speichern, können Sie leicht wieder aufrufen.

So legen Sie ein Szenario an: Erstellen oder öffnen Sie ein Arbeitsblatt, das die Ergebnisse einer oder mehrerer Formeln enthält. Wählen Sie Extras → Szenarien im Menü aus und klicken Sie auf die Schaltfläche Hinzufügen, um ein neues Szenario zu erstellen. Füllen Sie das Dialogfeld Szenario hinzufügen aus, indem Sie dem Szenario einen Namen geben und die »veränderbaren Zellen« festlegen (die Zellen mit den Werten, die Sie ändern wollen). Für jedes weitere Szenario klicken Sie auf Hinzufügen und geben den Namen und die veränderbaren Zellen an.

So zeigen Sie ein Szenario an: Klicken Sie auf Extras → Szenarien im Menü, wählen Sie das Szenario aus der Liste aus und klicken Sie auf Anzeigen.

Eine Zusammenfassung erstellen

Ein Szenariobericht ist ein einzelner Bericht, der die Ergebnisse der verschiedenen Szenarien zusammenfasst.

So erstellen Sie einen Szenariobericht: Sorgen Sie dafür, dass mindestens zwei Szenarien angelegt wurden, und klicken Sie auf Extras → Szenarien im Menü. Wählen Sie die Berichtsart (Szenariobericht oder Szenario-Pivot-Table-Bericht) und bestimmen Sie, welche Zellen Sie in den Bericht einschließen wollen.

Datentabellen mit ein und zwei Eingabewerten

Eine Datentabelle zeigt die Ergebnisse einer Formel unter Verwendung verschiedener Werte an. Dabei zeigt eine Datentabelle mit einem Eingabewert die Ergebnisse einer Formel für mehrere Werte mit einer Eingabezelle an, während eine Datentabelle mit zwei Eingabewerten die Werte einer Formel für mehrere Werte mit zwei Eingabezellen anzeigt.

So erstellen Sie eine Tabelle mit einem Eingabewert: Tragen Sie die Werte, die in die Eingabezelle eingesetzt werden sollen, in eine Spalte ein. Fügen Sie die Formel eine Zeile über und eine Spalte links der Wertespalte ein. Bestimmen Sie den Zellbereich mit den einzusetzenden Werten und klicken Sie auf Daten → Tabelle im Menü. Wählen Sie die Zelle aus, die als Eingabewert dienen soll, und klicken Sie auf OK.

So erstellen Sie eine Tabelle mit zwei Eingabewerten: Fügen Sie in eine Zelle auf dem Arbeitsblatt die Formel ein, die sich auf beide Eingabewerte bezieht. Tragen Sie in der gleichen Spalte unter der Formel die erste Liste der Werte ein und in der Zeile der Formel rechts davon die zweite Liste der Werte. Wählen Sie den Zellbereich mit der Formel und der Spalte und der Zeile mit den Werten aus und klicken Sie im Menü auf Daten → Tabelle. Legen Sie die Spalteneingabezelle und die Zeileneingabezelle fest und klicken Sie auf OK.

Die Zielwertsuche

Falls Sie das gewünschte Ergebnis einer Formel kennen, aber nicht den Wert, der dafür in die Formel eingesetzt werden muss, können Sie die Funktion Zielwertsuche verwenden.

So verwenden Sie die Zielwertsuche: Erstellen oder öffnen Sie eine Arbeitsmappe mit den Formeln, die Sie benutzen wollen, und wählen Sie Extras → Zielwertsuche im Menü aus. Füllen Sie das Dialogfeld Zielwertsuche aus, indem Sie die Formelzelle, den Zielwert und den zu verändernden Wert eingeben.

Den Solver verwenden

Benutzen Sie den Solver für komplexe Was-wäre-wenn-Probleme mit mehreren Variablen und einem Wertebereich.

Der Solver ist ein optionales Add-In für Excel. Wenn Sie ihn im Menü Extras nicht finden, können Sie ihn folgendermaßen installieren: Klicken Sie im Menü auf Extras → Add-Ins, wählen Sie das Add-In Solver und klicken Sie auf OK.

So benutzen Sie den Solver: Erstellen oder öffnen Sie eine Arbeitsmappe mit dem Problem, das Sie lösen wollen, und wählen Sie dann Extras → Solver im Menü aus. Geben Sie im Feld Zielzelle das Ziel an, nach dem gesucht werden soll, und wählen Sie eine der Optionen Max, Min oder Wert aus. Geben Sie danach im Feld Veränderbare Zellen die Zellen an, die bei der Lösungssuche geändert werden sollen. Fügen Sie Ihre Nebenbedingungen ein, indem Sie auf Hinzufügen klicken und die Bedingungen festlegen (wiederholen Sie das für alle gewünschten Nebenbedingungen). Klicken Sie auf Lösen, wenn Sie das Problem vollständig erfasst haben.

Test

1. Welche der folgenden Möglichkeiten ist *keine* Was-wäre-wenn-Funktion in Excel?
   A. Szenario-Manager
   B. Solver
   C. Zielwertsuche
   D. AutoGliederung

2. Welche der folgenden Aussagen ist *nicht* richtig?
   A. Mit dem Szenario-Manager können Sie mehrere Sätze von Werten oder Szenarien speichern, um sie in Was-wäre-wenn-Analysen einzusetzen.
   B. Sie müssen in einem Szenario die Zellen angeben, die sich ändern.
   C. Sie müssen in einem Szenario die Zielzelle angeben.
   D. Den Szenario-Manager finden Sie unter Extras → Szenarien.

3. Nach sorgfältiger Überlegung sind Sie zu dem Schluss gekommen, dass Sie für einen Drei-Jahres-Kredit eine monatliche Rate von maximal 500 € zahlen können. Welche Funktion kann anhand dieser Angaben am schnellsten und einfachsten berechnen, wie hoch Ihr Kredit sein darf?
   A. Die Zielwertsuche
   B. Der Solver
   C. Der Szenario-Manager
   D. Eine Datentabelle mit zwei Eingabewerten

4. Der Solver kann Probleme mit mehreren Variablen, Nebenbedingungen und Wertebereichen lösen. (Richtig oder falsch?)

5. Welche der folgenden Angaben können Sie *nicht* machen, wenn Sie den Solver benutzen? (Mehrere Antworten sind möglich.)
   A. Zielzelle
   B. Veränderbare Zellen
   C. Nebenbedingungen
   D. Eingabezellen

Hausaufgaben

1. Öffnen Sie die Arbeitsmappe Hausaufgabe 12 und speichern Sie sie als Was-wäre-wenn-Übung.

2. Rufen Sie das Arbeitsblatt Autokredit auf. Wählen Sie den Zellbereich B3:B5 (die veränderbaren Zellen) aus und klicken Sie im Menü auf Extras → Szenarien.

3. Klicken Sie auf Hinzufügen und nennen Sie das Szenario Ursprünglicher Kreditrahmen. Speichern Sie es mit den ursprünglichen Werten.

4. Klicken Sie auf Hinzufügen und nennen Sie das Szenario 9 Prozent, 36 Monate. Speichern Sie es mit einem Darlehensbetrag von 25.000 €, einem Zinssatz von 0,09 und einer Laufzeit von 36 Monaten ab.

5. Üben Sie den Wechsel zwischen den Szenarien, indem Sie im Menü auf Extras → Szenarien klicken, ein Szenario auswählen und auf Anzeigen klicken.

6. Erstellen Sie einen Szenariobericht für das Arbeitsblatt.

7. Klicken Sie auf Zelle B11, geben Sie =B7 ein und drücken Sie Enter.

Kapitel 12
Kapitel 12 im Überblick

8. Richten Sie eine Datenballe mit einem Eingabewert wie folgt ein:

	A	B
11		610,32 €
12	0,08	
13	0,08	
14	0,09	
15	0,09	

9. Klicken Sie im Menü auf Daten → Tabelle und wählen Sie Zelle B4 als Spalteneingabezelle aus. Ihr Ergebnis sollte folgendermaßen aussehen:

	A	B
11		610,32 €
12	0,08	604,47
13	0,08	610,32
14	0,09	616,21
15	0,09	622,13

10. Klicken Sie auf Zelle B7 und wählen Sie Extras → Zielwertsuche im Menü aus. Berechnen Sie mit Hilfe der Zielwertsuche den maximalen Autokredit, den Sie aufnehmen können (Zelle B3), wenn Sie eine monatliche Rate von 800 € zahlen können.

    Extraaufgabe: Rufen Sie das Arbeitsblatt Solver auf. Finden Sie mit dem Solver eine Lösung für das beschriebene Problem. Die Zielzellen, veränderbaren Zellen und Nebenbedingungen sind farbig gekennzeichnet, um es etwas einfacher für Sie zu machen.

Lösungen zum Test

1. D. Die AutoGliederung hat nichts mit Was-wäre-wenn-Analysen zu tun.
2. C. Zielzellen gibt es bei der Zielwertsuche und im Solver, aber nicht in Szenarien.
3. A. Im Grunde genommen können Sie alle genannten Funktionen anwenden, aber die Zielwertsuche ist in diesem Fall die schnellste und einfachste Möglichkeit.
4. Richtig.
5. D. Eingabezellen werden bei Datentabellen benötigt, nicht im Solver.

INDEX

Symbole

(Wert zu groß für Zelle) 269
$ (absoluter Bezug) 75
% (Prozent) 252
& (Verkettungsoperator) 336
() (Klammern zur Änderung der Berechnungsreihenfolge) 252
* (Einfügezeile) 286
* (Multiplikationsoperator) 39, 252
+ (Additionsoperator) 39, 252
/ (Divisionsoperator) 39, 252
: (Operator für Bereiche) 252
= (Gleichheitszeichen) 36, 38
- (Subtraktionsoperator) 252
^ (Potenzierungsoperator) 252
' (Kommentarzeile in Visual Basic) 332
' (Zahlen als Bezeichnungen eingeben) 287

Numerisch

3D-Diagramm 184

A

ABRUNDEN 273
ABS 272
Analysefunktionen 423
Ansichten
    Ansichteinstellungen 234
    Benutzerdefinierte 234, 244
    Druckeinstellungen 234
    Filtereinstellungen 234
ANZAHL 39, 278
ANZAHL2 278
Arbeitsblätter
    aktivieren 199
    anzeigen 232, 243
    ausblenden 230, 231
    ausdrucken 45
    Ausschnitte 210
    AutoGliederung 415
    Bezeichnungen 54
        eingeben 31
    Bezüge 212
    Blattregister 198
    ClipArts einfügen 353
    Daten, externe 212
    Datenquellen
        aktualisieren 377, 383
        Eigenschaften 377
        Formatierung 377
        importieren 374, 383
    durchsuchen 89
    einblenden 231
    einfügen 200, 202, 242
    Farben 129, 151
    fixieren 289
    Formeln anzeigen 267, 281
    Fußzeilen 215, 242
    Gitternetzlinien 223
    gliedern 415, 417, 419
    Gliederungsansicht 415
    Grafiken einfügen 352, 358
    Größenänderung 348
    Gruppendetails 415
    gruppieren 415, 417, 419
    Hyperlinks 383
    Informationen suchen 413
    Kopfzeilen 215, 242
    kopieren 204
    löschen 200, 202, 242
    Muster 129, 151
    navigieren 28, 29, 30, 54
    Rahmen 125, 151
    Registerlaufleisten 198
    schützen 227, 229, 243
    Seitenzahlen 215, 242
    Spaltenüberschriften 223
    Suchfunktionen 419
    Tastaturkürzel 29
    teilen 289
    Titel formatieren 110
    Titelzeilen 223
    umbenennen 203, 204
    verbergen 243
    vergleichen, nebeneinander 232
    verschieben 203, 204
    Webabfragen 381, 384

Index

Word 345, 346, 358
Zeilenüberschriften 223
zusammenfassen 239, 244
Arbeitsmappen
  anlegen 15
  Arbeitsblätter umschalten 198, 242
  Bezugsfehler 213
  Dateien, getrennte 213
  Daten
    ausblenden 230
    externe 242
  drucken 90
  durchsuchen 104
  ersetzen 104
  erstellen 53
  Hyperlinks 361, 364
  mehrere 208
  mehrere anzeigen 206
  neu erstellen 13, 14
  öffnen 22, 24, 53
  Pivot-Tabellen 372
  schließen 51, 52, 55
  Spalten einfügen 80
  Spalten löschen 80
  speichern 25, 26, 53
  vergleichen 232, 233, 243
  Vorlagen 236
  Webseiten 367
    interaktive 371, 383
    nicht-interaktive 383
  Wiederherstellen 100, 105
  Zeilen
    einfügen 80
    löschen 80
  Zellen
    einfügen 80
    löschen 80
ARCCOS 272
ARCSIN 272
Argumente 254
Assistent 50
AUFRUNDEN 273
AutoAusfüllen 41, 43, 54
AutoFilter 286, 301, 303, 314
  benutzerdefiniert 304
AutoFit 118
AutoFormat 135, 136, 152, 403
AutoGliederung 415
AutoKorrektur 97
Automatische Berechnung 259, 260
AutoSumme 6, 36, 37, 54
AutoVervollständigen 61, 62, 103
AutoWiederherstellen 101

B

Bearbeitungsmodi 64
Befehle
  AutoFormat 403
  Inhalte einfügen 104
  Konsolidieren 239, 415
  nebeneinander vergleichen mit 6
  Rückgängigmachen 83, 104
  Solver 435
  Wiederherstellen 83, 104
  Wiederholen 83, 84, 104
Benachbarte Zellen markieren 169
Benutzerdefinierte Ansichten 235
Benutzerdefinierte Diagrammformate 188
Benutzerdefinierte Funktionen 255
Benutzeroberfläche 7
  Aktive Zelle 8
  Arbeitsblattfenster 8
  Aufgabenbereich 8
  Bildlaufleisten 8, 16
  Formatsymbolleiste 8
  Formelleiste 8
  Menüleiste 7
  Namenfeld 8
  Standardsymbolleiste 8
  Statusleiste 8
  Titelleiste 7
  Zellcursor 8
Bereiche 35
  fixieren 211
  Namen 258
  nicht zusammenhängende 260
Bezeichnungen 54, 62
Bezeichnungen eingeben 33
Bezüge 39
Bildlaufleisten 210
BOGENMASS 272
BW 275

C

COS 272

D

Darlehen 264
Dateien
  ansteuern 366
  exportieren 357
  importieren 357
  konvertieren 355
  verwalten 94
Dateiverwaltung 92, 105

Index

Daten
    importieren 376
    konsolidieren 241
    Pivot-Tabellen 393
Datenanalyse 387
    Daten eingeben 392
Datenbanken 279, 285
    Datenbankfunktionen 409, 419
    Datenmasken 291, 293
    Datensätze 291
        gefilterte kopieren 309
        löschen 296
        suchen 293
    DBSUMME 410
    Einfügezeilen 291
Datenbankfunktion DBSUMME 411
Datenbankfunktionen 255, 279, 409
Datenbeschriftungen 176
Datenquellen 379
    aktualisieren 383
    importieren 383
Datenreihen beschriften 179
Datensätze
    hinzufügen 292
    löschen 297
    suchen 295
Datentabellen 429, 431, 438
    Eingabewerte 429
Datum & Zeit 255, 276
DBANZAHL 279
DBAUSZUG 279
DBMAX 279
DBMIN 279
DBMITTELWERT 279
DBSTDABWN 279
DBSUM 279
DBSUMME 410
DBVARIANZ 279
Diagrammachse skalieren 179
Diagramm-Assistent 160
Diagramme
    3D-Diagramme 182, 194
    Achsen 179
    Achsenbeschriftung 175
    Balkendiagramm 172
    Benutzerdefinierte 185, 194
    Beschriftung 175, 179, 180, 194
    Betrachtungshöhe vegößern 184
    Datenreihen 178
        anordnen 179
        formatieren 165, 177, 194
    Datentabellen 174
        hinzufügen 193

Diagrammachsen 178
    formatieren 177, 194
Diagramm-Assistent 159
Diagrammfläche 172
Diagrammobjekte 165
Diagrammtitel 174
    formatieren 165
Diagrammtypen 172, 186, 193
    ändern 170
Drehen im Uhrzeigersinn 184
erstellen 158, 193
Fehlerindikator Y 179
Flächendiagramm 173
Fülleffekte 189, 194
Füllmuster 192
Gitternetzlinien 174, 193
Grafikelemente 180
Größe ändern 162
Kreisdiagramm 173
Legende formatieren 165
Linien einfügen 180
Liniendiagramm 172
Objekte
    bearbeiten 163, 193
    formatieren 163, 193
Pivot-Tabellen 403
Punktdiagramme 173
Quelldaten ändern 167, 193
Säulendiagramm 172, 173
Skalierung 178
Spalten 173
Standardformatierung 175
Text einfügen 180
Titelzeilen 193
Tortendiagramm 173
Tortendiagramme 170, 193
vergrößern 161, 193
verkleinern 161, 193
verschieben 161, 162, 193
Word 350
Zeilen 173
Diagrammobjekte formatieren 166
Diagrammtitel 176
Diagrammtyp ändern 173
Dialogfelder 16, 18
    3D-Ansicht 183
    Achsen formatieren 177
    Aktualisierungsstatus der externen Daten 377
    Als Webseite veröffentlichen 367
    Ausfüllen 53
    AutoFormat 135
    Bedingte Formatierung 143
    Bedingte Formatierung löschen 143

Index

Benutzerdefinierte Ansichten 234
Benutzerdefinierter AutoFilter 304
Blatt schützen 227
Datenmaske 291
Datenquelle 167
Datenquelle auswählen 374
Datenreihen formatieren 177
Diagrammtyp 159
Dropdown-Listen 17
Drucken 90
Eigenschaften des externen Datenbereichs 377
Einblenden 230
Einfügen 201
Einfügen-Optionen 77
Eingabemöglichkeiten 16
Ersetzen 88
Fülleffekte 189
Funktion einfügen 253, 280
Funktionsargumente 254
Grafik einfügen 352
Gruppierung 399
Gültigkeitsprüfung 311
Hyperlink einfügen 362
Konsolidieren 239
Kontrollkästchen 18
Listenfelder 17
Löschen 80
Makro 322
Makro aufzeichnen 320
Makro zuweisen 324
Makrooptionen 322
Namen erstellen 256, 427
Neue Webabfrage 380
Objekt 344
Öffnen 23, 92
PivotTable-Feld 394
Rechtschreibung 86
Registerkarten 18
Seite einrichten 215
Solver-Parameter 434
Sortieren 298
Spaltenbreite 118
Speichern 23
Speichern unter 23, 92, 356, 367
Spezialfilter 306
Suchen 88
Suchen und Ersetzen 148, 293
Szenario hinzufügen 424
Szenariobericht 427
Szenario-Manager 424
Szenariowerte 424
Tabelle 429
Teilergebnisse 406
Textfelder 17

Textkonvertierungs-Assistent 355
Top-10-AutoFilter 304
Zeilenhöhe 118
Zellen einfügen 80
Zellen formatieren 16, 113, 121, 143
Zielwertsuche 432
Dim-Anweisung 332
Dokumentwiederherstellung 100, 102
Drag-&-Drop 70
Dropdown-Felder 18
Druckbereiche 220
Drucken 44, 45, 54
   Ansichteinstellungen 234
   Druckbereich 218, 243
   Druckeinstellungen 234
   Druckoptionen 45, 90, 104
   Farben 130
   Hochformat 221
   Orientierung 221, 243
   Papierformate 225, 243
   Querformat 221
   Seitenränder 221, 243
   Seitenumbrüche 218, 243
   Skalierung 225, 243
   Vorschau 44, 54
Druckmaßstab 226
Druckoptionen 91
Druckvorschau 45

E

Einfügen 253
Einfügen-Optionen 79
Eingabe in Zellen 33
Ergebniszeile ein-/ausblenden 290
Ersetzen 88
Excel
   beenden 51, 52, 55
   Benutzeroberfläche 7
   Dateiformate 357
   Dateikonvertierung 355
   Dateiverwaltungsfunktionen 92
   Datenbehandlung 60
   Inhalte aus anderen Programmen einfügen 68
   Jahr-2000-Problem 60
   Menüs 9
   Neue Funktionen 5
   Start 2, 53
   starten 4
EXP 272

F

FAKULTÄT 272
Farben 131

Index

Feldüberschriften fixieren 290
Fenster 205, 208
    fixieren 209
    Größe 208
    teilen 209, 211
Filter, benutzerdefinierte 305
Finanzfunktionen 255, 274
Format übertragen 132, 134, 152
Formatierung 112
    AutoFormat 135
    Bedingte 144, 152
    Formate
        ersetzen 148, 153
        suchen 148, 153
        übertragen 132
    Formatvorlagen 140, 152
    Schriftart 110
    Schriften 151
    Schriftgrad 110
    Spaltenbreite 117, 151
    Text 110
    Werte 151
        formatieren 113
    Zahlenformate
        benutzerdefinierte 137, 152
    Zeilenhöhe 117, 151
    Zellausrichtung 121
Formatierung, bedingte 145
Formatvorlagen 142
Formeln 36, 39, 40
    anzeigen 267, 268, 281
    arithmetische Operatoren 36
    ausblenden 228, 268
    bedingte 261
    drucken 267, 281
    Eingabe 38, 54
    Ergebnis kopieren 77
    Fehler 281
        beheben 269
    Fehlerwerte 270
    Formelüberwachung 269
    Funktionsnamen 36
    Operatoren, mehrere 250, 280
    Prioritäten 251
    Überprüfung 6
    überwachen 271
    Zellbereiche, mehrere 250, 280
    Zellbezüge 38, 75
Fülleffekte für Diagramme 192
Funktion SVERWEIS 414
Funktion WENN 262
Funktionen 36
    ABRUNDEN 273
    ABS 272
    ANZAHL 39, 278

ANZAHL2 278
ARCCOS 272
ARCSIN 272
Argumente 254
AUFRUNDEN 273
AutoAusfüllen 41, 54
AutoFilter 301, 314
    benutzerdefiniert 304
AutoFormat 135, 152
Automatische Berechnung 259
AutoSumme 6, 36, 54
AutoVervollständigen 61, 103
AutoWiederherstellen 101
Benutzerdefinierte 255
BOGENMASS 272
BW 275
COS 272
Datenbankfunktionen 255, 279, 409
Datum & Zeit 255, 276
DBANZAHL 279
DBAUSZUG 279
DBMAX 279
DBMIN 279
DBMITTELWERT 279
DBSTDABWN 279
DBSUM 279
DBSUMME 410
DBVARIANZ 279
Einfügen 253
EXP 272
FAKULTÄT 272
Finanzfunktionen 255, 274
Format übertragen 132, 152
Funktionsassistent 6
GERADE 272
GRAD 272
HEUTE 276
IKV 274
Information 255
Inhalte einfügen 77
InputBox 335
JAHR 276
JETZT 276
Kategorien 255
KOMBINATIONEN 272
LN 272
LOG 272
LOG10 272
Logik 255
Math. & Trigonom. 255
Mathematische
    Mathematische Funktionen 272
Matrix 255
MAX 278
MEDIAN 278

445

MIN 278
MINUTE 277
MITTELWERT 39, 278
MODALWERT 278
MONAT 276
NBW 274
PI 272
POTENZ 272
PRODUKT 272
REST 272
RMZ 36, 263, 274
RUNDEN 273
SEKUNDE 277
SIN 273
STABW 278
STABWN 278
Statistik 255, 278
STUNDE 277
Suchfunktionen 412
SUMME 36, 39, 273
SUMMEWENN 278
SVERWEIS 412
TAG 276
TAGE360 277
TAN 273
Teilergebnis 406
Text 255
Uhrzeit 276
UNGERADE 272
VARIANZ 278
VARIANZEN 278
VORZEICHEN 273
WENN 261
WOCHENTAG 276
WURZEL 273
ZÄHLENWENN 278
ZEIT 276
Zielwertsuche 432
ZINS 275
ZINSZ 274
Zoom 232
ZUFALLSBEREICH 273
ZUFALLSZAHL 273
Zuletzt verwendet 255
ZW 274
Funktionen einfügen 255
Funktionsassistent 6
Fußzeilen 215, 217

G

Gefilterte Datensätze kopieren 310
GERADE 272
Gitternetzlinien 176, 224

GRAD 272
Grafiken in Arbeitsblättern 354
Gültigkeitsprüfung 311, 313, 315

H

HEUTE 276
Hilfe 46, 48, 54
    Office-Assistent 49
    Online-Hilfe 47
Hyperlinks 361, 363, 366, 383
    ansteuern 364
    Datei 362
    Dokument
        aktuelles 362
        neues erstellen 363
    einfügen 362
    E-Mail-Adressen 363
    Text 362
    Webseite 362

I

If...Then...Else-Anweisung 338
If...Then-Anweisung 338
IKV 274
Information 255
Information Rights Management (IRM) 5
Informationssuche 414
Inhalte einfügen 77
InputBox 335, 337
Interaktive Webseiten 370
Internet 361
    Recherche 6
    Webabfragen 380, 384

J

JAHR 276
JETZT 276

K

Kalenderdaten 60, 62, 103
    Jahreszahlen 60
    Zeitangaben 61
Kategorien 255
KOMBINATIONEN 272
Kommentare 95, 96, 105
Kontextmenüs 19, 21, 53
    Dateien 94
    Symbolleisten öffnen 19
Kontrollkästchen 18
Kopfzeilen 215, 217

L

Listen 5, 285
- AutoFilter 286, 315
  - benutzerdefiniert 304, 315
- Datenmasken 291, 293, 314
- Datensätze 286, 291
  - gefilterte kopieren 309, 315
  - löschen 296, 314
  - suchen 293, 314
- Einfügezeilen 286, 291, 314
- Ergebniszeilen 286, 289, 314
- erstellen 286, 288, 314
- Felder 286
- Feldüberschriften 289
- Filtern, automatisch 301, 314
- Größenänderung 286
- Kriterienbereiche 306
- Listensymbolleiste 286
- Pivot-Tabellen 387
- Rahmen 286
- sortieren 298, 300, 314
- Sortierreihenfolge 298
- Spezialfilter 306, 309, 315

Listenfelder 18
LN 272
LOG 272
LOG10 272
Logik 255

M

Makros 319
- aufzeichnen 320, 321, 340
- aus Symbolleisten entfernen 326
- ausführen 322, 323, 340
- bedingte Anweisungen 338
- Code hinzufügen 331, 340
- Datentypen 333
- Datum einfügen 320
- Eingaben 335, 340
- If...Then...Else 338, 340
- InputBox 335
- Kommentare 332, 334, 340
- löschen 323
- Speicherorte 320
- Symbolleisten 324
  - hinzufügen 340
- Tastaturkürzel 322, 340
- Variablen 332, 340
  - verknüpfen 336
- Viren 330
- Visual Basic 327, 328
  - Code hinzufügen 329
- zu Symbolleisten hinzufügen 326

Math. & Trigonom. 255
Matrix 255
MAX 278
MEDIAN 278
Menüs 9, 12, 53
- Anpassen der Anzeige 11
- Datei 9
- Einfügen 81
- Extras 10
- Grafik einfügen 353
- Übersicht 11
- Verborgene Befehle 10

Microsoft Office Online 48
MIN 278
MINUTE 277
MITTELWERT 39, 278
MODALWERT 278
MONAT 276
Muster 131

N

NBW 274

O

Objekte
- verknüpfen 351
- zeichnen 181

Office-Assistent 49, 55
Operatoren 39, 252

P

Papierformate 226
PI 272
Pivot-Diagramme 405
Pivot-Tabellen 387
- aktualisieren 402, 418
- ändern 395
- Assistent 390
- AutoFormat 403
- Berechnungen ändern 394, 418
- Daten 392
  - aktualisieren 401
  - gruppieren 399, 418
  - ordnen 399
- Datenanalyse 418
- Datenquellen 390
- Diagramme 403, 418
- Dynamischer Aufbau 392
- erstellen 390, 391, 418
- Feldeinstellungen 395
- formatieren 405
- Formatierung 403, 418

Index

Informationen
    anzeigen 396, 418
    filtern 397
  Informationen ordnen 400
  Seitenfelder 396
  Szenario-PivotTable-Bericht 428
Platzhalter 307
POTENZ 272
Prioritäten in Formel 252
PRODUKT 272

Q

Quelldaten ändern 169

R

Rahmen 128
Rechtschreibprüfung 86, 87, 104
Registerkarten 18
Registerlaufleiste 199
Rem-Anweisung 332
REST 272
RMZ 36, 263, 266, 274
Rückgängig 85
RUNDEN 273

S

Schaltflächen 15
  1000er-Trennzeichen 114
  Alles auswählen 118
  AutoSumme 36
  Beenden von Excel 52
  Benutzerdefinierte 324
  Bericht formatieren 404
  Daten aktualisieren 401
  Dezimalstelle
    hinzufügen 114
    löschen 114
  Diagramm-Assistent 159
  Diagrammtyp 171
  Dialog reduzieren 224
  Einfügen-Optionen 77
  Einzug
    vergrößern 123
    verkleinern 123
  Ergebniszeile umschalten 286
  Euro 114
  Format übertragen 132
  Funktion einfügen 253
  Hilfe 48, 50, 55
  Hyperlink einfügen 365
  Kopf- und Fußzeilen 217
  Kopieren 78
  Linksbündig 123
  Objekt formatieren 165
  Prozent 114
  Rechtsbündig 122
  Rechtschreibung 87
  Rückgängig 83
  Schließen der Arbeitsmappe 52
  Seitenansicht 45, 222
  Smarttags 98
  Suche starten 47
  Verbinden und zentrieren 122
  Währung 114
  Wiederherstellen 84
  Zahlenformatschaltflächen 115
  Zentriert 122
Schrift formatieren 112
Segment aus Diagramm hervorheben 173
Seitenfelder 398
Seitenorientierung 222
Seitenränder 222
Seitenumbrüche 218, 220
  Seitenumbruchvorschau 219
SEKUNDE 277
SIN 273
Smart Documents 5
Smarttags 6, 97, 99, 105
  Personennamen 5
  Schaltflächen 98
Solver 434, 437, 438
  Nebenbedingungen 435
Spalten
  ausblenden 231
  Breite 120
  einfügen 82, 104
  löschen 81, 104
  Überschriften 224
Spezialfilter 308
Sprachwiedergabe 6
STABW 278
STABWN 278
Standard- und Formatsymbolleiste getrennt anzeigen 15
Standarddiagrammtyp ändern 188
Statistik 255, 278
STUNDE 277
Suchen 88
Suchen und Ersetzen 89
Suchfunktionen 412
SUMME 36, 39, 273
SUMMEWENN 278
SVERWEIS 412
Symbolleiste Zeichnen 181
Symbolleisten 13, 53
  Anordnen 14
  Diagramm 161
  Externe Daten 377
  Formatsymbolleiste 13, 110, 115

Index

Formelüberwachung 269
Grafik 352
Listensymbolleiste 286
Makros 320, 324
Nebeneinander vergleichen 232
Nicht sichtbare Schaltflächen 14
Optionen 13
PivotTable 394
QuickInfo 14
Standardsymbolleiste 8, 13
Symbol Neu 14
Websymbolleiste 364, 383
Zeichnen 180
Szenarien 424, 426
    festlegen 438
    Hypotheken 424
    PivotTable-Bericht 428
    Szenariobericht 427, 438
    Szenario-Manager 424
Szenarioberichte 428

T

Tablet-PCs 6
TAG 276
TAGE360 277
TAN 273
Tastaturkürzel 19, 20, 21, 53
    Arbeitsmappe 21
    Bewegen in Arbeitsblättern 29
    Hilfe 47
    Makros 322, 340
    Objekt einfügen 21
    Rückgängig 83
    Schriftauszeichnung 21
    Text bearbeiten 21
    wiederholen 84
    Zellmarkierung bewegen 21
Teilergebnisse 406, 408, 415, 418
Text 255
Text drehen 147
Textfelder 18

U

Uhrzeit 276
UNGERADE 272

V

Variablen in Makros 334
VARIANZ 278
VARIANZEN 278
Vergleichsoperatoren 307
Viren 330

Visual Basic 327
    Code bearbeiten 340
    Editor 327
    If...Then...Else 338, 340
Vorlagen 237, 238, 244
    Vorlagenordner 237
VORZEICHEN 273

W

Was-wäre-wenn-Analysen 423
    Datentabellen 429
    Solver 435
    Szenarien 424
    Zielwertsuche 432
Webabfragen 382
Webseiten 383
    Arbeitsmappen 367
    interaktive 368, 371
    Netscape Navigator 368
    nicht-interaktive 367
    Webarchiv (MHTML) 368
Webseiten, interaktive 373
Websymbolleiste 366
WENN 261
Werte 31, 34, 54
    addieren 36
    serielle 276
Wiederholen 85
WOCHENTAG 276
Word 345
    Arbeitsblätter
        ändern 347, 358
        einfügen 345
    Diagramme verknüpfen 350, 358
    Objekte
        als Symbol einfügen 345
        einbetten 348
        verknüpfen 345, 348
Word, Objekte ändern 349
WURZEL 273

X

XML 5

Z

Zahlenformate 139
Zahlenformatierung 116
ZÄHLENWENN 278
Zahlenformate 137
Zeilen 230
    ausblenden 231
    auswählen 80

einfügen 82, 104
Höhe 120
löschen 104
Überschriften 224
ZEIT 276
Zeitangaben 61
Zellausrichtung 124
Zellbereiche löschen 82
Zellbezüge 40, 76
    externe 214
Zellen
    Adressen 27
    aktivieren 27
    Anzahl 260
    ausschneiden 66, 68, 103
    bedingte Formatierung 143
    Bereiche 34
        Namen 256, 280
    Bezeichnungen 31
    Breite
        einstellen 152
        optimale 146
    Datentypen 31
    Drag & Drop 71
    einfügen 66, 68, 103, 104
    Formate ersetzen 150
    Formate suchen 150
    formatieren 16, 114
    Gültigkeitsprüfung 312
    Inhalt bearbeiten 65
    Inhalt löschen 65
    Kommentare 95
    kopieren 66, 68, 103
        Maus 69
    löschen 104
    Max 260
    Min 260
    Mittelwert 260
    Namenfeld 27
    schützen 229
    Spalten verbergen 230, 243
    sperren 228
    Summe 260
    Text drehen 146, 152
    verbinden 146, 147, 152
    verschieben 69, 103
    Zahl als Bezeichnung 32
    Zählen 260
    Zahlenformate 276
        benutzerdefinierte 137
    Zeilen verbergen 230, 243
    Zeilenumbruch 123
    Zellausrichtung 121, 151
    Zellbereiche 54
        auswählen 34
        nicht zusammenhängende 259
    Zellbezüge 74, 262
        absolute 74, 104
        relative 74, 104
    Zellinhalte
        bearbeiten 63, 103
        ersetzen 63, 103
        löschen 63, 103
    Zellzeiger 27
        bewegen 53
Zielwertsuche 432, 433, 438
ZINS 275
ZINSZ 274
Zoom 232, 233
ZUFALLSBEREICH 273
ZUFALLSZAHL 273
Zuletzt verwendet 255
ZW 274
Zwischenablage 6, 67, 72, 73, 103
    Elemente
        einfügen 72
        sammeln 72
    Symbole 73

CustomGuide

CustomGuide Inc. (*http://www.customguide.com*) ist ein führender Hersteller von Lehrmaterial und E-Learning-Produkten, zu dessen Hauptkunden die Universitäten Harvard, Yale und Oxford zählen. Das Unternehmen wurde von einer kleinen Gruppe Dozenten gegründet, die sich mit der trockenen und technischen Art des üblichen Computer-Lehrmaterials nicht anfreunden konnten. Deshalb entschlossen sie sich, eine eigene Reihe von Lehrbüchern zu verfassen, die Spaß machen und benutzerfreundlich sind. Darüber hinaus haben sie diese Bücher auch in elektronischer Form lizenziert, damit Dozenten nur die Themen ausdrucken müssen, die sie für einen Kurs oder eine bestimmte Lerneinheit benötigen. Die Unzufriedenheit mit der E-Learning-Branche führte dazu, dass CustomGuide interaktives Online-Schulungsmaterial für diese Lehrbücher herausbrachte. Heute verwenden Angestellte, Studenten und Dozenten in über 2.000 Organisationen weltweit Schulungsunterlagen von CustomGuide, um mehr über Computer zu lernen oder selbst zu lehren.

Die Belegschaft von CustomGuide und die Mitarbeiter an diesem Buch:

Jonathan High	Direktor	Jeremy Weaver	Leitender Programmierer
Daniel High	Vizedirektor für Verkauf und Marketing	Luke Davidson	Programmierer
Melissa Peterson	Leitende Autorin/Redakteurin	Lisa Price	Leiterin der Geschäftsentwicklung
Kitty Rogers	Autorin/Redakteurin	Soda Rajsombath	Büroleiter und Verkaufsvertreter
Kelly Waldrop	Autorin/Redakteurin	Stan Guimont	Leitender Verkaufsvertreter
Steve Meinz	Autor/Redakteur	Megan Diemand	Verkaufsvertreterin
Stan Keathly	Leitender Entwickler	Hallie Storck	Verkaufsvertreterin
Jeffery High	Entwickler	Sarah Saeger	Verkauf
Chris Kannenmann	Entwickler	Julie Geisler	Sprecherin

Kolophon

Die Titelillustration des Comic-Helden ist eine Originalzeichnung von Lou Brooks. Seine Werke sind bereits achtmal auf den Titelbildern von *Time* und *Newsweek* erschienen und das von ihm entworfene Logo für Monopoly wird bis heute auf der ganzen Welt verwendet. Zeichnungen von ihm sind überdies in nahezu jeder größeren US-Publikation erschienen und wurden für MTV, Nickelodeon und HBO animiert.

Emma Colby hat das Titelbild dieses Buches mit Adobe InDesign CS und Photoshop CS gestaltet. Als Schriftarten wurden auf dem Titelbild Base Twelve (entworfen von Zuzana Licko, lizenziert von Emigre Inc.) und JY Comic Pro der AGFA Monotype verwendet.

Melanie Wang hat das Innenlayout entworfen, David Futato den CD-Aufdruck. Als Schriftarten dienten Minion (entworfen von Robert Slimbach und lizenziert von Adobe Systems), Base Twelve und Base Nine, JY Comic Pro sowie TheSansMonoCondensed von Luc(as) de Groot und LucasFonts.

Die technischen Illustrationen in diesem Buch haben Robert Romano und Jessamyn Read mit Macromedia Freehand MX und Adobe Photoshop CS erstellt.

Personal Trainer

Excel 2003 Personal Trainer
468 Seiten, inkl. CD-ROM und Referenzkarte, April 2005, 29,- €, ISBN 3-89721-406-7

Sie sind das Herumprobieren leid und möchten die vielen Funktionen der aktuellen Excel-Version endlich souverän nutzen? Dann besorgen Sie sich Ihren Personal Trainer, trainieren Sie die entscheidenden Muskelgruppen und werden Sie zu einem wahren Excel-Helden! In jeweils eigenständigen Lektionen stellt dieses Buch grundlegende und fortgeschrittene Themen vor, die Ihnen mit Hilfe von vielen Abbildungen, Übersichten und umfangreichem Übungsmaterial näher gebracht werden. Sie lernen, wie Sie Tabellen bearbeiten und formatieren, mit Funktionen und Formeln arbeiten oder komplexe Tabellen organisieren. Anwender mit Grundkenntnissen können sich gleich dem Einsatz von Makros, der Datenanalyse oder der Arbeit mit Pivot-Tabellen widmen. Das Übungsmaterial auf der beiliegenden CD vereinfacht das praktische Nachvollziehen der Beispiele.

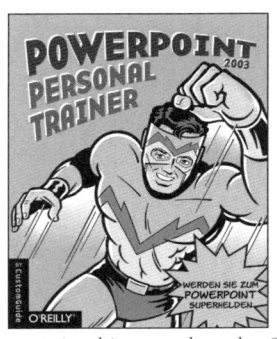

PowerPoint 2003 Personal Trainer
320 Seiten, inkl. CD-ROM und Referenzkarte, April 2005, 29,- €, ISBN 3-89721-407-5

Pfuschen Sie noch oder gestalten Sie schon? Wenn Sie lahme Präsentationen oder das ewige Herumprobieren satt haben, dann besorgen Sie sich einen Personal Trainer, trainieren Sie Ihren Präsentationsbizeps und werden Sie zum PowerPoint-Superhelden! Jeweils abgeschlossene Lektionen machen Sie schnell mit den wesentlichen Funktionen und Möglichkeiten des meistgenutzten Präsentationsprogramms vertraut. Je nach Bedarf können Sie bei dem Thema einsteigen, das Sie interessiert. Sie lernen, wie Sie Präsentationen anlegen und bearbeiten, Grafiken gestalten und einbinden, Multimedia-Effekte einsetzen und Ihre Vorführung vorbereiten. Auch die Zusammenarbeit mit anderen Office-Programmen oder webbasierte Präsentationen werden abgedeckt. Inkl. CD-ROM und Referenzkarte mit Tastaturkürzeln.

Word 2003 Personal Trainer
ca. 444 Seiten, inkl. CD-ROM und Referenzkarte, ca. August 2005, ca. 29,- €, ISBN 3-89721-419-9

Träumen Sie davon, Word endlich souverän zu nutzen und alle anstehenden Aufgaben effizient und ohne Mogeln zu bewältigen? Dann ist dieses Buch genau das richtige für Sie! Beginnend mit den ersten Schritten in Word lernen Sie rasch, wie Sie Texte und Dokumentseiten bearbeiten und formatieren. WordArt, Tabellen sowie der Einsatz von Grafiken und Textfeldern gehören ebenfalls zum Trainingsprogramm. Wenn Sie mit diesen Funktionen bereits vertraut sind, können Sie sich auch sofort den fortgeschritteneren Techniken wie der Arbeit mit Formatvorlagen oder auch der Erstellung von Serienbriefen widmen. Auch die Funktionen, die Ihnen die Zusammenarbeit mit anderen Word-Nutzern erleichtern, lernen Sie schrittweise kennen. Schließlich erfahren Sie, wie Sie Tabellen aus Excel importieren, und lernen, wie Sie Dokumente fürs Web aufbereiten und dort veröffentlichen. Inkl. CD-ROM und Referenzkarte.

Access 2003 Personal Trainer
ca. 368 Seiten, inkl. CD-ROM und Referenzkarte, ca. August 2005, ca. 29,- €, ISBN 3-89721-418-0

Sie wollen mehr über Microsoft Access 2003 erfahren oder Ihre bestehenden Kenntnisse gezielt vertiefen? Dann ziehen Sie sich mit Ihrem Personal Trainer zurück und starten Sie Ihr persönliches Fitnessprogramm! Beginnend bei den Access-Grundlagen werden Sie schnell die ersten selbstständigen Schritte machen und schon bald in der Lage sein, auch fortgeschrittene Aufgaben zu bewältigen. In Workshop-ähnlichen Lektionen lernen Sie von der Pike auf, wie Sie eine Datenbank anlegen und mit Datensätzen arbeiten. Sie erfahren, wie Sie Daten finden, filtern und formatieren und erlernen den Umgang mit Tabellen und Formularen. Auch Abfragen und Berichte werden in jeweils eigenständigen Kapiteln ausgiebig behandelt, so dass Sie nach absolviertem Training diese Kernelemente von Access effektiv einsetzen können. Die Arbeit mit Makros sowie der Import und Export von Informationen runden Ihr Workout ab. Inkl. CD-ROM und Referenzkarte mit Tastaturkürzeln.

O'REILLY®

anfragen@oreilly.de • http://www.oreilly.de • +49 (0)221-97 31 60-0

Missing Manual

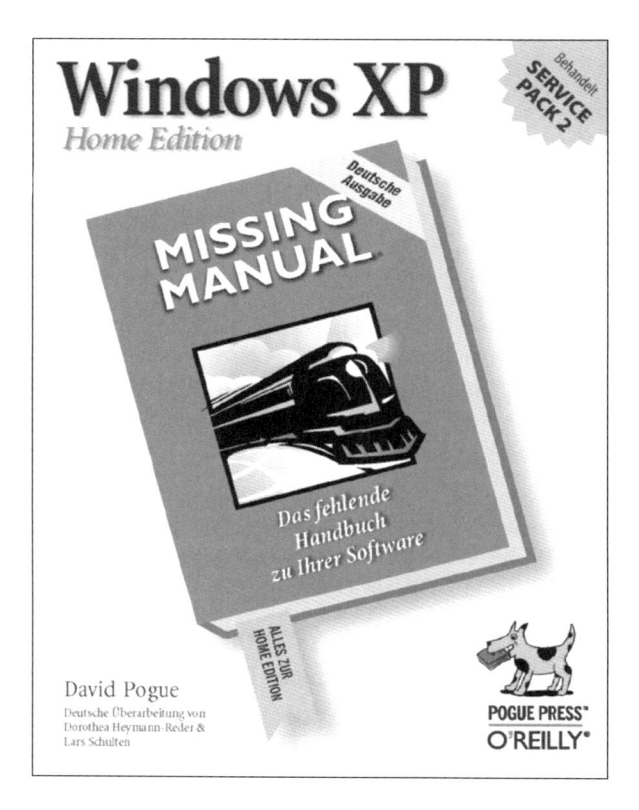

Windows XP Home Edition: Missing Manual

David Pogue
654 Seiten, 2004
36,- €
ISBN 3-89721-375-3

Windows XP kommt unerschütterlich stabil und in einem modernen, ansprechenden Look daher. Doch leider fehlt dem Betriebssystem eine der wichtigsten Zutaten überhaupt: Ein gedrucktes Handbuch. *Windows XP Home Edition: Missing Manual* ist das Buch, das eigentlich mitgeliefert werden müsste. Bestsellerautor David Pogue zeigt seinen Lesern alles, was sie über XP wissen müssen:

- Grundlagen wie die Verwendung von Menüs, das Wiederfinden verlorener Dateien oder die Handhabung des dreispaltigen Startmenüs. Das Buch beschreibt alle XP-Elemente: jede Funktion der Systemsteuerung, jedes Zubehör und jedes Problembehandlungstool.

- Weitere Themen sind Internet-Anwendungen und Netzwerke: Gelüftet werden die Geheimnisse von Outlook Express, Internet Explorer und Windows Messenger; mit XP ist es zudem ein Leichtes, Computer zu Netzwerken zu verbinden, damit sie Dateien, Drucker und Internetverbindung gemeinsam nutzen können.

Das Beste an diesem Handbuch ist der entspannte Stil des Autors: David Pogue schreibt freundlich, witzig und frei von überflüssigem Fachjargon – gut nachvollziehbar für Neulinge, aber auch gespickt mit fundiertem Fachwissen für Power User.

Entscheidendes Plus des Buchs: Das im Sommer 2004 erschienene Service Pack 2 für XP, das viele Änderungen und neue Features mit sich bringt, ist vollständig berücksichtigt.

O'REILLY®

anfragen@oreilly.de • http://www.oreilly.de • +49 (0)221-97 31 60-0

Wenn der PC nervt...

Wenn der PC nervt ...
Wie Sie die Macken Ihres Computers in den Griff bekommen

Steve Bass, Seiten 224, 2004, 22,- €
ISBN 3-89721-174-2

Jeder PC-Benutzer erlebt Phasen, in denen verzweifelte Maßnahmen ergriffen werden müssen. Einige Benutzer werfen ihren PC von einer Brücke ins Wasser, andere vergraben ihn auf einer Müllhalde. Geben Sie Ihren PC noch nicht auf – die Rettung ist zum Greifen nah:

Dieses leicht lesbare, verständliche Buch behandelt eine Fülle von PC-Beschwerden und Wehwehchen und bietet Rezepte gegen die Macken von Windows, Office, Browsern und E-Mail-Programmen:

- Lernen Sie, wie Sie mit Windows-Entgleisungen umgehen, die Benutzeroberfläche in den Griff bekommen oder die gefürchtete Produktaktivierung zähmen.
- Bezwingen Sie Ihre E-Mail und schlagen Sie Spam in die Flucht
- Meistern Sie Microsoft Office. Vom oft ignorierten rechtsseitigen Mausklick bis zur automatisierten Dateneingabe: Hier finden Sie Kniffe für Word, Excel und PowerPoint.
- Lösen Sie das Internet-Gewirr. Schütteln Sie IE durch, blockieren Sie Flash und tricksen Sie Voreinstellungen aus.

Die Tipps und Tricks werden in mundgerechten Portionen serviert – für schnelles Lesen und noch schnelleres Beheben des Problems.

O'REILLY®

anfragen@oreilly.de • http://www.oreilly.de • +49 (0)221-97 31 60-0